Hochbegabung

im Kindes- und Jugendalter

herausgegeben von

Kurt A. Heller

Mit Beiträgen von

Ernst A. Hany, Kurt A. Heller,

Christoph Perleth, Wolfgang Sierwald

Hogrefe
Verlag für Psychologie
Göttingen · Toronto · Zürich

Kurt A. Heller, Prof., Dr. phil., Dipl.-Psych., studierte Philosophie, Psychologie, Pädagogik und Medizin an den Universitäten Freiburg und Heidelberg.
Nach wissenschaftlicher Assistenten- und Dozententätigkeit in Heidelberg folgte er 1971 einem Ruf als ordentlicher Professor für Psychologie an die PHR Bonn und war von 1976–1982 als Ordinarius für Pädagogische Psychologie an der Philosophischen Fakultät der Universität zu Köln tätig.
Seit 1982 ist Kurt A. Heller ordentlicher Professor der Psychologie an der Ludwig-Maximilians-Universität München und Direktor des Instituts für Empirische Pädagogik und Pädagogische Psychologie.
Arbeits- und Forschungsschwerpunkte: Pädagogische Psychologie, Psychologische Diagnostik und Beratungspsychologie, Begabungs- und Bildungsforschung.

Druck- und Bindearbeiten: Offsetdrukkerij Kanters B. V., Alblasserdam
Printed in the Netherlands
ISBN 3-8017-0640-0

Vorwort

Die Bundesregierung sieht in der Begabtenförderung einen wichtigen Schwerpunkt der Bildungspolitik. Sie hält es für geboten, jedem einzelnen durch ein differenziertes Bildungs- und Ausbildungsangebot sowie ergänzende Förderungsmaßnahmen die volle Herausbildung seines Begabungsprofiles zu ermöglichen. Die Maßnahmen zur Umsetzung dieser Politik beruhen auf wichtigen Grundüberlegungen, z.B. freiwillige Teilnahme, Entwicklung der gesamten Persönlichkeit, Begabtenförderung als Aufgabe aller Bildungseinrichtungen.

Begabtenförderung mit dieser Zielsetzung hat in der Bundesrepublik Deutschland nicht immer den heutigen Stellenwert eingenommen. In den 60er und 70er Jahren wurde "Begabung" in der Bildungspolitik vor allem im Zusammenhang mit dem Wort "Begabungsreserve" verwandt. Eine qualifizierte Breitenausbildung und die Fürsorge für Benachteiligte waren die beherrschenden bildungspolitischen Zielsetzungen.

Vereinzelte Ansätze, auch dem Anliegen der Hochbegabtenförderung Rechnung zu tragen, konnten sich demgegenüber nicht durchsetzen. Erst zu Beginn der 80er Jahre vollzog sich besonders im Zusammenhang mit der Weltkonferenz über "Hochbegabte und talentierte Kinder", die 1985 in Hamburg stattfand, ein Einstellungswandel. Die wissenschaftlichen Erkenntnisse und praktischen Erfahrungen in anderen Ländern schufen ein neues Bewußtsein von der individuellen und gesellschaftlichen Bedeutung dieses Fragenkreises. Inzwischen haben zahlreiche weitere wissenschaftliche Untersuchungen und praktische Aktivitäten zu einer positiven Einstellung zur Begabtenförderung beigetragen. Heute wird die Notwendigkeit, Begabte zu fördern, allgemein anerkannt.

Die Förderungsmaßnahmen setzen die Identifizierung besonderer Begabung voraus. Je sicherer die Identifizierung einer besonderen Begabung und die Prognose der weiteren Entwicklung ist, desto qualifizierter kann die Beratung, desto gezielter auch die Förderung sein. Dies gilt sowohl für die innerschulischen wie auch für die außerschulischen Angebote.

Besonders in der Frage der Identifizierung erwies es sich als notwendig, auf Forschungsergebnisse zugreifen zu können. Daher hat der Bundesminister für Bildung und Wissenschaft seine Bemühungen auch im Bereich der Begabungsforschung erheblich verstärkt. Sie hat sich von den Anfängen als Teilgebiet der angewandten Psychologie weiterentwickelt zu einem interdisziplinären Forschungsgebiet der Psychologie bzw. der Soziologie, der Pädagogik und der Medizin. Die Ergebnisse der Begabungsforschung sind inzwischen in der Bundesrepublik zu einer der Grundlagen der praktischen Pädagogik, der Erziehungsberatung, der Berufsberatung und vor allem der Identifizierung geworden.

Mit dem Projekt "Formen der Hochbegabung bei Kindern und Jugendlichen: Identifikation, Entwicklungs- und Leistungsanalyse" wurde untersucht, in welchen Formen Hochbegabung in den Altersstufen 7 bis 18 Jahren auftritt und wie sich solche Hochbegabung in Abhängigkeit von familiärem Umfeld, dem schulischen Lernen und anderen Faktoren über mehrere Jahre hin entwickelt. Das Bundesministerium für Bildung und Wissenschaft hat dieses Projekt in den Jahren 1985 bis 1989 finanziell gefördert. Die vorliegende Veröffentlichung mit dem Titel "Hochbegabung im Kindes- und Jugendalter" zeigt, daß es gelungen ist, durch eine möglichst offene Definition des teilweise umstrittenen Begriffs "besondere Begabung" eine Vielfalt interessanter Untersuchungsergebnisse herauszufordern.

Es wurde von dem in der Praxis bewährten Einvernehmen ausgegangen, daß es Menschen gibt, die auf intellektuellen, künstlerischen, kreativen, psychomotorischen oder sozialen Gebieten zu außergewöhnlichen Leistungen fähig sind, die von anderen trotz günstiger Bildungsvoraussetzungen und großer persönlicher Anstrengung nicht erreicht werden können. Hochbegabung und Begabung werden dabei vor allem als ein komplexes Interaktionsmodell vieler und nicht nur kognitiver Faktoren verstanden.

Die Ergebnisse des Projektes sind für die Weiterentwicklung bestehender und neuer praktischer Maßnahmen in der Begabtenförderung sehr hilfreich. Sie geben Sicherheit in Zweifelsfragen und Hinweise, in welche Richtung weiter zu überlegen ist.

Die kritische Auseinandersetzung mit den Ergebnissen wird das Interesse am Thema verstärken und zur weiteren Verbesserung der Lösungsmöglichkeiten beitragen.

Prof. Dr. Rainer Ortleb
Der Bundesminister für Bildung und Wissenschaft

Einleitung

Mit dem hier vorgelegten Berichtsband wird ein umfangreiches Forschungsprojekt abgeschlossen. Drei Hauptthemen waren Gegenstand der Untersuchungen: 1) Identifikation von hochbegabten Kindern und Jugendlichen sowie damit zusammenhängende konzeptuelle und methodologische Fragestellungen einer differentiellen Hochbegabungsdiagnostik, 2) Begabungs-/Leistungsanalysen im schulischen und außerschulischen (Freizeit-)Kontext, 3) entwicklungspsychologische Perspektiven unterschiedlicher Begabungsgruppen bzw. Begabungsformen einschließlich familiärer und schulischer Sozialisationsbedingungen. Jeder dieser Schwerpunkte hätte für sich allein ein volles Untersuchungsprogramm gerechtfertigt, wie wir ex post konstatieren müssen. Hinzukommt der in den letzten Jahren zunehmende Einfluß kognitionspsychologischer Forschungsansätze, dem vor allem in der zweiten Projektphase (ab 1987) Rechnung getragen wurde. Dies schien im Hinblick auf einzelne Fragen der Längsschnittstudie gerechtfertigt, diente aber gleichzeitig auch der Ergänzung psychometrischer Methoden zur Hochbegabungsdiagnostik.

Freilich fehlte uns zum Zeitpunkt der Antragstellung (1984) noch der Mut, eine Lösung der komplexen Identifikationsproblematik ausschließlich auf kognitionspsychologischem Wege anzusteuern. In den hier vorgelegten Untersuchungsergebnissen sehen wir unsere Vorsicht zumindest insoweit bestätigt, als direkt verwertbare Ergebnisse für die Praxis der Hochbegabtendiagnostik so schnell wohl nicht von kognitionspsychologischen Forschungsbefunden (allein) zu erwarten sind - deren Wert schon heute in der Grundlagenforschung unbestritten ist. Ein wichtiges Anliegen dieses Forschungsvorhabens war es aber, für die Praxis der Hochbegabtenerkennung brauchbare diagnostische Instrumente und Untersuchungsstrategien zu entwickeln bzw. zu erproben. Dieses Teilziel dürfte im Rahmen der Möglichkeiten erfüllt worden sein, wie u.a. die Test- und Fragebogenzusammenstellung im Anhang (Kapitel 3) zu diesem Bericht dokumentiert.

Wegen des Testschutzes mußte hier auf die Publikation der umfangreichen Verfahrensmaterialien verzichtet werden. Es ist jedoch beabsichtigt, einen Teil der im Anhang, Kapitel 3, in diesem Buch aufgelisteten Diagnoseverfahren zur Identifizierung hochbegabter Schüler/innen separat zu publizieren.

Darüber hinaus hat die Längsschnittstudie wertvolle Erkenntnisse über die Begabungsentwicklung und das Leistungsverhalten begabter Jugendlicher vermittelt, abgesehen vom wichtigen Beitrag zur Validierung der Hochbegabungsdiagnostika. Aus Gründen der Systematik werden die hauptsächlichen Ergebnisse zur *Hochbegabungsdiagnostik* im Teil II und jene zur eigentlichen *Längsschnittstudie* im Teil III dargestellt. Für eilige Leser werden vorab (Teil I) einige praktische Konsequenzen aus den Untersuchungsbefunden zusammengefaßt sowie Vorschläge zur Verbesserung der Situation hochbegabter Schüler/innen zur Diskussion gestellt. Diese betreffen sowohl differenzierte diagnostische Handlungsmöglichkeiten als auch pädagogische Förderungs- und psychologische Beratungsansätze sowie Qualifizierungsprobleme von Lehrern/Beratungslehrern und Schulpsychologen.

Ein anderer, zunächst nicht beabsichtigter - positiver - Nebeneffekt dieses Projektes ist darin zu sehen, daß von der hier berichteten Münchener Hochbegabungsstudie inzwischen zahlreiche Anregungen für weitere interessante Untersuchungsfragestellungen ausgingen, die ohne unsere Erfahrungen mit diesem Projekt wohl nicht zu erwarten gewesen wären. Beispielhaft seien hier nur die Beschäftigung mit der aktuellen Mädchenproblematik in der Hochbegabungsforschung (Beerman, Heller & Menacher, 1991), der Metakognitionsentwicklung (Browder & Troidl, 1991; Perleth & Räder, 1991; Perleth, Schuker & Hubel, 1992), dem Freizeitverhalten hochbegabter Jugendlicher (Heller, 1988; Hany, 1990; Heller & Hany, 1991a) oder internationale Kooperations- bzw. kulturvergleichende Studien zur Hochbegabungsentwicklung (Hany & Heller, 1990a; Hany, 1991b; Perleth, Averina & Scheblanova, 1991) sowie die Bearbeitung beratungspsychologischer Probleme und Trainingsprogramme (Facaoaru, 1991; Geisler, 1991) erwähnt.

Daneben hat die bereits 1984/85 übernommene Aufgabe der wissenschaftlichen Begleitung und Evaluation der baden-württembergischen "Arbeitsgemeinschaften zur Förderung besonders befähigter Schüler", woran inzwischen jährlich über 3000 Schüler/innen der Sekundarstufe I und II (aller Schularten) teilnehmen, zu einem auch für die wissenschaftliche Arbeit an diesem Forschungsprojekt sehr fruchtbaren Erfahrungsaustausch beigetragen (Hany & Bittner, 1989; Hany & Heller, 1991). Diese extracurricularen Enrichmentprogramme werden seit dem Schuljahr 1991/92 durch ein Akzelerationsprogramm, den BLK-Modellversuch "Achtjähriges Gymnasium mit besonderen Anforderungen" ergänzt, dessen Evaluation uns ebenfalls vom MKS in Stuttgart übertragen wurde (Projektbearbeiterinnen: Dipl.-Psych. Jacqueline Brox, Dipl.-Psych. Barbara Bundscherer).

An den empirischen Datenerhebungen zu der hier dokumentierten Studie haben viele mitgewirkt, denen unser Dank gilt: zahlreiche Schüler/innen sowie deren Eltern und Lehrer/innen, Schulaufsichtsbeamte und Kultusbehörden in den Bundesländern Baden-Württemberg, Bayern und Berlin. Neben den vielen studentischen Hilfskräften, die hier nicht namentlich erwähnt werden können, waren im Laufe der geförderten Projektdauer (1985-1989) folgende *Wiss. Mitarbeiter/innen* beschäftigt:

Dipl.-Psych.	Lilly Beerman	1987-1988
Dipl.-Psych.	Rudolf Bittner	1985-1988
Dipl.-Psych.	Colleen Browder	1988-1989
Dipl.-Psych.	Dr. Herbert Bruhn	1987
Dipl.-Volksw.	Helmut Costa	1988
Dipl.-Psych.	Gisela Deindl	1988
Dipl.-Psych.	Dr. Cornelia Facaoaru	1986,1989
Dipl.-Psych.	Monika Gramling	1986
Dipl.-Psych.	Ingrid Müller-Bader	1985-1987
Schul-Psych.	Christoph Perleth	1986-1988
Dipl.-Psych.	Johanna Röckl	1986-1987
Dipl.-Psych.	Inge Schreyer	1986-1989
Schul-Psych.	Wolfgang Sierwald	1987-1989
Dipl.-Psych.	Anneliese Sperl	1986-1989
Dipl.-Psych.	Dorothee Winkelmann	1987-1988

Projektsekretärinnen:

Frau Ursula Greiner	1986-1988
Frau Edeltraud Schauer	1988-1989

Ihnen allen wie auch der zentralen Verwaltung der Ludwig-Maximilians-Universität zu München sei für ihre Mühewaltung gedankt. Ganz besonderen Dank schulde ich meinen Lehrstuhlassistenten Dr. Ernst Hany (der auch wesentlichen Anteil an der Projektplanung hat) und Schulpsychologen Christoph Perleth (der noch für die Textverarbeitung am PC verantwortlich zeichnet) sowie Schulpsychologen Wolfgang Sierwald, ohne deren engagierten Einsatz der vorliegende Abschlußbericht wohl nicht zustande gekommen wäre. Schließlich konnte ich mich wie immer auf die technische Unterstützung und die sachkompetente finanzielle Projektabwicklung durch das Lehrstuhlsekretariat verlassen, wofür ich Frau Heidi Röder und Frau Edeltraud Schauer (die 1988/89 zusätzlich im Projektsekretariat tätig war) zu Dank verpflichtet bin.

Dem Bundesministerium für Bildung und Wissenschaft, das über vier Jahre lang das Forschungsprojekt "Formen der Hochbegabung bei Kindern und Jugendlichen: Identifikation, Entwicklungs- und Leistungsanalyse" finanziell gefördert hat (BMBW-Kennzeichen B 3570.00 B), gebühren Dank und Anerkennung für die verständnisvolle Unterstützung unseres Vorhabens. Nicht vergessen seien auch jene Kolleginnen und Kollegen, die uns in schwierigen Zeiten Mut zugesprochen, ideell unterstützt oder auch kritisiert (und damit angespornt) haben.

Die Veröffentlichung dieses Bandes hat dankenswerterweise der Verlag für Psychologie, Dr. C.J. Hogrefe, übernommen. Der Verleger und insbesondere Dr. Michael Vogtmeier sowie das Bundesministerium für Bildung und Wissenschaft, das einen Druckkostenzuschuß gewährte, haben damit die Voraussetzungen geschaffen, daß die Ergebnisse der vierjährigen Begabungsstudie der Fachöffentlichkeit sowie einem breiteren Interessentenkreis zugänglich gemacht werden konnten.

München, im Sommer 1991 K. Heller

Inhaltsverzeichnis

Teil I:
Projektziele, Untersuchungsergebnisse und praktische Konsequenzen
(Kurt A. Heller)

Teil II:
Identifikation von Hochbegabten im Schulalter
(Ernst A. Hany)

Teil III:

Entwicklungs- und Leistungsanalysen zur Hochbegabung

(Christoph Perleth & Wolfgang Sierwald)

Anhang:

Zur Methodik der Münchner Hochbegabungsstudie

(Christoph Perleth)

Teil I:

Projektziele, Untersuchungsergebnisse und praktische Konsequenzen

Kurt A. Heller

1. Theoretische und methodologische Grundlagen der Münchener Hochbegabungsstudie

Die Hochbegabtenforschung hat in der Bundesrepublik Deutschland bis Anfang der 80er Jahre - von wenigen Ausnahmen abgesehen - nur eine marginale Rolle gespielt. Es gab lediglich eine intensive Förderung von Spitzenbegabungen in einzelnen Bereichen, z.B. im Sport, in der Musik bzw. im Rahmen verschiedener Wettbewerbe wie "Jugend forscht", "Jugend musiziert", Bundeswettbewerb "Mathematik" u.a. Eine breite Förderung junger Talente außerhalb des Sports oder der Musik fehlte noch Ende der 70er Jahre weithin.

Der Begriff "Hochbegabung" taucht im deutschen Sprachraum wohl zum ersten Mal bei Meili (1951), Hofstätter (1957) und Mönks (1963) auf, nachdem W. Stern bereits 1916 eine wichtige Vorreiterrolle übernommen hatte, die jedoch später durch das unheilvolle Naziregime ein jähes Ende fand. Bis dahin galt das Interesse vorwiegend Genies, außergewöhnlichen Persönlichkeiten bzw. Charakteren, die mit allgemeinmenschlichen Maßstäben kaum oder gar nicht meßbar erschienen. Der vor allem in der klinisch-psychiatrischen Tradition beheimatete Geniebegriff (z.B. Lange-Eichbaum, 1928, 1986) ist jedoch nicht mit dem heute verwendeten hypothetischen Konstrukt "Hochbegabung" gleichzusetzen, das viel weiter - wenn auch uneinheitlich - definiert ist. Darauf werden wir noch zurückkommen.

Bedeutsamer ist hier zunächst der Hinweis auf die berühmte kalifornische Längsschnittstudie von Terman et al. (Terman, 1925; Terman & Oden, 1959; Oden 1968), die in ihrem Ausmaß bislang wohl unerreicht geblieben ist, wenngleich ihr u.a. der Vorwurf eines zu engen, d.h. auf intellektuelle oder sog. akademische Hochbegabung reduzierten, Untersuchungsgegenstandes gemacht worden ist. Trotzdem kommt keine Längsschnittuntersuchung zur (wie immer definierten) Hochbegabung auch heute an dem Vorbild der Terman-Studie vorbei, weder in der theoretischen noch in der methodologischen Auseinandersetzung. Diese Einschätzung trifft auch für die nachstehend referierte sog. Münchener Hochbegabungsstudie zu, wenngleich auf einige wesentliche Unterschiede hier aufmerksam gemacht werden soll.

So konzeptualisieren wir allgemein "Hochbegabung" in einem viel umfassenderen Verständnis (als dies auch in den späteren Jahren der Terman-Studie realisiert wurde) als personale und soziale Voraussetzung für Leistungsexzellenz, wobei hier ein mehrdimensionales Begabungskonzept (vgl. Abbildung 1 unten) favorisiert wurde. Desweiteren stehen heute natürlich leistungsfähigere Meß- und Datenverarbeitungsmethoden als vor fünfzig oder sechzig Jahren zur Verfügung, ganz abgesehen von modernen kognitionspsychologischen Forschungsansätzen, die das klassische (intelligenz)testtheoretische Modell entscheidend erweiterten - wenn auch nicht überflüssig machen, wie manche voreiligen Kritiker meinen. In unserer Studie versuchten wir, beiden Forschungsparadigmen Rechnung zu tragen, sofern es von der Untersuchungsfragestellung her gerechtfertigt erschien. Allerdings sollte man sich trotz verständlicher - sehr oft aber überhöhter - Erwartungen an neue Verfahrensansätze nicht dazu verleiten lassen, bewährte Methoden gegen noch nicht hinreichend für praktische Anwendungszwecke abgesicherte Techniken aufzugeben, zumal deren Funktionen häufig inkompatibel sind. Dies gilt auch im Hinblick auf psychometrische vs. kognitionspsychologische Modelle in der Hochbegabungsdiagnostik (vgl. Heller, 1987, 1989, 1991b).

1.1 Konzeptuelle Überlegungen zum Untersuchungsgegenstand

In einem relativ weiten Begriffsverständnis läßt sich *Begabung* als das Insgesamt personaler (kognitiver, motivationaler) und soziokultureller Lern- und Leistungsvoraussetzungen (vgl. H. Roth, 1968) definieren, wobei die Begabungsentwicklung als Interaktion (person-)interner Anlagefaktoren und externer Sozialisationsfaktoren zu verstehen ist. Entwicklungspsychologisch stellt sich somit Begabung als jener Zustand dar, der sich zu einem bestimmten Zeitpunkt der Ontogenese im Blick auf den Prozeß der individuellen Fähigkeits- und Interessenentwicklung darbietet, d.h. als eine Merkmalskonfiguration, die aus der Wechselwirkung von Lernbedingungen auf seiten der Person (des Individuums) sowie der (sozialen) Umwelt resultiert.

In der Psychologie findet *Begabung* sowohl als Beschreibungsbegriff (Fähigkeits- oder Traitkonzept) wie auch als Erklärungsbegriff (qualitative Kategorie) Verwendung. Diesem Begriffspaar entsprechen zwei unterschiedliche Forschungsparadigmen: a) nomologisch orientierte psychometrische Untersuchungen, die quantitative inter- und intraindividuelle Fähigkeitsdifferenzen erfassen, b) idiographisch orientierte Informationsverarbeitungsansätze, etwa der modernen Problemlöseforschung, die vor allem qualitative Prozeßkomponenten (des Denkens) zu bestimmen versuchen. Von unmittelbar praktischer Bedeutung ist schließlich eine dritte Begriffsvariante: c) "Begabung" im Sinne des psychologischen Eignungsbegriffs. Begabung wird hier als Disposition bzw. Merkmalsprofil einer Person für bestimmte Lern- und Leistungsanforderungen (z.B. in der Schul-, Studien- oder Berufsqualifikation) aufgefaßt (ausführlicher vgl. Heller, 1976, 1987, 1989, 1991c; Hany, 1987b u. c).

Während die *psychometrische* Bestimmung der Begabung auf allgemeine vs. differentielle (z.B. verbale, quantitative, technisch- konstruktive oder musische) Fähigkeitsfaktoren abzielt, sollen im *kognitionspsychologischen* Ansatz elementare Informationsprozeßeinheiten als mentale Begabungskomponenten erfaßt werden. Obwohl in der neueren Begabungsforschung häufig kognitionspsychologische Ansätze - gegenüber psychometrischen - favorisiert werden, sollte man nicht übersehen, daß beide Forschungsparadigmen in jeweils spezifischer Weise zum Erkenntnisgewinn über Begabungsphänomene beitragen und nicht ohne weiteres gegenseitig austauschbar sind. So verspricht man sich von prozeßanalytischen Begabungsuntersuchungen wichtige Aufschlüsse über förderliche vs. hemmende Bedingungsfaktoren der Begabungsentwicklung, während sog. statusdiagnostische (psychometrische) Befunde als nach wie vor unverzichtbare Grundlage für Leistungs- und Erfolgsprognosen jeglicher Art gelten. Begabungsdiagnosen erfüllen somit eine wichtige Funktion der Persönlichkeitsförderung, etwa in der individuellen Entwicklungsberatung, der Interventionshilfe oder auch im Sinne erzieherischer Präventionsmaßnahmen. Konzeptuell und praktisch befriedigende Lösungen sind demnach nur in der Kombination von psychometrischen und kognitionspsychologischen Informationsverarbeitungs- bzw. Problemlöseansätzen zu erreichen. Analog wird in der modernen pädagogischen Psychologie die Notwendigkeit differentieller Curricula und begabungsspezifischer schulischer Lernumwelten betont (z.B. Tannenbaum, 1983; Feldhusen, 1985; Gallagher, 1985; Jellen & Verduin, 1986).

Begabung gehört zu den sog. hypothetischen Konstruktbegriffen, deren Definition von der jeweiligen theoretischen Bezugsbasis beeinflußt wird. Dies gilt auch für verwandte Begriffe wie Intelligenz oder Kreativität. Solche Konstruktbegriffe sind in der Psychologie sehr beliebt, erhofft man sich doch hiervon Aufschlüsse über bestimmte Verhaltensleistungen der Persönlichkeit im Sinne von Kausalfaktoren. So wird etwa eine außergewöhnliche Leistung in Fremdsprachen oder Mathematik auf entsprechende gute verbale oder quantitative Fähigkeiten einer Person zurückgeführt, wobei motivationale und soziokulturelle Bedingungsfaktoren bei der Leistungsmanifestation von Begabungspotentialen mehr oder weniger stark beteiligt sein können. Daraus wird schon deutlich, daß sich jeder Begabungsbegriff auf relativ komplexe Verhaltensphänomene bezieht.

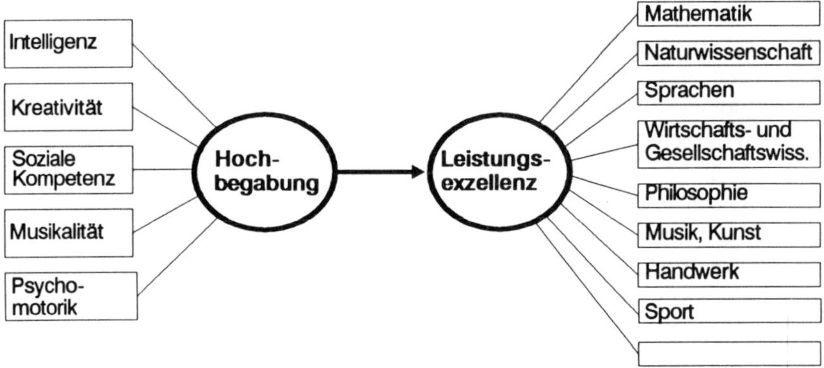

Abbildung 1: Klassifikationskonzept der Hochbegabung bzw. Hochbegabungsleistung im Münchner Begabungsmodell (n. Heller & Hany, 1986, S.70)

Sofern in der Psychologie zwischen *Intelligenz* und *Begabung* ein begrifflicher Unterschied gemacht wird, kommt der Begabungsbegriff dem psychologischen Eignungsbegriff sehr nahe, z.B. als *Begabung für* das Erlernen eines Musikinstruments, die Fähigkeit, Fremdsprachen (leicht) zu lernen, besondere Leistungen im musisch-künstlerischen vs. mathematisch-naturwissenschaftlichen Bereich zu erbringen usw. Hinter solchen Aussagen steckt die Annahme, daß es unterschiedliche Begabungsformen gibt, denen jeweils bestimmte Verhaltens- und Leistungsbereiche zugeordnet werden können. Beispielhaft stehen hierfür die multiple Intelligenztheorie von Gardner (1983) oder das für unsere Untersuchung konzipierte (Hoch-)Begabungsmodell mit den Dimensionen Intelligenz, Kreativität, Soziale Kompetenz, Musikalität und Psychomotorik (vgl. Abbildung 1).

Hochbegabung äußert sich demnach im intellektuellen, kreativen, sozialen, musikalischen und/oder psychomotorischen Bereich, wobei natürlich noch weitere, hier nicht näher untersuchte Hochbegabungsformen anzunehmen sind. Den einzelnen Begabungsdimensionen können bestimmte Leistungsbereiche zugeordnet werden. An der Leistungsmanifestation sind

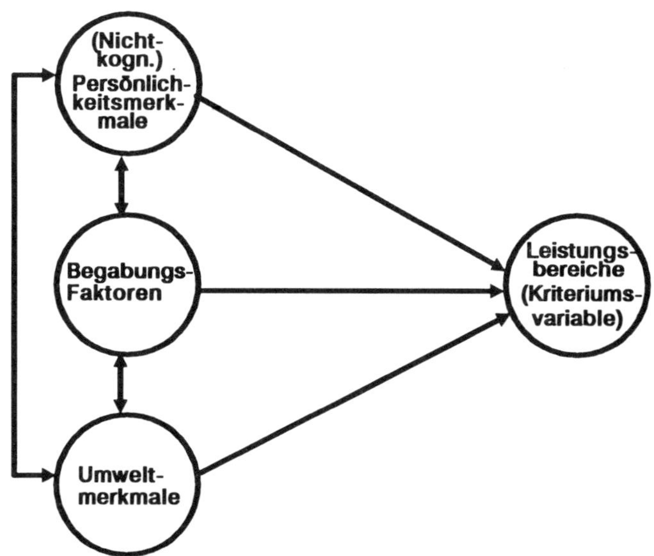

Abbildung 2: Multifaktorielles Bedingungsmodell der (Hoch-)Begabungsleistung

Legende:

(Nichtkognitive) Persönlichkeitsmerkmale:
- Leistungsmotivation
- Hoffnung auf Erfolg vs. Mißerfolgsängstlichkeit
- Anstrengungsbereitschaft
- Kontrollüberzeugung
- Erkenntnisstreben
- Streßbewältigungskompetenz
- Selbstkonzept (allgemeines und akademisches)

Begabungsfaktoren:
- Intelligenz (sprachliche, mathematische, nonverbale u.a.)
- Kreativität (Originalität, Elaboration, Flexibilität usw.)
- Soziale Kompetenz
- Musisch-künstlerische Fähigkeiten (z.B. Musikalität)
- Psychomotorik

Umweltmerkmale:
- Anregungsgehalt der häuslichen Umwelt
- Bildungsniveau der Eltern
- Geschwisterzahl und -position
- Stadt-Land-Herkunft
- Kritische Lebensereignisse
- Rollenerwartungen bezüglich "Hochbegabung"
- häusliche Leistungsforderungen
- soziale Reaktion auf Erfolgs-/Mißerfolgserlebnisse
- Familienklima
- Unterrichtsklima

Leistungsbereiche (Kriteriumsvariable):
Leistungsverhalten in verschiedenen Bereichen, z.B. in
- Mathematik
- Naturwissenschaften
- Sprachen
- Musik bzw. im künstlerischen Bereich usw.

neben kognitiven Fähigkeiten jeweils - in unterschiedlicher Gewichtung - nichtkognitive Persönlichkeitsmerkmale (Interessen, Motive, Lern- und Arbeitsstile usw.) sowie familiale und schulische Sozialisationsfaktoren beteiligt. Entsprechend läßt sich das Leistungskriterium als Produkt der Prädiktoren "Persönlichkeit" und "Umwelt" bestimmen. Das in Abbildung 2 dargestellte Bedingungsmodell war die Ausgangsbasis für verschiedene Leistungs- bzw. Verhaltensanalysen unserer Längsschnittstichprobe, über deren Ergebnisse nachstehend noch ausführlich berichtet wird.

Gagné (1985), der ebenfalls ein multidimensionales Modell favorisiert, unterscheidet zwischen allgemeinen vs. spezifischen Begabungen auf der Dispositionsseite und bereichsspezifischen Talentformen auf der Verhaltens- bzw. Leistungsebene. Interessant an diesem Modell ist ferner die Annahme vermittelnder Faktoren, die er Katalysatoren nennt (z.B. Motive, Interessen, Einstellungen als Persönlichkeitsfaktoren sowie familiale, schulische und andere Sozialisationsfaktoren). Ähnlich hatte bereits Mierke (1963) in seiner Begabungstheorie von *Hilfs- und Stützfunktionen* der Intelligenz gesprochen, die im Diagnose-Prognose-Modell als Moderatorvariablen (vgl. Heller, Rosemann & Steffens, 1978; Heller, 1991c) fungieren.

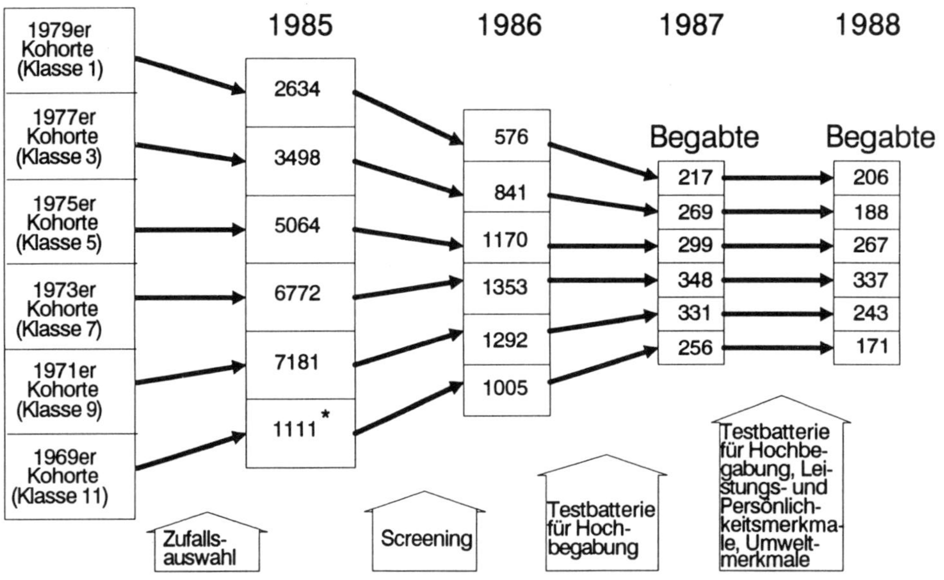

Abbildung 3: Stichprobenplan der Münchner Längsschnittstudie zur Hochbegabung (1985-1989)

1.2 Methodische Anmerkungen

Ausgehend von einer großen überregionalen Stichprobe mit sechs Alterskohorten zwischen 6 und 16 bzw. 18 Jahren, wurden in unserer Studie Daten von (hoch-)begabten Schülern aus Baden-Württemberg, Bayern und Berlin zu drei Meßzeitpunkten in den Jahren 1986-1988 erhoben. Charakteristisch für unsere Studie ist ein *längs-querschnittliches Design* (vgl. Abbildungen 4 und 5 im Berichtsteil II). Der gesamte Stichprobenplan wird aus vorstehender

Abbildung 3 ersichtlich (zur ausführlicheren Information vgl. Perleth, 1987, sowie im Anhang dieses Buches, Kapitel 1 und 2).

Zur Auswahl der Längsschnittstichprobe praktizierten wir ein zweistufiges Vorgehen:

- In einem ersten Schritt wurden die Lehrer von mehr als 26000 Schülern gebeten, die gut- bzw. hochbegabten Schüler ihrer Klasse nach den fünf Begabungsdimensionen unseres Modells im Vergleich mit ihren Alterskameraden einzuschätzen. Obwohl diese Methode die Identifikation von Underachievern reduziert, war dies unter praktischen und ökonomischen Gesichtspunkten die einzige Möglichkeit, eine Stichprobe dieses Umfangs zu bewältigen.
- Im zweiten Schritt wurden ca. 30 Prozent der Ausgangsstichprobe Leistungstests und differenzierten Fragebögen unterzogen, um in jedem der Begabungsbereiche die besten zwei bis fünf Prozent der Schüler zu identifizieren.

Die wichtigsten Informationsquellen, Untersuchungsvariablen und Meßinstrumente - jeweils bezogen auf die fünf Dimensionen des Münchener Hochbegabungsmodells - sind in Tabelle 1 zusammengefaßt. Detailliertere Angaben finden sich an entsprechenden Stellen der Berichtsteile II und III; vgl. auch die Übersicht im Anhang, Kapitel 3, dieses Buches.

1.3 Hauptfragestellungen der empirischen Untersuchung

Die Vorbereitungsarbeiten zu diesem Forschungsprojekt setzten bereits 1984 ein. In unserem Förderungsantrag (1984, S. 6 ff.) an das BMBW formulierten wir folgende *Untersuchungsziele*:

- die Entwicklung und Erprobung eines differentiellen Diagnoseinstrumentariums zur Identifizierung hochbegabter Kinder und Jugendlicher unter Berücksichtigung verschiedener Begabungsformen;
- die Beobachtung, Beschreibung und Analyse des Entwicklungsverlaufs hochbegabter Jugendlicher im Zeitkontinuum;
- Bedingungsanalysen über den Zusammenhang von Begabungspotential und Leistungsprodukt, wobei neben kognitiven und nichtkognitiven Persönlichkeitsvoraussetzungen auch situationale bzw. soziale Kontextbedingungen in die Untersuchung eingehen sollten (vgl. Abbildung 2 oben).

Von den erwarteten Ergebnissen versprachen wir uns nützliche Informationen für die Förderung besonders befähigter Schüler/innen sowie die Lehrer- und Elternberatung. Eine gezielte Begabtenförderung ist ja ohne gesicherte Diagnosen kaum vorstellbar, zumal wenn man unterschiedlichen Begabungsformen und individuellen Fähigkeits- bzw. Interessenschwerpunkten gerecht werden will (Aufgabe einer differentiellen Begabtenförderung in und außerhalb der Schule). Für die Identifizierung besonders begabter Schüler/innen sind mehrdimensionale, im oberen Skalenbereich ausreichend differenzierungsstarke Meßinstrumente erforderlich, wobei die an einer unausgelesenen Stichprobe normierten Testverfahren - wie sie für die Schul- und Erziehungsberatung gewöhnlich zur Verfügung stehen - nicht oder allenfalls sehr eingeschränkt taugen. Im *ersten Untersuchungsabschnitt* (1985-1987)

Tabelle 1: Untersuchungsvariablen und Meßinstrumente (Auswahl)

	Meßinstrumente	
Untersuchungsdimension	Informationsquelle: Schüler	Informationsquelle: Lehrer
Intellektueller Bereich	Tests: - KFT (Kognitiver Fähigkeitstest) - ZVT (Zahlenverbindungstest)	Lehrercheckliste: T-Int Schulnoten
Kreativer Bereich	Tests: - VWT (Verwendungstest) - VKT (Verbaler Kreativitätstest) Fragebogen: - GIFT (Finding Creative Talent)	Lehrercheckliste: T-Cre
Soziale Kompetenz	Fragebogen: - Soziale Kompetenz	Lehrercheckliste: T-SC
Psychomotorik		Lehrercheckliste: T-Pm
Kunst (Musik)		Lehrercheckliste: T-Mus
Nichtkognitive Persönlichkeitsmerkmale	Fragebögen: - TfK (Erkenntnisstreben) - HS (Hoffnung auf Erfolg) - FF (Furcht vor Mißerfolg) - Angst - Selbstkonzept - Attribution - Lernstil - MAI (Münchner Aktivitäten-Inventar)	
Umweltmerkmale	Fragebögen: - Familienklima - Schulklima - Kritische Lebensereignisse	

waren deshalb die Entwicklung und Erprobung geeigneter diagnostischer Meßinstrumente einschließlich umfangreicher teststatistischer Analysen und Skalenrevisionen Hauptinhalte unserer Arbeit.

In der *zweiten Untersuchungsphase* (1987-1989) standen folgende Ziele im Vordergrund: erstens die weitere Evaluierung der Diagnoseinstrumente im Hinblick auf Zuverlässigkeit (Retestreliabilität) und Gültigkeit (Kriteriumsvalidität und Prognosegültigkeit); zweitens verschiedene Entwicklungs- und Leistungsanalysen hochbegabter Schüler/innen im Vergleich zu nichthochbegabten Jugendlichen, die Erfassung begabungsrelevanter Sozialisationsfaktoren, bestimmter Hochbegabungstypen, geschlechtsspezifischer Effekte usw. (Aufgaben der eigentlichen Längsschnittstudie).

Ergebnisse zur ersten Fragestellung werden in Teil II dieses Buches von E.A. Hany detailliert dargestellt und im Kontext des aktuellen Forschungsstandes diskutiert. Die wichtigsten Ergebnisse zur eigentlichen Längsschnittstudie finden sich im Teil III dieses Buches, der von Ch. Perleth & W. Sierwald verfaßt wurde. Aus Platzgründen und wegen der Zumutbarkeit gegenüber dem Leser mußten wir uns auf eine Auswahl der zahlreichen Einzelbefunde beschränken, ohne daß damit wesentliche Informationen verlorengehen durften. Schließlich sollten wenigstens ausschnittsweise typische Beratungsanlässe im Zusammenhang mit Hochbegabung erfaßt und geeignete Maßnahmen für die praktische Beratungsarbeit vorgeschlagen werden.

2. Anwendungsaspekte ausgewählter Untersuchungsbefunde

Im folgenden sollen unter dem Gesichtspunkt praktischer Verwertungsmöglichkeiten vor allem für Eltern, Lehrer und Beratungspsychologen sowie Bildungspolitiker beispielhaft einzelne Untersuchungsergebnisse herausgestellt sowie mögliche Konsequenzen für die Hochbegabungsdiagnose und Hochbegabtenförderung im Kindes- und Jugendalter einschließlich Qualifikationsfragen diskutiert werden.

2.1 Hochbegabtenidentifikation als notwendige Voraussetzung individueller Entwicklungsförderung

Die aus den Untersuchungsbefunden zur ersten Fragestellung resultierenden Erkenntnisse erfordern sowohl für die Konzeptualisierung (des Hochbegabungsbegriffs) als auch für die Begabungsdiagnose und Begabtenförderung Konsequenzen. Die wichtigsten Folgerungen seien hier thesenartig zusammengefaßt.

(1) *Hochbegabung ist ein komplexes Phänomen,* was bei der *Konzeptualisierung* berücksichtigt werden muß. Gefordert sind mehrdimensionale Konstrukte und möglicherweise hierarchische Hochbegabungsmodelle, wobei der sog. Allgemeinen Intelligenz als oberster Ebene eine Mittlerfunktion zwischen der Position der Generalisten und jener der Strukturalisten zukommen könnte. Analog zu Jäger (1986, S. 286) definierten wir deshalb *Hochbegabung* als Hierarchie korrelierender, aber deutlich unterscheidbarer intellektueller Fähigkeits- und bereichsspezifischer Kreativitätspotentiale (Heller, 1987, S. 162). Damit vereinbar wäre auch die Schwellenhypothese Guilfords (1967), wonach außergewöhnliche Kreativität (und Hochbegabung) zumindest in akademischen Leistungsdomänen vorab im oberen Intelligenzbereich zu erwarten sind. Wir teilen darüber hinaus die Auffassung jener Kollegen, die sowohl theoretische als auch praktische Lösungen in einem kombinierten Forschungsansatz von psychometrischen (traitorientierten) und kognitionspsychologischen Paradigmen erwarten. Die in Teil II dieses Buches vorgestellten Ergebnisse entsprechen weitgehend dem ersten Untersuchungsansatz, wobei ergänzende kognitionspsychologische Einzelstudien vor allem in Teil III behandelt werden. Insgesamt betrachtet muß jedoch die größere (unmittelbare) Praxisrelevanz zur Zeit noch dem psychometrischen Diagnoseansatz in der Hochbegabtenidentifizierung zugemessen werden (vgl. Hany & Heller, 1991b, sowie Rost, 1991).

(2) Eine weitere Konsequenz betrifft die Forderung, das (Hoch-)Begabungskonzept unter Berücksichtigung des jeweiligen *Verwendungszweckes* zu bestimmen - seien es Forschungsfragestellungen oder pädagogische und ausbildungsspezifische Ziele. Dieses Postulat für die Begabungsdefinition gilt praktisch auch im Hinblick auf *(Hoch-)Begabungsdiagnosen,* die neben kognitiven und motivationalen Persönlichkeitsvoraussetzungen unter pädagogischen Aspekten immer auch die Erfassung relevanter Sozialisationsfaktoren

einschließen müssen. Diagnostisch abgesicherte Informationen über die Situation des Einzelfalles bilden eine unverzichtbare Ausgangsbasis für präventive Maßnahmen oder auch für die interventive Entwicklungsförderung und psychologische Beratung im Konfliktfall (vgl. Mönks, 1987; Feger, 1988).

(3) Analog sind befriedigende Ergebnisse in der *Hochbegabtenidentifizierung* bei sog. Talentsuchen (z.B. Wieczerkowski et al., 1987) u.ä. nur unter Ausschöpfung aller verfügbaren Informationsquellen zu erzielen, d.h. formeller Tests *und* informeller Meßinstrumente (z.B. Lehrerchecklisten oder Fragebögen zur Erfassung hochbegabungsrelevanter Merkmale). Wir halten nichts von der Verteufelung der sog. Statusdiagnostik (vgl. auch Wieczerkowski & Wagner, 1985; Hany, 1987b u. c). Diese muß allerdings durch Prozeßanalysen, z.B. im Rahmen der Lerntest- oder der experimentellen Diagnostik, ergänzt werden (vgl. Facaoaru & Bittner, 1987; Putz-Osterloh & Schroiff, 1987). Eine solche Forderung gilt insbesondere dann, wenn Bedingungsanalysen erforderlich werden, etwa zu Präventions- oder Interventionszwecken in der Begabungsförderung bei Kindern und Jugendlichen.

(4) Zuverlässige *Prognosen über die Persönlichkeitsentwicklung* begabter Kinder und Jugendlicher sowie deren schulische Leistung und Freizeitaktivitäten erfordern neben einem geeigneten Prädiktionsmodell und relevanten Entscheidungsstrategien (Klassifikation, Placierung, Selektion) empirisch abgesicherte Begabungsindikatoren und brauchbare Kriteriumsvariablen über das individuelle Leistungsverhalten sowie entsprechende Kontextbedingungen des sozialen Lernumfeldes. Dazu finden sich nachstehend in Teil II zahlreiche Dateninformationen und detaillierte Verbesserungsvorschläge.

(5) Zu den sog. *Risikogruppen,* d.h. jenen Jugendlichen, deren Begabung leicht übersehen oder nicht rechtzeitig erkannt wird, gehören neben körperlich oder psychisch Behinderten vor allem begabte Mädchen (vgl. Detzner & Schmidt, 1986; Feger, 1986, 1987, 1988; Mönks, 1987; Heinbockel, 1989; Prado & Wieczerkowski, 1990; Stapf, 1990; Beerman, 1990; Beerman, Heller & Menacher, 1991) sowie die - nach Expertenmeinung nicht kleine Gruppe der - begabten *Underachiever* (vgl. Butler-Por, 1988; Rimm, 1986). Darunter werden jene Schüler/innen subsumiert, die im Hinblick auf ihre intellektuellen Fähigkeiten in den (Schul-)Leistungen deutlich zurückbleiben, also erwartungswidrig schlechter abschneiden; deren psychische und/oder soziale Situation erlaubt es offenbar nicht, ihr Begabungspotential in adäquate Verhaltensleistungen umzusetzen. Experten (z.B. Mönks et al., 1986) schätzen, daß bis zu 50% der hochbegabten Schüler/innen als Underachiever unerkannt bleiben, somit also keine individuell angemessene Förderung erfahren. Solche Klienten können übrigens nur im Diagnose-Prognose-Ansatz identifiziert werden, weshalb unter beratungspsychologischen Gesichtspunkten eine Verabsolutierung des ansonsten recht effizienten Experten-Novizen-Paradigmas in der Hochbegabtenforschung zurückzuweisen wäre. Das scheinbar unausrottbare Vorurteil, wonach hochbegabte Kinder und Jugendliche keiner besonderen Unterstützung oder Beratungshilfe bedürfen, gehört inzwischen zu den wissenschaftlich am besten widerlegten Annahmen.

(6) Weitere Untersuchungen deuten darauf hin, daß *Früherkennung und Frühförderung* besonders befähigter Kinder vor allem im Hinblick auf die Ermöglichung angemessener Lernumwelten bzw. günstiger Sozialisationbedingungen außerordentlich wichtig sind. Dabei muß man sich die Begabungsentwicklung von Anfang an als Interaktionsprozeß

vorstellen. Hochbegabte Kinder nehmen oft sehr früh aktiv und spontan Einfluß auf ihre soziale Umgebung, um ihr ausgeprägtes Lern- und Informationsbedürfnis zu stillen. Neugier, spielerische Kreativität und Wissensdurst (als Basismotiv für Erkenntnisstreben) sind hier wichtige Begabungsindikatoren bzw. Prädiktoren für spätere Leistungsexzellenz (Lehwald & Friedrich, 1987). Begabte Kinder und Jugendliche sind eine interessante gesellschaftliche Herausforderung, der sich Psychologen und Pädagogen, Lehrer und Eltern sowie nicht zuletzt die Bildungspolitiker stellen sollten.

(7) Wissenschaftliche Evaluationsergebnisse zur Förderung besonders befähigter Schüler belegen den *Nutzen der Hochbegabtenförderung für alle Schüler* (z.B.Hany & Bittner, 1989). Begabtenförderung muß nicht zu Lasten der Behindertenförderung erfolgen, wie manche Kritiker argwöhnen. Sie ist vielmehr eine notwendige Ergänzung hierzu, wobei nicht selten nützliche Erkenntnisse für die Sonderpädagogik (z.B. Perleth, Schuker & Hubel, 1992) oder den Regelunterricht (vgl. Hany & Heller, 1991a) erwartet werden können.

2.2 Empfehlungen an die Schule unter besonderer Berücksichtigung der Beratungs- und diagnostischen Kompetenz des Lehrers

Die Notwendigkeit begabungsspezifischer Sozialisationsbedingungen wurde bereits mehrfach angesprochen. Diese Forderung ist sowohl theoretisch fundiert als auch - u.a. in diesem Buch - empirisch hinreichend begründet. Deren Umsetzung in praktische Erziehungs- und (schuliche) Bildungsmaßnahmen muß sich demnach an folgenden Positionen orientieren:

(1) *Begabung* ist zunächst eine relativ unspezifische individuelle Anlagepotenz, die in ihrer Entwicklung von Anfang an interagiert, also in Wechselwirkung tritt mit der sozialen Lernumwelt, d.h. mit konkreten Erziehungs- und Sozialisationseinflüssen. Begabung, auch Hochbegabung, stellt sich somit zu jedem Zeitpunkt der individuellen Entwicklung (Ontogenese) als *Interaktionsprodukt* dar.

(2) Schon in den ersten Lebensjahren sind *Begabungsunterschiede* (zwischen Individuen) beobachtbar, die sich z.B. in der Neugier und spielerischen Kreativität, im Wissensdurst bzw. Lern- und Informationsbedürfnis, in hervorragenden Gedächtnisleistungen, individuellen Lern- und Arbeitsstilen, Problemsensitivität, Originalität von Problemlösungen u.ä. äußern.

(3) Erkennt man die *Realität unterschiedlicher Begabungsformen* an und berücksichtigt man die inzwischen gesicherte Erkenntnis, wonach die meisten schulischen Lernprozesse nicht additiver, sondern kumulativer Art sind, dann stellt sich gleichermaßen die *pädagogische und bildungspolitische Forderung,* begabungsgerechte Erziehungs- und Sozialisationsbedingungen für jeden einzelnen zu ermöglichen. Konkret bedeutet dies, differentielle - begabungsspezifische - schulische Lernumwelten und Curricula anzubieten. Egal wie die entsprechenden schulischen und organisatorischen Rahmenbedingungen hierfür aussehen mögen, sie werden sich in jedem Fall an den vorgenannten *Prinzipien individueller, d.h.*

begabungsgerechter, Förderung der Persönlichkeitsentwicklung von Kindern und Jugendlichen orientieren müssen.

Diagnose und Förderung werden hier als Funktionseinheit betrachtet. Diagnostische Untersuchungen bei Hochbegabten dienen zuallererst dem Individuum und seiner Entwicklungsförderung. Aus den bisherigen Erörterungen sollte deutlich geworden sein, daß wir den Wert eindimensionaler Hochbegabungsdefinitionen bezweifeln und für mehrdimensionale (Profilanalysen) plädieren. Somit verbieten sich, zumindest für die pädagogisch-psychologische *Praxis*, **Hochbegabungsdiagnosen** über einen einzigen IQ-(Grenz-)Wert; zur aktuellen Kontroverse hierzu vgl. Sternberg (1990), Rost (1991), Mönks (1991), Hany & Heller (1991b). Geht man vielmehr von verschiedenen Formen und komplexen Qualitäten der Hochbegabung aus, dann sind die wichtigsten relevanten kognitiven und nichtkognitiven Persönlichkeitsstruktur- und Prozeßmerkmale möglichst differenziert zu erfassen. Hinzu kommen Einflußvariablen der sozialen Lernumwelt auf die Entwicklung und das Leistungsverhalten Hochbegabter. Der Diagnostiker wird also im konkreten Fall bemüht sein, alle verfügbaren Informationsquellen auszuschöpfen: Life-, Questionnaire- und Testdaten (sensu Cattell). Dabei ist natürlich die unterschiedliche Skalenqualität in der Auswertung zu beachten (vgl. Hany, 1987b u. c). Soweit als möglich sollten statusdiagnostische Verfahren durch prozeßdiagnostische Ansätze ergänzt (nicht ersetzt) werden. Hier seien nur einige hochbegabungsspezifische Diagnose- und Entscheidungsprobleme diskutiert; zur ausführlicheren Information kann auf einschlägige Publikationen (Bartenwerfer, 1978; Feger, 1988; Wieczerkowski & Wagner, 1985; Heller & Feldhusen, 1986; Heller, 1987, 1991b; Hany, 1987b u. c) sowie den nachstehenden Teil II dieses Berichts verwiesen werden.

Ein spezielles Problem ergibt sich in der Hochbegabungsdiagnostik aus der Verwendung normierter Tests. Aus Gründen der Varianzeinschränkung psychometrischer Messungen im oberen Skalenbereich entstehen sog. *Deckeneffekte*, was ungenügende Merkmalsdifferenzierungen zur Folge hat. Dem begegnet man in *Leistungstests,* zu denen auch *Intelligenz- und Fähigkeitstests i.w.S.* zählen, am besten dadurch, daß im Sinne des Akzelerationsprinzips Testaufgaben einer altershöheren Gruppe (mit bis zu zwei oder drei Jahren Unterschied) hochbegabten Kindern und Jugendlichen vorgelegt werden. Zu den marktüblichen Testverfahren fehlen allerdings sehr oft entsprechende Normen. Ferner eignen sich zu dem empfohlenen Vorgehen nur sog. Stufentests oder Multi-Level-Verfahren, wie der *Kognitive Fähigkeitstest (KFT),* der sich bei unseren Hochbegabungsuntersuchungen gut bewährt hat (vgl. auch Hagen, 1989).

Problematischer und zumeist in der Auswertung sehr zeitaufwendig sind die üblichen *Kreativitätstests.* Zur Erfassung divergent-konvergenter Problemlösefähigkeiten sowie für Prozeßanalysen empfehlen sich deshalb computergestützte Tests, wie sie derzeit verschiedentlich erprobt werden. Beispielhaft seien hier der *Test des räumlichen Einrichtens (TRE)* sowie der *Test der Zahlenreihen und -analogien (TZRA)* erwähnt (Facoaru, 1985; Facaoaru & Bittner, 1987). Andere diagnostische Möglichkeiten werden mit dem sog. *QI-Test* vorgeschlagen (Rüppell, Hinnersmann & Wiegand, 1987), wobei QI für "Qualität der Informationsverarbeitung" steht, während Putz-Osterloh die *Verwendung komplexer Verhaltensmaße* auf denkpsychologischer Grundlage bzw. den *Einsatz computersimulierter Planspiele* empfiehlt (Putz-Osterloh & Schroiff, 1987). Die zuletzt genannten Verfahrensansätze sind experimentell mehr oder weniger geprüft, ohne daß sie schon zur praktischen Anwendungsreife gelangt wären. Vor allem stehen noch breitere Gültigkeitsnachweise aus, weshalb allein aus diesem Grunde in absehbarer Zeit psychometrische Verfahren (der sog. Statusdiagnostik) unverzichtbar sein werden.

Darüber hinaus haben sich unter bestimmten Voraussetzungen (z.B. Operationalisierung beobachtbarer Verhaltensmerkmale bzw. Hochbegabungsindikatoren) *Lehrer- und Elterncheckllisten* mit entsprechenden Kategorien und Ratingskalen in unseren Studien bewährt (Hany & Heller, 1990b; Hany, 1991b). Bei der Wahl der Informanten (Rater) muß allerdings sorgfältig auf deren spezifischen Erfahrungshintergrund geachtet werden. So betrachtet können sich nicht nur Lehrer- und Elternratings gut ergänzen, sondern auch Fremd- und Selbstnominationsurteile (z.B. bei Talentsuchen für bestimmte Förderprogramme). Da solche "weichen" Daten gewöhnlich weniger zuverlässige Informationen darstellen, sind Reliabilitätskontrollen unabdingbar. Andererseits ist deren ökologische Validität, die natürlich ebenfalls empirisch kontrolliert werden muß, oft besser als jene bei standardisierten Meßverfahren (Tests). In der Praxis der Hochbegabungsdiagnostik ist also eine Verfahrens*kombination* zu bevorzugen. Hierfür sprechen auch entscheidungslogische Gründe, die mit dem sog. Bandbreite-Fidelitätsdilemma bzw. den bekannten Fehlerrisiken bei Selektionsentscheidungen zusammenhängen.

Das von Cronbach & Gleser (1965) für diagnostische Personalentscheidungen explizierte *Bandbreite-Fidelitäts-Dilemma* ist auch für die Hochbegabtenidentifikation relevant. Es besagt, daß zwischen der (wünschenswerten) Breite des Erfassungsspektrums - also möglichst vieler oder aller relevanten Hochbegabungsmerkmale - und der erforderlichen Genauigkeit (Zuverlässigkeit) der diagnostischen Informationsquellen bzw. Meßergebnisse ein Widerspruch insofern besteht, als beide Forderungen nicht gleichzeitig optimiert werden können. *Für die Hochbegabungsdiagnostik empfiehlt sich deshalb eine sequentielle Entscheidungsstrategie*: Zunächst wird in einem *Screening* mit Hilfe von (relativ ungenauen) Checklisten, Beobachtungstechniken oder Ratings sowie Nominationsverfahren u.ä. eine merkmalsbreite Begabungserfassung (Grobauslese) angestrebt, wobei möglichst keine Begabungen unerkannt bleiben, d.h. "verloren gehen" sollen. Dieses Ziel wird freilich damit erkauft, daß in der ersten Selektionsquote noch relativ viele nichthochbegabte Probanden sind. Man geht somit bewußt das *Risiko erster Art* (Fehler vom Typ alpha) ein. In einem zweiten und möglicherweise dritten Schritt werden zunehmend meßgenauere, aber bereichsspezifischere Diagnostikinstrumente (z.B. Tests) eingesetzt. Zugleich verringert sich damit das *Risiko zweiter Art* (Fehler vom Typ beta), wodurch die Gefahr fehlerhafter Etikettierungen minimalisiert werden kann. Genauso gingen wir auch bei der Rekrutierung unserer Untersuchungsstichprobe(n) hier vor (vgl. die Ausführungen im Anhang zu diesem Buch, Kapitel 1 und 2).

Bei *Selektions*entscheidungen sind prinzipiell zwei Fehlertypen relevant. Im Kontext der Hochbegabungsdiagnostik spricht man vom *Alpha-Fehler*, wenn ein Proband als hochbegabt identifiziert wird, obwohl er tatsächlich nicht hochbegabt ist. Dagegen besteht der *Beta-Fehler* hier darin, daß Hochbegabung nicht erkannt wird, z.B. ein hochbegabter Bewerber vom gewünschten Förderkurs ausgeschlossen bleibt. Da nicht gleichzeitig beide Fehlerrisiken reduziert werden können, wird man je nach Ziel und Funktion der Hochbegabungsdiagnose die kritischen Testwerte (cut-offs) verschärfen, d.h. anheben und damit den Alpha-Fehler verringern, oder lockern bzw. senken und somit den Beta-Fehler reduzieren (bei zwangsläufigem Anstieg des Alpha-Fehlers). Während bei institutionellen

Entscheidungen gewöhnlich nach Verringerung des Alpha-Fehlers getrachtet wird, sollte unter dem individuellen Nutzenaspekt vorrangig der Beta-Fehler minimalisiert werden. Durch sukzessive - anstelle einstufiger - Entscheidungsprozeduren können die genannten Fehlerrisiken gebannt oder wenigstens verringert werden. Eine weitere Möglichkeit zur Vermeidung unerwünschter individueller Folgen bietet die Verwendung mehrfaktorieller *Klassifikations*modelle auf der Basis einer Begabungstypologie. Für die Praxis der Hochbegabungsdiagnostik hinreichend erprobte Taxonomien dieser Art stehen jedoch derzeit noch aus.

Eine andere Frage betrifft den *Zeitpunkt der Hochbegabtenidentifizierung.* Methodische Einwände bezüglich der Unzuverlässigkeit von Intelligenzdiagnosen im frühen Schulalter oder auch bereits bei Vier- und Fünfjährigen sind nach empirischen Befunden (z.B. von Casey & Quisenberry, 1982) bei hochbegabten Kindern weniger gravierend als allgemein erwartet. Andererseits sind pädagogische Befürchtungen im Hinblick auf die Gefahr negativer Etikettierungseffekte sicherlich nicht ganz von der Hand zu weisen sind, obwohl solche Befürchtungen nur partiell empirisch bestätigt werden konnten (Robinson, 1986). Entwicklungspsychologen plädieren deshalb eher für *frühzeitige Begabungsdiagnosen.* Dabei sind vor allem Argumente für eine Optimierung individueller Sozialisationschancen vorgetragen worden (Lehwald, 1986, 1990). Die Notwendigkeit einer frühen Begabungsdiagnose wird man also sorgfältig im Einzelfall prüfen und diese gegebenenfalls, etwa bei erhärtetem Verdacht auf ungünstige Sozialisationsbedingungen, zum Wohle des Kindes riskieren müssen. Eine als notwendig erkannte individuelle Entwicklungsförderung kann nicht von der Entscheidungsverantwortung des Klienten und/oder Sozialisations- bzw. Beratungsagenten dispensieren, selbst wenn dies der bequemere Weg für den Entscheidungsträger wäre.

Im Kontext der **Hochbegabtenförderung** stellen sich prinzipiell folgende Fragen:

(1) Wozu, d.h. mit welchem Ziel und welchen Konsequenzen erfolgt die Förderung?

Zur Beantwortung dieser Frage sollen zunächst (vermutete) negative vs. positive Konsequenzen der Hochbegabtenförderung gegenübergestellt werden. So wurden das Kostenargument und die Gefahr einer Chancenminderung für nichthochbegabte Kinder (denen durch die Hochbegabtenförderung Lerngelegenheiten entzogen würden) ins Feld geführt. Ferner wurden Befürchtungen geäußert, daß mit der Hochbegabtenförderung falsches Elitebewußtsein unterstützt werde oder Hochbegabte zu arroganten Außenseitern erzogen würden, die Diskrepanz zwischen ihren "unreifen" Gefühlen und ihrer "reifen" Intelligenz sich dadurch vergrößern und insgesamt zu einer ungünstigen Persönlichkeitsentwicklung führen könnte, Fördermaßnahmen das "Fachidiotentum" begünstigten usw. Nach Feger (1987a, 1988) und unseren eigenen Erfahrungen (Heller, 1986, 1988; Hany & Heller, 1991a) ist keines dieser Argumente hinreichend empirisch dokumentiert, wenngleich entsprechende Gefahren im Einzelfall nicht unterschätzt werden sollten. Andererseits werden zahlreiche Befunde auch aus der hier dokumentierten Untersuchung für die Hypothese berichtet, wonach die Versäumnisse durch Nichtförderung hochbegabter Kinder und Jugendlicher weitaus gravierendere Folgen haben, indem sie etwa zu Entwicklungsbeeinträchtigungen und erheblichen Erziehungsproblemen führen können. Disharmonie mit sich und der sozialen Umgebung, Verhaltens- und Kontaktstörungen, Hyperaktivität oder schulischer Leistungsabfall aufgrund länger andauernder Unterforderung, Erhöhung des psychiatrischen Risikos (z.B. anorexia nervosa bei hochbegabten Mädchen) u.a. sind hier symptomatisch. Hieraus ergeben sich über die pädagogische Begabungsförderung hinaus wichtige Aufgaben der psychologischen Intervention und der Prävention.

Positive Argumente liegen einmal im Grundrecht jedes einzelnen auf optimale Entwicklungschancen, zum anderen in seiner Entscheidungsfreiheit, die ihm anvertrauten Anlagen und Begabungspotenzen voll (oder auch nicht) zur Geltung zu bringen. Schließlich können noch Ansprüche der Gesellschaft an jeden einzelnen, also auch an Hochbegabte, reklamiert werden, solange das Individuum selbst diese (die Gesellschaft) in Anspruch nimmt.

(2) Was soll gefördert werden: Spezialwissen vs. umfassende Persönlichkeitsbildung?

Generell kann Hochbegabtenförderung an den individuellen Stärken oder Schwächen ansetzen, womit das Akzelerationsprinzip vs. das remediale Lernkonzept korrespondieren. Als hochbegabungsspezifische Variante des remedialen Lernens kann das *Enrichmentmodell* betrachtet werden, sofern man hierunter nicht alle jene Förderungsaktivitäten subsumiert, die außerhalb der individuellen Begabungsschwerpunkte liegen (z.B. Kunstseminare für mathematisch besonders befähigte Schüler).

Eine weitere Akzentuierung liegt in der Unterscheidung von *allgemeinen* basalen Denkfähigkeiten und Lernkompetenzen sowie von *bereichsspezifischem* Wissen als Förderungsgegenständen, die wiederum in curriculare und extracurriculare Inhalte differenziert werden können. So schlägt z.B. Gallagher (1982, S. 143) die Berücksichtigung der folgenden (allgemeinen) Fähigkeitsaspekte bei der *Curriculumplanung* vor: die Fähigkeit, einen Gedanken mit anderen in Beziehung zu setzen, fundierte Urteile zu fällen und mit größeren Erkenntnissystemen zu operieren. Angesichts der Wissensprogression in den modernen Wissenschaften kann das Ziel der Vermittlung bereichsspezifischen Wissens sicher nicht in einer Faktenanhäufung gesehen werden. Als Brennpunkte für Unterrichtsgegenstände in speziellen Förderprogrammen für hochbegabte Schüler fordert Gallagher (1982, S. 145 f.): "1) Beherrschung der Struktur der Erkenntnisdisziplinen und Verstehen der Grundprinzipien im 'Herzen' eines jeden Gegenstandes. Von einem hochbegabten Schüler wird erwartet, daß er Systeme von Wissen anstelle einfacher Fakten und Assoziationen lernt. 2) Lernen der heuristischen Fähigkeiten des Problemlösens, der Kreativität, der naturwissenschaftlichen Methoden usw., so daß der hochbegabte Schüler ein mehr autonomer Lerner wird und nicht eingezwängt wird durch die Grenzen der jeweiligen Lehrer und Programme." Dem Lehrer obliegt es, Werkzeuge und Arbeitsmaterialien zum selbständigen Lernen bereitzustellen oder auch - unter Anleitung - entdecken bzw. entwickeln zu lassen, den Jugendlichen in seiner Kreativität zu fördern, zur sozialen Verantwortung zu erziehen u.ä.

Erfahrungen mit außerschulischen bzw. extracurricularen Zusatzangeboten für hochbegabte Schüler in Großbritannien, Israel und Deutschland (Hilgendorf, 1987; Heller, 1988; Hany & Bittner, 1989) zeigen, daß solche Förderangebote - die nicht zum Lehrplan der Schule gehören - in besonderer Weise hochbegabte Jugendliche herausfordern und zu außergewöhnlichen Leistungen motivieren. Unter diesem Gesichtspunkt verdienen auch die Freizeitinteressen und Aktivitäten außerhalb der Schulzeit viel mehr Beachtung in der Hochbegabtenforschung, als dies bislang geschehen ist (vgl. Hany, 1990). Auch hierauf wird im nachstehenden Bericht ausführlicher eingegangen.

(3) Wie und wo soll gefördert werden?

In der Literatur werden vor allem drei Förderungsprinzipien genannt: Akzeleration, Enrichment und Grouping. Häufig findet man jedoch in der Praxis der Begabtenförderung Kombinationsformen, insbesondere unter Berücksichtigung der beiden ersten Prinzipien.

Das *Akzelerationsprinzip* setzt an den individuellen Stärken an und ist eine der effektivsten Förderstrategien. Danach absolvieren z.B. mathematisch oder sprachlich hochbegabte Schüler das obligatorische Curriculum in diesen Fächern beschleunigt (akzeleriert), also in wesentlich kürzerer Zeit als die Alterskameraden. Organisatorische Formen hierfür sind sog. Steilkurse, D-Zugklassen oder (schulische) Arbeitsgemeinschaften in Mathematik, Fremdsprachen u.ä. (z.B. Wieczerkowski et al., 1987). Das Überspringen einer oder mehrerer Klassenstufe(n), vorzeitige Einschulung und vorgezogene Abitur- oder Hochschulprüfungen stellen praktisch generalisierte (organisatorische) Varianten des Akzelerationsprinzips dar. Im Gegensatz zu bisher selten verwirklichten Maßnahmen dieser Art in der Bundesrepublik Deutschland werden solche im angelsächsischen Raum, aber auch in anderen Ländern (einschließlich Osteuropas) viel häufiger praktiziert. In Baden-Württemberg wurde 1991/92 ein Schulmodellversuch "Neue (8-jährige) Gymnasien" für hochbegabte Schüler/innen eingerichtet, die eine Ergänzung der extracurricularen Arbeitsgemeinschaften für besonders befähigte Sekundarstufenschüler darstellen (siehe unten).

Das *Enrichmentprinzip* zielt auf eine breitere Persönlichkeits- und Entwicklungsförderung. Durch Anreicherung (enrichment) des Themenangebots im Förderprogramm, nicht selten mit extracurricularen Inhalten, sollen hochbegabte Jugendliche herausgefordert werden. Das Hauptaugenmerk kann dabei nicht nur den individuellen Stärken gelten, sondern auch - fallweise - auf weniger hoch ausgeprägte Fähigkeitsbereiche gerichtet sein (Kompensationsprinzip). Im Rahmen solcher Enrichmentprogramme werden anspruchsvolle Aufgaben - oft mit seltener Thematik - gestellt, z.B. im Rahmen von Wettbewerben oder in freiwilligen (extracurricularen) Schülerarbeitsgemeinschaften, wie sie erfolgreich seit 1984/85 in Baden-Württemberg durchgeführt werden (Hany & Bittner, 1989; Hany & Heller, 1991a). Auch das Kurswahlsystem der gymnasialen Oberstufe bietet zahlreiche Möglichkeiten. So werden neuerdings in Bayern sog. Pluskurse angeboten. Die private Braunschweiger Christophorus-Schule (Gymnasium mit angeschlossenem Internat) fordert von den Schülern der Sonderklassen statt der üblichen zwei vier bis sechs Leistungskurse, wobei die Begabtesten auch alle Fächer als Leistungskurse wählen können.

Sog. *grouped classes* bieten begabten Schülern die Möglichkeit, zusammen mit *gleichaltrigen Hochbegabten* zu lernen, was für die Persönlichkeits- und soziale Entwicklung eine wichtige Grunderfahrung darstellt (z.B. zur Bildung eines realistischen Selbstkonzeptes oder zur Ausformung sozialer Handlungskompetenzen). Beispiele für das *Gruppierungsprinzip* wären Sondertagsklassen (wo hochbegabte Schüler mindestens einen ganzen Schultag pro Woche zu einer Lerngruppe zusammengefaßt werden), sog. pull-out-groups (für bestimmte Aktivitäten werden hier hochbegabte Schüler aus dem normalen Unterricht herausgenommen) sowie cluster grouping (Gruppenbildung mit Hochbegabten innerhalb regulärer Schulklassen) und adjunct programs (wobei die Schüler entsprechend ihren Fähigkeiten gruppiert werden und sich in kleinen Interessengruppen außerhalb der Schulzeit treffen). Abgesehen von sportlichen und musischen Veranstaltungen finden sich solche Formen der Begabtenförderung

- bisher - fast nur im Ausland (ausführlicher vgl. Feger, 1987a, 1988). Bemerkenswert ist hierbei noch, daß entsprechende Initiativen nicht selten von Eltern hochbegabter Kinder ausgingen. Die im Ausland oft als weniger brisant empfundene Frage nach integrierter versus segregierter Hochbegabtenförderung wird hierzulande kaum gestellt (vgl. Weinert & Wagner, 1987).

Als Quintessenz sei hier festgehalten: Die Vielfalt menschlicher Begabungen, die mit unserer Studie "Formen der Hochbegabung" nur in - für das Kindes- und Jugendalter freilich wesentlichen - Ausschnitten erfaßt wurde, erfordert mehrdimensionale diagnostische Untersuchungsverfahren sowie differenzierte Entwicklungs- und Förderungsbedingungen. Dabei muß die Wahl der Methode individuumbezogen, d.h. am Begabungsschwerpunkt und an der Entwicklungsaufgabe (sensu Havighurst, 1952) orientiert, getroffen werden. In diesem Buch werden Untersuchungsstrategien bzw. Diagnoseverfahren und Identifikationsinstrumente dargestellt, die für das Erkennen hochbegabter Kinder und Jugendlicher auch praktisch bedeutsam sind. Darüber hinaus gewähren die Datenanalysen des Längsschnittstudienteils wichtige Aufschlüsse über die Begabungsentwicklung sowie über förderliche vs. ungünstige Sozialisationsbedingungen. Entsprechende Erkenntnisse dürften für schulische und familiale Fördermaßnahmen sowie für pädagogisch-psychologische Beratungsangebote an hochbegabte Jugendliche und deren Bezugspersonen von Nutzen sein. Das in Teil III, Abschnitt 9.3 vorgeschlagene Beratungsmodell könnte eine Diskussionsgrundlage für weitere Planungen im Kontext der Hochbegabtenförderung darstellen. Abschließend folgen hier noch einige Überlegungen zur Qualifizierung von Sozialisationsagenten (Eltern, Lehrer, Beratungslehrer und Schulpsychologen) für die skizzierten Aufgaben.

2.3 Qualifikationsempfehlungen unter besonderer Berücksichtigung von (Beratungs-)Lehrern und Schulpsychologen

Der Erfolg begabungsgerechter Erziehungs- und Bildungsmaßnahmen hängt nicht nur vom guten Willen der beteiligten Eltern und Lehrer ab, sondern auch von deren Kompetenz, Hochbegabung rechtzeitig zu erkennen und angemessen damit umzugehen. Als integrative Aufgabe formulierten wir die Hochbegabungsdiagnostik und Hochbegabtenförderung. Nun wird es darauf ankommen, die genannten Sozialisationsagenten für diese Aufgabe vorzubereiten. Ein *Fortbildungsprogramm* mit der Absicht, vor allem Lehrer bzw. Beratungslehrer und Schulpsychologen/Erziehungsberater für Hochbegabungsfragen zu qualifizieren, wird folgende allgemeinen *Ziele* im Auge behalten müssen:

1) Information über den aktuellen Stand der Hochbegabungsforschung, insbesondere unter entwicklungs- und pädagogisch-psychologischer Perspektive;
2) Vermittlung von Wissens- und Handlungskompetenzen zur Hochbegabungsdiagnostik;
3) Vermittlung von Wissens- und Handlungskompetenzen zur Hochbegabtenförderung (und deren pädagogische Begründung);
4) Vermittlung von Wissens- und Handlungskompetenzen der pädagogisch-psychologischen Beratung bei hochbegabungsspezifischen Problemen (Präventionsmaßnahmen und

Interventionshilfen in Sinne der individuellen Entwicklungsförderung) sowie zur Verbesserung der Kooperation von Elternhaus und Schule;

5) Strategien und Modelle zur (formativen und summativen) Evaluation im Hinblick auf praktische Förderungsmaßnahmen und Identifikationsverfahren.

Der nachstehende Katalog enthält entsprechende Bausteine für ein solches Fortbildungsprogramm, dessen vier Themenblöcke als integrative Funktionseinheiten zu sehen sind (vgl. Curriculumvorschlag). Je nach Adressatengruppe können die einzelnen Inhalte eine unterschiedliche Gewichtung erfahren.

Curriculumelemente

Themenblock I: *Theoretische Konzepte, Modelle und empirische Befunde der Hochbegabungsforschung:*

- das Konstrukt "Hochbegabung" und verwandte Konzepte; Definitionsprobleme;
- explizite und implizite Theorien der Hochbegabung;
- Trait-and-Factor-Ansatz sowie psychometrische Befunde der Hochbegabungsforschung;
- kognitionspsychologische bzw. prozeßorientierte (informationstheoretische, denk- und wissenspsychologische) Ansätze und Befunde zur Hochbegabungsforschung;
- das Experten-Novizen-Paradigma in der Hochbegabungsforschung;
- differentialpsychologische Ergebnisse zur Hochbegabung;
- entwicklungspsychologische und sozialisationstheoretische einschließlich kulturvergleichende Forschungsergebnisse;
- neuropsychologische und gehirnphysiologische Korrelate kognitiver Kompetenz vs. Performanz;
- philosophische und ethische Grundlagen kognitiver Kompetenzforschung u.a.

Themenblock II: *Methoden der Hochbegabungsdiagnostik:*

- testtheoretische Grundlagen der Hochbegabungsdiagnostik;
- Funktionen der Einzelfalldiagnose vs. Talentsuche
- Status- vs. Prozeßdiagnostik (Fähigkeitsmessung vs. denkpsychologische Analysen komplexen kreativen Verhaltens);
- Methodenprobleme(Informationsquellen,Indikatorenbildung,Auswahl der Meßinstrumente, Planungs- und Entscheidungsstrategien, spezielle Meßprobleme, z.B. bei Längsschnittstudien oder Kulturvergleichen);
- Verfahren zur Hochbegabungsdiagnostik wie Fähigkeits- und Leistungstests (einschließlich computergestützter Lerntests), Interessen-, Motivations- und Persönlichkeitstests, Beobachtungs- und Beurteilungsverfahren, Checklisten u.ä., Assessment-Center-Techniken, Interviews und biographische Einzelfallanalysen usw.;

- Evaluationsprobleme unter besonderer Berücksichtigung der diagnostischen Kompetenz verschiedener Agenten (Lehrer, Beratungslehrer, Schulpsychologen, Erziehungs- und Studienberater).

Themenblock III: *Strategien und pädagogische Modelle zur Förderung hochbegabter Kinder und Jugendlicher:*

- Ziele und Prinzipien der Hochbegabtenförderung (Akzeleration, Enrichment und Gruppierung als Förderungsprinzipien);
- Entwicklung hochbegabungsspezifischer (system- vs. angebotsorientierter) Förderprogramme;
- Individualisierte Unterrichtsansätze als Förderungsmöglichkeit (Binnendifferenzierung u.ä.);
- Spezialklassen und Spezialschulen;
- curriculare vs. extracurriculare Begabungsförderung (z.B. Förder-AGs, Wettbewerbe);
- programmvermittelte Wissens- und Expertiseförderung vs. "reine" Denkförderung (Entwicklung relativ inhaltsunabhängiger, formaler Lern- und Denkoperationen, Unterstützung der Informationsverarbeitung, Entwicklung metakognitiver Kompetenzen) u.ä.;
- Eltern- und Lehrerberatung bezüglich konkreter Förderungsmaßnahmen;
- Evaluationsprobleme im Hinblick auf Förderungsmaßnahmen und Pilotprojekte.

Themenblock IV: *Pädagogisch-psychologische Fragestellungen und Methodenprobleme der Hochbegabtenberatung:*

- Beratungsanlässe (Entwicklungs- und Erziehungsprobleme, persönlichkeits- und sozialpsychologische Hochbegabungsprobleme, psychiatrische Auffälligkeiten, sog. Risikogruppen);
- Beratungskonzepte (Interventions- und Präventionsmaßnahmen im Hinblick auf die Sozialisation hochbegabter Kinder und Jugendlicher);
- Eltern- und Lehrerberatung (einschließlich Schullaufbahn- und Systemberatung);
- Entwicklung pädagogisch-psychologischer Handlungshilfen für die Erziehung und Ausbildung hochbegabter Kinder und Jugendlicher;
- Familien- und Jugendlichenberatung hinsichtlich anregender Freizeitaktivitäten bzw. familiärer Lernumwelten;
- Interessenförderung bei hochbegabten Mädchen; Unterstützung der Berufswahlvorbereitung hochbegabter Jugendlicher usw.

Diese Curriculumbausteine müßten natürlich in organisatorische Rahmenkonzepte, z.B. der regionalen oder überregionalen Lehrerfortbildung, der Schulpsychologenaus- und -fortbildung, von Fernstudienlehrgängen u.ä. eingebunden werden. Entsprechende Planungskonzepte zu elaborieren, liegt jedoch außerhalb der Zielstellung dieser Publikation.

Teil II:

Identifikation von Hochbegabten im Schulalter

Ernst A. Hany

Dieser Teil präsentiert die Ergebnisse zur Identifikation besonders begabter Schüler. Im ersten Kapitel werden das angewandte Identifikationsmodell sowie grundlegende Überlegungen zur Auswahl hochbegabter Jugendlicher dargestellt. Gleichzeitig werden damit die nachfolgenden Ergebniskapitel vorstrukturiert. Kapitel 2 enthält die erarbeiteten bzw. ausgewählten Verfahren zur Erfassung hochbegabungsrelevanter Person- und Umweltmerkmale, wobei die Darstellung auch Bezug auf die Praxistauglichkeit nimmt. Kapitel 3 stellt anhand ausgewählter Analysen verschiedene Schritte und Vorgehensweisen bei der Hochbegabtenidentifikation vor und bewertet die unterschiedlichen Ansätze anhand der empirischen Befunde. Besonderes Augenmerk wird dabei auf typologische Ansätze und ihre Ergiebigkeit gerichtet.

1. Allgemeine Überlegungen und Ansatzpunkte der empirischen Studie

Zunächst wird ein Arbeitsmodell vorgestellt, das die verschiedenen Arbeitsschritte, die im Rahmen der durchgeführten Studie zur Identifikationsfrage unternommen wurden, zusammenhängend schildert.

1.1 Ein Arbeitsmodell zur Identifikation Hochbegabter

Zur Identifikation von Hochbegabten existiert bereits eine ausführliche Überblicksliteratur. Im amerikanischen Sprachraum sind die Arbeiten von Fox (1981), Richert, Alvino & McDonnel (1982), Rosenfield (1983) sowie das gesamte Heft 4 der Zeitschrift "Gifted Child Quarterly 1984", Band 28, als neuere Informationsquellen zu empfehlen. In Deutschland liegen ebenfalls recht umfassende und profilierte Arbeiten vor: Neben den klassischen Übersichten von Bartenwerfer (1978), Feger (1980) und Wieczerkowski & Wagner (1985) bietet vor allem das Themenheft "Hochbegabungsdiagnostik" der Zeitschrift für Differentielle und Diagnostische Psychologie, das zum Teil von Mitgliedern des Projektteams gestaltet wurde, einen aktuellen Überblick; vgl. auch Hagen (1989) und Heller (1991b).

Whitmore (1985, S. 93) beantwortet die Frage, welche Identifikationsstrategie zur Auswahl von Hochbegabten geeignet sei, mit drei Gegenfragen, welche die Grundlagen verdeutlichen, gemäß denen die Strategie zu gestalten sei: "(a) who it is we want to identify, (b) when, and (c) for what purpose. It has been through challenges to definitions of giftedness that the need to re-examine identification practices has become evident; in a real sense, identification practices have defined giftedness for us."

In vielen Praxisfällen wird zu wenig überlegt, welche Formen der Hochbegabung für den angestrebten Identifikationszweck (z.B. die Teilnahme an einem Förderprogramm) angemessen wären. Vielfach wird der Hochbegabungsbegriff selbst nicht scharf bestimmt, so daß die Beobachtung Whitmores (s.o.), daß oft allein die (willkürliche) Auswahlprozedur bestimmt, wer als hochbegabt gelten mag, nur zu oft bestätigt werden muß.

Auch Alvino, McDonnel & Richert (1981) bzw. Richert et al. (1982), Feldhusen, Asher & Hoover (1984) und Birch (1984) kritisieren weitverbreitete Praktiken wie die Verwendung eines multifaktoriellen Hochbegabungsmodells, dem ein eindimensionales Identifikationsmodell, nämlich die Verwendung eines allgemeinen Intelligenztests, zur Seite gestellt wird. Im einzelnen wird also vernachlässigt, daß das Identifikationsinstrument eine Operationalisierung jener Begabungsfaktoren darstellen muß, die in dem akzeptierten Hochbegabungsmodell festgelegt sind. Ebenso wird oft nicht erkannt, daß das verwendete Meßverfahren im Hinblick auf das Kriterium, d.h. meist die Eignung für ein Förderprogramm, valide sein muß. Operationalisierungstreue und Kriteriumsvalidität sind daher wichtige Gütemerkmale jeder Identifikationsstrategie. Zur jüngsten Kontroverse um ein- vs. mehrdimensionale Hochbegabungsermittlungen vgl. noch Rost (1991), Mönks (1991) und Hany & Heller (1991b).

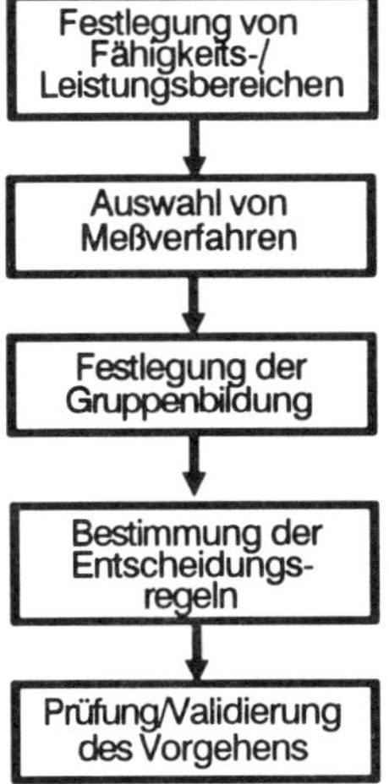

Abbildung 1: Strategiemodell zur Identifikation Hochbegabter

Im einzelnen lassen sich die Schritte, die von der Hochbegabungsdefinition zur konkreten Auswahlstrategie hinaus führen, folgendermaßen konzipieren (vgl. Abbildung 1):

(1) In folgerichtiger Ableitung des Hochbegabungsmodells müssen zunächst relevante Fähigkeits- und/oder Leistungsbereiche festgelegt werden, die für die Auswahl der Hochbegabten maßgeblich sein sollen. Beispielweise könnte man sportliche Hochbegabung allein über motorische Fertigkeiten definieren oder darüber hinaus auch Aspekte der Konzentration und der Auffassungsgeschwindigkeit miteinbeziehen.

(2) Für die ausgewählten Begabungsbereiche und deren Indikatoren sind Meßverfahren bzw. Meßgrößen und Meßvorschriften zu bestimmen.

(3) Aufgrund der erhobenen Meßwerte sind die untersuchten Personen in Gruppen einzuteilen, von denen eine (im einfachsten Fall) als "hochbegabt" bezeichnet wird. Die Art der Gruppenbestimmung ist - wie später gezeigt wird - ein besonders kritischer Punkt.

(4) Sofern die Gruppen nicht bereits allein auf der Grundlage der verfügbaren Meßwerte gebildet werden, sind diese sowie die gesamte Gruppenbestimmungsprozedur, d.h. die Auswahlstrategie, festzulegen.
(5) Die Effekte der Auswahlprozedur, nämlich Kosten und Nutzen besonders im Hinblick auf die Treffsicherheit, sind systematisch zu untersuchen. Die Prüfung bzw. Validierung dieser Prozedur kann erforderlichenfalls zu einer Revision aller genannten Schritte führen.

In den nächsten Abschnitten werden die fünf genannten Schritte detaillierter besprochen.

1.2 Festlegung von Fähigkeits-/Leistungsbereichen

Die Bestimmung der untersuchten Personmerkmale bei der Identifikation hochbegabter Personen muß sich naturgemäß an der zugrundeliegenden Hochbegabungsdefinition orientieren. Je nach Generalität bzw. Spezifität des Hochbegabungsmodells wird man eher übergreifende oder eher bereichsspezifische Fähigkeiten intelligenten Handelns zur Untersuchung auswählen. Dabei sind Extreme in beiden Richtungen ungünstig: Ein zu hoher Generalitätsgrad (z.B. bei Terman, 1954) der untersuchten Kompetenz verliert an kriterialer Validität, während ein zu niedriges Level, d.h. die Berücksichtigung einer Fülle kaum mehr übersehbarer verschiedener Begabungsarten (vgl. Taylor, 1978), zu einer Verwässerung des Hochbegabungsbegriffs führen kann.

In unserer Studie wurde eine hierarchische Differenzierung der Begabungsformen - ähnlich der Empfehlung von Cohn (1981) - vorgenommen: Intelligenz wurde als zentrale Voraussetzung von Hochbegabung angesehen. Ein bestimmtes Mindestmaß, so die Annahme, sei für jede bereichsspezifische Form von Hochbegabung unabdingbar. Jenseits eines Schwellenwerts jedoch können sich - in Abhängigkeit von den vorhandenen Talenten - verschiedene Hochbegabungsformen entwickeln. Aus pragmatischen Gründen wurden für die empirische Studie fünf näher untersuchte Fähigkeitsbereiche ausgewählt: spezifische kognitive Fähigkeiten (der Intelligenz), Kreativität, soziale Kompetenz, Psychomotorik, Musikalität. Diese fünf Bereiche wurden jedoch weiter differenziert und erst auf der nächsten Differenzierungsstufe operationalisiert. Einige Beispiele (vgl. die umfassende Darstellung in Kapitel 2) sollen das Vorgehen erläutern:

Spezielle *kognitive Fähigkeiten* sind z.B.
- verbales Schlußfolgern,
- mathematisches Verständnis,
- Informationsverarbeitungsgeschwindigkeit.

Spezifische *kreative Fähigkeiten* sind u.a.
- verbale Produktivität,
- praktische Flexibilität.

Spezifische *soziale Kompetenzen* sind z.B.
- Durchsetzungsvermögen,
- Kooperation.

Als *psychomotorische Fähigkeiten* wurden u.a. herangezogen
- Fingergeschwindigkeit,

- Beid-Hand-Koordination,
- Reaktionsgeschwindigkeit.

Musikalität wurde differenziert nach
- musikalischem Gedächtnis,
- musikalischer Sensibilität usw.

Neben der inhaltlichen Festlegung ist die Bestimmung des Meßansatzes erforderlich, und zwar in zweierlei Hinsicht: Auf konzeptueller Ebene gilt es festzulegen, in welcher Nähe zum (psycho)physiologischen Geschehen die Ableitung der Meßwerte stattfindet. Verschiedene Ansätze dazu sind (vgl. Facaoaru & Bittner, 1987; Hany, 1987):

(1) Der *Kognitive Korrelate-Ansatz*: Hierbei wird angenommen, daß intelligente Leistungen vor allem aufgrund der Geschwindigkeit basaler Informationsverarbeitungsprozesse zustandekommen. Diese Geschwindigkeit allein würde bereits eine große Varianz der Intelligenzleistung erklären (Cohn, Carlson & Jensen, 1985; Jensen, 1982; Jensen & Munro, 1979; Vernon, 1983).

(2) Der *Kognitive Komponenten-Ansatz*: Intelligente Leistungen werden danach als Zusammenspiel einiger grundlegender Denkprozesse aufgefaßt, die es zu analysieren und zu erfassen gilt (Pellegrino & Glaser, 1979; Snow, 1986; Sternberg & Detterman, 1986).

(3) Der *Lernfähigkeitsansatz*: Nicht die punktuell erfaßbare Intelligenz, sondern die Veränderung intelligenter Prozesse, gemessen in einem diagnostischen Programm mit zwei Meßpunkten, als Indikator für die verfügbare Lernfähigkeit ist kennzeichnend für Hochbegabung im Sinne des Lernfähigkeitskonzepts (Guthke, 1974, 1978).

(4) Der *psychometrische Ansatz*: Danach lassen sich Intelligenz u.a. Fähigkeiten als überdauernde (zeit- und situationsstabile) Personmerkmale mit einer Vielzahl von Aufgaben erfassen, deren interindividuelle Varianzen durch Fähigkeitskonstrukte erklärt werden können (Guilford, 1967; Thurstone, 1938).

Die vorliegende Arbeit konzentriert sich - aufgrund der verfolgten Anwendungsperspektive - vornehmlich auf den empirisch am besten gesicherten und praktisch am weitesten verbreiteten psychometrischen Ansatz, ohne die oben beschriebenen Erweiterungen zu vernachlässigen (vgl. Kapitel 2).

Auf *pragmatischer* Ebene gilt es zu entscheiden, an welcher Stelle im Begabungs-Leistungs-Kontinuum die relevante Messung ansetzen soll. Mehrere Möglichkeiten stehen zur Wahl:

(1) Die Messung erfolgt bei den *Fähigkeiten* als theoretischen Konstrukten zur Aufklärung verschiedenartiger Leistungen. Der Vorteil hierbei ist, daß die Leistungskompetenz unabhängig von den bereits erbrachten Lebensleistungen erfaßt wird. Der Nachteil ist, daß offen bleiben muß, ob die Person ihre Fähigkeit(en) im weiteren Lebenslauf nützen wird oder nicht.

(2) Die Messung erfolgt bei verschiedenen personinternen Merkmalen, die bei gemeinsamem Auftreten als *Begabung* (bzw. Leistungsfähigkeit oder -bereitschaft) bezeichnet werden. Neben Fähigkeiten werden hierbei in der Regel motivationale Merkmale (Renzulli, 1986) oder Aspekte des Selbstkonzepts (Feldhusen, 1986) genannt.

(3) Die Messung setzt direkt an erbrachten *Lebensleistungen* oder entsprechenden Vorläuferformen im Kindes- und Jugendalter an (vgl. schon Engelmayer, 1953; aktuell: Trost, 1986). Wenngleich somit Validitätsprobleme bei den Messungen deutlich verringert

werden, gewinnt die Underachieverfrage stark an Bedeutung: Sind diejenigen Personen nicht begabt, die zwar bei Fähigkeitsmessungen hervorragende Werte erreichen, bei Leistungen in der Schule aber (z.B. aufgrund unzureichender Arbeitstechniken) schlecht abschneiden?

Die vorliegende Studie favorisiert den fähigkeitsbezogenen Ansatz. Trotzdem wird auch den beiden anderen Zugängen durch das verwendete Prädiktor-Kriteriums-Design (vgl. Abschnitt 1.7) Rechnung getragen.

1.3 Auswahl/Konstruktion geeigneter Meßverfahren

Als zweiter Schritt im Rahmen der Identifikationsprozedur für Hochbegabte ist die Auswahl bzw. Neukonstruktion geeigneter Meßverfahren anzusehen. Folgende Kriterien sind dabei zu beachten:

(1) Die *Generalität* vs. *Spezifität* der Meßverfahren. Verfahren mit hoher inhaltlicher oder skalenbezogener Bandbreite, d.h. dem Anspruch, generelle Fähigkeiten bzw. diese über eine hohe Variationsbreite hinweg erfassen zu können, laufen Gefahr, die Meßpräzision entweder bezüglich einer speziellen Fähigkeit oder bezüglich eines bestimmten Ausprägungsniveaus zu vernachlässigen. Aufgrund dieses grundlegenden "Bandbreite-Fidelitäts-Dilemmas" (Cronbach & Gleser, 1965) sind vor allem solche Meßverfahren zur Identifikation von Hochbegabten geeignet, die einerseits als relevant erachtete Subdimensionen (z.B. einer Fähigkeit) und andererseits den oberen Skalenbereich differenziert und meßgetreu erfassen.

(2) Ein davon abhängiges Spezialproblem ist die *Altersangemessenheit* der Meßverfahren. Wenngleich es gerade für unsere Studie wünschenswert gewesen wäre, ein und dasselbe Meßverfahren für alle untersuchten Altersstufen einzusetzen, so verbot sich dieses Vorgehen aus mehreren Gründen: Zum einen war die untersuchte Altersspannweite zu groß, als daß sich ein Verfahren mit entsprechender Skalenlänge und gleichzeitiger Meßgenauigkeit auf allen Punkten hätte konstruieren lassen. Zum anderen verändern sich die erfaßten Konstrukte im Rahmen der untersuchten Altersspanne: Fähigkeiten und Interessen differenzieren sich aus, Eltern und Lehrkräfte beachten altersabhängig unterschiedliche Begabungsindikatoren. Aus diesem Grund wurden in der vorliegenden Studie teilweise unterschiedliche Meßverfahren für denselben Merkmalsbereich eingesetzt, je nach Altersstufe, auf der die Messungen stattfanden.

(3) Ein ebenso bekanntes Problem sind die *Deckeneffekte* von für eine Normalpopulation konstruierten Meßverfahren, sobald sie auf extreme Teilpopulationen angewendet werden. In diesem Fall ist die Differenzierungsfähigkeit am Skalenende nicht mehr gegeben, und bei Wiederholungsmessungen treten verstärkt Regressionen zur Mitte auf. Aus diesem Grund haben wir z.T. Verfahren mit angehobenem Schwierigkeitsgrad verwendet (vgl. Kapitel 2).

(4) Ein weiteres Problem betrifft die Interaktion zwischen Meßverfahren und *Benutzer*. Ein Meßverfahren muß zwar das zu erfassende Konstrukt angemessen repräsentieren, gleichzeitig aber die Auskunftsmöglichkeiten der damit untersuchten Stichprobe

berücksichtigen. Dieses Problem betrifft vor allem Fragebogenverfahren für Fremdratings. Während Eltern z.B. über wenig Vergleichsmöglichkeiten bezüglich der Einschätzung ihrer Kinder verfügen, haben Lehrer zwar diese Vergleichsmöglichkeit, besitzen aber andererseits nur eingeschränkte Erfahrungen hinsichtlich ihrer Schüler (meist nur in Gruppensituationen, bei Leistungsansprüchen etc.). Aus diesem Grund eignen sich für Eltern vor allem kriteriumsbezogene Angaben (z.B. hinsichtlich des erreichten Reifegrades des Kindes), während bei Lehrern kurze, inhaltlich enggefaßte Skalen die gesamte Differenzierungsfähigkeit des Lehrerurteils auszuschöpfen vermögen.

Eines der Hauptanliegen der durchgeführten Studie war es, Meßverfahren nach den beschriebenen Kriterien zu erarbeiten und empirisch zu erproben. Die breite Palette der eingesetzten Meßverfahren, von denen die meisten selbstkonstruiert bzw. von US-amerikanischen Vorlagen auf deutsche Verhältnisse adaptiert wurden, zeigt den in diese Aufgabe investierten enormen Aufwand, gleichzeitig aber auch die bisherige Mangelsituation, die die durchgeführten Konstruktionsarbeiten notwendig machte.

Benützer, die nicht in der Lage sind, die hier besprochenen und im Kapitel 3 hinsichtlich der empirischen Überprüfung dargestellten empirisch überprüften Auswahlprozeduren nachzuvollziehen, finden aufgrund unserer Studie zumindest ein breitgefächertes Repertoire an erprobten Meßverfahren, die für eigene Zwecke verwendet werden können. Abschnitt 3.1 zeigt, wie repräsentative Indikatoren für verschiedene Fähigkeitsbereiche ermittelt werden und welches Vorgehen sich in der Praxis empfiehlt. Auf diese Weise läßt sich der Einsatz redundanter Meßverfahren vermeiden.

1.4 Gruppenbildung

Der nächste Schritt im Rahmen der Identifikationsprozedur ist die Bestimmung von Gruppen, d.h. die Definition einer Hochbegabtengruppe in der Gesamtpopulation mit Hilfe der von den Meßverfahren gelieferten Informationen. Ohne auf die vielfältigen Möglichkeiten und praktischen Anwendungen eingehen zu wollen, die zur Gestaltung der Gruppenbestimmung vorliegen bzw. denkbar sind (vgl. Hany, 1987), sollen einige grundlegende Alternativen kurz beschrieben werden, da sie für die später dargestellten Ergebnisse von Bedeutung sind.

(1) Die Bestimmung der Hochbegabtengruppe kann entweder aus theoretischen oder praktischen Gründen vor der Datenerhebung erfolgen. Ein solches Vorgehen soll *Apriori-Verfahren* genannt werden. In diesen Fällen wird beispielsweise festgelegt, daß die obersten 2-5% einer Population als hochbegabt gelten sollen. Aufgabe der Entscheidungsprozedur ist es dann nur noch, diese obere Gruppe durch geeignete Wahl eines Grenzwertes auf der Meßskala herauszufiltern. Grenzwertsetzungen dieser Art findet man auch verstärkt in der Praxis, wenn z.B. Begabtenförderprogramme so ausgelegt sind, daß in der Regel 10% der Schüler einer Region davon profitieren. In Abschnitt 3.2 unten werden wir uns ausführlich mit diesem Vorgehen auseinandersetzen.
- *Aposteriori-Verfahren* versuchen dagegen eine Trennung zwischen Hochbegabten- und Restgruppe aufgrund empirischer Daten. Bekanntestes statistisches Verfahren ist die Clusteranalyse, wo quasi "natürliche Gruppierungen" der Population gesucht werden.

Entsprechend günstige Gruppierungen werden dann als hochbegabt bezeichnet. Die Möglichkeiten und Probleme dieses Ansatzes werden in Abschnitt 3.3 anhand vielfältiger Ergebnisse diskutiert.

(2) Ein nicht zu unterschätzendes inhaltliches und methodisches Problem stellt sich dort, wo man Hochbegabtengruppen auf der Grundlage mehrerer Meßskalen bestimmen will. Dies kann z.B. dann der Fall sein, wenn man die Auswahl auf mehrere Datenquellen zu stützen versucht, um Fehlentscheidungen zu verringern (vgl. die Strategie von Gowan, 1975), oder wenn man gleichzeitig verschiedenartige Anforderungen an die auszuwählende Gruppe stellt (Eignungsdiagnostik; vgl. die Strategie von Kranz, 1981). Während *kombinatorische Strategien* die Zugehörigkeit zur definierten Extremgruppe in allen betrachteten Skalen als notwendig voraussetzen, ist es bei *kompensatorischen Strategien* möglich, das Nichterreichen eines Kriteriums durch besonders günstige Werte in anderen Kriterien wettzumachen. In den folgenden Ausführungen werden wir verschiedentlich auf diese Unterscheidung zurückkommen.

1.5 Selektionsstrategien

Nach der apriorischen oder aposteriorischen Festlegung einer Hochbegabtengruppe sind Anweisungen für die Entscheidungsstrategie zu erarbeiten. Mehrere Aspekte sind dabei zu beachten, deren bedeutsamste hier kurz aufgelistet werden.

(1) Entscheidungsstrategien können einstufig oder mehrstufig erfolgen. Beim präferablen mehrstufigen, sequentiellen Vorgehen folgt einer Phase der Vorauswahl (Screening) mit einfachen Meßverfahren eine intensive diagnostische Untersuchung an einer bereits stark reduzierten Stichprobe mit hohem Geeignetenanteil. Vorteil des gestuften Vorgehens ist die Testökonomie, da hoher Testaufwand nur bei wenigen (kritischen) Probanden notwendig wird. Bei einem zu wenig trennscharfen Screeninginstrument besteht allerdings die Gefahr, daß viele Geeignete frühzeitig fälschlicherweise abgewiesen werden.

(2) Zuletzt wurde bereits die Gefahr von Fehlentscheidungen angedeutet. Falsche Entscheidungen sind in zweierlei Hinsicht möglich, nämlich einerseits in der fälschlichen Abweisung Geeigneter (beta-Fehler, zuungunsten des einzelnen) und andererseits in der irrtümlichen Zulassung Ungeeigneter (alpha-Fehler; zulasten der auswählenden Institution). Die Eignung eines Meßverfahrens, die beiden genannten Fehler zu unterbinden, wird mit den Begriffen "Effektivität" und "Sensitivität" (für letzteren Begriff auch "Effizienz" oder "Ökonomie") bezeichnet. Eine genauere Darstellung kann hier unterbleiben (vgl. die Ausführungen bei Pegnato & Birch, 1959; Cornish, 1968; Feger, 1980; Hany, 1987b). Angemerkt werden soll aber zumindest, daß bei der Berechnung der entsprechenden Gütewerte für einzelne Verfahren aufgrund empirischer Daten meist die Grundraten der Geeigneten bzw. der Auswahlumfang auf der Grundlage des Meßverfahrens nicht berücksichtigt werden. Da es gewöhnlich nicht möglich ist, beide genannten Parameter (Effektivität und Sensitivität) für ein Meßverfahren zu optimieren, bleibt in der Regel nur ein Kompromiß je nach Funktion des Meßverfahrens (z.B. muß

ein Screeninginstrument vor allem effektiv sein, d.h. es darf keinen Geeigneten zu Unrecht abweisen).

(3) Noch nicht explizit angesprochen wurden Kosten und Nutzen einer Entscheidungsstrategie. Die fälschliche Abweisung Geeigneter bzw. Zuweisung Ungeeigneter ist zwar in jedem Falle unbeabsichtigt und daher ungünstig. Es muß aber explizit festgelegt werden, welcher (negative) Nutzen mit diesen Fehlentscheidungen verbunden ist. Außerdem wären weitere Kosten- und Nutzenfaktoren in die Ermittlung der geeigneten Entscheidungsstrategie miteinzubeziehen (Cronbach & Gleser, 1965). Aufgrund solcher Überlegungen ist es verständlich, warum pädagogische Förderprogramme manchmal auf formale Identifikationsprozeduren völlig verzichten, da die damit verbundenen Kosten (Geldaufwand für Testmaterial, "Etikettierung" von Schülern und Selbstwertfolgen für die Betroffenen, Benachteiligung fälschlich Zurückgewiesener) gravierender erscheinen können als der erwartete Nutzen.

Die nachstehenden Kapitel verzichten weitgehend auf konkrete Darstellungen und Empfehlungen spezieller Entscheidungsstrategien, da die für Forschungszwecke akzeptablen Entscheidungsformen nicht denen für praktische Anwendungen, z.B. für die Schülerauswahl zu einem Förderkurs, entsprechen. Des weiteren müssen die berichteten Typologien auf der Basis von Clusteranalysen noch als ungesichert gelten; vor weiteren Validierungsarbeiten wäre es unverantwortlich, entsprechende auf Diskriminanzfunktionen basierende Entscheidungsregeln aus der Hand zu geben.

1.6 Validierung der Gruppenbildung

Die auf den zuletzt angestellten Überlegungen beruhende Entscheidungsprozedur muß schließlich bezüglich ihrer Tauglichkeit geprüft werden. Im Rahmen unserer Studie besteht die Möglichkeit, die Zuverlässigkeit sowie die Gültigkeit der verschiedenen Auswahlverfahren zu überprüfen. Konkret ergeben sich zwei Prüfverfahren für die *Zuverlässigkeit* der Hochbegabtenauswahl:

(1) Der Vergleich verschiedener Datenquellen. Beispielsweise wird geprüft, ob sich eine apriorische Gruppenbildung auf Testbasis durch eine aposteriorische Gruppenbildung auf Fragebogenbasis replizieren läßt (Abschnitt 3.3.3).

(2) Der Vergleich der Gruppenbildung zu verschiedenen Meßzeitpunkten. Hier wird überprüft, ob die zum Meßzeitpunkt t durchgeführte Gruppenbildung zum Zeitpunkt $t+1$ mit denselben Meßverfahren replizierbar ist (vgl. Teil III in diesem Buch).

Zur Prüfung der Gültigkeit der Entscheidungsprozedur und der daraus resultierenden Gruppeneinteilung sind zwei Verfahren einsetzbar:

(1) Zur Kriteriumsvalidität: Es kann geprüft werden, ob z.B. die auf der Grundlage von Fähigkeitsindikatoren gebildeten Begabungsgruppen sich auch in entsprechenden Leistungsskalen unterscheiden (vgl. Abschnitt 3.2.2).

(2) Zur prognostischen Validität: Es kann geprüft werden, ob sich die zum Zeitpunkt t gebildeten Begabungsgruppen auch in ihren Leistungen zum Zeitpunkt $t+1$ unterscheiden (vgl. Teil III dieses Buches).

Die angeführten Prüfprozeduren werden im Ergebnisteil exemplarisch angewandt und führen zur entsprechenden Empfehlung bzw. Kritik an den praktizierten Identifikationsstrategien.

1.7 Untersuchungsdesign

Um die Auswahl von Hochbegabten nach den in den vorangehenden Abschnitten dargestellten Kriterien praktizieren bzw. evaluieren zu können, war es nötig, ein komplexes Untersuchungsdesign anzuwenden. Im einzelnen waren folgende Anforderungen zu erfüllen:

	Begabung	Leistung
Tests/ stand. Verf.	Kognitiver Fähigkeitstest	Schulische Zensuren
Selbst-auskünfte	Kreativitäts-fragebogen	Aktivitäten-Inventar
Fremd-auskünfte	Eltern-fragebogen	Lehrer-fragebogen

Abbildung 2: Multimodale Operationalisierung

(1) Zur Beurteilung der Qualität und Verwertbarkeit verschiedener Datenquellen waren bestimmte Personmerkmale durch unterschiedliche Datenquellen zu erfassen. Abbildung 2 zeigt exemplarisch die Operationalisierung von Begabungen und Leistungen auf der Grundlage von standardisierten (Test-)Verfahren, von Fragebögen zur Selbsteinschätzung und von Fragebögen zur Fremdbeurteilung.

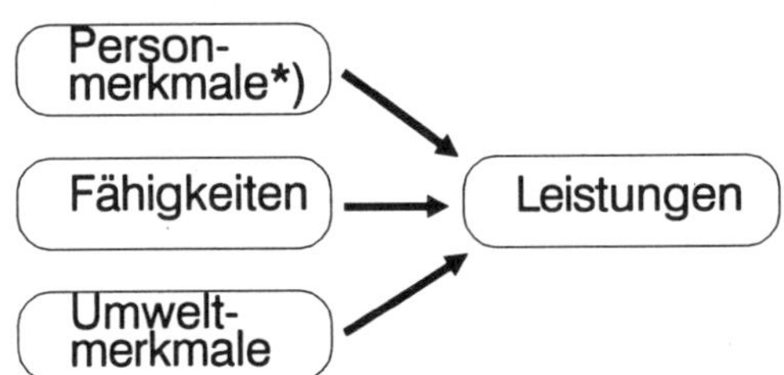

Abbildung 3: Modell zur Analyse des Begabungs-Leistungs-Zusammenhangs

Legende: *) Darunter werden hier die sog. nichtkognitiven (motivationalen u.a.) Persönlichkeitsmerkmale subsumiert, von denen kognitive Fähigkeitsmerkmale in der Psychologie unterschieden werden.

(2) Zur kriterialen Überprüfung fähigkeitsbezogener Hochbegabungsformen war es notwendig, Fähigkeiten und Leistungen in einem Zusammenhangsmodell aufeinander zu beziehen. Abbildung 3 zeigt die Grobstruktur des Beziehungsmodells, das außer Fähigkeiten und Leistungen weitere Personmerkmale (z.B. Leistungsmotivation) sowie

Umweltmerkmale (z.B. Schulklima) enthält. Die empirische Prüfung des Modells selbst erfolgt erst in Teil III. Die nächsten Kapitel nehmen aber des öfteren auf die postulierten Zusammenhänge Bezug.

(3) Um die Gültigkeit der erprobten Identifikationsstrategien auf verschiedenen Altersstufen zu ermitteln, war es notwendig, mehrere Altersstufen in ein Querschnittdesign einzubeziehen. Wie Abbildung 4 zeigt, wurden sechs Alterskohorten - mit jeweils zweijährigem Abstand - ausgewählt. Prinzipiell können Identifikationsstrategien auf allen sechs Altersstufen erarbeitet und miteinander verglichen werden.

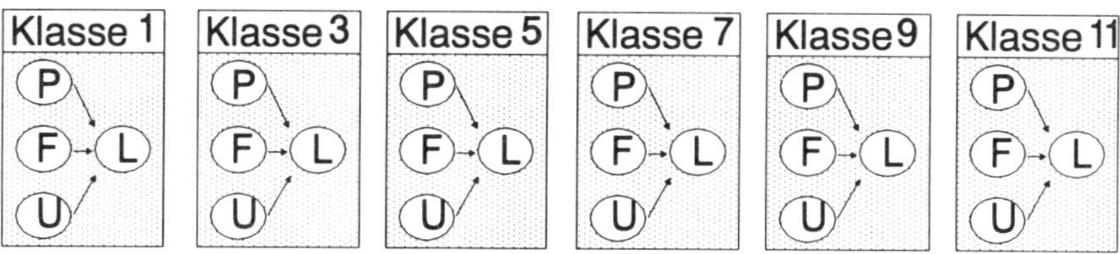

Abbildung 4: Querschnittsdesign (Jahr 1986)

Legende: P = Person, F = Fähigkeit, U = Umwelt, L = Leistung.

(4) Um die Hochbegabtengruppe(n) prognostisch zu validieren, war auch ein Längsschnittdesign vonnöten, d.h. die Verwendung mehrerer Meßzeitpunkte. Abbildung 5 zeigt das komplette Querschnitt-/Längsschnitt-Design mit den sechs Kohorten und den drei Meßzeitpunkten. Längsschnittliche Analysen werden vorwiegend in Teil III dargestellt.

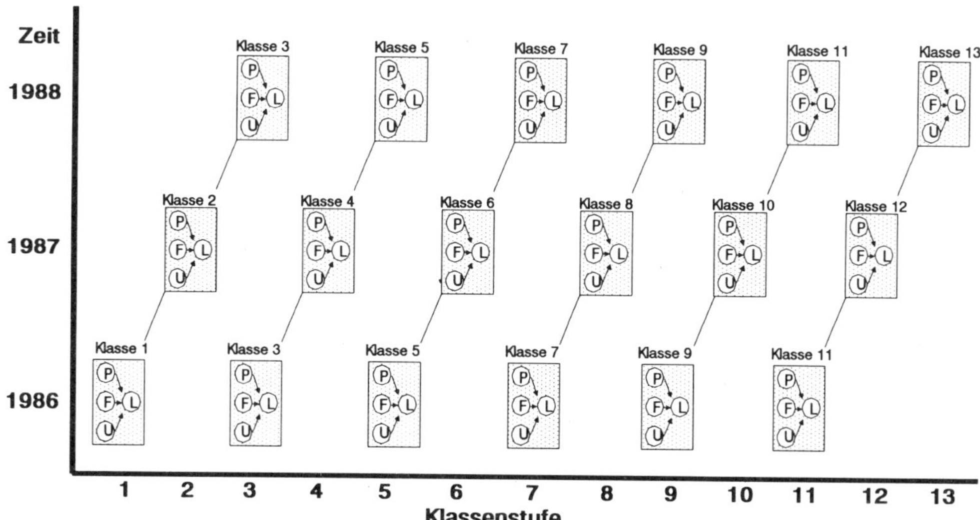

Abbildung 5: Querschnitt-/Längsschnittdesign der Studie

2. Verfahren zur Erfassung hochbegabungsrelevanter Merkmale[1]

Die folgende Darstellung gibt einen Überblick über Test- und Fragebogenverfahren, die wir im Rahmen unserer Längsschnittstudie entwickelt und optimiert haben. Die Gliederung folgt dabei dem unserer Studie zugrundeliegenden Hochbegabungsmodell: Zunächst werden die Verfahren dargestellt, die wir zur Erfassung der verschiedenen Begabungsdimensionen eingesetzt haben. Diese Prädiktorvariablen werden in unserer Untersuchung als Hauptvariablen betrachtet, aufgrund derer eine Vorhersage schulischer und außerschulischer Leistungen möglich ist. Über die Verfahren zur Erfassung des Leistungsverhaltens (Kriteriumsvariablen) wird im folgenden Abschnitt berichtet.

Nichtkognitive Persönlichkeitsmerkmale sowie Umweltvariablen werden hier als Moderatoren der Beziehung zwischen Begabung und Leistung betrachtet. Dementsprechend geben die Abschnitte 2.3 und 2.4 einen Überblick über jene Verfahren, mit denen wir versucht haben, nichtkognitive Persönlichkeitsmerkmale Hochbegabter bzw. hochbegabungsspezifische Sozialisationsbedingungen zu erfassen.

Aus Umfanggründen können in diesem Kapitel nicht alle Ergebnisse zu den einzelnen Tests und Fragebögen mitgeteilt werden. Zur näheren Information sei auf die Manuale der betreffenden Verfahren verwiesen, die 1992/93 (im gleichen Verlag wie dieses Buch) erscheinen sollen. Dort finden sich auch genaue Angaben über die Testgütekriterien usw. Über die prognostische Validität unseres gesamten Hochbegabtendiagnostikums informiert nachstehend Kapitel 4 in Teil III. Die Darstellung hier referiert zusammenfassend über die eingesetzten Verfahren sowie die wichtigsten Ergebnisse zur Qualität der Meßinstrumente.

2.1 Erfassung verschiedener Begabungsdimensionen

Entsprechend unserem mehrdimensionalen Hochbegabungsmodell haben wir in der Längsschnittstudie Tests und Fragebögen eingesetzt, mit denen intellektuelle bzw. kognitive Fähigkeiten, kreative Begabungsmerkmale, psychomotorische Fähigkeiten sowie soziale Kompetenz und musikalische Begabung erfaßt werden sollen. Dabei wurde erwartet, daß die Verfahren zu den verschiedenen Begabungsbereichen jeweils auch besondere Leistungen in den entsprechenden Bereichen vorhersagen können.

2.1.1 Verfahren zur Erfassung kognitiver Fähigkeiten

Tabelle 1 gibt einen Überblick über die Verfahren, die zur Erfassung kognitiver Fähigkeiten in den drei Meßzeitpunkten (MZP) herangezogen wurden.

---

1 Dieses Kapitel wurde von Ch. Perleth bearbeitet.

Tabelle 1: Verfahren zur Erfassung kognitiver Fähigkeiten

Verfahren	Kohorte (Klasse)																	
	1			3			5			7			9			11		
	MZP			MZP			MZP			MZP			MZP			MZP		
	1	2	3	1	2	3	1	2	3	1	2	3	1	2	3	1	2	3
KFT 1-3	X																	
KFT 4-13		X	X	X	X	X	X	X	X	X	X	X	X	X	X	X	X	X
ZVT						X	X	X	X	X	X	X	X	X	X	X	X	X
SP								X			X			X			X	
AW								X	X		X	X		X	X		X	X
Straßenplan							X	X		X	X		X	X		X	X	
APT							X	X		X	X		X	X		X	X	

(1) Kognitiver-Fähigkeits-Test (KFT)

Der *Kognitive Fähigkeitstest 4-13* (KFT 4-13+) von Heller, Gaedike & Weinläder (1985) stellt das zentrale Instrument zur Erfassung kognitiver Fähigkeiten in unserer Längsschnittstudie dar. Der KFT 4-13 basiert auf einem faktorenanalytischen Intelligenzmodell. Nach Ansicht seiner Autoren vermittelt der Test "Informationen über Sprachverständnis, sprachgebundenes Denken, arithmetisches Denken, Rechenfähigkeiten, anschauungsgebundenes Denken, konstruktive Fähigkeiten und das kognitive Gesamtleistungsniveau eines Schülers" (Heller et al., 1985, S. 6; vgl. auch Heller & Perleth, 1991, S. 165 ff.).

Der KFT 4-13 ist eine Adaptation des Cognitive Abilities Tests (CAT) von Thorndike & Hagen (1971) für deutsche Verhältnisse. Eine Beschreibung der Vorgängerform des CAT, des Lorge-Thorndike Intelligence Tests, findet sich bei Thorndike & Hagen (1969, S. 294 ff.).

Aufgrund eigener Vorstudien (Heller & Mitarbeiter, 1986) wurde das Verfahren an die Fragestellungen der Münchner Hochbegabungsstudie angepaßt, indem aus den elf Untertests des KFT 4-13 sechs ausgewählt wurden, die die drei Testteile möglichst gut repräsentieren sollten. Im einzelnen waren dies für den *verbalen Teil* die Untertests V1 (Wortschatz) und V2 (Satzergänzen), für den *quantitativen Teil* Q2 (Mengenvergleiche) und Q4 (Gleichungenbilden), für den *nonverbalen Teil* N1 (Figurenklassifikation) und N2 (Figurenanalogien). Um eine bessere Anpassung der Itemschwierigkeit, insbesondere der verbalen und nonverbalen Teile, an die vorselegierte Stichprobe zu erzielen und Deckeneffekte möglichst zu vermeiden, wurden den Schülern bei den V- und N-Tests jene Aufgabensets vorgelegt, die normalerweise von zwei Jahre älteren Schülern bearbeitet werden. Die verwendeten Q-Tests wurden um fünf (Mengenvergleiche) bzw. drei (Gleichungenbilden) Aufgaben verlängert.

In der Grundschule wurde in den Klassen 2 und 3 (1986) eine eigens zusammengestellte KFT-Form ("Känguruh-Form") eingesetzt, die im V- und N-Teil auf den Items der Klasse 4 basierte und für die im quantitativen Teil auf die leichteren Items aus den Testformen A und B der 4. Klassenstufe zurückgegriffen wurde. Da sich diese Testversion 1986 in der Klasse 3 als zu leicht erwies, wurde 1988 den Drittkläßlern eine neue Version des Känguruh-KFT (zwei Parallelformen) vorgelegt, die im V- und im N-Teil auf die Aufgabensets der Klasse 5 und im Q-Teil auf solche Aufgaben zurückgriff, die für Drittkläßler vertretbar erschienen.

Der 1986 in der ersten Klasse eingesetzte KFT 1-3 (Heller & Geisler, 1983) setzt sich aus den Untertests Sprachverständnis (UT1), Beziehungserkennen (UT2), Schlußfolgerndes Denken (UT3) und Rechnerisches Denken (UT4) zusammen. Wir verwendeten jedoch nur die Gesamtleistung als Indikator für das kognitive Fähigkeitsniveau der Schüler. Um eine ausreichende Differenzierung im oberen Bereich zu erzielen, konstruierten wir 14 neue Aufgaben zum Schlußfolgernden Denken (UT5), die den Kindern nach Bearbeitung der Normalform vorgelegt wurden. Ausführlicher vgl. dazu den Zweiten Zwischenbericht (Heller u. Mitarbeiter, 1986).

Die Kennwerte nach Kuder-Richardson (Formel 20) lassen die betrachteten Skalen des KFT 4-13, insbesondere die Summenvariablen V1+V2, Q2+Q4, N1+N2 und GL= V+Q+N, als hinreichend zuverlässig erscheinen, teilweise können die Koeffizienten sogar als gut bezeichnet werden. Um auch die Stabilität der KFT-Skalen abschätzen zu können, wurden entsprechende Korrelationen zwischen den Testzeitpunkten berechnet, wobei sich vergleichsweise hohe Koeffizienten ergaben, so daß die mit dem KFT operationalisierte Intelligenz als relativ stabiles Konstrukt erscheint (vgl. auch Teil III, Abschnitt 5.1).

Mittels Faktorenanalyse konnte eindrucksvoll die Stabilität der KFT-Faktorenstruktur über die verschiedenen Stichproben hinweg belegt werden. Dabei zeigte sich, daß der erste extrahierte Faktor (vor Rotation) in der Regel bereits einen Großteil der Varianz aufdeckt, so daß die Bildung eines KFT-Gesamtleistungsscores (GL bzw. KFTGL) gerechtfertigt erscheint.

Im Hinblick auf die prädiktive Validität kann festgehalten werden, daß zwischen der KFT-Gesamtleistung und den betrachteten Schulzensuren niedrige bis mittlere Beziehungen bestehen; insbesondere für die Mathematiknote stellt die KFT-Gesamtleistung einen gut brauchbaren Prädiktor dar. Eine weitere Steigerung einzelner Zusammenhänge erhält man, wenn man in die jeweiligen Berechnungen die KFT-Dimensionen V, Q und N anstatt der Gesamtleistung einbezieht.

Die Zusammenhänge der KFT-Werte mit den außerschulischen Aktivitäten sind demgegenüber (erwartungsgemäß) deutlich niedriger. Hier fallen wohl Motivationen und Interessen als Prädiktoren bzw. Moderatorvariablen stärker ins Gewicht. Lediglich für naturwissenschaftliche Freizeitaktivitäten bei älteren Jugendlichen stellt die KFT-Gesamtleistung einen nennenswerten Prädiktor dar. Dies hängt möglicherweise damit zusammen, daß auf diesem Gebiet in der Schule erworbenes Wissen (begünstigt durch gute kognitive Fähigkeiten) und intellektuelle Begabung eine größere Rolle spielen.

Insgesamt erwies sich somit der KFT als brauchbare Prädiktionsgrundlage für die Bestimmung von Schulleistungen; zur Vorhersage außerschulischer Aktivitäten und Leistungen sollten jedoch weitere Verfahren herangezogen werden. Die Höhe der Zusammenhänge mit den Schulzensuren befriedigt deswegen besonders, weil sich diese auf dem üblicherweise berichteten Niveau bewegen, obwohl in unserer Längsschnittstichprobe eher leistungsstarke Schüler (hier Gymnasiasten) vertreten waren. Damit mußten Varianzeinschränkungen des Kriteriums in Kauf genommen werden, was normalerweise die Korrelationen mindert.

Anhand der Berechnungen zur Konstruktvalidität mit anderen Testverfahren zeigte sich deutlich, daß die KFT-Gesamtleistung engere Zusammenhänge mit konstruktnäheren Space-Tests aufwies als mit Kreativitätstests. Bei Einbezug mehrerer Tests, Fragebögen bzw. Leistungskriterien wurde deutlich, daß die KFT-Dimensionen V, Q und N gemeinsam einen Faktor bildeten, wenn sie statt der Gesamtleistung in die Analysen eingingen und eine Faktorenlösung mit wenigen Faktoren erzwungen wurde. Diese Ergebnisse bestätigen auch in der in unserer Studie verwendeten KFT-Version einerseits die Materialfaktoren V, Q und N, andererseits aber die für Praxiszwecke gerechtfertigte Verwendung der KFT-Gesamtleistung (Summe aller Subtests), besonders wenn weniger die Struktur der kognitiven Fähigkeiten als vielmehr das Zueinander verschiedener Begabungsdimensionen im Blickpunkt steht.

Insgesamt belegen die Item- und Skalenanalysen sowie die Untersuchungen zur faktoriellen Validität, daß mit dem KFT zuverlässig relativ stabile Fähigkeitsdimensionen gemessen werden können und dieser ein brauchbares Meßinstrument zur Diagnose besonders befähigter Schüler darstellt.

(2) Zahlenverbindungstest (ZVT)

Nach Oswald & Roth (1987) dient der *Zahlenverbindungstest (ZVT)* der sprachfreien Erfassung der basalen, allen Intelligenzleistungen zugrundeliegenden, weitgehend milieuunabhängigen und genetisch bedingten kognitiven Leistungs- und Informationsverarbeitungsgeschwindigkeit. Diese basale Informationsverarbeitungsgeschwindigkeit wird durch die Bestimmung der Anzahl binärer Entscheidungen pro Sekunde operationalisiert.

Alle Statistiken zur Itemanalyse, Reliabilität und Stabilität machen deutlich, daß der ZVT ein für psychologische Verhältnisse relativ präzises Meßinstrument darstellt und ein Merkmal erfaßt, das sich als stabil über die Zeit erweist. Die Berechnungen zur prognostischen Validität ergaben allerdings, daß sich der ZVT nicht als Prädiktor für Schulleistungen eignet. Die meisten Korrelationen - bis auf jene mit der Mathematiknote - sind nicht signifikant, und auch zu den außerschulischen Aktivitäten scheinen mit dem ZVT kaum Prognosen möglich. Trotz reliabler Meßeigenschaften taugt der ZVT somit nicht zur Erfassung *komplexer* Fähigkeitsmerkmale bzw. zur Vorhersage *komplexer* Leistungskriterien.

Im Hinblick auf in jüngster Zeit diskutierte Geschlechtsunterschiede bei physiologischen Korrelaten scheinen beim ZVT Unterschiede zwischen Jungen und Mädchen deswegen interessant, weil der Test nach Ansicht seiner Autoren die Geschwindigkeit der informationsverarbeitenden Prozesse im Gehirn erfassen soll. Entsprechende Berechnungen erbrachten - mit Ausnahme der Kohorte der Siebtkläßler - keine signifikanten Unterschiede zwischen Jungen und Mädchen unserer Stichprobe, wenngleich die Leistungen der Mädchen hier tendenziell besser ausfallen. Somit kann dieses Ergebnis noch nicht als Widerlegung von Geschlechtsunterschieden interpretiert werden. Es stellt sich aber die Frage, was der ZVT genau erfaßt. Um hierüber Informationen zu erhalten, haben wir die Korrelationen zu anderen Verfahren unserer Testbatterie einschließlich psychomotorischer Variablen bestimmt, da die Autoren des ZVT postulieren, daß die ZVT-Leistung nicht von psychomotorischen Fertigkeiten abhänge.

Im einzelnen zeigte sich, daß die ZVT-Leistung mit den anderen Indikatoren für kognitive Leistungsfähigkeit kovariiert. Die im Manual des ZVT mitgeteilten Korrelationen zu anderen Tests intellektueller Leistungen konnten in der dort berichteten Höhe jedoch nicht bestätigt werden (wobei allerdings die im ZVT-Manual genannten Zusammenhänge für die leistungsstärkeren älteren Gymnasiasten ebenfalls geringer ausfallen). Im Gegenteil ergab sich, daß die ZVT-Leistung mit psychomotorischen Tests in etwa ebenso hoch zusammenhängt wie mit der KFT-Gesamtleistung. Somit scheinen psychomotorisch geschickte Schüler beim ZVT doch einen Vorteil zu besitzen. Diese Ergebnisse lassen sich auch beim Einbezug mehrerer Variablen faktorenanalytisch in etwa bestätigen.

(3) Spiegelbilder und Abwicklungen (SP, AW)

Das Wilde-Intelligenzstrukturdiagnostikum (Jäger & Althoff, 1983) erfaßt, basierend auf der Intelligenzfaktorentheorie von Thurstone, verschiedene Fähigkeiten, die zu Problemlösungen herangezogen werden können. Diese Fähigkeiten werden als relativ stabile Persönlichkeitseigenschaften angesehen. Innerhalb dieses mehrdimensionalen Konzeptes wird das räumliche Vorstellungsvermögen mit den beiden von uns eingesetzten Subtests "Spiegelbilder" und "Abwicklungen" erfaßt.

Beim Subtest *Spiegelbilder* ist jene Figur zu identifizieren, die sich nur durch Spiegelung in die anderen überführen läßt, während die übrigen vier Strichfiguren sich durch Verschieben und Drehen zur Deckung bringen lassen. Beim Subtest *Abwicklungen* ist "zu einer aus mehreren Flächen mit verschiedenen Zeichen bestehenden Faltvorlage (...) aus fünf vorgegebenen Körpern derjenige herauszufinden, der sich aus der Faltvorlage herstellen läßt".

Die Ergebnisse zur Berechnung der Reliabilität und Itemkennwerte der Abwicklungsskala zeigen, daß die Skala ab der 10. Klasse aufwärts hinreichend reliabel ist. Bei den jüngeren Schülern spielt die Speed-Komponente der Aufgabe offensichtlich eine größere Rolle, so daß bei den letzten Aufgaben die Lösungswahrscheinlichkeit unter die Ratewahrscheinlichkeit sinkt. Die entsprechenden Ergebnisse bei der Skala *Spiegelbilder* zeigen, daß die Skala gute Reliabilitätskennwerte aufweist. Die Speed-Komponente der Aufgabe machte sich hier aber in allen Klassenstufen bemerkbar. Dennoch scheinen beide Tests aufgrund ihrer guten Differenzierung im oberen Bereich für die Hochbegabtendiagnostik geeignet zu sein.

Untersuchungen zur divergenten und konvergenten Validität zeigen, daß beide Tests mittlere Korrelationen zu anderen kognitiven Fähigkeitstests aufweisen. Die stärksten Beziehungen bestehen zum N-Teil des KFT, zu den Aufgaben aus Physik und Technik sowie zum Straßenplan, der räumliches Auffassungsvermögen erfaßt. Geringe Beziehungen bestehen zum Kreativitätstest VWT, zum verbalen Teil des KFT sowie zum ZVT. Diese Ergebnisse sprechen für die Konstruktvalidität der beiden Tests *Spiegelbilder* und *Abwicklungen.*

Die Berechnungen zur Kriteriumsvalidität ergaben, daß die Tests bezüglich der Schulnoten einen geringen positiven Zusammenhang mit der Schulleistung im Fach Mathematik aufweisen. Im Bereich außerschulischer Interessen sind mäßige Zusammenhänge mit Aktivitäten im Bereich Naturwissenschaft und Technik nachweisbar. Zusammenhänge erscheinen in der erwarteten Richtung, wenn auch die Höhe der Korrelationen nur eine geringe prognostische Validität bedeutet.

(4) Straßenplan (SP)

Das *Kit of Factor-Referenced Cognitive Tests* (Ekstrom, French & Harman, 1976) stellt eine Sammlung von kognitiven Fähigkeitstests dar, die sich in faktorenanalytischen Studien als Markiervariablen für kognitive Faktoren bewährt haben. Die Sammlung soll Forschern die Möglichkeit bieten, für ihre Untersuchungen Tests zu verschiedenen Intelligenzfaktoren zusammenzustellen, die dann mit anderen Studien über die Referenztests in Verbindung gebracht werden können. Der *Straßenplan* ist ein Referenztest für den Faktor Spatial Scanning, der im Manual mit "Geschwindigkeit beim visuellen Erkunden eines weiten oder komplizierten räumlichen Feldes" beschrieben wird. Auf einem symbolischen Straßenplan sind die kürzesten Verbindungen zwischen Orten zu suchen, wobei bestimmte Regeln einzuhalten sind.

Die Retestreliabilität wurde durch die Korrelationen zwischen erstem und zweitem Meßzeitpunkt geschätzt. Unter Berücksichtigung der Tatsache, daß ein ganzes Jahr zwischen den Erhebungen lag, stellt sich die Reliabilität als zufriedenstellend dar. Bei den Validitätsberechnungen zeigte sich, daß der Straßenplan in mittlerem Ausmaß mit den Tests korreliert, bei denen ebenfalls eine Beteiligung räumlicher Wahrnehmungsprozesse angenommen werden kann. Geringere Korrelationen ergaben sich erwartungsgemäß z.B. zum V-Teil des KFT. Die Korrelationen zur Bestimmung der Kriteriumsvalidität zeigen, daß dem Straßenplan kein hoher Aussagewert bei der Voraussage und Aufklärung von Leistungsunterschieden (im schulischen Bereich) zukommt.

(5) Aufgaben aus Physik und Technik (APT)

Die *Aufgaben aus Physik und Technik (APT)* bilden einen Test zur Erfassung des physikalisch-technischen Problemlösens, das ebenfalls als Dimension der intellektuellen Fähigkeiten aufzufassen ist. Die APT sollen bei Schülern der Sekundarstufe Hinweise auf physikalisch--technische Fähigkeiten geben und die Prognose besonderer Leistungen im technisch--naturwissenschaftlichen Bereich unterstützen. Sie basieren auf dem Mannheimer Test zur Erfassung des physikalisch-technischen Problemlösens (MTP) von Conrad, Baumann & Mohr (1980), der von uns für hochbegabungsdiagnostische Zwecke modifiziert wurde.

Die APT erwiesen sich für die Klassenstufe 10 als hinreichend reliables Instrument. In den unteren Klassenstufen erschienen sie als zu schwer, gleichwohl ist ihr Einsatz zur Erkennung besonders befähigter Schüler aufgrund der guten Differenzierung im oberen Bereich auch hier denkbar. Untersuchungen zur Konstruktvalidität der APT zeigten, daß die APT zur Gruppe der kognitiven Fähigkeitstests gehören.

In den Berechnungen zur prognostischen Validität fiel auf, daß die Zusammenhänge - insbesondere mit den MAI-Skalen - bei den einzelnen Klassenstufen unterschiedlich hoch ausfallen. Bei genauerer Inspektion erwiesen sich die APT-Ergebnisse als sehr stark geschlechtsabhängig: Varianzanalysen zeigten neben zu erwartenden hochsignifikanten Alters- auch hochsignifikante Geschlechtsunterschiede sowie hochsignifikante Interaktionen zwischen Alter und Geschlecht. Im einzelnen erreichten sowohl ältere Mädchen als auch Jungen höhere Werte, wobei die Jungen in allen Altersstufen höhere Werte als die Mädchen erzielten. Die altersabhängige Verbesserung war jedoch bei den Jungen stärker als bei den Mädchen, d.h. ihr Leistungsvorsprung wuchs noch mit dem Alter; in der 11. Klassenstufe betrug der Unterschied bereits eine Standardabweichung.

2.1.2 Verfahren zur Erfassung kreativer Begabungsmerkmale

Tabelle 2 vermittelt eine Übersicht über die von uns zu den drei Meßzeitpunkten der Längsschnittstudie eingesetzten Kreativitätsskalen, die in diesem Abschnitt zusammenfassend beschrieben werden.

Tabelle 2: Verfahren zur Erfassung kreativer Fähigkeiten

Verfahren	Kohorte (Klasse) 1 MZP 1	2	3	3 MZP 1	2	3	5 MZP 1	2	3	7 MZP 1	2	3	9 MZP 1	2	3	11 MZP 1	2	3
TKT	X	X	X	X	X	X	X											
VWT								X	X	X	X	X	X	X	X	X	X	X
VKT						X	X		X	X		X	X		X	X		X
GIFT	X	X	X	X	X													
GIFFI						X	X	X	X	X	X	X	X	X	X	X	X	X

(1) Torrance Kreativitätstest (TKT)

Der *Torrance-Kreativitätstest (TKT)* überprüft divergente Denkfähigkeiten im Umgang mit figuralem Material bei Primarstufenschülern. Das ursprüngliche Verfahren von Torrance besteht aus drei Subtests, von denen in unserer Untersuchung der Subtest 2 ("Bilderergänzen") ausgewählt wurde. Bei diesem Subtest werden den Kindern 10 angefangene Zeichnungen vorgelegt, die sie möglichst originell fertigstellen soilen. Die Zeichnungen werden dann nach einem vorgegebenen Schema kategorisiert bzw. ausgewertet, wobei zusätzlich Bonuspunkte für besonders elaborierte Zeichnungen vergeben werden. Aus den Kategorisierungen können vier Werte abgeleitet werden, nämlich für *Produktion* (Anzahl der auswertbaren Zeichnungen), *Flexibilität* (Anzahl der verschiedenen Subkategorien), *Qualität* bzw. *Elaboration* (Anzahl der Bonuspunkte) und *Originalität* (Anzahl der Seltenheitspunkte).

Das Kategorienschema zur Kodierung der Zeichnungen wurde von uns übersetzt und erweitert. Das von Torrance vorgesehene Bewertungsverfahren für die Elaboration der Bilder erwies sich als nicht praktikabel und mußte im Laufe der Auswertungsarbeiten verändert werden.

Im einzelnen entspricht die Verteilung des Originalitätsscores am ehesten einer Normalverteilung, so daß dieser sich als bester Meßwert erweist; im Bereich der Hochbegabungsforschung erscheint auch der Bonuswert als bedeutsam. Die Originalitätswerte ergaben in einzelnen Klassenstufen eine Reliabilität zwischen 0.40 und 0.60, was aufgrund der Aufgabencharakteristik noch als hinreichend erscheint. Es zeigte sich dabei eine Stabilisierung der mit dem TKT gemessenen Fähigkeiten mit steigendem Alter.

In den Berechnungen zur Konstruktvalidität waren kaum bedeutsame Korrelationen zu finden. Während dies gegenüber den Tests der anderen Begabungsbereiche (Intelligenz, soziale Kompetenz, Psychomotorik, Musikalität) nicht unbedingt überrascht, wurden hier aber höhere Korrelationen mit dem GIFT-Fragebogen erwartet, der ebenfalls kreatives Verhalten erfassen soll.

Auch die Ergebnisse in bezug auf die Kriteriumsvalidität erreichen keine bedeutsamen Werte. Bemerkenswert erscheinen die negativen Zusammenhänge mit den Schulnoten, d.h. Hochkreative zeigen im allgemeinen geringere Schulleistungen. Dieser Befund weist darauf hin, daß das vom TKT erfaßte kreative Verhalten in unseren Schulen möglicherweise eher hinderlich als förderlich ist, obwohl zum ersten Meßzeitpunkt jeweils positive Korrelationen der TKT-Werte zu den Lehrereinschätzungen im Intelligenz- und Kreativitätsbereich gefunden wurden.

In den Varianzanalysen zu Geschlechtsunterschieden zeigten sich bei *Produktivität*, *Flexibilität* und *Elaboration* signifikante Wechselwirkungen zwischen Alter und Geschlecht. Bei den Jungen konnte ein altergemäßer Anstieg der *Produktivität* festgestellt werden, während diese bei den Mädchen mit zunehmendem Alter eher abfällt. Die *Flexibilität* nimmt mit dem Alter zu, wobei dieser Anstieg jedoch nur bei den Jungen zu verzeichnen ist, die den Rückstand in der zweiten Klasse in einen Vorsprung in der vierten Klasse verwandelten. Der Wert für die *Elaboration* steigt in beiden Geschlechtern mit dem Alter an, bei den Mädchen ist dieser Anstieg jedoch größer: In der vierten Klasse zeigen sie höhere Werte als die Jungen. Bei der *Originalität* konnte kein Altersunterschied festgestellt werden, die Jungen sind in beiden Klassenstufen signifikant besser als die Mädchen.

(2) Verwendungstest (VWT)

Der *Verwendungstest (VWT)* erfaßt Aspekte der funktionsgebundenen Kreativität, im einzelnen *Ideenflüssigkeit*, *funktionale Flexibilität* und *praktische Ingeniosität (Originalität)*. Anwendbar ist der Test bei Schülern der Sekundarstufe, z.B. bei der Auswahl von Schülern für technisch-praktische Arbeitsgruppen. Für praktische Anwendungen erwies sich eine Schnellauswertung als hinreichend. Das ursprüngliche Verfahren wurde von Guilford zur Erfassung divergenten Denkens entwickelt. Facaoaru (1985) hat das Verfahren insbesondere hinsichtlich der Kategorisierung der Antworten weiterentwickelt und validiert. In unserer Untersuchung wurde zunächst das Kategoriensystem von Facaoaru übernommen, das im Verlauf der Projektarbeiten ergänzt und stärker ausdifferenziert wurde.

Vorgegeben wurden jeweils zwei Items (Holzlineal und Zeitung bzw. Ziegelstein und Büroklammer), zu denen sich die Schüler möglichst viele verschiedene, ungewöhnliche Verwendungen einfallen lassen sollten. Die Antworten wurden anschließend von geschulten Auswertern kategorisiert und die VWT-Kennwerte Produktivität, Flexibilität und Originalität ermittelt.

Dabei ist zu beachten, daß diese Kennwerte nicht unabhängig voneinander sind, da die Produktivität eine obere Grenze für die Flexibilität darstellt und eine obere Grenze für die Originalität bestimmt. Dennoch ist es möglich, daß eine hohe Produktivität mit geringen Flexibilitäts- und Originalitätswerten einhergeht. Wie bereits erwähnt, wurde in unserer Studie das Kategoriensystem weiterentwickelt. Die divergente Aufgabenstellung läßt ein endgültig abgeschlossenes Kategoriensystem nicht zu, jede Versuchsperson kann Formulierungen oder auch wirklich neue Verwendungen entwickeln, die vom Auswerter in das Kategoriensystem integriert werden müssen.

Die Ergebnisse zu Verteilungseigenschaften der VWT-Kennwerte zeigen, daß diese in allen Klassenstufen und in der Gesamtpruppe annähernd Normalverteilung aufweisen. Der Test differenziert auch im oberen Bereich gut. Weiterhin ergab sich, daß die VWT-Werte untereinander stark korrelieren, was angesichts der systematischen Abhängigkeit der Kennwerte nicht überrascht.

Berechnungen zur Kriteriumsvalidität zeigten in der Gesamtstichprobe signifikante, wenngleich eher niedrige Korrelationen mit den Bereichen der künstlerisch-literarischen, der sozialen sowie der technisch-naturwissenschaftlichen Betätigungen. In bezug auf die Schulnoten ergaben sich signifikante, wenngleich eher niedrige, Korrelationen zur Deutschnote.

(3) Verbaler Kreativitätstest (VKT)

Mit dem *Verbalen Kreativitätstest (VKT)* von Schoppe (1975) bzw. dessen Untertest "Vierwortsätze" wird in Anlehnung an Guilfords "Divergent-Production-Factor" Wortflüssigkeit bzw. verbale Produktivität erfaßt. Darunter wird die Fähigkeit verstanden, in einem beschränkten Zeitrahmen möglichst viele zusammenhängende Wörter zu produzieren, die sich unter Beachtung bestimmter Regeln in korrekte Sätze integrieren lassen. Dazu müssen passende Worte aus dem verfügbaren Wortschatz aktualisiert und möglichst viele verbale Assoziationen zu bereits produzierten Wörtern hergestellt werden.

Nachdem Versuche, die Produktionen des VKT auch im Hinblick auf Flexibilität und Originalität auszuwerten, aufgegeben werden mußten, verwendeten wir in unserer Studie zwei Variablen: die Anzahl korrekt produzierter Sätze und die Anzahl insgesamt produzierter verschiedener Wörter. Die beiden Scores sind hochkorreliert, jedoch gestattet die zweite Variable eine bessere Differenzierung.

In den Reliabilitätsschätzungen zeigten sich beide VKT-Variablen als noch hinreichend reliabel. Der Annahme der Normalverteilung widersprechen die Statistiken für Schiefe und Exzeß in keinem Fall. Es zeigte sich weiterhin, daß der VKT bei jüngeren wie bei älteren Schülern einen nennenswerten Prädiktor lediglich für Schulleistungen darstellt; die meisten Korrelationen für die Klassenstufen 7 und 9 sind jedoch nicht signifikant. Dennoch wurde erkennbar, daß die Zusammenhänge mit den Zensuren in Deutsch und Englisch höher ausfallen als die mit der Mathematiknote, was in der Tendenz deutlich macht, daß der VKT tatsächlich sprachliche Kreativitätsaspekte zu erfassen scheint.

Auch in den Berechnungen zur Prognosekraft für außerschulische Aktivitäten scheint sich anzudeuten, daß nennenswerte Zusammenhänge mit den VKT-Variablen - wenn überhaupt - erst bei älteren Schülern auftreten. Die höchsten Korrelationen ergaben sich jedoch nicht immer mit literarischen und künstlerischen Aktivitäten. Dagegen scheinen diese Aktivitäten einen Einfluß auf die VKT-Leistungen zu späteren Zeitpunkten auszuüben. Dies ist insofern nicht erwartungwidrig, als hohe Leistungen im VKT durch einen großen aktiven Wortschatz begünstigt werden und die diesbezügliche "Wissensbasis" durch die angesprochenen Beschäftigungen mit aufgebaut werden kann.

In den Statistiken zu Geschlechtsunterschieden finden sich beim VKT in fast allen Kohorten signifikante Unterschiede zwischen Jungen und Mädchen zugunsten der Schülerinnen, wobei die Unterschiede mit dem Alter zuzunehmen scheinen. Betrachtet man dieses Ergebnis im Zusammenhang mit den Ergebnissen zur (prognostischen) Validität, so könnte diese Auseinanderentwicklung von Jungen und Mädchen auf unterschiedliche Interessengebiete bzw. Freizeitaktivitäten zurückgeführt werden (die Mädchen unserer Untersuchungsstichprobe sind eher auf literarischem, Jungen mehr auf naturwissenschaftlichem und technischem Gebiet aktiv; vgl. Kapitel 6 in Teil III).

Berechnungen zur differentiellen Validität zeigen, daß die VKT-Leistung in den Klassen 5 bis 11 tatsächlich mit den anderen Indikatoren für Kreativität höher kovariiert als mit den kognitiven Leistungstests. In der Kohorte der Drittkläßler (1986) hingegen verschwinden zum dritten Meßzeitpunkt die Korrelationen zum Produktionsaspekt des TKT, während hier die Beziehungen zum KFT am engsten sind. Offensichtlich werden auch darin die sprachlichen Anteile des VKT gegenüber dem TKT deutlich, der Kreativität mit zeichnerischem Material erfaßt. Im Hinblick auf den VWT fällt auf, daß sich die Korrelationen der VKT-Variablen, die beide Produktivitätsmeßwerte darstellen, zu den VWT-Scores für Flexibilität und Produktivität nicht unterscheiden. Dies entspricht den für den VWT berichteten engen Zusammenhängen zwischen den beiden Indikatoren und unterstreicht die Annahme, wonach die Erfassung kreativer Fähigkeiten über den Produktionsaspekt hinaus nur schwer möglich ist.

(4) Fragebogen zur Kreativität (GIFT)

Das *Group Inventory for Finding Creative Talent (GIFT)* von Rimm (1980) soll Persönlichkeitsaspekte erfassen, die im Zusammenhang mit Kreativität als relevant erachtet werden. Als solche können Merkmale wie Flexibilität, Ausdauer, Originalität, Neugierde sowie eine gewisse Bandbreite an Interessen gesehen werden. Das ursprüngliche Verfahren wurde - nach Übersetzung ins Deutsche - unverändert übernommen.

Entsprechend der amerikanischen Vorlage wurde der Fragebogen in zwei unterschiedlichen Varianten verwendet. Je nach Alter der Probanden kam eines der Instrumente zum Einsatz, wobei die zu erfassenden Kreativitätsaspekte unverändert blieben. Bei Korrelation des GIFT mit den Schulnoten ergaben sich in der zweiten Klasse keine signifikanten Zusammenhänge. In der vierten Klasse konnte der erwartete Zusammenhang zwischen der Note in Kunsterziehung und dem GIFT (in unserer Untersuchung) nicht gefunden werden. Andererseits ergab sich aber eine signifikante Beziehung zwischen dem GIFT und der Note für Handarbeit und Werken. Dies überrascht insofern nicht, als in dieses Schulfach u.a. auch Faktoren wie Ideenreichtum, Originalität und Ausdauer einfließen. Die Zusammenhänge zwischen der GIFT-Skala und den Skalen zur Leistungsmotivation sowie der sozialen Kompetenz sind erstaunlich stabil über die beiden Kohorten der jüngsten Schüler hinweg.

(5) Fragebogen zur Kreativität (GIFFI)

Der Fragebogen *Group Inventory for Finding Interests (GIFFI)* von Rimm & Davis (1980) ist das Pendant zum GIFT für Schüler der Sekundarstufe. Bei der Untersuchung der Zusammenhänge des GIFFI mit den Schulnoten ergaben sich vor allem zu den Hauptfächern (Deutsch, Englisch, Mathematik) hochsignifikante Zusammenhänge. Erwartungsgemäß erzielten Schüler mit hohen Werten im GIFFI auch bessere Noten im Kunstunterricht. Zusammenhänge bestehen auch mit Skalen des Leistungsmotivationsfragebogens und dem "Fragebogen" zum Erkenntnisstreben (FES), wobei insgesamt die Höhe der Korrelationen mit dem

Alter zuzunehmen scheint. Diese Beziehung zeigt sich auch zwischen dem GIFFI und dem "Fragebogen zur sozialen Kompetenz". Das hieße, daß Schüler/innen, die sozial aufgeschlossen agieren können, kreativer sind als solche, die im sozialen Bereich Probleme haben.

Tabelle 3: Verfahren zur Erfassung psychomotorischer Fähigkeiten

	Kohorte (Klasse)																	
	1			3			5			7			9			11		
	MZP			MZP			MZP			MZP			MZP			MZP		
Verfahren	1	2	3	1	2	3	1	2	3	1	2	3	1	2	3	1	2	3
LEGO-Test	X	X	X	X	X													
Computer							X			X			X					
Paper-penc		X	X		X													
Paper-penc						X		X	X		X	X		X	X		X	X

2.1.3 Verfahren zur Erfassung psychomotorischer Fähigkeiten

Die Übersicht in Tabelle 3 informiert über die psychomotorischen Skalen zu den einzelnen (drei) Meßzeitpunkten. Aus organisatorischen Gründen war es notwendig, die aufwendigen Geräte- und Handlungstests zur Psychomotorik, die in der Untersuchung 1986 zum Einsatz gekommen waren, für die folgenden Untersuchungen 1987 und 1988 durch weniger aufwendige zu ersetzen. Statt der Computer- und LEGO-Tests wurden daher Papier- und Bleistifttests eingesetzt. Bei einer größeren Zahl der Zweit- und Viertkläßler konnten aber zusätzlich die alten LEGO-Aufgaben ein zweites Mal durchgeführt werden.

Im einzelnen ergaben sich für die LEGO-/Computer- sowie die Papier- und Bleistifttests hohe Zusammenhänge. Bezüglich derselben Konstrukte sind also die verschiedenen eingesetzten Meßverfahren äquivalent. Diese Aussage läßt sich korrelationsstatistisch und faktorenanalytisch absichern.

Für die zu zwei Meßzeitpunkten durchgeführten identischen Verfahren ergeben sich ebenfalls hohe Zusammenhänge, so daß von Konstruktstabilität gesprochen werden kann. Ebenso zeigen sich starke Zusammenhänge zwischen den LEGO-Tests 1986 sowie den Papier- und Bleistift-Tests 1987. Deshalb hatte die Verfahrensumstellung keine negativen Auswirkungen auf die noch zu leistenden entwicklungspsychologischen Auswertungen.

Generell kann festgehalten werden, daß die Ersetzung der Apparate- und Handlungstests durch einfachere Verfahren nicht nur testökonomische Vorteile mit sich brachte, sondern auch z.T. Skalen mit höherer Zuverlässigkeit und angemessenerem Schwierigkeitsgrad ergab. Durch die Änderung der Indikatorisierung der psychomotorischen Fähigkeiten wurden auch Lern- und Übungseffekte ausgeblendet, die gerade bei den LEGO-Tests vorliegen dürften. Es ist nicht auszuschließen, daß die getesteten Kinder die LEGO-Aufgaben zuhause geübt haben.

Die Einführung der Papier- und Bleistifttests verhinderte Übungsvorteile derjenigen Kinder, die zuhause über entsprechende Bausteine verfügten.

Die untersuchten Aspekte der Psychomotorik beschränkten sich weitgehend auf Finger- und Handgeschicklichkeit, wobei die beiden Dimensionen Geschwindigkeit und Genauigkeit erfaßt wurden. Die Computertests waren darüber hinaus darauf abgestellt, Reaktionsgeschwindigkeit und komplexe Koordination unter Einschluß räumlicher Planungsprozesse zu erfassen. Über die genaue Aufgabenstellung informiert der erste Zwischenbericht zu diesem Projekt sowie Hany (1987). Von einer weiteren Darstellung soll hier abgesehen werden, da die Kriteriumsvalidität der Psychomotoriktests, d.h. ihre Eignung für die Identifizierung bereichsspezifisch leistungsfähiger Personen, nicht gesichert werden konnte. Die im Grundschulbereich eingesetzten LEGO-Tests wiesen hohe Korrelationen zu kognitiven Fähigkeiten auf, so daß diese Aufgaben - wie bei vielen Psychomotoriktest üblich - eine Kombination zwischen allgemeinen Denkfähigkeiten und bereichsspezifischen (nicht generalisierbaren) Fertigkeiten repräsentieren dürften.

2.1.4 Verfahren zur Erfassung der sozialen Kompetenz

Hierfür wurden zwei altersspezifische Skalen für die Grundschule bzw. Sekundarstufe entwickelt (vgl. Tabelle 4).

Tabelle 4: Verfahren zur Erfassung sozialer Kompetenz

Verfahren	Kohorte (Klasse) 1 MZP 1 2 3	3 MZP 1 2 3	5 MZP 1 2 3	7 MZP 1 2 3	9 MZP 1 2 3	11 MZP 1 2 3
SK-Gr	X X X	X X				
SK-S		X	X X X	X X X	X X X	X X X

(1) Fragebogen zur sozialen Kompetenz bei Grundschülern (SK-Gr)

Der *Fragebogen zur sozialen Kompetenz (SK-Gr)* soll bei Grundschülern zum einen der Ermittlung sozialer Kognitionen dienen, zum anderen sollen Rückschlüsse auf das tatsächliche soziale Verhalten gezogen werden können. Der Fragebogen (Geisler, 1985) weist sowohl konvergente (kognitive) als auch divergente (kreative) Elemente auf. Zur Erstellung des Fragenkatalogs wurden umfangreiche Vorstudien durchgeführt (Weber, 1989; Winkelmann, 1989). Die vorliegende Fassung enthält 26 Items, die sich auf die drei Skalen *Assertiver Selbstausdruck*, *Kooperation* und *Konfliktlösefähigkeiten* verteilen.

Allerdings erscheint die Verwendung eines Fragebogens, der die soziale Kompetenz bei Grundschülern messen soll, problematisch. Wir müssen davon ausgehen, daß sich Kinder gerade im sozialen Umgang rasch verändern und es daher sehr schwierig ist, solche Entwicklungsstadien durch einen Fragebogen festzuhalten. Asendorpf (1988) ist in seinen Untersuchungen zur Stabilität sozialer Kompetenz bei drei- bis vierjährigen Kindern ebenfalls dazu übergegangen, nur noch einzelne Items zu analysieren und auf Fragebögen zu verzichten. So zeigten sich auch in unserer Stichprobe in bezug auf die prädiktive Validität zwischen den SK-Skalen und den Schulnoten keine signifikanten Zusammenhänge, d.h. daß die Skalen der sozialen Kompetenz nicht als Prädiktoren für die Schulleistung verwendet werden können. Auch die Untersuchungen zur Konstruktvalidität brachten keine eindeutigen Ergebnisse.

(2) Fragebogen zur Sozialen Kompetenz bei Sekundarstufenschülern (SK-S)
Mit dem *Fragebogen zur sozialen Kompetenz (SK-S)* für Sekundarstufenschüler sollen Rückschlüsse auf tatsächliches Verhalten in sozialen Kontexten ermöglicht und soziale Kognitionen ermittelt werden. Das Meßinstrument weist sowohl konvergente als auch divergente Elemente auf. Das von uns eingesetzte Verfahren enthält Fragen aus den Verfahren von Jäger et al. (1973), Lotz (1984) und Ullrich de Muynck & Ullrich (1976) sowie selbstentwickelte Items. Der Fragebogen gliedert sich in drei Skalen: "Assertiver Selbstausdruck", "Kooperation" und "Konfliktlösefähigkeit".

Im Hinblick auf die Kriteriumsvalidität ergaben sich auch hier praktisch keine Zusammenhänge mit Schulleistungen. Zu außerschulischen Leistungen konnten dagegen positive Zusammenhänge, vor allem bei Tätigkeiten, die im allgemeinen mit Partnern ausgeübt werden, bestätigt werden. Relativ hohe Zusammenhänge ermittelten wir zu den Skalen "Soziale und Kulturelle Tätigkeiten" des MAI (Münchner Aktivitäten-Inventar). Die geringsten Zusammenhänge wurden bei den naturwissenschaftlichen und musikalischen Tätigkeiten festgestellt; diese Tätigkeiten werden offenbar bevorzugt allein ausgeübt. Erwartungsgemäße Zusammenhänge bestehen auch zu Motivationsskalen, wie zum "Fragebogen für Erkenntnisstreben" oder zur Skala des "Leistungsmotivationsfragebogens".

2.1.5 Verfahren zur Erfassung der musikalischen Begabung

Im Bereich der künstlerisch-musikalischen Begabung war es uns nicht möglich, standardisierte Testverfahren einzusetzen. Aus diesem Grund wurden die jeweiligen Musiklehrer 1986 mit den unten beschriebenen Lehrerchecklisten, in den Jahren 1987 und 1988 anhand eines von H. Bruhn entwickelten Fragebogens um eine Einschätzung der Schüler hinsichtlich ihrer Kenntnisse, Begabungen und Aktivitäten im Bereich Musik gebeten.

2.1.6 Bereichsübergreifende Verfahren

Um nicht nur auf Selbsteinschätzungen bzw. Test- und Fragebogenverfahren zurückgreifen zu müssen, wurden auch die Klassenlehrer um eine Einschätzung der betreffenden Schüler hinsichtlich ihrer intellektuellen Leistungen, ihrer Kreativität, ihrer sozialen Kompetenz und ihrer psychomotorischen Fähigkeiten befragt, da sich das Lehrerurteil im großen und ganzen immer wieder in verschiedenen Untersuchungen als aussagekräftig und zutreffend erwies. Ein entsprechendes Verfahren zur Beurteilung (hoch-)begabter Schüler wurde von uns neu entwickelt und im Laufe des Projekts optimiert sowie wesentlich gekürzt.

2.2 Verfahren zur Erfassung von Leistungskriterien

Während die bisher angesprochenen Diagnoseverfahren zur Erfassung sog. Prädiktorvariablen herangezogen wurden, dienten die im folgenden dargestellten Meßskalen der Erfassung der (vorhergesagten) Kriteriumsleistung.

Tabelle 5: Verfahren zur Erfassung von Leistungsmerkmalen

Verfahren	Kohorte (Klasse) 1 MZP			3 MZP			5 MZP			7 MZP			9 MZP			11 MZP		
	1	2	3	1	2	3	1	2	3	1	2	3	1	2	3	1	2	3
Noten		X	X	X	X	X	X	X	X	X	X	X	X	X	X	X	X	X
MAI								X	X	X	X	X	X	X	X	X	X	X

2.2.1 Leistungserfassung im Schulbereich

Um einen Einblick in die tatsächlich erbrachten schulischen Leistungen zu erhalten, setzten wir die oben erwähnten Lehrerfragebögen ein und erfaßten bestimmte Schulnoten. In der Grundschule waren dies jeweils die Deutsch-, Mathematik- und Heimat/Sachkundenote; im Sekundarbereich die Noten in den Fächern Deutsch, Mathematik und Englisch, da diese Fächer normalerweise von allen Schülern - unabhängig von Schultyp oder der Kurswahl - abgedeckt werden. Aus demselben Grund verzichteten wir bei vielen Verrechnungen auf Noten in Wahlfächern wie Informatik, Biologie usw., die aber dennoch wie auch die Musik-, Sport- und Kunsterziehungsnoten von allen Schüler erhoben wurden.

2.2.2 Leistungserfassung im außerschulischen Bereich

(1) Münchner Aktivitäten-Inventar für Schüler ab Klasse 7 (MAI)

Das *Münchner Aktivitäten-Inventar (MAI)* wurde im Rahmen unseres Projekts entwickelt und gibt Auskunft über Aktivitäten und Leistungen von Jugendlichen in außerschulischen Bereichen. Bei der Gestaltung der Items wurde versucht, in konkreter Form Angaben über mögliche vorhandene Interessen, Betätigungen und erzielte Leistungen innerhalb verschiedener Interessenbereiche zu erhalten. Somit stellt das MAI ein zentrales Instrument zur Überprüfung von Beziehungen zwischen Begabungsvariablen und Leistungskriterien dar. Weiterhin können mit dem MAI etwaige Leistungsveränderungen analysiert werden, zu deren Erklärung Variablen wie Persönlichkeits- oder Umweltvariablen heranzuziehen sind. Die Items des Fragebogens verteilen sich auf folgende Bereiche bzw. Skalen: *Literarische Aktivitäten*, *Naturwissenschaftliche Aktivitäten*, *Technisch/Handwerkliche Aktivitäten*, *Soziale Aktivitäten*, *Sportliche Aktivitäten*, *Musikalische Aktivitäten* und *Künstlerische Aktivitäten*.

Im Hinblick auf die Validität des Verfahrens zeigten sich erwartungsgemäße Zusammenhänge zwischen der Sport- und Musiknote und den entsprechenden MAI-Skalen. Ein mäßig hoher Zusammenhang fand sich zwischen *Literarischen Aktivitäten* und der Deutschnote. Dieser Zusammenhang nimmt mit dem Alter zu, was auf entwicklungsbedingte Interessenspezifizierung hinweisen könnte. Zwischen fast allen Skalen des MAI und des "Fragebogens zur Sozialen Kompetenz" besteht ein hochsignifikanter Zusammenhang. Ausnahmen bilden hier musikalische und naturwissenschaftliche Tätigkeiten, was daran liegen könnte, daß diese eher allein ausgeübt werden.

Bei den Beziehungen zum FES (*Fragebogen zum Erkenntnisstreben*) fällt auf, daß die Zusammenhänge vor allem zu den naturwissenschaftlichen/technischen Tätigkeiten und den sozialen Aktivitäten mit Peers bedeutsam sind. Dagegen zeigten sich keine statistischen Zusammenhänge zum Fragebogen für Leistungsmotivation. Ausnahmen bilden hier wieder die naturwissenschaftlichen und technischen Aktivitäten, was die Rolle einer besonderen (erfolgsorientierten) Motivation für solche Gebiete unterstreicht.

Tabelle 6: Verfahren zur Erfassung nichtkognitiver Persönlichkeitsmerkmale

Verfahren	Kohorte (Klasse)																	
	1			3			5			7			9			11		
	MZP			MZP			MZP			MZP			MZP			MZP		
	1	2	3	1	2	3	1	2	3	1	2	3	1	2	3	1	2	3
LM-G	X	X	X	X	X													
LM-S						X	X	X	X	X	X	X	X	X	X	X	X	X
FES						X	X	X	X	X	X	X	X	X	X	X	X	X
SKon-G		X	X		X	X												
AV-G		X	X		X													
AV-S						X		X	X		X	X		X	X		X	X
IFB								X	X		X	X		X	X		X	X
HOP-HOM		X	X		X	X												
KausAttr		X	X		X	X												

2.3 Verfahren zur Erfassung nichtkognitiver Persönlichkeitsmerkmale bei Hochbegabten

Die damit erfaßten Persönlichkeitsmerkmale werden in einschlägigen (Hoch-)Begabungs- sowie Diagnose- und Prognosemodellen gewöhnlich als Katalysator- bzw. Moderatorvariablen bezeichnet. Die in unserer Längsschnittstudie verwendeten Skalen sind in Tabelle 6 aufgelistet. Zu den Abkürzungen vgl. den nachstehenden Text.

2.3.1 Leistungsmotivationsskalen

Leistungsmotivation (LM) ist als Grundbedingung für herausragende Leistungen zu sehen. Im Begabungsmodell von Renzulli (1978) wird "task commitment" sogar gleichberechtigt neben intellektuelle Begabung und Kreativität gestellt. In Anlehnung an Heckhausen (1980) unterscheiden wir die Leistungsmotivationskonzepte "Hoffnung auf Erfolg" und "Furcht vor Mißerfolg". Diese beiden Konstrukte wurden in allen Altersstufen und zu allen Testzeitpunkten erfaßt. Zusätzlich wurden das *Leistungsstreben* bzw. die *Anstrengungsbereitschaft* als Aspekte der schulischen Leistungsmotivation einbezogen. Definiert wird letztere als "Streben, durch gute (schulische, insbesonders intellektuelle) Leistungen Anerkennung zu finden, sich durch gute Leistungen auszuzeichnen" (Hermans, 1976).

Auch der *Fragebogen zum Erkenntnisstreben (FES)* von Lehwald (1981) sei hier zu den Leistungsmotivationsfragebögen gerechnet, obgleich ihn Lehwald auf einer etwas anderen theoretischen Grundlage entwickelt hat.

(1) Fragebogen zur Leistungsmotivation (LM-G)

Mit dem *Leistungsmotivationstest für Kinder (LMT-K)* von Trudewind soll das Ausmaß der allgemeinen Lern- und Leistungsbereitschaft erfaßt werden. Er umfaßt die vier Motivtendenzen: Hoffnung auf Erfolg, Furcht vor Mißerfolg, intrinsische und extrinsische Motivation. Die allgemeine Leistungsbereitschaft wird durch Addition der Subskalen gemessen. Der in unserer Studie verwendete Fragebogen für Grundschüler (LM-G) basiert auf dem LMT-K von Trudewind (1975), der für hochbegabungsdiagnostische Zwecke von uns adaptiert wurde.

Bei der Korrelation der Leistungsmotivationswerte mit den Schulnoten zeigte sich, daß es keine signifikanten Zusammenhänge gibt, d.h. daß die Leistungsmotivationsskalen als Prädiktoren für Schulleistung in der Grundschule bei begabten Grundschülern nicht direkt verwertet werden können. Der Einsatz von Leistungsmotivationstests in der Grundschule scheint uns jedoch generell problematisch zu sein, da aus entwicklungspsychologischer Sicht noch mit einer sehr starken Veränderung der Leistungsmotivation in den ersten Schuljahren zu rechnen ist und sich stabilere Persönlichkeitsmerkmale erst allmählich ausbilden.

(2) Fragebogen zur Leistungsmotivation für Jugendliche (LM-S)

Der *Fragebogen zur Leistungsmotivation für Jugendliche (LM-S)* dient zur Erfassung der Leistungsmotivation im Sekundarstufenbereich und umfaßt die Aspekte Hoffnung auf Erfolg, Furcht vor Mißerfolg und Leistungsstreben. Das Verfahren wurde von uns auf der Grundlage bestehender Vorlagen zusammengestellt. Die Items entstammen zum überwiegenden Teil dem "Leistungsmotivationstest für Jugendliche" von Hermans (1976) und dem "Fragebogen zur internalen vs. externalen Kontrollüberzeugung" von Krampen (1977); einige Items wurden neu konzipiert.

Zusammenhänge mit Schulnoten ergaben sich in der jeweils erwarteten Richtung vor allem zur Mathematiknote. Diese Zusammenhänge steigen mit dem Alter noch an. Die Zusammenhänge zu den außerschulischen Tätigkeiten sind mäßig, zum Teil kaum nennenswert. Eine Ausnahme bildet die Beschäftigung mit naturwissenschaftlichen und technischen Bereichen. Diese Gebiete scheinen Interessenbereiche zu sein, auf die sich eine hohe Leistungsmotivation günstig auswirkt. Auch hier nehmen die Zusammenhänge mit dem Alter zu. Das kann dahingehend interpretiert werden, daß eine hohe Leistungsmotivation, verknüpft mit entsprechenden intellektuellen Fähigkeiten, in diesen Bereichen zu intensiveren Anstrengungen in der Schule führt, was sich positiv auf das entsprechende Wissen auswirkt. Letzteres kann dann wiederum bei der Gestaltung der Freizeitaktivitäten eingesetzt werden.

(3) Fragebogen zur Erfassung des Erkenntnisstrebens (FES)

Das Erkenntnisstreben ist eines der Basismotive, die kreative Lernprozesse stimulieren. Es ist eng mit kognitiven Leistungsvoraussetzungen verbunden und wird von Lehwald als "kognitives Motiv" (Lehwald, 1981) bezeichnet. Äußere Kennzeichen sind hohe Anstrengungsbereitschaft und Interesse am tiefgründigen Kenntniserwerb. Das von uns eingesetzte Verfahren wurde ziemlich im Original (Lehwald, 1981) verwendet, lediglich vier Items wurden leicht umformuliert.

Im Hinblick auf die Kriteriumsvalidität mit schulischen Leistungen ergibt sich folgendes Bild: Die Korrelationen zu den Noten sind eher gering (<.40), wenn auch in vielen Fällen signifikant. Die stärksten Zusammenhänge ergaben sich dabei für die naturwissenschaftlichen Fächer Physik und Chemie sowie für Geschichte und Erdkunde. Positive Korrelationskoeffizienten (die mit dem Alter ansteigen) zeigten sich auch mit der Mathematiknote. Hier scheint sich das Erkenntnisstreben besonders auszuwirken. Im Gegensatz dazu besteht zur Leistung im Sportunterricht ein negativer Zusammenhang. Das könnte dadurch bedingt sein, daß das Fach Sport für nicht so wichtig gehalten wird wie die Hauptfächer, speziell Mathematik, oder daß das theoretische Konzept "Erkenntnisstreben" hier einfach keine Strukturadäquatheit aufweist. Bezüglich der zum Zeitpunkt der Ersterhebung bereits eingeführten Fächer sind die Korrelationen relativ stabil, d.h. lang- und kurzfristige Prognosen mit dem FES haben ähnliche Vorhersagegüte.

Bei den außerschulischen Leistungen ist folgendes auffällig: Es bestehen erwartungsgemäß hohe Zusammenhänge mit dem FES, da die Freizeitaktivitäten in erster Linie vom Interesse bestimmt werden und die Jugendlichen wohl bereit sind, dafür auch etwas zu tun. Am größten sind die Zusammenhänge mit den Aktivitäten im naturwissenschaftlichen und technisch-handwerklichen Bereich, da für eine Beschäftigung hiermit wohl am meisten die Aneignung von (Vor-)Wissen eine Rolle spielt. Hohe Korrelationen fanden sich insbesondere für Naturwissenschaften, mittlere Korrelationen für soziale Aktivitäten mit Gleichaltrigen sowie Technik. Geringer, aber immer noch bedeutsam sind die Korrelationen in bezug künstlerisch-literarischen Bereich. In mehreren Gebieten (Technik, Kunst und Literatur) scheinen die Werte des

Vorjahres die besten Prädiktoren für die Leistung darzustellen, die Korrelationen mit den zwei Jahre alten FES-Werten bzw. jenen vom selben Jahr fallen geringer aus.

Insgesamt liefert der FES im Bereich der Naturwissenschaften, der Freizeitaktivitäten und der schulischen Nebenfächer Hinweise auf spätere Leistungen, wobei der Zusammenhang nicht altersabhängig, sondern eher abhängig vom Vertrautheitsgrad zum Fachgebiet (zum Zeitpunkt der Befragung) zu sein scheint. Erkenntnisstreben fällt also mit hoher Leistungsmotivation und Leistungsbereitschaft zusammen, wobei die Beziehung von Leistungsbereitschaft und Erkenntnisstreben mit zunehmendem Alter immer enger wird.

2.3.2 Selbstkonzept

Schulisches Selbstkonzept bei Grundschülern (Skon-G)

Mit den "Köpfleskalen" des Fragebogens zum Schulischen Selbstkonzept sollen die Beurteilung eigener schulischer Fähigkeiten und die Selbsteinschätzung von Beliebtheit bei Mitschülern und Lehrern im Vergleich zur gesamten Klasse erfaßt werden. Dabei können Rückschlüsse auf tatsächliche Positionierungen von Leistungs- bzw. Beliebtheitswerten innerhalb der Klassengemeinschaft hergestellt werden. Das von uns eingesetzte Verfahren beruht auf dem Selbstskalierungsverfahren von Nicholls (1978) bzw. der Adaptation von Schneider (1985), dessen Skalen den fünf Begabungsdimensionen unserer Studie angepaßt wurden. Auf zwölf sog. Köpfleskalen wird der jeweils selbsteingeschätzte Rang innerhalb der Klasse markiert. Die einzelnen Spalten beziehen sich auf Körpergröße, Rechnen, Turnen, Lesen, Singen/Musizieren, Zeichnen und Malen, Diktat, Basteln/Handarbeiten, Geschichtenerfinden, Nacherzählen, Beliebtheit beim Lehrer und Beliebtheit bei den Mitschülern.

Im Hinblick auf die Validität des Verfahrens zeigten sich die zu erwartenden Zusammenhänge zwischen Selbsteinschätzung im Bereich "Singen/Musizieren" und der Musiknote, sowie "Lesen" bzw. "Diktat" und Deutschnote, "Rechnen" und Mathematiknote. Vermutete Zusammenhänge zwischen den Skalen "Beliebtheit beim Lehrer" bzw. "Beliebtheit bei den Mitschülern" und den "Skalen der Sozialen Kompetenz" konnten in unserer Untersuchung nicht bestätigt werden. Ebensowenig ergaben sich Beziehungen zur Leistungsmotivation.

2.3.3 Metakognitives Wissen

Sort-Recall-Aufgabe

Zur Erfassung von Metagedächtnis (Strategiewissen und -anwendung) setzten wir ein Verfahren ein (Sort-Recall-Aufgabe), das uns freundlicherweise von Prof. Dr. Wolfgang Schneider (Max-Planck-Institut für psychologische Forschung, München, bzw. Univ. Würzburg) zur Verfügung gestellt wurde. Die Kinder bekamen dabei 24 unsortierte Bildkärtchen (2. Klasse) bzw. Wortkärtchen (4. Klasse), wobei jeweils sechs Items einer bestimmten Begriffskategorie angehörten. Die Schüler sollten die 24 (magnetischen) Kärtchen innerhalb einer festgesetzten Zeitspanne auf einer Metallplatte beliebig sortieren, auswendig lernen und anschließend schriftlich wiedergeben. Am nächsten Tag wurde den Kindern ein Metagedächtnisfragebogen (dieser wurde uns vom gleichen Autor zur Verfügung gestellt) vorgelegt, der deutlich auf den

Nutzen einer Verwendung von Sortierstrategien verweist. Anschließend bekamen die Kinder noch einmal die Sort-Recall-Aufgabe vom Vortag.

Bei dieser Aufgabe ging es vor allem um folgende Fragen:
- Benutzen bereits Kinder der 2. und 4. Klasse beim Lernen Ordnungsstrategien (Ordnen nach impliziten Kategorien)?
- Gibt es eine Beziehung zwischen dem Ausmaß an Ordnungsstrategien beim Lernen und dem beim Erinnern?
- Besteht eine Beziehung zwischen der Verwendung von Ordnungsstrategien, der Anzahl erinnerter Wörter und den verschiedenen Begabungsdimensionen?
- Verbessert sich die Erinnerungsleistung der Kinder durch Intervention via Fragebogen? Ergebnisse hierzu finden sich in Teil III, Abschnitt 5.2.

2.3.4 Arbeitsverhalten

(1) Fragebogen zum Arbeitsverhalten von Sekundarschülern (AV-S)
Der Fragebogen soll Persönlichkeitsmerkmale erfassen und besteht aus insgesamt zehn Skalen. Sechs dieser Skalen entstammen dem "Fragebogen zur Schülerpersönlichkeit" von Pekrun (1986), zwei dem "Fragebogen zur Erfassung der Handlungskontrolle" von Kuhl (1985), zwei wurden vom Projektteam entwickelt. Die Skalen betreffen im einzelnen: Prüfungsangst, -sorgen, allgemeine Angst, Stabilität der Denkabläufe in Streßsituationen/Prüfungssituationen, schulisches Selbstkonzept, allgemeiner Selbstwert, internale vs. externale Kausalattribuierung, Arbeitseinteilung und Aufmerksamkeitssteuerung.

Alle Skalen, die Angst zum Thema haben (*Prüfungssorgen*, *Prüfungsangst* und *Allgemeine Angst*) zeigten positive Zusammenhänge mit der Mathematiknote, d.h. hohe Angst geht einher mit schlechteren Mathematikleistungen. Zwischen dem schulischen Selbstwert und den Noten für die Hauptfächer sowie für Musik wurde ein numerisch negativer Zusammenhang gefunden, was bedeutet, daß gute Leistungen in diesen Fächern mit einem guten Selbstwertgefühl einhergehen. Störbarkeit der Denkabläufe in Streßsituationen scheint am ehesten bei den Hauptfächern zu negativen Konsequenzen zu führen.

Obwohl man erwarten könnte, daß bezüglich der Schulnoten sowohl Aufmerksamkeitssteuerung als auch die Art bzw. die Tatsache der Arbeitseinteilung eine Rolle spielen, ergaben sich bei den betreffenden Skalenwerten keine nennenswerten Zusammenhänge. Im Hinblick auf die Beziehung zu außerschulischen Aktivitäten fand sich ein positiver Zusammenhang zwischen Selbstwert und sozialen Aktivitäten mit Peers. Erwartungsgemäß ergaben alle Angstskalen mit diesen sozialen Peer-Aktivitäten negative, aber nur teilweise signifikante Zusammenhänge. Signifikante positive Zusammenhänge, die mit dem Alter zunehmen, zeigten sich bei diesen sozialen Aktivitäten zu der Skala Arbeitseinteilung. Wie es scheint, müssen ältere Schüler eher darauf achten, Freizeit (vor allem, diejenige, die sie mit anderen Jugendlichen verbringen) und schulische Arbeiten aufeinander abzustimmen.

Die Skalen des Fragebogens wurden vor allem benutzt, um in unserer Stichprobe Hinweise auf Schüler zu erhalten, die möglicherweise Unterstützung und Beratung bedurften. 20 solcher "belasteten" Schüler wurden in eine Interviewstudie einbezogen, deren Ergebnisse in Teil III, Kapitel 9 dargestellt werden (vgl. auch Teil III, Kapitel 7).

(2) Fragebogen zum Arbeitsverhalten von Grundschülern (AV-G)
Der Fragebogen *AV-G* ist weitgehend identisch mit dem *Fragebogen zum Arbeitsverhalten* für die Sekundarstufe. Lediglich die Formulierungen wurden dem Verständnisniveau von Grundschülern angepaßt. Auch hier fanden sich ähnliche Beziehungen zwischen den Skalen zur Prüfungsangst sowie Stabilität der Denkabläufe und den Deutsch- bzw. Mathematiknoten.

2.3.5 Interessen

Interessenfragebogen (IFB)
Ziel des *Interessenfragebogens IFB* ist die Erfassung von Interessen bei Schülern der Sekundarstufe. Grundlage der Konzeption ist die pädagogische Interessentheorie (Prenzel, Krapp & Schiefele, 1986; Prenzel, 1988), die Person-Gegenstands-Beziehungen hinsichtlich kognitiver, emotionaler sowie Wertaspekte unter besonderer Berücksichtigung der Selbstintentionalität der Handlungen betrachtet. Der IFB wurde von W. Sierwald im Rahmen unseres Projekts entwickelt. In Anlehnung an die im MAI erfaßten Aktivitäten wurden 13 Gegenstandsbereiche ausgewählt und in den Fragebogen aufgenommen.

Die Auswertungen zeigen, daß die stärksten Beziehungen jeweils zwischen inhaltlich ähnlichen Skalen (z.B. Sport trainieren - Sportwettkampf; Handwerk - Künstlerische Betätigung; Schreiben - Buchlesen) bestehen. Eine Faktorenanalyse des Gesamtdatensatzes (1987) erbrachte eine 4-Faktoren-Lösung: Der erste Faktor repräsentiert musisch-künstlerische Interessen, der zweite Interessen aus dem technisch-naturwissenschaftlichen Bereich. Der dritte Faktor repräsentiert die beiden Sportskalen und Vereinstätigkeit, auf dem vierten Faktor laden die Interessen aus jenem Bereich, der am ehesten mit "Entspannung" umschrieben werden kann (Spiele spielen, Buch lesen, Musik hören, mit Freunden zusammensein).

In den Berechnungen zur Konstrukt- und prognostischen Validität fanden sich die erwarteten positiven Zusammenhänge des IFB mit den Leistungswerten. Die Korrelationen bezüglich der außerschulischen Aktivitäten fallen höher aus als im Bereich der schulischen Leistungen, jedoch ergeben sich auch hier vielfach signifikante Korrelationen.

2.3.6 Handlungsorientierung

Fragebogen zur Handlungs- und Lageorientierung (HOP-HOM)
Der Fragebogen basiert auf dem theoretischen Modell der Handlungs- vs. Lageorientierung von Kuhl (1983), das Personen darin unterscheidet, wie sehr es ihnen gelingt, intendierte Handlungen auch tatsächlich auszuführen. Er umfaßt zwei Skalen, die dem Fragebogen von Pekrun entstammen (Pekrun, 1986: Fragebogen zur Schülerpersönlichkeit) und von den Projektmitarbeitern dem Grundschulniveau angepaßt wurden. Bei den von uns verwendeten Skalen handelt es sich zum einen um "Handlungsorientierung prospektiv", zum anderen um "Handlungsorientierung nach Mißerfolg".

Hinsichtlich der Skalen zur Handlungs- vs. Lageorientierung und den Schulnoten fanden sich keine bemerkenswerten Zusammenhänge. Auch zwischen den Kausalattributionen und der Handlungs- vs. Lageorientierung ließ sich in unserer Studie keine Beziehung nachweisen.

Bemerkenswert ist lediglich der hohe Zusammenhang zwischen den Skalen "Handlungsorientierung nach Mißerfolg" und "Hoffnung auf Erfolg".

2.3.7 Kausalattribuierung

Fragebogen zur Kausalattribution
Dieser Fragebogen dient der Ermittlung von Erfolgs- bzw. Mißerfolgsattributionsmustern im schulischen Bereich. Zur Erstellung des Fragebogens wurde auf ein bereits erprobtes Verfahren aus einer kulturvergleichenden Studie (BRD/USA) des Max-Planck-Instituts für psychologische Forschung in München (Schneider, Borkowski, Kurtz & Kerwin, 1986) zurückgegriffen. Unsere Fassung enthält acht kurze Geschichten aus dem Schulalltag, wobei vier Items mißerfolgsbezogene und die anderen vier erfolgsbezogene Geschichten beinhalten. Für jede Situation mußte angegeben werden, ob die erfolgreiche Bewältigung bzw. das Mißlingen zurückzuführen ist auf Glück bzw. fehlendes Glück, Hilfe von außen bzw. fehlende Hilfe, Aufgabenleichtigkeit bzw. -schwierigkeit, Können bzw. Nichtkönnen oder auf Anstrengung bzw. mangelnde Anstrengung.

Insgesamt scheint der Fragebogen einigermaßen zuverlässige Schätzungen der Attributionsmuster zu ermöglichen, wenngleich die Skalen bis auf wenige Ausnahmen (Anstrengung) den Anforderungen parametrischer Analyseverfahren nicht genügen. Der Fragebogen kann allerdings zur Gruppenbildung (Dichotomisierung der Information) herangezogen werden und sich bei voraussetzungsärmeren Analyseverfahren als informativ erweisen.

2.4 Verfahren zur Erfassung hochbegabungsspezifischer Sozialisationsbedingungen

Schließlich sei noch auf die in unserer Studie verwendeten Skalen zur Erfassung von Lernumweltvariablen eingegangen. Tabelle 7 vermittelt einen ersten Überblick.

Tabelle 7: Verfahren zur Erfassung hochbegabungsspezifischer Sozialisationsbedingungen

	Kohorte (Klasse)																	
	1			3			5			7			9			11		
Verfahren	MZP			MZP			MZP			MZP			MZP			MZP		
	1	2	3	1	2	3	1	2	3	1	2	3	1	2	3	1	2	3
Demograph.	X	X		X	X		X	X		X	X		X	X		X	X	
Fam		X	X		X	X		X	X		X	X		X	X		X	X
Schul									X			X			X			X
KLE						X		X	X		X	X		X	X		X	X

2.4.1 Demographische Daten

Erhoben wurden Geschlecht, (erlernter und ausgeübter) Beruf des Vaters und der Mutter, Schulortsgröße, Anzahl und Geschlecht der Geschwister, Position in der Geschwisterreihe u.ä.

2.4.2 Familienklima

Fragebogen zum Familienklima (Fam)
Schneewind, Beckmann & Hecht-Jackl (1985) haben die Fam-Skala als Teil eines familiendiagnostischen Testsystems, "das zur Diagnostik elterlicher Erziehungseinstellungen, -ziele und -praktiken für Jungen und Mädchen" sowie zur Erfassung des Familienklimas entwickelt wurde, vorgelegt. Der Familienklima-Test besteht aus drei Fragebögen zur mehrdimensionalen Diagnostik des Familienklimas aus der Sichtweise der einzelnen Familienmitglieder: Mutter, Vater und Kind. Hiermit sollen die Bereiche Zusammenhalt, Offenheit, Konfliktneigung, Selbständigkeit, Leistungsorientierung, kulturelle Orientierung, aktive Freizeitgestaltung, Organisation und Kontrolle erfaßt werden. Das Verfahren wurde für unsere Zwecke um einige Items gekürzt, die Skala zur religiösen Orientierung wurde (aus Gründen des Persönlichkeitsschutzes) ganz weggelassen.

Die Reliabilitätsberechnungen ergaben vorwiegend zufriedenstellende Ergebnisse. Wie erwartet, korrelieren die Werte der Skalen "Zusammenhalt" und "Offenheit" positiv miteinander sowie beide negativ mit "Konfliktneigung" in der Familie. "Zusammenhalt" korreliert signifikant mit "Aktiver Freizeitgestaltung" und "Organisation". Wiederum erwartungsgemäß korreliert "Leistungsorientierung" in der Familie mit "Kontrolle". Weiterhin zeigte sich, daß die Familienmitglieder das Familienklima sehr ähnlich bewerten.
Ergebnisse zur Validität werden in Teil III, Kapitel 8, dargestellt.

2.4.3 Schulklima

Fragebogen zum Schulklima (Schul)
Unterricht und Schulleben weisen neben den konkreten Unterrichtsinhalten bzw. der pädagogischen Unterrichtsgestaltung psychologische Charakteristika auf, die das Wohlbefinden und die Persönlichkeitsentwicklung der Schüler entscheidend beeinflussen. Diese Charakteristika hängen stark mit der Person des Lehrers, der Gruppendynamik innerhalb der Klasse sowie mit den institutionellen Rahmenbedingungen der Schule zusammen.

Um diese schulische Atmosphäre messen zu können, wurde vom Projektteam ein Fragebogen entwickelt, der folgende Aspekte erfassen soll: (1) eine *Emotionale Dimension* (Zusammenarbeit und Vertrauensverhältnis mit Mitschülern und Lehrern), die unserer Meinung nach das schulische Selbstkonzept beeinflußt; (2) eine *Anregungs- und Leistungsdimension* (schulisches Engagement und Leistungsorientierung bei Mitschülern und Lehrern), die sich vermutlich auf schulische Anstrengungen und Interessen auswirkt und (3) eine *Ordnungsdimension*, die das Maß der Selbständigkeit der Schüler mitbeeinflußt.

Zu beachten ist, daß die schulische Atmosphäre den subjektiven Eindruck des einzelnen Schülers wiedergibt. Daher können die Ergebnisse des Fragebogens nicht zur objektiven Evaluation des Unterrichts bzw. zur Lehrerbeurteilung verwendet werden. Es geht hier vielmehr um das *subjektive Erleben* des schulischen Kontextes, das entscheidenden Einfluß auf die Persönlichkeit und das Leistungsverhalten des Schülers haben dürfte.

Die Reliabilitäten der einzelnen Skalen zeigen durchaus befriedigende Werte in allen Altersstufen, wobei die betr. Werte für die Skalen "Interesse, Engagement der Mitschüler" sowie "Schülerverursachte Störungen des Unterrichts" niedrig sind; bei letzterer Skala steigen diese allerdings mit zunehmenden Alter. Erwartungsgemäß korrelieren auf allen Alterstufen die Skalen "Kooperativer Lehrer" mit "Kooperation, Positive Beziehungen zu den Mitschülern" positiv sowie mit "Kooperation, Postive Beziehungen zu den Mitschülern" und "Konkurrenz, Wettbewerb, Ordnungsdruck" negativ.

Interessant sind die Zusammenhänge, die sich auf allen Altersstufen ergaben, z.B. zwischen den Werten der Skala "Kooperativer Lehrer" und "Naturwissenschaftliche Aktivitäten", zwischen "Leistungsdruck" und "Mathematiknoten", und der unvermutete, wenngleich gering negative Zusammenhang zwischen "Schülerverursachte Störungen des Unterrichts" und "Mathematiknoten".

2.4.4 Zur Erfassung kritischer Lebensereignisse

Fragebogen zur Erfassung kritischer Lebensereignisse (KLE)

Das Verfahren wurde von uns auf der Grundlage bestehender Vorlagen zusammengestellt (vgl. Bruns & Geist, 1984; Holmes & Rahe, 1967; Rahe, 1974; Rahe & Arthur, 1978) und im Verlauf der Projektuntersuchungen optimiert. Den Schülern wurde eine Liste mit kritischen Lebensereignissen vorgelegt, auf der sie angeben sollten, welche Ereignisse (z.B. Geburt eines Geschwisters, Todesfall in der Familie, Sich-Verlieben) in den vergangenen sechs Monaten eingetreten waren, wie schlimm/angenehm das Ereignis für den Betreffenden war und welche Lebensveränderung des Ereignis mit sich brachte.

Angaben zu kritischen Lebensereignissen werden zur Erklärung von abrupten Interessen- und Leistungsveränderungen herangezogen. Die Ereignisse unterschieden sich deutlich danach, mit welcher Häufigkeit sie auftreten. Sehr tragische/unangenehme Ereignisse wurden z.B. nur sehr selten berichtet.

Während die Mehrzahl der Schüler wenig oder leicht belastet zu sein scheint, zeichnete sich eine kleine Gruppe besonders belasteter Schüler ab, von denen einige im Rahmen einer Interviewstudie gesondert befragt wurden (vgl. Teil III, Abschnitt 9.2). Eine Reihe von Ereignissen weist altersspezifisch unterschiedliche Häufigkeiten auf. Dies deutet auf die allgemein akzeptierte zeitliche Gebundenheit bestimmter Entwicklungsvorgänge hin (z.B. bei den Ereignissen Sich-Verlieben, Eigenes-Geld-Verdienen). Deutliche interindividuelle Unterschiede zeigen sich darin, wie angenehm/unangenehm einzelne Ereignisse bewertet und als wie streßreich diese erlebt werden. Den Erkenntnissen der Streßforschung zufolge sind diese subjektiven Belastungswerte für die Beeinträchtigung der Lebensvorgänge oft bedeutsamer als objektive Ereignisattribute. Detailliertere Ergebnisse werden in Teil III, Kapitel 8 berichtet.

3. Ergebnisse zur Identifikation von Hochbegabten

Entsprechend dem in Kapitel 1 beschriebenen Identifikationsmodell wurden in Kapitel 2 zunächst die Meßverfahren dargestellt. In diesem Kapitel werden die weiteren Schritte exemplarisch an Subgruppen der umfangreichen Stichprobe erprobt. Zunächst wird die Auswahl von entscheidungsrelevanten Begabungs- und Leistungsindikatoren bei Schülern der Klassenstufe 9 behandelt (Abschnitt 3.1). Die entsprechenden Resultate werden in Abschnitt 3.2 wieder aufgegriffen, nachdem zuvor Ergebnisse zur eindimensionalen Begabtendefinition bei Schülern der 3. Klassenstufe berichtet werden. Ergebnisse zu typologischen Bestimmungsmethoden für hochbegabte Schüler und ihre Validierung werden in Abschnitt 3.3 referiert. Den Abschluß bildet die Darstellung von Zusammenhängen zwischen verschiedenen Datenquellen, mit denen die quellenspezifischen Identifikationsstrategien überprüft werden (Abschnitt 3.4).

3.1 Skalen und Dimensionen zur Identifikation Hochbegabter

Die im vorhergehenden Kapitel erörterten Begabungs- und Leistungsvariablen lassen sich den fünf Fähigkeitsbereichen Intelligenz, Kreativität, Soziale Kompetenz, Psychomotorik und Musikalität zuordnen, wobei pro Bereich meist mehrere Indikatoren zur Verfügung stehen. In diesem Abschnitt soll beschrieben werden, auf welche Weise repräsentative Indikatoren für die Begabungs-, Leistungs- und Motivationskonstrukte ausgewählt bzw. neugeschaffen wurden. Diese Aufgabe war nicht einfach zu lösen. Zum einen mußte der Tatsache Rechnung getragen werden, daß eine einzelne Skala einen der fünf genannten Bereiche niemals vollständig abzudecken vermag; zum anderen war zu berücksichtigen, daß z.B. die Bildung von bereichsübergreifenden Faktoren (d.h. Linearkombinationen der Ausgangsvariablen) sowohl für die praktische Anwendung unhandlich als auch aufgrund der getroffenen Vorauswahl der Untersuchungsteilnehmer stichprobenabhängig sein würde. Im folgenden werden daher mehrere alternative Vorgehensweisen geschildert.

3.1.1 Indikatoren für den Begabungsbereich

Für den Begabungsbereich wurden drei Strategien zur Gewinnung repräsentativer Indikatoren verfolgt: Zunächst wurde pro theoretisch vorgegebenem Fähigkeitsbereich eine Variable pars pro toto ausgewählt, welche möglichst hohe Repräsentativität für den betr. Bereich besitzen sollte. Dann wurde mit den Variablen pro Fähigkeitsbereich eine Hauptkomponentenanalyse gerechnet; die erste (varianzstärkste) Hauptkomponente wurde als Indikator herangezogen. Schließlich wurde über alle Fähigkeitsvariablen eine Hauptkomponentenanalyse mit orthogonaler Faktorenrotation gerechnet; die extrahierten Faktoren wurden als Indikatoren weiterverwendet. Im folgenden werden Vorgehen und Ergebnisse im Detail geschildert.

3.1.1.1 *Auswahl repräsentativer Begabungsvariablen*

Verwendet man eine der gebildeten Skalen als Indikator für einen Begabungsbereich, so ergeben sich daraus gravierende Rechenvorteile. Zum einen können die von den Probanden erzielten Punktwerte unmittelbar zur Einstufung übernommen werden, so daß komplizierte Verrechnungen entfallen, wie es bei der Verwendung von Faktorwerten der Fall wäre. Zum anderen muß nur ein einzelnes Verfahren durchgeführt werden, um Erkenntnisse über einen breiten Begabungsbereich zu gewinnen. Zum dritten kann bei diesem Vorgehen unmittelbar ein Cut-off-Wert oder ein kritischer Bereich angegeben werden, für den die Entscheidung "Proband ist hochbegabt" gefällt wird. Gegen diese ökonomischen Vorteile steht der Nachteil, daß ein einzelnes Verfahren selten bereichsrepräsentativ ist. Dieser Frage kann man aber mit Hilfe von Faktorenanalysen und der Betrachtung der Markiervariablen auf den erhaltenen Faktoren nachgehen. Insgesamt ist die Auswahl einfacher Skalen als Indikatoren eine besonders pragmatische Strategie, die auch zu transparenten Ergebnissen führt.

Für den Bereich der *kognitiven Fähigkeiten* standen die Variablen V, Q, N (KFT-Dimensionen), die KFT-Gesamtleistung KFTGL sowie die Punktwerte für die Verfahren "Zahlenverbindungstest" (Variable ZVT), "Aufgaben aus Physik und Technik" (APT) und "Straßenplan" (SP) zur Verfügung. Da die Variable KFTGL bereits drei der aufgezählten Indikatoren (V, Q und N) repräsentiert und auch inhaltlich eine herausragende Rolle spielt, wurde sie stellvertretend für die anderen Skalen ausgewählt.

Für den Bereich der kreativen *Fähigkeiten* sollte - wenn möglich - nicht ein Maß aus dem Verbalen Kreativitätstest (wegen der möglichen Abhängigkeit von kognitiven Fähigkeiten) genommen werden. Um jedoch andererseits nicht nur den reinen Produktionsaspekt zu betrachten, wurde die Variable VWTKATS (Anzahl produzierter Kategorien im Verwendungstest) ausgewählt. Die Variable VWTORIG (Originalitätspunkte im Verwendungstest) empfahl sich wegen der schiefen Werteverteilung nicht.

Da im Bereich der *sozialen Fähigkeiten* nur die vorläufig gebildete Variable SKGES (Gesamtwert der Skala zur sozialen Kompetenz) zur Verfügung stand, wurde diese auch als "repräsentativ" ausgewählt.

Von den vielen verfügbaren Variablen zur *Psychomotorik* wurden die Punkte im Subtest Aiming (Genauigkeit der Fingerbewegung; Variable AIS) ausgewählt, da in diesem Test sowohl Schnelligkeit als auch Genauigkeit verlangt werden und keine starke Beziehung zu kognitiven Fähigkeiten gegeben sein dürfte. Auch hier - wie schon im Screening und bei der Wahl des Kreativitätsindikators - wurde also die Tendenz unterstützt, möglichst unabhängige Indikatoren zu finden, um die betrachtete Begabungsvielfalt zu unterstützen.

Für den Bereich der *Musikalität* stand kein Begabungstest zur Verfügung. Aus diesem Grunde wurde ein begabungsnaher Indikator aus den Lehrerchecklisten ausgewählt. Die Wahl fiel auf LCMS (Musikalische Sensibilität) in Abhebung zur Spezialbegabung Musikalisches Gedächtnis (LCMG) bzw. zur Musikalischen Leistung (LCMA).

Mit der Auswahl je eines Indikators für die genannten fünf Begabungsbereiche wurde also dem ursprünglich postulierten Begabungsmodell Rechnung getragen, ohne daß dieses zuvor empirisch überprüft wurde - eine Aufgabe, die angesichts der ausgelesenen Stichprobe nicht leicht zu lösen war. Tabelle 8 zeigt die Interkorrelationen der Indikatoren, welche eine weitgehende Unabhängigkeit der Begabungsbereiche andeuten.

Tabelle 8: Interkorrelationen der Begabungsindikatoren (Variablen); Signifikanzangaben hier sind weggelassen, da keine populationsbezogene Aussage intendiert war.

	KFTGL	VWTKATS	SKGES	AIS	LCMS
KFTGL	---	-.25	-.03	-.00	.08
VWTKATS		---	.11	.02	.13
SKGES			---	.03	.06
AIS				---	.11
LCMS					---

Legende: KFTGL = Intelligenz (KFT-Gesamtleistung);
VWTKATS = Praktische Kreativität (Verwendungstest);
SKGES = Soziale Kompetenz (Fragebogenwert);
AIS = Psychomotorik (Genauigkeitsscore);
LCMS = Musikalische Sensibilität (Lehrerurteil).

3.1.1.2 *Berechnung von Begabungs-Hauptkomponenten*

Gaensslen & Schubö (1976) verweisen auf die inhaltliche Bedeutung der ersten Hauptkomponente (im Rahmen einer Faktorenanalyse) als Repräsentant eines homogenen Variablensatzes. Wir sind dieser Anregung gefolgt und haben für die Variablen der einzelnen Fähigkeitsbereiche Hauptkomponentenanalysen durchgeführt und den Testpersonen entsprechende Faktorenwerte zugeordnet. Ein Vorteil dieser Berechnung liegt darin, daß fehlende Werte in einem Bereich (z.B. Psychomotorik) nicht zum Fallausschluß in den anderen Bereichen führen; des weiteren bleiben die Zusammenhänge (Korrelationen) zwischen den Begabungsbereichen weitgehend erhalten, da die Hauptkomponenten ja nicht wechselseitig orthogonalisiert werden.

Die Berechnungen erfolgten mit der Prozedur FACTOR des Programmpakets SPSS (Nie et al., 1975) am Leibniz-Rechenzentrum München. Im folgenden werden die Berechnungen für die Bereiche Intelligenz, Kreativität, Psychomotorik und Musikalität dargestellt; für den Bereich der Sozialen Kompetenz lag bekanntlich nur eine Variable vor, welche in diesem Falle wiederum als Indikator gewählt wurde.

In die Analyse für den *Intelligenzbereich* wurden die Variablen V, Q, N (Subdimensionen aus dem KFT), ZGES (ZVT-Informationswert), APT und SP einbezogen. Tabelle 9 zeigt die Verteilungskennwerte der Variablen; aufgrund fehlender Werte in einzelnen Variablen konnten nur für 1138 Schüler Faktorenwerte berechnet werden.

Tabelle 9: Verteilungskennwerte der kognitiven Begabungsvariablen

Variable	Mittelw.	Stand.abw.	Fälle
V	31.4964	7.6750	1259
Q	25.1064	7.4764	1259
N	33.4758	9.0201	1261
ZGES	2.5902	.4171	1282
APT	4.7900	2.6238	1257
SP	26.3875	6.6206	1236

Die Hauptkomponentenanalyse ergab einen Eigenwert von 2.49 für den ersten Faktor, d.h. dieser erklärt 41.4% der Gesamtvarianz und kann somit als repräsentativ für den Variablensatz gelten. Tabelle 10 zeigt die Faktorladungen sowie die erklärte Varianz jeder Variablen. Man sieht, daß der Faktor am stärksten die KFT-Skala Q repräsentiert, während die Variablen ZGES, APT und SP nur in geringerem Umfang vertreten sind.

Tabelle 10: Faktorladungen und Kommunalitäten für die kognitiven Begabungsvariablen

	Faktor 1	Kommunalität
V	.56030	.31394
Q	.79211	.62743
N	.63421	.40222
ZGES	.33374	.11138
APT	.41794	.17467
SP	.50213	.25214

Tabelle 11: Verteilungscharakterika der kreativitätsbezogenen Begabungsvariablen

Variable	Mittelw.	Stand.abw.	Fälle
VKTAKZ	11.4515	4.0190	1216
VKTWNEU	35.9482	11.5092	1216
VWTAKZ	30.1163	9.9632	1238
VWTKATS	21.3958	5.2688	1238
VWTORIG	8.2795	5.7515	1238

Rechnerisch die gleiche Analyse wurde für die *kreativitätsbezogenen* Variablen VKTAKT, VKTWNEU (beide stammen aus dem Verbalen Kreativitätstest), VWTAKZ, VWTKATS und VWTORIG (diese drei stammen aus dem Verwendungstest) durchgeführt. Tabelle 11 zeigt die Verteilungscharakterika der Variablen. Die ermittelte erste Hauptkomponente erklärt 58.2% der Varianz aller fünf Variablen und zeigt - wie man aufgrund der Faktorladungen in Tabelle 12 unschwer erkennen kann - die größte Affinität zur Variablen VWTKATS. Dies bedeutet gleichzeitig, daß VWTKATS die gesamte Variablenbatterie am besten repräsentiert; von daher wird die a priori getroffene Auswahl dieser Variablen als Repräsentant der Kreativität nachträglich gerechtfertigt. Faktorenwerte konnten für insgesamt 1167 Personen berechnet werden.

Tabelle 12: Faktorladungen und Kommunalitäten der kreativitätsbezogenen Begabungsvariablen

	Faktor 1	Kommunalität
VKTAKZ	.45102	.20342
VKTWNEU	.44989	.20240
VWTAKZ	.88348	.78054
VWTKATS	.92033	.84701
VWTORIG	.70530	.49745

In die Hauptkomponentenanalyse zur *Psychomotorik* wurden insgesamt neun Variablen einbezogen (s. Tabelle 13), die allgemein nur von einer eingeschränkten Teilnehmerzahl zur Verfügung standen. Aufgrund der Heterogenität der Variablen (Reaktionsgeschwindigkeit, Bewegungsgenauigkeit usw.) konnte das Auftreten eines mächtigen Generalfaktors nicht erwartet werden; in der Tat erklärt die erste Hauptkomponente nur 28.5% der Gesamtvarianz. Dies zeigt auch die generelle Schwierigkeit, einen breiten Begabungsbereich durch eine einzelne Variable abzudecken.

Tabelle 13: Verteilungsmaße für die Variablen zur Psychomotorik

Konstrukt	Variable	Mittelw.	Stand.abw.	Fälle
Reaktionszeit	RTZS	70.8930	14.8995	416
Wahlreaktionszeit	WTZS	131.2941	20.6598	408
Fingergeschwindigkeit	TPS	96.3839	11.0378	422
Fingergenauigkeit	AIS	65.7644	7.4251	348
Armkoordination	AKS	22.2853	4.4448	389
Handkoordination	HKS	64.3333	18.9852	366
Komplexe Koordination	AFOEM	1.6450	.4961	421
Räumliche Planung	AFOSUM	84.9385	11.0855	309
Rhythmik	RYSUMD	5.0355	.7108	421

Tabelle 14 gibt die Faktorladungen wieder, nach denen die Variablen Aiming und Handkoordination besonders gut repräsentiert sind. Die Ergebnisse unterstützen die (intuitive) Wahl von Aiming als Bereichsrepräsentant. Aufgrund der vielen fehlenden Werte konnten lediglich für 202 Schüler Faktorwerte für die weiteren Auswertungen erstellt werden.

Tabelle 14: Faktorladungen und Kommunalität der Variablen zur Psychomotorik

	Faktor 1	Kommunalität
RTZS	-.17258	.02978
WTZS	-.22348	.04994
TPS	.46155	.21303
AIS	.63770	.40666
AKS	.52017	.27057
HKS	.69736	.48631
AFOEM	-.53380	.28494
AFOSUM	-.22327	.04985
RYSUMD	-.30079	.09047

Für die Analyse bezüglich *musikalischer* Fähigkeiten standen nur die drei Skalen der Lehrerchecklisten zur Verfügung, welche übrigens deutliche Schwierigkeitsunterschiede aufweisen (Tabelle 15). Deren Homogenität zeigt sich daran, daß die Hauptkomponente einen Eigenwert von 2.58 aufweist (was 86.1% der Varianz entspricht). Analog fallen auch die Faktorladungen hoch aus, wobei der Skala LCMG eine prominante Rolle zukommt (Tabelle 16). Für 677 Schüler wurden hier Faktorwerte erstellt.

Tabelle 15: Verteilungsmaße für die Musikalitätsskalen

Konstrukt	Variable	Mittelw.	Stand.abw.	Fälle
Musik. Sensibilität	LCMS	2.4323	.7650	704
Musik. Gedächtnis	LCMG	2.1786	.8231	682
Musik. Aktivitäten	LCMA	1.7566	.7232	690

Tabelle 16: Faktorladungen und Kommunalitäten für die Musikalitätsmaße

	Faktor 1	Kommunalität
LCMS	.85828	.73665
LCMG	.99980	.99960
LCMA	.81423	.66297

Insgesamt wurden also vier Hauptkomponenten berechnet, die im weiteren Text wie folgt benannt werden:

FBI: Hauptkomponente zur Intelligenz,
FBK: Hauptkomponente zur Kreativität,
FBP: Hauptkomponente zur Psychomotorik,
FBM: Hauptkomponente zur Musikalität.

Diese vier Variablen wurden für die weiteren Auswertungen durch die Skala SKGES hinsichtlich des *sozialen* Bereichs ergänzt. Tabelle 17 zeigt die Korrelationen zwischen den für die Begabungsbereiche repräsentativen Indikatoren, welche eine hohe Ähnlichkeit zu den Koeffizienten für die Begabungsvariablen (Tabelle 18) aufweisen. Danach besteht zwischen Intelligenz und Kreativität ein eher negativer Zusammenhang, während Kreativität und Musikalität leicht positiv korreliert sind. Grund für die Ähnlichkeit der Zusammenhangsstruktur in beiden Tabellen ist die enge Verwandtschaft zwischen den jeweiligen Begabungsindikatoren. Tabelle 18 enthält die Korrelationen zwischen den Bereichsrepräsentanten auf Variablen- bzw. Hauptkomponentenbasis. Signifikanzangaben einzutragen ist überflüssig, da die Hauptdiagonale deutlich ins Auge fällt.

Tabelle 17: Interkorrelationen zwischen den Begabungsindikatoren (Hauptkomponenten)

	FBI	FBK	SKGES	FBP	FBM
FBI	---	-.29	-.04	.18	.04
FBK		---	.12	.08	.14
SKGES			---	-.04	.02
FBP				---	-.03
FBM					---

Tabelle 18: Korrelationen zwischen den Begabungsvariablen und -hauptkomponenten

	FBI	FBK	SKGES	FBP	FBM
KFTGL	.94	.28	-.03	.14	.09
VWTKATS	.24	.97	.11	.07	.12
SKGES	-.04	.12	(1.00)	-.04	.02
AIS	.03	.03	.03	.72	.04
LCMS	.03	.13	.06	.02	.86

Die Höhe der Korrelationskoeffizienten in den Bereichen Intelligenz und Kreativität legt den Schluß nahe, daß der Rechenaufwand für die Hauptkomponentenanalyse nicht immer notwendig gewesen wäre, um die Bereichsrepräsentativität zu sichern. Bei der Entwicklung von praxistauglichen Strategien sollte deshalb der Ökonomie des Vorgehens, sofern methodisch gerechtfertigt, Vorrang eingeräumt werden.

3.1.1.3 *Ergebnisse der Faktorenanalysen*

Die Durchführung von Faktorenanalysen bei der vorliegenden vorselegierten Stichprobe wurde bereits eingangs problematisiert. Die Auswahl der Schüler auf der Grundlage der Lehrereinschätzung war ja mit dem Ziel getroffen worden, viele unterschiedlich und hoch begabte Schüler in die Stichprobe zu bekommen, während der allseits durchschnittlich begabte Schüler eher ausgeschlossen werden sollte. Sofern die Auswahlprozedur effektiv war, müßte also die Stichprobe eine Sammlung von Extremgruppen darstellen. Als Folge müßten sich die betrachteten Begabungsdimensionen bei Faktoren- wie bei Clusteranalysen wiederfinden lassen. Die vorliegende Stichprobe kann demnach nicht als bevölkerungsrepräsentativ gelten, was ja auch nicht beabsichtigt war. Davon werden aber die üblichen Parameterschätzungen und Tests gegen den Zufall beeinflußt, so daß z.B. Faktorenanalysen nicht mit explorativer, sondern nur mit konfirmatorischer Zielsetzung durchgeführt werden dürfen: Diese können nur Aussagen über die Effektivität der Vorauswahl treffen, nicht aber universell gültige Begabungsstrukturen aufdecken.

Demzufolge sollte es nicht verwundern, wenn sich in den Faktorenanalysen die angestrebte fünfdimensionale Begabungsstruktur zeigt, ohne daß ein solches Ergebnis das Begabungsmodell schon bestätigte. Freilich würde auf diese Weise zumindest die Praktikabilität des verfolgten Ansatzes gestützt: Wenn es gelingt, bestimmte Begabungsformen durch das Lehrerurteil sowie durch Testverfahren etc. zu ermitteln und entsprechende Schüler ausfindig zu machen, so liegt zumindest ein empirisch brauchbares Begabungsmodell vor.

Nach den bisherigen Ausführungen können Faktorenanalysen das Begabungsmodell eigentlich nur bestätigen oder nicht bestätigen; sie erbringen kein neues Begabungsmodell. Aus diesem Grund sollten die Analysen auch so durchgeführt werden, daß eine Bestätigung des Begabungsmodells nicht erschwert wurde.

Tabelle 19: Faktorenanalyse über nahezu sämtliche Begabungsvariablen

	F1	F2	F3	F4	F5	F6	F7	Kommunalität
V		.618						.44548
Q		.745						.62615
N		.560					.442	.58505
APT		.508						.32853
SP		.372			.445	-.236		.40507
ZVT			.210		.631			.46880
SKGES								.02610
VKTWNEU		.210		.206	.325			.22210
VWTKATS				.872				.82753
VWTORIG				.811				.68773
WTZS						.520		.33132
RTZS						.419		.18406
AIS			.689		.373			.66130
TPS			.392			-.269		.23965
HKS			.740					.63168
AKS			.542					.31065
RYSUMS			-.324				-.254	.22209
AFOEM		-.325	-.458			.399	.280	.56046
AFOSUM								.09470
LCMS	.841							.72962
LCMG	.992							.99878
LCMA	.826							.69813

In die erste Analyse wurden nahezu sämtliche bisher geschilderten Begabungsvariablen einbezogen. Es resultierten sieben Faktoren mit einem Eigenwert größer als 1, die insgesamt 62.1% der Varianz aller Variablen erklärten. Diese sieben Faktoren wurden extrahiert und nach dem Kriterium der Variablengruppen-Repräsentation orthogonal rotiert. Tabelle 19 zeigt die Faktorladungen der Variablen auf den rotierten Faktoren sowie die Kommunalität der

Variablen. Aufgelistet sind alle Faktorladungen | a | > .30 sowie manche Ladungen ab .20, sofern dies dem Verständnis dienlich ist.

Der erste Faktor enthält die Lehrerangaben zur *Musikalität*, die aufgrund ihrer starken Homogenität den varianzstärksten Faktor bilden. Den zweiten Faktor bilden die *kognitiven* Variablen mit Ausnahme des ZVT und einer nur schwachen Ladung von SP. Der dritte Faktor wird durch die Psychomotorik-Aufgaben zur *Bewegungsgenauigkeit* gestaltet. Auf dem vierten Faktor laden die Variablen des Verwendungstests zur *Kreativität*, während die sprachliche Kreativität eher schwach vertreten ist. Der fünfte Faktor ist als *raumbezogene Denk- und Wahrnehmungsgeschwindigkeit* zu interpretieren, auf dem interessanterweise auch die sprachliche Kreativität lädt. Der sechste Faktor stellt die *(motorische) Reaktionsgeschwindigkeit* dar; der siebte Faktor betrifft noch einmal *räumliches Denken*. Augenscheinlich herrschen in diesem Faktorenkatalog kognitive und motorische Inhalte vor. Der Grund ist natürlich in der großen Zahl entsprechender Variablen zu suchen. Die soziale Kompetenz fällt dagegen kaum ins Gewicht (Kommunalität < 3%), da sie nur mit einer Variablen vertreten ist. In einer zweiten Analyse wurde daher die Variable SKGES verstärkt, indem eine der Leistungsvariablen zur Sozialen Kompetenz (SKPH) hinzugezogen wurde. Von den nunmehr acht Faktoren mit einem Eigenwert größer als 1 wurden sieben extrahiert (erklärte Varianz: 62.9%) und rotiert. Tabelle 20 zeigt die Faktorladungen nach derselben Regel wie in Tabelle 19. Die letzte Spalte der Tabelle besteht aus den Kommunalitäten, wo die Variablen zur sozialen Kompetenz mit brauchbaren Werten vertreten sind.

Tabelle 20: Faktorenanalyse der Begabungsvariablen (mit verstärkter Variable "Soziale Kompetenz")

Variable	F1	F2	F3	F4	F5	F6	F7	Kommunalität
V		.679						.52191
Q		.732				.211		.61013
N		.535				.307		.40936
APT		.476					-.213	.30496
SP		.345				.426	-.285	.39218
ZVT			.257			.571		.42186
SKGES					.673			.45803
SKPH					.713			.53156
VKTWNEU		.226				.356		.23782
VWTKATS				.829		.219		.78477
VWTORIG				.837				.72581
WTZS							.409	.21040
RTZS							.434	.19577
AIS			.693			.283		.61191
HKS			.725					.57742
AKS			.574					.33982
RYSUMS			-.310					.14348
AFOEM		-.284	-.420				.520	.56936
AFOSUM								.07646
LCMD1	.842							.73680
LCMD2	.994							1.00211
LCMD3	.815							.68568

Die Ergebnisse der Faktorenanalyse sind recht ansprechend. Die ersten vier Faktoren bleiben bezüglich des ersten Versuchs unverändert und repräsentieren: *Musikalität, kognitive Fähigkeiten, Bewegungsgenauigkeit* und *Praktische Kreativität*. Der fünfte Faktor zeigt nun die *soziale Kompetenz*, der sechste Faktor so etwas wie *geistige Beweglichkeit* (d.h. sowohl Verarbeitungsgeschwindigkeit im ZVT als auch Wortflüssigkeit im Verbalen Kreativitätstest) und der siebte Faktor die *Reaktionsgeschwindigkeit*. Die Variable AFOEM des Psychomotorik-Subtests "Autofahren" enthält - wie zu erwarten - unterschiedliche Komponenten und zeigt damit gute Parallelen zum "Straßenplan", dem Test der räumlichen Auffassung.

Mit Ausnahme der Variablen zur räumlichen Planung (AFOSUM), zum Rhythmus (RYSUMS) und zur Reaktion (RTZS, WTZS) sind die Skalen durch die gebildeten Faktoren gut erklärt; die Faktoren sind inhaltlich gut interpretierbar und leicht durch die Markiervariablen prognostizierbar. Trotzdem lassen sich die Ergebnisse dieser Analyse nicht weiterverwenden. Wenngleich die Korrelationen (als Grundlage der Faktorenanalyse) unter paarweisem Ausschluß fehlender Werte berechnet und damit die vorhandenen Informationen maximal ausgeschöpft wurden, so können Faktorwerte doch nur bei jenen Schülern gebildet werden, von denen sämtliche Variablen vorliegen. Bei dem verwendeten Variablensatz sind dies weniger als 10% aller Schüler der neunten Klassen.

Für diese Fallreduktion sind vor allem die fehlenden Werte bei den Computertestdaten und den Lehrerchecklisten verantwortlich. Um Faktorwerte von einer größeren Stichprobe zu erhalten, mußten einige dieser Variablen aus der Analyse herausgenommmen werden. In einem weiteren Versuch wurden daher die Musikalitätsskalen der Lehrerchecklisten aus der Variablenbatterie entfernt und durch die Leistungskennwerte der Schüler zur Musik ersetzt. Wenngleich dieses Vorgehen insofern erfolgreich war, als dadurch die gefundene und oben geschilderte Faktorenstruktur wieder bestätigt wurde, sank die Zahl der gültigen Fälle doch weiter, wohl aufgrund der ebenfalls starken Ausfälle bei den Schulnoten. So blieb schließlich keine andere Wahl, als auf die Variablen zur Psychomotorik zu verzichten. Mit dem reduzierten Variablensatz wurde die in Tabelle 21 dokumentierte Analyse durchgeführt, die schließlich 555 gültige Fälle ergab. Fünf Faktoren, die insgesamt 66.5% der Varianz erklären, erfüllten das Eigenwertkriterium und wurden extrahiert. Die Rotation erbrachte folgende Variablencluster:

Der erste Faktor lädt vor allem die Variablen zu den *kognitiven Fähigkeiten*. Der zweite Faktor gibt die *Praktische Kreativität* wieder, der dritte die *Soziale Kompetenz*. Der vierte Faktor wird vor allem durch ZVT und SP gebildet, enthält aber interessante Nebenladungen von anderen Variablen, so daß er als (räumlich betonte) *Denkgeschwindigkeit* bezeichnet werden kann. Faktor 5 ist dann ganz der *Musik* gewidmet; die im Notensystem von 1 bis 6 kodierte Musikzensur lädt natürlich negativ.

In dieser Faktorenlösung wird das postulierte Begabungssystem (erwartungsgemäß) weitgehend repräsentiert. Die Realisierung eines separaten Faktors gerade für den ZVT mag ein wenig verwundern. Eine wichtige Rolle wird dabei aber die Tatsache gespielt haben, daß manche der KFT-Subtests für die Spitzenschüler etwas zu leicht waren, so daß dort keine speed-Komponente auftrat, welche dagegen beim ZVT und "Straßenplan" besonders ausgeprägt war. Insofern dürfte die Faktorenstruktur hier auch speed- und power-orientierte Verfahren trennen.

Tabelle 21: Faktorladungen und Kommunalitäten der stark reduzierten Begabungsvariablen

Variable	F1	F2	F3	F4	F5	Kommunalität
V	.672					.49977
Q	.715			.298		.60936
N	.522			.290		.39287
APT	.454					.23842
SP	.298			.578		.43068
ZVT				.611		.38906
SKGES			.546			.30334
SKPH			.884			.80552
VKTWNEU	.209			.329		.21862
VWTKATS		.854				.80546
VWTORIG		.817				.69027
MUS			.230		.591	.40624
NOTE19					-.667	.47038

Die gefundenen Begabungsfaktoren (BF) werden im folgenden mit Abkürzungen zitiert:
BF1: Kognitive Fähigkeiten,
BF2: (Praktische) Kreativität,
BF3: Soziale Kompetenz,
BF4: Denkgeschwindigkeit,
BF5: Musikalität.

Bei der Interpretation der später berichteten Ergebnisse ist im Auge zu behalten, daß in den Faktoren BF3 und BF5 Leistungsvariablen enthalten sind, nicht (nur) Fähigkeitsvariablen. Daher ist in diesem Falle eine echte Kriteriumsvalidierung nicht mehr möglich bzw. nötig.

Tabelle 22: Korrelationen zwischen den Begabungsfaktoren und den Begabungsvariablen bzw. -hauptkomponenten (Signifikanzangaben sind weggelassen; aufgrund der großen Stichprobe sind im allgemeinen Koeffizienten größer als .10 signifikant)

	BF1	BF2	BF3	BF4	BF5
KFTGL	.92	.09	-.02	.29	.18
VWTKATS	.10	.93	.16	.22	.14
SKGES	-.07	.11	.60	.08	-.03
AIS	-.19	-.07	-.07	.26	.03
LCMS	-.05	.13	.11	.10	.50
FBI	.90	.07	-.04	.51	.07
FBK	.13	.90	.17	.30	.16
SKGES	-.07	.11	.60	.08	-.03
FBP	-.20	-.04	-.17	.24	-.01
FBM	-.02	.13	.09	.10	.48

Zu überprüfen ist nun, inwieweit die Begabungsfaktoren eigenständige Variablen darstellen oder ob sie weitgehend durch Originalvariablen ausgetauscht werden können. Dies würde eine erhebliche Verkürzung des Rechenaufwandes bedeuten. Wir betrachten zunächst die Zusammenhänge zwischen den Begabungsfaktoren einerseits und den Begabungsvariablen bzw. -hauptkomponenten andererseits (Tabelle 22).

Aufgrund der Höhe der einzelnen Koeffizienten scheint es für den kognitiven sowie kreativen Bereich nicht notwendig, faktoriell gewonnene Variablen zu berechnen. Dagegen bestehen bei den anderen Begabungsbereichen nur geringere Übereinstimmungen zwischen den jeweiligen Indikatoren. Der Grund dafür liegt darin, daß der Begabungsfaktor 4 nicht den Psychomotorikbereich repräsentiert und für die Berechnung der Indikatoren zur Sozialen Kompetenz bzw. Musikalität vielfach Leistungskennwerte statt Begabungsmaße verwendet wurden.

3.1.2 Indikatoren für den Leistungsbereich

Analog zum Begabungsbereich (Abschnitt 3.1.1) wurden die Berechnungen für den Leistungsbereich durchgeführt. Nach der intuitiven Auswahl bereichsspezifischer Variablen folgt die Berechnung von Hauptkomponenten und von orthogonal rotierten Faktoren.

3.1.2.1 *Auswahl repräsentativer Leistungsvariablen*

Als Variablen für den Leistungsbereich lagen die Schulnoten, die Subskalen des MAI sowie die Skalen der Lehrerchecklisten vor. Um die Lehrerchecklisten speziell für die praktische Identifikation der hochbegabten Schüler zu verwenden, sollten sie bei der Bestimmung von Leistungen möglichst nicht verwendet werden. Daher wurden folgende Variablen ausgewählt bzw. gebildet:

(1) Als Maß für intellektuelle Leistungen wurde die Summe aus den Zensuren in den Fächern Deutsch, Englisch und Mathematik gebildet und als Variable NOTE bezeichnet.
(2) Als Maß für (naturwissenschaftlich-)kreative Leistungen wurde die Variable SCINW ausgewählt.
(3) Die Variable SKPH sollte soziale Leistungen repräsentieren.
(4) Für psychomotorisch-praktische Leistungen wurde - mangels spezieller motorischer Leistungsindikatoren - die Variable SCITE (technisch-praktische Aktivitäten) ausgewählt.
(5) Für musikalische Leistungen wurde die Skala MUS herangezogen.

Diese Indikatorisierung befriedigt nicht ganz, da einerseits keine prägnanten Leistungsskalen zur Kreativität und Psychomotorik vorlagen und andererseits die Variable MUS bereits zur Begabungsindikatorisierung (vgl. Abschnitt 3.1.1.3) herangezogen wurde. Eine bessere Lösung war aber nicht zu finden. Tabelle 23 zeigt die Interkorrelationen der ausgewählten Variablen, die teilweise recht hohe Werte erreichen. Grund dafür ist sicher die Tatsache, daß vier der fünf Variablen in einem geschlossenen Fragebogen erhoben wurden.

Tabelle 23: Interkorrelationen der Leistungsvariablen

	NOTE	SKPH	SCINW	SCITE	MUS
NOTE	---	.01	-.08	.20	-.15
SCINW		---	.27	.29	.30
SKPH			---	.52	.07
SCITE				---	-.03
MUS					---

Tabelle 24: Korrelationen zwischen Begabungs- und Leistungsvariablen

	KFTGL	VWTKATS	SKGES	AIS	LCMS
NOTE	-.30	-.10	.03	-.01	-.14
SCINW	.26	.12	.07	.00	-.12
SKPH	.02	.19	.49	-.05	.09
SCITE	-.03	.02	.13	-.02	-.15
MUS	.10	.12	.10	.10	.42

Eine erste Validierung der ausgewählten Indikatoren erlaubt die Betrachtung der Zusammenhänge mit den Begabungsvariablen. In Tabelle 24 sind die entsprechenden Korrelationen dargestellt; die Ergebnisse fallen nicht gerade günstig aus. SCINW scheint doch eher eine kognitiv bedingte Leistung abzufragen und SCITE hat wenig mit Psychomotorik zu tun. Der vorhandene Variablensatz läßt eine genaue Zuordnung von Begabungs- und Leistungsdimensionen nicht zu. Diese Eigenschaft ist aber nicht von größerer Tragweite für die weiteren Berechnungen, da Begabungsvariablen und Leistungsskalen als eigenständige Merkmalsgruppen behandelt werden.

3.1.2.2 *Hauptkomponentenanalysen in den Leistungsbereichen*

Analog zum Vorgehen bei den Begabungsvariablen (Abschnitt 3.1.1.2) wurden die Leistungsvariablen bereichsspezifisch geordnet und einer Hauptkomponentenanalyse unterzogen, um die erste Hauptkomponente als Bereichsrepräsentant zu gewinnen.

Tabelle 25: Verteilungscharakteristika der Variablen für den intellektuellen Leistungsbereich

Variable	Mittelw.	Stand.abw.	Fälle
Deutsch	2.6325	.7756	1015
Englisch	2.6980	.9372	990
Mathematik	2.6693	1.0240	1007
Physik	2.5833	.9875	1015
Biologie	2.1365	.8414	513
Geschichte	2.3787	.9185	1014
LCLE	2.3800	.7435	768

Tabelle 26: Faktorladungen und Kommunalitäten der intellektuellen Leistungsvariablen

	Faktor 1	Kommunalität
Deutsch	.59721	.35666
Englisch	.64564	.41685
Mathematik	.72102	.51987
Physik	.72050	.51912
Biologie	.65421	.42800
Geschichte	.68244	.46572
LCLE	-.65271	.42604

Als kognitive Leistungen wurden die Zensuren in den Fächern Deutsch, Englisch, Mathematik, Physik, Biologie und Geschichte sowie das Lehrerurteil zur Lernfähigkeit der Schüler (Variable LCLE) herangezogen. Tabelle 25 zeigt die Verteilungscharakteristika der genannten Variablen, Tabelle 26 die Faktorladungen und Kommunalitäten der Hauptkomponentenanalyse. Die erste Komponente erklärt 52.6% der Varianz der Ausgangsvariablen und konnte für 317 Schüler berechnet werden. Man beachte, daß die Hauptkomponente aufgrund der Notenberechnung negativ gepolt ist: Niedrige Werte bedeuten bessere Leistungen.

Tabelle 27: Verteilungscharakteristika der kreativitätsbezogenen Leistungsvariablen

Variable	Mittelw.	Stand.abw.	Fälle
SCINW	28.9807	7.6170	987
KULL	27.0769	5.8790	1014
KULK	12.0357	4.1615	1037
KREA	26.9862	5.0613	1015
LCEI	1.9859	.5411	764
LCAN	2.3401	.7022	756

Tabelle 28: Faktorladungen und Kommunalitäten der kreativitätsbezogenen Leistungsvariablen

	Faktor 1	Kommunalität
SCINW	.32414	.10507
KULL	.62679	.39287
KULK	.82754	.68482
KREA	.96036	.92229
LCEI	.25327	.06415
LCAN	.14612	.02135

Für die Hauptkomponentenanalyse des kreativen Leistungsbereichs wurden vier Skalen des MAI sowie die zwei Skalen der Lehrerchecklisten zur Kreativität ausgewählt. Tabelle 27 zeigt die Verteilungskennwerte und die Zahl der gültigen Fälle für diese Variablen. In Tabelle 28 sind die Ergebnisse der Hauptkomponentenbildung zu finden, nach der Faktorwerte für 571 Schüler berechnet werden konnten. Die Hauptkomponente erklärt 42.6% der Varianz des Variablensatzes und weist große Affinität zu den inhaltsähnlichen Skalen KULK und KREA auf, erfaßt also vor allem die künstlerisch-literarische Kreativität.

Tabelle 29: Verteilungscharakteristika der sozialen Leistungsvariablen

Variable	Mittelw.	Stand.abw.	Fälle
SKPH	40.8358	8.4388	1011
SKPT	8.1500	2.6687	1047
LCDU	2.4851	.6781	803
LCEH	2.4378	.6678	734
LCKO	2.3809	.6117	795
LCFU	2.2499	.6979	750
LCSE	2.0822	.6805	750

Für die Analyse innerhalb der Sozialen Kompetenz wurden zwei MAI- Subskalen und die fünf relevanten Skalen der Lehrerchecklisten ausgewählt (Tabelle 29). Die Hauptkomponente erklärt 53.2% der Varianz und konnte für 565 Schüler (mit vollständigen Datensätzen) berechnet werden. Die recht konsistenten Lehrerskalen haben auch aufgrund ihrer zahlenmäßigen Überlegenheit das größte Gewicht an der berechneten Variable (Tabelle 30).

Tabelle 30: Faktorladungen und Kommunalitäten der sozialen Leistungsvariablen

	Faktor 1	Kommunalität
SKPH	.36211	.13112
SKPT	.29088	.08461
LCDU	.79958	.63933
LCEH	.82819	.68589
LCKO	.80627	.65007
LCFU	.79968	.63949
LCSE	.69451	.48234

Wie bereits erwähnt, konnten genuin psychomotorische Leistungsvariablen nicht ermittelt werden, da solche in der Lebenswelt der Schüler kaum existieren. Für die Analyse behalfen wir uns mit den vorhandenen Skalen zur Grob- bzw. Feinmotorik und zu handwerklichen Leistungen (Tabelle 31). Die Heterogenität des betrachteten Variablensatzes kam dadurch zum Ausdruck, daß die erste Hauptkomponente nur 35.6% der Variablenvarianz erklärt, d.h. nicht für alle Variablen repräsentativ ist. Die Faktorladungen (Tabelle 32) zeigen ebenfalls ein ungünstiges Bild: Während die Lehrerskalen zu zeichnerischen und handwerklichen Fertigkeiten gut repräsentiert sind, spielen Sport und Technik nur eine Nebenrolle; vielleicht war dies aber die beste erreichbare Lösung.

Tabelle 31: Verteilungscharakteristika der psychomotorischen Leistungsvariablen

Variable	Mittelw.	Stand.abw.	Fälle
SCITE	10.5617	3.4761	1029
SPO	17.4331	4.7830	1009
LCGR	2.2338	.7176	694
LCZE	2.3290	.6891	675
LCHA	2.2180	.6209	587

Tabelle 32: Faktorladungen und Kommunalitäten der psychomotorischen Leistungsvariablen

	Faktor 1	Kommunalität
SCITE	.08838	.00781
SPO	.06645	.00442
LCGR	.26256	.06894
LCZE	.71445	.51043
LCHA	.86418	.74681

Zur Repräsentation der musikalischen Leistungen wurden die Variablen MUS und die Musikzensur verrechnet. Werte lagen jeweils für ca. 1000 Fälle vor (Tabelle 33); trotzdem konnten nur für 718 Schüler Faktorwerte erstellt werden. Die Hauptkomponente erklärt nahezu 70% der Varianz und nimmt aus beiden Variablen in gleichem Umfang Varianzanteile auf (Tabelle 34).

Tabelle 33: Verteilungscharakteristika der musikalischen Leistungsvariablen

Variable	Mittelw.	Stand.abw.	Fälle
MUS	22.7261	4.8506	982
Musik	2.0081	.9459	989

Tabelle 34: Faktorladungen und Kommunalitäten der musikalischen Leistungsvariablen

	Faktor 1	Kommunalität
MUS	.62246	.38746
Musik	-.62246	.38746

Insgesamt haben wir also fünf Hauptkomponenten gebildet, die in den weiteren Berechnungen mit folgenden Abkürzungen bezeichnet werden:
FLI: Intellektuelle Leistungen (Schulnoten), negativ gepolt;
FLK: Kreative Leistungen (künstlerischer Bereich);
FLS: Soziale Leistungen (Einfühlung, Kooperation, Führung);
FLP: Psychomotorische Leistungen;
FLM: Musikalische Leistungen.

Die Interkorrelationen zwischen den ermittelten Indikatoren (Tabelle 35) erreichen mitunter substantielle Höhen. Grund dafür ist wohl die Tatsache, daß gerade die Skalen des MAI nicht nur Leistungs-, sondern auch generelle Aktivitätsaspekte erfassen, d.h. allgemein von Persönlichkeitszügen (wie Extraversion) und Umweltmerkmalen (wie verfügbaren Gestaltungsmöglichkeiten) abhängen.

Tabelle 35: Interkorrelationen der Leistungs-Hauptkomponenten

	FLI	FLK	FLS	FLP	FLM
FLI	---	.05	-.31	-.08	-.25
FLK		---	.25	.18	.33
FLS			---	.32	.20
FLP				---	-.02
FLM					---

Überprüft man die Zusammenhänge zwischen den ausgewählten Leistungsvariablen (vgl. Abschnitt 3.1.2.1) und den Hauptkomponenten, so muß man festellen (Tabelle 36), daß hohe Entsprechungen nur in den Bereichen intellektueller bzw. musikalischer Leistungen vorliegen. Der Faktor FLK erfaßt stärker soziale und musikalische Leistungsaspekte als die technisch--naturwissenschaftliche Kreativität; die psychomotorischen Leistungen haben sehr wenig mit technisch-praktischen Arbeiten zu tun. Auch der soziale Leistungsfaktor, der überwiegend das Lehrerurteil repräsentiert, hat nur in beschränktem Umfang mit den selbstberichteten sozialen Aktivitäten zu tun.

Tabelle 36: Korrelationen zwischen Leistungsvariablen und -hauptkomponenten

	FLI	FLK	FLS	FLP	FLM
NOTE	.90	-.00	-.26	-.03	-.31
SCINW	-.20	.31	-.03	.09	.01
SKPH	.00	.57	.39	-.01	.18
SCITE	.13	.22	-.07	.05	-.11
MUS	-.02	.43	.15	.00	.83

Betrachtet man des weiteren die Zusammenhänge zwischen den auf der Begabungsseite und den auf der Leistungsseite ermittelten Hauptkomponenten (Tabelle 37), so zeigen sich wiederum nur mäßige Zusammenhänge. (Die Koeffizienten der Korrelationsmatrix sind übrigens fast identisch mit den Werten, die sich bei Verwendung der Begabungsvariablen statt der -hauptkomponenten ergeben.) Andererseits scheinen Begabungs- und Leistungsaspekte nicht nur dimensionsspezifisch, sondern auf differenzierte Weise in Verbindung zu stehen. Beispielsweise sind für musikalische Leistungen nicht nur musikalische Fähigkeiten, sondern auch kreative Eigenschaften notwendig.

Tabelle 37: Korrelationen zwischen Begabungs- und Leistungs-Hauptkomponenten

	FBI	FBK	SKGES	FBP	FBM
FLI	-.26	-.02	.03	.15	-.07
FLK	.05	.25	.24	-.20	.26
FLS	-.06	.12	.25	-.15	.27
FLP	.08	.07	.10	-.06	.30
FLM	.13	.18	.01	.07	.49

3.1.2.3 *Ergebnisse der Faktorenanalysen*

Auch bei den Faktorenanalysen zum Leistungsbereich mußte mit erheblichem Probandenschwund gerechnet werden, da sowohl bei den Lehrerchecklisten als auch bei den Zensurenblättern viele Ausfälle auftraten. In die endgültigen Analysen wurden trotzdem nahezu alle relevanten Variablen einbezogen, nur die Lehrer-Skalen zur Psychomotorik mußten ausgeschlossen werden, um die Fallzahlen nicht in den Bereich der Irrelevanz absinken zu lassen. Die Extraktion von sieben anschließend orthogonal rotierten Faktoren erwies sich als sinnvoll; für 300 Schüler konnten Faktorwerte ermittelt werden.

Tabelle 38 zeigt die Faktorladungen, sofern sie die .30-Grenze überschritten haben. Der erste Faktor kann *schulisches Lernen* genannt werden; die Skala LCLE stellt eine Markiervariable dar. Der zweite Faktor faßt *soziale und künstlerisch-kreative Leistungen* zusammen. Im dritten Faktor kommen die Lehrer-Skalen zur sozialen Kompetenz zum Tragen; da die sozialen Aktivitäten laut Schülerangabe hier nicht vertreten sind, sollte man den Faktor *Soziales Auftreten in der Schule* benennen. Der vierte Faktor ist ein negativ gepolter *Schulleistungsfaktor*, der auch die schulischen Musikleistungen einbezieht. Der fünfte Faktor ist noch eigens den *musikalischen Leistungen* gewidmet. Aus der Gruppe der Schulzensuren löst sich ein wenig die Physiknote, die zusammen mit den wissenschaftlich orientierten Skalen des MAI einen sechsten Faktor *naturwissenschaftlich-technische Leistungen* gestaltet. Der siebte Faktor repräsentiert eindeutig *sportliche Leistungen*.

Die Ergebnisse der Faktorenanalyse zeigen die geringe Differenzierung der Schulnoten und der Lehrerchecklisten. Unerfreulich ist auch die Tatsache, daß sich soziale und kreative Leistungen nicht trennen lassen. Da nun die psychomotorischen Leistungsvariablen zum Teil nicht in die Analyse einbezogen werden konnten, muß die Faktorenstruktur zwangsläufig von den Dimensionen des zugrundegelegten Begabungsmodells abweichen.

Tabelle 38: Faktorladungen der Leistungsvariablen

Variable	LF1	LF2	LF3	LF4	LF5	LF6	LF7
Deutsch	-.40			.48			
Englisch	-.41			.55			
Mathem.	-.35			.58			
Physik	-.34			.57		-.37	
Sport							-.71
Musik				.54	-.34		
Kunst				.40			
SCINW						.71	
SCITE						.63	
KULL		.71					
KULK		.78					
KREA		.84					
MUS		.44		-.30	.38		
SPO							.80
SKPH		.67					
SKPT		.57					
LCIN	.79						
LCMU	.73						
LCLE	.86						
LCNE	.79						
LCEI	.65		.37				
LCAN	.76						
LCDU	.47		.67				
LCEH			.83				
LCKO			.78				
LCFU	.35		.66				
LCMS				.85			
LCMG				.88			

Freilich wurde nie behauptet, daß die Leistungsanforderungen für die Schüler ähnlich strukturiert sind wie der Komplex der Fähigkeiten. Es wäre wohl auch voreilig anzunehmen, daß es einen eigenständigen Komplex kreativer Leistungen, sozialer Leistungen usw. gibt. Vielmehr muß man Leistungen wohl primär inhaltlich und erst sekundär nach ihren kreativen, sozialen u.a. Aspekten gruppieren.

Erschwerend für die Analyse wirkt sich wohl die Tatsache aus, daß drei recht unterschiedliche Datenquellen herangezogen wurden (Schüleraussagen, Lehreraussagen, Zensuren), die für sich ähnliche Merkmale aufweisen und daher von selbst dazu neigen, eine faktorielle Gruppierung zu bilden.

Die ermittelten Leistungsfaktoren werden im folgenden mit den Abkürzungen LF1 bis LF7 benannt. In Tabelle 39 sind die Zusammenhänge zwischen den Leistungsfaktoren und den Leistungsvariablen dargestellt. Die Korrelationskoeffizienten machen deutlich, daß der Faktor LF2 stark von sozialen und musikalischen Aktivitäten geprägt ist; der Faktor LF5 erfaßt teilweise andere Aspekte als die vom Schüler selbst genannten musikalischen Aktivitäten. Die Zusammenhangsanalysen mit den Leistungs-Hauptkomponenten zeigen enge Beziehungen zwischen den Variablen in jenen Bereichen, bei denen dieselben Leistungsvariablen für die Berechnung herangezogen wurden. Dieses Ergebnis läßt - trotz der in Tabelle 28 berichteten substantiellen Korrelationen - den Schluß zu, daß die betrachteten Leistungsbereiche relativ selbständig sind: Die orthogonale Rotation der Faktoren erzeugt nur wenig andere Variablen als die Hauptkomponentenbildung ohne Rotation.

Tabelle 39: Korrelationen zwischen Leistungsvariablen und -faktoren bzw. -hauptkomponenten

	LF1	LF2	LF3	LF4	LF5	LF6	LF7
NOTE	-.61	.12	-.08	.79	.09	.03	.03
SCINW	.24	.21	-.08	.00	-.11	.82	-.01
SKPH	.03	.70	.28	.06	-.04	.17	.24
SCITE	-.14	.19	.03	.25	-.06	.74	.06
MUS	-.10	.46	.03	-.29	.42	-.06	.04
FLI	-.72	.21	-.13	.71	.00	-.18	.11
FLK	.15	.90	.05	.01	.14	.18	.09
FLS	.41	.24	.90	-.05	.13	.04	.13
FLP	.18	.12	.20	.08	.21	.06	.17
FLM	-.00	.33	.03	-.53	.47	-.06	.02

Die Zusammenhangsanalysen zwischen Leistungsfaktoren und Begabungsvariablen (Tabelle 40) dokumentieren erneut, daß es nicht gelungen ist, spezifisch kreative, soziale oder psychomotorische Leistungskennwerte zu erstellen. Vielmehr sind mehrere Fähigkeiten in variabler Weise zu kombinieren, um auf den einzelnen Gebieten besondere Leistungen zu vollbringen. Eine einfache Eins-zu-Eins- Zuordnung zwischen Begabungs- und Leistungsbereichen ist weder möglich, noch notwendig.

Tabelle 40: Korrelationen zwischen Leistungsfaktoren und Begabungsvariablen

	LF1	LF2	LF3	LF4	LF5	LF6	LF7
KFTGL	.25	-.04	-.13	-.35	-.03	.16	.02
VWTKATS	.05	.16	.03	-.00	.10	.08	.00
SKGES	-.04	.35	.21	.14	-.04	.03	.15
AIS	-.01	-.18	-.03	.06	.10	-.17	.14
LCMS	.18	.17	.19	-.13	.90	-.12	.06

3.1.3 Bereichsübergreifende Indikatoren

Bei der Berechnung von begabungs- bzw. leistungsspezifischen Indikatoren wurden u.a. zwei Probleme offenkundig: (a) Auf manchen Gebieten ist es - auch aufgrund des vorliegenden

Datenmaterials - schwierig, Fähigkeits- und Leistungsindizes deutlich zu trennen; (b) Fähigkeits- und Leistungsbereiche scheinen unterschiedliche Strukturen aufzuweisen. Zur Klärung dieser Probleme wurden Faktorenanalysen durchgeführt, in die begabungs- und leistungsspezifische Variablen eingingen. Auf diese Weise sollte der vorhandene Datensatz effektiv zur Ermittlung nicht-redundanter Dimensionen genützt werden, mit denen in einem zweiten Schritt (Abschnitt 3.2.2) Hochbegabte zu bestimmen waren. Die Technik der Faktorenanalyse knüpft an die jeweils im dritten Punkt der beiden vorstehenden Abschnitte durchgeführten Berechnungen an. Wollte man auch die anderen verwendeten Techniken (die intuitive Variablenauswahl sowie die Hauptkomponentenbildung) bereichsübergreifend einsetzen, so bestünde das - eben noch ungelöste - Problem der a priori-Zuordnung der Variablen zu bestimmten Fähigkeits-Leistungs- Bereichen. Da genau diese Zuordnung problematisch erscheint, kann nur eine (explorative) Faktorenanalyse Aufschlüsse über die vorhandenen Begabungs-Leistungs-Strukturen bringen.

Tabelle 41: Faktorladungen der Begabungs- und Leistungsvariablen in der gemeinsamen Analyse (angeführt sind alle | a | >.30); Variablen nach Faktorzugehörigkeit angeordnet)

	BLF1	BLF2	BLF3	BLF4	BLF5	BLF6	BLF7	BLF8
KULK	.87							
KREA	.81							
KULL	.52					.45		
SKPT	.42					.37		
Kunst	-.33	.32						
Deutsch		.58						
Englisch		.66						
Mathe		.72						
Physik		.71			-.30			
Musik		.43		-.38				
Q			.70					
N			.60					
V			.55					
SP			.53					
VKTWNEU			.44					
ZVT			.39					
LCMD1				.90				
LCMD2				.90				
MUS	.37			.41				
SCINW					.74			
SCITE					.63			
APT			.35		.52			
SKPH	.32					.86		
SKGES						.47		
VWTKATS							.86	
VWTORIG							.78	
Sport								-.72
SPO								.71

In die erste Analyse dieser Art wurde eine sinnvolle Auswahl von Begabungs- und Leistungsvariablen einbezogen. Die Psychomotorik-Variablen sowie die meisten Skalen der Lehrercheckllisten wurden ausgeschlossen, da zu befürchten war, daß ansonsten die Anzahl vollständiger Datensätze gegen 0 ginge.

Tabelle 41 zeigt die Faktorladungen für die sich (aufgrund des Eigenwert-Kriteriums) anbietende Acht-Faktoren-Lösung, womit 65.7% der Variablenvarianz erklärt werden. Mit den einbezogenen Variablen konnten Faktorwerte für insgesamt 289 Schüler berechnet werden.

Die Faktoreninterpretation ist aufgrund der Markiervariablen leicht möglich. Der erste Faktor enthält *künstlerisch-kreative Leistungen*; der zweite Faktor repräsentiert *Schulleistungen*; der dritte die *kognitiven Fähigkeiten*; der vierte Faktor stellt die *musikalischen Fähigkeiten und Leistungen* dar. Der fünfte Faktor verbindet *technische Begabung und naturwissenschaftliche Leistungen*; der sechste Faktor kombiniert *soziale Begabung und soziale Leistungen*. Der siebte Faktor repräsentiert die *Kreativität* und der achte Faktor *sportliche Leistungen*. Insgesamt bieten die Faktoren eine sinnvolle Struktur des Begabungs-Leistungs-Bereichs an, wenngleich die geringe Differenzierung sowohl von Schulnoten als auch von kognitiven Fähigkeiten ein wenig enttäuscht. Wie nicht anders zu erwarten, verbinden sich gerade in jenen Gebieten Fähigkeits- und Leistungsmaße, wo entweder zwischen Fähigkeiten und Leistungen nicht unterschieden wurde (Bereich: Musik) oder wo beide mit ähnlichen Erhebungsverfahren gemessen wurden (Beispiel: Soziale Kompetenz). Der einzige inhaltlich neuartige Faktor ist der Faktor 5, welcher physikalisch-technische Begabungs- und Leistungsaspekte widerspiegelt.

Ermittelt man die Zusammenhänge zwischen den so berechneten Faktorwerten und den Orignalvariablen (Tabelle 42), so kann man einige erfreuliche Beobachtungen machen: Viele der Begabungs-Leistungs-Faktoren weisen enge Affinitäten zu einzelnen Variablen auf. Aufgrund dieser Zusammenhänge ließe sich eventuell die komplizierte Berechnung sparen und statt dessen unmittelbar auf die Originalskalen zurückgreifen.

Tabelle 42: Korrelationen zwischen den Begabungs-Leistungs-Faktoren und den Begabungs- bzw. Leistungsvariablen

	BLF1	2	3	4	5	6	7	8
KFTGL	-.05	-.34	.85	-.07	.21	.01	-.03	-.08
VWTKATS	.11	-.04	.20	.11	.04	.12	.95	.00
SKGES	.04	.07	-.03	.02	.03	.54	.08	.16
AIS	-.15	.11	-.02	.10	-.27	-.04	.05	.22
LCMS	.16	-.14	-.03	.95	-.08	.13	.11	.06
NOTE	.05	.93	-.20	-.08	.04	-.13	-.04	.13
SCINW	.19	-.17	.18	-.08	.86	.12	.05	-.08
SKPH	.34	-.04	-.00	.11	.19	.93	.07	.13
SCITE	.14	.18	-.02	-.07	.72	.06	.09	.10
MUS	.40	-.12	-.05	.46	-.03	.21	.09	-.00

Tabelle 43: Faktorladungen (größer als .30) für die Begabungs-, Leistungs- und Motivationsvariablen (Anordnung der Variablen nach Faktorzugehörigkeit)

	BLM1	BLM2	BLM3	BLM4	BLM5	BLM6	BLM7	BLM8	BLM9
KREA	.79								
KULK	.78								
KULL	.72								
GIFT1	.68								
SKPH	.61							.50	
SKPT	.55								
GIFT4	.52								
MUS	.49				.35				
SFB	(.25)								
SCINW		.74							
GIFT2		.74							
SCITE		.71							
APT		.52		.36					
GIFT3		.41						.40	
GIFT6		(.29)							
Mathematik			.72						
Physik			.70						
Englisch			.63						
Deutsch			.55						
Musik			.44		-.35				
Kunst	-.30		.31						
Q				.69					
N				.61					
V				.54					
SP				.52					
VKTWNEU				.43					
ZVT				.38					
LCMS					.90				
LCMG					.87				
SPO						.74			
Sport						-.66			
GIFT5						.62			
VWTKATS							.86		
VWTORIG							.76		
SKGES								.48	
FM								-.40	
FES		.56							.56
HE		.38							.42
AB									.64

Die Analysen sollen noch einen Schritt weitergeführt werden, indem die Begabungs- und Leistungsvariablen durch Motivationsvariablen ergänzt werden. Auf diese Weise erhalten wir eine Gesamtstrukturierung der erhobenen Variablen, die nur noch den Mangel aufweist, daß aufgrund der fehlenden Werte die Psychomotorik- Testergebnisse sowie weite Teile der Lehrerchecklisten nicht in die Berechnungen eingeschlossen werden können. Über die Variablenbatterie, welche für diese weitreichende Analyse herangezogen wurde, informiert Tabelle 43. Dort sind auch die Faktorladungen für die neun extrahierten und orthogonal rotierten Variablen zu finden. Die neun Faktoren erklären insgesamt 61.1% der Varianz. Für 230 Schüler konnten auf der Grundlage vollständiger Variablensätze Faktorenwerte berechnet werden.

Die neun extrahierten Faktoren ergeben eine verständliche Strukturierung des Gegenstandsbereichs. Auch finden sich theoretisch bedeutsame Gruppierungen von bereichsspezifischen Begabungs-, Interessen- und Leistungsvariablen.

Die Faktoren lassen sich wie folgt benennen:
BLM1: Soziale/kreative/künstlerische Aktivitäten und Leistungen (Bindeglied Extraversion?);
BLM2: Naturwissenschaftlich-technische Aktivitäten und Leistungen;
BLM3: Schulleistungen (negativ gepolt);
BLM4: Kognitive Fähigkeiten;
BLM5: Musikalische Fähigkeiten und Leistungen;
BLM6: Sportliche Aktivitäten und Leistungen;
BLM7: (Praktische) Kreativität;
BLM8: Soziale Kompetenz, Selbstvertrauen;
BLM9: Erfolgsorientierte Anstrengungsbereitschaft und Neugier.

Diese Variablengruppierung läßt mehrere Schlußfolgerungen zu:
(1) Aktivitäten und Leistungen im Freizeitbereich sind enger mit bereichsspezifischen Interessen als mit grundlegenden Fähigkeiten assoziiert.
(2) Schulnoten fallen recht homogen aus, ebenso Papier- und Bleistift-Tests zu kognitiven Fähigkeiten.
(3) Schulleistungen und Freizeitaktivitäten sind relativ unabhängig.
(4) Schulleistungen und Leistungen im Freizeitbereich sind nicht vollständig durch kognitive Fähigkeiten determiniert.

Vergleicht man die Faktoren, wie sie sich aus den Begabungs-, Leistungs- und Motivationsvariablen ergeben, mit den Faktoren, die getrennt für die Begabungs- bzw. Leistungsvariablen berechnet wurden, so ergibt sich folgendes Bild (Tabelle 44): Die neu erstellten Faktoren weisen enge Beziehungen zu den inhaltlich entsprechenden bereichsinternen Faktoren auf. Begabungs- und Leistungsbereiche sind demnach relativ selbständig, die sich jedoch bei Strukturhomologie (z.B. Musik) mehr oder weniger überlappen. Nach Gagné (1985) stehen Begabungen und Leistungen in keiner eindeutigen, sondern in einer komplexen Beziehung zueinander, wobei weitere Persönlichkeitsmerkmale (Interessen, Extra-/Introversion, Selbstkonzept usw.) eine wichtige Rolle spielen.

Tabelle 44: Korrelationen zwischen den Begabungs-Leistungs-Motivations-Faktoren und den Begabungs- bzw. Leistungsfaktoren

	BLMF1	2	3	4	5	6	7	8	9
LF2	.95	.10	.13	-.09	.06	.11	.12	.26	.03
LF6	-.11	.91	-.12	.07	-.04	.04	.12	.02	.11
LF4	-.04	.12	.89	-.22	-.03	-.02	.03	.05	-.18
LF1	.02	.09	-.55	.13	.05	.03	-.05	.23	.15
BF1	-.16	.40	-.35	.75	-.14	-.05	-.11	.14	.04
BF4	-.07	.01	-.00	.62	.03	.33	.21	-.03	.11
LF5	.14	-.01	.11	-.04	.97	-.08	.10	-.11	-.05
BF5	.43	-.16	-.33	-.02	.48	-.00	.07	-.11	.07
LF7	.02	.01	-.12	.18	-.03	.92	-.11	.16	-.00
BF2	.14	.11	-.02	.11	.12	-.01	.98	-.05	.05
BF3	.62	.12	.02	-.19	-.02	.27	.08	.68	-.07
LF3	.09	-.03	-.12	-.22	.14	.14	.03	.32	-.13

3.1.4 Zusammenfassung

Die hier dargestellten aufwendigen Berechnungen haben gezeigt, daß es vielfach vertretbar ist, einfache Variablen (Summenwerte) statt kompliziert erstellter Faktoren oder Hauptkomponenten zu verwenden. Dieses Vorgehen ist nur deshalb möglich, weil sich die einzelnen Begabungs- bzw. Leistungsbereiche als relativ eigenständig erfaßbar erwiesen haben. Wenngleich über die endgültige Validitätsprüfung der verwendeten Maße später noch zu berichten sein wird, deutet sich schon jetzt an, daß sie differenzierte Informationen zu unterschiedlichen Fähigkeits- und Leistungsaspekten beinhalten. Die Einbeziehung von Motivations- und Interessenmaßen führte vor allem zur Anreicherung der Leistungsfaktoren. Einschränkend muß festgestellt werden, daß manche Leistungsskalen (des MAI) keine strengen Leistungskriterien setzen, wodurch zum Teil vermutlich mehr die pro Bereich investierte Freizeit als die Höhe der erreichten Leistungen erfaßt wird. Daher sind enge Zusammenhänge mit den Interessen- und Motivationsskalen nicht verwunderlich.

Eingangs wurde darauf hingewiesen, daß die durchgeführten Strukturanalysen keine Beurteilung der Begabungsstruktur hinsichtlich der Normalbevölkerung zulassen. Vielmehr konnten die Analysen (im günstigsten Falle) nur die postulierten Begabungsdimensionen und das dementsprechend praktizierte Vorauswahlverfahren (Screening) als brauchbar bestätigen. Dieser Nachweis scheint gelungen zu sein. Eine Ausnahme bildet der psychomotorische Bereich, zu dessen - von uns erhobenen - vorwiegend feinmotorischen Fähigkeitsaspekten keine Validierungskriterien bereitgestellt werden konnten. Da außerdem die Anzahl fehlender Werte bei Berücksichtigung der Psychomotoriktests stark anstieg, muß bei den nun folgenden Verfahren zur Gewinnung hochbegabter Schüler weitgehend auf diesen Fähigkeitsbereich verzichtet werden. Dies bedeutet, daß psychomotorische Hochbegabungen hier nicht oder nur sehr eingeschränkt erfaßt werden konnten.

In den nachstehenden Abschnitten 3.2.2 und 3.2.3 wird für einige der elaborierten Indikatorensätze festgelegt, welche Schüler als hochbegabt gelten können. Da die weitere Bearbeitung aller neun Indikatorensätze zu einer unübersichtlichen Zahlen- und Ergebnisflut führen würde, beschränken wir uns auf einige markante - und leicht zu interpretierende - Indikatorengruppen.

3.2 Eindimensionale Hochbegabungsdefinition

Dieser Abschnitt widmet sich den Möglichkeiten und Grenzen der Strategie, Hochbegabtengruppen aufgrund eines apriori-Kriteriums, d.h. hier mittels einer Prozentsatzdefinition, zu bestimmen. Die folgenden Ausführungen enthalten exemplarische Analysen zu dieser Prozedur: Abschnitt 3.2.1 enthält Ergebnisse zu Begabungsdaten bei Schülern der 3. Klassenstufe, Abschnitt 3.2.2 stellt Resultate der begabungsbezogenen und Abschnitt 3.2.3 Resultate der leistungsbezogenen Hochbegabungsdefinition bei Neuntkläßlern dar (Datensätze von 1986).

3.2.1 Fähigkeitsbezogene Gruppenbildung bei Drittkläßlern

Zur apriorischen Definition von Hochbegabtengruppen wurden fünf Fähigkeitsindikatoren herangezogen, die gleichzeitig die fünf untersuchten Begabungsbereiche repräsentieren sollten:
- KFTGL bezeichnet den KFT-Gesamtwert.
- TKT-O steht für den Originalitätswert im Torrance-Test.
- SKGES meint die Gesamtskala zur Sozialen Kompetenz.
- FINGER symbolisiert den Fingerfertigkeitstest mit Baukastenmaterialien.
- LCMA ist die Bezeichnung für die Skala "Musikalische Aktivitäten" der Lehrercheckliste.

Als hochbegabt in den einzelnen Fähigkeitsbereichen wurde definiert, wer in dem jeweiligen Konstrukt den altersbezogenen Prozentrang (PR) von 95 erreichte oder überschritt. Entscheidungstechnisch wurde bei PR=95 ein Grenzwert gesetzt, der pro Skala jeweils zur Bildung zweier Gruppen führte. Wer in mehreren Indikatoren die kritische Grenze überschritt, gilt als "multipel hochbegabt".

Die folgenden Tabellen enthalten die konvergente und kriteriale Validität der Gruppenbildung. Über die Hochbegabtengruppen hinweg wurden Varianzanalysen zu verschiedenen Begabungs- und Leistungsskalen gerechnet. Tabelle 45 zeigt die Mittelwerte der resultierenden Schülergruppen in den gruppenkonstituierenden Begabungsmerkmalen; in den Spalten sind von links nach rechts zunächst normalbegabte Schüler aufgeführt, sodann hochbegabte Schüler, und zwar kognitiv bzw. intellektuell, kreativ, sozial kompetent, psychomotorisch und musikalisch, schließlich multipel hochbegabte Schüler und ein Gesamtwert für alle.

Tabelle 45: Gruppenkonstituierende Merkmale der Hochbegabungsgruppen (Begabungsindikatoren); die Signifikanzangaben sind trivial

	Normal-begabt	KFTGL PR>95	TKT-O PR>95	SKGES PR>95	FINGER PR>95	LCMA PR>95	mul-tipel	alle	Sig.
KFT-Gesamtw.	110.09	135.19	115.33	110.00	115.50	121.56	132.67	112.12	***
Soz. Kompet.	16.04	14.38	16.13	22.61	16.50	15.00	18.00	16.39	***
Torrance-Test	22.25	24.19	35.42	23.94	24.25	20.80	30.20	23.18	***
GIFT	22.15	23.93	21.00	23.43	23.33	23.00	26.13	22.38	*
Fingerfertigk.	35.12	34.13	35.50	33.86	50.38	35.86	45.43	35.87	***
Musik. Aktiv.	1.48	1.69	1.54	1.34	1.87	3.47	2.58	1.59	***

Legende: * p < .05; ** p < .01; *** p < .001; KFTGL = KFT-Gesamtwert; TKT-O = Originalitätswert aus dem Torrance-Kreativitätstest; SKGES = Fragebogen zur Sozialen Kompetenz; FINGER = Test zur Fingerfertigkeit; LCMA = Lehrercheckliste, Subskala "Musikalische Aktivität".

Tabelle 46 enthält nun die Mittelwerte der Hochbegabtengruppen für die Subskalen der Lehrerchecklisten. Wie zu erkennen ist, zeichnen sich die bereichsspezifisch Hochbegabten nur in einigen Fällen in der entsprechenden Lehrerskala durch hohe Werte aus; bemerkenswerte Konkordanzen sind lediglich für die mit Hilfe des KFT (und jene mit Hilfe einer Lehrerskala zur Musikalität) gebildeten Gruppen zu finden.

Tabelle 46: Mittelwerte der Hochbegabungsgruppen in einigen ausgewählten Subskalen der Lehrerchecklisten

Lehrer-checklisten	Normal-begabt	KFTGL PR>95	TKT-O PR>95	SKGES PR>95	FINGER PR>95	LCMA PR>95	mul-tipel	alle Schüler	Sig.
Intelligenz	2.57	3.22	2.75	2.66	3.16	3.01	3.13	2.64	***
Lernfähigkeiten	2.55	3.15	2.71	2.45	3.00	2.77	2.96	2.60	n.s.
Neugier	2.24	2.83	2.43	2.19	3.00	2.63	2.86	2.31	**
Originalität	2.18	2.22	2.29	2.21	2.79	2.57	2.68	2.22	*
Anstrengung	2.66	3.18	2.92	2.69	3.23	3.13	3.14	2.73	**
Durchsetzung	2.61	2.69	2.80	2.79	3.14	2.96	2.99	2.66	n.s.
Einfühlung	2.29	2.23	2.28	2.60	2.79	2.86	2.65	2.33	*
Geschicklichkeit	2.40	2.09	2.38	2.71	2.13	2.88	2.52	2.41	n.s.
Zeichner. Fäh.	2.02	2.03	2.24	2.18	2.83	2.32	2.63	2.08	*
Handwerkl. Fäh.	2.14	2.28	2.23	2.26	2.46	2.94	2.88	2.20	**
Musik. Sensibilität	2.14	2.14	2.40	2.34	2.66	3.79	3.01	2.23	***

Legende: * p < .05; ** p < .01; *** p < .001; KFTGL = KFT-Gesamtwert; TKT-O = Originalitätswert aus dem Torrance Kreativitätstest; SKGES = Fragebogen zur Sozialen Kompetenz; FINGER = Test zur Fingerfertigkeit; LCMA = Lehrercheckliste, Subskala "Musikalische Aktivität".

Tabelle 47: Mittelwerte der Hochbegabungsgruppen in den Subskalen des Elternfragebogens

Eltern-fragebogen	Normal-begabt	KFTGL PR>95	TKT-O PR>95	SKGES PR>95	FINGER PR>95	LCMA PR>95	mul-tipel	alle	Sig.
Intelligenz	12.01	13.27	13.17	12.80	11.63	12.20	14.22	12.20	n.s.
Kreativität	8.42	8.87	8.94	10.33	7.88	7.90	10.00	8.56	n.s.
Soz. Kompetenz	14.84	14.00	15.59	14.33	12.63	16.30	16.11	14.84	n.s.
Psychomotorik	9.03	7.33	9.67	10.13	9.25	9.40	10.33	9.12	n.s.
Musikalität	4.67	4.53	5.78	3.80	6.50	9.70	6.11	4.89	***

Legende: * p < .05; ** p < .01; *** p < .001; KFTGL = KFT-Gesamtwert; TKT-O = Originalitätswert aus dem Torrance-Kreativitätstest; SKGES = Fragebogen zur Sozialen Kompetenz; FINGER = Test zur Fingerfertigkeit; LCMA = Lehrercheckliste, Subskala "Musikalische Aktivität".

Ein ähnliches Bild ergibt sich in Tabelle 47, wo die Begabtengruppen anhand der Skalen des Elternfragebogens gegenübergestellt werden. Nur ein Vergleich fällt generell signifikant aus; auch sonst zeigen die spezifisch Hochbegabten nicht immer Spitzenwerte in ihren jeweiligen Bereichen.

Eine letzte Analyse gilt den Hochbegabtengruppen, wie sie mit Hilfe der schülerbezogenen Begabungsindikatoren gebildet wurden, und ihren Ausprägungen bezüglich der Schulnoten (Tabelle 48). Die intellektuell Hochbegabten sowie die multipel Hochbegabten schneiden allgemein am besten ab, während beispielsweise die kreativ Hochbegabten keinen schulischen Vorteil durch ihre Begabung haben.

Tabelle 48: Mittelwerte der Hochbegabungsgruppen (Begabungsindikatoren) in den Schulnoten

Schul-noten	Normal-begabt	KFTGL PR>95	TKT-O PR>95	SKGES PR>95	FINGER PR>95	LCMA PR>95	mul-tipel	alle Schüler	Sig
Deutsch	2.31	1.88	2.06	2.54	2.25	1.89	1.75	2.26	*
Mathematik	1.90	1.38	1.56	1.77	2.13	1.44	1.38	1.84	*
Heimat-/Sachk.	2.01	1.56	1.88	2.15	2.00	1.33	1.50	1.96	*
Musik	2.11	1.81	1.94	2.00	2.00	1.11	1.75	2.05	**
Kunst	2.30	2.19	2.19	2.77	2.00	1.56	1.63	2.27	***

Legende: * p < .05; ** p < .01; *** p < .001; KFTGL = KFT-Gesamtwert; TKT-O = Originalitätswert aus dem Torrance-Kreativitätstest; SKGES = Fragebogen zur Sozialen Kompetenz; FINGER = Test zur Fingerfertigkeit; LCMA = Lehrercheckliste, Subskala "Musikalische Aktivität".

Generell ist zu sehen, daß manche Gruppenbildungen nicht durch andere Kriterien bestätigt werden. Beispielsweise zeichnen sich die "Hochbegabtengruppen" in Kreativität und Psychomotorik nicht durch entsprechend hohe Werte im Eltern- und Lehrerurteil aus. Bevor man die apriorische Gruppenbildung als Konsequenz ablehnt, ist freilich zunächst zu fragen, ob die berücksichtigten Außenkriterien für die Begabungsindikatoren angemessen und auch sensibel genug für interindividuelle Unterschiede sind. Trotz dieser offenen Fragen muß die Brauchbarkeit einer beliebigen Hochbegabtendefinition auf Skalen eben solange bezweifelt werden, bis diese Skalen selbst hinreichend validiert sind.

3.2.2 Fähigkeitsbezogene Gruppenbildung bei Neuntkläßlern

Etwas differenzierter als im vorhergehenden Abschnitt sollen hier fähigkeitsbezogene Gruppenbildungen bei Neuntkläßlern dargestellt werden. Zunächst wird die Intelligenzdimension, die auch schon bei den Drittkläßlern zu einer definierbaren Hochbegabtengruppe führte, untersucht. Es folgen Kombinationen mit einer Kreativitätsskala, bevor wiederum multiple Gruppenbildungen mit fünf Begabungsskalen vorgenommen und überprüft werden.

3.2.2.1 *Cut-off-Setzungen und ihre Folgen*

Jede Bestimmung von Hochbegabung mit Hilfe einer quantitativen Meßskala erfordert einen Grenzwert, der die Hochbegabten von den Nicht-Hochbegabten trennt. *Statistisch* gesehen hat der Grenzwert die Funktion, den Wertebereich, in dem die Entscheidung "Proband ist hochbegabt" fällt, von dem mit der Entscheidung "Proband ist nicht hochbegabt" abzugrenzen. Diese feinsinnige Unterscheidung in der Formulierung ist theoretisch bedeutsam, lenkt sie doch das Augenmerk darauf, daß nicht das Testverhalten selbst bzw. die Meßwerte Hochbegabung darstellen, sondern daß das eingesetzte Verfahren Rückschlüsse auf das nicht beobachtbare Konstrukt "Hochbegabung" ermöglicht. Damit wird deutlich, daß Aussagen über Hochbegabung zwar von den Merkmalen des Probanden, aber auch von den Merkmalen des Meßverfahrens sowie der Entscheidungsprozedur abhängen.

Terman (1954) hat Hochbegabte ermittelt, indem er bei Werten oberhalb des 99. Prozentrangs in einem Verfahren zur allgemeinen Intelligenz die Entscheidung "Proband ist hochbegabt" traf. Mit dieser Entscheidungsstrategie ist nicht notwendig die Aussage verbunden, daß nur 1% der Bevölkerung hochbegabt sei; vielmehr ist damit intendiert, daß die auf jene Weise ausgewählten Probanden mit größter Wahrscheinlichkeit hochbegabt seien. Aussagen über die nicht ausgewählten 99% der Bevölkerung lassen sich daraus eigentlich nicht ableiten.

Wir wollen der Frage nachgehen, ob die mit einem Intelligenz- Grenzwert ausgewählten Probanden in der Tat den anderen in vielen Begabungs- und Leistungsbereichen überlegen sind (wie Terman in seiner Studie fand). In einer ersten Annäherung wurden die besten 10% Schüler auf der KFT-Gesamtskala (KFTGL) als hochbegabt bestimmt. Nimmt man vereinfacht an, daß die vorliegende Stichprobe eine Auswahl der 20% intelligenteren Schüler aus der Normalbevölkerung darstellt, so stellen die als hochbegabt bestimmten 10% der Stichprobe eigentlich die oberen 2% der Bevölkerung dar. Damit ist diese Grenzwertsetzung mit der Termans grob vergleichbar. Tabelle 49 enthält die Mittelwertsvergleiche zwischen Hoch- und Normalbegabten für die Begabungsvariablen, Tabelle 50 jene für die Leistungsvariablen.

Tabelle 49: Vergleich der Hochbegabten (KFTGL>90%) mit den Normalbegabten hinsichtlich der Begabungsvariablen (ohne KFT)

Variable (Abkürzung)	Vergleichs-gruppe	Hoch-begabte	Signif. (t-Test)
ZVT	182.1	198.1	***
SP	26.0	29.7	***
APT	4.5	6.4	***
SKGES	51.9	50.6	n.s.
VKTAKZ	11.3	12.4	**
VKTWNEU	35.4	39.0	***
VWTAKZ	30.0	30.9	n.s.
VWTKATS	21.3	22.1	n.s.
VWTORIG	8.2	9.1	n.s.
RTZS	71.2	68.9	n.s.
WTZS	132.9	121.7	***
TPS	96.5	95.5	n.s.
AIS	65.6	67.0	n.s.
HKS	63.4	72.2	**
AKS	22.1	24.0	***
AFOAM	2.6	2.4	*
AFOEM	1.7	1.5	n.s.
AFOSUM	85.2	83.4	n.s.
TTTS	5.0	5.9	*
RYSUMS	4.6	4.6	n.s.
LCMS	2.45	2.37	n.s.
LCMG	2.19	2.09	n.s.
LCMA	1.77	1.73	n.s.

Termans Hypothese von der allgemeinen Überlegenheit der intellektuell Hochbegabten kann hier nicht uneingeschränkt gestützt werden. Vor allem in den außerintellektuellen Begabungsvariablen sowie in den außerschulischen Leistungskennwerten sind überzufällige Unterschiede zwischen Hoch- und Normalbegabten nur selten zu erkennen. Deutliche Unterschiede treten jedoch bei schulischen Leistungen sowie bei kognitiven Fähigkeitsskalen zutage.

Man mag einwenden, daß die Grenze für Hochbegabung hier doch zu niedrig gezogen wurde, um diese als Extremgruppen in Erscheinung zu lassen. Diesem Einwand kann man mit Blick auf Abbildung 6 begegnet werden; dort ist von dem üblichen Mittelwertsvergleich zweier Gruppen Abstand genommen. Stattdessen sind die Werteverteilungen für beide Gruppen, die Hoch- sowie die Normalbegabten, skizziert.

Tabelle 50: Vergleich der Hochbegabten (KFTGL>90%) mit den Normalbegabten hinsichtlich der Leistungsvariablen

Variable (Abkürzung)	Vergleichs-gruppe	Hoch-begabte	Signif. (t-Test)
Deutsch	2.7	2.3	***
Englisch	2.8	2.3	***
Französisch	2.5	2.1	*
Griechisch	1.9	1.7	n.s.
Mathematik	2.8	2.1	***
Physik	2.7	2.0	***
Chemie	2.5	1.9	***
Biologie	2.2	1.7	***
Geschichte	2.4	2.1	***
Erdkunde	2.4	1.9	***
Rechtslehre	2.3	1.9	***
Sport	1.9	2.0	n.s.
Musik	2.0	1.8	**
Kunst	2.1	2.0	n.s.
SCINW	28.5	32.6	***
SCITE	10.6	10.3	n.s.
SKP	49.2	47.8	n.s.
SKPH	41.0	40.2	n.s.
SKPT	8.2	7.8	n.s.
KUL	39.2	38.3	n.s.
KULL	27.9	27.4	n.s.
KULK	12.1	11.7	n.s.
KREA	27.0	27.0	n.s.
SPO	17.6	16.7	*
MUS	22.7	23.2	n.s.

Legende: * = p < .05; ** = p < .01; *** = p < .001; n.s. = nicht signifikant.

Abbildung 6 zeigt sog. "box-and-whisker-plots", d.h. rechteckige Kästchen mit zwei "Stielen" (vgl. Emerson & Strenio, 1983). Diese Kästchen werden folgendermaßen konstruiert: Der Träger der Meßwerte, z.B. die KFT-Summenskala, wird als horizontale Achse vorgegeben, wobei die Abstände zwischen den Meßwerten so gelegt werden, daß alle auftretenden Werte in die Graphik passen. Dann werden die Meßwertverteilungen für die Hochbegabten- bzw. Normalbegabtengruppe berechnet. die extremsten Werte jeder Gruppe werden als Endpunkte der "Stiele" mit einem Längsstrich in die Graphik eingetragen. Die beiden nach innen folgenden nächsten Längsstriche, die gleichzeitig die äußere Begrenzung der "Kästchen" bilden, werden dort gezogen, wo das erste Quartil der Werteverteilung endet bzw. das vierte Quartil beginnt. Der mittlere Längsstrich, der das "Kästchen" in zwei Abschnitte teilt, wird dort gezogen, wo sich der Median der Verteilung befindet. Dies bedeutet, daß das "Kästchen" zwischen den beiden "Stielen" anzeigt, in welchem Wertebereich die mittleren 50% der betr. Fälle liegen; die Stiele zeigen an, in welchem Bereich sich die restlichen Werte verteilen. In Abbildung 6 sind nun die einzelnen Meßskalen so genormt, daß der Median der Normalbegabtengruppe stets an der gleichen Stelle auf dem Papier zu liegen kommt, wie man durch Anlegen eines Lineals leicht nachprüfen kann.

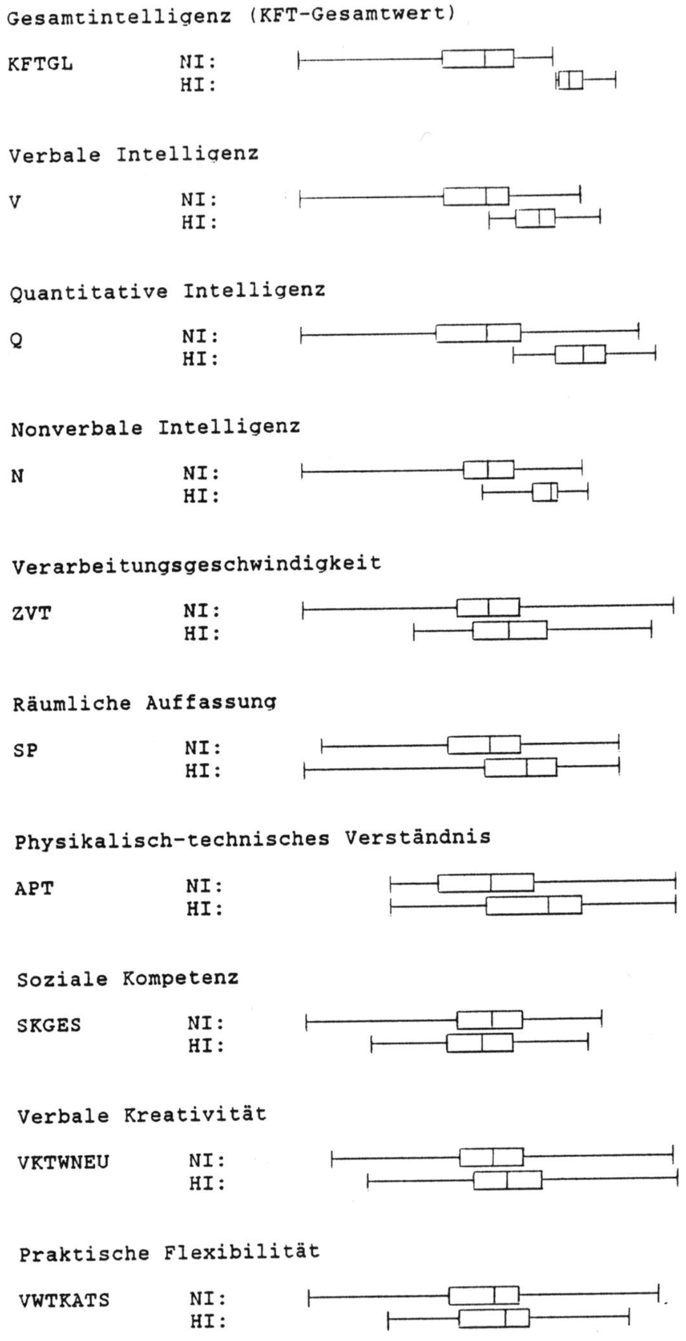

Abbildung 6: "Box-and-whisker-Plots" für die Hoch- (HI) bzw. Normalintelligenten (NI)

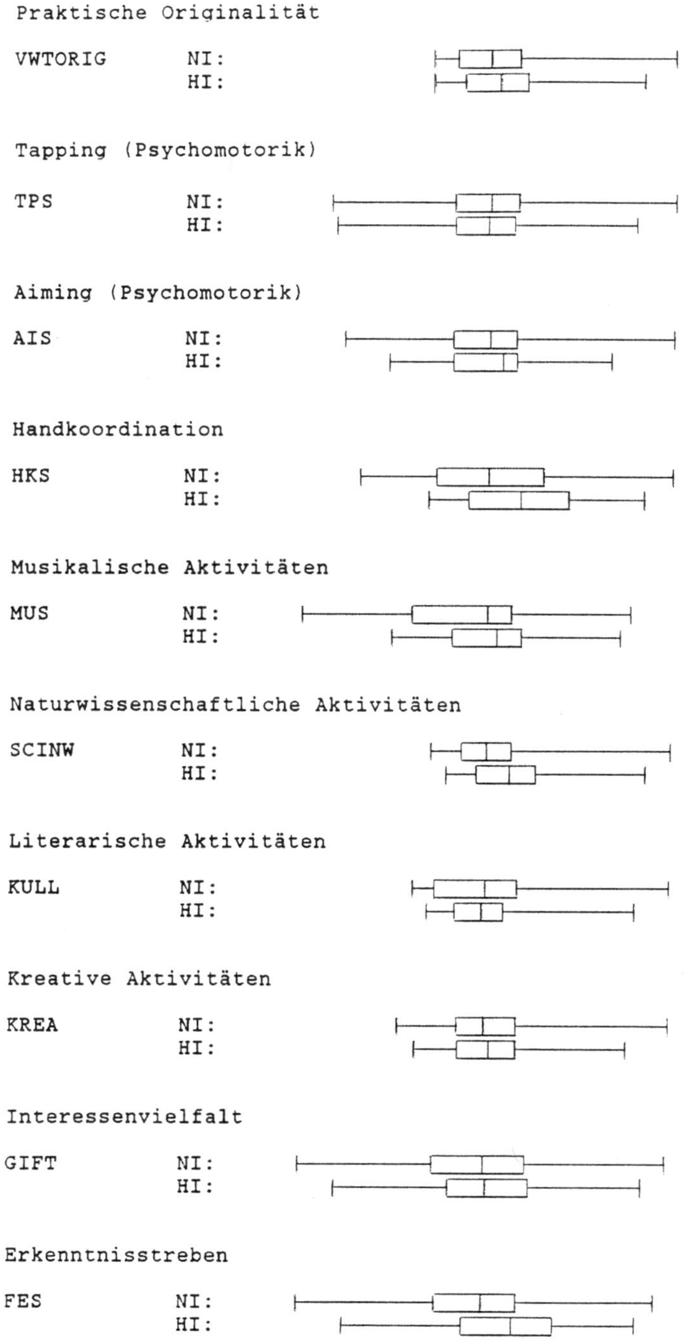

Praktische Originalität

VWTORIG NI:
HI:

Tapping (Psychomotorik)

TPS NI:
HI:

Aiming (Psychomotorik)

AIS NI:
HI:

Handkoordination

HKS NI:
HI:

Musikalische Aktivitäten

MUS NI:
HI:

Naturwissenschaftliche Aktivitäten

SCINW NI:
HI:

Literarische Aktivitäten

KULL NI:
HI:

Kreative Aktivitäten

KREA NI:
HI:

Interessenvielfalt

GIFT NI:
HI:

Erkenntnisstreben

FES NI:
HI:

Abbildung 6: "Box-and-whisker-Plots" für die Hoch- (HI) bzw. Normalintelligenten (NI) (Fortsetzung)

Durch den optischen Vergleich der beiden Kästchen pro Variable kann man also erkennen, wie groß der Abstand der Verteilungsmassen beider Gruppen ist; der Vergleich der "Stiele" zeigt dagegen, wie weit extreme Gruppenmitglieder vom Zentrum der Verteilung entfernt sind. In Abbildung 6 sind die Werteverteilungen von Hoch- und Normalbegabten bezüglich der Variablen KFTGL eindeutig getrennt; dies ist trivial, da KFTGL ja zur Definition der Gruppen verwendet wurde. Entfernt man sich aber vom KFT, so nehmen die "Überlappungen" zwischen beiden Gruppen zu. Diese Überlappungen sind beispielsweise bezüglich des ZVT folgendermaßen zu interpretieren: Wenngleich sich die Massen der Verteilungen auf unterschiedlichen Wertebereichen konzentrieren (die Hochbegabten haben im Mittel bessere Werte), so gibt es in der Hochbegabtengruppe doch auch schlechte Teilnehmer, deren Werte in jenem Bereich liegen, den (mindestens) 75% der Normalbegabten überschreiten, während es in der Normalbegabtengruppe mindestens einen Probanden gibt, der besser als der beste Hochbegabte abschneidet. Dieses Phänomen ist in vielen Fällen zu beobachten; daran würde sich auch nichts ändern, wenn man die Hochbegabtengruppe etwa durch einen strengeren Cut-off weiter verkleinern würde.

Wir sehen, daß die Grenzwertsetzung auf der IQ-Skala zwar Probanden auswählt, die *im Mittel* in vielen Leistungsbereichen überlegen sind, daß diese Methode aber nicht trennscharf genug ist, um eindeutig leistungstüchtige von leistungsschwachen Probanden zu unterscheiden. Selbst eine extrem strenge Grenzwertsetzung kann dieses Phänomen nicht verhindern. Gleichzeitig muß festgehalten werden, daß - wie die Schulnoten (Tabelle 43) zeigen - durch die Grenzwertmethode im großen und ganzen leistungschwache von leistungsstarken Schülern getrennt werden, zumindestens hinsichtlich Leistungsbereichen mit besonderen intellektuellen Anforderungen.

Bevor wir zum multiplen Begabungsmodell unserer Studie zurückkehren, soll noch einer weiteren Fragestellung nachgegangen werden, die von Getzels & Jackson (1962) aufgeworfen und von Torrance u.a. lange verfolgt worden ist. Diese Forscher untersuchten die Hypothese, ob extrem kreative Probanden gleich gute oder sogar bessere Leistungen in unterschiedlichen Bereichen erzielen als extrem intelligente Probanden. Zu diesem Zweck setzen wir einen weiteren Cut-off in der Kreativitätsskala VWTKATS, ebenfalls beim 90. Prozentrang. Mit Hilfe der beiden Grenzwerte bilden wir vier Gruppen: Extrem intelligente und extrem kreative Schüler (I+K+), extrem intelligente und weniger kreative Schüler (I+K-), extrem kreative und weniger intelligente Schüler (I-K+) sowie die starke Restgruppe, die in keiner der beiden Variablen einen Prozentrang von 90 erreicht (I-K-).

Abbildung 7 zeigt graphisch die Mittelwertsunterschiede zwischen den genannten vier Gruppen hinsichtlich der Schulleistungen, Abbildung 8 zeigt ebendieses für die eher außerschulischen Leistungsvariablen. Die Meßwertverteilungen für die einzelnen Variablen sind genormt, so daß der Gesamtmittelwert (m) für jede Variable auf dem mittleren Strich zu liegen kommt und der Meßwertbereich zwischen den äußeren Begrenzungslinien dem Bereich innerhalb von zwei Standardabweichungen (m-s bis m+s) entspricht.

Die vier Gruppen verteilen sich nicht symmetrisch um den Mittelwert, da die Gruppe I-K den Hauptteil der Probanden enthält. Die eingezeichneten Verbindungslinien zwischen Variablen dienen ausschließlich der Unterstützung der Wahrnehmung.

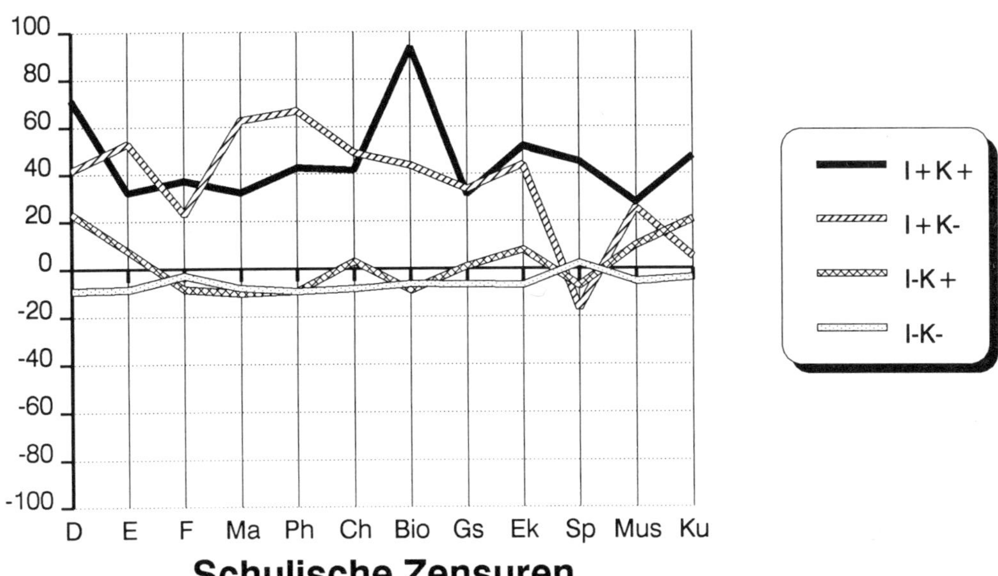

Abbildung 7: Schulleistungsunterschiede zwischen Begabungsgruppen

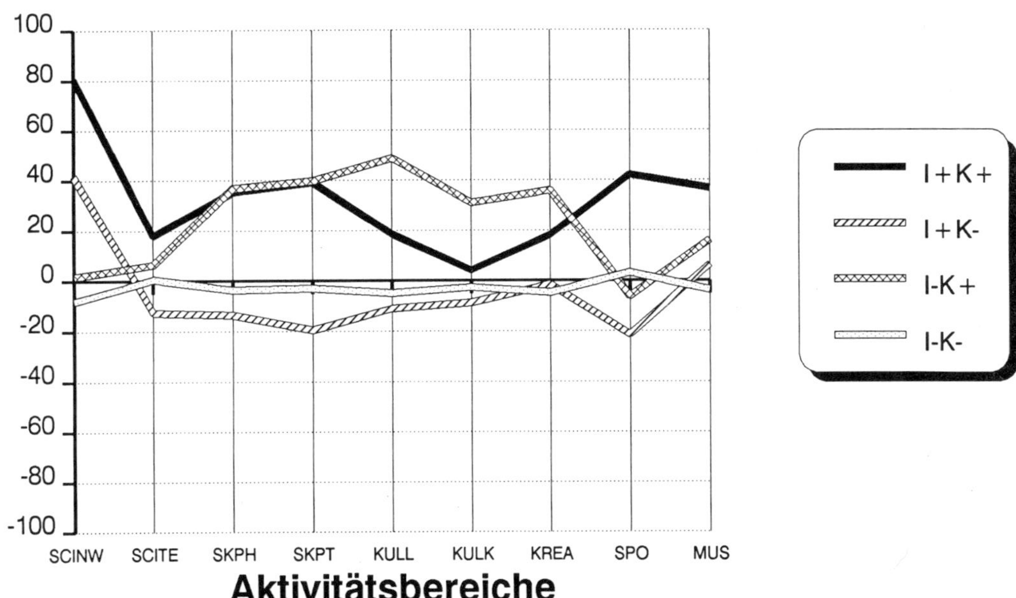

Abbildung 8: Unterschiede in außerschulischen Aktivitäten und Leistungen zwischen den Begabungsgruppen

Man kann erkennen, daß nur-hochkreative Schüler (I-K+) keine besonderen Vorteile für Schulleistungen mitbringen. Lediglich im Fach Kunst schneiden sie besser ab als die Nur-Hochintelligenten (I+K-). Andererseits ist es vielfach von Vorteil, hochintelligent *und* hochkreativ zu sein. Bessere Leistungen zeigen sich dann in manchen Schulfächern (Deutsch, Französisch, Biologie usw.) sowie in vielen außerschulischen Leistungsbereichen. Dort erzielen auch nur-hochkreative Schüler mitunter die besten Ergebnisse (Variablen KULL, KULK, KREA). Diese Befunde entsprechen zumindest partiell Renzullis (1986) Unterschiedung von "schoolhouse gifted" und "creative/productive persons". Die Frage, ob hochkreative Personen gleich gut abschneiden wie hochintelligente, läßt sich allerdings nicht undifferenziert beantworten. Abhängig vom Leistungsbereich können jeweils intellektuelle oder kreative Fähigkeitsbereiche von Vorteil sein. Vielfach kommen Hochleistungen nur zustande, wenn beide Fähigkeiten gleichzeitig besonders stark ausgeprägt sind. Diese Ergebnisse unterstützen ein pluralistisches Begabungsmodell, wie es unserer Studie zugrundeliegt. Diesem wenden wir uns im folgenden zu.

3.2.2.2 *Bereichsspezifische Cut-offs bei Prozentrang 95*

Nach den positiven Erfahrungen mit der Berücksichtigung sowohl von Intelligenz als auch von Kreativität bei der Bestimmung von Hochbegabung erweitern wir das Grenzwertmodell auf die fünf Begabungsdimensionen unserer empirischen Untersuchung. Wir wollen zunächst darstellen, wie die Gruppenbildung ausfällt, bevor wir im nächsten Abschnitt Hoch- und Normalbegabte vergleichen.

Für die drei in Abschnitt 3.1.1 ermittelten Indikatorengruppen zur Begabung wurden verschiedene Grenzmodelle erprobt. Hier soll die einfachste Form dargestellt werden: In den fünf Begabungsvariablen KFTGL, VWTKATS, SKGES, AIS und LCMS seien diejenigen Schüler, die den Prozentrang von 95 überschreiten, als intellektuell, kreativ, sozial, psychomotorisch bzw. musikalisch hochbegabt bezeichnet. Tabelle 51 zeigt die Mittelwerte der so gebildeten Gruppen in den jeweiligen gruppenbildenden Variablen sowie für das Alter der Probanden. In Tabelle 52 ist dann dargestellt, wie sich die Hochbegabten auf die Schularten und die Geschlechter verteilen.

Tabelle 51: Mittelwertsvergleiche zwischen bereichsspezifisch Hochbegabten und Normalbegabten hinsichtlich Gruppierungsvariable sowie Lebensalter

	Dazugehörige Variable			Alter		
	NB	HB	T-Wert (Sig)	NB	HB	T-Wert (Sig)
KFTGL	88.5	123.5	-47.4***	15.6	15.4	3.63***
VWTKATS	20.9	32.3	-41.9***	15.6	15.5	1.64
SKGES	50.9	70.5	-46.9***	15.6	15.7	-.95
AIS	64.9	81.3	-15.5***	15.6	15.7	-.95
LCMS	2.35	3.92	-53.7***	15.6	15.4	2.14*

Legende: NB=Normalbegabte, HB=Hochbegabte. * $p < .05$; ** $p < .01$; *** $p < .001$.

Tabelle 51 braucht nicht weiter interpretiert zu werden. Daß hochintelligente sowie hochmusikalische Schüler jünger als der Durchschnitt sind, ist aufgrund des geringen Mittelwertsunterschieds nicht weiter von Belang.

Tabelle 52 zeigt, daß intellektuell und motorisch Hochbegabte (gemäß der hier verwendeten PR-Definition) in der Hauptschule nicht zu finden sind. In der Hauptschule finden sich aber überdurchschnittlich viele sozial und kreativ Hochbegabte, während sonst das Gymnasium die meisten Kandidaten stellt. Dieser Befund ist bezüglich der musikalischen Begabung vorsichtig zu interpretieren, da diese ausschließlich über das Lehrerurteil erfaßt wurde, wobei Maßstabsverzerrungen nicht völlig auszuschließen sind.

Abweichungen in den Angaben zu "Gesamt" von der theoretisch gesetzten 5%-Marke zeigen, daß es abhängig von der Werteverteilung der Skalen nicht immer gelingt, die Grenze exakt bei 95% zu ziehen. Bei den Auswertungen zur Geschlechtsvariable verändern sich die Angaben aufgrund der bei Hochbegabten meist überdurchschnittlich häufig fehlenden Geschlechtsangaben.

Tabelle 52: Angaben darüber, wieviel Prozent der untersuchten Hauptschüler usw. in den einzelnen Bereichen als hochbegabt (PR > 95) ausgewählt wurden

(5%)	Schulart: Haupt-schule	Real-schule	Gymna-sium	Gesamt	Geschlecht: Jungen	Mädchen	Gesamt
KFTGL	0	1.5	7.1	4.8	8.6	3.8	6.1
VWTKATS	5.4	3.8	4.4	4.3	4.5	5.5	5.0
SKGES	8.2	3.7	3.7	4.1	4.0	3.9	4.0
AIS	0	4.0	6.3	5.2	5.6	5.4	5.5
LCMS	3.4	1.4	7.7	5.4	3.6	8.3	6.1

Unter Jungen scheinen sich deutlich mehr intellektuell Hochbegabte zu finden als unter Mädchen. Dagegen stellen Mädchen mehr kreativ und musikalisch Hochbegabte. Soziale und motorische Hochbegabung scheinen geschlechtsunabhängig zu sein; dies ist besonders für die Psychomotorikvariable erfreulich, da in Voruntersuchungen Mädchen bei den Computertests (im Durchschnitt) meist schlechtere Werte erzielten. Interpretationen bezüglich des Zusammenhangs von Geschlecht und Begabung sollen hier vermieden werden, da die Stichprobe durch Lehrer vorselegiert wurde.

In Tabelle 53 wird nun gezeigt, wie stark die Hochbegabtengruppen Schnittmengen bilden. Sofern man eine Generalfaktortheorie der Intelligenz vertritt, wird man vermuten, daß viele der kreativ, sozial usw. Hochbegabten gleichzeitig auch intellektuell hochbegabt seien. Tabelle 53 gibt an, wieviel Prozent der Hochbegabten jeder Zeilenvariablen gleichzeitig zu den (5%) Hochbegabten jeder Spaltenvariablen gehören. Die Erwartungswerte bei Unabhängigkeit der Dimensionen liegen bei 5%. In Tabelle 53 sind jene Werte in Klammern gesetzt, die zustandekamen, wenn nur ein einziger Proband gleichzeitig in beiden betrachteten Bereichen hochbegabt war. Wie man sieht, tritt dieser Fall bei vielen Gruppenvergleichen ein. Aber auch in den anderen Fällen sind nur schwache Zusammenhänge zu beobachten. Der sozialen Kompetenz scheint ein gewisses Primat zuzukommen: Die Werte in der Spalte SKGES fallen relativ hoch aus. Dies bedeutet, daß ein Gutteil der anderweitig Hochbegabten auch gleichzeitig sozial hochbegabt ist. Die insgesamt aber schwachen Zusammenhänge verbieten weitreichendere Interpretationen.

Tabelle 53: Zusammenhänge zwischen den Hochbegabtengruppen (Erläuterungen im Text)

	KFTGL	SKGES	VWTKATS	AIS	LCMS
KFTGL	---	10.9	3.8	(5.9)	10.5
SKGES	9.1	---	6.5	(6.3)	(2.9)
VWTKATS	3.3	7.0	---	(5.9)	(2.6)
AIS	(6.3)	(9.1)	(4.5)	---	(20.0)
LCMS	10.3	(4.2)	(3.2)	(8.3)	---

Die Eigenständigkeit der Hochbegabtengruppen kann demnach einigermaßen als gesichert gelten. Wir wollen nun überprüfen, ob die gebildeten Gruppen durch vorhandene Mittelwertsunterschiede in den Leistungsvariablen praktische Validität besitzen.

Tabelle 54: Mittelwertsvergleiche in den Leistungsvariablen für die intellektuell Hoch- (HB) bzw. Normalbegabten (NB; Cut-off: KFTGL - PR 95)

	NB	HB	T-Wert
Physik	2.65	1.74	8.71
Mathe	2.72	1.87	6.57
LCLE	2.34	2.80	-5.08
LCIN	2.28	2.66	-4.85
Englisch	2.73	2.19	4.45
LCFR	2.03	2.50	-4.34
SCINW	28.7	33.8	-3.95
Deutsch	2.66	2.23	3.61
LCAN	2.29	2.69	-3.53
LCMU	2.21	2.56	-3.52
KULK	12.1	10.9	3.27
Biologie	2.13	1.68	3.21
Geschichte	2.39	2.06	2.73
LCNE	1.76	1.97	-2.36
LCEI	1.98	2.15	-2.40

3.2.2.3 *Validierung der Cut-off-Setzung*

Für die mit Hilfe der Begabungsvariablen gebildeten Hochbegabtengruppen wurden Mittelwertsvergleiche über alle Leistungsvariablen gerechnet. In den Tabellen 54 bis 58 sind die Mittelwerte der entsprechenden Variablen für die jeweiligen Gruppen angeführt. Die Variablen selbst sind nach der Höhe des T-Wertes geordnet; die Anordnung der Variablen läßt also erkennen, in welchen Bereichen sich die jeweiligen Hochbegabten besonders auszeichnen. Variablen, in denen keine oder nur schwache Mittelwertsunterschiede zutage traten, wurden weggelassen.

Die *intellektuelle* Hochbegabtengruppe unterscheidet sich in sehr vielen Leistungsvariablen von der Vergleichsgruppe. An der Spitze liegen die Schulfächer Physik und Mathematik, gefolgt von den Lehrereinschätzungen zur Intelligenz und Lernfähigkeit, wie sie sich im Unterricht zeigen. Ebenso ergeben sich in den sprachlichen Schulfächern sowie in naturwissenschaftlichen (SCINW) und künstlerischen Betätigungen (KULK) Leistungsunterschiede. Auch bezüglich Anstrengung (LCAN) und Neugier (LCNE) ragen die intellektuell Hochbegabten hervor. Trotz der in Abschnitt 3.2.2.1 angesprochenen Problematik der Mittelwertsvergleiche scheint die vorgenommene Gruppenbildung bezüglich Intelligenz ein effektives Instrument zu sein, um besonders leistungsfähige Schüler zu identifizieren.

Tabelle 55: Mittelwertsvergleiche in den Leistungsvariablen für die kreativ Hoch- bzw. Normalbegabten (Cut-off: VWTKATS - PR 95)

	NB	HB	T-Wert
KREA	26.8	30.3	-3.64
KULL	26.9	30.1	-3.33
SKPH	40.6	44.7	-3.22
SKPT	8.06	9.76	-3.18
KULK	11.9	14.6	-3.15
LCEI	1.97	2.27	-3.12
Deutsch	2.62	2.35	2.61
LCEH	2.41	2.65	-2.49
MUS	22.6	24.3	-2.21
SCITE	10.5	11.6	-2.07

Viele signifikante Mittelwertsdifferenzen ergeben sich auch für die *kreativ* Hoch- bzw. Normalbegabten (Tabelle 55). Im Vordergrund stehen hier aber künstlerische, soziale und literarische Aktivitätsbereiche, unter die sich auch das Fach Deutsch sowie musikalische Leistungen einreihen lassen. Die Lehrer attestieren den kreativ hochbegabten Schülern mehr Einfallsreichtum sowie Einfühlungsvermögen. Generell ragen die besonders kreativen Schüler aber in ihren Schulleistungen nicht hervor.

Die sozial hochbegabten Schüler (Tabelle 56) haben ebenfalls ihre spezifischen Stärken. Diese liegen u.a. in sozialen und kreativ-künstlerischen Betätigungen. Aber auch im literarischen, im naturwissenschaftlichen und technischen Bereich zeigen sich Leistungsspitzen. Freilich sind diese Zusammenhänge u.a. damit erklärbar, daß in den entsprechenden Meßinstrumenten Leistungen vor allem im sozialen Kontext abgefragt wurden; andererseits sind auf vielen Gebieten Leistungen ohne ein Mindestmaß an sozialem Engagement nicht denkbar. Von Lehrern werden den sozial hochbegabten Schülern in besonderem Maße Führungsqualitäten, Durchsetzungsvermögen und Selbstausdruck attestiert. Auch hier zeigt sich also eine hohe Entsprechung zwischen Kompetenz (Begabung) und Performanz (Leistung).

Tabelle 56: Mittelwertsvergleiche in den Leistungsvariablen für die sozial Hoch- bzw. Normalbegabten (Cut-off: SKGES - PR 95)

	NB	HB	T-Wert
SKPH	40.5	50.1	-6.58
KULK	12.0	14.3	-3.01
LCFU	2.22	2.66	-3.00
LCDU	2.46	2.80	-2.96
KREA	27.0	29.8	-2.78
KULL	27.1	29.8	-2.76
SCITE	10.5	12.1	-2.57
LCSE	2.05	2.38	-2.31
SCINW	28.9	32.7	-2.24
SKPT	8.12	9.23	-2.15

Tabelle 57: Mittelwertsvergleiche in den Leistungsvariablen für die psychomotorisch Hoch- bzw. Normalbegabten (Cut- off: Summe der Aiming-Punkte AIS - PR 95)

	NB	HB	T-Wert
SCITE	10.3	11.6	-1.23

Ungünstig sieht es dagegen für die *psychomotorisch* Hochbegabten (gemäß unserer einfachen Definition) aus. Hier läßt sich keine einzige Leistungsvariable finden, in denen sich die Hochbegabten von der Vergleichsgruppe unterscheiden (Tabelle 57). Natürlich hängt dieses Ergebnis in erster Linie davon ab, daß keine speziell psychomotorischen Leistungsindikatoren (Ausnahme: Lehrerurteil) vorgegeben wurden. Andererseits ergaben die vorhandenen Items (im Münchner Aktivitäten-Inventar z.B. zum handwerklichen Gestalten) keine eigenständige Skala. Von daher ist ungewiß, ob für die erfaßten Jugendlichen keine spezifischen feinmotorischen Anforderungen (im Untersuchungskontext) existieren und/oder die erfaßten Begabungsvariablen invalide sind.

Sehr viele signifikante Mittelwertsunterschiede ergeben sich für die *musikalisch* Hochbegabten, wobei daran erinnert werden soll, daß die gruppentrennende Variable eigentlich eine Leistungseinschätzung durch den Lehrer darstellt. Daß deshalb in Tabelle 58 viele Lehrerskalen auftauchen, hängt wohl auch mit dem Halo-Effekt zusammen. In Tabelle 58 sind natürlich die Musik-Skalen an erster Stelle vertreten, gleich, ob es sich um Lehrereinschätzung, Schulnote oder Selbstaussage zu musikalischen Aktivitäten handelt. Daneben tauchen aber auch literarische Leistungsvariablen auf, soziale Verhaltensaspekte und künstlerische Leistungen folgen. Schließlich unterscheiden sich musikalisch Hochbegabte auch noch in kreativen Leistungen positiv von der Vergleichsgruppe. (Bei allen Vergleichen ist die unterschiedliche Polung von Schulnoten und den anderen Variablen zu berücksichtigen.)

Tabelle 58: Mittelwertsvergleiche in den Leistungsvariablen für die musikalisch Hoch- bzw. Normalbegabten (Cut-off: LCMS - PR 95)

	NB	HB	T-Wert
LCMG	2.09	3.70	-27.72
Musik	2.03	1.18	11.34
LCMA	1.68	2.89	-10.38
MUS	22.6	27.9	-6.89
LCKO	2.39	2.71	-3.96
KULL	26.8	30.4	-3.90
Deutsch	2.65	2.16	3.88
LCEI	1.99	2.37	-3.59
LCFR	2.05	2.55	-3.42
KREA	26.8	29.7	-3.34
LCSE	2.08	2.46	-3.39
Kunst	2.06	1.69	3.27
KULK	11.8	13.8	-2.88
LCAN	2.23	2.60	-2.85
LCZE	2.32	2.66	-2.84
LCEI	2.43	2.69	-2.23

Zusammenfassend kann man sagen, daß die Ermittlung von Hochbegabtengruppen durch *bereichsspezifische* Cut-off-Setzung erfolgreich ist. Die gebildeten Gruppen unterscheiden sich von den jeweils 95% anderen Schüler genau in den begabungsspezifischen Leistungsvariablen, oft noch darüber hinaus. Eine Ausnahme bildet die psychomotorische Hochbegabungsgruppe, vornehmlich wohl aufgrund vorherrschender Operationalisierungsprobleme.

Die Bestimmung von Hochbegabten durch Grenzwerte auf (unabhängigen) Begabungsindikatoren hat den technischen Vorteil, daß mit der inhaltlichen Bestimmung von Hochbegabung gleichzeitig die Meß- und Entscheidungsvorschrift mitgeliefert wird. Wer also einfache Identifikationsstrategien bevorzugt, kann mit der geschilderten Vorgehensweise erfolgversprechend arbeiten. *Die Berücksichtigung unterschiedlicher Begabungsdimensionen und der Einsatz mehrerer eigenständiger Meßverfahren zur Hochbegabtenidentifikation würden bereits einen entscheidenden Fortschritt gegenüber der oft vorherrschenden Praxis einer reinen Intelligenzorientierung darstellen.*

In diesem Abschnitt wurden bislang nur Gruppen mit Hilfe von Begabungsvariablen gebildet. Bildet man die Hochbegabungsgruppen mit den Begabungs-Hauptkomponenten (vgl. Abschnitt 3.1.1.2), so finden sich Ergebnisse, die den geschilderten weitgehend ähnlich sind. Bei der Gruppenbildung mit den Begabungsfaktoren (Abschnitt 3.1.1.3) fallen die Ergebnisse, bedingt durch das Weglassen der Psychomotorikvariablen, natürlich anders aus. Hier wie dort gilt aber, daß es generell sinnvoll ist, Hochbegabte bereichsspezifisch zu bestimmen, gerade wenn die Prognose spezifischer Leistungen ansteht. Bei der Auswahl von Indikatoren zur Identifikation hochbegabter Schüler wird man natürlich im Zweifelsfall die unkompliziertere Verfahrensweise verwenden, d.h. Begabungsvariablen statt -hauptkomponenten etc. einsetzen.

Tabelle 59: Beobachtete und erwartete Schülerzahlen für die einzelnen Merkmalskonfigurationen

Vektor IKSPM	beob. Häufigk.	erwart. Häufigk.	Signif. (Chi^2)
11111	128	127	---
21111	5	6	---
12111	13	12	---
22111	1	1	---
11211	4	6	.347423
21211	1	0	---
12211	1	1	---
22211	0	0	---
11121	9	9	---
21121	0	0	---
12121	0	1	---
22121	0	0	---
11221	1	0	---
21221	0	0	---
12221	0	0	---
22221	0	0	---
11112	4	4	---
21112	0	0	---
12112	0	0	---
22112	0	0	---
11212	0	0	---
21212	0	0	---
12212	0	0	---
22212	0	0	---
11122	1	0	---
21122	0	0	---
12122	0	0	---
22122	0	0	---
11222	0	0	---
21222	0	0	---
12222	0	0	---
22222	0	0	---

Legende: I=Intelligenz, K=Kreativität, S=Soziale Kompetenz, P=Psychomotorik, M=Musikalität. 1 = PR < 95, 2 = PR > 95.

3.2.2.4 *Gruppenbildung und Gruppenvergleiche*

Bei den bisherigen Analysen wurden zwar Hoch- und Normalbegabte hinsichtlich der fünf betrachteten Begabungsdimensionen verglichen, nicht aber die bereichsspezifisch Hochbegabten untereinander. Zu diesem Zweck ist zu klären, inwieweit die einzelnen Hochbegabtengruppen unabhängig sind oder sich überlagern, d.h. wie oft singuläre versus multiple Hochbegabung zu beobachten ist. In Tabelle 59 sind sämtliche Begabungskonfigurationen mit ihren Häufigkeiten dargestellt. Jede der fünf Begabungsvariablen ist mit zwei Ausprägungen symbolisiert; 2 bedeutet: Proband gehört zu den besten 5%, 1 bedeutet: Proband gehört zu den unteren 95% in der entsprechenden Dimension. Der Merkmalsvektor <11211> bezeichnet z.B. alle Schüler, die in Sozialer Kompetenz (3. Variable) hochbegabt sind, während sie in Intelligenz (1. Variable), Kreativität (2. Variable), Psychomotorik (4. Variable) und Musikalität (5. Variable) nicht zur Spitzengruppe gehören. Als Begabungsindikatoren sind hier wieder die Variablen KFTGL, VWTKATS, SKGES, AIS und LCMS gewählt.

Leider standen nur von 168 Probanden Werte zu allen fünf Variablen zur Verfügung, so daß auch jeweils sehr wenige Schüler von den Hochbegabtengruppen vertreten sind. Tabelle 59 kann im Sinne einer Typenanalyse interpretiert werden. Dazu sind in der dritten Spalte der Tabelle die bei Unabhängigkeit der Dimensionen zu erwartenden Zellenhäufigkeiten (bezogen auf die fünfdimensionale Kreuztabelle der fünf Begabungsmerkmale mit je zwei Ausprägungen) mitangegeben. Die vierte Spalte gibt dann die Wahrscheinlichkeit an, mit der die beobachtete Häufigkeit (2. Spalte) unter der Nullhypothese auftritt. Diese Wahrscheinlichkeiten wurden mit der SPSS-Prozedur INFORM (Leibniz-Rechenzentrum München) berechnet; die Prozedur gibt die Wahrscheinlichkeitswerte aber nur dann aus, wenn die Abweichung zwischen beobachteter und theoretischer Häufigkeit größer als 1 ist. Dies ist in Tabelle 59 nur in einem einzigen Fall eingetreten. Der zugrundeliegende Auswertungsansatz entspricht übrigens der Konfigurationsfrequenzanalyse nach Krauth & Lienert (1973), welche die Verteilungen in Kreuztabellen zur Typenfindung benützt.

Unschwer ist zu erkennen, daß in Tabelle 59 die beobachteten Häufigkeiten sehr eng bei den bei Unabhängigkeit der Dimensionen zu erwartenden Häufigkeiten liegen. D.h. konkret, daß nur *sehr wenige Personen* zu finden sind, *die in mehreren Begabungsbereichen zur Spitzengruppe gehören.* Damit kann die Nullhypothese der Unabhängigkeit der Begabungsdimensionen bzw. der Hochbegabtengruppen nicht verworfen werden. Die Konfigurationsfrequenzanalyse erbringt keine speziellen Hochbegabtentypen. Da die Überlappungen zwischen den Hochbegabtengruppen also unbedeutend sind, kann man die Mittelwerte der einzelnen Hochbegabtengruppen, wie sie in den Tabellen 54 bis 58 vorgestellt wurden, unmittelbar vergleichen, ohne die Werte für die singulär Hochbegabten neu berechnen zu müssen.

In Tabelle 60 sind die Leistungsvariablen so angeordnet, daß der oberste Tabellenteil jene Variablen enthält, in denen die intellektuell Hochbegabten den anderen Hochbegabtengrupen sowie den Normalbegabten überlegen sind; anschließend folgen die für die kreativ Hochbegabten kennzeichnenden Variablen; die Tabelle wird bezüglich der sozial und der musikalisch Hochbegabten fortgesetzt. Es fand sich keine einzige Leistungsvariable, in der die psychomotorisch Hochbegabten oder die Normalbegabten alle anderen Gruppen übertroffen hätten. Dies spricht grundsätzlich für die *Validität der Hochbegabungsdimension* mit Ausnahme der Operationalisierung der Psychomotorik.

Tabelle 60: Gegenüberstellung der Hochbegabtengruppen in den Leistungsvariablen (NB=Allseits Normalbegabte)

	NB	KFTGL	VWTKATS	SKGES	AIS	LCMS
Mathe	2.63	1.87	2.67	2.67	2.86	2.63
Physik	2.56	1.74	2.52	2.60	2.86	2.42
SCINW	28.9	33.8	31.6	32.7	30.2	30.0
Englisch	2.70	2.19	2.74	2.70	2.71	2.53
Biologie	2.07	1.68	1.91	1.92	----	2.14
Geschichte	2.37	2.06	2.26	2.30	2.71	2.34
LCIN	2.30	2.66	2.43	2.36	2.24	2.43
LCLE	2.36	2.80	2.53	2.36	2.42	2.59
LCAN	2.32	2.69	2.44	2.20	2.10	2.60
LCNE	1.77	1.97	1.95	1.74	1.64	1.97
KREA	26.8	26.1	30.3	29.8	28.0	29.7
SKPT	8.06	7.47	9.76	9.23	8.12	9.00
KULL	26.9	26.2	30.1	29.8	28.1	30.4
KULK	11.9	10.9	14.6	14.3	11.9	13.8
Sozialkunde	2.52	----	2.00	2.60	3.50	2.50
Sport	1.97	2.04	1.87	1.93	1.93	1.97
MUS	22.6	22.2	24.3	23.6	23.6	27.9
LCDU	2.46	2.58	2.64	2.80	2.34	2.66
SCITE	10.5	9.9	11.6	12.1	11.6	10.3
SKPH	40.6	39.1	44.7	50.1	42.8	42.2
SPO	17.4	16.6	17.7	18.6	17.7	16.3
LCFU	2.23	2.23	2.41	2.66	2.31	2.43
LCGR	2.23	2.04	2.28	2.41	2.40	2.11
LCMG	2.18	2.09	2.19	2.20	2.19	3.70
LCMA	1.75	1.73	1.88	1.84	1.80	2.89
Musik	2.01	1.83	1.90	2.03	2.29	1.18
Deutsch	2.62	2.23	2.35	2.37	2.64	2.16
Kunst	2.05	1.98	1.88	2.32	2.21	1.69
LCMU	2.23	2.56	2.35	2.30	2.08	2.60
LCFR	2.07	2.50	2.19	2.04	2.01	2.55
LCEI	1.97	2.15	2.27	1.98	1.99	2.37
LCEH	2.41	2.28	2.65	2.67	2.10	2.69
LCKO	2.36	2.26	2.54	2.57	2.13	2.71
LCSE	2.07	1.99	2.13	2.38	1.94	2.46
LCZE	2.34	2.34	2.27	2.33	2.44	2.66
LCHA	2.21	2.34	2.05	2.26	2.23	2.36
LCNE	1.77	1.97	1.95	1.74	1.64	1.97

Die intellektuell Hochbegabten ragen unter allen anderen Gruppen u.a. in den naturwissenschaftlich orientierten Schulfächern hervor; von den Lehrern werden ihnen hohe Werte auf den Skalen zu den kognitiven Fertigkeiten zugeteilt. Die kreativ Hochbegabten fallen durch ihre hohen Werte in literarischen und künstlerischen Leistungsbereichen auf. Die sozial Hochbegabten zeichnen sich durch soziale Aktivitäten und vorwiegend "dominierende" zwischenmenschliche Verhaltensweisen (gemäß Lehrerurteil) aus. Ihnen werden die höchsten Werte in Durchsetzung und Führungsqualitäten zugesprochen, während die anderen sozialen Fertigkeiten (Einfühlung, Kooperation, Selbstausdruck) eher den musikalisch Hochbegabten zugesprochen werden. Die musikalisch Hochbegabten fallen auch durch weitere Spitzenwerte im Lehrerurteil auf; dies muß im Zusammenhang mit der Musikalitätsdefinition via

Lehrerurteil gesehen werden. Andererseits zeigen diese Schüler in den Fächern Deutsch und Kunst auch objektiv sehr gute Leistungen.

Die Gegenüberstellung der Hochbegabtengruppen zeigt, daß die einzelnen Gruppen in den dazugehörigen bereichsspezifischen Leistungsvariablen nicht nur die Normalbegabten, sondern auch die anderen Hochbegabten überragen. Wir folgern daraus, daß ein *pluralistisches (bereichsspezifisches) Hochbegabungsmodell sinnvoll* ist und entsprechend *mehrgleisige Identifikationsstrategien notwendig* sind, um spezifisch leistungsfähige Schüler zu finden.

3.2.3 Leistungsspezifische Gruppenbildung bei Neuntkläßlern

Analog zum Vorgehen in Abschnitt 3.2.2 sollen hier Möglichkeiten untersucht werden, wie man Hochbegabte auf der Grundlage von Leistungsindikatoren bestimmen kann. Nach den in Abschnitt 3.1.2 diskutierten Erkenntnissen, wonach Variablen, bereichsspezifische Hauptkomponenten und Faktoren sehr enge Zusammenhänge aufweisen, sollen hier die Rechengänge abgekürzt werden. Im folgenden werden deshalb Hochbegabtengruppen per Cut-off-Setzung bestimmt. Diese werden anschließend hinsichtlich der Begabungsvariablen validiert, sowie die Unterschiede zwischen den Hochbegabtengruppen herausgearbeitet.

3.2.3.1 *Bereichsspezifische Cut-offs bei Prozentrang 95*

Gemäß den Überlegungen in Abschnitt 3.1.2 wurden die Leistungsvariablen NOTE, SCINW, SKPH, SCITE und MUS als Leistungsindikatoren ausgewählt und in den entsprechenden Werteverteilungen ein Prozentrang von 95 als Cut-off festgelegt. Tabelle 61 zeigt die Mittelwerte der somit als hoch- bzw. normalbegabt definierten Gruppen in der gruppenbildenden Variable sowie im Lebensalter. Hinsichtlich der Alters ergeben sich keine gravierenden Unterschiede zwischen den jeweiligen Gruppen.

Tabelle 61: Mittelwertsvergleiche zwischen bereichsspezifischen Hochbegabten und Normalbegabten hinsichtlich Gruppierungsvariable sowie Lebensalter

	Dazugehörige Variable			Alter		
(5%)	NB	HB	T-Wert (Sig)	NB	HB	T-Wert (Sig)
NOTE	8.16	3.83	48.8***	15.6	15.5	1.01
SCINW	28.0	48.1	-33.3***	15.6	15.4	2.36*
SKPH	39.7	61.2	-42.3***	15.6	15.5	.43
SCITE	10.1	19.5	-44.3***	15.6	15.6	-.19
MUS	22.3	33.7	-41.3***	15.6	15.5	.76

Legende: NB=Normalbegabte (PR < 95), HB=Hochbegabte (PR > 95). * p < .05, ** p < .01, *** p < .001

Tabelle 62 zeigt, wie die Hochbegabten in den jeweiligen schulart- bzw. geschlechtsspezifischen Gruppen auftreten. "Hochbegabte" aufgrund der Ermittlung über die Schulnote wären demnach reichlich in der Hauptschule zu finden; offensichtlich wird dort weniger streng benotet als in den anderen Schularten. Unter Gymnasiasten befinden sich besonders viele naturwissenschaftlich bzw. musikalisch Leistungsaktive. Deutliche Verletzungen der Gleichverteilung treten hinsichtlich der Geschlechtsvariable auf; bei naturwissenschaftlichen (d.h. hier: kreativen) und technisch-handwerklichen (d.h. hier: psychomotorischen) Leistungen findet man die meisten Kandidaten unter den männlichen Schülern. Wie bereits in Abschnitt 3.1.2.3 aufgezeigt, scheint auch unter diesem Gesichtspunkt die Operationalisierung weniger gut gelungen.

Tabelle 62: Angaben, wieviel Prozent der untersuchten Hauptschüler usw. in den einzelnen Bereichen als hochbegabt (PR > 95) ausgewählt wurden

	Schulart				Geschlecht		
	Hauptschule	Realschule	Gymnasium	Gesamt	Jungen	Mädchen	Gesamt
NOTE	10.0	1.4	4.5	4.1	3.6	5.6	4.7
SCINW	1.7	4.0	5.7	5.0	10.5	.7	5.2
SKPH	8.3	4.6	5.2	5.2	4.3	6.1	5.3
SCITE	6.3	4.5	5.0	5.0	10.7	.9	5.4
MUS	1.6	2.6	4.9	4.1	3.6	5.1	4.4

3.2.3.2 *Validierung der Cut-off-Setzung*

Um zu überprüfen, ob die leistungsstarken Schüler sich auch hinsichtlich der entsprechenden Begabungsvariablen unterscheiden, haben wir die Hoch- bzw. Gutbegabten per t-Test verglichen. Die folgenden Tabellen 63 bis 67 zeigen die Variablen (mit den Mittelwerten der beiden Gruppen), in denen die Mittelwertsunterschiede gegen den Zufall gesichert werden konnten. Da Leistungen immer auch von motivationalen Dispositionen abhängen, wurden bei den Analysen noch die Motivationsvariablen berücksichtigt. Die Variablen sind in den Tabellen nach der Höhe des T-Wertes angeordnet. Je höher der Rangplatz einer Variablen ist, desto gravierendere Unterschiede treten zwischen den Hoch- und den Normalleistungsfähigen auf.

In Tabelle 63 sind die Ergebnisse der Mittelwertsvergleiche zur Variablen NOTE, d.h. zu den vermutlich intellektuell Hochleistungsfähigen, angeführt. Wie man sieht, unterscheiden sich die Gruppen ausschließlich in Variablen, die zum Komplex "task commitment" zu rechnen sind. Dazu gehören die Leistungsmotivationsskalen sowie die kreativitätsbezogenen Skalen GIFT3 (Herausforderung: Ausdauer) und GIFT4 (Kreative Anregung in der Familie). Am Ende der Tabelle sind zur Verdeutlichung auch die Skalen V und KFTGL angeführt, deren Mittelwertsunterschiede ebensowenig wie bei den anderen (nicht aufgelisteten) Begabungsskalen gegen den Zufall zu sichern sind. Sehr gute Schulnoten sind also auch dann zu erreichen, wenn man nicht hochintelligent ist.

Tabelle 63: Mittelwertsvergleiche in den Begabungs- und Motivationsvariablen für die schulisch Hochleistungsfähigen (Cut-off: NOTE - PR 95)

	NB	HB	T-Wert
GIFT3	13.7	15.9	-4.68
FES	22.5	27.2	-3.98
LS	8.67	10.4	-3.62
HE	6.30	7.52	-3.52
GIFT	73.1	80.7	-3.22
GIFT4	12.3	14.4	-3.10
V	32.7	35.4	-1.90
KFTGL	93.0	101.0	-1.83

Tabelle 64: Mittelwertsvergleiche in den Begabungs- und Motivationsvariablen für die kreativ Hochleistungsfähigen (Cut-off: SCINW - PR 95)

	NB	HB	T-Wert
FES	22.3	32.1	-11.25
GIFT3	13.5	17.8	-12.10
GIFT2	9.56	14.1	-9.04
HE	6.26	8.18	-7.71
SFB	13.2	16.3	-6.09
Q	25.5	30.9	-5.67
APT	4.72	6.77	-5.14
GIFT	72.1	85.6	-5.14
KFTGL	91.8	103.1	-4.71
AFOEM	1.66	1.32	3.88
GIFT6	5.70	7.29	-3.72
SKGES	51.6	57.4	-3.57
V	32.2	35.3	-3.17
FM	4.25	3.07	3.06
RTZS	71.3	66.3	2.81
N	34.1	37.0	-2.65
VWTORIG	8.40	10.4	-2.27
AB	8.74	9.67	-1.97

Betrachtet man die mit Hilfe der Variablen SCINW gebildeten Leistungsgruppen (Tabelle 64), die hier als Hoch- bzw. Normalkreative bestimmt wurden, so erkennt man auch in diesem Leistungsbereich die Bedeutung motivationaler und interessenbezogener Dispositionen. Die fünf trennschärfsten Variablen in Tabelle 64 entstammen dem "task commitment"-Komplex. Anschließend folgen aber verschiedene Fähigkeitsvariablen, angefangen von der Q-Skala des KFT über psychomotorische Fähigkeitsmaße bis hin zur Originalitätsskala. Allgemein muß man festhalten, daß SCINW sich besser zur Erfassung intellektueller denn kreativer Leistungen eignet; ebenso ist zu vermerken, daß Hochleistungen (nach unserer Operationalisierung) hier eher von gut ausgeprägter Motivation als von entsprechend hohen Fähigkeiten abhängen, sofern man nicht von vorne herein eine Wechselwirkung unterstellt.

Tabelle 65 zeigt die Ergebnisse hinsichtlich des sozialen Leistungsbereichs. Hier steht wunschgemäß die Soziale Kompetenz als trennscharfe Variable im Vordergrund, wobei zu bedenken ist, daß die Variablen SKPH und SKGES gleichermaßen durch Selbstaussagen erhoben wurden. Ansonsten spielen erneut die "task commitment"- Variablen eine wichtige Rolle. Nicht unbedeutend sind auch die Maße zur praktischen Kreativität. In der Psychomotorik-Variable WTZS (Wahlreaktion) zeigt sich ebenfalls ein gewisser (statistisch nicht signifikanter) Unterschied zwischen beiden Gruppen.

Tabelle 65: Mittelwertsvergleiche in den Begabungs- und Motivationsvariablen für die sozial Hochleistungsfähigen (Cut-off: SKPH - PR 95)

	NB	HB	T-Wert
SKGES	51.2	62.2	-12.63
GIFT	72.0	88.5	-8.07
GIFT1	30.0	39.3	-7.83
GIFT3	13.6	16.2	-5.19
GIFT5	13.1	14.4	-3.49
GIFT2	9.75	11.5	-3.19
FES	22.7	26.1	-2.87
SFB	13.2	15.0	-2.79
VWTAKZ	30.2	34.8	-2.55
VWTKATS	21.5	23.7	-2.51
WTZS	131.8	125.4	1.83

Tabelle 66: Mittelwertsvergleiche in den Begabungs- und Motivationsvariablen für die motorisch Hochleistungsfähigen (Cut-off: SCITE - PR 95)

	NB	HB	T-Wert
GIFT2	9.44	15.6	-17.27
GIFT3	13.5	16.2	-6.04
FES	22.5	28.3	-5.63
APT	4.70	6.78	-5.36
GIFT6	5.66	7.92	-4.99
AFOEM	1.66	1.31	4.94
GIFT	71.9	85.2	-4.91
HE	6.31	7.28	-3.03
VKTWNEU	36.7	32.9	2.67
GIFT5	13.1	14.1	-2.25

Die mit Hilfe der Variablen SCITE in (psychomotorisch-praktisch) Hoch- vs. Normalleistungsfähige getrennten Probanden unterscheiden sich, wie Tabelle 66 zeigt, wiederum vornehmlich in Interessen-, Neugier- und Anstrengungsvariablen. Die Variable GIFT2, die so etwas wie technisches Tüfteln erfaßt, steht hier im Vordergrund. Nur eine einzige Psychomotorikvariable (AFOEM) trennt die beiden Gruppen, so daß einerseits die Operationalisierung psychomotorischer Leistung, andererseits die Bedeutung von Begabungsmaßen für Leistungen allgemein problematisiert werden muß. Allerdings wäre bei einer solchen Interpretation zu berücksichtigen, daß die vorgestellten Leistungsvariablen nicht immer strengen Maßstäben folgen und die erfaßten Leistungen mehr das Niveau von interessenabhängigen Aktivitäten annehmen (womit obige Schlußfolgerungen wieder hinfällig werden).

Tabelle 67: Mittelwertsvergleiche in den Begabungs- und Motivationsvariablen für die musikalisch Hochleistungsfähigen (Cut-off: MUS - PR 95)

	NB	HB	T-Wert
GIFT1	30.1	39.2	-5.57
GIFT	72.1	89.1	-5.51
GIFT4	12.1	14.1	-3.46
GIFT2	9.71	11.8	-3.39
LCMA	1.75	2.27	-3.16
FES	22.6	26.6	-3.14
LS	8.78	10.3	-2.76
GIFT3	13.7	15.3	-2.69
LCMG	2.17	2.66	-2.67
LCMS	2.43	2.83	-2.21

Die geschilderten Beobachtungen wiederholen sich bei Betrachtung der musikalisch hochleistungsfähigen Schüler (Tabelle 67). Im Vordergrund der Merkmale, in denen sich Hoch- und Normalleistungsaktive unterscheiden, stehen wiederum kreativitäts- und motivationsbezogene Merkmale. Freilich treten hier auch die Lehrereinschätzungen zur Musikalität positiv in Erscheinung, welche zur Erfassung musikalischer Fähigkeiten herangezogen wurden.

Da in den bisherigen geschilderten Analysen verstärkt Operationalisierungsprobleme auftraten, sollen die Ergebnisse nun an anderen Leistungsindikatoren repliziert werden. Zum Vergleich wird deshalb nun anhand der Leistungsfaktoren (vgl. Abschnitt 3.1.2.3) untersucht, in welchen Variablen sich die hochleistungsaktiven Schüler von der Vergleichsgruppe unterscheiden. Tabelle 68 zeigt zusammenfassend die signifikant ausfallenden Mittelwertsvergleiche für die mit Hilfe der sieben Leistungsfaktoren gebildeten Gruppen.

Die aufgrund des ersten Faktors definierten Hochleistungsaktiven im Bereich des *schulischen Lernens* unterscheiden sich von der Vergleichgruppe sowohl in kognitiven Begabungsvariablen als auch in motivationalen Meßgrößen. Dieser Leistungsfaktor wurde außer durch Schulnoten noch durch die intelligenzbezogenen Einschätzungen von seiten des Lehrers gebildet, so daß hier vor allem die schulische Lernfähigkeit - jenseits von Leistungsnachweisen in Prüfungssituationen - erfaßt worden sein dürfte.

Tabelle 68: Mittelwertsvergleiche in den Begabungs- und Motivationsvariablen für Hochleistungsfähige (Cut-off: PR 95)

	Variable	NB	HB	T-Wert (Sig)
LF1	V	34.0	37.3	-3.12**
	APT	4.93	6.69	-2.49*
	HE	6.11	7.43	-2.36*
	KFTGL	96.5	106.7	-2.32*
	LS	8.71	10.1	-2.32*
	Q	27.0	31.3	-2.19*
LF2	GIFT	73.4	96.2	-6.51***
	SKGES	50.5	61.4	-5.82***
	GIFT2	9.75	13.2	-5.47***
	GIFT1	30.7	43.4	-4.89***
	SFB	13.4	16.7	-4.10***
	FES	22.7	29.6	-3.51**
	GIFT3	13.7	16.5	-2.73*
	GIFT4	12.4	15.1	-2.67*
	GIFT5	12.9	14.3	-2.13*
LF3	SKGES	50.7	56.4	-2.84*
LF4	GIFT1	31.1	37.4	-3.87***
	Q	27.0	31.8	-3.60**
	KFTGL	96.4	110.5	-3.48**
	V	33.9	38.7	-3.24**
	GIFT3	13.7	15.9	-2.71*
	N	35.4	40.0	-2.58*
	GIFT	74.1	83.5	-2.37*
	LS	8.71	10.7	-2.28*
	GIFT4	12.4	13.9	-2.14*
LF5	LCMG	2.16	3.79	-22.34***
	LCMS	2.42	3.78	-18.61***
	VKTWNEU	38.3	43.9	-2.87*
	V	34.0	37.1	-2.52*
	VKTAKZ	12.2	14.1	-2.16*
LF6	GIFT2	9.66	14.9	-7.47***
	APT	4.89	7.67	-3.98***
	Q	27.0	32.2	-3.65**
	FES	22.7	29.1	-3.63**
	HE	6.10	7.40	-3.34**
	SFB	13.4	15.9	-2.56*
LF7	FM	4.24	2.44	3.34**
	GIFT5	12.9	15.1	-2.92**
	GIFT6	5.69	7.69	-2.19*
	APT	4.96	6.20	-2.01
	GIFT3	13.8	15.4	-2.01

Der zweite Leistungsfaktor erfaßt *literarische* bzw. *soziale Freizeitaktivitäten* und *Leistungsanstrengungen*. Insofern verwundert nicht, daß sich die Leistungsträger neben der Sozialen Kompetenz vornehmlich durch interessenbezogene Dispositionen auszeichnen. Der dritte Faktor - *Soziale Fertigkeiten im Schulbereich* - führt zur Bestimmung einer Gruppe, die sich ausschließlich durch hohe soziale Kompetenz auszeichnet. Der vierte Faktor erfaßt nun eigentlich die *Schulleistungen*, wie sie in schulischen Zensuren zum Ausdruck kommen. Sowohl kognitive Fähigkeiten als auch Eigenschaften wie Einsatzfreude und Anstrengungsbereitschaft zeichnen laut Tabelle 68 die entsprechenden hochleistungsaktiven Schüler aus.

Der fünfte Faktor trennt die *musikalisch besonders Aktiven* von der großen Restgruppe. Neben stark ausgeprägten musikalischen Fähigkeiten zeigen diese Schüler auch besondere kreative und sprachliche Fähigkeiten.

Der sechste Faktor erfaßt *naturwissenschaftlich-technische Leistungen*. Die entsprechend leistungsfähigen Schüler überragen die anderen in quantitativen und technischen Fähigkeiten sowie in motivationaler Hinsicht, wobei das technische Tüfteln ebenso wie das Erkenntnisstreben eine besondere Rolle spielen.

Die aufgrund des siebten Leistungsfaktors gebildete Gruppe der aktiven *Sportler* wurde bislang kaum beachtet. Diese Schüler zeichnen sich durch geringe Mißerfolgsfurcht, gut ausgeprägte technische Fähigkeiten sowie verschiedene motivationale Merkmale aus, unter denen die Variable GIFT6 (Herausforderung: Abenteuerlust) besonders auffällt, weil sie bislang selten als gruppentrennende Variable in Erscheinung getreten ist.

Betrachtet man die eben geschilderten Ergebnisse im Zusammenhang, so fallen diese wesentlich deutlicher erwartungskonform aus als die anhand einzelner Leistungsvariablen ermittelten Befunde. In vielen Leistungsbereichen spielen aber Begabungsmerkmale eine bedeutsame Rolle; ebenso wichtig scheinen motivationale Dispositionen sowie eine gewisse Form "kreativer Extraversion" zu sein, wie sie etwa in den GIFT-Skalen sowie im FES zum Tragen kommt.

An dieser Stelle muß aber eine wichtige Einschränkung vorgenommen werden. Leistungen, die von Schülern erbracht werden, haben gemeinhin keinen so hohen Stellenwert, wie sie Leistungen von Erwachsenen zugeschrieben werden, die internationale Preise o.ä. erlangen. Wie in Kapitel 1 angemerkt wurde, können daher Leistungen im Kindes- und Jugendalter nur als Indikator für spätere Leistungen angesehen werden; sie stellen nicht das letztgültige Kriterium für Hochbegabung dar. Vor diesem Hintergrund ist zu beachten, daß Leistungen im Jugendalter (wie auch später) im allgemeinen coram publico geschehen müssen, um als Leistungen zu imponieren. Dies bedeutet, daß überwiegend sozial kompetente und extravertierte Jugendliche sozial vermittelte Leistungsanforderungen aufgreifen und es in den entsprechenden Aktivitäten zu gewissen Fertigkeiten bringen. Introvertierte Jugendliche und solche mit wenig anregender Umgebung werden weniger mit Leistungen hervortreten, obwohl sie vielleicht hinsichtlich ihrer Begabung vergleichbare Leistungsvoraussetzungen durchaus besitzen.

Vor diesem Hintergrund wird es verständlich, warum sich hochleistungsaktive Jugendliche vor allem durch motivationale und sozial-kreative Merkmale auszeichnen. Dieser Zusammenhang gilt vor allem für in der Freizeit freiwillig erbrachte Leistungen, bei denen die

Anforderungen selbst reguliert werden können. In pflichtgemäß absolvierten (Schul-)Leistungen treten dagegen Begabungsmerkmale deutlicher hervor.

Aufgrund der gelungenen Validierung mit Begabungs- und Motivationsvariablen scheinen die Leistungsfaktoren besser geeignet zu sein, tatsächliche Leistungen zu erfassen als dies mit Leistungsvariablen gelingt. Die Leistungsfaktoren strukturieren die Leistungsbereiche der Jugendlichen auch sinnvoller als es die theoretische Vorgabe (u.a. mit einem psychomotorischen Leistungsbereich) erlaubte. Daher wird im folgenden vor allem auf die Leistungs*faktoren* eingegangen.

3.2.3.3 *Gruppenbildung und Gruppenvergleiche*

Wie in Abschnitt 3.2.2.4 für die Begabungsvariablen gezeigt wurde, erbringen Kreuztabellierungen der Hochbegabtengruppen ausschließlich singuläre, aber keine multiplen Talente. Genauso verhält es sich mit den Leistungsvariablen, so daß auch hier davon ausgegangen werden kann, daß die bereichsspezifisch Hochleistungsaktiven nur in ihrem speziellen Leistungsbereich hervorragen. Deshalb werden diese Gruppen (ohne Rücksicht auf im Einzelfall minimale Überschneidungen) nun als ganze verglichen, indem die Werte, wie sie in Tabelle 68 vorgestellt wurden, derart präsentiert werden, daß die Hochleistungsgruppen untereinander verglichen werden können.

In Tabelle 69 sind die Variablen so geordnet, daß schnell zu erkennen ist, worin welche Leistungsgruppe die anderen überragt. Allgemein kann man festhalten, daß die sog. Normalbegabten (NB) in keiner einzigen Begabungs- oder Motivationsvariablen die höchsten Werte erzielen. Das gleiche gilt aber ebenfalls für die Leistungsgruppen gemäß LF1 und LF3. Insofern verteilen sich die Spitzenwerte in den betrachteten Variablen ausschließlich auf die Gruppen gemäß LF2, LF4, LF5, LF6 und LF7. Wie Tabelle 69 zeigt, erreichen die literarisch und sozial Leistungsaktiven die höchsten Werte in sozialer Kompetenz sowie in praktischer Kreativität. Ebenso liegen sie in den meisten Variablen zum "task commitment" - die gerade für freiwillig erbrachte Leistungen natürlich kennzeichnend sind - an der Spitze. In den meisten kognitiven Fähigkeitsindikatoren sowie in der (schulischen) Anstrengungsbereitschaft zeichnen sich die Spitzenschüler (LF4) aus. Die musikalisch hochaktiven Schülerinnen und Schüler - die natürlich in den hier nicht referierten Lehrerskalen zur Musikalität am besten abschneiden - erreichen die höchsten Werte in verbaler Kreativität und Originalität. Naturwissenschaftlich-technisch leistungsfähige Schüler sind in quantitativer und technischer Hinsicht besonders befähigt; sie erreichen ebenfalls Spitzenwerte in Erfolgszuversicht und "Inventiveness" (GIFT2). Unsere Spitzensportler zeichnen sich durch geringe Mißerfolgsfurcht, gutes räumliches Auffassungsvermögen sowie Selbstvertrauen und Abenteuerlust aus.

Insgesamt ergibt sich aus diesen Befunden ein günstiger Eindruck für die *praktische Validität der gebildeten Leistungsgruppen.* Besondere Leistungen scheinen ohne gundlegende Fähigkeiten sowie eine starke Motivation nicht möglich zu sein. Zwei der Leistungsgruppen fallen jedoch aus dem Rahmen; dies sind die via Lehrerurteil besonders Lernfähigen sowie die sozial besonders Kompetenten. Allerdings ist in Rechnung zu stellen, daß die große Zahl an vorhandenen Subskalen zu diesen Merkmalen in den Faktorenanalysen zwangsläufig entsprechende Leistungsfaktoren ergab, da die Lehrerskalen stets besonders konsistent sind. In der Praxis scheint diesen beiden Leistungsgruppen geringere Bedeutung zuzukommen; jedenfalls fallen sie nicht durch sonstige extrem ausgeprägte leistungsrelevante Eigenschaften auf.

Tabelle 69: Mittelwerte der Spitzengruppen jeder Leistungsdimension (Variablen sind nach Gruppenüberlegenheit geordnet)

	NB	LF1	LF2	LF3	LF4	LF5	LF6	LF7
SKGES	50.8	54.5	61.4	56.4	49.7	46.9	51.4	54.4
VWTAKZ	30.1	32.4	35.7	27.9	32.6	33.3	29.5	29.8
VWTKATS	21.3	22.5	24.1	20.5	22.2	22.4	21.0	19.6
FES	22.9	25.7	29.6	24.4	26.9	22.9	29.1	25.9
SFB	13.5	14.0	16.7	12.9	13.6	14.0	15.9	14.3
GIFT1	31.2	34.5	43.4	32.3	37.4	32.7	22.6	34.1
GIFT3	13.7	15.7	16.5	12.9	15.9	13.7	15.9	15.4
GIFT4	12.5	13.2	15.1	11.9	13.9	13.1	11.1	12.3
GIFT	74.2	80.8	96.2	72.0	83.5	75.9	68.7	79.6
V	34.0	37.3	33.9	33.6	38.7	37.1	33.3	32.9
N	35.5	38.1	35.3	32.0	40.0	34.0	34.1	34.4
KFTGL	96.5	106.7	95.0	91.1	110.5	97.9	100.0	96.0
ZVT	186.7	195.1	181.9	188.2	198.1	193.4	195.5	186.9
LS	8.71	10.1	9.57	9.62	10.7	7.79	8.64	8.71
VKTAKZ	12.3	11.0	13.9	10.7	12.6	14.1	11.3	13.1
VKTWNEU	38.8	34.8	43.8	34.8	36.9	43.9	35.4	36.7
VWTORIG	7.69	8.88	9.19	7.63	9.07	9.40	7.73	5.81
Q	27.0	31.3	25.8	25.4	31.8	26.8	32.2	28.7
APT	4.93	6.69	5.33	4.94	5.13	5.73	7.67	6.20
HE	6.11	7.43	6.20	5.93	6.92	5.00	7.40	7.13
GIFT2	9.89	10.4	13.2	9.33	9.13	11.2	14.9	9.87
SP	27.3	25.6	27.1	25.1	29.7	29.3	28.1	29.8
FM	4.17	3.53	3.27	4.33	4.23	4.13	4.13	2.44
GIFT5	13.0	12.6	14.3	12.7	11.9	13.4	12.4	15.1
GIFT6	5.73	6.88	6.33	5.56	6.21	4.33	5.73	7.69

Die Analysen scheinen zu bestätigen, daß es zweckmäßig ist, *auch im Leistungsbereich nach Hochbegabten zu forschen.* Zwar zeigt sich, daß hochleistungsfähige Schüler meist auch entsprechende Fähigkeiten und Dispositionen mitbringen; deshalb hat die Hochbegabtenidentifikation aufgrund von Begabungsvariablen nach wie vor Priorität. Andererseits zeigt sich, daß Begabung vielfach nicht ausreicht, um entsprechende Leistungen zu realisieren. Die Identifikation hochleistungsfähiger Schüler auf der Grundlage von (bereits nachgewiesener) Leistungsexzellenz stellt sicher, daß die Kandidaten auch motivationale Merkmale in jener Ausprägung mitbringen, wie sie für Hochleistungen in vielen Fällen notwendig ist.

3.3 Empirisch-typologische Ansätze

Die bisher geschilderten Analysen prüften die Brauchbarkeit apriorischer Gruppenbildung. Wenngleich die Nützlichkeit dieses Vorgehens grundsätzlich nachgewiesen werden konnte, bleibt die Frage offen, wo denn genau die Grenze zwischen Hochbegabten und Normalbegabten zu ziehen sei. Aposteriorische Analysen, wo die Grenzen empirisch ermittelt werden, versuchen diesem Manko abzuhelfen. Im folgenden werden empirisch-typologische Ansätze auf der Basis von Clusteranalysen vorgestellt. Abschnitt 3.3.1 führt die Analysen der Neuntkläßler weiter, während die nachfolgenden Abschnitte auf den Datensatz der Drittkläßler zurückgreifen. In Abschnitt 3.3.2 werden Clusteranalysen berechnet und validiert in Abschnitt 3.3.3 der apriorischen Klassifikation von Abschnitt 3.2.1 gegenübergestellt.

3.3.1 Deskriptive Ansätze

In den vorangehenden Ausführungen haben wir Hochbegabte auf der Grundlage entweder von Begabungs oder von Leistungsindikatoren bestimmt und die Gruppenbildung durch die jeweils anderen Indikatoren validiert. Dabei zeigten sich immer wieder deutliche bereichsspezifische Zusammenhänge zwischen Begabungs- und Leistungsvariablen sowie von Motivationsskalen, so daß die Frage gerechtfertigt ist, ob Hochbegabte nicht auf der gemeinsamen Basis von Begabungs-, Leistungs- und Motivationsmerkmalen bestimmt und identifiziert werden sollten. Zwar konnten in der umfassenden Faktorenanalyse mit diesen Merkmalen (Abschnitt 3.1.3) Begabungs- und Leistungsmerkmale weitgehend getrennt werden, doch erbrachte eine (hier nicht dargestellte) Kreuzklassifikation mit den Spitzenreitern auf den neun ermittelten Faktoren keine numerisch relevanten Typen mit spezieller Begabungs- Leistungs-Motivations--Konstellation. So erscheint die Annahme gerechtfertigt, daß die neun *Begabungs-, Leistungs- und Motivationsfaktoren (BLM-Faktoren)* jeweils eigenständige Spitzengruppen darstellen.

Andererseits könnte eine Probandenklassifikation auf der Grundlage der BLM-Faktoren eine umfassende Typenstruktur liefern, mit der nicht nur Extremgruppenvergleiche möglich sind, sondern auf deren Grundlage unmittelbar festgestellt werden kann, wie leistungsfähig unterschiedliche Begabungstypen bzw. wie begabungsabhängig verschiedene Leistungstypen sind. Hinsichtlich dieser Typenstruktur könnten dann praktikable Identifikationsstrategien solcherart entwickelt werden, daß nur wenige Merkmale sequentiell abzuprüfen sind, um die endgültige Typzugehörigkeit zu ermitteln.

Im folgenden sollen daher Clusteranalysen berichtet werden, die auf der Grundlage der BLM-Faktoren gerechnet wurden. Andere Zusammenhangsanalysen, etwa die Ermittlung von Spitzengruppen auf den einzelnen BLM-Faktoren per Cut-off und der anschließende Extremgruppenvergleich würden fast nur triviale Ergebnisse liefern, da in die BLM-Faktoren-Berechnung nahezu alle relevanten Variablen einbezogen wurden.

Zunächst wurde eine Clusteranalyse über alle jene 230 Schüler der neunten Klassen gerechnet, für die BLM-Faktorwerte berechnet werden konnten. Tabelle 70 zeigt die Informationen über die Lage der Cluster auf den einzelnen BLM-Dimensionen. Die Tabelle enthält keine T-Werte, da aufgrund der standardisierten BLM-Variablen recht gut zu erkennen ist, wo eine Variable in den Clustern Spitzenwerte aufweist oder nicht. Mit dieser Analyse sollte eine eventuell vorhandene BLM-Struktur der gesamten Stichprobe ermittelt werden.

Tabelle 70: Ergebnisse der Clusteranalyse über die BLM-Faktoren für alle verfügbaren Schüler

	BLM1	BML2	BML3	BLM4	BML5	BML6	BML7	BML8	BML9
Clust1 (N=19)	-.95 .67	-.11 .61	-.29 .51	1.04 .40	-.70 .41	-.22 .62	.35 .75	-.64 .69	.25 .60
Clust2 (N=16)	-.36 .58	1.02 .58	-.01 .80	.83 .60	-.31 .67	1.14 .55	-.43 .67	.32 .77	.51 .55
Clust3 (N=30)	.22 .80	-.36 .78	.94 .56	-.20 .61	.36 .73	-.32 .73	-.37 .67	-.23 .59	.51 .49
Clust4 (N=22)	-.18 .71	-.39 .80	.81 .60	.59 .66	-.82 .70	.60 .57	-.12 .81	-.52 -.51	-.60 .66
Clust5 (N=27)	-.10 .55	-.35 .44	-.90 .52	.24 .62	-.34 .53	-.13 .69	-.41 .62	.37 .80	-.13 .62
Clust6 (N=18)	-.58 .71	1.33 .91	-.23 .74	.07 .76	.55 .58	-.86 .71	.12 .84	.33 .71	-.37 .83
Clust7 (N=25)	.33 .62	-.24 .80	.42 .71	.18 .55	.81 .85	-.60 .79	.00 .69	-.88 .61	-.95 .48
Clust8 (N=26)	.72 .89	.04 .62	-.43 .70	.39 .44	.63 .78	.46 .62	1.16 .59	.75 .63	.35 .77
Clust9 (N=16)	1.46 .89	-.28 .90	.22 .71	.01 .77	-.35 .90	.34 .79	-1.18 .95	.88 .79	-.34 .75
Clust10 (N=17)	-.35 .71	-.10 .77	-.64 .49	.52 .61	1.76 .34	.08 .78	-.67 .47	.08 .80	-.09 .52
Clust11 (N=14)	.66 .70	.77 .85	-.42 .75	.84 .59	-.30 .81	-.69 .74	-.52 .77	-.69 .84	1.33 .52

Nach Inspektion des Clusterverlaufs, ausgehend von einer Zufallsklassifikation in 14 Cluster, wurde die 11-Cluster-Lösung so ausgewählt, daß in jeder vorhandenen Variable in mindestens einem Cluster Spitzenwerte auftraten. Tabelle 70 ist folgendermaßen zu lesen: Die Schüler des ersten Clusters zeichnen sich durch stark ausgeprägte kognitive Fähigkeiten, aber ebenso durch das Fehlen eines positiven Leistungsniveaus aus. Im zweiten Cluster verbinden sich naturwissenschaftliche und sportliche Leistungen bei positivem Intelligenz- und Motivationsniveau. Das dritte Cluster enthält Schüler mit schlechten Schulleistungen und ansonsten durchschnittlichen Werten. Das vierte Cluster stellt einen schwachen Abglanz des zweiten Clusters dar: Sport und kognitive Fähigkeiten verbinden sich bei geringer Musikalität und Motivation. Im fünften Cluster befinden sich die Schüler mit den besten Schulleistungen und ansonsten durchschnittlichen Werten. Starkes naturwissenschaftliches Interesse bringen die Schüler des 6. Clusters mit, die eher unsportlich sind. Im siebten Cluster finden sich zwar überdurchschnittlich musikalische, gleichzeitig aber soziale inkompetente und wenig leistungsmotivierte Schüler. Das achte Cluster enthält die kreativen und sozial aktiven Schüler, die musikalische, literarische und soziale Leistungen vollbringen. Die zuletzt genannten Leistungen erzielen in höchstem Umfang die Schüler des neunten Clusters, die zudem besonders sozial kompetent, aber sehr wenig kreativ sind. Im 10. Cluster sind vor allem die musikalischen Fähigkeiten und Leistungen vertreten, gepaart mit wenig Kreativität, dafür aber mit überdurchschnittlichen Schulleistungen und entsprechender Intelligenz. Im 11. Cluster finden sich schließlich die besonders leistungsmotivierten Schüler, die überdurchschnittlich intelligent, naturwissenschaftlich sowie literarisch-künstlerisch interessiert sind.

Insgesamt wirkt die Clusterlösung aber eher verwirrend als einleuchtend. Die große Zahl an Clustern, definiert durch eine große Zahl von komplex definierten Variablen, macht die Interpretation und die mentale Gruppierung der typischen (durchschnittlichen) Clusterangehörigen nahezu unmöglich. Wieder stehen wir vor dem Problem, daß zwar zwei ziemlich eindeutige Gruppen nicht-hochbegabter Probanden auftreten (Cluster 3 und Cluster 7), daß aber andererseits oft zwei oder mehrere Cluster vorhanden sind, in denen Schüler mit Höchstleistungen auftreten. Nimmt man als Beispiel den naturwissenschaftlichen Leistungsbereich, so finden sich leistungsstarke Schüler in den Clustern 6, 2 und 11. Die Schüler des 2. Clusters sind besonders sportlich, die des sechsten Clusters besonders unsportlich. In diesem Falle wäre es merkwürdig, würde man die Schüler des einen Clusters als naturwissenschaftlich hochleistungsfähig, die anderen als unfähig einstufen, in Abhängigkeit von einer Variablen (Sport), die mit den betrachteten Leistungen inhaltlich keinen Zusammenhang aufweist. Wieder zeigt es sich, daß Clusteranalysen über unausgelesene Stichproben nur in besonderen Fällen für die Identifikation hochbegabter Personen hilfreich sind; ansonsten scheinen eindimensionale Cut-off-Scores überschaubarer und praktikabler.

Zur Ergänzung der eben geschilderten Analysen sollen nun noch die Ergebnisse einer Clusteranalyse vorgestellt werden, die wiederum mit den BLM-Faktoren gerechnet wurden, diesmal aber unter Ausschluß jener Probanden, die in keinem der neun BLM-Faktoren einen Prozentrang von mindestens 95 erreichten. Von den ursprünglichen 230 Schülern blieben daher nur 81 in der Analyse.

Die Clusterlösung wurde so gewählt, daß für jeden BLM-Faktor mindestens ein Cluster auftrat, das darin Spitzenwerte erreichte. Wiederum empfahl sich eine 11-Cluster-Lösung, deren Ergebnisse in Tabelle 71 beschrieben sind. Die Cluster sind folgendermaßen gekennzeichnet:

Cluster 1: Hohe sportliche Leistungen bei überdurchschnittlicher Intelligenz und naturwissenschaftlichen Aktivitäten.

Cluster 2: Starke Leistungsmotivation und überdurchschnittliche künstlerische/soziale Aktivitäten.

Cluster 3: Hochintelligente Schüler mit ausgeprägter Kreativität und Leistungsmotivation.

Cluster 4: Gute Leistungen in der Schule, in Sport und Musik bei gleichzeitiger hoher sozialer Kompetenz.

Cluster 5: Stark ausgeprägtes kreatives Begabungs- und Leistungsniveau.

Cluster 6: Sehr gute Schulleistungen, sonst ausgesprochen geringes Leistungsniveau; unsportlich.

Cluster 7: Sozial hohe Begabung und ebensolches Aktivitätsniveau bei geringer Musikalität, Kreativität und Sportlichkeit.

Cluster 8: Enorm hohes naturwissenschaftliches Leistungsniveau bei guter sozialer Kompetenz und wenig Sport.

Cluster 9: Besonders sozial kompetent (in der Selbsteinschätzung), aber ohne jegliche soziale Aktivitäten.

Cluster 10: Sehr intelligent, aber unkreativ und wenig musikalisch; an Naturwissenschaft interessiert.

Cluster 11: Einseitig musikalisch hochbegabt.

Tabelle 71: Ergebnisse der Clusteranalyse über die BLM-Faktoren für die vorselegierten Schüler (mindestens ein Faktorwert > PR 95)

	BLMF1	BLMF2	BLMF3	BLMF4	BLMF5	BLMF6	BLMF7	BLMF8	BLMF9
Clust1	-.13	.73	-.42	.70	-.53	1.22	-.04	-.25	.41
(N=16)	.62	.82	.78	.66	.76	.52	.80	.68	.69
Clust2	.84	.54	.10	.52	-.62	-.67	.58	.51	1.75
(N=7)	1.15	.67	.55	.52	.51	.50	1.06	.91	.26
Clust3	-.31	-.49	.29	1.52	-.27	.05	.80	-.07	.75
(N=7)	.89	.50	.70	.42	.69	.76	.80	.47	1.06
Clust4	.34	-.36	-1.17	.26	.96	.81	.59	1.22	-.24
(N=6)	.66	.85	.59	.66	.98	.29	1.02	.51	.63
Clust5	1.87	.36	.37	-.01	.65	.20	1.08	.16	.23
(N=9)	.92	.67	.47	.74	.86	.79	1.06	.38	.68
Clust6	.05	-.7	-1.49	-.23	-.54	-1.21	-.01	-.13	-.42
(N=6)	.85	.50	.59	.63	.59	.61	1.01	.76	.98
Clust7	1.45	-.88	.72	.72	-1.06	-.82	-1.27	1.23	-.48
(N=5)	.95	.26	.86	.63	.59	.58	1.04	.71	.67
Clust8	.62	2.43	-.62	.35	-.53	-1.06	.38	1.17	-.04
(N=4)	.60	.68	.89	.52	.26	.86	1.54	.64	.66
Clust9	-1.19	.27	.45	-.21	-.13	.50	-.66	2.06	-.24
(N=5)	.56	.76	1.01	.98	1.01	.92	.54	.69	1.03
Clust10	-.28	1.40	.26	1.36	-.74	.47	-1.79	.76	-.24
(N=5)	.71	.60	.71	.44	.49	.92	.65	1.09	.43
Clust11	.05	.50	.50	.43	2.03	.08	-.14	-.40	-.51
(N=11)	.50	.96	.96	.61	.24	.83	.73	.84	.63

Dieser Lösungsvorschlag zeigt komplexe Beziehungen zwischen den einzelnen BLM-Faktoren. Einerseits gibt es Gruppen mit deutlich singulären Spitzenwerten (Cluster 5, 6, 7, und 11), andererseits treten unregelmäßige Profile auf (Cluster 1, 3 usw.). Auch hier stellt sich die Frage, ob die Gruppierung von Hochbegabten in Typen mit einem stark differenzierten Merkmalsprofil (aus neun komplexen BLM-Faktoren) für die Identifikation von Hochbegabten zu praktischen Zwecken hilfreich ist. Für Entwicklungs- und Bedingungsanalysen bieten Typenanalysen aufgrund der profilabhängigen Gruppierung gute Ansatzpunkte hinsichtlich Extremgruppenvergleichen usw.; für die Aufgabe der Identifikation erscheint es besser, sich unmittelbar an die Begabungs- bzw. BLM-Indikatoren zu halten, auf deren Grundlage ja auch die Clusterinterpretation (bezüglich Hoch- vs. Normalbegabung) erfolgt.

Andererseits muß zugegeben werden, daß die ermittelte Clusterlösung interessante Einblicke in das Phänomen "Hochbegabung" vermittelt. Sofern sich die aufgewiesenen Typen durch weitere Analysen bestätigen lassen, stellen sie insgesamt eine sehr heterogene "Hochbegabtenfamilie" dar. Man muß von der Vorstellung Abschied nehmen, daß Hochbegabte stets immer und überall überlegen seien. Denn zum einen gibt es bereichsspezifische Beschränkungen dieser "Überlegenheit" wie beispielsweise bei dem kreativitätsbezogenen Cluster 5, zum anderen finden sich aber auch Schwächen auf bestimmten Gebieten wie beispielsweise bei Cluster 10 (unmusikalisch) oder Cluster 7 (unkreativ). Würde man zusätzliche Persönlichkeitsmerkmale hinzunehmen, fänden sich auch hierbei (z.B. bezüglich Problemlösestile, Streßverarbeitungsstrategien, Selbstkonzept) große Varianzen. Solche intra- und interindividuellen Unterschiede, wie sie in Clusteranalysen strukturiert zum Vorschein kommen, sind von besonderer Bedeutung für Förder- und Beratungsmaßnahmen. Der "hochbegabte" Schüler hat eben nicht nur die Eigenschaft "hochbegabt", sondern eine ganze Reihe weiterer Persönlichkeitsmerkmale, die u.U. auch defizitär ausgeprägt sein können. Da Förder- und Beratungsmaßnahmen auf die ganze Person ausgerichtet sein sollen, sind solche Eigenschaften sorgfältig zu berücksichtigen.

3.3.2 Validierung aposteriorischer Klassifikationen

Die folgenden Clusteranalysen wurden ausschließlich mit den *männlichen* Schülern der 3. Klasse (Datenerhebung 1986) durchgeführt, und zwar aus zwei Gründen: erstens um die Rechenkapazität des Leibniz-Rechenzentrums nicht zu überfordern (bzw. die Fähigkeit zum Dialogbetrieb aufrecht zu erhalten), zweitens um die Geschlechtsabhängigkeit mancher Skalen zu berücksichtigen.

Die Clusteranalysen wurden mit dem Statistik-Programmpaket CLUSTAN durchgeführt, wobei die Prozedur RELOCATE angewandt wurde, die speziell für große Probandenzahlen empfohlen wird. Ausgehend von einer Zufallsklassifikation der Probanden (hier meist in 14 Cluster) werden in jedem Schritt die Probanden umgruppiert, so daß möglichst dichte Cluster mit geringer Varianz entstehen. Sukzessive werden die zwei benachbartesten Cluster verschmolzen, wobei stets - wenn erforderlich - eine Neuplazierung aller Probanden stattfindet, da durch die Fusionierung zweier Cluster und die Bildung eines neuen Clusterzentrums für einen bestimmten Probanden nun das Zentrum eines anderen Clusters näher liegen kann als das neuberechnete Zentrum.

Für jede Clusteranalyse werden nachfolgend die gewählte Clusterlösung sowie die Clusterentwicklung vorgestellt. Anschließend werden Validierungsanalysen mit den Clustergruppen durchgeführt. In einigen Fällen werden mehrere Probandengruppierungen miteinander verglichen, um die Aussagekraft der akzeptierten Typenbildung zu prüfen.

Neben den im folgenden referierten Clusteranalysen wurden auch noch weitere durchgeführt, u.a. mit Begabungs(test)indikatoren sowie mit einer Kombination von Begabungs- und Leistungsindikatoren. Die Ergebnisse waren jedoch uneinheitlich und nicht kohärent zu interpretieren, so daß hier von einer Darstellung abgesehen wird.

3.3.2.1 *Clusteranalyse mit dem Elternfragebogen*

Die fünf begabungsspezifischen Subskalen des Elternfragebogens (Intelligenz, Kreativität, Soziale Kompetenz, Psychomotorik und Musikalität) wurden für eine Clusteranalyse herangezogen. Bereits aufgrund der Skaleninterkorrelationen war zu erwarten, daß (a) Intelligenz und Kreativität keine separaten Cluster bilden würden (sondern bei den einzelnen Clustern stets ähnlich hohe bzw. niedrige Werte annehmen würden) und (b) die Musikalität - nach der Meinung der Eltern - wenig mit den anderen Konstrukten gemein habe, d.h. eher durch ein eigenes Cluster repräsentiert sein würde.

Tabelle 72: Zehn-Cluster-Lösung auf der Basis der Subskalen des Elternfragebogens

Mittelw. T-Wert	Intel- ligenz	Kreati- vität	Soziale Kompetenz	Psycho- motorik	Musika- lität	
Cluster 1	13.3	7.22	14.0	11.0	3.76	normal
N = 54	.36	-.50	-.26	.80	-.37	(motorisch)
Cluster 2	8.77	7.64	11.1	7.95	9.82	musikalisch
N = 22	-1.15	-.35	-1.14	-.50	1.50	(sonst schlecht)
Cluster 3	11.0	8.60	17.9	9.26	2.63	normal
N = 43	-.41	.01	.89	.05	-.71	(sozial)
Cluster 4	10.8	5.71	16.5	7.93	6.60	
N = 42	-.48	-1.07	.47	-.51	.51	ungünstig
Cluster 5	8.83	5.52	11.7	6.98	2.38	
N = 42	-1.12	-1.14	-.96	-.91	-.79	ungünstig
Cluster 6	12.0	8.80	12.8	4.25	4.60	
N = 20	-.80	.09	-.61	-2.07	-.11	ungünstig
Cluster 7	15.4	10.9	18.5	10.8	9.22	allgemein
N = 40	1.06	.87	1.08	.71	1.32	begabt
Cluster 8	12.8	10.6	10.7	9.81	2.11	
N = 27	.19	.76	-1.27	.29	-.87	normal
Cluster 9	12.6	10.8	15.3	8.84	7.32	
N = 38	.12	.82	.11	-.12	.73	normal
Cluster 10	15.2	11.2	16.6	11.2	2.87	intelligent,
N = 40	1.01	.98	.52	.87	-.64	kreativ

Betrachtet man die Clusterentwicklung, so zeigt sich bei der Vierer-Lösung bereits eine Gruppe mit allseits positiven Werten (N=82), ein Cluster mit recht negativen Werten (vor allem in den ersten drei Dimensionen Intelligenz, Kreativität und Soziale Kompetenz; N=89) und zwei durchschnittliche Cluster. Bei der Fünfer- Lösung zeigt sich eine Gruppe besonders musikalischer Schüler (mit sonst schlechten Werten), die in der Sechser-Lösung durch eine Gruppe musikalischer und auch sonst recht guter Schüler ergänzt wird. Anschließend differenzieren sich vor allem Gruppen mit ungünstigen Werten heraus; erst in der Neuner-Lösung zeigt sich eine Gruppe mit besonders guten Werten in Intelligenz und Kreativität.

Schließlich wurde die Zehner-Lösung akzeptiert, in der neben mehreren normalen bzw. ungünstigen Merkmalsprofilen ein Cluster mit allseits gutbegabten Schülern, ein Cluster mit kognitiv und kreativ begabten Schülern sowie eine musikalische Schülergruppe herausragen (siehe Tabelle 72). Für die weiteren Verrechnungen werden die Gruppen mit normalen bzw. ungünstigen Merkmalsausprägungen zusammengefaßt, da hier die Differenzierung der Gruppen mit überdurchschnittlicher bzw. hoher Begabung im Vordergrund stehen soll.

In Tabelle 73 sind die im folgenden betrachteten Gruppen nochmals mit ihren typenkonstituierenden Merkmalen dargestellt; man beachte die spaltenmäßige Umstellung der Typen (gemäß ihrer Begabungsrichtung) im Vergleich zu Tabelle 72. Man sieht noch einmal deutlich, daß die Schüler in Cluster 7 in allen Dimensionen (mit Ausnahme der Musikalität) Spitzenwerte haben. Diese Kinder wurden also von ihren Eltern generell als besonders begabt eingeschätzt.

Für die weiteren Auswertungen werden die Cluster 4, 5, 6, 8 und 9 zu einem Cluster zusammengefaßt.

Tabelle 73: Mittelwerte der Cluster (auf der Grundlage des Elternfragebogens) in den clusterkonstituierenden Skalen

	Cl 7 allgem. begabt 41	Cl 10 intell. kreativ 40	Cl 2 musika-lisch 22	Cl 1 normal (motor.) 54	Cl 3 normal (sozial) 43	Cl 45689 un-günstig 169	alle Schüler 369	Sig.
Intel.	15.3	15.2	8.77	13.3	11.0	11.1	12.2	***
Kreat.	10.9	11.2	7.64	7.22	8.60	7.95	8.57	***
Soz.K.	18.5	16.6	11.1	14.0	17.9	13.7	14.9	***
P'mot.	19.8	11.2	7.95	11.0	9.26	7.76	9.13	***
Musik.	9.22	2.87	9.81	3.76	2.63	4.76	4.96	***

Legende: Intel. = Intelligenz; Kreat. = Kreativität; Soz.K. = Soziale Kompetenz; P'mot. = Psychomotorik; Musik. = Musikalität; *** $p < .001$.

Nun sollen zum Zwecke der Typenvalidierung andere Schülermerkmale betrachtet werden. Dabei wird geprüft, ob sich die aufgrund der Elternaussagen gefundenen Begabungstypen auch in anderen typrelevanten Merkmalen unterscheiden. Zunächst werden die Aussagen der Schüler zu ihren Interessen und Aktivitäten betrachtet (Tabelle 74). Man kann feststellen, daß die besonders begabten Schüler des Clusters 7 in allen Begabungsbereichen sehr viele Aktivitäten und ausgeprägte Interessen berichten. Ebenso wird die Hypothese bestätigt, daß die Schüler des Clusters 10 (intelligent, kreativ) in den sie auszeichnenden Merkmalen besonders gute Werte erzielen. Die musikalischen Schüler (Cluster 2) berichteten auch selbst viele musikalische Aktivitäten; sie werden freilich von Cluster 7 darin übertroffen. Die Cluster 1 (psychomotorisch begabt) und Cluster 3 (sozial begabt) zeichnen sich nicht durch entsprechend ausgeprägte Eigenaktivitäten aus. Zu beachten ist auch, daß die Cluster in den Dimensionen Kreativität und Soziale Kompetenz generell keine signifikanten Unterschiede aufweisen. Übereinstimmungen zwischen Elterneinschätzung (Fremdeinschätzung) und Schüleraussagen (Selbstrating) zeigen sich also bevorzugt bei extrem ausgeprägten Typen.

Tabelle 74: Mittelwerte der Schülergruppen in den Skalen des Aktivitäteninventars

	Cl 7 allgem. begabt 41	Cl 10 intell. kreativ 40	Cl 2 musika-lisch 22	Cl 1 normal (motor.) 54	Cl 3 normal (sozial) 43	Cl 45689 un-günstig 169	alle Schüler 369	Sig.
Intel.	10.6	11.1	8.06	9.85	9.03	9.24	9.54	**
Kreat.	6.57	6.65	5.82	5.52	5.42	5.94	5.94	n.s.
Soz.K.	6.68	7.09	6.12	6.16	6.08	6.51	6.47	n.s.
P'mot.	5.00	5.50	3.95	4.91	4.73	4.40	4.66	**
Musik.	9.00	5.37	7.33	5.52	4.75	6.12	6.14	***

Legende: Intel. = Intelligenz; Kreat. = Kreativität; Soz.K. = Soziale Kompetenz; P'mot. = Psychomotorik; Musik. = Musikalität; *** p < .001; ** p < .01; * p < .05; n.s. = nicht signifikant.

Tabelle 75: Mittelwerte der Schülergruppen in ausgewählten Subskalen der Lehrerchecklisten

	Cl 7 allgem. begabt 41	Cl 10 intell. kreativ 40	Cl 2 musika-lisch 22	Cl 1 normal (motor.) 54	Cl 3 normal (sozial) 43	Cl 45689 un-günstig 169	alle Schüler 369	Sig.
Intel.	2.87	2.96	2.28	2.74	2.48	2.66	2.68	**
Neugier	2.32	2.74	2.03	2.46	2.05	2.33	2.33	**
Einfa.	2.49	2.55	2.06	2.15	2.04	2.23	2.24	**
Anstr.	3.09	3.01	2.15	2.88	2.60	2.75	2.77	***
Durchs.	2.84	2.91	2.39	2.79	2.54	2.63	2.67	n.s.
Selbst.	2.62	2.70	2.46	2.25	2.18	2.39	2.40	*
Körp.	2.37	2.31	2.32	2.58	2.44	2.36	2.40	n.s.
Handw.	2.50	2.43	2.06	2.38	2.14	2.04	2.18	**
M.Sens.	2.52	1.92	2.72	2.24	2.08	2.27	2.26	**
M.Akt.	1.87	1.41	2.15	1.55	1.36	1.61	1.60	***

Legende: Intel. = Intelligenz, logisches Denken; Neugier = Neugier, Wißbegier; Einfa. = Einfallsreichtum, Originalität; Anstr. = Anstrengung; Durchs. = Durchsetzungsvermögen; Selbst. = Selbstausdruck, Expressivität; Körp. = Körperliche Geschicklichkeit; Handw. = Handwerkliche Fähigkeiten; M.Sens. = Musikalische Sensibilität; M.Akt. = Musikalische Aktivität; *** p < .001; ** p < .01; * p < .05; n.s. = nicht signifikant.

Betrachtet man diese Cluster anhand der Ausprägungen der durch die Lehrer eingeschätzten Begabungsmerkmale (Tabelle 75), so ergibt sich ein recht günstiges Bild. In Tabelle 75 sind diejenigen Werte markiert, welche recht hoch ausfallen müßten, sofern Eltern und Lehrer in ihrem Urteil übereinstimmen. In der Tat sind die markierten Werte vielfach die höchsten Werte pro Zeile, so daß eine bedeutsame Übereinstimmung zwischen beiden Urteilsquellen zu konstatieren ist. Gleichfalls ist aber zu beachten, daß die Unterschiede in den Mittelwerten der allgemein begabten Gruppe (Cluster 7) und der Schülergruppe mit ungünstigen Merkmalen nicht sehr hoch ausfallen. Das bedeutet, daß Eltern und Lehrer zwar hinsichtlich eines Teils der Schüler in ihrer Beurteilung übereinstimmen, daß viele Schüler aber auch kontrovers eingeschätzt werden. Wir werden dieses Problem bei den Clusteranalysen anhand der Lehrerchecklisten (Abschnitt 3.3.2.3) weiter behandeln.

Die nächste Prüfung der Clustergültigkeit erfolgte mit den Begabungsvariablen, die an den Schülern selbst erhoben wurden. Gemäß Tabelle 76 zeigen die Clustergruppen keine signifikant unterschiedlichen Mittelwerte; von einer Übereinstimmung zwischen Elternurteil und (objektiven) Begabungskennwerten kann daher nicht gesprochen werden. Beispielsweise zeigt die Gruppe der angeblich ungünstigen Schüler einen ähnlich hohen Mittelwert in der KFT- Gesamtleistung wie die von den Eltern als besonders begabt eingeschätzte Schülergruppe (Cluster 7).

Tabelle 76: Mittelwerte der Schülergruppen in Begabungsvariablen

	Cl 7 allgem. begabt 41	Cl 10 intell. kreativ 40	Cl 2 musika- lisch 22	Cl 1 normal (motor.) 54	Cl 3 normal (sozial) 43	Cl 45689 un- günstig 169	alle Schüler 369	Sig.
KFTGL	115.4	113.9	106.6	114.5	109.0	114.3	113.3	n.s.
TKT-O	22.4	25.5	23.7	23.8	22.3	22.7	23.2	n.s.
SKGES	16.6	16.6	17.1	16.6	16.3	16.1	16.4	n.s

Legende: KFTGL = KFT-Gesamtwert; TKT-O = Torrance-Kreativitäts-Test - Originalitätswert; SKGES = Fragebogen zur Sozialen Kompetenz; n.s. = nicht signifikant.

Tabelle 77: Mittelwerte der Schülergruppen in den Schulnoten

	Cl 7 allgem. begabt 41	Cl 10 intell. kreativ 40	Cl 2 musika- lisch 22	Cl 1 normal (motor.) 54	Cl 3 normal (sozial) 43	Cl 45689 un- günstig 169	alle Schüler 369	Sig.
Deutsch	1.90	2.22	2.29	2.28	2.38	2.23	2.23	n.s.
Schreiben	2.24	2.70	2.71	2.52	2.59	2.54	2.55	n.s.
Mathematik	1.63	1.68	2.14	1.78	1.95	1.79	1.80	n.s.
Heimat/SK	1.73	1.68	2.00	1.94	2.23	1.92	1.92	*
Musik	1.77	2.11	1.76	2.14	2.25	2.00	2.03	*
Kunst	1.93	2.30	2.24	2.26	2.31	2.30	2.26	n.s.
Sport	1.87	1.89	2.05	1.64	1.77	1.94	1.87	n.s.
HHW	1.83	1.75	1.75	1.88	2.22	2.10	1.99	n.s.

Legende: Heimat/SK = Heimat- und Sachkunde; HHW = Hauswirtschaft und Werken; *** p < .001; ** p < .01; * p < .05; n.s. = nicht signifikant.

Der letzte Vergleich der Clustergruppen erfolgt anhand der Schulnoten (Tabelle 77). Wiederum sind diejenigen Mittelwerte unterstrichen, die bei hoher Validität besonders günstige, d.h. hier: niedrige, Ausprägungen haben sollten. So sollten z.B. die Schüler des Clusters 1, die von den Eltern als besonders körperlich aktiv etc. beurteilt worden sind, besonders gute Noten in Sport aufweisen. Die unterstrichenen Werte sind tatsächlich durchwegs die besten je Zeile, wenngleich der allgemeine Gruppenvergleich nur für die

Zensuren in "Heimat- und Sachkunde" sowie in "Musik" signifikant ausfällt. Spezielle Profilvergleiche müßten eigentlich der allgemeinen Varianzanalyse folgen, was bisher - aufgrund der beschränkten Statistikmöglichkeiten des verwendeten Statistikprogrammpakets SPSS - nicht erfolgen konnte.

Allgemein ist festzuhalten, daß die Gruppenbildung aufgrund der Elternaussagen nicht in der gewünschten Deutlichkeit durch andere Begabungsindikatoren repliziert werden konnte. Freilich zeigt sich insgesamt eine gewisse konvergente Validität der Indikatoren für die Gesamtgruppen. Als problematisch dürften sich aber die vorwiegend schwachen Zusammenhänge zwischen verschiedenen Datenquellen bei der Identifikation besonders begabter Schüler erweisen.

Tabelle 78: Zehn-Cluster-Lösung mit den Skalen des Aktivitäteninventars

Mittelw. T-Wert	Intel- ligenz	Kreati- vität	Soziale Kompetenz	Psycho- motorik	Musika- lität	
Cluster 1 N = 21	10.2 .19	6.29 .09	8.24 .71	4.95 .15	11.9 1.86	musikalisch
Cluster 2 N = 21	7.76 -.57	8.00 .69	5.05 -.62	4.05 -.36	3.95 -.70	normal
Cluster 3 N = 20	9.50 -.03	10.7 1.61	6.30 -.10	5.15 .26	8.60 .80	kreativ (mu- sikalisch)
Cluster 4 N = 36	5.06 -1.40	3.69 -.81	4.17 -.99	3.08 -.90	3.78 -.76	ungünstig
Cluster 5 N = 46	8.24 -.42	5.37 -.23	5.80 -.31	3.98 -.40	8.59 .80	normal (mu- sikalisch)
Cluster 6 N = 2	19.0 2.87	19.0 4.52	15.0 3.54	11.0 3.57	15.0 2.87	hochbegabt (?)
Cluster 7 N = 42	8.95 -.20	4.07 -.68	5.90 -.26	3.07 -.91	3.90 -.72	ungünstig
Cluster 8 N = 49	12.3 .84	6.67 .22	8.94 1.00	5.12 .25	5.04 -.35	sozial kompetent
Cluster 9 N = 47	9.81 .06	4.32 -.60	5.28 -.53	5.85 .66	4.51 -.52	normal (motorisch)
Cluster 10 N = 24	14.7 1.55	9.38 1.17	9.46 1.22	7.46 1.57	8.17 .66	allg. begabt

3.3.2.2 *Clusteranalyse mit dem Aktivitäteninventar*

Analog zum Vorgehen mit den Skalen des Elternfragebogens wurden die Skalen des Aktivitäteninventar einer Clusteranalyse unterzogen. Auch hier wurde letztlich die Zehn-Cluster-Lösung ausgewählt. Die Clusterentwicklung zeigte folgende Besonderheiten: Die Zwei-Cluster-Lösung ergab ein durchwegs positives und ein durchwegs negatives Cluster;

dies ist ein Indiz für die positiven Interkorrelationen zwischen den verwendeten fünf Skalen. Die Dreier-Lösung zeigt ein allgemein positives, ein allgemein negatives und ein durchschnittliches Cluster. In der Vierer-Lösung fällt ein Cluster mit besonders musikalisch begabten Schülern auf. Erst in der Sechser-Lösung zeigt sich das nächste Cluster mit einer singulären Spitzendimension; es handelt sich dabei um die Soziale Kompetenz. In der Siebener-Lösung erscheint dann ein Cluster mit besonders kreativen Schülern und in der Achter-Lösung ein Cluster mit zwei angeblich in allen Bereichen hochbegabten Schülern. Die schließlich gewählte Zehn-Cluster-Lösung ist in Tabelle 78 dargestellt. (Für die weiteren Auswertungen werden die Cluster 2, 4 und 7 zusammengefaßt.)

Tabelle 79: Schülergruppen auf der Grundlage des Aktivitäteninventars mit den gruppenkonstituierenden Merkmalen; die Signifikanzangaben sind trivial

	Cl 6 "hoch-begabt"	Cl 10 allg. begabt	Cl 3 krea-tiv	Cl 8 sozial kompet.	Cl 1 musi-kal.	Cl 9 normal (mot.)	Cl 5 normal (mus.)	Cl 247 un-günst.	alle Schü-ler	Sig.
Intel.	19.0	14.7	9.50	12.3	10.3	9.81	8.24	7.30	9.61	***
Kreat.	19.0	9.38	10.7	6.67	6.25	4.32	5.37	4.79	6.03	***
Soz.K.	15.0	9.46	6.30	8.94	8.30	5.28	5.80	5.11	6.54	***
P'mot.	11.0	7.46	5.15	5.12	4.90	5.85	3.98	3.31	4.68	***
Musik.	15.0	8.17	8.60	5.04	12.0	4.51	8.59	3.92	6.12	***

Legende: Intel. = Intelligenz; Kreat. = Kreativität; Soz.K. = Soziale Kompetenz; P'mot. = Psychomotorik; Musik. = Musikalität; *** $p < .001$.

Neben mehreren Clustern mit unauffälligen bzw. ungünstigen Merkmalsprofilen zeigen sich separate Gruppen mit hohen Werten in Musikalität, Kreativität bzw. Sozialer Kompetenz. Das bereits erwähnte Cluster mit Spitzenwerten (N=2) in allen Dimensionen ist weiterhin vorhanden; daneben findet sich eine größere Gruppe (Cluster 10) mit ebenfalls sehr günstigen Werten in allen Dimensionen. In Tabelle 79 sind die Schülergruppen (nach teilweiser Fusion) nochmals mit den gruppenkonstituierenden Merkmalsskalen des Aktivitäteninventar aufgeführt.

Zur Validierung der Clusterlösung wird nun geprüft, ob sich die Gruppen in den Skalen des Elternfragebogens, in den Lehrerchecklisten, in den Begabungsindikatoren sowie in den Schulzensuren in erwarteter Weise unterscheiden.

Tabelle 80 zeigt die Ergebnisse der Varianzanalyse zu den Skalen des Elternfragebogens. Die zwei angeblich hochbegabten Schüler (Cluster 6) erreichen in der Regel nur durchschnittliche oder wesentlich schlechtere Werte, so daß hier zweifelsfrei Antwortverfälschungen bei der Selbsteinschätzung vorliegen. Die Gruppe der allgemein begabten Schüler (Cluster 10) zeigt hingegen die erwarteten überragenden Werte in fast allen Dimensionen des Elternfragebogens. Freilich zeigen sich nur in vier der fünf Skalen generell signifikante Mittelwertsunterschiede, wobei sich die Cluster in den Eltern-Skalen zur Sozialen Kompetenz und zur Psychomotorik nicht völlig in der erwarteten Weise unterscheiden. Zwischen Elternaussagen und Schülerselbsteinschätzung bestehen also neben gewissen Übereinstimmungen auch Diskrepanzen.

Tabelle 80: Mittelwerte der Schülergruppen auf der Grundlage des Aktivitäteninventars in den Skalen des Elternfragebogens

	Cl 6 "hoch-begabt"	Cl 10 allg. begabt	Cl 3 krea-tiv	Cl 8 sozial kompet.	Cl 1 musi-kal.	Cl 9 normal (mot.)	Cl 5 normal (mus.)	Cl 247 un-günst.	alle Schü-ler	Sig.
Intel.	13.0	13.1	11.5	12.3	12.7	12.4	11.8	11.8	12.1	n.s.
Kreat.	7.00	9.67	9.47	8.60	8.80	8.36	8.14	7.73	8.34	*
Soz.K.	14.0	16.7	14.7	14.0	16.7	14.8	15.0	14.4	14.8	**
P'mot.	8.50	10.2	7.88	9.57	9.40	9.45	8.80	8.54	9.04	**
Musik.	2.50	5.67	6.53	3.79	8.35	3.89	6.89	3.53	4.82	***

Legende: Intel. = Intelligenz; Kreat. = Kreativität; Soz.K. = Soziale Kompetenz; P'mot. = Psychomotorik; Musik. = Musikalität; *** p < .001; ** p < .01; * p < .05; n.s. = nicht signifikant.

Die nächste Varianzanalyse beruht auf den Skalen der Lehrerchecklisten (Tabelle 81). Zwar zeigen sich in den spezifischen (grau hinterlegten) Cluster-Merkmals-Kombinationen in der Regel die erwarteten hohen Werte, andererseits konnten diese Differenzen nur in zwei der betrachteten sechs Skalen gegen den Zufall gesichert werden, so daß weitere Interpretationen Spekulation wären. Zwischen Schüler-Selbstaussagen und Lehrereinschätzung findet sich also nur wenig Konkordanz, wobei im Einzelfall noch Unterschiede in den Skaleninhalten zu berücksichtigen sind.

Tabelle 81: Mittelwerte der Schülergruppen auf der Grundlage des Aktivitäteninventars in den Skalen der Lehrerchecklisten

	Cl 6 "hoch-begabt"	Cl 10 allg. begabt	Cl 3 krea-tiv	Cl 8 sozial kompet.	Cl 1 musi-kal.	Cl 9 normal (mot.)	Cl 5 normal (mus.)	Cl 247 un-günst.	alle Schü-ler	Sig.
Intel.	2.86	2.81	2.45	2.43	2.71	2.77	2.67	2.68	2.65	n.s.
Neugier	2.60	2.65	2.16	2.13	2.24	2.49	2.15	2.27	2.29	n.s.
Einfa.	2.08	2.55	2.16	2.14	2.33	2.30	2.17	2.11	2.20	n.s.
Durch.	2.40	3.05	2.29	2.86	2.69	2.54	2.65	2.66	2.67	*
Körp.	2.60	2.67	1.96	2.54	2.72	2.42	2.36	2.38	2.43	n.s.
M.Sens.	1.50	2.30	2.54	1.89	2.89	2.08	2.52	2.18	2.24	***

Legende: Intel. = Intelligenz, logisches Denken; Neugier = Neugier, Wißbegier; Einfa. = Einfallsreichtum, Originalität; Durch. = Durchsetzungsvermögen; Selbst. = Selbstausdruck, Expressivität; Körp. = Körperliche Geschicklichkeit; M.Sens. = Musikalische Sensibilität; *** p < .001; ** p < .01; * p < .05; n.s. = nicht signifikant.

Unbefriedigend fällt auch der Vergleich der Typen anhand der Begabungsindikatoren aus (Tabelle 82). Signifikante Gruppenunterschiede ergeben sich nur im Fragebogen zur Sozialen Kompetenz, in dem interessanterweise die Gruppe der angeblich überall stark Interessierten (Cluster 6) sehr schlecht abschneidet, sowie im Fragebogen zur Kreativität (GIFT). Dieser Fragebogen gefällt aber durch seine Ausprägungen bei den jeweiligen Gruppen, die genau der

Erwartung entsprechen und durch dessen Werte sogar die angeblich Hochbegabten des Clusters 6 als "Hochstapler" entlarvt werden.

Tabelle 82: Mittelwerte der Schülergruppen auf der Grundlage des Aktivitäteninventars in den Begabungstestskalen

	Cl 6 "hoch-begabt"	Cl 10 allg. begabt	Cl 3 krea-tiv	Cl 8 sozial kompet.	Cl 1 musi-kal.	Cl 9 normal (mot.)	Cl 5 normal (mus.)	Cl 247 un-günst.	alle Schü-ler	Sig.
KFTGL	107.0	115.9	109.6	111.6	113.3	113.3	116.3	112.6	113.2	n.s.
TKT-O	21.0	24.7	19.8	24.5	24.5	24.1	22.3	22.6	23.2	n.s.
SKGES	13.0	17.9	16.2	16.9	16.8	16.7	16.7	15.6	16.4	*
FINGER	39.0	36.9	34.0	35.1	36.0	36.4	36.5	35.3	35.7	n.s.
GIFT	19.0	26.3	24.0	23.0	24.4	22.4	22.5	20.7	22.4	***

Legende: KFTGL = KFT-Gesamtwert; TKT-O = Torrance-Kreativitäts-Test - Originalitätswert; SKGES = Fragebogen zur Sozialen Kompetenz; FINGER = Fingerfertigkeit; GIFT = Gruppenfragebogen zur Kreativität; n.s. = nicht signifikant; *** p < .001; ** p < .01; * p < .05.

Die letzte Tabelle (Nr. 83) in diesem Vergleich zeigt die Mittelwerte der Cluster in einigen Schulnoten. Nur bei der Zensur in Kunst ergeben sich signifikante Unterschiede zwischen den Gruppen; die kreativen und musikalischen Schüler haben hier besonders gute Zensuren. Allgemein ist aber festzuhalten, daß die Gruppenbildung anhand der Skalen aus dem Aktivitäteninventar durch die anderen Meßverfahren nicht unterstützt wird und daher vermutlich wenig valide ist. Anscheinend ist das Aktivitäteninventar anfällig für Antworttendenzen und für subjektive Verzerrungen der anzukreuzenden Häufigkeitskategorien, weshalb diesem Instrument keine zentrale Rolle bei der Auswahl hochbegabter Schüler zukommt.

Tabelle 83: Mittelwerte der Schülergruppen auf der Grundlage des Aktivitäteninventars in einigen Schulnoten

	Cl 6 "hoch-begabt"	Cl 10 allg. begabt	Cl 3 krea-tiv	Cl 8 sozial kompet.	Cl 1 musi-kal.	Cl 9 normal (mot.)	Cl 5 normal (mus.)	Cl 247 un-günst.	alle Schü-ler	Sig.
Deutsch	2.50	2.24	2.31	2.29	1.94	2.50	2.02	2.35	2.28	n.s.
Mathem.	1.50	1.86	2.13	1.79	1.67	1.95	1.67	1.84	1.83	n.s.
Kunst	2.00	2.00	1.81	2.19	1.50	2.38	1.76	2.16	2.06	***

Legende: n.s. = nicht signifikant; *** p < .001; ** p < .01; * p < .05.

3.3.2.3 *Clusteranalysen mit den Lehrerchecklisten*

Es wäre für die Interpretation ungünstig gewesen, alle siebzehn verfügbaren Subskalen der Lehrerchecklisten in eine Clusteranalyse einzubeziehen. Deshalb wurden zweckmäßigerweise fünf Skalen ausgewählt, welche jeweils einen der fünf Begabungsbereiche (Intelligenz, Kreativität, Soziale Kompetenz, Psychomotorik, Musikalität) repräsentieren sollten. In einer ersten Analyse wurden einfach die jeweils ersten Skalen zu jedem Bereich verwendet, wie sie in den Lehrerchecklisten nacheinander zu finden sind. Auf diese Weise wurden zwar die wohl theoretisch bedeutsamsten Skalen herangezogen, ohne daß aber deren empirische Bedeutung geprüft worden wäre. Dies erfolgte erst in einer zweiten Analyse, die später beschrieben wird.

Tabelle 84: Zehn-Cluster-Lösung auf der Grundlage ausgewählter Subskalen der Lehrerchecklisten

Mittelw. T-Wert	Intel- ligenz	Kreati- vität	Durch- setzung	Körper- geschick	Musikal. Sensibil.	
Cluster 1 N = 34	3.10 .75	2.71 .82	3.30 .92	3.08 .93	2.44 .27	begabt
Cluster 2 N = 14	3.53 1.42	3.25 1.66	3.51 1.20	3.14 1.02	3.60 1.79	hochbegabt
Cluster 3 N = 26	2.68 .10	2.28 .14	2.56 -.08	3.11 .97	3.24 1.31	musikalisch
Cluster 4 N = 51	2.75 .21	2.07 -.18	3.14 .70	1.97 -.56	1.77 -.60	normal
Cluster 5 N = 22	3.47 1.33	3.13 1.47	3.38 1.03	1.83 -.75	2.51 .37	intell., kreat., soz. komp.
Cluster 6 N = 27	1.86 -1.16	1.43 -1.19	1.94 -.92	2.34 -.06	2.41 .24	ungünstig
Cluster 7 N = 34	2.34 -.42	1.75 -.68	1.85 -1.05	1.44 -1.27	1.59 -.83	ungünstig
Cluster 8 N = 29	2.66 .08	2.07 -.18	2.49 -.18	3.19 1.07	1.80 -.57	motorisch
Cluster 9 N = 38	2.57 -.06	2.45 .42	2.47 -.21	1.93 -.61	2.69 .60	normal
Cluster 10 N = 25	1.51 -1.70	1.33 -1.34	1.73 -1.73	2.70 .43	1.30 -1.21	ungünstig

Die erste Clusteranalyse wurde mit den Skalen "Intelligenz, logisches Denken", "Einfallsreichtum, Originalität", "Durchsetzungsfähigkeit", "Körperliche Geschicklichkeit" und "Musikalische Sensibilität" durchgeführt. Wieder machte sich die enge Korrelation der Skalen bei den Clusterlösungen mit geringem Umfang deutlich bemerkbar. So zeigt z.B. die Vier-Cluster-Lösung ein Cluster mit besonders guten Werten in allen Bereichen, ein Cluster mit durchwegs guten Werten, ein Cluster mit überall durchschnittlichen und ein Cluster mit allgemein sehr ungünstigen Werten. Die Clusterbildung erfolgte also nach Begabungsniveau, nicht nach Begabungsprofil. Bei der Fünf-Cluster-Lösung zeigte sich eine erste inhaltliche Trennung: Es erschien ein Cluster mit Spitzenwerten in Psychomotorik und ein Cluster mit

Spitzenwerten in Intelligenz, Kreativität und Sozialer Kompetenz. Bei der Acht- Cluster--Lösung formierte sich eine Gruppe mit musikalischen Spitzenwerten und guten Psychomotorik-Werten, nachdem sich zuvor die weniger günstigen Cluster weiter differenziert hatten. Schließlich wurde die 10-Cluster-Lösung akzeptiert, die in Tabelle 84 dargestellt ist.

Interessanterweise zeigen sich auch hier wieder zwei "Niveau-Cluster", d.h. Gruppen mit Spitzen- vs. recht guten Werten in nahezu allen Subskalen (Cluster 1 und 2). Daneben treten inhaltlich differenzierte Cluster auf, so eine Gruppe mit besonders guten Werten in den ersten drei Dimensionen und jeweils eine mit einer Spitze in Psychomotorik bzw. Musik. Diese Gliederung erinnert an Arbeiten zur Dimensionierung der Schulleistung und an die Erfahrung, wonach Lehrer ihre Begabungsurteile an die von ihnen beobachteten und bewerteten Schulleistungen anlehnen. Insofern könnten die drei inhaltlich differenzierten Cluster den guten Schüler in den Hauptfächern, den guten Schüler in Sport und den guten Schüler in Musik repräsentieren, neben denen es noch Schüler gibt, die überall gut oder schlecht abschneiden. Sofern sich die Lehrkräfte bei ihrer Einschätzung am Notenbild orientieren, müßten die Cluster in den Zensuren besonders deutliche Unterschiede aufweisen.

Wir betrachten aber zunächst noch einmal die clusterkonstituierenden Skalen der Lehrerchecklisten und die nach Fusionierung verbleibenden Schülergruppen (Tabelle 85). Man beachte, daß auch hier die Reihenfolge der Cluster wieder aufgrund inhaltlicher Gesichtspunkte verändert wurde.

Tabelle 85: Mittelwerte der Schülergruppen aufgrund der Lehrerchecklisten-Clusteranalyse in den clusterkonstituierenden Merkmalen (Signifikanzangaben sind trivial)

	Cl 2 hoch-begabt 14	Cl 5 intel. kreat. soz.k. 22	Cl 1 allg. begabt 34	Cl 8 moto-risch 29	Cl 3 musi-kal. 26	Cl 4910 un-günst. 175	alle Schü-ler 300	Sig.
Intel.	3.53	3.47	3.10	2.66	2.68	2.32	2.61	***
Einfa.	3.25	3.13	2.71	2.07	2.28	1.89	2.19	***
Durchs.	3.51	3.38	3.30	2.49	2.56	2.36	2.62	***
Körp.	3.14	1.83	3.08	3.19	3.11	2.02	2.38	***
M.Sens.	3.60	2.51	2.43	1.79	3.24	1.97	2.23	***

Legende: Intel. = Intelligenz, logisches Denken; Einfa. = Einfallsreichtum, Originalität; Durchs. = Durchsetzungsvermögen; Körp. = Körperliche Geschicklichkeit; M.Sens. = Musikalische Sensibilität; *** $p < .001$.

Als erstes sollen Beziehungen zwischen den gebildeten Clustern und den Skalen des Elternfragebogens ermittelt werden. Tabelle 86 zeigt die Mittelwerte dieser Skalen für die einzelnen Gruppen; die grau hinterlegten Werte müßten bei konvergenter Validität der Typenbildung hoch liegen, die übrigen Werte (bei divergenter Validität) eher niedrig. Wenngleich sich die Mittelwertsunterschiede in zwei der fünf Skalen des Elternfragebogens allgemein nicht gegen den Zufall sichern lassen, so weisen doch die Merkmalsprofile der Clustergruppen in die erwartete Richtung und erweisen die Brauchbarkeit der gefundenen

Clusterlösung. Freilich fällt auf, daß sich die angeblich allgemein begabten Schüler (Cluster 5) nicht wesentlich vom Merkmalsprofil aller Schüler unterscheiden. Hier scheinen entweder die Lehrer überzudifferenzieren, oder aber die Eltern beurteilen zu grob.

Tabelle 86: Mittelwerte der Schülergruppen in den Subskalen des Elternfragebogens

	Cl 2 hoch-begabt	Cl 5 intel. kreat. soz.k.	Cl 1 allg. begabt	Cl 8 moto-risch	Cl 3 musi-kal.	Cl 4910 un-günst.	alle Schü-ler	Sig.
	14	22	34	29	26	175	300	
Intel.	13.9	13.8	12.8	12.2	11.0	11.7	12.1	**
Kreat.	8.83	9.50	8.41	8.26	8.04	8.55	8.54	n.s.
Soz.K.	15.8	16.0	14.7	15.4	14.1	14.6	14.8	n.s.
P'mot.	10.0	9.85	9.55	10.2	8.13	8.77	9.10	**
Musik.	7.25	4.62	4.09	3.89	6.25	4.71	4.80	**

Legende: Intel. = Intelligenz; Kreat. = Kreativität; Soz.K. = Soziale Kompetenz; P'mot. = Psychomotorik; Musik. = Musikalität; *** $p < .001$; ** $p < .01$; * $p < .05$; n.s. = nicht signifikant.

Tabelle 87: Kreuztabellierung der Schülergruppen, die einerseits aufgrund des Elternfragebogens und andererseits aufgrund der Lehrerchecklisten gebildet wurden

Lehrer-check-listen	Cluster des Elternfragebogens: Cl 7 allgem. begabt	Cl 10 intell. kreativ	Cl 2 musika-lisch	Cl 1 normal (motor.)	Cl 3 normal (sozial)	Cl 45689 un-günstig	alle Schüler
Cl 2 hochbegabt	3	1	0	2	0	6	12
Cl 5 intel. kreat. soz.k.	2	6	0	3	2	7	0
Cl 1 allg. beg.	4	3	1	7	6	10	31
Cl 8 motorisch	1	4	0	4	6	11	26
Cl 3 musikal.	0	0	2	3	0	19	24
Cl 4910 ungünstig	11	12	13	20	20	75	151
alle Schüler	21	26	16	39	34	128	264

In Tabelle 86 dokumentierten wir, daß die von den Eltern subjektiv konstituierten Begabungstypen gut durch die Lehrerchecklisten validert werden konnten. Hier zeigt sich dasselbe Ergebnis vice versa. Von daher ist die Frage interessant, wie gut denn die beiden Clusterlösungen, die aufgrund des Elternfragebogens und die aufgrund der Lehrerchecklisten, bezüglich der einzelnen Probanden übereinstimmen. In Tabelle 87 sind daher die beiden Cluster-Lösungen (nach Zusammenfassung der sicher nicht hochbegabten Cluster) kreuztabelliert. Ein schneller Blick auf die Tabelle zeigt, daß nur wenige Zellen der Tabelle mit 0 Probanden besetzt sind. Dies deutet auf eine breite Streuung der Probanden hin, d.h. auf eine schwache Übereinstimmung zwischen beiden Klassifikationen. Wenn man berechnet, wie viele Schüler entsprechend oder weitgehend entsprechend eingestuft wurden, so ergibt sich, daß dies für etwa 54% der Schüler zutrifft. Bei gut der Hälfte der Schüler sind also Eltern und Lehrer derselben Meinung, bei den restlichen Schülern ergeben sich unterschiedliche Einstufungen. Allerdings muß man sehen, daß vollständig identische Einstufungen nicht möglich sind, da ja in beiden Klassifikationen nicht identische Kategorien auftreten.

Tabelle 88: Mittelwerte der Schülergruppen in den Subskalen des Aktivitäteninventars

	Cl 2 hoch-begabt 14	Cl 5 intel. kreat. soz.k. 22	Cl 1 allg. begabt 34	Cl 8 moto-risch 29	Cl 3 musi-kal. 26	Cl 4910 un-günst. 175	alle Schü-ler 300	Sig.
Intel.	9.20	11.0	10.3	9.72	9.17	9.27	9.53	n.s.
Kreat.	5.82	5.93	6.50	5.05	6.17	6.12	6.10	n.s.
Soz.K.	6.83	6.93	6.57	7.05	6.33	6.42	6.54	n.s.
P'mot.	4.33	5.07	5.09	4.45	4.80	4.63	4.70	n.s.
Musik.	10.0	6.57	5.23	4.68	7.43	5.72	5.97	***

Legende: Intel. = Intelligenz; Kreat. = Kreativität; Soz.K. = Soziale Kompetenz; P'mot. = Psychomotorik; Musik. = Musikalität; *** $p < .001$; ** $p < .01$; * $p < .05$; n.s. = nicht signifikant

Tabelle 89: Mittelwerte der Schülergruppen in den Begabungsvariablen

	Cl 2 hoch-begabt 14	Cl 5 intel. kreat. soz.k. 22	Cl 1 allg. begabt 34	Cl 8 moto-risch 29	Cl 3 musi-kal. 26	Cl 4910 un-günst. 175	alle Schü-ler 300	Sig.
KFTGL	124.3	121.0	116.8	109.9	113.8	107.6	111.1	***
SKGES	16.8	15.4	16.9	17.0	16.5	16.1	16.3	n.s.
TKT-O	23.2	25.9	25.5	22.9	21.9	22.4	23.1	n.s.
GIFT	24.7	22.1	22.9	21.2	23.7	22.1	22.4	n.s.
FINGER	41.0	41.1	37.3	35.6	34.9	34.6	35.9	***

Legende: KFTGL = KFT-Gesamtwert; TKT-O = Torrance-Kreativitäts-Test - Originalitätswert; SKGES = Fragebogen zur Sozialen Kompetenz; FINGER = Fingerfertigkeit; GIFT = Gruppenfragebogen zur Kreativität; n.s. = nicht signifikant; *** $p < .001$; ** $p < .01$; * $p < .05$

Die Validierung der Cluster auf der Grundlage der Lehrerchecklisten mit Hilfe der Skalen aus dem Aktivitäteninventar gelang nicht (Tabelle 88). Hier liegt aber der Verdacht nahe, daß dieses Ergebnis weniger die mangelnde Validität der Typenlösung als die mangelnde Validität der Interessen-Skalen offenbart.

Der Vergleich der Clustergruppen anhand der Begabungsindikatoren (Tabelle 89) verläuft ebenfalls unbefriedigend. Nur für die KFT-Gesamtleistung als Indikator für Intelligenz ergeben sich die erwarteten Gruppenunterschiede. Die Skala zur Sozialen Kompetenz, der Gruppenfragebogen zur Kreativität (GIFT) sowie die Meßskala aus dem Torrance-Kreativitätstest ergeben keine signifikanten Gruppenunterschiede. Der Meßwert für Fingerfertigkeit aus dem LEGO-Test zur Psychomotorik erbringt zwar signifikante Unterschiede, die kognitiv befähigten Schülergruppen (Cluster 2 und 5) schneiden darin aber besser ab als die gemäß dem Lehrerurteil motorisch begabten Schüler (Cluster 8).

Die Mittelwerte für die Clustergruppen in den schulischen Zensuren zeigt Tabelle 90. Markiert sind wieder die Werte, die erwartungsgemäß besonders niedrig ausfallen sollten. Es zeigen sich die erwarteten Ergebnisse, weshalb dem Lehrerurteil hohe Konsistenz bescheinigt werden kann (Zensuren sowie Checklisten sind Formen des Lehrerurteils). Die besten Noten (fast ohne Ausnahme) hat die Gruppe der "Hochbegabten" (Cluster 2), bei denen es sich anscheinend in der Tat um besonders begabte und schulleistungstüchtige Schüler handelt.

Tabelle 90: Mittelwerte der Schülergruppen in den Schulnoten

Zensuren	Cl 2 hoch-begabt 14	Cl 5 intel. kreat. soz.k. 22	Cl 1 allg. begabt 34	Cl 8 moto-risch 29	Cl 3 musi-kal. 26	Cl 4910 un-günst. 175	alle Schü-ler 300	Sig.
Deutsch	1.69	1.80	2.17	2.54	2.23	2.44	2.32	***
Schreiben	2.17	2.65	2.65	2.56	2.27	2.64	2.58	n.s.
Mathematik	1.31	1.55	1.62	1.62	1.68	2.07	1.87	***
Heimat/SK	1.31	1.60	1.79	1.96	2.00	2.18	2.02	***
Musik	1.15	1.85	1.86	2.50	1.45	2.20	2.05	***
Kunst	1.54	2.20	2.31	2.35	2.09	2.43	2.32	***
Sport	1.46	2.42	1.55	1.38	1.41	2.04	1.87	***
HHW	1.33	2.00	2.08	2.16	1.86	2.14	2.06	*

Legende: Heimat/SK = Heimat- und Sachkunde; HHW = Hauswirtschaft und Werken; *** $p < .001$; ** $p < .01$; * $p < .05$; n.s. = nicht signifikant.

Bisher war von einer Clusteranalyse die Rede, in welche jeweils eine theoretisch repräsentative Skala aus jedem der fünf Begabungsbereiche einbezogen worden war. Aufgrund der hohen Korrelationen zwischen den Skalen zur Intelligenz bzw. zur Kreativität konnte es nicht verwundern, daß in diesen beiden Bereichen keine Cluster mit deutlichen Merkmalsdifferenzen auftraten. Um die Merkmalsvariation und somit die Profilvariation in der Clusteranalyse zu erhöhen, wäre es angebracht, Skalen zu verwenden, die weniger stark korrelieren. Um solche Skalen zu finden, wurden die Skalen der Lehrercheckliste einer Faktorenanalyse unterzogen. Die Ergebnisse, d.h. die Faktorladungen der einzelnen Skalen bei der sich aufgrund des Eigenwert-Kriteriums ergebenden Fünf-Faktoren- Lösung sind in Tabelle 91 dargestellt. Die jeweils höchste Ladung pro Faktor ist markiert. Die somit gekennzeichneten fünf Skalen wurden für eine weitere Clusteranalyse herangezogen.

Tabelle 91: Faktorladungen der Lehrer-Subskalen auf fünf rotierten Faktoren

	Faktor 1	Faktor 2	Faktor 3	Faktor 4	Faktor 5
Intelligenz	.89				
Sprachl. Fähigk.	.80				
Lernfähigkeiten	.90				
Neugier	.77				
Originalität	.60		.42		
Anstrengung	.77				.32
Durchsetzung	.58		.59		
Einfühlung			.34	.78	
Kooperation				.78	
Führung	.43		.51		
Selbstausdruck			.79		
Geschicklichkeit					
Zeichner. Fäh.	.32				.64
Handwerkl. Fäh.					.73
Musik. Sensibilität		.75			
Musik. Gedächtnis		.94			
Musik. Aktivität		.82			

Legende: alle Ladungen a > .30 sind eingetragen; die Analyse wurde ohne die weiblichen Schülerinnen gerechnet.

Betrachtet man wiederum die Zehn-Cluster-Lösung, so fällt die große Zahl an Clustern auf, die normale oder eher ungünstige Merkmalsausprägungen aufweist (Tabelle 92). Neben einem Cluster hochbegabter Schüler (Cluster 1) und zwei Clustern mit singulären Spitzenwerten (Cluster 6: Kooperation; Cluster 10: Selbstausdruck, daneben Kooperation) erscheinen zwei heterogene Cluster. Die Schüler in Cluster 8 haben hohe Werte in Musikalität und handwerklichen Fähigkeiten, ebenso im Selbstausdruck; die Schüler in Cluster 7 sind kognitiv und handwerklich überdurchschnittlich befähigt, dagegen sozial eher inkompetent.

Diese Typenbildung ist wenig plausibel. Einerseits fehlen hier die singulär musikalisch hochbegabten oder die intellektuell hochbegabten Schüler, wie sie in anderen Analysen zu beobachten waren. Andererseits ist die Anzahl von Cluster mit signifikanten Werten in den Dimensionen der Sozialen Kompetenz eine Art Methodenartefakt, da die Skalenbasis immerhin zwei Skalen zur Sozialen Kompetenz beinhaltete, ohne daß man annehmen darf, daß diese fünf Skalen der Strukturierung der Begabungsphänomene bei Schülern der 3. Klasse vollständig gerecht werden könnten. Aus diesen Gründen - und auch deswegen, weil die Validierung anhand der Skalen des Elternfragebogens bzw. des Aktivitäteninventars, anhand der Begabungskennwerte und der Schulnoten keine eindrucksvolleren Ergebnisse erbrachte als die zuvor behandelte Clusterlösung mit den fünf theoretisch ausgewählten Skalen - werden die weiteren Ergebnisse zu dieser Cluster-Lösung hier nicht mehr dargestellt. (Daß die Faktorenanalyse zwei Faktoren zur Sozialen Kompetenz erbrachte, liegt sicher u.a. daran, daß die faktorisierte Skalenmenge überproportional viele Subskalen zur Sozialen Kompetenz enthielt.)

Tabelle 92: Zehn-Cluster-Lösung aufgrund ausgewählter Subskalen der Lehrerchecklisten (Angabe der Clustermittelwerte sowie der T-Statistik)

Mittelw. T-Stat.	Lern-fähig-keiten	Musikal. Gedächt-nis	Selbst-aus-druck	Koope-ration, vermitt.	Hand-werkl-Fähigk.	
Cluster 1	3.57	2.79	3.08	3.36	2.99	
N = 19	1.31	1.26	1.02	1.52	1.18	hochbegabt
Cluster 2	2.58	2.29	2.99	1.70	1.86	normal
N = 28	.02	.51	.90	-.80	-.49	(Selbstausdruck)
Cluster 3	3.00	1.38	1.76	2.17	1.58	normal
N = 25	.56	-.81	-.77	-.14	-.91	
Cluster 4	1.91	1.59	-.25	2.15	2.13	normal
N = 49	-.85	-.51	-.25	-.17	-.08	
Cluster 5	3.17	1.58	2.70	2.59	2.55	normal
N = 28	.78	-.51	.50	.44	.53	(positiv)
Cluster 6	2.84	2.44	1.93	3.10	2.29	
N = 26	.35	.75	-.54	1.15	.14	Kooperation
Cluster 7	3.11	1.90	1.89	1.65	2.84	motor., intell.
N = 25	.70	-.05	-.59	-.86	.96	sozial inkomp.
Cluster 8	2.41	2.99	3.14	2.38	3.16	musikal.,
N = 14	-.20	1.55	1.11	.15	1.43	Ausdruck, Motor.
Cluster 9	1.53	1.38	1.48	1.48	1.40	
N = 31	-1.34	-.81	-1.16	-1.09	-1.15	ungünstig
Cluster 10	2.49	2.17	3.26	2.97	1.82	sozial
N = 17	-.11	.35	1.27	.97	-.53	kompetent

3.3.3 Gegenüberstellung apriorischer und aposteriorischer Klassifikation

Die Identifikation hochbegabter Schüler gestaltet sich bei Vorliegen unterschiedlicher Datenquellen sehr schwierig, besonders da die Datenquellen nur wenig Konsistenz (d.h. konvergente versus divergente Validität) aufweisen. Generell scheint aber das Aktivitäteninventar die am wenigsten glaubwürdigen Ergebnisse zu erbringen. Der Elternfragebogen gefällt durch seine gut akzeptable Clusterlösung, während der äußerst konsistente Lehrerfragebogen in den Verdacht gerät, daß ihn die Lehrkräfte aufgrund ihrer vorgeformten Meinungen zur schulisch relevanten Begabung beantworten, d.h. beispielsweise der Kreativität keine Eigenständigkeit zugestehen. In den folgenden Tabellen werden die Clusterlösungen noch einmal evaluiert, und zwar durch Gegenüberstellung mit einer anhand der Begabungsindikatoren ermittelten Begabungsklassifikation.

Für die Klassifikation wurde je ein Begabungsindikator für die fünf Begabungsdimensionen gewählt, und zwar für

- Intelligenz der KFT-Gesamtwert,
- Kreativität der Originalitätsindex des Torrance-Tests,

- Soziale Kommpetenz der Summenwert zum gleichnamigen Fragebogen,
- Psychomotorik das Ergebnis des Fingerfertigkeitstests,
- Musikalität die Skala "Musikalische Aktivität" aus den Lehrerchecklisten.

Tabelle 93: Kreuztabellierung der Hochbegabtengruppen sowie der Cluster aufgrund des Elternfragebogens

	Cluster aufgrund des Elternfragebogens						
HB-Typ	Cl 7 allgem. begabt	Cl 10 intell. kreativ	Cl 2 musikalisch	Cl 1 normal (motor.)	Cl 3 normal (sozial)	Cl 45689 ungünstig	alle Schüler
normal	28	30	15	43	38	137	291
kognitiv	2	2	0	0	1	9	14
kreativ	2	3	2	5	0	5	17
sozial	2	3	0	2	3	5	15
motor	0	0	3	1	1	3	8
musik	3	0	2	1	0	4	10
multipel	2	2	0	1	0	4	9
	39	40	22	53	43	167	364

Für diese fünf Begabungsindikatoren wurde empirisch der Cut-off- Wert für den 95. Prozentrang ermittelt. Alle Schüler jenseits dieses Cut-offs wurden in dem entsprechenden Bereich als hochbegabt bezeichnet. Überschritt ein Schüler in mehr als einem Bereich die genannte Grenze, so wurde er als multipel hochbegabt bezeichnet; wer keine der Grenzen überschreitet, gilt als normalbegabt. Tabelle 93 zeigt die Kreuztabellierung für die Begabungstypen anhand der Begabungsindikatoren und die Begabungscluster aufgrund des Elternfragebogens. Neben einer Reihe (einigermaßen) korrekter Zuordnungen finden sich auch Fehlklassifikationen. Insgesamt sind etwa 65% der Schüler korrekt klassifiziert, ca. 24% der Felder sind mit 0 belegt, d.h. die Zuordnung ist in gewissem Umfang eindeutig.

Tabelle 94: Kreuztabellierung der Hochbegabtengruppen sowie der Cluster aufgrund des Aktivitäteninventars

	Cluster aufgrund des Aktivitäteninventars								
HB	Cl 6 "hochbegabt"	Cl 10 allg. begabt	Cl 3 kreativ	Cl 8 sozial kompet.	Cl 1 musikal.	Cl 9 normal (mot.)	Cl 5 normal (mus.)	Cl 247 ungünst.	alle Schüler
Normal	2	19	18	43	13	34	33	89	251
kognitiv	0	1	0	2	0	4	4	2	13
kreativ	0	1	1	1	3	1	0	6	13
sozial	0	1	1	2	1	1	2	2	12
motor	0	0	0	0	0	3	2	0	5
musik	0	0	0	0	3	1	2	0	6
multipel	0	2	0	1	0	1	3	0	7
gesamt	2	24	20	49	20	47	46	99	307

Zum Vergleich dazu sollen die Kreuztabellen für das Aktivitäteninventar (Tabelle 94) und die Lehrercheckliste (Tabelle 95) betrachtet werden. Durch die Cluster des Aktivitäteninventars werden ca. 61% der Begabtengruppen richtig klassifiziert, durch die Lehrerchecklisten ca. 66%. In den entsprechenden Kreuztabellen bleiben 37.5% bzw. 31% der Felder leer. Die Eindeutigkeit der Zuordnung ist bei diesen Typengruppierungen besser als bei Typen auf der Grundlage des Elternfragebogens. Trotzdem läßt sich nicht eindeutig sagen, welche Clusterlösung die bessere ist, da die Schwächen der Begabungsindikatoren (vor allem des Fragebogens zur Sozialen Kompetenz, dessen Reliabilität nicht befriedigt, sowie des Torrance-Tests, dem die Objektivität mangelt, und des LEGO-Tests, dessen Validität ungesichert ist) deutlich machen, daß es bislang kein ausreichendes Kriterium zur Beurteilung von Hochbegabung gibt.

Tabelle 95: Kreuztabellierung der Hochbegabtengruppen sowie der Cluster aufgrund der Lehrercheckliste

	--- Cluster aufgrund der Lehrerchecklisten ---						
HB-Typ	Cl 2 hoch-begabt	Cl 5 intel. kreat. soz.k.	Cl 1 allg. begabt	Cl 8 moto-risch	Cl 3 musi-kal.	Cl 4910 un-günst.	alle Schü-ler
normal	4	15	28	25	21	148	241
kognitiv	0	1	1	1	0	6	9
kreativ	2	2	2	1	0	10	17
sozial	0	0	3	2	2	5	12
motor	1	3	0	0	0	3	7
musik	6	0	0	0	2	1	9
multipel	1	1	0	0	1	2	5
gesamt	14	22	34	29	26	175	300

Vielleicht sollte man so vorgehen, daß man die begabungsspezifische Brauchbarkeit der einzelnen Clusterklassifikationen überprüft. Beispielsweise ergeben sich für die einzelnen Klassifikationen hinsichtlich der Erkennung von intellektueller Hochbegabung (KFTGL > PR95) folgende Gütewerte:

Clusterbasis	Effektivität	Effizienz
Elternfragebogen	29%	5%
Aktivitäteninventar	8%	4%
Lehrerchecklisten	22%	4%

Daß diese Werte allgemein deutlich verbesserungsbedürftig sind, ist offenkundig. Man wird - innerhalb der später folgenden Auswertungen - versuchen müssen, zunächst aufgrund der Übereinstimmungen der einzelnen Meßverfahren eine Schülergruppe eindeutig als (bereichsspezifisch) hochbegabt festzulegen und anschließend durch Kombination verschiedener Subskalen eine möglichst genaue Prognose bzw. Entscheidung zu erreichen. Daß dies noch eine aufwendige Arbeit erfordert, dürfte nach den bislang erfolgten komplexen, (keineswegs schon zielführenden) Auswertungsschritten deutlich geworden sein.

3.4 Zusammenhänge zwischen Datenquellen

Im Abschnitt 3.3 wurden bereits zahlreiche Analysen zur Validierung der vorgeschlagenen Hochbegabtengruppen berichtet. Dabei zeigten sich meist stärkere Divergenzen zwischen verschiedenen Datenquellen, z.B. zwischen Testdaten und Selbstratings. Um die Zusammenhänge bzw. Unterschiede zwischen verschiedenen Datenquellen noch genauer zu analysieren, werden in diesem Abschnitt zunächst die Verfahren für die Drittkläßler und anschließend einige Skalen für die Neuntkläßler auf Zusammenhänge geprüft. Davon sollen Aussagen über die Identifikationskompetenz abgeleitet werden.

3.4.1 Datenquellenvergleiche für die 3. Klassen

3.4.1.1 *Interkorrelationen zwischen Begabungsindikatoren*

Tabelle 96: Zusammenhänge zwischen Begabungsindikatoren und den Subskalen des Elternfragebogens (N ca. 600-750)

Eltern-fragebogen	KFT-Gesamtwert	Torrance-Original.	Soziale Kompetenz	Finger-fertigkeit	GIFT
Intelligenz	.19***	.05	.08*	.17***	.19***
Kreativität	.09**	.08**	.09*	.03	.23***
Soz. Kompetenz	-.03	-.02	-.13***	-.10*	.10**
Psychomotorik	-.01	.07*	.14***	.24***	.15***
Musikalität	-.03	-.02	-.04	-.08	.10**
Kog. Fäh./Inter.	.17***	.07*	.10**	.21***	.19***
Soz. Aufgeschl.	-.04	.02	-.03	-.10*	.18**
Körp. Aktiv.	-.10**	.05	.13***	.06	.12**

Legende: * p < .05; ** p < .01; *** p < .001;
Kog. Fäh./Inter. = Kognitive Fähigkeiten und Interessen;
Soz. Aufgeschl. = Soziale Aufgeschlossenheit und Produktivität;
Körp. Aktiv. = Körperliche Aktivität.

Um die Validität der verwendeten Fragebogenskalen zu untersuchen, werden im folgenden Interkorrelationen zwischen verschiedenen Begabungsindikatoren berichtet. Tabelle 96 zeigt den Zusammenhang zwischen den Begabungsindikatoren auf seiten der Schüler und der Begabungseinschätzung durch die Eltern. Die Zusammenhänge sind generell nur schwach ausgeprägt. Besonders überraschend ist die negative Korrelation zwischen den beiden Indikatoren zur Sozialen Kompetenz. Erwähnenswert ist auch die geringe Korrelation zwischen den beiden Kreativitätsindizes und die deutlichen Korrelationen zwischen dem Gruppenfragebogen zur Kreativität und allen Skalen des Elternfragebogens. Könnte es sein, daß die Selbsteinschätzung der Kinder von den Begabungseinschätzungen ihrer Eltern beeinflußt ist?

Tabelle 97: Korrelationen zwischen Begabungsindikatoren und den Subskalen der Lehrerchecklisten

Lehrer-checklisten	KFT-Gesamtwert	Torrance-Original.	Soziale Kompetenz	Finger-fertigkeit	GIFT
Intelligenz	.53***	.08*	.06	.26***	.15***
Sprachl. Fähigk.	.39***	.01	.03	.09*	.23***
Lernfähigkeiten	.49***	.01	.05	.18***	.15***
Neugier	.43***	.08*	.05	.21***	.20***
Originalität	.34***	.06	.08*	.26***	.21***
Anstrengung	.47***	.04	.02	.17***	.14***
Durchsetzung	.33***	.03	.07	.18***	.17***
Einfühlung	.25***	-.03	.03	.00	.12**
Kooperation	.20***	-.07	-.02	-.02	.04
Führung	.32***	.03	.08*	.16***	.12**
Selbstausdruck	.18***	.02	.08*	.17***	.15***
Geschicklichkeit	-.02	.01	.21***	.10*	.07
Zeichner. Fäh.	.18***	-.01	.05	.19***	.12**
Handwerkl. Fäh.	.19***	-.05	.06	.10*	.11**
Musik. Sensibilität	.20***	.03	-.04	.03	.11**
Musik. Gedächtnis	.21***	.03	-.10*	.07	.08
Musik. Aktivität	.18***	-.01	-.13**	.07	.07

Legende: * p < .05; ** p < .01; *** p < .001.

Tabelle 98: Korrelationen zwischen den Skalen des Elternfragebogens und denen der Lehrerchecklisten (N ca. 630)

Lehrer-checklisten	Intelligenz	Kreativität	Soz. Kompetenz	Psychomotorik	Musikalität
Intelligenz	.26***	.15***	.05	.05	-.08*
Sprachl. Fähigk.	.17***	.19***	.07*	-.01	.07*
Lernfähigkeiten	.22***	.15***	.04	-.00	-.05
Neugier	.23***	.19***	.01	.01	-.04
Originalität	.14***	.22***	.05	.08*	.02
Anstrengung	.24***	.13***	.11***	-.01	-.02
Durchsetzung	.15***	.16***	-.02	.12***	.01
Einfühlung	.02	.15***	.18***	-.09*	.11**
Kooperation	.04	.10**	.26***	-.10**	.11**
Führung	.19***	.21***	.07*	.14***	.06
Selbstausdruck	.04	.21***	.03	.08*	.13***
Geschicklichkeit	.02	-.08*	-.2	.27***	-.02
Zeichner. Fäh.	.10**	.09*	.11**	.11**	.14***
Handwerkl. Fäh.	.08*	.08*	.10**	.16***	.08*
Musik. Sensibilität	-.06	.08*	.04	-.11**	.42***
Musik. Gedächtnis	-.10*	.06	-.01	-.12**	.44***
Musik. Aktivität	-.07*	.03	.06	-.09*	.45***

Legende: * p < .05; ** p < .01; *** p < .001.

Hinweise auf die fragliche Qualität der Begabungsindikatoren zur Kreativität und zur Sozialen Kompetenz erhält man auch aus Tabelle 97, welche die Korrelationen zwischen den Skalen der Lehrerchecklisten und den Begabungsmaßen zeigt. Während die Fingerfertigkeit eher kognitive als motorische Aspekte der Handlungskompetenz zu erfassen scheint, kann die Skala GIFT als allgemeines Begabungsmaß akzeptiert werden. - Positiv ist zu erwähnen, daß sich überaus starke Zusammenhänge zwischen den Begabungseinschätzungen der Lehrer und dem Intelligenztest-Ergebnis zeigen.

Betrachtet man als letztes noch die Zusammenhänge zwischen den Skalen aus dem Elternfragebogen und denen der Lehrerchecklisten (Tabelle 98), so kann man die konvergente Validität mancher Skalen sichern. Freilich fällt auf, daß es weder Eltern noch Lehrern gelingt, die Konzepte Intelligenz und Kreativität hinreichend zu trennen. Ansonsten sind die Ergebnisse sehr positiv zu bewerten.

3.4.1.2 *Interkorrelationen zwischen Leistungsindikatoren*

Nach den Begabungsindikatoren sollen nun die Leistungsindikatoren einer (konvergenten) Validitätsprüfung unterzogen werden. Wir haben bisher nur die Skalen des Aktivitäteninventars behandelt. Als weitere Leistungsindikatoren wurden die Schulnoten erhoben.

Zwischen den Schulnoten und den Skalen des Aktivitäteninventars sind relativ niedrige Korrelationen zu beobachten (Tabelle 92). Diese sind zwar ungünstig im Sinne einer konvergenten Validierung. Andererseits sollten mit dem Aktivitäteninventar explizit die *außerschulischen* Aktivitäten und Leistungen erhoben werden, so daß sehr hohe Korelationen noch viel mehr unerwünscht gewesen wären. Jedenfalls treffen hier Aktivitäteninventar und Schulnoten offensichtlich auf verschiedene Sachverhalte.

Tabelle 99: Korrelationen zwischen Aktivitäteninventar und Schulnoten (N ca. 580)

Schulnoten	Intel-ligenz	Kreati-vität	Soz. Kom-petenz	Psycho-motorik	Musika-lität
Deutsch	.01	.11**	-.08*	-.08*	.17***
Schreiben	-.10*	.13*	-.07*	-.00	.19***
Mathematik	.08*	-.08*	-.05	-.06	.02
Heimat-/Sachk.	.03	.00	-.07*	-.06	.10**
Musik	-.05	.17***	.01	-.04	.38***
Kunst	-.01	.12**	-.04	.08*	.16***
Sport	.09*	-.07*	.16***	.09*	.04
Hausw./Werken	.01	.04	-.07	.05	.08*

Legende: * $p < .05$; ** $p < .01$; *** $p < .001$; Die Noten (Stufen 1- 6) sind umgepolt worden.

3.4.1.3 *Zusammenhänge zwischen Begabungs- und Leistungsindikatoren*

Im folgenden Abschnitt werden die drei Begabungsindikatorisierungen (a) anhand test- und personenbezogener Daten, (b) anhand des Elternurteils und (c) anhand der Lehreraussagen den beiden Leistungsvariablen (Schulnoten und Interessen/Aktivitäten) gegenübergestellt.

Betrachtet man zunächst die Zusammenhänge zwischen den Begabungsmaßen und den Skalen des Aktivitäteninventars (Tabelle 100), so zeigen sich gewisse Parallelen zu den Korrelationen zwischen den Begabungsmaßen und den Subskalen des Elternfragebogens. Die hohen Korrelationen zum Kreativitätsfragebogen (GIFT) sind nicht weiter verwunderlich, da hier die gemeinsame Datenquelle die Kovarianz verursacht. Hervorzuheben ist die positive Korrelation zwischen den Indizes zur Sozialen Kompetenz, zu bemängeln die fehlende Korrelation zwischen den Kreativitätsmaßen.

Tabelle 100: Korrelationen zwischen Begabungsmaßen und den Subskalen des Aktivitäteninventars (N ca. 540)

	Aktivitäteninventar				
Begabungs-indikatoren	Intel-ligenz	Kreati-vität	Soz. Kom-petenz	Psycho-motorik	Musika-lität
KFT-Gesamtwert	.10**	-.03	-.09	-.07	.06
Torrance-Original.	.12***	.02	.03	.05	-.02
Soziale Kompetenz	.13**	-.06	.19***	.11**	-.01
Fingerfertigkeit	.06	-.11*	.06	.15***	-.03
GIFT	.33***	.36***	.26***	.25***	.25***

Legende: * p < .05; ** p < .01; *** p < .001.

Tabelle 101: Korrelationen zwischen den Subskalen des Aktivitäteninventars und denen des Elternfragebogens (N ca. 620)

	Aktivitäteninventar				
Eltern-fragebogen	Intel-ligenz	Kreati-vität	Soz. Kom-petenz	Psycho-motorik	Musika-lität
Intelligenz	.25***	.04	.08*	.16***	.01
Kreativität	.22***	.29***	.13***	.13***	.12***
Soz. Kompetenz	.07*	.16***	.04	.10**	.15***
Psychomotorik	.23***	.00	.14***	.30***	-.02
Musikalität	.01	.26***	.05	-.01	.56***
Kog. Fäh./Inter.	.29***	.07*	.12***	.22***	.03
Soz. Aufgeschl.	.14***	.29***	.11**	.15***	.17***
Körp. Aktiv.	.19***	.00	.18***	.18***	-.01

Legende: * p < .05; ** p < .01; *** p < .001.
Kog. Fäh./Inter. = Kognitive Fähigkeiten und Interessen;
Soz. Aufgeschl. = Soziale Aufgeschlossenheit und Produktivität;
Körp. Aktiv. = Körperliche Aktivität.

Tabelle 102: Korrelationen zwischen den Subskalen des Aktivitäteninventars und den Skalen der Lehrerchecklisten (N ca. 540)

Lehrer-checklisten	Aktivitäteninventar Intel-ligenz	Kreati-vität	Soz. Kom-petenz	Psycho-motorik	Musika-lität
Intelligenz	.07*	-.07*	-.05	-.04	.03
Sprachl. Fähigk.	.02	.05	-.03	-.03	.11**
Lernfähigkeiten	.02	-.06	-.07	-.05	.01
Neugier	.12**	-.00	-.00	-.00	.06
Originalität	.10**	.06	.07	.03	.07*
Anstrengung	.00	-.02	-.05	-.02	.07
Durchsetzung	.13**	-.04	.09*	.05	.06
Einfühlung	.00	.07	.04	-.04	.16***
Kooperation	-.05	.07	.00	-.04	.15***
Führung	.15***	-.03	.14***	.06	.11**
Selbstausdruck	.11**	.02	.14***	.03	.07
Geschicklichkeit	.15***	.02	.18***	.14***	.01
Zeichner. Fäh.	.01	.12***	.01	.16***	.11**
Handwerkl. Fäh.	.04	.07	.03	.09*	.09*
Musik. Sensibilität	-.08*	.10*	-.01	-.07	.32***
Musik. Gedächtnis	-.09*	.16***	-.05	-.06	.35***
Musik. Aktivität	-.09*	.08	-.01	-.05	.38***

Legende: * $p < .05$; ** $p < .01$; *** $p < .001$.

Die Korrelationen zwischen den Skalen von Eltern- und Aktivitäteninventar (Tabelle 101) weisen zwar - mit Ausnahme der Sozialen Kompetenz - bedeutsame Korrelationen zwischen den bereichsspezifischen Indikatoren auf und sprechen von daher für die konvergente Validität der Fragebögen. Andererseits findet man aber auch unerwartet starke Zusammenhänge zwischen inhaltlich verschiedenen Skalen (z.B. Eltern: Psychomotorik - Schüler: Intelligenz), die durch genaue Analysen auf Itembasis geklärt werden müßten.

Der letzte Vergleich unter Einbezug des Aktivitäteninventars bezieht sich auf die Lehrerchecklisten (Tabelle 102). Dieser fällt nicht sehr günstig aus, was zu Lasten des Aktivitäteninventars geht, der nur in Teilbereichen der Sozialen Kompetenz und in der Musikalität mit dem Lehrerurteil konvergiert. Freilich darf nicht übersehen werden, daß Fragebögen in der Form biographischer Inventare (wie das Aktivitäteninventar) als Ergänzung zum Lehrerurteil konzipiert wurden und daher notwendigerweise andere Informationen enthalten als die durch den Lehrer bekannten.

Nun folgen drei Korrelationstabellen für die Leistungsindikatoren Schulnoten. In Tabelle 103 finden sich die Zusammenhänge mit den Begabungsindikatoren auf seiten der Schüler. Hier zeigt sich die starke Validität des KFT für die Prognose des Schulerfolgs, die sicher noch steigen würde, sofern man die Subdimensionen des KFT berücksichtigt; überraschend gute Werte weist auch die GIFT-Skala auf.

Tabelle 103: Korrelationen zwischen den Begabungsindikatoren und den Schulnoten

Schulnoten	KFT-Gesamtwert	Torrance-Original.	Soziale Kompetenz	Fingerfertigkeit	GIFT
Deutsch	.48***	.03	-.11**	.06	.16***
Schreiben	.14***	-.12**	-.16***	-.05	.05
Mathematik	.49***	.08*	.02	.17***	.12**
Heimat-/Sachk.	.48***	.02	-.04	.12**	.12***
Musik	.15***	-.01	-.08*	-.09*	.03
Kunst	.19***	-.06	-.05	.15***	.13***
Sport	.01	.04	.11**	-.01	.03
Hausw./Werken	.23***	-.02	-.01	.11**	.03

Legende: * p < .05; ** p < .01; *** p < .001. Die Schulnoten sind umgepolt.

Interessante Zusammenhänge ergeben sich zwischen den Schulnoten und den Subskalen des Elternfragebogens (Tabelle 104). Es scheint so, als würden die Eltern ihr Begabungskonzept bezüglich ihres Kindes vor allem aus den Schulnoten ableiten. Natürlich sind auch umgekehrte Zusammenhänge denkbar im Sinne der prognostischen Validität des elterlichen Begabungsurteils.

Tabelle 104: Korrelationen der Schulnoten mit den Subskalen des Elternfragebogens (N ca. 670)

Elternfragebogen	Deutsch	Schreiben	Mathematik	Heimat-/Sachk.	Musik	Kunst	Sport	Hausw./Werken
Intelligenz	.14***	-.02	.28***	.17***	-.07*	.03	-.01	-.01
Kreativität	.14***	.00	.06	.12***	.05	.03	-.03	-.02
Soz. Kompetenz	.09*	.18***	.02	.07*	.07*	.12***	.00	.09**
Psychomotorik	-.06	-.06	.04	.02	-.12***	.07*	.27***	.08*
Musikalität	.15***	.23***	-.07*	.01	.45***	.20***	-.01	.10**
Kog.Fäh./Inter.	.12***	-.04	.23***	.18***	-.07*	.06	.01	.03
Soz. Aufgeschl.	.08*	.15***	-.05	.03	.10**	.11**	-.01	.06
Körp. Aktiv.	-.12***	-.05	-.04	-.08*	-.05	.01	.46***	.01

Legende: * p < .05; ** p < .01; *** p < .001. Die Noten (Stufen 1-6) sind umgepolt worden.

Erwartungsgemäße Zusammenhänge zwischen Begabungseinschätzung und Leistungsbeurteilung durch die Lehrer zeigt Tabelle 105. Die kognitiven Fähigkeiten sowie die Anstrengung korrelieren stark mit den Lernfächern. Die Skala zur Kreativität sowie die Skalen zur Sozialen Kompetenz finden wenig Entsprechung in den Noten; dagegen weisen die Skalen zur Psychomotorik und zur Musikalität wieder konvergente Werte zu den betr. Schulfächern auf.

Tabelle 105: Korrelationen zwischen den Schulnoten und den Subskalen der Lehrercheck-listen

Lehrer-checklisten	Deutsch	Schrei-ben	Mathe-matik	Heimat-Sachk.	Musik	Kunst	Sport	Hausw./Werken
Intelligenz	.51	.16	.59	.53	.13	.17	.02	.18
Sprachl. Fähigk.	.53	.23	.42	.43	.23	.22	.03	.17
Lernfähigkeiten	.53	.17	.55	.51	.15	.16	.00	.16
Neugier	.41	.06	.40	.44	.16	.12	.05	.07
Originalität	.35	.05	.30	.37	.17	.20	.01	.13
Anstrengung	.53	.26	.55	.56	.21	.26	.04	.26
Durchsetzung	.29	.05	.29	.34	.16	.10	.07	.08
Einfühlung	.30	.16	.19	.30	.27	.17	.03	.17
Kooperation	.32	.27	.19	.25	.24	.23	.04	.25
Führung	.30	.12	.30	.39	.17	.16	.13	.16
Selbstausdruck	.22	.00	.15	.24	.18	.11	.07	.02
Geschicklichkeit	.04	.05	.04	.01	.03	.10	.66	.05
Zeichner. Fäh.	.25	.28	.17	.20	.24	.52	.08	.28
Handwerkl. Fäh.	.22	.30	.20	.22	.25	.46	.15	.36
Musik. Sensibilität	.27	.18	.10	.19	.59	.30	.03	.15
Musik. Gedächtnis	.26	.18	.11	.17	.52	.20	.04	.15
Musik. Aktivität	.25	.23	.08	.15	.44	.27	.05	.17

Legende: Die Noten sind umgepolt. Alle Korrelationen > .08 sind signifikant.

3.4.1.4 *Abschließende Beurteilung der Verfahren in Klasse 3*

Wenngleich die Ergebnisse nicht ganz schlüssig sind, so entsteht der Eindruck, als wären die personseitigen Indikatoren (mit Ausnahme des KFT) am wenigsten zuverlässig, während die Aussagen von Eltern und Lehrern größere Stimmigkeit aufweisen. Generell ist es schwierig, von jüngeren Schülern, hier der 3. Klasse, zutreffende Selbstbeurteilungen zu erhalten. Objektive Tests wie der KFT sind eine bewährte Methode zur Begabungsmessung. Anderer Verfahren, insbesondere Kreativitätsinstrumente (z.B. die Torrance-Skalen) oder der Psychomotorik-Test lassen dagegen moch viele Probleme der Reliabilität und der Validität erkennen.

3.4.2 Datenquellenvergleiche für die 9. Klassen

In den früheren Abschnitten wurde des öfteren auf Zusammenhänge zwischen Test- bzw. Fragebogenergebnissen und dem Lehrerurteil hingewiesen. Bei den entsprechenden Faktorenanalysen in Abschnitt 3.1 erwiesen sich die Beurteilungsskalen für die Lehrer als homogen und bezüglich der Intelligenzskalen als faktoriell eigenständig. Auch hinsichtlich der Sozialen Kompetenz waren bereits Diskrepanzen zwischen Selbst- und Fremdeinschätzung berichtet worden. In diesem Abschnitt soll kurz der Frage nachgegangen werden, inwieweit die *Grobeinschätzung der Begabung*, wie sie von den Lehrkräften in der Screeningphase vorgenommen wurde, zur schnellen Identifikation Hochbegabter taugt.

Wir betrachten zunächst die in Abschnitt 3.1 ausgewählten Begabungs- bzw. Leistungsvariablen und bilden jeweils eine Gruppe von Hochbegabten bzw. Hochleistungsfähigen mit einem Grenzwert von PR 95 (PR = Prozentrang). Nun wird überprüft, inwieweit es den Lehrern gelingt, mit Hilfe der Kategorie 1 (beste 5%) jeder Screening-Dimension Angehörige dieser Extremgruppen zu identifizieren. Die Güte der Identifikation wird durch den Index δ ausgedrückt; dieser Index besagt, um ein Wievielfaches das Lehrerurteil besser ist als eine Schülerauswahl per Zufall (vgl. Hany, 1987b). Die betreffenden Indizes sind in Tabelle 106 dargestellt.

Tabelle 106: Identifikationsgüte δ für die Screeningdimensionen hinsichtlich der Extremgruppen (PR > 95) in den genannten Variablen

	DIM1	DIM2	DIM3	DIM4	DIM5
KFTGL	<u>3.01</u>	1.55	.86	.91	1.09
VWTKATS	1.69	<u>2.08</u>	1.66	1.25	1.35
SKGES	1.02	1.07	<u>3.45</u>	1.48	.43
AIS	1.54	1.93	1.01	<u>1.84</u>	2.57
LCMS	2.74	1.86	1.87	.44	<u>5.92</u>
NOTE	<u>7.78</u>	5.26	2.43	1.78	2.17
SCINW	1.90	<u>2.66</u>	1.12	.98	1.12
SKPH	.61	.94	<u>4.16</u>	.27	1.52
SCITE	1.74	2.55	1.40	<u>1.45</u>	1.36
MUS	.54	.84	1.28	1.07	<u>4.44</u>

Legende: Ein möglichst hoher Identifikationsgüte-Wert ist von Vorteil. Läge der Wert bei 1, wäre die Treffsicherheit des Lehrerurteils genauso gut (bzw. schlecht) wie bei einer Zufallsauswahl.

Diejenigen Koeffizienten, die bei guter Identifikation sehr hoch ausfallen müßten, sind in Tabelle 106 unterstrichen; wie man sieht, sind hohe Werte eher die Ausnahme. Besonders deutlich fällt auf, daß mit DIM1 (Intelligenz) vor allem die guten Schüler (Note) nominiert werden. δ liegt hier weit höher als für KFTGL. Die guten Schüler erhalten bevorzugt auch eine Nomination in DIM2 (Kreativität). Hier werden Schüler mit sehr guten Werten in Kreativität (VWTKATS) nur zu einem geringen Teil nominiert; eher noch werden Schüler mit besonderen Leistungen auf naturwissenschaftlich-technischem Gebiet identifiziert. Wunschgemäß erfolgt die Nomination auf dem Gebiet der Sozialen Kompetenz (DIM3), wobei auch hier die Identifikation eher leistungs- als begabungsnah erfolgt. Nur knapp bessere Ergebnisse als eine Zufallsauswahl erzielen die Lehrer mit DIM4 hinsichtlich Psychomotorik. Dagegen finden sich günstige Werte für die Identifikation musikalisch Hochbegabter (DIM5).

Insgesamt betrachtet, verhalten sich die Lehrkräfte stark schulleistungsorientiert. Auf allen Dimensionen werden überzufällig viele sehr gute Schüler nominiert. Freilich sollte man nicht vorschnell schlußfolgern, daß Lehrer sich bei der Begabungsbeurteilung ausschließlich an der Schulleistung orientieren. Ebenso sind Erklärungsmöglichkeiten folgender Art in Betracht zu ziehen, daß nämlich (a) Schüler mit sehr guten Schulleistungen ihren Lehrern auffallen, die sich in der Folge besonders mit diesen Schülern beschäftigen und dabei verschiedene Begabungsformen feststellen, oder (b) Lehrer in der Begabungsbeurteilung generell unsicher sind, Schulleistungen aber gerne als zusätzlichen Hinweisreiz heranziehen, bevor sie besondere (auch schulleistungsferne) Begabungen attribuieren. Hypothesen dieser Art, die verstärkt soziale Wahrnehmungsprozesse thematisieren, müßten in speziellen Studien überprüft werden.

Tabelle 107: Identifikationsgüte (δ, Effektivität, Effizienz) der Screening-Skalen hinsichtlich der mit den BLM-Faktoren gebildeten Extremgruppen (PR > 95)

	DIM1			DIM2			DIM3			DIM4			DIM5		
	δ	Effektiv.	Effizienz	δ	Effektiv.	Effizienz	δ	Effektiv.	Effizienz	δ	Effektiv.	Effizienz	δ	Effektiv.	Effizienz
BLMF1 (5%)	0	0	0	0	0	0	1.61	.09	.08	1.49	.09	.07	1.49	.09	.07
BLMF2 (5%)	2.24	.27	.11	1.39	.09	.07	1.61	.09	.08	0	0	0	0	0	0
BLMF3 (5%)	4.48	.55	.21	1.39	.09	.07	0	0	0	0	0	0	1.49	.09	.07
BLMF4 (5%)	1.26	.15	.07	1.18	.07	.07	0	0	0	0	0	0	1.26	.07	.07
BLMF5 (5%)	1.37	.17	.07	0	0	0	1.47	.08	.08	0	0	0	2.74	.17	.14
BLMF6 (5%)	0	0	0	1.28	.08	.07	1.47	.08	.08	4.11	.25	.21	1.37	.08	.07
BLMF7 (5%)	.63	.07	.04	1.18	.08	.07	0	0	0	0	0	0	0	0	0
BLMF8 (5%)	2.05	.25	.11	0	0	0	4.42	.25	.23	0	0	0	0	0	0
BLMF9 (5%)	0	0	0	0	0	0	0	0	0	0	0	0	0	0	0

Die in Tabelle 106 dargestellten Koeffizienten erreichen fast durchgehend nur ein mittleres Niveau. Um dem Argument zu begegnen, daß Lehrer möglicherweise globalere Begabungsdimensionen einschätzen als sich in einzelnen Begabungs- bzw. Leistungsvariablen niederschlägt, sollen diese Ergebnisse an den in Abschnitt 3.1.3 gebildeten Begabungs-Leistungs-Motivations-Faktoren (BLM- Faktoren) repliziert werden. Tabelle 107 zeigt die Effektivitäts- und Effizienzmaße sowie den Index δ für die Identifikation der Spitzengruppe

(PR>95) auf jedem BLM-Faktor mit Hilfe der ersten Kategorie der einzelnen Screening-dimensionen.

Neben den vielen Werten, die gleich Null sind oder nahe dem Zufallswert 1 zu liegen kommen, fallen nur vier höhere Werte auf: Mit DIM1 werden besonders gut Hochrangierende auf BLM-Faktor 3 identifiziert; dieser Faktor beinhaltet die Schulleistungen. Die Spitzengruppe von BLM-Faktor 8 wird mit DIM3 bevorzugt nominiert; übereinstimmend erfassen beide Maße Soziale Kompetenz. Die Psychomotorik-Dimension DIM4 identifiziert besonders die guten Sportler (BLMF6), die Musikalitätsdimension (DIM5) die guten Musiker (BLMF5). Insofern ist den Lehrern - mit Ausnahme der Kreativität - eine gewisse Treffsicherheit nicht abzusprechen.

Andererseits ist zu beachten, daß die Effektivität der Lehrernomination - zu deren Beurteilung die entsprechenden Koeffizienten ebenfalls in Tabelle 107 aufgenommen wurden - nur bescheidene Ausmaße annimmt. Ebenso bleibt die Effizienz unbefriedigend. Am günstigsten liegen die Werte bei den Schulleistungsfähigen; dort werden 55% der Extremgruppe identifiziert, wenngleich nur 21% der insgesamt Nominierten "Treffer" darstellen. Die Zeilen und Spalten von Tabelle 100 vermitteln auch ein gutes Bild über Falschnominationen. So finden sich beispielsweise die Hochintelligenten (BLM-Faktor 4) in DIM1, DIM2 und DIM5 wieder; der größte Teil dieser Extremgruppe bleibt allerdings unerkannt. Man kann nun selbst entscheiden, ob sich die grobe Begabungseinschätzung der Lehrer identifikationstechnologisch verwenden läßt. Wenngleich auf diese Weise substantielle Trefferquoten zu erzielen sind, so muß man doch aufgrund der großen Zahl fälschlich Nominierter (d.h. der geringen Effizienz) vor einer alleinigen Orientierung am Lehrerurteil warnen.

Da also Lehrer zu einem erheblichen Teil andere Schüler als die von uns präferierten "Hochbegabten" nominieren, stellt sich die Frage, welche Eigenschaften die Schüler auszeichnen, die von den Lehrern nominiert werden. Zu diesem Zweck wurden fünf Extremgruppen von Schülern gebildet, die jeweils nur in einer Screening-Dimension den Spitzenwert, in allen anderen Dimensionen aber niedrigere Werte erhielten, d.h. aus der Sicht der Lehrer singuläre Spitzentalente darstellen.

Entsprechende Mittelwertsvergleiche machen deutlich, daß die gemäß DIM1 (Intelligenz) Nominierten vor allem in ihren Schulleistungen hervorragen; in den kognitiven Variablen verwischen sich die Gruppenunterschiede. Die Ergebnisse begründen außerdem den Verdacht, daß die Screening-Kategorie zur Psychomotorik etwas zweckfremd verwendet wurde. Dort scheinen vor allem jene Schüler nominiert worden zu sein, die schlechte Schulleistungen vollbringen, denen der Lehrer aber aus anderen Gründen (Mitleid?) eine Nomination zukommen lassen wollte.

Betrachtet man die Gruppenunterschiede hinsichtlich verschiedener (außerschulischer) Leistungen sowie kreativitätsrelevanter Einstellungen, so zeigt sich, daß die kreativitätsbezogene Lehrernomination wenig valide ist. Dagegen dürften kreative Schüler von den Lehrern bevorzugt als sozial kompetent eingeschätzt werden, entsprechend unserer früheren Analyse, wonach kreative Leistungen nur dann als "hochbegabungsrelevant" Aufmerksamkeit finden, wenn sie coram publico erfolgen. Möglicherweise werden im Lehrerurteil hier die notwendige (Kreativität) und die hinreichende Bedingung (Soziale Kompetenz) verwechselt.

Vergleicht man die Screeninggruppen anhand der Skalen der Lehrerchecklisten, ist wiederum zu erkennen, daß (a) Kreativität von Lehrern mangelhaft wahrgenommen wird, (b) Psychomotorik einerseits rein grobmotorisch konzipiert wird, andererseits wohl dann eine Nomination vergeben wird, wenn alle anderen Kategorien nicht in Frage kommen, (c) Soziale Kompetenz und Musikalität besonders konsistent beurteilt werden. Insgesamt scheint man eine schulspezifische Begabungsstrukturierung zu erkennen: Da (die mit den hier verwendeten Tests gemessene) Kreativität in der Schule selten gefragt ist, zeigt sich diese Dimension auch nicht eigenständig. Gemäß unseren Analysen werden die intelligenten Schüler auch als besonders kreativ eingeschätzt. Intelligenz (via Schulnoten), Musikalität (Musikleistung), Psychomotorik (Sportleistung) und soziale Fertigkeiten (im Kontakt zu Lehrern und Mitschülern) kommen im schulischen Kontext zum Tragen und werden von den Lehrern differenziert beurteilt. Das in persönlichen Gesprächen oft gehörte Argument, daß Lehrer in der Schule nur einen bestimmten (eingeschränkten) Ausschnitt an Begabungen, Interessen und Leistungen ihrer Schüler zu Gesicht bekommen, weshalb nur diese von den Lehrern zuverlässig beurteilbar seien, scheint sich hier zu bestätigen.

Insgesamt ist die Problematik des Lehrerurteils deutlich geworden. Für praktische Identifikationszwecke - gerade im Hinblick auf innerschulische Fördermaßnahmen oder Forschungsprogramme, welche Schulleistungen als Leistungskriterien heranziehen - ist freilich das Lehrerurteil nicht zu vernachlässigen. Lehrer beziehen sich bei ihrer Begabungseinschätzung naturgemäß auf schulische Leistungsanforderungen und ihre Bewältigung durch die Schüler. Wenn also eine Eignungsprognose hinsichtlich der Bewältigung schulähnlicher Leistungsanforderungen ansteht, dürfte das Lehrerurteil vergleichsweise treffsicher sein. Für andere Zwecke, z.B. das Erkennen begabter Underachiever, ist es jedoch vielfach ergänzungsbedürftig oder durch andere Identifikationsverfahren zu ersetzen.

4. Zusammenfassung

Die vielfältigen Ergebnisse des zweiten Teils sollen unter besonderer Berücksichtigung der Anwendungsperspektive kurz zusammengefaßt werden.

4.1 Strukturelle Aspekte von Hochbegabung

Mit verschiedenen Auswertungstechniken wurde die oft als veraltet bezeichnete, jüngst jedoch wieder in die Diskussion eingebrachte Annahme, wonach Hochbegabung im wesentlichen aus einer hohen Ausprägung allgemeiner Intelligenz bestehe und sich mit einem Test zur allgemeinen Intelligenz auch am besten erfassen lasse (Rost, 1991a), umfassend widerlegt. Selbst unter den eingeschränkten methodischen Möglichkeiten der vorliegenden Studie (es mußten in einem engen Zeitrahmen fast ausschließlich Papier- und Bleistift-Verfahren eingesetzt werden) ergaben sich deutlich getrennte Begabungsfaktoren und Leistungsbereiche. Diese Ergebnisse sind nicht, wie man vielleicht vermuten könnte, aufgrund der Vorauswahl der Stichprobe durch Lehrkräfte trivial; zum einen erwies sich das für die Vorauswahl eingesetzte Screeningverfahren als für eine bereichsspezifische Selektion untauglich, zum anderen war es ja nicht Ziel der Studie, eine unausgelesene Grundgesamtheit nach Hochbegabtentypen zu durchsuchen, was aufgrund des Bandbreite-Fidelitäts-Dilemmas der meisten Meßverfahren (Cronbach & Gleser, 1965) zu größten Methodenproblemen geführt hätte.

Die empirisch ermittelten Begabungsfaktoren ergaben einerseits, daß die intelligenzbezogenen Skalen zumindest in einen Denk- und einen Geschwindigkeitsfaktor zu trennen sind, und andererseits, daß Kreativität, soziale Kompetenz und Musikalität sich nicht nur von der Intelligenz abheben, sondern auch durch entsprechende korrelative Beziehungen zu Kriteriumsvariablen zu validieren sind. Die Validierung der Hochbegabungsgruppen erfolgte auch ausgehend von den Leistungsspitzen der empirisch strukturierten Kritierumsvariablen, d. h. in der umgekehrten Richtung als üblich, und konnte die Brauchbarkeit der Begabungsdifferenzierung belegen.

Praktische Konsequenz aus diesen Befunden ist, daß man in vielen Anwendungsfällen von einem eindimensionalen Hochbegabungskonzept Abschied nehmen müßte. Auch Wild, der im Marburger Projekt zur Entwicklung hochbegabter Grundschulkinder gearbeitet hat, äußert sich in diesem Sinne (Wild, 1991, S. 56f.). Freilich soll nicht behauptet werden, daß die im vorliegenden Projekt gezielt vorgenommene Einschränkung der berücksichtigten Begabungsfaktoren und die immer auch methodenbedingten Ergebnisse zur Personen- und Variablengruppierung einer real existierenden Hochbegabtentypologie entsprechen. Es sollte vielmehr aufgewiesen werden, daß sich bei Berücksichtigung differenzierter Information bereits im Schulalter verschiedenartige Begabungs- und Leistungsprofile zeigen. Bei Selektions-, Modifikations- und Fördermaßnahmen gleich welcher Art sind diese interindividuellen Unterschiede eben nicht nur in quantitativer (als Mehr oder Weniger an allgemeiner Intelligenz), sondern auch in qualitativer Hinsicht (als Art des Begabungsprofils) zu berücksichtigen.

Die durchgeführten Analysen lassen auch den Schluß zu, daß sich divergente von konvergenten Denkfähigkeiten unterscheiden lassen und diese Unterscheidung für die Praxis ergiebig ist. Die Testverfahren zum divergenten Denken, die zur Messung der Denkvorgänge bei kreativen Aktivitäten eingesetzt wurden, erfassen sicher nicht alle, vielleicht nicht einmal die wichtigsten Aspekte kreativen Denkens. Ihre Leistungsfähigkeit kann auch aufgrund zahlreicher Studien mit unterschiedlichen Ergebnissen nicht eindeutig beurteilt werden (vgl. die Übersicht bei Barron & Harrington, 1981); sie sind aber im Gegensatz zu alternativ verwendeten Verfahren (Lehrernominationen, Beurteilung durch Vorgesetzte oder Produktbewertungen) nicht für Verzerrungen auf der Basis mangelnder Diskriminationsfähigkeit der Beurteiler anfällig (Hocevar, 1981) und erwiesen sich auch in unserer Studie als wesentlich brauchbarer als z.B. Lehrereinschätzungen zur Kreativität.

Unter bestimmten Umständen konnte in verschiedenen Studien aufgezeigt werden, daß Meßwerte aus divergenten Fähigkeitstests mit Lebensleistungen korrelieren und deshalb zur Prognose verwendet werden können (vgl. die Übersichten von Barron & Harrington, 1981, sowie von Wallach, 1985); da jedoch bislang kaum Verfahren zur Erfassung bereichsspezifischer Kreativität vorliegen, kann man einerseits von den durchgeführten Studien keine günstigeren Ergebnisse erwarten, andererseits sollte man auch mit den vorliegenden Meßverfahren sehr vorsichtig umgehen, wenn es um Selektionsentscheidungen geht.

Ein kleines Lehrstück, wie sich beim Thema Kreativität die Geister scheiden können und mit fadenscheinigen Argumenten hantiert wird, zeigt die Kontroverse von Rost (1991a u. b) und Hany & Heller (1991b) bzw. Mönks (1991). Rost (1991b) bezeichnet die von Hany & Heller (1991b) erwähnten Studien von Paul Torrance zum Zusammenhang zwischen Testwerten und kreativer Lebensleistung u.a. deshalb als irrelevant, weil sie in dem "Handbook of Creativity" (Glover, Ronning & Reynolds, 1989) nicht erwähnt werden. Diesem Argument ist entgegenzuhalten, daß einerseits das Sachverzeichnis in jenem Buch äußerst lückenhaft ist und andererseits das gesamte Handbuch Paul Torrance gewidmet ist, wie ein Foto von ihm und seiner Frau auf den ersten Seiten des Buches sowie entsprechende Widmungen belegen. Überdies gelten die Herausgeber wohl nicht als die größten Experten auf dem Gebiet der Kreativität; sie scheinen eher in vielen Bereichen zu arbeiten und haben in derselben Handbuchreihe auch Bände zu Methodenproblemen der Persönlichkeitspsychologie und zur Geschichte der Pädagogischen Psychologie editiert.

Die Ergebnisse der vorliegenden Studie bestätigen die von Renzulli & Delcourt (1986) prononciert vorgetragene Unterscheidung zwischen Schulbegabung (schoolhouse giftedness) und kreativ-produktiver Leistung (creative-productive achievement). Ohne daß die Wertung der amerikanischen Autoren mitgetragen werden soll, kann man auch in unserer Studie zwischen schulisch relevanten Leistungen und den damit eng zusammenhängenden kognitiven Fähigkeiten einerseits und außerschulischen interessebezogenen Aktivitäten bzw. Leistungen und der dazu nötigen sozialen Kompetenz und gegenstandsbezogenen Motivation andererseits unterscheiden. Die zuletzt genannten Aktivitäten außerhalb des Klassenzimmers werden naturgemäß durch die Schule nicht angeregt und unterstützt. Deshalb benötigt der Jugendliche neben starker inhaltsbezogener Motivation und der Kompetenz, sich auch in widriger Umgebung durchzusetzen, eine gewisse Flexibilität und Erfindungsgabe für Leistungen in diesen Gebieten. Für diese selbstgewählten Aktivitätsbereiche mag das Drei-Ringe-Modell von Renzulli (1978) als Veranschaulichung der *multiplikativen* Wirkung von kognitiven Fähigkeiten, Kreativität und Engagement/sozialer Kompetenz (Mönks, 1991) zutreffen.

Leistungen innerhalb der Schule erfordern diese umfassende Eigeninitiative nicht. Dies hat Vor- und Nachteile. Der große Vorteil der schulisch relevanten Leistungsbereiche und ihrer schulischen Förderung liegt darin, daß entsprechende kognitive Fähigkeiten des Schülers vielfach ausreichen, um Leistungen in Deutsch. Mathematik, Englisch etc. zu erzielen, während z.B. Kreativität und soziale Kompetenz nicht ausschlaggebend sind. Das bedeutet, daß schulische Leistungen voraussetzungsärmer und damit für größere Schülergruppen zu erreichen sind als eigengesteuerte Aktivitäten. Der Nachteil daran ist, daß diese beschützende Atmosphäre der Schule, die hinsichtlich der schulischen Fächer viele Anregungen, Anreize und positives Feedback bietet, im Berufsleben meist wegfällt. Dort sind dann soziale Kompetenzen, Eigeninitiative und kreative Flexibilität stärker gefragt, wodurch manche früheren "Musterschüler" überfordert sind, während andere Charaktere erst richtig aufblühen. Man braucht sich deshalb nicht darüber zu wundern, daß selbständig entwickelte Aktivitäten im Jugendalter in manchen Untersuchungen eine engere Beziehung zu späteren beruflichen Leistungen aufweisen als das frühere schulische Leistungsniveau.

4.2 Eignung der Meßverfahren für die Hochbegabungsdiagnostik

Hochbegabungsdiagnostik ist in jedem Falle auf testtheoretisch abgesicherte Meßverfahren angewiesen, gleich ob die Ermittlung des Begabungsprofils in der Einzelfallberatung oder die Eignungs- bzw. Bedarfsbestimmung hinsichtlich Maßnahmen der Spitzen- vs. kompensatorischen Förderung ansteht. Die in der vorliegenden Studie verwendeten Meßverfahren können hinsichtlich der üblichen Testgütekriterien (vgl. Perleth & Sierwald, 1991) bewertet werden; damit ist jedoch die Frage der speziellen Eignung für die Hochbegabungsdiagnostik noch nicht beantwortet. Diese Frage könnte beantwortet werden durch eine Untersuchung der verwendeten Meßverfahren hinsichtlich

- ihrer Testgütewerte bezüglich einer überdurchschnittlichen und damit varianzarmen Stichprobe,
- ihrer Selektionsgütewerte (d.h. Effektivität und Effizienz) hinsichtlich konkreter Auswahlsituationen,
- ihrer unmittelbaren Verwendbarkeit für die Beratungs- und Förderpraxis.

Man kann freilich anhand statistischer Überlegungen zeigen, daß die beiden zuerst genannten Kriterien zusammenfallen, da z.B. die Kriteriumsvalidität eines Verfahrens, d.h. die Korrelation zwischen Prädiktor und Kriterium, die Selektionsgütewerte beeinflußt. Im Kapitel 2 oben wurden Testgütewerte berichtet, die sich auf eine vorausgelesene Stichprobe beziehen, für die eingeschränkte Varianzen nachweisbar sind; somit wurden die ersten beiden der oben genannten Kriterien bearbeitet, wozu gleich noch Näheres ausgeführt wird. Problematisch ist freilich die Beantwortung des dritten Kriteriums: Solange die angewandten Meßverfahren nicht in Form von standardisierten Formularen und Manualen vorliegen, die ihren Verwendungszweck, die Art der Durchführung und die ermittelten Testgütewerte hinsichtlich der untersuchten Substichproben offenlegen, kann deren Verwendung in der Praxis nicht ohne weiteres empfohlen werden.

Die meisten der einbezogenen Meßverfahren, vor allem die im kognitiven Bereich, erzielten gute bis sehr gute Testgütewerte. Die Interkorrelationen, Reliabilitäts- und

Validitätskennwerte sowie die Schwierigkeitsindizes zeigten die erwarteten bzw. erhofften Ausprägungen. Hinsichtlich der Meßverfahren im Kreativitätsbereich ergab sich ein nicht ganz so günstiges Bild, was auf dem Hintergrund der in der Literatur berichteten Resultate nicht verwunderlich war (Hocevar, 1981). Man darf zudem nicht übersehen, daß es aufgrund der beschränkten Möglichkeiten der Datenerhebung leider nicht möglich war, Aktivitäten und Darbietungen der Versuchspersonen real zu beobachten und hinsichtlich ihrer Kreativität einzuschätzen. In den Bereichen Soziale Kompetenz und Musikalität zeigte sich, daß entsprechende Selbst- und Fremdeinschätzungen (durch Lehrkräfte) zumindest konsistent erfolgten und auch entsprechende Kriteriumsbezüge positiv ausfielen. In beiden Bereichen wurden aber keine unmittelbaren Fähigkeitstests durchgeführt, so daß man die eingesetzten Skalen allenfalls zur Grobdiagnose, sicher jedoch nicht zur Einschätzung des Lern- oder Leistungspotentials verwenden kann. Eher umgekehrte Verhältnisse offenbarten sich im Bereich der Psychomotorik: Die in diesem Buch nicht näher dargestellten, aber bei Hany (1987b) ausführlich beschriebenen und analysierten Computertests zur Erfassung psychomotorischer Grundfunktionen scheinen so basale Motorikkomponenten zu erfassen, daß sie keine eindeutigen Beziehungen zu komplexen Aktivitäten wie bestimmte Sportarten oder technische Basteleien aufweisen. Man muß daher konstatieren, daß die auf theoretischer Basis entwickelten Testverfahren im Vergleich zu den groben und komplexen Kriterien zu differenziert ausfielen. Die zahlreichen Subskalen wiesen zwar bei Intradomänanalysen eine plausible Struktur auf, wodurch deren Konstruktvalidität bestätigt wurde, zeigten sich jedoch als statistisch unabhängig gegenüber allen anderen Variablengruppen.

Leider bestand in der vorliegenden Studie, die sich angewandten Fragestellungen widmete, nicht die Möglichkeit zur Grundlagenforschung. Die unklare Konstruktlage auf den Gebieten der sozialen, motorischen und musikalischen Kompetenz spiegelt sich auch in den verfügbaren Meßmethoden und -verfahren und nicht zuletzt in den manchmal nicht zweifelsfrei interpretierbaren Ergebnissen wider.

In die Studie wurden auch zahlreiche Meßverfahren einbezogen, die nicht spezifisch für besonders begabte Kinder und Jugendliche konstruiert worden sind, etwa motivationale Skalen sowie Verfahren zur Erfassung von Umweltvariablen. Diese Verfahren und die ermittelten Skalen-Kennwerte, die teilweise auf umfangreichen Stichproben beruhen, können interessierten Kolleginnen und Kollegen gern zu weiterer Forschungsarbeit zur Verfügung gestellt werden. Bei der praktischen Handhabung ist die bei unveröffentlichten Verfahren übliche Zurückhaltung und besondere Berücksichtigung der Stichprobenmerkmale und Durchführungsbedingungen geboten.

4.3 Eignung verschiedener Datenquellen für die Hochbegabungsdiagnostik

In den vorstehenden Analysen wurden vielfach Testdaten, Selbsteinschätzungen und Fremdeinschätzungen durch Eltern und Lehrer verglichen. Wenngleich die Fremdeinschätzungen dabei generell als problematisch und Selbsteinschätzungen im Grundschulalter als wenig nützlich beurteilt wurden, soll hier noch überlegt werden, für welche Begabungsbereiche welche Datenquellen die beste diagnostische Grundlage bieten.

Betrachten wir zunächst die Selbsteinschätzungen (Selbstratings): Hier besteht vor allem bei jüngeren Schülern die Gefahr der Antwortverfälschung und generell das Problem des Bezugssystems. Da Selbsteinschätzungen Abstraktionsleistungen verlangen, ist zu erwarten, daß Kinder auf die Begabungsattribution durch Eltern und Lehrer zurückgreifen, da sie oft nur über unzureichende Vergleiche zur Selbsteinschätzung sowie mangelhaft ausgeprägte Abstraktionsfertigkeiten verfügen. Die Selbstratings besonders jüngerer Kinder dürften also mehr die Anstrengungs- und Leistungsrückmeldungen der Sozialisationsagenten (einschließlich geschlechtsspezifischer Stereotype) widerspiegeln als eigene Erfahrungen und individuelle Vergleichsprozesse. Dieses extern geprägte Begabungsselbstkonzept ist kaum geeignet zur Erfassung besonderer Begabungen; seine Berücksichtigung im Vergleich mit objektiven Begabungsdaten könnte jedoch in der Einzelfallberatung zur Aufklärung erwartungswidriger Minderleistungen oder Interessendefizite beitragen.

Die Begabungseinschätzung durch Eltern und Lehrer *im Kindesalter* fällt weniger differenziert als erwartet aus und scheint damit die Vermutung zu bestätigen, daß sich Begabungen erst mit zunehmender Interessenentwicklung differenzieren. Eltern und Lehrer scheinen jedoch neben einem Konzept allgemeiner intellektueller Begabung Musikalität und körperliche Geschicklichkeit zu unterscheiden, wobei die jeweiligen Einschätzungen stark differieren. Hier dürften Bezugsgruppeneffekte, Entwicklungsinformationen und subjektive Entwicklungskonzeptionen eine wichtige Rolle spielen: Lehrkräfte können ein Kind im Kontext der Schulklasse einschätzen und dabei auf Erfahrungen mit verschiedenen Jahrgängen und Kohorten zurückgreifen. Eltern vergleichen ihr Kind eher mit Nachbarskindern und Verwandten, können jedoch die Entwicklungsgeschwindigkeit und -kapazitäten ihres Kindes vielleicht fundierter beurteilen als Lehrkräfte. Diese Annahmen sind freilich vorerst spekulativ. Für die praktische Hochbegabungsdiagnostik ergibt sich somit die Konsequenz, aufgrund der Abweichungen zwischen Selbsteinschätzungen und Lehrer- bzw. Elternurteil (Fremdratings) möglichst alle Informationsquellen zu nutzen und gegeneinander abzuwägen.

Die Testdaten scheinen den subjektiven Aussagen gegenüber den Vorteil höherer Objektivität zu besitzen; das bedeutet freilich nicht, daß sie gleichzeitig immer auch valider sind. Gerade im Kindesalter können Durchführungssituation und Instruktionsverständnis das Testergebnis noch substantiell beeinflussen. So läßt sich zusammenfassend die vorsichtige Empfehlung begründen, daß Testverfahren zur Erfassung kognitiver Begabungen eingesetzt werden sollten, Lehrer- und Elternurteile sich zur Ermittlung des allgemeinen geistigen Entwicklungsniveaus (einschließlich der motorischen Entwicklung) sowie der Musikalität eignen und Selbsteinschätzungen höchstens zur Erfassung von Interessen oder anderer motivationaler Größen tauglich sind.

Im Jugendalter scheinen die Lehrkräfte aufgrund des differenzierten Fächerkanons freilich über mehr Beobachtungs- und Einschätzungsmöglichkeiten zu verfügen als in der Grundschule; ebenso dürften Jugendliche ihre eigenen Fähigkeiten und Interessen zutreffender einschätzen als Kinder. Bei der Diagnose *komplexer* Leistungsmerkmale treten demnach Schätzskalen bzw. das zumindest für schulische Leistungssituationen valide Lehrerurteil gegenüber Tests in den Vordergrund, obwohl letztere z.B. bei der Schullaufbahnberatung unverzichtbar sind. Als Faustregel mag wohl gelten, daß klassische Fähigkeitsbereiche wie

Intelligenz und Musikalität durch standardisierte Tests bzw. Expertenurteile am besten einschätzbar sind; kreative Leistungen und Haltungen lassen sich eher durch biographische Inventare erfassen, während soziale Kompetenz durch Aussagen der am sozialen Prozeß Beteiligten sowie durch die Kongruenz zwischen Fremdrating und Selbstrating ermittelt werden könnte.

4.4 Kombination verschiedener Meßskalen und Datenquellen

Die Aussagen des letzten Abschnittes sind absichtlich allgemein gehalten, da in der hier durchgeführten Studie verschiedene in der Diagnostik entwickelte Meßverfahren nicht eingesetzt werden konnten, z.B.
- Produktbewertung durch Experten oder Werkanalyse,
- Einschätzung durch Mitschüler und "Vorgesetzte" (z.B. Sportleiter, Jugendgruppenleiter, Vereinsvorstände, Klassensprecher),
- Verhaltensbeobachtungen,
- Interviewverfahren.

Diese Beobachtungsformen spielen jedoch in der psychologischen Schul- und Erziehungsberatung eine wichtige Rolle und können die von uns erprobten Papier- und Bleistift-Verfahren durch wertvolle Aspekte ergänzen. Andererseits ist der Praktiker oft für einfach handhabbare Meßverfahren dankbar, sofern sie die benötigten Informationen präzise liefern. Wir können jedoch aufgrund der Anlage unserer Studie kaum Empfehlungen dafür geben, wie Test- und Beobachtungsdaten u.ä. klinisch oder statistisch verarbeitet werden sollen.

Vielmehr müssen wir sogar auf folgende Einschränkung der vorstehend berichteten Datenanalysen hinweisen: In allen Fällen wurden die Daten statistisch ausgewertet, d.h. Gruppenbildungen wurden auf der Grundlage multidimensionaler linearer Beziehungen vorgenommen. Dieses statistische Vorgehen wird zwar in der Regel gegenüber dem klinischen als überlegen betrachtet (vgl. Heller, 1991c); solche Vergleiche beziehen aber die intuitive Bearbeitung der Informationen durch klinisches Personal ein, ohne daß die neueren Technologien der Expertensysteme herangezogen würden. Die einfache Anwendung der Expertensystemtechnologie auf Begabungsdaten muß zwar gegenüber klinischen Faustregeln oder differenzierten statistischen Verfahren keine Verbesserung erbringen, wie Hany (1991a) demonstriert hat; jedoch wäre es wünschenswert, dem Praktiker Entscheidungsregeln zur Abklärung verschiedener Begabungsformen in der Form eines Expertensystems zur Verfügung zu stellen, da diese meist transparenter sind als statistische Entscheidungsprozeduren und dadurch vielleicht höhere Akzeptanz finden.

Kurz zusammengefaßt bedeutet dies, daß Ansatzpunkt und Ergebnisse der vorliegenden Studie dem praktisch tätigen Begabungsdiagnostiker nicht den Eindruck vermitteln wollen, man könne hochbegabte Kinder und Jugendliche
- nur auf der Basis von Papier- und Bleistift-Verfahren und
- nur auf der Basis statistischer Entscheidungsregeln

identifizieren und beraten. Vielmehr sollte gezeigt werden, daß die erprobte Vorgehensweise bereits sehr komplexe Begabungsprofile, aber auch zahlreiche Methodenprobleme zum Vorschein bringt. Der Vorwurf, "Tests" würden der Wirklichkeit des komplexen Interaktionsgefüges, das jeder Begabungsentfaltung zugrundeliegt, nicht gerecht, kann hinsichtlich der diagnostischen Möglichkeiten so nicht bestätigt werden. Gleichzeitig ist der Diagnostiker nicht von seiner Verantwortung entbunden, die Vielfalt von Begabungen und individueller Talentkonstellationen mit einem hinreichend differenzierten diagnostischen Instrumentarium zu erfassen. Dieses muß sicherlich in vielen Fällen über Papier- und Bleistift-Verfahren hinausgehen, darf diese aber (gerade aufgrund ihrer prüfbaren Objektivität, Zuverlässigkeit und Gültigkeit) nicht von vornherein ausschließen. Vielmehr ist in einer gezielten Kombination verschiedener Informationsquellen und Meßskalen nach dem derzeitigen Erkenntnisstand sehr oft erst ein Maximum an Sicherheit, Gültigkeit und Differenziertheit in hochbegabungsdiagnostischen Aussagen zu erzielen. Diese Feststellung gilt nicht nur für wissenschaftliche Untersuchungen, sondern auch für die praktische Arbeit der Identifizierung hochbegabter Kinder und Jugendlicher.

Teil III:

Entwicklungs- und Leistungsanalysen zur Hochbegabung

Christoph Perleth & Wolfgang Sierwald

1. Untersuchungsziele der Längsschnittstudie

Die Zielsetzung der zweiten Projektphase (Längsschnittstudie) knüpft zum einen an die Ergebnisse der ersten Untersuchungsphase an, wobei hier vor allem Fragen der prädiktiven Validität (*Prognosegültigkeit*) des entwickelten - tabellarisch im Anhang zusammengestellten - Instrumentariums zur Identifikation hochbegabter Schüler zu klären waren. Wegen der besseren Lesbarkeit und aus Gründen der inhaltlichen Systematik finden sich neben den Informationen in den nachfolgenden Kapiteln 4 und 7 einschlägige Ergebnisse auch an verschiedenen Stellen in Teil II dieses Buches.

Ergänzend zu den Aufgaben der ersten Projektphase sollten im Verlauf der Längsschnittstudie noch weitere Diagnoseinstrumente erprobt werden, wobei das Hauptaugenmerk *kognitionspsychologischen* Ansätzen der modernen Begabungsforschung galt. Daß diese Methoden bislang in die diagnostische Praxis so wenig Eingang gefunden haben, findet u.a. insofern eine gewisse Berechtigung, als auch nach unseren Untersuchungsbefunden entsprechende Verfahren offensichtlich noch nicht jenen Grad instrumenteller Qualität erreicht haben, wie es für die Testgütekriterien in der Psychometrie seit langem als Standard angesehen wird. Diese Diskrepanz zwischen theoretischem bzw. methodologischem Anspruch und methodischer Umsetzung bzw. Verfahrensrealisierung ist nicht nur für die aktuelle Situation in vielen Bereichen der Kognitionsforschung - und analog in der Kontroverse um sog. status- vs. prozeßdiagnostische Ansätze der Begabungsforschung - kennzeichnend, sie muß auch bei der Interpretation unserer eigenen Befunde hierzu in Rechnung gestellt werden. Weitere Anstrengungen sind erforderlich, um konzeptuell durchaus interessante, aber praktisch noch selten befriedigende (neuartige) Meßinstrumente soweit tauglich zu machen, daß sie allgemein für die Identifikation hochbegabter Kinder und Jugendlicher empfohlen werden können.

Andere Ziele der Münchener Längsschnittstudie waren auf die *Erfassung des Entwicklungsverlaufs von Hochbegabung* auf verschiedenen Altersstufen sowie auf die *Analyse des Begabungs-Leistungszusammenhangs* gerichtet. Dazu werden in den folgenden Kapiteln zunächst einige Methodenprobleme, sodann ausführlicher inhaltliche Ergebnisse unserer Längsschnittstudie dargestellt. Aus der Fülle vorliegender Dateninformationen wählten wir jene aus, die im Hinblick auf die im Erstantrag (1984, S. 6ff. bzw. S. 37ff. u. S. 46ff.) sowie im Fortsetzungsantrag (1986, S. 2ff.) formulierten Untersuchungsziele besonders relevant erscheinen. Entsprechend dem Charakter einer breit angelegten *Erkundungsstudie* galt es zunächst, möglichst alle relevanten Begabungsmerkmale und deren Bedingungskomponenten zu erfassen. Diese Intention führte einerseits während der Projektbearbeitung zu einer enormen Ausweitung von Untersuchungsvariablen, so daß fortwährend zwar verständlichen, aber mit den vorhandenen Ressourcen nicht zu bewältigenden inflationären Tendenzen gegengesteuert werden mußte. Andererseits sollten entsprechende Operationalisierungen (Meßinstrumente) konstruktnah, d.h. hypothesenorientiert und präzise erfolgen, was den Rahmen einer Explorationsstudie zu sprengen drohte. Wir entschlossen uns deshalb über weite Strecken der zweiten Projektphase für einen Kompromiß, der auch in der Ergebnisdarstellung im Berichtsteil III zum Ausdruck kommt. Auf diese Weise dürfte sowohl berechtigten Erwartungen des Förderers als auch streng wissenschaftlichen Interessen (bezüglich Hypothesenprüfung) einigermaßen Rechnung getragen werden.

Inzwischen sind mehrere weiterführende Studien zu einzelnen Themen geplant oder bereits in Angriff genommen (vgl. Heller, 1990, S. 43ff.), die ohne die vorliegenden Ergebnisse und Erfahrungen wohl kaum zustande gekommen wären. Insofern hat unsere Längsschnittstudie über den ursprünglichen Zielrahmen hinaus wertvolle Erkenntnisse über notwendige methodische und inhaltlich-thematische Innovationen vermittelt.

Die *Hauptziele der Längsschnittstudie* lassen sich folgendermaßen zusammenfassen:

(1) Überprüfung der prognostischen Validität der entwickelten bzw. in der Hauptuntersuchung 1986 eingesetzten Meßinstrumente zur Identifikation hochbegabter Schüler/innen (vgl. Teil II und Teil III, Kapitel 4).

(2) Überprüfung der Gültigkeit des typologischen Konzepts und der Zusammenhänge zwischen verschiedenen Begabungs- und Leistungstypen auf verschiedenen Altersstufen (vgl. Teil II, Abschnitte 3.3 und 3.4; Teil III, Kapitel 3).

(3) Ermittlung der Effekte von (nichtkognitiven) Persönlichkeits- und Umweltfaktoren auf die Leistung hochbegabter Schüler/innen anhand des im Hauptantrag (1984, S. 48f.) dargestellten Bedingungsmodells (vgl. Teil I, Kapitel 1, und Teil III, Kapitel 7 und 8).

(4) Beobachtung und Beschreibung sowie Analyse und Erklärung des Entwicklungsverlaufs hochbegabter Kinder und Jugendlicher in bezug auf Merkmalsveränderungen im kognitiven und nichtkognitiven Bereich (vgl. Teil III, Kapitel 2, 5, 6 und 7).

(5) Ermittlung und Analyse der Wechselwirkungen zwischen Begabung, Leistung, Persönlichkeit und Umwelt im Zeitverlauf (vgl. Teil III, Kapitel 7 und 8 sowie - ergänzend - Kapitel 9).

Die Ergebnisdarstellung soll auch nachstehend problemspezifisch und soweit als möglich umfassend im Hinblick auf die Hauptfragestellungen erfolgen. Zu diesem Zweck wurden Abweichungen der Kapitelgliederung vom vorgenannten Fragenkatalog notwendig, indem teilweise komplexere thematische (Kapitel-)Einheiten definiert werden mußten. Durch entsprechende Kapitelverweise im Projektzielkatalog oben dürften jedoch keine Zuordnungsprobleme entstehen.

Wegen der Fülle der in diesen Bericht zusammengestellten Ergebnisse eignet der Darstellung über weite Strecken hinweg eher Überblickscharakter. Aufgrund des beschränkten Rahmens dieses Buches war es uns in vielen Fällen nicht möglich, die Ergebnisse so detailliert darzustellen, wie wir es uns im Sinne wissenschaftlicher Exaktheit eigentlich gewünscht hätten.

2. Methodenprobleme bei der Testung von Modellen für die Entwicklung hochbegabter Jugendlicher

Bereits mehrfach wurde in diesem Bericht (vor allem in Teil II) auf spezifische Methodenprobleme aufmerksam gemacht, mit denen bei der Untersuchung Hoch- und Gutbegabter gerechnet werden muß. Insbesondere wurden in diesem Zusammenhang Varianzeinschränkungen, Deckeneffekte und Verteilungsanomalien genannt (vgl. Hany, Geisler & Perleth, 1986; Heller, 1986; Perleth & Sierwald, 1988; Sierwald & Perleth, 1989). Dieses Kapitel beschäftigt sich eingehender mit solchen Methodenproblemen, wenngleich natürlich auch in den übrigen Kapiteln Methodenfragen angesprochen und beispielsweise mit der Residualclusteranalyse in Abschnitt 3.2 innovative Methoden diskutiert werden.

Im ersten Abschnitt dieses Kapitels, der inhaltlich dem Kongreßbeitrag von Perleth & Sierwald (1988) entspricht, wird die Brauchbarkeit von loglinearen und Logitmodellen für die Analyse der Entwicklung Hoch- bzw. Gutbegabter untersucht. Der zweite Abschnitt enthält eine Robustheitsstudie, die die Ergebnisse der Anwendung verschiedener Methoden auf dieselbe Fragestellung vergleicht. Diese Studie geht auf die Arbeit von Sierwald & Perleth (1989) zurück und realisiert direkt die Forderung von Spiel (1989) nach Methodenvergleichen in der Entwicklungspsychologie. Nicht zuletzt wird damit auch ein Argument für die Anwendung von LISREL-Modellen in den übrigen Kapiteln von Teil III dieses Buches geliefert.

2.1 Zur Anwendung von loglinearen und Logit-Modellen

Logit- und loglineare Modelle als Methode zur Analyse von kategorialen Daten setzen keine bestimmten Verteilungseigenschaften der Kriteriumsvariablen voraus. Dies unterscheidet sie von den Verfahren des allgemeinen linearen Modells. Der Einsatz von voraussetzungsärmeren statistischen Modellen ist insbesondere dann angebracht, wenn signifikante Abweichungen von der geforderten Verteilungsform auftreten oder nicht mit Sicherheit angenommen werden kann, daß die Daten das erforderliche Meßniveau aufweisen. Dies betrifft auch Untersuchungen extremer Populationen, wie sie z.B. Hochbegabte bilden. Die genannten Probleme treten vor allem dann auf, wenn nichtmetrische Variablen in die Analyse einbezogen oder in Längsschnittstudien Cut-Offs zur Selektion verwendet werden. In solchen Fällen sind immer Effekte auf die Verteilungen der Variablen zu erwarten.

Ferner sind gerade Daten genuin kategorialen Charakters kennzeichnend für Hochbegabtenstudien (z.B. Nominaldaten über Wettbewerbsgewinne u.ä.). Logit- und loglineare Modelle eignen sich zur Analyse von Beziehungen zwischen kategorialen Daten ebenso wie zur Überprüfung rekursiver Kausalmodelle für mehrdimensionale Kontingenztafeln.

2.1.1 Fragestellung

Wir haben für unsere Untersuchungen einen bestimmten Ausschnitt der Daten gewählt, mit welchen

- charakteristische Aspekte unseres Modells zur Hochbegabung repräsentiert werden,
- methodologische Probleme bei der Analyse der Daten sichtbar werden,
- die Anwendung von Logit- und loglinearen Modellen auf die Analyse von entwicklungspsychologischen Daten demonstriert werden kann.

Zu diesem Zweck wurden anhand von Begabungs-, Motivations- und Leistungsdaten der Kohorten der Siebt- und Neuntkläßler von 1986 (T1) und 1987 (T2) im Rahmen unseres Begabungs-Leistungsmodells folgende *Hypothesen* überprüft:

(1) Die Freizeitaktivitäten und die Leistungen im naturwissenschaftlichen Bereich zum Zeitpunkt T2 hängen von den Vorjahresergebnissen in Intelligenz, Kreativität und Erkenntnisstreben ab.

(2) Es besteht eine Beziehung zwischen der Entwicklung schulischer Leistungen einerseits und der Intelligenz andererseits, die von motivationalen Variablen moderiert wird.

(3) Die Entwicklung von Begabungstypen hängt vom Motivationstyp ab.

(4) Die schulische Leistung in den Fächern Deutsch, Mathematik und Englisch kann am besten aufgrund unterschiedlicher Intelligenzdimensionen und des Geschlechts prognostiziert werden.

Hier sei nur knapp auf die Untersuchungsergebnisse eingegangen, insbesondere werden keine statistischen Einzelheiten dargestellt. Eine ausführlichere Ergebnisdarstellung findet sich bei Perleth & Sierwald (1988).

2.1.2 Ergebnisse der statistischen Analyse

Zunächst konnten wir nachweisen, daß wichtige Voraussetzungen der Verfahren des allgemeinen linearen Modells (z.B. Korrelations- und Regressionsanalyse) bei der vorliegenden Untersuchungsstichprobe tatsächlich verletzt sind. So ergeben sich - vor allem als Folge der Begabtenselektion - nichtnormale Verteilungen, die Zusammenhänge zwischen den Variablen sind z.T. nicht linear, und die Fehlervariablen bei der Regressionsanalyse sind nicht identisch normalverteilt.

Insgesamt zeigten die Verrechnungen somit, daß die Anwendung der Verfahren des linearen Modells auf unsere Fragestellungen in einigen Fällen problematisch erscheint, weil die Voraussetzungen zu deren Anwendung bzw. zur zuverlässigen Schätzung der Parameter nicht gegeben sind. Als Alternative zu den metrischen Verfahren des linearen Modells kommen - wie bereits erwähnt - beispielsweise Logit- und loglineare Modelle in Frage, die wir in der Folge zur Prüfung der vier Hypothesen herangezogen haben.

Der Einsatz von Logit- und loglinearen Modellen ermöglicht es:

1) kategoriale Variablen (dichotome oder polychotome) als abhängige Variablen zu behandeln (kategoriale Regression);
2) die (Haupt-)Effekte und Interaktionen unabhängiger Variablen so zu untersuchen, wie man es vom linearen Modell her (z.B. bei der Varianzanalyse) gewohnt ist;

3) multidimensionale kategoriale Daten (Kontingenztafeln) zu analysieren;
4) Hypothesen über Zusammenhangsmodelle der kreuzklassifizierten Variablen zu überprüfen (goodness of fit tests);
5) die Wahrscheinlichkeit abzuschätzen, mit der jede Beobachtung in eine der Kategorien fällt.

Bei Logitmodellen wird eine kategoriale Variable als abhängige behandelt, bei loglinearen Modellen dagegen nur die gemeinsame Verteilung kategorialer Variablen untersucht. Falls alle Variablen kategorialer Natur sind, kann man loglineare Modelle sehr einfach in Logitmodelle transformieren. Es ist ebenfalls möglich, die Anpassungsgüte von rekursiven Kausalmodellen für die Daten zu testen. Man erhält jedoch hierbei kein statistisches Äquivalent zu Pfadkoeffizienten. Zur Theorie von Logit- und loglinearen Modellen vgl. Fox (1984) oder Marascuilo & Busk (1987).

Ergebnisse zu Hypothese 1

Die Prüfungen zeigten, daß ein einfaches Modell, das einen isolierten Einfluß von Intelligenz, Kreativität und Erkenntnisstreben auf Freizeitaktivitäten im (natur-)wissenschaftlichen Bereich postuliert, in beiden untersuchten Kohorten so nicht gehalten werden kann. Es galt daher, ein Modell zu finden, das einen Kompromiß zwischen den Zielen Sparsamkeit, Anpassungsgüte an die Daten und Interpretierbarkeit darstellte. Letztlich entschieden wir uns aufgrund verschiedener statistischer und psychologischer Kriterien für zwei unterschiedliche Modelle: Das Modell für die Kohorte der Siebtkläßler postuliert lediglich einen signifikanten Effekt des Erkenntnisstrebens, das Modell für die Neuntkläßler zusätzlich einen Effekt der Intelligenz auf die mathematisch-naturwissenschaftlichen Freizeitaktivitäten.

Die Befunde zu Hypothese 1 können insgesamt wie folgt zusammengefaßt und interpretiert werden: Bei den jüngeren Schülern ermöglicht allein hohes Erkenntnisstreben, genauer eine hohe Motivation für wissenschaftliche Aktivitäten, hohe Leistungen in entsprechenden Aufgabenfeldern. Angesichts der wachsenden Bedeutung der wissenschaftlichen Fächer in der Schule und der damit verbundenen Niveausteigerung gewinnt bei den älteren Schülern die Intelligenz für das Erreichen hoher Leistungen auf mathematisch-naturwissenschaftlichem Gebiet auch in der Freizeit eine zunehmende Rolle.

Ergebnisse zu Hypothese 2

Auch bei der Überprüfung von Hypothese 2 legten die Ergebnisse nahe, für die beiden untersuchten Kohorten unterschiedliche Modelle anzunehmen, da sich die Struktur der Variablen in den zwei Klassen als unterschiedlich erwies, wobei die Verhältnisse bei den Siebtkläßlern komplizierter sind. Insgesamt können die Ergebnisse dahingehend interpretiert werden, daß in der Kohorte der Neuntkläßler Schulleistungen eher durch frühere Leistungen und durch Intelligenz vorhersagbar sind, während in der siebten Klasse stärker noch motivationale Einflüsse zur Geltung kommen.

Ergebnisse zu Hypothese 3

Die Begabungstypen zu den beiden Zeitpunkten wurden durch Kreuzklassifikation der dichotomisierten Variablen "KFT-Gesamtleistung" und "Verwendungstest", die Motivationstypen durch Kreuzklassifikation der dichotomisierten Variablen "Hoffnung auf Erfolg" und "Furcht vor Mißerfolg" gebildet. Bei der Prüfung der Hypothese ergibt sich das Problem, daß sogar diese sparsamen Typologien eine Tafel mit 256 Zellen erzeugen. Um interpretierbare

Ergebnisse zu erhalten, mußten wir deshalb die Effekte der Typologien zum Zeitpunkt T1 auf jene zu T2 getrennt analysieren.

Die Analyse ergab, daß die erwarteten signifikanten Zusammenhänge zwischen den Begabungs- und Motivationstypen zu beiden Meßzeitpunkten bestehen. Dagegen konnten keine Interaktionen zwischen den Motivations- und Begabungstypen gefunden werden. Es scheint also, daß sowohl die hier gebildeten Begabungs- als auch die untersuchten Motivationstypen relativ stabil über den Zeitraum eines Jahres sind, wobei wenig für eine gegenseitige Beeinflussung spricht.

Ergebnisse zu Hypothese 4

Für Hypothese 4 wurden Modelle mit den Intelligenzdimensionen KFT-V, KFT-Q, KFT-N sowie Geschlecht und Leistung in einem Unterrichtfach analysiert, wobei die Ergebnisse wegen der Komplexität der zu beachtenden Interaktionen nicht einfach darzustellen sind. Zur Vorhersage von Deutsch leistet lediglich die verbale Intelligenz einen bedeutsamen Beitrag. Die Englischnote findet sich in komplexen Interaktionen mit verbaler und nonverbaler Intelligenz einerseits und nonverbaler Intelligenz und Geschlecht andererseits. Mathematikleistung kann am besten durch quantitative und nonverbale Intelligenz vorhergesagt werden, wobei die verbale Intelligenz auch in einigen komplexen Interaktionen höherer Ordnung eine Rolle zu spielen scheint. Die Hypothese der Vorhersagbarkeit fachspezifischer Leistungen mit unterschiedlichen Intelligenzprädiktoren kann somit insgesamt aufrechterhalten werden.

2.1.3 Zusammenfassende Diskussion

Insgesamt lassen sich unsere Ergebnisse folgendermaßen zusammenfassen:

(1) Die Anwendung von Logit- und loglinearen Modellen auf entwicklungspsychologische Längsschnittdaten erweist sich bei Stichproben mit begabten und hochbegabten Schülern als nützlich. Lehrervorauswahl und Auswahl durch Cut-Off verursachen beträchtliche Verzerrungen der Verteilungsformen von Variablen, die zur Selektion der Stichprobe begabter und hochbegabter Schüler herangezogen werden. Wie wir anhand unserer Daten zeigen konnten, erlauben Voraussetzungsprobleme bezüglich Verteilung, Fehlervarianzen etc. oft nicht die Anwendung statistischer Methoden des linearen Modells, wie z.B. Regressions-, Korrelations- oder Diskriminanzanalyse.

(2) Die mathematische Theorie der Logitmodelle ermöglicht die Verwendung ordinaler, intervallskalierbarer oder metrischer abhängiger Variablen. Mit den herangezogenen Statistikprogrammen (SPSSX 2.1, SPSSPC+ 2.0) ist die Verwendung von nichtordinalen Variablen jedoch nur mit großen Einschränkungen möglich. So müssen alle metrischen Skalen in kategoriale Daten transformiert und die Plazierung des adäquaten Cut-Off-Wertes für diese Transformation in jedem Fall sorgfältig überlegt werden.

(3) Probleme ergeben sich weiterhin bei Tafeln höherer Ordnung, insbesondere wenn polychotome Variablen mit einbezogen werden. Wenn beispielsweise vier Variablen mit jeweils vier Ausprägungen (wie bei Überprüfung der Hypothese 3) in die Analyse einbezogen werden sollen, ergeben sich $4^4 = 256$ Zellen; entsprechend benötigte man 1280 Personen, um eine durchschnittliche Zellenbesetzung von 5 Personen zu erhalten.

Würde man noch eine Leistungstypologie mit beispielsweise drei Kategorien hinzunehmen, steigt die Anzahl der Zellen bereits auf 768, so daß nun 3840 Versuchspersonen für eine mittlere Zellenbesetzung von 5 Personen nötig werden. Bei Leistungstypologien zu zwei Meßzeitpunkten ergeben sich 2304 Zellen, was eine Stichprobe von mindestens 11520 Personen erforderte. Dieselben Probleme ergeben sich, wenn mehr als zwei Meßzeitpunkte untersucht werden sollen, so daß komplexe Beziehungen kaum mehr analysiert werden können.

(4) Logit- und loglineare Modelle können jedoch zur Modelltestung und zur Post-hoc-Analyse gefundener Modelle eingesetzt werden.

(5) Wenn Terme höherer Ordnung (höher als Interaktionen 3. Ordnung) in einem Modell untersucht werden müssen, wird es sehr schwierig, diese zu interpretieren. Terme bis zu Interaktionen 3. Ordnung können bildlich dargestellt und leichter interpretiert werden, indem man den logarithmierten Quotienten zwischen den jeweiligen Zellhäufigkeiten berechnet und darstellt, auch wenn zwei der drei Variablen als abhängig behandelt werden.

(6) Logit- und loglineare Modelle können zur Analyse der Entwicklung von Typen eingesetzt werden, zur Analyse der Interaktionen von Variablen, die in Entwicklungsdesigns auftreten, als auch zur Voraussage von Merkmalen zu späteren Meßzeitpunkten. In diesem Zusammenhang sei angemerkt, daß die Methode der Konfigurationsfrequenzanalyse (Lienert, 1988) nichts anderes darstellt als eine loglineare Analyse, bei der sämtliche Interaktionen gleich 0 gesetzt sind, d.h. nur Haupteffekte berücksichtigt werden (für eine Anwendung hierzu vgl. Hany, Heller & Browder, 1989 bzw. Abschnitt 3.2 unten).

2.2 Vergleich unterschiedlicher Methoden zur Testung rekursiver Modelle für die Entwicklung hochbegabter Jugendlicher

Im Rahmen unserer Längsschnittstudie wird u.a. im Zeitverlauf die Entwicklung von Begabung und Leistung untersucht (vgl. die folgenden Kapitel). Dabei wird angenommen, daß nichtkognitive Persönlichkeitscharakteristika sowie Umweltmerkmale die Umsetzung von Begabung in Leistungen moderieren. Bei der Auswahl der Analysemethoden für die Testung entsprechender Modelle müssen die oben geschilderten spezifischen Probleme berücksichtigt werden. Für den Anwender komplexer statistischer Methoden stellt sich die Frage, inwieweit solche Irregularitäten irreführende Resultate ergeben.

2.2.1 Fragestellung

Um die Ergebnisse unterschiedlicher Methoden bei der Testung zweier rekursiver Modelle im Hinblick auf ihre Robustheit zu vergleichen, wurden Daten aus unserer Längsschnittstudie verwendet, und zwar Variablen zu Intelligenz, Motivation, Schulleistungen in naturwissenschaftlichen Fächern sowie zum Schulklima.

Im einzelnen wurden anhand von Begabungs-, Persönlichkeits- und Umweltvariablen sowie Leistungsdaten von 1986, 1987 und 1988 Hypothesen zu den folgenden beiden rekursiven Strukturmodellen näher überprüft:

(1) Hypothese/Modell 1

Das Modell in Abbildung 1 untersucht den Zusammenhang zwischen Motivation (Mot), hier "Erkenntnisstreben" (ES) und "Hoffnung auf Erfolg" (HE), und mathematisch-naturwissenschaftlichen Schulleistungen (SL), nämlich Mathematik- und Physiknoten (M und Ph). Zunächst wird angenommen, daß sowohl die Motivationslage als auch die Schulleistungen zu einem früheren Zeitpunkt die Motivationslage bzw. Schulleistungen zu einem späteren Zeitpunkt beeinflussen, womit eine relative Stabilität der Konstrukte (der Leistungs- bzw. Motivationsunterschiede der Schüler untereinander) postuliert wird. Weiter ist im Modell spezifiziert, daß die Motivationslage die Schulleistungen zum jeweils nächsten Erhebungszeitpunkt beeinflußt. Die "dünnen" gestrichelten Pfeile symbolisieren die Annahme, daß sich bei hochbegabten im Gegensatz zu eher durchschnittlich begabten Schülern die Schulleistungen nicht auf die Motivationslage auswirken.

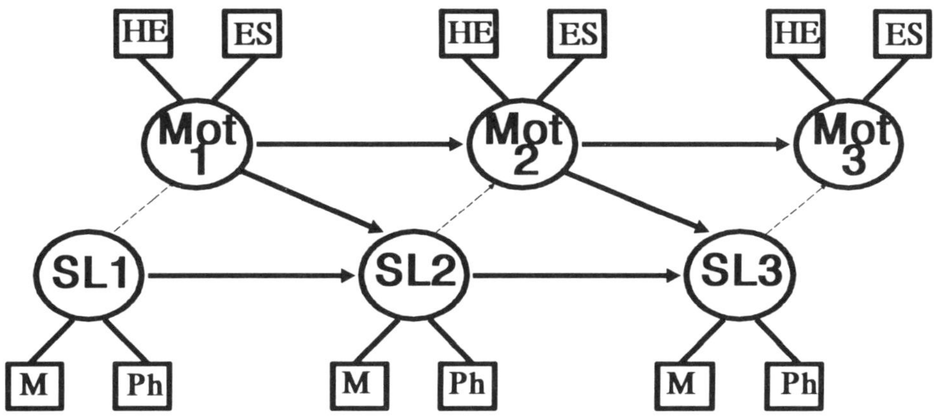

Abbildung 1: Modell 1 zur Entwicklung von Motivation und Schulleistung

Es sei angemerkt, daß bei gleichzeitiger Erfassung von Motivation und Schulnoten die Zensuren als zeitlich vorgeordnet betrachtet werden müssen, da sie sich in unserer Untersuchung (Testerhebungen in den letzten beiden Monaten des Schuljahres) auf das Leistungsverhalten zumindest der gesamten zweiten Schuljahreshälfte beziehen.

(2) Hypothese/Modell 2

Mit dem Modell in Abbildung 2 wurden die Beziehungen zwischen Schulleistungsentwicklung, Motivation und Schulklima analysiert, wobei die Beziehungen zwischen Schulleistungen und Motivationslage ähnlich wie oben modelliert sind. Spezielle Annahme ist hier, daß das Schulklima (SK), im engeren Sinne "Kooperation" (Ko) und "Wettbewerb" (We), weder bei begabten noch bei hochbegabten Schülern einen nachweislichen Einfluß auf die Schulleistungen ausübt, und zwar weder direkt, noch vermittelt durch Motivation.

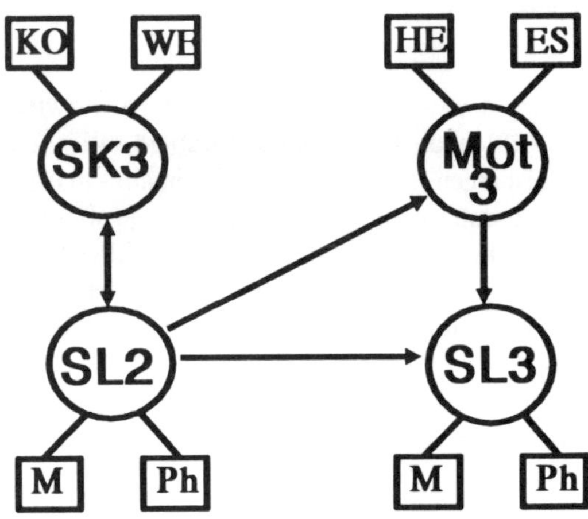

Abbildung 2: Modell 2 zum Zusammenhang von Schulklima, Schulleistung und Motivation

Da sich die KFT-Ergebnisse in verschiedenen Analysen (vgl. insbesondere auch Kapitel 5 dieses Berichtsteils) unter Einbezug unterschiedlicher Methoden (Korrelation, LISREL-Analysen, Logit-Modelle) als äußerst stabil erwiesen haben, wurde auf eine Modellierung der Intelligenzentwicklung verzichtet. Die KFT-Gesamtleistung des ersten Meßzeitpunktes wurde herangezogen, um die beiden Gruppen der gut- und durchschnittlich intelligenten Schüler (Dichotomisierung am Prozentrang 70 in bezug auf die Längsschnittstichprobe) zu bilden. Wegen Verwendung von Schulnoten als Leistungskriterien bzw. zur Vergleichbarkeit der Kriteriumsleistung wurden nur Gymnasiasten in die Analyse einbezogen.

2.2.2 Statistische Methoden

Die Passung beider Hypothesen/Modelle an die Daten wurde mit vier verschiedenen Methoden (vgl. Fox, 1984; Jöreskog & Sörbom, 1984; Marascuilo & Busk, 1987) überprüft:

(1) LISREL-Modell mit sechs (bzw. vier) latenten Variablen (Motivation und Schulleistung zu je drei Zeitpunkten bzw. Schulleistung zu zwei sowie Motivation und Schulklima zu einem Zeitpunkt), wobei in das Meßmodell jeder latenten Variablen zwei gemessene Variablen eingingen. Die LISREL-Methode verknüpft - salopp ausgedrückt - Faktoren- und Pfadanalyse und besteht dementsprechend aus zwei Teilen: einem Meßmodell (latente Variablen werden mit Hilfe der gemessenen geschätzt) und einem Strukturmodell, mit dem die Beziehungen zwischen den latenten Variablen untersucht werden. Im ersten Ansatz wurde die Maximum-Likelihood-Methode (ML) zur simultanen Schätzung der Parameter herangezogen, die Multinormalverteilung der Variablen erfordert.

(2) Dieselben LISREL-Modelle wurden noch einmal geprüft, nur wurde statt der ML-Methode eine Kleinste-Quadrate-Methode verwendet (Unweighted Least Squares, ULS).

Diese Methode ist voraussetzungsärmer, da keine Multinormalverteilung gefordert wird. Nachteil: LISREL kann für die ULS-Methode keinen Koeffizienten mit bekannter Verteilung zur statistischen Überprüfung der Anpassungsgüte berechnen.

(3) Pfadanalysen mit vorgeschalteten Faktorenanalysen: Dazu haben wir über die gemessenen Variablen der Konstrukte zu allen Zeitpunkten Faktorenanalysen (Hauptachsenmethode) gerechnet und die erste Hauptkomponente zu weiteren Verrechnungen in Pfadmodellen herangezogen. Da nur jeweils zwei Variablen für die Bestimmung eines Faktors herangezogen wurden, entspricht dies dem standardisierten Durchschnitt der standardisierten Variablen. Im Unterschied zu LISREL erfolgt hier die Schätzung der Parameter nicht simultan, sondern in zwei getrennten Schritten.

(4) Schließlich erfolgten Modellprüfungen mit loglinearen bzw. Logit-Modellen. Mit dieser Methode können - wie oben erläutert - Abhängigkeiten in Kontingenztafeln untersucht werden. Um die Zahl der Zellen im vertretbaren Rahmen zu halten, wurden bei Hypothese 1 nur Daten des zweiten und dritten Meßzeitpunktes verrechnet. Für diese Hypothese konnte bei den durchschnittlich intelligenten Schüler das rekursive Kausalmodell direkt getestet werden (analog zum Vorgehen von Fox, 1984, S. 355 ff.). Zur Bildung dichotomer Variablen wurden bei Hypothese 1 die Faktorenwerte, bei Hypothese 2 die Meßwerte für "Hoffnung auf Erfolg", "Kooperation" und Mathematik herangezogen.

2.2.3 Ergebnisse

Für Hypothese/Modell 1 ergaben sich bei Anwendung des Maximum-Likelihood- wie auch des Least-Squares-Ansatzes innerhalb des LISREL-Tools ernste numerische Probleme wie negative Fehlervarianzen und Korrelationen größer als 1. Zwar war bei den Gutbegabten die Anpassung des Modells an die Daten zufriedenstellend, doch zeigten diese Irregularitäten, daß die Ergebnisse nur mit größten Vorbehalten interpretiert werden sollten. Bei den durchschnittlich Begabten traten zwar weniger numerische Probleme auf, dafür war die Modellanpassung unbefriedigend. Insgesamt stützt die Höhe der einzelnen Pfadkoeffizienten die Annahmen des Modells nicht, da die wechselseitigen Einflüsse von Motivation auf Schulleistung und umgekehrt nur gering sind. Zudem ist die Anpassungsgüte des Modells der Gutbegabten an die Daten der durchschnittlich Begabten genauso hoch wie die des in der Hypothese formulierten Modells.

Auch die Prüfungen mittels Pfadanalyse (Signifikanztests und - wie oben - Höhe der Pfadkoeffizienten) wiesen auf die Unvereinbarkeit der Modelle mit den Daten hin, wenngleich die multiplen Korrelationskoeffizienten der überprüften Modelle sich von denen des vollen Modells, das alle möglichen Pfade berücksichtigt, nur wenig unterschieden. Die via Logitanalyse ermittelten Effekte bzw. deren Wahrscheinlichkeiten entsprechen ebenfalls nicht den Modellen (analog zu den oben skizzierten Befunden). Das rekursive Kausalmodell, das für die Kontingenztafel der durchschnittlich Begabten zu testen war, mußte klar verworfen werden.

Im Falle von Hypothese/Modell 2 zeigte sich, daß die Anpassungsgüte in allen Fällen gut bis sehr gut war. Der Fit war z.T. hervorragend, was aber letztlich auch nicht befriedigen kann: "To good a fit is as open to question as to poor a fit" (McNemar, 1969, S. 269f). Möglicherweise ließe sich ein Modell konstruieren, das ebenfalls auf die Daten paßt, aber mit weniger Annahmen auskommt, also sparsamer ist. Bei der Anwendung der LISREL-Verfahren ergaben sich - insbesondere bei Anwendung der Maximum-Likelihood-Methode - degenerierte Lösungen, d.h. die Schätzungen führten, ähnlich wie oben für Modell/Hypothese 1 berichtet, zu unmöglichen Werten (z.B. Korrelationen größer als 1).

2.2.4 Zusammenfassende Diskussion

Im Hinblick auf die überprüften Zusammenhänge bzw. Hypothesen lassen sich die Ergebnisse inhaltlich folgendermaßen zusammenfassen:

(1) Die Annahme, wonach die Schulleistung bei Hochintelligenten im Gegensatz zu durchschnittlich Intelligenten keinen Einfluß auf die Motivation hat, kann so nicht gehalten werden. Vielmehr sind bei der betrachteten Stichprobe (Schüler der neunten bis elften Klassenstufe) Schulleistungen und Motivation bereits relativ stabil ausgeprägte Merkmale, die sich sowohl bei gut- als auch bei durchschnittlich begabten Schülern gegenseitig nur wenig beeinflussen.

(2) Die Annahme, wonach das Schulklima keinen wesentlichen Einfluß auf die Schulleistung hat, muß in beiden Begabungsgruppen beibehalten werden.

Die Angemessenheit der verwendeten Methoden kann wie folgt beurteilt werden:

(1) Auf unsere Daten ließ sich der ML-Ansatz (LISREL), insbesondere bei den hochintelligenten Schülern, nur schlecht anwenden. Dies ist insofern befriedigend, als auch die Variablen den Verteilungsanforderungen nicht entsprachen. Allerdings haben wir unsere Modelle nicht solange modifiziert, bis sich ein genügender Fit ergab.

(2) Die Anwendung von LISREL-Modellen zur Analyse der Entwicklung Hoch- bzw. Gutbegabter ist insofern problematisch, als es im üblicherweise finanzierbaren Rahmen nicht möglich zu sein scheint, genügend große Stichproben zu rekrutieren. Beispielsweise schätzten wir für die erste Hypothese 33 (bzw. 31) Parameter aus 78 Kovarianzen, die aus 75 (bzw. 35) Schülern bestimmt wurden.

(3) Loglineare und Logitmodelle kranken am gleichen Problem: Bei dichotomen Variablen hätte bei Modell 1 über drei Zeitpunkte eine Tafel mit 128 Zellen analysiert werden müssen. Dazu wären 640 Schüler erforderlich. Bei drei Ausprägungen pro Variable benötigte man schon 729 Zellen und 3645 Hoch- bzw. Gutbegabte.

(4) In unserer Untersuchung waren die Muster der Pfadkoeffizienten (Vorzeichen, Höhe) bei den LISREL-Modellen und der Pfadanalyse überraschend ähnlich. Prüft man die Modelle jedoch nach einem fixen Kriterium (Likelihood-Quotiententest Chi^2, fest vorgegebene Wahrscheinlichkeit p), wird dasselbe Modell bei der einen Methode akzeptiert, bei der anderen abgelehnt.

Insgesamt scheint die Analyse komplexer Annahmen über die Entwicklung mehrerer Merkmale bei Hochbegabtenstichproben mit den verwendeten Methoden nur eingeschränkt möglich zu sein. Es dürfte demgegenüber sinnvoller sein, einfache Aspekte eines allgemeinen Modells herauszugreifen und/oder eher beschreibend vorzugehen. Andererseits stellt die relative Stabilität der Ergebnisse eine Ermutigung dar, Strukturmodelle zumindest für heuristische Zwecke heranzuziehen, auch wenn dies dem grundsätzlich hypothesentestenden Charakter des LISREL-Tools zu widersprechen scheint.

3. Zusammenhänge zwischen Begabungs- und Leistungstypen auf verschiedenen Altersstufen

Die Analyse von Begabungstypologien und die Überprüfung ihrer Konstanz über die drei Meßzeitpunkte hinweg stellten zentrale Fragestellungen unserer Längsschnittstudie dar. Da Veränderungen versus Stabilität oder wechselseitige Zusammenhänge von Typen im Längsschnitt zumindest für Stichproben begabter Schüler bisher kaum untersucht wurden, konnte bei diesen Untersuchungen nur wenig auf ein fest vorgegebenes Methodeninventar zurückgegriffen werden.

Der erste Abschnitt dieses Kapitels untersucht mit Hilfe der Residualclusteranalyse (nach Bergman, 1987) die Stabiliät von Begabungstypen im Längsschnitt. Diese Methode dürfte in unserer Studie überhaupt zum ersten Mal im deutschsprachigen Raum angewendet worden sein.

Im Sommer 1987 hatten wir mit Lars Bergman aus der Forschungsgruppe von Prof. Magnusson (Univ. Stockholm) Kontakt aufgenommen. Im Laufe des Jahres 1988 erhielten wir dann das zugehörige, gerade fertiggestellte Fortran-Computerprogramm MPREP, das am Leibniz-Rechenzentrum München installiert und lauffähig gemacht wurde. Der damit verbundene Aufwand hat sich aber schon deswegen gelohnt, weil mit Hilfe von MPREP der interessanten Frage nachgegangen werden kann, ob hochbegabte Schüler vielleicht gerade nicht typologisch erfaßbar sind, sondern sich eher dadurch auszeichnen, daß sie sich qualitativ von den übrigen Schülern unterscheiden und - im statistischen Sinne - isolierte Einzelfälle darstellen.

Im zweiten Abschnitt dieses Kapitels, der auf einem Vortrag von Hany, Heller & Browder (1989) beruht, wird untersucht, ob Leistungstypen, die durch Dicho- bzw. Polychotomisierung und anschließende Kreuzklassifikation der Variablen gewonnen wurden, bei Sekundarstufenschülern stabil sind, bzw. von welchen Merkmalen eventuelle Übergänge der Schüler von einem Typ zum anderen abhängen. Methodisch wird dabei auf die Konfigurationsfrequenzanalyse (Lienert, 1988) zurückgegriffen, die einen Spezialfall der im vorigen Kapitel diskutierten loglinearen Modelle darstellt; vgl. hierzu auch Steffens (1989).

3.1 Zur Stabilität von Typen im Längsschnitt unter Verwendung der Residualclusteranalyse nach Bergman

Zentrale Fragestellung der typologischen Analysen war die Frage, ob sich in unserer Stichprobe von insgesamt überdurchschnittlich begabten Schülern spezielle Hochbegabungstypen nachweisen lassen. Unter Einbezug der wichtigsten Begabungsmerkmale müßten sich die Schüler statistisch so in Gruppen einteilen lassen können, daß sich die Begabungsprofile der Schüler jedes Begabungsclusters möglichst ähnlich sind und sich von den übrigen

Begabungstypen deutlich unterscheiden. In der statistischen Terminologie ausgedrückt, müßte die Varianz innerhalb der Gruppen möglichst gering, jene zwischen den Gruppen möglichst groß werden.

Anfängliche Analysen mit relokativen Clusterverfahren zeigten aber, daß zwar verschiedene Begabungstypen existieren, jedoch keine ausgesprochenen Hochbegabungscluster. Dies könnte nun gerade bei unserer Untersuchung (hoch-)begabter Schüler darauf zurückzuführen sein, daß Hochbegabte eher *individuelle* Muster von Begabungen aufweisen und nur mit Schwierigkeiten Gruppen ähnlichen Begabungsprofils zugeordnet werden können.

Bergman (1987) zeigte unter anderem, daß die Betrachtung der Residuen von Clusteranalysen - das sind jene Versuchspersonen, die sich nicht oder nur schlecht gruppieren lassen - es ermöglicht, Individuen mit ungewöhnlichen Merkmalsstrukturen und -mustern zu identifizieren. Noch bevor Bergmans Programm installiert werden konnte, zeigten erste exploratorische Datenanalysen mit anderen Programmpaketen (CLUSTAN), daß in den Residuen bei Clusteranalysen Hochbegabte zu finden sind, die keinem Typ zugeordnet werden können und individuell betrachtet werden sollten. Wenn sich dies bei der Verwendung der Residualclusteranalyse replizieren ließe und das Merkmal der Zugehörigkeit zu den Residuen sich als stabil über die Zeit hinweg erweisen sollte, könnte man von der Identifikation singulärer Begabungstypen sprechen.

Nach der Installierung des Programms MPREP konnte dieser Fragestellung gezielt nachgegangen werden. Zu den Analysen wurden Schüler der Kohorten der Siebt- und Neuntkläßler herangezogen, die 1986 die siebte und neunte sowie 1988 die neunte und elfte Klasse besucht hatten.

Insgesamt wurden 406 Probanden der MPREP-Standardprozedur der Residualbildung unterworfen. Diese Prozedur überprüft vor Durchführung der Clusterung für jeden Fall, ob er dem Residuum, d.h. den nicht gruppierbaren Fällen, zugeordnet werden muß. Dabei wird ein Fall immer dann dem Residuum zugewiesen, wenn er in mindestens einer Variablen einen vorgegeben Abstand zum nächstliegenden Fall überschreitet. Solche Fälle finden sich z.B. an den extremen Rändern der Verteilungen der analysierten Variablen und werden in anderen Zusammenhängen (Regressionsrechnung, explorative Datenanalyse) als Ausreißer bezeichnet. Weiter werden solche Fälle dem Residuum zugeordnet, für die der (euklidische) Abstand zum nächstliegenden Fall im mehrdimensionalen Datenraum ein bestimmtes Maß überschreitet.

Tabelle 1: Mittelwerte und (in Klammern) Standardabweichungen der Klassifizierungsvariablen für die Residualgruppe

	1986	1988
KFT-V	-1.03 (1.78)	-1.16 (1.29)
KFT-Q	- .81 (1.19)	- .95 (1.06)
KFT-N	-1.42 (1.51)	-1.58 (1.76)
VWT	.38 (1.33)	- .60 (.86)
VKT	.07 (1.70)	- .33 (1.42)
Soziale Kompetenz	- .25 (.96)	- .28 (1.41)
N (% der Stichprobe)	18 (4,4%)	15 (3.7%)

Diese beiden Abstandsmaße sind eng aufeinander bezogen und werden durch einen einzigen Parameter repräsentiert. Nun kann aber der Parameter für die Residualbildung nicht aufgrund einer eindeutigen Entscheidungsregel gewählt werden. Je nach Fragestellung ist er vielmehr so zu wählen, daß z.B. ein bestimmter Prozentsatz der Stichprobe für das Residuum angestrebt wird. Wir wählten einen für unsere Zwecke zunächst plausiblen Wert und nahmen die Residualbildung mit diesem Parameter vor. Die Größe des Residuums, die Mittelwerte und Standardabweichungen der (standardisierten) Variablen für die Residualfälle sind Tabelle 1 zu entnehmen.

Wie die Mittelwerte der Variablen in Tabelle 1 bereits vermuten lassen, fielen in das Residuum auch bei Betrachtung der Einzelfälle in geringerem Ausmaß Schüler mit besonderen Begabungskombinationen, vielmehr erwies sich das Residuum eher als Gruppe von negativen Ausreißern. Nimmt man die Daten der ersten Hauptuntersuchung, so werden sieben Fälle dem Residuum zugeteilt, die hohe Werte insbesondere im Bereich der Kreativität aufweisen, zum Teil in einem, in zwei Fällen auch in beiden Kreativitätstests VWT und VKT. Diese Fälle könnten eine besondere Befähigung in diesem Bereich aufweisen. Für den dritten Meßzeitpunkt wurde lediglich ein Fall aufgrund eines positiven Extremwertes in das Residuum aufgenommen. Insgesamt erwies sich die Residualbildung somit als ein nur wenig geeignetes Instrument zur Identifikation spezieller Hochbegabungen, eher kann das Verfahren in unserem Fall der Beseitigung negativer Ausreißer vor der Clusterung der anderen Fälle dienen.

Mit den nicht im Residuum befindlichen Fällen wurde sodann eine Clusteranalyse mit einer relokativen Prozedur (CLUSTAN) durchgeführt. Wenn eine Stichprobe gut abgrenzbare Untergruppen bzw. Typen aufweist, muß bei sukzessiver Verringerung der Anzahl der Typen eine Konstellation gefunden werden, bei der die Varianz innerhalb der Gruppen sprunghaft kleiner und jene zwischen den Gruppen größer wird. In unserer Stichprobe zeigte sich jedoch an keiner Stelle im Verlauf der Analyse eine deutliche Zunahme der Ähnlichkeiten der Fälle in den einzelnen Clustern. Insofern konnte kein Hinweis auf eine gewissermaßen "natürliche" Clusterung der Stichprobe gefunden werden, die Ergebnisse deuten eher auf eine homogene, kaum deutlich gruppierbare Stichprobe hin.

Um dieses Resultat weiter abzusichern, wurde eine Analyse mit sechs Clustern durchgeführt. Wie die Ergebnisse in Tabelle 2 zeigen, bildeten sich keine klar definierbaren "Hochbegabungstypen" heraus. Anderseits zeigen die Mittelwerte in Tabelle 2 aber doch, daß einige Cluster von 1986 und 1988 sich stark ähneln. Es war zu erwarten, daß diese Cluster in beiden Jahren von denselben Versuchspersonen gebildet werden. Um diese Hypothese zu überprüfen, wurde ein loglineares Modell mit der Cluster- bzw. Residualzugehörigkeit zu den beiden Zeitpunkten berechnet. Einzelne Parameter der loglinearen Analyse können im Sinne der Konfigurationsfrequenzanalyse auch als Test auf (individuelle Verlaufs-)Typen behandelt werden.

Bezüglich der Zugehörigkeit zum Residuum zeigte sich, daß lediglich ein Fall in beiden Jahren dem Residuum angehört, was dem Erwartungswert entspricht. Die Vermutung, daß sich die Zugehörigkeit zum Residuum, also eine besondere, ungewöhnliche Merkmalskombination, als stabil erweist, muß demnach zurückgewiesen werden. Jene Schüler, die zum ersten Meßzeitpunkt dem Residuum angehörten, gehen vielmehr zu einem großen Teil in die Gruppen der Testschlechten im Jahr 1988 über; das Residuum des zweiten Zeitpunktes enthält Schüler, die zum ersten Meßzeitpunkt 1986 im KFT schlecht abgeschnitten hatten.

Tabelle 2: Mittelwerte der ermittelten Cluster für 1986 und 1988

1986:	KFT-V	KFT-Q	KFT-N	VWT	VKT	Soz.Komp.
Typ 1	-.75	-.74	-1.44	-.03o	.02	.96*
Typ 2	.52*	.86*	.26	.32	-1.70	-.12
Typ 3	-.06	-.06	.20*	1.13	.76	.17
Typ 4	-.77	-.76	-.40	-.13	-.33	-.87*
Typ 5	.58	.07	.57*	-.63*	.18	.76*
Typ 6	.58	.95*	.70*	-.46	.23*	-.93*
1988:	**KFT-V**	**KFT-Q**	**KFT-N**	**VWT**	**VKT**	**Soz.Komp.**
Typ 1	.41	-.12	.40*	-.83*	-.80*	.46*
Typ 2	.41	.50	.24*	-.60*	-.61	-1.81*
Typ 3	-.49	-.71	-.89	.90*	.08*	.84*
Typ 4	-1.06	-.99	-.95o	-.46*	-.26	-.33*
Typ 5	.19	.45*	.44*	1.16*	1.13	.30*
Typ 6	.53	.99	.63	-.12	.41	-.14

Legende: * = f-ratio < 0,5; o = f-ratio > 1.

Für die in die Berechnungen einbezogenen Begabungsvariablen konnte demnach insgesamt keine deutliche Typenstruktur der Versuchspersonen gefunden werden, die eine Gruppe besonders Hochbegabter auszeichnen würde. Auch die Bildung des Residuums vor Clusterung erbrachte keine Ergebnisse, die als Hinweise auf qualitative Unterschiede zwischen Hoch- und durchschnittlich Begabten interpretierbar wären.

Somit führt in unserer Stichprobe bei Verwendung ausgewählter Begabungsvariablen eine statistische Gruppenbildung mit Hilfe von clusteranalytischen Methoden nicht zu stabilen Hochbegabungstypen, auch wenn einige Cluster durch positive Ausprägung einzelner Variablen gekennzeichnet sind. Diese Schülergruppen müssen jedoch eher als Resultat der Aufteilung einer insgesamt homogenen Personengruppe verstanden werden. Der Schluß auf qualitative Unterschiede zwischen Hochbegabten und durchschnittlich Begabten wäre somit aufgrund dieser Ergebnisse nicht zulässig.

3.2 Analyse der Entwicklung von Aktivitäts- und Leistungsprofilen bei hochbegabten Schülern mittels der Konfigurationsfrequenzanalyse (KFA)[1]

3.2.1 Vorüberlegungen und Fragestellung

Ähnlich wie für loglineare Modelle ist für die Konfigurationsfrequenzanalyse (KFA) nur ein kategoriales Meßniveau der Variablen erforderlich; kontinuierliche Variablen werden vor Einbezug in eine KFA gewöhnlich dicho- oder trichotomiert. Der Nachweis von Zusammenhängen zwischen Variablen erfolgt über die Analyse von Kontingenztafeln. Eine X^2-Statistik läßt dann Inferenzschlüsse auf die Grundgesamtheit zu.

Der Ansatz der KFA erlaubt aber nicht nur die Analyse globaler Zusammenhänge. Zusätzlich können Gruppen von Probanden ermittelt werden, in denen sich ein besonders enger Zusammenhang der Variablen manifestiert. Statistisch gesehen bewirkt diese Teilgruppe, daß die beiden Variablen in der gesamten Stichprobe als korreliert erscheinen, obwohl der Zusammenhang nur bei dieser Teilgruppe vorhanden ist. Die KFA führt also zur Identifikation von speziellen Personentypen, die voneinander unabhängige Merkmale überzufällig häufig auf sich vereinen.

Im folgenden werden wir die KFA zur Identifikation von Leistungstypen oder auch "Leistungssyndromen" heranziehen. Anschließend wird versucht, unterschiedliche Leistungsausprägungen, also die Zugehörigkeit zu verschiedenen Leistungstypen, durch Begabungsmerkmale zu erklären. Dieser typologische Ansatz erscheint in besonderer Weise für die Hochbegabungsforschung geeignet. Die typologische Methode im Sinne der KFA könnte zur Identifikation von *qualitativen* Unterschieden zwischen Hoch- und Normalbegabten führen und damit die Etikettierung "hochbegabt" vs. "normalbegabt" rechtfertigen.

Die nachfolgend berichteten Analysen gehen von folgenden Fragestellungen aus:

(1) Lassen sich verschiedene Leistungskonfigurationen, also Leistungstypen, bei begabten Jugendlichen unterschiedlichen Alters feststellen?

(2) Unterscheiden sich die gefundenen Leistungstypen in Begabungs- und anderen Persönlichkeitsmerkmalen?

(3) Gibt es auf verschiedenen Altersstufen unterschiedliche Leistungskonfigurationen? - Lassen sich bestimmte Änderungsmuster, also Verschiebungen von Leistungsprofilen, im Altersverlauf feststellen?

(4) Sofern sich solche Veränderungstypen identifizieren ließen, kann man untersuchen, ob die Art der Veränderung wiederum von den Fähigkeiten und motivationalen Eigenschaften der Jugendlichen abhängt.

Für die folgenden Auswertungen wurden Daten von Teilnehmern der Längsschnittstudie herangezogen, die den Alterskohorten der Siebt-, Neunt- und Elftkläßler angehören. Die Leistungstypen wurden durch Kreuzklassifikation der am Median dichtomisierten Skalen des Münchener Aktivitäteninventars (MAI) "Naturwissenschaften und Mathematik", "Literatur und Kunst", "Soziales

[1] Dieser Abschnitt wurde von E.A. Hany erstellt.

Engagement und Öffentliches Auftreten" gebildet, so daß sich für jede Skala zwei etwa gleich große Gruppen mit vielen bzw. anspruchsvollen und wenigen bzw. einfachen Leistungen ergaben.

3.2.2 Ergebnisse

Wenn man die drei angeführten dichotomisierten MAI-Skalen kreuzklassifiziert, ergeben sich acht Gruppen mit verschiedenen Leistungsprofilen. Tabelle 3 zeigt in der ersten Spalte die Leistungskonfiguration und in der zweiten Spalte, wieviele Schüler der siebten Klasse zum ersten Meßzeitpunkt in die jeweilige Gruppe fallen.

Tabelle 3: Leistungskonfigurationen und die Ermittlung von Leistungstypen

NLS	beobachtet (o)	erwartet (e)	X^2-Anteil $(o-e)^2/e$	Vorzeichen o-e
+++	53	24.0	35.0*	(+)
++-	17	30.1	5.7	
+-+	13	26.5	6.9*	(-)
-++	32	29.6	0.2	
+--	31	24.0	2.0	
-+-	19	37.3	9.0*	(-)
--+	15	32.8	9.7*	(-)
---	75	41.3	27.5*	(+)

Legende: N = Naturwissenschaften und Mathematik;
L = Literatur und Kunst;
S = Soziale Aktivitäten und Öffentliches Auftreten;
+ = überdurchschnittlich; - = unterdurchschnittlich;
$X^2_{(8\ \text{Tests};\ p=0.05;\ \text{zweiseitig})}=6.45$.

Die KFA prüft nun für jede Konfiguration, inwieweit sie überzufällig häufig oder selten auftritt. Nur in diesem Fall wird von einem Typus (oder einem Anti-Typus) gesprochen, da sich alle anderen Leistungskonfigurationen auch zufällig ergeben können. Um dies zu überprüfen, werden die beobachteten Häufigkeiten mit den bei zufälliger Verteilung der Probanden in den einzelnen Kategorien erwarteten Häufigkeiten verglichen und ein Signifikanztest mit Hilfe eines X^2-Wertes durchgeführt. Insgesamt ergaben sich im vorliegenden Fall zwei überbesetzte Leistungstypen und drei unterbesetzte Anti-Typen (siehe Vorzeichenangabe in der letzten Spalte von Tabelle 3).

Bevor dieses Ergebnis inhaltlich interpretiert wird, sollen die Ergebnisse für alle anderen Datensätze mitgeteilt werden. Tabelle 4 zeigt die entsprechenden empirischen Häufigkeiten pro Leistungskonfiguration. Das Ergebnis der Chi-Quadrat-Tests ist nur mit einem "+" oder "-" angegeben. "+" kennzeichnet eine signifikant überbesetzte Konfiguration, "-" eine signifikant unterbesetzte Konfiguration.

Tabelle 4: Häufigkeiten für die Leistungskonfigurationen und Ergebnis der Chi-quadrat-Tests

	7er-Kohorte			9er-Kohorte			11er-Kohorte		
NLS	7.	8.	9.	9.	10.	11.	11.	12.	13.
+++	53+	58+	50+	49+	57+	25+	37+	27+	10+
++-	17	21	8-	17-	14-	5-	14	7	3
+-+	13-	21	15	12-	14-	12	18	8	5
-++	32	33	28	51	43	22	30	27	6
+--	31	31	30	40	34	14	37	22	9
-+-	19-	29	19	32	30	18	25	11	3
--+	15-	24-	13-	21-	33	13	23	12	6
---	75+	87+	61+	69+	73+	49+	64+	42+	22
Gesamt	255	305	224	291	298	158	248	156	64

In allen Datensätzen fallen höchstens zwei positive Typen auf: Schüler mit überdurchschnittlichen Leistungen in allen drei Bereichen (+++) und solche mit allgemein unterdurchschnittlichen Leistungen (---). Daneben zeigen sich verschiedene Anti-Typen, d.h. unterbesetzte Konfigurationen. Wir finden also entgegen unseren Erwartungen keine verschiedenartigen Leistungsprofile, beispielsweise einen Typ mit ausschließlich naturwissenschaftlichen Leistungen oder einen mit besonderem Schwerpunkt auf literarisch-künstlerischem Gebiet. Dieses Ergebnis bedeutet, daß die drei untersuchten Leistungsbereiche im Schulalter generell stark korreliert sind (vgl. auch Roeder & Treumann, 1974). *Schüler unterscheiden sich zwar deutlich in ihrem Aktivitätslevel, nicht aber in ihrem Aktivitätenprofil.* Es scheint so, als ob sich die Interessen und Leistungen in der siebten bis zehnten Klasse noch nicht sehr stark differenzieren. In den Klassen 11 bis 13 sind aber dann keine unterbesetzten Konfigurationen mehr zu beobachten. Die Zellenbesetzungen entsprechen somit den Erwartungen bei Unabhängigkeit der Merkmale. Das bedeutet, daß sich *im höheren Jugendalter unabhängige Interessen* ergeben, woraus eine Vielzahl unterschiedlicher Interessenprofile resultiert.

Da wir bei den vorausgehenden Berechnungen keine bereichsspezifischen, sondern nur im Niveau verschiedene Leistungstypen gefunden haben, konzentrierten sich unsere folgenden Erklärungsversuche auf diese quantitativen (und nicht auf qualitative) Unterschiede. Dies bedeutet aber auch, daß wir kaum erwarten dürfen, daß sich leistungsaktive von leistungspassiven Schülern in bereichsspezifischen Fähigkeiten unterscheiden. Eher sind Unterschiede in allgemein aktivitäts- und leistungsförderlichen Personmerkmalen zu erwarten.

Tabelle 5 zeigt die Ergebnisse von zahlreichen t-Tests, in denen die Spitzengruppe der allgemein leistungsaktiven Schüler mit dem Rest der jeweiligen Altersgruppe verglichen wurde. Mehrere begabungsrelevante Personmerkmale wurden auf Unterschiede geprüft. Die Tabelle zeigt nicht nur die Personunterschiede zu jenem Zeitpunkt, zu dem die Leistungsunterschiede festgestellt wurden, sondern - wo dies möglich war - auch zu den um ein bzw. zwei Jahre vorausgehenden Zeitpunkten. Auf diese Weise kann überprüft werden, ob sich Leistungsunterschiede bereits einige Zeit früher prognostizieren lassen.

Die in Tabelle 5 dargestellten Ergebnisse lassen sich folgendermaßen zusammenfassen:

(1) Die Spitzengruppe der überall leistungsaktiven Schüler unterscheidet sich in wichtigen Personmerkmalen deutlich von den anderen Schülern.

Tabelle 5: Prüfung der Unterschiede zwischen den Leistungsspitzen ("+++"-Typ) und dem Rest in Begabungsvariablen

Variable	7. Kl. 1986	8. Kl. 1987	9. Kl. 1988	9. Kl. 1986	10. Kl. 1987	11. Kl. 1988
im gleichen Jahr erhoben						
Verbale Intelligenz	.	.	+	.	.	+
Mathematische Intelligenz	.	.	.	.	.	.
Figurale Intelligenz	.	.	.	.	.	.
Verbale Kreativität	.	.	.	.	( )	+
Praktische Kreativität	.	.	.	.	+	+
Kreativitätsfragebogen	+	+	( )	+	+	+
Erkenntnisstreben	+	+	+	+	+	+
Leistungsmotivation	+	+	+	+	+	+
ein Jahr zuvor erhoben						
Verbale Intelligenz		.	.		.	.
Mathematische Intelligenz		.	.		.	.
Figurale Intelligenz		.	.		.	.
Verbale Kreativität		.	( )		.	( )
Praktische Kreativität		.	.		+	+
Kreativitätsfragebogen		+	+		+	+
Erkenntnisstreben		+	+		+	+
Leistungsmotivation		+	+		+	+
zwei Jahre zuvor erhoben						
Verbale Intelligenz			.			.
Mathematische Intelligenz			.			.
Figurale Intelligenz			.			.
Verbale Kreativität			.			+
Praktische Kreativität			.			+
Kreativitätsfragebogen			( )			+
Erkenntnisstreben			+			+
Leistungsmotivation			+			+

Legende: "+" = signifikant höhere Werte der Spitzengruppe;
"-" = signifikant niedrigere Werte der Spitzengruppe;
"." = keine Unterschiede zwischen Spitzengruppe und Rest;
"( )" = Verfahren wurde nicht eingesetzt.

(2) Bei bereichsspezifischen kognitiven Fähigkeiten ergeben sich keine Unterschiede. Dagegen spielen Kreativität, Erkenntnisstreben und Leistungsmotivation eine wichtige Rolle für ein hohes Leistungs- und Aktivitätenniveau.

(3) Bei älteren Schülern ergeben sich deutlichere Zusammenhänge zwischen begabungsrelevanten Voraussetzungen und Leistungen. Hier spielt auch Kreativität, wie sie durch Tests erfaßt wird, eine größere Rolle. Man kann dies so interpretieren, daß Aktivitäten und Leistungen bei älteren Jugendlichen verstärkt vom eigenen Gestaltungsbedürfnis und den kreativen Fähigkeiten abhängen und weniger von äußeren Anregungen in Schule und Familie, durch die das Aktivitätsniveau der Jüngeren stärker geprägt sein dürfte.

(4) Die Spitzengruppe der leistungsaktiven Schüler läßt sich schon mehrere Jahre vorher identifizieren. Das zeigt einerseits, wie wichtig ausgeprägtes Erkenntnisstreben und hohe Motivation bereits in jungen Jahren sind, um in fortgeschrittenem Alter besondere

Leistungen zu erbringen. Andererseits bedeutet dies für die Praxis, daß Fördermodelle nach dem Enrichment-Triad-Konzept von Joseph Renzulli der jugendlichen Leistungsentwicklung gut angepaßt sind: Dort werden zunächst Kreativität und Leistungsmotivation stimuliert, bevor konkrete bereichsspezifische Projekte bearbeitet werden.

In einem zweiten Rechenschritt haben wir die generell leistungsschwachen Schüler (---) mit den anderen Schülern verglichen. Dazu erhielten wir praktisch dieselben Ergebnisse wie in Tabelle 4, nur mit umgekehrtem Vorzeichen. Dies unterstützt die Bedeutung von Kreativität sowie von Leistungs- und Erkenntnismotivation für das Erreichen oder Verfehlen eines hohen Leistungsstandards.

Als nächstes interessierte die Frage, ob in unserer Stichprobe altersspezifische Leistungsprofile oder alterstypische Veränderungen in den Leistungsprofilen zu verzeichnen sind. Die Methode der KFA erlaubt verschiedene Analysen von Entwicklungsverläufen. Bei einem ersten Versuch, die empirischen Häufigkeiten der einzelnen Typen für die drei Kohorten zu vergleichen und somit altersspezifische Leistungssyndrome zu identifizieren, erwies sich die KFA jedoch als zu unscharf, um Leistungsprofiländerungen anzuzeigen.

Eine andere Möglichkeit besteht darin, die empirischen Veränderungen direkt zu analysieren. Da auf jeder Altersstufe acht Leistungskonfigurationen ermittelt wurden, ergibt der Vergleich zweier Altersstufen acht mal acht gleich 64 Übergangssyndrome. Aus methodischen Gründen sollen im folgenden nur jeweils acht Profil-Übergänge inspiziert werden und zwar diejenigen, die einen Nicht-Übergang, also die Konstanz des Leistungsprofils, anzeigen.

Tabelle 6: Empirische Häufigkeiten ausgewählter Übergangs-Syndrome (Konstanz-Syndrome) für vier Paare von Meßzeitpunkten

		Klasse (Ausgangsklasse - Zielklasse)			
		7.-8.	8.-9.	9.-10.	10.-11.
+++	+++	17	24	24	19
++-	++-	5	2 ns	2 ns	3
+-+	+-+	3 ns	5	4	6
-++	-++	10	10	19	8
+--	+--	12	9	22	9
-+-	-+-	6	7	13	12
--+	--+	2	4	7	6
---	---	37	38	36	28

Legende: Angaben in Prozent; ns = nicht signifikant.

Tabelle 6 zeigt die empirischen Häufigkeiten für die Konstanz- Konfigurationen für vier Paare von aufeinander folgenden Meßzeitpunkten. Zu den meisten hier betrachteten Übergangssyndromen ergaben sich signifikante Chi-Quadrat-Werte, was bedeutet, daß eine hohe Konstanz in den Leistungsprofilen vorliegt, d.h. es finden sich überzufällig viele Personen, die zu zwei Meßzeitpunkten dasselbe Leistungsprofil aufweisen. Nur drei Übergänge erweisen sich als nicht-signifikant. Darunter ist zweimal die Konfiguration "++-", also die Gruppe derjenigen Schüler, die sowohl naturwissenschaftlich als auch literarisch besonders aktiv sind. Diese Konstellation von Aktivitäten, die ziemlich konträr anmutet, ist im Alter von der 8. bis zur 10. Klasse recht labil. Es scheint schwierig zu sein, diese gegensätzlichen Aktivitäten gleichmäßig über mehrere Jahre intensiv zu verfolgen.

Die geschilderten Ergebnisse lassen sich folgendermaßen interpretieren:

(1) Je älter die Schüler werden, desto häufiger behalten sie ihr Leistungsprofil über (mindestens) zwei Jahre bei, d.h. sie schließen sich einem der Konstanz-Typen an, während immer weniger ihr Leistungsprofil (im höheren Jugendalter) verändern.

(2) Betrachtet man die Konstanz-Syndrome im Querschnitt, so sieht man beispielsweise, daß die Stabilität der "+-+"- und der "--+"-Syndrome im Altersverlauf im Vergleich zu den anderen Konstanz-Typen zunimmt. Die errechneten Prozentanteile steigen von Jahr zu Jahr. Man sieht auch, daß der naturwissenschaftliche Leistungstyp "+--" zwischen der siebten und achten bzw. der zehnten und elften Jahrgangsstufe ziemlich konstant bleibt, während ein gewisser Stabilitätseinbruch zwischen der achten und der neunten Klasse zu beobachten ist. Grund dafür mag der Tatbestand sein, daß in deutschen Gymnasien in der achten Klasse der Physik-Unterricht beginnt, der Interessenverlagerungen auslösen könnte. Außerdem kann man beobachten, daß die Summe der Prozente für die singulären Leistungstypen (+--, -+- und --+) im Übergang von der achten zur neunten Klassenstufe im Vergleich zu den anderen Übergängen am niedrigsten ausfällt. Im Übergang von der achten zur neunten Klasse kommt es also relativ selten vor, daß man sich nur in einem Spezialgebiet konstant hervortut. Für diese damit zusammenhängenden Aktivitätsverlagerungen ist sicher auch die Pubertät verantwortlich, welche die 14- bis 15jährigen Schüler durchlaufen.

Tabelle 7: Signifikante Unterschiede zwischen zwei Konstanz-Typen (naturwissenschaftlich <+--> versus literarisch-künstlerisch <-++>) auf verschiedenen Altersstufen

Klassen:	7./8.		8./9.		9./10.		10./11.	
Variablen	+--	-++	+--	-++	+--	-++	+--	-++
Verbale Intelligenz					+			
Mathem. Intelligenz					+		+	
Figurale Intelligenz					+			
Technisches Verständnis	+		+		+		+	
Praktische Kreativität								
Kreativitätsfragebogen		+		+		+		+
Erkenntnisstreben	+				+			
Leistungsmotivation					+			
Geschlecht (Anteil weiblicher Pbn)	0.1	1.0	0.0	1.0	0.0	0.9	0.2	1.0

Legende: "+": Gruppen haben signifikant höhere Werte (t-Test, zweiseitig, alpha <= .05).

Wir haben bislang noch nicht untersucht, wie bestimmte Profilveränderungen oder aber die Konstanz eines Leistungsprofils über mehrere Jahre zu erklären sind. Da wir typische Profilveränderungen nicht identifizieren konnten, konzentrieren wir uns im folgenden auf

Bedingungen für die Stabilität eines Leistungsprofils. Dazu werden aus Tabelle 6 zwei Leistungsprofile herausgegriffen und hinsichtlich verschiedener Begabungsmerkmale verglichen, die relativ stark besetzt sind und ganz unterschiedliche Inhalte aufweisen: den naturwissenschaftlichen Konstanz-Typ (+-- +--) und den literarisch-sozialen Konstanz-Typ (-++ -++).

Der Vergleich der beiden Typen anhand verschiedener Begabungsmerkmale (siehe Tabelle 7) erbrachte zahlreiche eindeutige Ergebnisse. Der naturwissenschaftliche Konstanz-Typ zeichnet sich auf jeder Altersstufe durch höheres physikalisch-technisches Verständnis aus. In vielen Fällen sind sein Erkenntnisstreben und seine Intelligenzwerte höher ausgeprägt als beim Vergleichstyp. Der literarische und soziale Konstanz-Typ zeichnet sich dafür als kreativer und vielfältig interessierter aus. Der entscheidende Unterschied wird u.E. aber in den letzten Zeilen von Tabelle 7 sichtbar: Der naturwissenschaftliche Konstanztyp enthält fast ausschließlich Jungen, der andere Typ fast nur Mädchen. Die Geschlechtszugehörigkeit erleichtert (z.B. durch das gesellschaftliche Rollenverständnis von Mann und Frau) einerseits das Verfolgen geschlechtsspezifischer Interessen, legt Mädchen wie Jungen aber auch fest, so daß ein frühzeitiger Interessenschwerpunkt - sofern er den Geschlechtsrollenerwartungen entspricht - nicht mehr leicht revidiert werden kann. Andere Interessen werden dann zurückgestellt, da sie sozial weniger anerkannt sind.

3.2.3 Zusammenfassung und Methodendiskussion

Wenn man die zuletzt berichteten Ergebnisse betrachtet, drängt sich folgende Interpretation auf: Die Leistungsentwicklung im Jugendalter ist durch vorausgehende Erfahrungen, auch in der Geschlechtsrolle, beeinflußt. So erklärt sich, warum viele Jugendliche relativ konstante Aktivitätsprofile über mehrere Jahre hinweg erkennen lassen. Die Pubertät, familiäre und schulische Anregungen, aber auch andere Faktoren wie Zufälle oder kritische Lebensereignisse können die Interessen- und Leistungsentwicklung weiterhin beeinflussen. Zur Entwicklung besonderer Leistungsschwerpunkte scheint es sinnvoll zu sein, im früheren Jugendalter *vielfältige* Interessen zu fördern und somit die Motivation für ein Engagement in vielen Leistungsbereichen anzuregen. Erst während der Pubertät oder danach dürfte es sinnvoll sein, *bereichsspezifische* akademische Leistungen gezielt zu unterstützen, und zwar in Abhängigkeit vom Fähigkeits- und Interessenprofil des Jugendlichen.

Die hier angewandte Methode der Konfigurations-Frequenz-Analyse (KFA) vermittelt interessante Einblicke in Entwicklungsverläufe, etwa zum Interessenaufbau. Man kann diese Methode generell bei unklaren Merkmalsverteilungen gewinnbringend anwenden, ohne auf fehleranfällige parametrische Verfahren zurückgreifen zu müssen. Allerdings geht durch die Dichotomierung der Variablen manche Information verloren. Gleichzeitig können nur wenige Variablen verwendet werden, da sonst die Kontingenztafeln zu unhandlicher Größe anwachsen. Andererseits sind Ergebnisse, die mit diesem relativ groben Verfahren gewonnen wurden, leichter zu akzeptieren, weil Methodenartefakte weitgehend vermieden werden.

4. Zur prognostischen Validität des Hochbegabungsdiagnostikums

Eines der wichtigsten Ziele unserer Hochbegabungsstudie stellte die Entwicklung und Erprobung eines Meßinstrumentariums zur Identifikation hochbegabter Schüler dar. Während im Teil II vorwiegend über die Konstruktion und Eignung (allgemeine Teilgütekriterien) der einzelnen Verfahren berichtet wurde, sollen in diesem Kapitel Ergebnisse zur *prognostischen Validität der gesamten Testbatterie* dargestellt werden.

Die ersten beiden Abschnitte beschäftigen sich mit der prognostischen Validität des Hochbegabungsdiagnostikums im Grundschul- und Sekundarstufenbereich. Dazu wurden auch die von uns entwickelten Lehrerchecklisten und -fragebögen zur Beurteilung der Begabungsmerkmale von Schülern einbezogen, wobei zu prüfen ist, inwieweit sich Lehrerurteil und Begabungstests bei der Leistungsprognose im schulischen und außerschulischen Bereich ergänzen. Im dritten Abschnitt wird untersucht, ob die Leistungsprognose durch Berücksichtigung motivationaler Variablen gesteigert werden kann. Auf die Rolle nichtkognitiver Persönlichkeitsmerkmale für die Umsetzung von Begabungspotentialen in Leistungen wird in den Kapiteln 6 und 7 noch detaillierter eingegangen.

Tabelle 8: Prädiktive Validität für die Skalen der Begabungsvariablen

	KunstLit	Sport	SozAkt	Musik	NatMat	Tech	Deutsch	Engl	Mathe
Siebtkläßler:									
KFT-V	.04	-.17	-.08	-.04	-.03	-.16	.37	.33	.16
KFT-Q	.00	.08	-.01	-.06	.10	-.09	.15	.13	.31
KFT-N	.03	.00	-.06	-.09	-.01	-.10	.12	.11	.28
KFT-GL	.03	-.05	-.07	-.10	.02	-.15	.27	.23	.33
ZVT	-.02	-.01	-.05	.06	-.09	-.18	-.02	.06	.05
VKT	.15	.02	.05	.07	-.04	-.06	.10	-.06	-.04
VWT	.07	-.08	.04	-.04	.13	.09	.03	.04	.11
SozKomp	.19	-.03	.34	.09	.06	.15	-.01	-.03	-.03
GIFT	.51	.07	.48	.30	.21	.19	.08	.02	-.10
APT	-.10	.01	-.03	-.05	.22	.19	.12	-.01	.19
Neuntkläßler:									
KFT-V	-.01	-.20	-.04	-.05	.13	-.06	.19	.24	.18
KFT-Q	-.23	.03	-.22	-.08	.20	-.02	.12	.29	.45
KFT-N	-.12	-.08	-.20	-.12	.07	.00	.08	.20	.35
KFT-GL	-.15	-.10	-.19	-.11	.17	-.03	.17	.31	.42
ZVT	-.10	.05	-.16	.02	-.03	-.07	.02	.09	.20
VKT	.15	.02	.04	-.01	.02	.04	-.06	.03	-.01
VWT	.19	-.02	.12	.04	.07	.17	.14	-.04	.00
SozKomp	.20	.19	.47	-.04	.00	.16	-.03	-.16	-.29
GIFT	.49	-.00	.37	.26	.19	.25	.20	.07	-.13
APT	-.17	-.01	-.09	-.16	.33	.24	-.07	.04	.11

Legende: Aktivitäten: KunstLit = Kunst und Literatur, SozAkt = soziale Aktivitäten, MatNat = mathematisch-naturwissenschaftliche und Tech = technisch-handwerkliche Aktivitäten.

Tabelle 9: Prädiktive Validität für die Skalen der Lehrerchecklisten und die Motivationsskalen

	KunstLit	Sport	SozAkt	Musik	NatMat	Tech	Deutsch	Engl.	Mathe
Siebtkläßler:									
LCI	-.04	-.19	.00	.01	.01	-.12	.32	.53	.28
LCK	.01	-.15	.05	.06	.14	-.04	.12	.35	.20
LCS	.01	-.03	.24	.17	-.07	.01	.22	.28	.14
LCP	.03	.36	.18	.14	-.03	.03	.01	.09	-.06
LCM	.21	.00	.21	.47	-.10	-.02	.17	.23	.19
FES	.20	.15	.38	.06	.50	.39	.19	.05	.19
HE	.04	.18	.20	-.01	.28	.21	.23	.04	.16
FM	.04	.04	-.01	.13	-.11	-.06	-.10	-.17	-.20
Neuntkläßler:									
LCI	-.03	-.06	.05	-.10	.24	-.03	.45	.60	.54
LCK	.05	-.10	.11	.00	.19	-.02	.41	.47	.43
LCS	.15	.01	.36	.06	-.01	.05	.27	.24	.08
LCP	-.05	.29	.02	.04	-.02	.05	.11	.11	.00
LCM	.16	-.02	.08	.51	-.12	-.10	.15	-.01	-.07
FES	.20	.13	.31	.04	.59	.39	.23	.21	.23
HE	-.07	.24	.11	.00	.35	.25	.14	.28	.33
FM	-.07	-.08	-.14	.04	-.19	-.10	.03	-.11	-.12

Legende: Zu den Aktivitäten vgl. Tabelle 8; Lehrerchecklisten: LCI = Intelligenz, LCK = Kreativität, LCS = Soziale Kompetenz, LCP = Psychomotorik, LCM = Musikalität; FES = Erkenntnisstreben, HE = Hoffnung auf Erfolg, FM = Furcht vor Mißerfolg.

Auf die Koeffizienten zur Schätzung der Vorhersagevalidität jeweils isolierter Begabungs-, Lehrerchecklisten- und Motivationsvariablen (erhoben zum ersten Meßzeitpunkt) soll an dieser Stelle nicht mehr im Detail eingegangen werden. Zur knappen Information finden sich jedoch in den Tabellen 8 und 9 für die Kohorten der Siebt- und Neuntkläßler im Überblick solche Koeffizienten bezüglich außerschulischer Aktivitäten und Leistungen sowie Schulzensuren (Deutsch, Mathematik und Englisch, erfaßt im Rahmen der zweiten Hauptuntersuchung). Die Analyse der Korrelationen zeigt, daß besonders der KFT-Gesamtleistungswert ein sinnvoller Prädiktor für schulische Leistungen repräsentiert. Die einzelnen Dimensionen des KFT weisen bereichsspezifisch verschieden hohe Zusammenhänge mit den Noten in Deutsch, Mathematik und Englisch auf. Darüber hinaus sind die Skalen der Lehrerchecklisten erwartungsgemäß gute Prädiktoren für *schulische* Leistung, während die anderen Begabungstests keine so bedeutenden Korrelationen mit der Schulleistung aufweisen.

4.1 Schulleistungsprognose via Lehrer- vs. Testurteil bei Grundschülern

Eines der zentralen Anliegen unserer Untersuchung galt der Frage, inwieweit Lehrer in der Lage sind, Begabungspotentiale ihrer Schüler zu erkennen oder ob psychologische Test- und Fragebogenverfahren erfolgreicher in der Vorhersage hoher schulischer und außerschulischer Leistungen sind. Entsprechend war auch zu prüfen, ob das gesamte Hochbegabungsdiagnostikum dem Lehrerurteil in der Leistungsprognose überlegen ist bzw. ob Begabungstests und Lehrerurteil gemeinsam herangezogen werden müssen, um Leistungsprognosen zu verbessern.

Die wichtigsten Untersuchungsergebnisse hierzu sollen in diesem und den folgenden Abschnitten dargestellt werden.

Tabelle 10: Prognostische Validität von Begabungstests und Lehrerurteil in bezug auf Schulleistungen für Grundschüler I

Erstkläßler	Deutsch	Mathe	HSK	Musik	Kunst	DNote
T1-T3						
Tests	.61	.47	.53	.40	.23n	.62
LE	.35	.43	.40	.29	.12n	.45
Tests+LE	.65	.56	.58	.48	.27n	.66
T2-T3						
Tests	.58	.60	.37	.45	.40	.58
LE	.53	.48	.49	.33	.20n	.59
Tests+LE	.65	.69	.47	.47	.47	.68
Drittkläßler	Deutsch	Mathe	Englisch	Musik	Kunst	DNote
T1-T3						
Tests	.50	.48	.34n	.41	.36	.42
LE	.39	.42	.36	.26	.28	.47
Tests+LE	.52	.59	.38n	.46	.46	.49
T2-T3						
Tests	.41	.39	.28n	.36	.19n	.41
LE	.37	.45	.44	.23n	.33	.52
Tests+LE	.47	.51	.47	.47	.37n	.55

Legende: Tests = KFT-Gesamtleistung, Test zur Wahrnehmungsdifferenzierung (nur zu T2), TKT, soziale Kompetenz, GIFT; LE = Lehrereinschätzung zu den Bereichen intellektuelle Fähigkeiten, Kreativität, soziale Kompetenz; HSK = Heimat- und Sachkunde; DNote = Durchschnittsnote aus Deutsch, Mathematik sowie Heimat- und Sachkunde (Erstkläßler) bzw. Englisch (Drittkläßler).

Tabelle 10 zeigt die Analyseergebnisse zur Vorhersagevalidität von Lehrerurteil und Begabungstests für die Grundschulkohorten der Erst- und Drittkläßler in bezug auf Schulzensuren. In den Tabellen der Abschnitte 4.1 und 4.2 finden sich multiple Regressionskoeffizienten, die aus der regressionsanalytischen Vorhersage der Leistungen zur dritten Erhebungswelle mit Hilfe von Tests und Lehrerurteilen der ersten beiden Meßzeitpunkte resultieren.

Da sich selbst in der Grundschule viele Lehrer nicht in der Lage sahen, die Fragebögen zu Psychomotorik und Musikalität zu beantworten, und auch in unseren Psychomotoriktests (LEGO) zum ersten Meßzeitpunkt viele fehlende Werte zu verzeichnen waren, sind in Tabelle 11 Analysen, in die diese Skalen einbezogen wurden, gesondert aufgeführt. Gerade im Hinblick auf Schulleistungen in Musik, Kunst, Sport und Handarbeiten/Werken (Ha/We) schien es uns trotz methodischer Bedenken - beispielsweise im Hinblick auf mögliche systematische Stichprobenverzerrungen - wichtig, Aussagen zur prognostischen Validität unter Einbezug der für diese Schulfächer wichtigen Begabungsbereiche zu erhalten.

Tabelle 11: Prognostische Validität von Begabungstests und Lehrerurteil in bezug auf Schulleistungen für Grundschüler II

Erstkläßler	Musik	Kunst	Sport	Ha/We
T1-T3				
Tests	.36n	.46n	.41	.61
LE	.48	.14n	.24	.19n
Tests+LE	.68	.49n	.56	.68
T2-T3				
Tests	.48	.39	.29n	.51
LE	.37	.23n	.37	.25n
Tests+LE	.53	.56	.54	.56
Drittkläßler	Musik	Kunst	Sport	
T1-T3				
Tests	.42n	.71	.32n	
LE	.41	.32	.45	
Tests+LE	.73	.90	.51n	
T2-T3				
Tests	.40	.35	.35n	
LE	.25n	.37	.46	
Tests+LE	.57	.51	.47	

Legende: Tests = KFT-Gesamtleistung, Test zur Wahrnehmungsdifferenzierung (nur zu T2), TKT, soziale Kompetenz, GIFT, Lego-Test Aiming; LE = Lehrereinschätzung zu den Bereichen intellektuelle Fähigkeiten, Kreativität, soziale Kompetenz und Psychomotorik, zu T1 zusätzlich Musikalität; Ha/We= Handarbeiten/Werken.

Die vielen nichtsignifikanten Ergebnisse (in den Tabellen mit "n" markiert) rühren von dem durch die Hereinnahme dieser Variablen bedingten Stichprobenschwund her. Der im Rahmen der zweiten Erhebungswelle eingesetzte Musiklehrerfragebogen wurde so lückenhaft beantwortet, daß wir auf eine diesbezügliche Auswertung leider verzichten mußten. Eine zusätzliche Schwierigkeit ergab sich dadurch, daß ein Großteil der Schüler der Kohorte der Drittkläßler zum dritten Erhebungszeitpunkt bereits in weiterführende Schulen übergetreten war. Dadurch konnte weder die gesamte Stichprobe in unsere Testerhebungen einbezogen werden, noch waren am Ende bzw. nach Abschluß der Untersuchung von allen Schülern die Schulzensuren zu erhalten. Um die Stichproben in den einzelnen Analysen nicht noch weiter zu verkleinern, konnten deshalb keine Schätzwerte für die prognostische Validität getrennt nach Schularten berechnet werden, so daß die "wahren" Zusammenhänge in den Analysen etwas unterschätzt worden sein dürften.

Da - wie im ersten Kapitel dieses Berichtsteils näher ausgeführt - wegen der Stichprobenselektion die Verteilungen der in den Tabellen aufgeführten Tests und Fragebögen, die ja zum Großteil zur Stichprobenselektion herangezogen wurden, mehr oder weniger verzerrt und aufgrund der Auswertungen nach der ersten Datenerhebungsphase auch modifiziert wurden (vgl. dazu Teil II, Kapitel 2) haben wir nach Möglichkeit parallele Analysen für die Test- und Fragebogenergebnisse des ersten (T1) und zweiten (T2) Meßzeitpunkts gerechnet und dies in den Tabellen mitgeteilt.

Insgesamt kann an den in Tabelle 10 und 11 dargestellten multiplen Regressionskoeffizienten abgelesen werden, daß mit unseren Begabungstests *Schulleistungen* auch im

Grundschulbereich über einen Zeitraum von einem Jahr bis zwei Jahren im mittleren Ausmaß vorhergesagt werden können. Überraschenderweise klären die Lehrerurteile gerade bei den Hauptfächern Deutsch, Mathematik und - konsequenterweise - bei der Durchschnittsnote aus Deutsch, Mathematik sowie Heimat- und Sachkunde (HSK) in einigen Fällen weniger Varianz auf als die Begabungstests. Da sich dieser Befund in beiden untersuchten Kohorten findet und die Koeffizienten der Vorhersage T2-T3 (Ein-Jahres-Prognose) kaum höher liegen als jene für T1-T3 (Zwei-Jahres-Prognose), kann dieses Ergebnis nicht damit erklärt werden, daß die Lehrer ihre Schüler zu Beginn der Untersuchungen noch nicht so genau beurteilen konnten. Bei einer Reihe von Grundschülern sind Begabungstests somit eine notwendige zusätzliche Informationsquelle zum Lehrerurteil und bieten sich darüber hinaus als Korrektiv zur Leistungprognose durch Lehrer an. Für die Grundschule, wo entscheidende Weichen für die spätere Schulkarriere gestellt werden, dürfte dieses Ergebnis nicht ohne Belang sein.

Weiterhin war nicht vorherzusehen, daß in bezug auf die "Hauptfächer" Deutsch, Mathematik sowie Heimat- und Sachkunde (HSK) kaum ein Unterschied in der Prognosekraft der Lehrerurteile zwischen erstem und zweitem Meßzeitpunkt besteht. Die Stärke des Lehrerurteils liegt wohl eher - das haben auch viele an unser Studie beteiligten Lehrer zum Ausdruck gebracht - in der globalen Einschätzung der Begabungspotentiale ihrer Schüler. Dennoch mag es etwas überraschen, daß der Einbezug des Lehrerurteils die Prognose der späteren Schulleistungen via Begabungstests (allein) kaum verbessert.

Hingegen zeigt sich bei den musisch-künstlerischen Fächern sowie beim Sport, daß das Lehrerurteil bezüglich Musikalität und Psychomotorik wichtige Prädiktoren zur Ergänzung unser Testbatterie liefert, wenngleich diese Analysen wegen der geringen Stichprobengrößen nur vorsichtig interpretiert werden sollten. Die Erfassung grobmotorischer und musikalischer Fähigkeiten ist im Rahmen üblicher Tests auch nur schwer möglich.

Betrachtet man die einzelnen Regressionen genauer, so bestätigt sich im großen und ganzen unser Begabungs-Leistungsmodell, nach dem bereichsspezifische Leistungen durch differentielle Fähigkeiten vorhergesagt werden können. Allerdings scheint die Intelligenz, wie sie durch den KFT erfaßt wird, generell ein guter Prädiktor für Schulleistungen bei Grundschülern zu sein.

Dagegen kommt dem Kreativitätstest TKT praktisch keine Bedeutung für die Leistungsprognose in Musik und Kunst zu, während Lehrereinschätzungen zu Kreativität und Musikalität sowie - mit Einschränkungen - der Fragebogen zur sozialen Kompetenz in einigen Analysen eine wichtigere Rolle spielen. Im Hinblick auf die Kohorte der Drittkläßler ist beispielsweise der KFT bei der Prognose der Musiknote sogar dem TKT überlegen. Für die Vorhersage der Noten in Musik, Kunst und Handarbeiten/Werken kommen in der Kohorte der Erstkläßler auch dem Psychomotoriktest und selbst der Lehrereinschätzung zur Psychomotorik (letztere etwa im Gegensatz zu Sport) keine besondere Bedeutung zu, während diese Verfahren in den entsprechenden Analysen für die Drittkläßler eine Rolle spielen. Insgesamt sollten aber diese Detailergebnisse aus methodischen Gründen nicht überinterpretiert werden. Die Forderung nach Überprüfung der prognostischen Validität der einzelnen Verfahren (siehe Teil II, Kapitel 2) bleibt davon selbstverständlich unberührt (vgl. Gaensslen & Schubö, 1976).

Um einen Einblick in die *außerschulischen Aktivitäten und Leistungen* der Schüler zu erhalten, legten wir den Drittkläßlern zum dritten Erhebungszeitpunkt einen entsprechenden Fragebogen (zur häuslichen Bearbeitung) vor. Da die Schüler nicht über Gebühr belastet werden sollten, bekamen sie nur zu jenen Bereichen Fragen gestellt, in denen sie in einem (vorausgegangenen) kurzen Screeningfragebogen überdurchschnittliche Aktivitäten und Leistungen angegeben hatten. Somit bearbeiteten nicht alle Schüler sämtliche Skalen; deshalb mußten für die Analyse die einzelnen Skalen dichotomisiert werden (obere 30 bis 40 versus restliche 60 bis 70 Prozent). Anschließend führten wir Diskrimanzanalysen mit denselben Prädiktorensätzen wie in den oben dargestellten Untersuchungen durch. Die Ergebnisse können Tabelle 12 entnommen werden. Leider war die Rücklaufquote in der sowieso vom Stichprobenschwund betroffenen Kohorte der Drittkläßler nicht besonders hoch, so daß die meisten der Analysen kein signifikantes Ergebnis brachten.

Tabelle 12: Diskriminante Validität von Begabungstests und Lehrerurteil in bezug auf außerschulische Aktivitäten für die Kohorte der Drittkläßler

	NatMat	Lesen	AktPeers	BasHan	Musik	Sport
T1-T3						
Tests	61.9n	63.5	55.6n	65.9n	77.3	70.5n
LE	59.7n	57.9n	54.4n	50.0n	57.1n	56.5n
Tests+LE	73.6	75.5	64.2n	75.9n	86.2	82.8n
T2-T3						
Tests	61.0n	65.0n	54.0n	70.9	62.0	59.5n
LE	57.0	64.0n	51.0n	59.6n	56.6n	59.6
Tests+LE	66.7n	70.4	61.7n	74.6	56.5n	61.2n

Legende: Tests = KFT-Gesamtleistung, Test zur Wahrnehmungsdifferenzierung (nur zu T2), TKT, soziale Kompetenz, GIFT, Lego-Test Aiming (nur bei BasHan, Musik, Sport); LE = Lehrereinschätzung zu den Bereichen intellektuelle Fähigkeiten, Kreativität, soziale Kompetenz und Psychomotorik, zu T1 zusätzlich Musikalität (Psychomotorik und Musikalität nur bei BasHan, Musik, Sport); NatMat = naturwissenschaftliche und mathematische Aktivitäten; AktPeers = Aktivitäten mit Gleichaltrigen; BasHan = Basteln und Handarbeiten.

Dennoch zeigt sich auch hier, daß unsere Begabungstests die Gruppen der leistungsstärkeren von den übrigen Schülern gut trennen (in der Tabelle ist jeweils der Prozentsatz richtiger Zuordnungen angegeben). Festzuhalten ist weiter, daß auch Lehrer außerschulische Aktivitäten und Leistungen vorhersagen können. Zur Vermeidung von Fehlinterpretationen muß einschränkend darauf hingeweisen werden, daß durch die Art der Dichotomisierung (30 bis 40 vs.60 bis 70 Prozent) immer mit einem hohen Anteil richtiger Prognosen zu rechnen ist[2]. Betrachtet man sich die Tafeln richtiger und falscher Zuordnungen jedoch im einzelnen, so wird deutlich, daß der Anteil richtiger Prognosen bei den leistungsstarken nicht schlechter ist als bei den übrigen Schülern.

2 Weist man beispielsweise alle Schüler der leistungsschwächeren Gruppe zu, so beträgt der Anteil Prognosen 60 bis 70 Prozent, obwohl keiner der leistungsstarken Schüler richtig zugeordnet wurde.

4.2 Prognose von schulischen und außerschulischen Leistungen im Sekundarstufenbereich

Dieselben Fragestellungen im Hinblick auf die prognostische Validität von Lehrerurteil vs. Testurteil bzw. beider Informationsquellen zusammen wurden (wie für die Grundschüler) auch für die Sekundarstufenschüler untersucht. Die Tabellen 13 und 14 enthalten die entsprechenden multiplen Korrelationskoeffizienten für die Kohorten der Fünft-, Siebt- und Neuntkläßler. Um die Koeffizienten nicht durch unterschiedliche Bezugssysteme zu verzerren, wurden die Berechnungen nur für Gymnasiasten durchgeführt. Aufgrund des komplexen Benotungssystems in der Kollegstufe (mit seinen unterschiedlichen Bezugssystemen für Leistungs- und Grundkurse) haben wir angesichts der sowieso geringen Teilnehmerzahl an unserer letzten Hauptuntersuchung auf die Berechnung entsprechender Koeffizienten für Kollegstufenschüler verzichtet.

Die Interpretation der in den Tabellen mitgeteilten multiplen Korrelationen sollte auch hier mit der nötigen Vorsicht vorgenommen werden. Zunächst ist erhebliche Kollinearität zwischen den Prädiktoren festzuhalten, so daß die wahren Zusammenhänge überschätzt werden könnten (die Koeffizienten sind nicht adjustiert!). Zum zweiten haben wir auch hier nicht bei jeder Analyse Verteilungsformen und die dazugehörigen Parameter für die Fehler der jeweiligen Regressionen überprüft, so daß die Ergebnisse eher als explorativ denn hypothesentestend betrachtet werden müssen. Die im ersten Kapitel dieses Berichtsteils vorgeschlagenen Logit-Analysen waren wegen der im Verhältnis zu den Stichprobengrößen zu großen Zahl von Variablen hier nicht durchführbar.

Insgesamt fallen keine großen Unterschiede zwischen den Kohorten ins Auge. Die prognostische Validität der Begabungstests scheint im Sekundarstufenbereich geringer zu sein als in der Grundschule, so daß der Varianzaufklärung an der *Schulleistung* durch das Lehrerurteil größere Bedeutung zukommt. Dieser Effekt scheint über die Jahre bzw. Kohorten hinweg etwas zuzunehmen. Eine Ursache dafür könnte in dem auch sonst beobachteten Phänomen liegen, wonach mit zunehmender Unterrichts- bzw. Lernzeit in den Schulfächern der direkte Einfluß reiner Intelligenzfaktoren auf die Schulleistung zugunsten von (Vor-)Kenntnissen abnimmt; vgl. Heller (1984). Auf eingehendere Untersuchungen hierzu werden wir in Kapitel 7 unten zurückkommen.

Dennoch zeigt sich, vor allem im Hinblick auf die Durchschnittsnote aus Deutsch, Mathematik und Englisch, daß die Begabungstests in den meisten Fällen den Anteil der durch die Analysen aufgeklärten Varianz erhöhen können. Dies gilt sogar für die musischen Fächer und - unter Vorbehalt - für Sport. Auch in der Sekundarstufe spielt der KFT eine wichtige Rolle bei der Leistungsprognose, insbesondere der Hauptfächer.

Gerade angesichts der zum Teil relativ hohen Koeffizienten zur Vorhersage der Sportnote muß nochmals auf das Problem der Kollinearität und der geringen Stichprobengröße hingewiesen werden. Die Lehrerchecklisten zu den Bereichen Psychomotorik und Musik waren im ersten Untersuchungsjahr in der Sekundarstufe nur sehr unvollständig ausgefüllt worden. Außerdem konnten im Rahmen dieser Erhebungswelle trotz größter Anstrengungen nicht alle Schüler mit den aufwendigen Psychomotorik-Computertests untersucht werden, so daß nur von knapp der Hälfte der Schüler überhaupt Psychomotoriktestdaten (zu T1) vorliegen.

Tabelle 13: Prognostische Validität von Begabungstests und Lehrerurteil in bezug auf Schulleistungen für Gymnasiasten I

Fünftkläßler	Deutsch	Mathe	Engl.	Musik	Kunst	DNote
T1-T3						
Tests	.36	.52	.34	.39	.23n	.48
LE	.50	.43	.48	.34	.28	.56
Tests+LE	.61	.61	.59	.54	.38n	.71
T2-T3						
Tests	.40	.60	.47	.37	.31n	.56
LE	.44	.55	.57	.36	.29	.40
Tests+LE	.59	.68	.67	.48	.48	.74
Siebtkläßler						
T1-T3						
Tests	.38	.44	.40	.33	.27	.45
LE	.43	.47	.51	.20n	.27	.56
Tests+LE	.56	.59	.63	.45	.46	.68
T2-T3						
Tests	.46	.53	.49	.17n	.42	.57
LE	.36	.55	.46	.16n	.30	.55
Tests+LE	.48	.64	.57	.28n	.45	.66
Neuntkläßler						
T1-T3						
Tests	.32	.34	.27n	.29	.31	.32
LE	.42	.63	.62	.15n	.20n	.71
Tests+LE	.49	.62	.65	.33n	.42	.71
T2-T3						
Tests	.45	.44	.42	.27n	.41	.50
LE	.48	.64	.50	.13n	.28	.69
Tests+LE	.57	.67	.58	.30n	.48	.73

Legende: Tests = KFT-Gesamtleistung, Straßenplan, ZVT, TKT (nur Fünftkläßler zu T1), VWT-Produktivitätswert (außer Fünftkläßler zu T1), VKT, soziale Kompetenz, Handsicherheit (nur Musik und Kunst zu T2); LE = Lehrereinschätzung zu den Bereichen intellektuelle Fähigkeiten, Kreativität, soziale Kompetenz, Psychomotorik (nur Musik und Kunst zu T2); DNote = Durchschnittsnote aus Deutsch, Mathematik und Englisch.

Im Gegensatz zu den oben berichteten Ergebnissen in der Grundschule zeigt sich bei den Sekundarstufenschülern, daß dem Kreativitätstest VWT doch eine gewisse prädiktive Validität im Hinblick auf die Note im Fach Kunst zukommt. Ebenso spielt der Psychomotoriktestscore für "Aiming" eine Rolle bei der Prognose der Sportnote, was angesichts der von den Schülern zu bearbeitenden Aufgabe überrascht. Möglicherweise wäre es hier allerdings angebrachter, mit der Sportnote die Leistung im Psychomotoriktest vorherzusagen.

Tabelle 14: Prognostische Validität von Begabungstests und Lehrerurteil in bezug auf Schulleistungen für Gymnasiasten II

Fünftkläßler	Musik	Musik'	Kunst	Kunst'	Sport	Sport'
T1-T3						
Tests	.??	.39	.??	.23n	.54	.33
LE	.54		.40		.58	
Tests+LE	.??	.64	.??	.50	.91n	.67
T2-T3						
Tests	.37		.31		.42	
LE	.36		.29		.48	
Tests+LE	.48		.48		.56	
Siebtkläßler						
T1-T3						
Tests	.??	.33	.??	.27	.27n	.35
LE	.48		.40		.37	
Tests+LE	.??	.71	.??	.58	.78n	.53
T2-T3						
Tests	.17n		.42		.39	
LE	.16n		.30		.31	
Tests+LE	.28n		.45		.44	
Neuntkläßler						
T1-T3						
Tests	.??	.29	.??	.31	.18n	.17n
LE	.50		.29		.37	
Tests+LE	.??	.51	.??	.44	.76	.41
T2-T3						
Tests	.27n		.41		.08n	
LE	.13n		.28		.40	
Tests+LE	.30n		.48		.38n	

Legende: Tests = KFT-Gesamtleistung, ZVT, TKT (nur Fünftkläßler zu T1), VWT-Produktivitätswert (außer Fünftkläßler zu T1), VKT (nur zu T1), Spiegelbilder und Abwicklungen (nur zu T2), soziale Kompetenz, Handsicherheit (nur T2), Aiming (nur T1);LE = Lehrereinschätzung zu den Bereichen intellektuelle Fähigkeiten, Kreativität, soziale Kompetenz, Psychomotorik und Musikalität (nur zu T1); "'" = Koeffizient ohne Aiming berechnet.

Im Hinblick auf die Prognose der Sport- und Kunstnote gilt gleiches für die Skala Handsicherheit, einem Papier- und Bleistifttest zur Psychomotorik, den wir zum zweiten Meßzeitpunkt eingesetzt haben. Dieser Test spielt auch bei der Vorhersage der Musiknote eine Rolle, was wohl damit zusammenhängt, daß feinmotorische Fertigkeiten beim Spielen von Musikinstrumenten musikalisch begabten Schülern natürlich zugute kommen.

Tabelle 15: Prognostische Validität von Begabungstests und Lehrerurteil in bezug auf außerschulische Aktivitäten für Sekundarstufenschüler

Fünftkläßler	KunstLit	SozAkt	MatNat	Tech	Musik	Sport
T1-T3						
Tests	.45	.47	.30n	.36	.29n	.21n
LE	.15n	.14n	.32	.32n	.28n	.64
Tests+LE	.52	.50	.50	.53	.40n	.69
T2-T3						
Tests	.55	.59	.40	.48	.31n	.47
LE	.18n	.26	.13n	.19n	.22n	.47
Tests+LE	.64	.62	.50	.58	.43n	.67
Siebtkläßler						
T1-T3						
Tests	.50	.56	.36	.35	.40	.21n
LE	.12n	.21n	.20n	.25n	.54	.48
Tests+LE	.50	.57	.46	.45	.70	.61
T2-T3						
Tests	.50	.56	.39	.43	.46	.25n
LE	.20	.25	.22	.09n	.15n	.33
Tests+LE	.51	.56	.43	.52	.49	.45
Neuntkläßler						
T1-T3						
Tests	.53	.45	.38	.36	.25n	.30n
LE	.28	.37	.27	.25n	.38	.29n
Tests+LE	.56	.55	.50	.45n	.37n	.39n
T2-T3						
Tests	.57	.63	.36	.45	.27n	.32n
LE	.21n	.31	.26	.14n	.19n	.26n
Tests+LE	.59	.62	.42	.56	.30n	.41n

Legende: Tests = KFT-Gesamtleistung, Straßenplan, ZVT, TKT (nur Fünftkläßler zu T1), VWT-Produktivitätswert (außer Fünftkläßler zu T1), VKT, soziale Kompetenz, Handsicherheit (nur Sport zu T2); LE = Lehrereinschätzung zu den Bereichen intellektuelle Fähigkeiten, Kreativität, soziale Kompetenz, Psychomotorik (nur Tech, Musik, Sport) und Musikalität (nur Tech, Musik und Sport zu T1); Aktivitäten: KunstLit = Kunst und Literatur, SozAkt = soziale, MatNat = mathematisch-naturwissenschaftliche, Tech = technisch-handwerkliche Aktivitäten.

Für die Sekundarstufenschüler konnten auch multiple Regressionen zur Vorhersage *außerschulischer Aktivitäten und Leistungen* gerechnet werden. Die Ergebnisse sind im Überblick Tabelle 15 zu entnehmen. Es zeigt sich, daß dem Lehrerurteil außerhalb der Schule wesentlich geringere Prognosekraft zukommt. Dies gilt überraschenderweise auch für Aktivitäten im naturwissenschaftlichen und technisch-handwerklichen Bereich. Lediglich für die Bereiche Musik und Sport können mit den Lehrereinschätzungen Aktivitäten und Leistungen außerhalb der Schule einigermaßen prognostiziert werden (auch wenn die meisten Beziehungen nicht signifikant sind). Dies erklärt sich wohl daher, daß in den Bereichen Musik und Sport die Schulen auf Talente der Schüler stärker eingehen als etwa im Bereich von Literatur, Naturwissenschaften, Technik oder sozialen Aktivitäten. Schulische Freizeitangebote in den Bereichen Musik und Sport (kostenlose Kurse zum Erlernen von Instrumenten, zusätzliche Sportneigungsgruppen) sind schon länger Tradition, zählen zum Teil wohl auch zur Imagepflege der Schulen. Ähnliche Kursangebote zur Förderung begabter Schüler sollten verstärkt auch in anderen Bereichen institutionalisiert werden, z.B. nach dem Modell der baden-württembergischen Arbeitsgemeinschaften zur Förderung besonders befähigter Sekundarstufenschüler (vgl. Hany & Bittner, 1989; Hany & Heller, 1991a).

4.3 Zum moderierenden Einfluß motivationaler Merkmale auf den Begabungs-Leistungszusammenhang

Das Begabungs-Leistungs-Modell unserer Studie betrachtet nichtkognitive Persönlichkeitsmerkmale als Moderatoren des Begabungs-Leistungszusammenhangs. Ohne auf spätere Ausführungen (insbesondere in Kapitel 7) vorgreifen zu wollen, sei an dieser Stelle von Untersuchungen berichtet, die mit Hilfe von Daten der ersten beiden Erhebungen der Frage nachgehen, welche Rolle motivationale Variablen bei der Vorhersage von schulischen und außerschulischen Leistungen spielen. Zur Beantwortung dieser Fragestellung wurden ähnlich wie in den ersten beiden Abschnitten dieses Kapitels multiple Korrelationskoeffizienten zwischen verschiedenen Mengen von Prädiktoren (Begabungs-, Lehrerchecklisten- und Motivationsvariablen zum Zeitpunkt T1) und Leistungskennwerten als Kriteriumsvariablen (gemessen zum Zeitpunkt T2) berechnet (siehe Tabellen 16 bis 19).

Tabelle 16: Multiple Korrelationen: Begabungstests, Lehrereinschätzungen (LE) und Motivationsvariable (M) zu T1 mit außerschulischen Leistungen (zu T2) für Siebtkläßler

	KunstLit	Sport	SozAkt	Musik	Tech	NatMat
Test	.26	.16	.36	.17	.19	.15
Tests+M	.34	.27	.50	.26	.44	.55
Nur Gymnasiasten:						
Tests	.42	.26	.49	.28	.16	.31
Tests+LE	.44	.55	.54	.59	.28	.37
Test+LE+M	.51	.59	.60	.62	.41	.55

Legende: Tests: KFT, VKT, VWT und soziale Kompetenz; Motivationsvariable M: "Hoffnung auf Erfolg", "Furcht vor Mißerfolg", "Erkenntnisstreben"; Lehrereinschätzungen LE zu den Bereichen Intelligenz, Kreativität, soziale Kompetenz, Psychomotorik und Musikalität; zu den Aktivitäten siehe Tabellen oben.

Sowohl die Statistiken für Schulleistung als auch jene, in die die Lehrerchecklistenvariablen eingingen, wurden nur für Gymnasialschüler berechnet, um sie nicht durch Vermischung verschiedener

Bezugssysteme zu "verschmutzen". Die Lehrer beurteilten ja die Schüler auf der Basis ihrer Erfahrung mit dem jeweiligen Schulsystem. Bei den obigen Analysen, die alle Daten des dritten Meßzeitpunktes einbezogen, waren fast nur noch Gymasiasten in den Stichproben enthalten, so daß Berechnungen unterschiedlicher Analysen für die Lehrereinschätzungen überflüssig erschienen. Auch bei diesen Analysen sollte die Interpretation der mitgeteilten multiplen Korrelationskoeffizienten wegen der starken Kollinearität der Prädiktorvariablen vorsichtig erfolgen.

Tabelle 17: Multiple Korrelationen: Begabungstests, Lehrereinschätzungen (LE) und Motivationsvariable (M) zu T1 mit außerschulischen Leistungen (zu T2) für Neuntkläßler

	KunstLit	Sport	SozAkt	Musik	Tech	NatMat
Tests	.24	.17	.49	.20	.19	.22
Tests+M	.37	.30	.54	.21	.48	.64
Nur Gymnasiasten:						
Tests	.25	.16	.49	.30	.31	.32
Tests+LE	.35	.34	.58	.54	.40	.44
Tests+LE+M	.46	.35	.68	.58	.63	.72

Legende: Tests: KFT, VKT, VWT und soziale Kompetenz; Motivationsvariable M: "Hoffnung auf Erfolg", "Furcht vor Mißerfolg", "Erkenntnisstreben"; Lehrereinschätzungen LE zu den Bereichen Intelligenz, Kreativität, soziale Kompetenz, Psychomotorik und Musikalität; zu den Aktivitäten siehe Tabellen oben.

Tabelle 18: Multiple Korrelationen: Begabungstests, Lehrereinschätzungen (LE) und Motivationsvariable (M) zu T1 mit Schulleistungen (zu T2) für Siebtkläßler (nur Gymnasiasten)

	DNote	Deutsch	Englisch	Mathe
Tests	.39	.32	.28	.37
Tests+M	.44	.41	.31	.42
Tests	.48	.41	.30	.48
Tests+LE	.68	.54	.62	.60
Tests+LE+M	.70	.57	.65	.62
Tests*	.55	.53	.42	.49
Tests*+LE+M	.55	.55	.42	.50
Tests*+LE	.71	.61	.68	.61
Tests*+LE+M	.73	.63	.70	.63

Legende: Zu Tests, M, LE vgl. Tabellen 16 bzw. 17. Unterschiedliche multiple Rs beruhen auf unterschiedlichen Substichproben (aufgrund von Missing Values). "*" meint, daß KFT-V, -Q und -N anstelle von KFT-GL benutzt wurden.

Tabelle 19: Multiple Korrelationen: Begabungstests, Lehrereinschätzungen (LE) und Motivationsvariable (M) zu T1 mit Schulleistungen (zu T2) für Neuntkläßler (nur Gymnasiasten)

	DNote	Deutsch	Englisch	Mathe
Tests	.36	.21	.30	.43
Tests+M	.45	.26	.38	.52
Tests	.31	.17	.25	.42
Tests+LE	.69	.51	.61	.67
Tests+LE+M	.71	.53	.63	.68
Tests*	.32	.28	.26	.43
Tests*+M	.45	.36	.40	.51
Tests*+LE	.72	.57	.65	.67
Tests*+LE+M	.73	.58	.66	.69

Legende: Tests: KFT-GL, VKT, VWT und soziale Kompetenz. Unterschiedliche multiple Rs beruhen auf unterschiedlichen Substichproben (aufgrund von Missing Values). "*" meint, daß KFT-V, -Q und -N anstelle von KFT-GL benutzt wurden.

Auch wenn wegen des Problems der Kollinearität innerhalb der Prädiktorensets die errechneten standardisierten Regressionskoeffizienten nicht überinterpretiert werden dürfen, deuten die Untersuchungen zur Vorhersagevalidität bei diesen Analysen jedoch darauf hin, daß die Daten mit unserem Bedingungsmodell zum Leistungsverhalten gut übereinstimmen. So liefern diese Untersuchungen u.a. Belege für die Zurückweisung älterer Hypothesen, wonach die (Schul-)Leistung monofaktoriell, etwa durch Intelligenz oder Kreativität, determiniert sein soll.

Alles in allem sind die dargestellten multiplen Korrelationen freilich nicht allzu hoch. Weitere Analysen, die sowohl Charakteristika der Person selbst als auch solche der Umwelt miteinbeziehen, sollten den Betrag erklärter Varianz erhöhen. Auf derartige Untersuchungen über den Einfluß von Person- und Umweltvariablen - einschließlich Begabungsvariablen (speziell Intelligenz) - auf das Leistungsverhalten wird in den nächsten Kapiteln näher eingegangen.

Abschließend soll mit Hilfe von LISREL beispielhaft für die Kohorte der Siebtkläßler untersucht werden, ob sich eine Zusammenhangsstruktur zwischen ausgewählten Begabungs- und Motivationsvariablen einerseits sowie Leistungskennwerten andererseits offenbart, und ob zwischen den gefundenen Strukturen (Meßmodellen) Beziehungen gefunden werden können (Strukturmodell). Wäre dies der Fall, so müßte man mit komplexen Zusammenhängen zwischen verschiedenen Begabungs- und Leistungsbereichen rechnen. Andernfalls muß bzw. kann die Leistungsentwicklung für jede Leistung gesondert betrachtet werden.

Die Untersuchungen wurden für Daten des ersten Meßzeitpunktes durchgeführt. In die Berechnungen wurden die KFT-Dimensionen KFT-V, KFT-Q und KFT-N, die Kreativitätstests VKT und VWT, die Fragebögen zu Erkenntnisstreben (FES) und Hoffnung auf Erfolg (HE), die Zensuren in Deutsch, Englisch und Mathematik, sowie die MAI-Skalen Literatur, Theater, Mathematisch-naturwissenschaftliche sowie Technisch-handwerkliche Aktivitäten einbezogen. Da aufgrund der

Selektion der Stichprobe *nicht* von einer Multinormalverteilung der Variablen ausgegangen werden konnte, wurden Unweighted-Least-Squares Schätzwerte berechnet, die geringere Voraussetzungen an die Daten stellen (Jöreskog & Sörbom, 1984).

Zunächst wurden für den Begabungs-/Motivationsbereich zwei alternative Meßmodelle getestet. Im ersten werden drei (korrelierende) Faktoren angenommen: Intelligenz, Kreativität und Motivation. Im zweiten wird eine stärkere Materialorientierung vorgenommen, indem ein nonverbal-quantitativer (KFT-Q und KFT-N), ein verbaler (KFT-V und VKT) und ein kreativer Faktor (VWT und VKT) neben dem Motivationsfaktor angenommen werden (vgl. Abbildung 3).

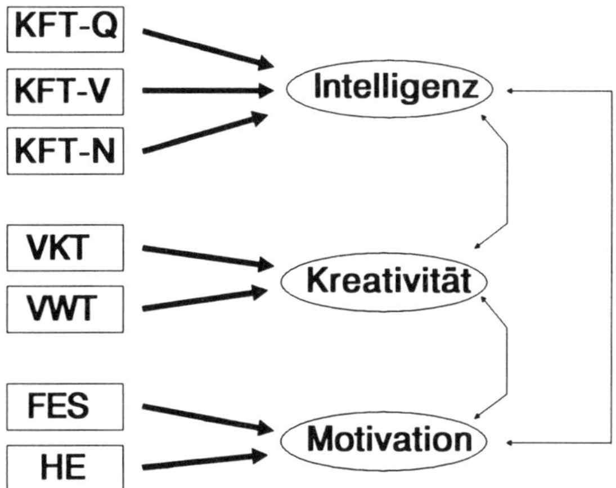

Abbildung 3: LISREL-Meßmodell für Begabungsvariable

Es zeigte sich, daß beide Modelle den Daten ähnlich gut angepaßt sind (GoF-Index=.990 bzw. .993). Bei Modell 2 ergab sich ein unerwarteter Effekt, indem VKT und KFT-V mit entgegengesetztem Vorzeichen auf der gemeinsamen latenten Variablen laden, die deshalb wohl nicht mit "verbale Fähigkeiten" beschrieben werden kann. Deshalb wurde Modell 1, das mit drei Faktoren auch das ökonomischere darstellt, gewählt. Die hier nicht mitgeteilten Modellparameter zeigen, daß Kreativität sich eher als heterogenes Konstrukt darstellt, die Meßfehleranteile der Variablen sind sehr hoch (>.85). Weiterhin fällt die negative Korrelation zwischen Kreativität und Leistungsmotivation auf (r=-.28), während die anderen latenten Variablen mäßig positiv miteinander korrelieren (Intelligenz mit Kreativität: r= .39; Intelligenz mit Motivation: r=.23).

Bezüglich schulischer und außerschulischer Leistungen wurden drei Modelle getestet. Das erste nimmt eine Einteilung in schulische und außerschulische Leistungen vor, das zweite unterteilt inhaltlich in sprachliche vs. mathematisch-naturwissenschaftliche Leistungen. Das dritte Modell verbindet Modell 1 und 2 in einer zweifaktoriellen Einteilung der Variablen.

Es zeigte sich, daß alle drei Modelle nicht hinreichend an die Daten angepaßt sind, wobei Modell 3 bereits eine gute Annäherung darstellt (GoF=.93, RMR=.23). Erst eine Aufspaltung der naturwissenschaftlich-technischen außerschulischen Leistungen führt zu einem guten Fit an die Daten (GoF=.997, RMS<1), da die Meßwerte in den letztgenannten Bereichen unterschiedlich mit den Meßwerten in den anderen Leistungsbereichen korrelieren. Dieses modifizierte Modell mit fünf latenten Variablen ist Abbildung 4 zu entnehmen.

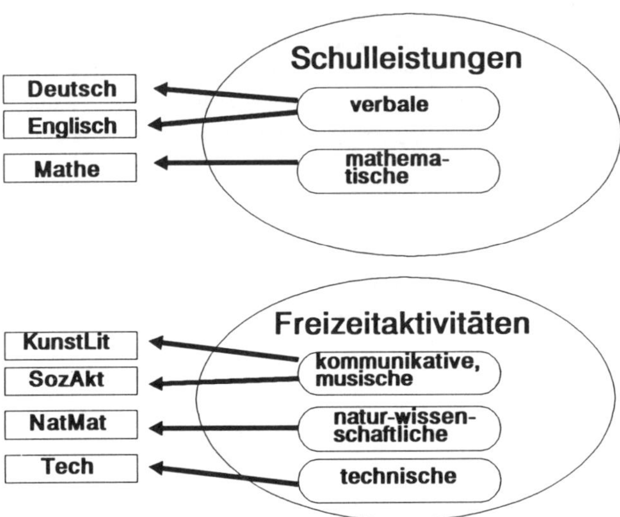

Abbildung 4: LISREL-Meßmodell für Leistungsvariable

Die so ermittelten latenten Variablen korrelieren miteinander: Relevante Korrelationen (>.20) treten zwischen den außerschulischen Leistungen (verbale mit mathematisch-naturwissenschaftlichen: r=.58; mathematisch-naturwissenschaftliche mit technisch-handwerklichen: r=.74; verbale mit technisch-handwerklichen: r=.38) sowie zwischen den Schulfächern (verbal-mathematisch: r=.56) auf. Zwischen den außerschulischen Leistungen und den Schulnoten findet sich nur *eine* bedeutsame Korrelation: Technisch-handwerkliche Aktivitäten und verbale Schulleistungen korrelieren bedeutsam negativ miteinander (r= -.56). Diese Ergebnisse deuten Unabhängigkeit, ja sogar eine gewisse Gegensätzlichkeit zwischen außerschulischen und schulischen Leistungen an.

Mit Hilfe der bisher beschriebenen beiden Meßmodelle wurde dann ein Strukturmodell erstellt, mit dem die latenten Variablen der Leistungsbereiche durch die latenten Variablen, die die Begabungsbereiche repräsentieren, erklärt werden sollten, d.h. es wurden Regressionen der latenten Begabungsvariablen auf die latenten Leistungsvariablen untersucht. Es zeigte sich jedoch, daß weder dieser Ansatz noch ähnliche Modelle mit latenten Variablen zur Konvergenz gebracht werden konnten. Ohne die Möglichkeit von Spezifikationsfehlern ausschließen zu wollen, deutet dies darauf hin, daß die Beschreibung der Daten mit diesen Modellen nicht adäquat gelingt.

Alternativ wurde deshalb ein Modell gerechnet, in dem alle Variablen als fehlerfreie Messung angesehen (d.h. es werden keine latenten Variablen spezifiziert) und alle Begabungsvariablen in ihrem Einfluß auf die Leistungsvariablen betrachtet werden. In einem weiteren Schritt wurden Pfade mit Regressionskoeffizienten <.1 eliminiert. Das so gewonnene Modell, das eine sehr gute Passung an die Daten aufweist, ist in Abbildung 5 dargestellt. Dabei sind Regressionswerte >.30 durch fettere Pfeile hervorgehoben, die Korrelationen zwischen den Begabungs- bzw. Leistungsvariablen sind nicht eingetragen bzw. symbolisiert.

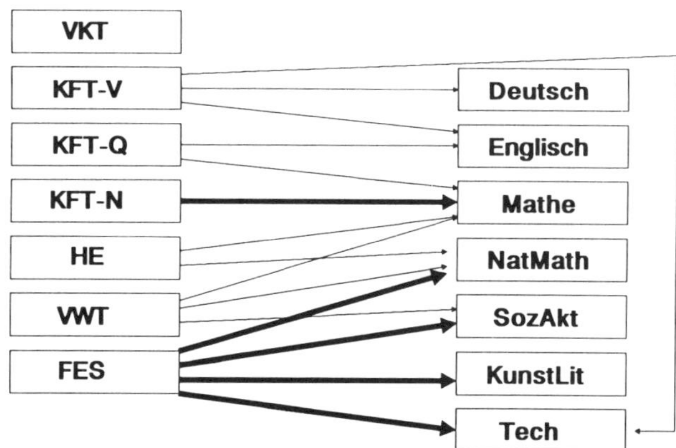

Abbildung 5: Ein LISREL-Modell für Begabungs-Leistungs-Zusammenhänge bei Siebtkläßlern

Diesem Modell kann entnommen werden, daß Variablen, die in den Meßmodellen zur gleichen latenten Variablen gehören, mit Leistungen verschiedener Domänen korrelieren. So spielt die FES-Variable (Fragebogen zum Erkenntnisstreben) eine zentrale Rolle für außerschulische Leistungen, während "Hoffnung auf Erfolg" einen negativen Zusammenhang mit außerschulischen naturwissenschaftlichen Leistungen aufweist! Die Intelligenzskalen erweisen sich auch hier als besonders gute Prädiktoren für Schulleistungen.

Insgesamt muß jedoch festgehalten werden, daß die Meßmodelle für Begabungs- und Leistungsvariablen nicht zu einem Strukturmodell verbunden werden können. Dieser Widerspruch zwischen Meßmodellen und deren Umsetzung in Strukturmodelle mag mit schlechten Verteilungseigenschaften der Variablen zusammenhängen. Er deutet jedoch auch darauf hin, daß sich die Umsetzung von Begabung in Leistung nur unzureichend in linearen Zusammenhängen weniger latenter Variablen beschreiben läßt; vielmehr müßten wohl stärker bereichsspezifische Bedingungsmodelle schulischer und außerschulischer Leistungen angenommen werden.

5. Zur Entwicklung von Intelligenz und Kreativität bei hochbegabten Kindern und Jugendlichen

Intellektuelle Fähigkeiten und Kreativität spielen in praktisch allen Hochbegabungsmodellen eine entscheidende Rolle. Neben der Erhebung des intellektuellen Leistungsstandes bzw. konvergenter Denkoperationen (sensu Guilford) sowie der kognitiven Entwicklung, wie sie durch kognitive Fähigkeits- oder (traditionelle) Intelligenztests üblich ist, war die Erfassung divergenter kognitiver Denkoperationen, d.h. der Kreativität und ihrer Entwicklung, eine zentrale Aufgabe unserer Längsschnittstudie.

Das Verhältnis der Konstrukte "Kreativität" und "Hochbegabung" ist in der Literatur ungeklärt. Es ist vornehmlich von der Hochbegabungsdefinition, aber auch von der Definition und Erfassungsmethode der Kreatitivität abhängig. So werden diese Begriffe zum Teil synonym verwendet. Insbesondere in der Erforschung der Entstehung außerordentlicher Leistungen als Indikator der Hochbegabung (engl. Giftedness) mit der Methode der biographischen Analyse wird die Frage nach der Genese des einmaligen, innovativen Charakters kreativer Leistungen gestellt.

In anderen Ansätzen, z.B. im Modell von Renzulli (1978), wird Kreativität als eine eigenständige Fähigkeit aufgefaßt, die zusammen mit Intelligenz und nichtkognitiven Begabungsmerkmalen sowie - in der Modellerweiterung durch Mönks (vgl. Mönks et al., 1986) - in Interaktion mit der Umwelt (Familie, Peers, Schule) eine Person dazu befähigt, besondere Leistungen hervorzubringen; Kreativität wird in diesem Fall als eine notwendige Voraussetzung für Leistungsexzellenz angesehen.

In unserem Begabungsmodell (vgl. Abbildung 1 in Teil I) wird Kreativität, neben anderen (insbesondere intellektuellen) Fähigkeiten, als eine Form der Hochbegabung hypostasiert, die zu besonderen Leistungen führen kann, wenn sie durch entsprechende nichtkognitive Personmerkmale und Umweltkonstellationen unterstützt wird; somit wäre Kreativität in diesem Ansatz ein hinreichendes Merkmal für Hochbegabung. Allerdings ist die Forschungslage hierzu bislang sehr uneinheitlich. Möglicherweise sind Intelligenz und Kreativität stärker korreliert als vielfach angenommen (vgl. Heller, 1987, 1989).

Darüber hinaus wurde in jüngerer Zeit wiederholt gefordert, Hochbegabung nicht nur unter der Perspektive intellektueller und/oder kreativer Fähigkeiten zu untersuchen, sondern *kognitive Prozesse* und *metakognitive Kompetenzen* (z.B. im Sinne von Sternbergs Untersuchungen) stärker zu berücksichtigen. Obwohl dazu geeignete Meßverfahren in der Regel äußerst aufwendig sind, haben wir versuchsweise sowohl in der Grundschule als auch bei Sekundarstufenschülern derartige Verfahren eingesetzt. Die beiden Tests zur Erfassung konvergent-divergenter Denkprozesse in der Sekundarstufe (TRE und TZRA) stellen interessante Neuentwicklungen dar. Über deren Konstruktion, Durchführung und Auswertung liegen umfangreiche Ergebnisberichte vor (Facaoaru, 1990; Hany, 1990), die eventuell veröffentlicht werden sollen.

Nicht zuletzt um den Umfang dieses Kapitels in einem vertretbaren Rahmen zu halten, haben wir zwei Schwerpunkte gesetzt. Nach einem Überblick über die Entwicklung von Intelligenz und Kreativität im Grundschulalter (Abschnitt 5.1) folgt ein Abschnitt (5.2), der sich mit der metakognitiven Entwicklung, speziell mit der Entwicklung des Metagedächtnisses in dieser Altersstufe, befaßt. Hier werden auch Zusammenhänge mit Intelligenz, Kreativität und Leistung berücksichtigt. Während Abschnitt 5.3 zur Entwicklung kognitiver Fähigkeiten in der Sekundarstufe eher Überblickscharakter hat, geht Abschnitt 5.4 wiederum intensiver auf die Entwicklung der Kreativität bei Jugendlichen ein. Dort wird u.a. untersucht, inwieweit nichtkognitive Persönlichkeits- und Umweltmerkmale bei der Entwicklung von Kreativität eine Rolle spielen und ob sich hochkreative von hochintelligenten Schülern auch im Hinblick auf besondere Leistungen unterscheiden.

5.1 Entwicklung von Intelligenz und Kreativität im Grundschulalter

Die folgenden Ergebnisse sollen zur Klärung der Frage beitragen, inwieweit die Merkmale Intelligenz und Kreativität - erfaßt mit der Gesamtleistung im KFT bzw. dem Originalitäts- und Elaborationswert in dem von uns verwendeten Untertest des TKT (vgl. genauer Teil II, Abschnitte 2.1.1 und 2.1.2) - im Grundschulalter interindividuell bereits stabil sind. Dazu teilten wir die (vorausgelesene) Stichprobe zum ersten Meßzeitpunkt in Normalbegabte (Prozentrang 0 bis 70), Gutbegabte (PR 70-85) und Hochbegabte (PR 85-100), um anschließend die z-Werte für die einzelnen Gruppen und Meßzeitpunkte vergleichen zu können.

Weiter wurden Unterschiede zwischen Jungen und Mädchen im Längsschnitt analysiert. Schließlich wurde überprüft, inwieweit Lehrerurteile (via Checklisten) unterschiedlich intelligente und kreative Schüler differenzieren können.

5.1.1 Zur Entwicklung der Intelligenz

Wie Abbildung 6 zu entnehmen ist, bleiben die Mittelwertsunterschiede zwischen den drei Begabungsgruppen in der Kohorte der Drittkläßler über die drei Meßzeitpunkte hinweg relativ stabil; allenfalls ist - erwartungskonform - eine schwache Regression zur Mitte vom ersten zum zweiten Meßzeitpunkt festzustellen.

Bei den jüngeren Schülern ist zu beobachten, daß sich die zum ersten Meßzeitpunkt (T1) identifizierten gut- und hochbegabten Schülerinnen und Schüler vom zweiten Meßzeitpunkt (T2) ab nicht mehr unterscheiden. Dies ist u.E. vor allem darauf zurückzuführen, daß bei unserer jüngsten Kohorte im ersten Jahr (1986) der KFT 1-3 (Grundschulform) eingesetzt wurde, während die Schüler in den folgenden Jahren - wie die Schüler aller übrigen Kohorten - Skalen aus dem KFT 4-13 (Sekundarschulform) bearbeiteten. Von daher ist es umso erstaunlicher, daß die Unterschiede zwischen den normalbegabten sowie den gut- und hochbegabten Schülern weiter bestehen bleiben.

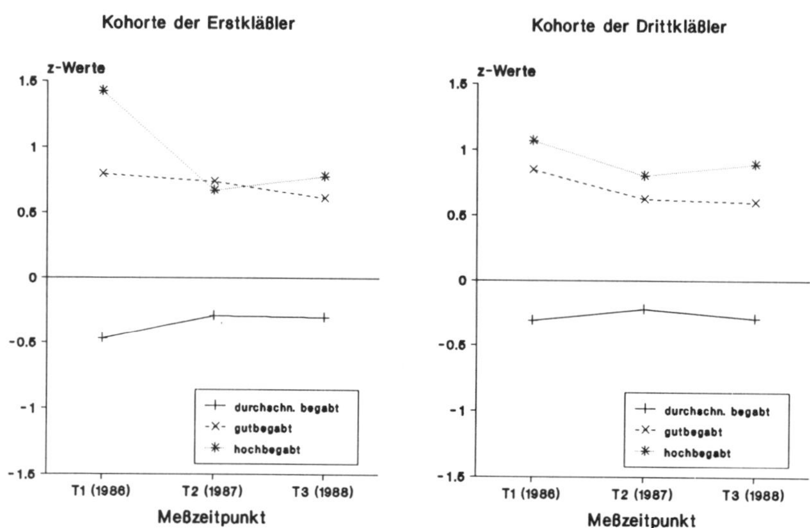

Abbildung 6: Stabilität der Leistungen der Intelligenzgruppen für Grundschüler

Kontrastiert man den Entwicklungsverlauf (im KFT) für Schülergruppen, die von ihren Klaßlehrern als hochintelligent eingeschätzt wurden, mit dem der übrigen Schüler, so zeigt sich, daß sich auch diese Gruppen deutlich unterscheiden. Insbesondere in der dritten Klasse können die Lehrer mit Hilfe unserer Checklisten hochintelligente von anderen Kindern unterscheiden, während ihnen dies in der ersten Klasse weit weniger gut gelingt.

Zur meßfehlerfreien Abschätzung der Stabilität des Merkmals Intelligenz wurde ein LISREL-Modell konstruiert und die Passung an die Daten der verbalen, quantitativen und nonverbalen KFT-Dimensionen der Kohorte der Drittkläßler über die drei Meßzeitpunkte 1986, 1987 und 1988 überprüft. Dabei wurde ein Modell zugrunde gelegt, das z.B. von Jöreskog (1979) vorgeschlagen wird (vgl. Abbildung 7).

Hier wird von einem zweifachen Meßmodell ausgegangen: Zum einen wurden für jeden Zeitpunkt 'occasion specific factors' (siehe Intelligenzfaktoren 1986 bis 1988 in Abbildung 7) berechnet, die für jeden Zeitpunkt und Untertest jenen Anteil der Varianz erklären, den der betr. Untertest mit den beiden anderen Subtests (desselben Zeitpunktes) gemeinsam hat. Etwas vergröbert könnte man diese Faktoren (bzw. latente Variablen) als "allgemeine Intelligenz" bezeichnen. Zum anderen wurden für jeden Subtest "test specific factors" berechnet, die für jeden KFT-Teil den Anteil der Varianz erklären, den dieser mit derselben Dimension zu den anderen beiden Zeitpunkten gemeinsam hat. Außerdem wurde für jeden Test der spezifische Varianzanteil als Fehlerwert berechnet. Aus den wichtigsten von LISREL geschätzten Statistiken lassen sich folgende, für unsere Fragestellung interessanten Parameter ablesen: die Korrelation zwischen den latenten Intelligenzvariablen zu den drei Zeitpunkten, die standardisierten Faktorladungen zur Abschätzung des relativen Gewichts der Subskalen für die "allgemeine Intelligenz" sowie die spezifischen Fehlerwerte der gemessenen Variablen bzw. Untertests zur Abschätzung der Varianzaufklärung durch das Modell.

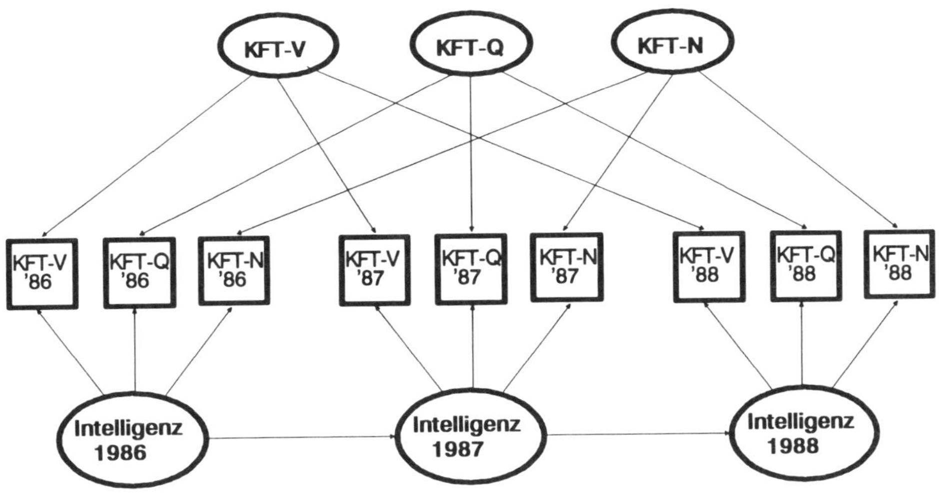

Abbildung 7: LISREL-Modell zur Reliabilitäts-Stabilitäts-Analyse der KFT-Dimensionen für die Kohorte der Drittkläßler

Das oben spezifizierte Modell konnte zwar nicht gehalten werden, doch weist ein geringfügig modifiziertes Modell (Annahme eines zusätzlichen Einflußpfades der "allgemeinen Intelligenz" von T1 auf die von T3) eine gute Anpassung an die Daten auf. Die von LISREL vorgenommenen Parameterschätzungen deuten darauf hin, daß sich die latente Variable "allgemeine Intelligenz" eher gleichmäßig aus allen drei KFT-Dimensionen zusammensetzt. Weiter zeigt sich in den Ergebnissen, daß sich die Intelligenz, wie sie durch den gemeinsamen latenten Faktor der Subtests des KFT repäsentiert wird, bei Auspartialisierung der Materialfaktoren und der spezifischen Meßfehler als sehr stabil erweist (Korrelation zwischen den Meßzeitpunkten: .71 bis .87). Die mit Hilfe des LISREL-Modells gewonnen Stabilitätswerte liegen dabei wesentlich höher als die in die Berechnungen eingegangenen Korrelationen der einzelnen Subtests zwischen den Zeitpunkten. Dieses Ergebnis bestätigt eindrucksvoll die oben angeführten Befunde, wonach in den untersuchten Altersgruppen (Längsschnitt) keine starken Positionsveränderungen der Schüler (von der Klasse 1 bis 3 bzw. 3 bis 5) in bezug auf das Merkmal Intelligenz stattfinden.

Insgesamt überrascht, daß in unserer Stichprobe begabter Schüler die KFT-Intelligenz bereits bei Grundschulkindern ein doch relativ stabiles Merkmal darstellt. Um Mißverständnissen vorzubeugen, sei jedoch darauf aufmerksam gemacht, daß wir die *relative Position* der Schüler in unserer Stichprobe untersucht haben und nicht das Anwachsen der Intelligenz im Sinne einer Entwicklungsfunktion über die Zeit. Dies war vor allem deshalb nicht möglich, weil - wie in Abschnitt 2.1.1 von Teil II näher beschrieben - der KFT teilweise die Funktion eines Staffeltests hat, bei dem in jeder Klassenstufe jeweils einige leichtere gegen einige schwerere Testaufgaben ausgetauscht werden. Selbstverständlich finden gerade in der Grundschule wesentliche Entwicklungen im kognitiven Bereich statt, ohne daß sich diese jedoch im interindividuellen Rangvergleich bemerkbar machen. Über solche Entwicklungsveränderungen wird im Abschnitt 5.2 mehr zu berichten sein.

5.1.2 Zur Entwicklung der Kreativität

Ein anderes Bild bietet sich bei der Kreativität: Hier bleiben die mit dem TKT erfaßten intraindividuellen Unterschiede in der Kreativität nicht zeitlich konstant. Die Mittelwerte der zu T1 definierten einzelnen Begabungsgruppen nähern sich einander an, wenngleich eine Tendenz zu verzeichnen ist, daß die Rangfolge der Leistungsgruppen erhalten bleibt (siehe die entsprechende Abbildung 8).

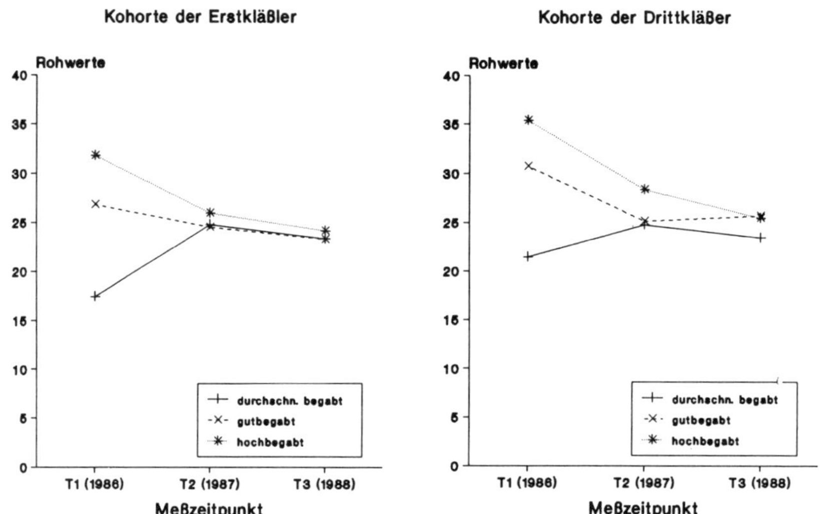

Abbildung 8: Stabilität der Leistungen der Kreativitätsgruppen in der Grundschule

Auch für die TKT-Meßwerte haben wir versucht, mit Hilfe von LISREL-Modellen eine Stabilitäts-Zuverlässigkeitsabschätzung vorzunehmen. Die Untersuchung einzelner Kreativitätsaspekte wie Originalität und Elaboration der Zeichnungen ergab jedoch widersprüchliche Ergebnisse. Die z.T. degenerierten Lösungen zeigen, daß die für die Analyse notwendigen scharfen Voraussetzungen an die Verteilungsform der analysierten Variablen und Korreliertheit der Fehler für das empfindliche LISREL-Verfahren zu sehr verletzt waren.

Formal besser interpretierbar waren gemeinsame Analysen von Elaboration und Originalität (vgl. Abbildung 9). Hier ergaben sich in beiden Kohorten für die latenten Kreativitätsvariablen zwar noch zufriedenstellende Stabilitätswerte, doch bewirkte diese Optimierung der Stabilität durch das LISREL-Verfahren ein derartiges Absinken der Zuverlässigkeitsschätzwerte für die einzelnen gemessenen Variablen, daß die Modelle insgesamt inhaltlich nicht mehr interpretierbar sind, da nicht mehr klar ist, was denn in diesen formal an die Daten angepaßten Modellen die latenten Variablen nun eigentlich repräsentieren.

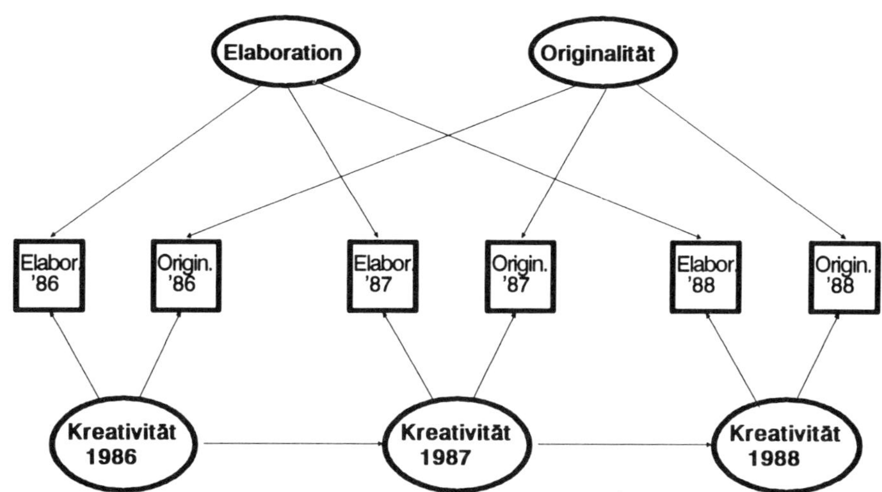

Abbildung 9: LISREL-Modell zur Reliabilitäts-Stabilitäts-Abschätzung des TKT-Ergebnisses

Bei der Einschätzung der Kreativität durch Lehrer zeigt sich, daß die Lehrerurteile anderes erfassen als der Kreativitätstest. Dies ist wohl vor allem damit zu erklären, daß in den Checklisten unter anderem Flexibilität im Denken, Anstrengungsbereitschaft und ähnliche Indikatoren für Kreativität erfaßt wurden, wie sie auch für Intelligenzleistungen essentiell sind. Im TKT-Originalitätsscore drücken sich diese Merkmale jedoch kaum aus.

In bezug auf die Kreativität stellt sich an dieser Stelle die Frage, ob die geringe Stabilität der Meßergebnisse auf mangelnde Zuverlässigkeit des verwendeten Testverfahrens oder auf starke Veränderungen des Merkmals selbst hinweist. Zweifel an der Qualität des TKT wurden ja bereits früher geäußert (Teil II, Abschnitt 2.1.2, sowie Teil III, Abschnitt 4.1).

Unsere Ergebnisse zur Kreativität decken sich ziemlich genau mit denen einer Längsschnittstudie, die an der Universität Belgrad durchgeführt wurde. Sefer (1989) hatte dabei Kinder von der ersten bis zur fünften Klasse verfolgt und neben dem TKT (Übersetzung aller Skalen der ungarischen Version des TKT) und Lehrerurteilen zur Kreativität auch Expertenratings (Maler und Zeichner) zu "künstlerischen Produkten" der Kinder erhoben. Aufgrund der niederschmetternden Ergebnisse - weder waren die Testergebnisse stabil, noch konnte von Übereinstimmungs- oder gar prognostischer Validität gesprochen werden - verwirft Sefer (1989) sogar das gesamte Theoriegebäude Guilfords zur Kreativität.

5.2 Metagedächtnisentwicklung begabter Grundschulkinder[3]

5.2.1 Theoretische Vorüberlegungen

5.2.1.1 *Begriffsklärung*

Unter dem Begriff "Metagedächtnis" wird zum einen (prinzipiell verbalisierbares) Wissen über die Leistungsfähigkeit und die Funktion des eigenen Gedächtnisses verstanden, beispielsweise Wissen über die Verfügbarkeit und Effektivität von Denk- und Gedächtnisstrategien oder die Kenntnis der eigenen Gedächtniskapazität. Zum anderen werden mit "Metagedächtnis" kognitive Vorgänge bezeichnet, die im Hinblick auf die jeweilige gedächtnisbezogene Anforderung die eigenen Denkvorgänge planen, geeignete Bearbeitungsstrategien auswählen, ausführen und in bezug auf ihre Wirksamkeit kontrollieren. Diese müssen nicht unbedingt verbalisierbar sein. Der Begriff "Metakognition" beinhaltet eine Ausweitung des Untersuchungsgegenstandes auf kognitive Vorgänge allgemein; untersucht wird nicht mehr Wissen lediglich über das Gedächtnis, sondern über den gesamten kognitiven Apparat.

Was an Theoriebildung und empirischer Forschung zu Metakognitionen bzw. speziell zum Metagedächtnis als besonders reizvoll erscheint, kann folgendermaßen zusammengefaßt werden:

(1) Erkenntnisse über metakognitives Wissen bzw. Handeln können zu einem tieferen Verständnis der Vorgänge beitragen, die beim Zustandekommen von Lern- oder Problemlöseleistungen zusammenwirken, und somit zu einem tieferen Verständnis von Begabung führen.

(2) Wenngleich Untersuchungen zur Trainierbarkeit hoher Denk- und Lernkompetenzen ein insgesamt heterogenes Bild der Wirksamkeit solcher Interventionen bieten, hält Weinert (1987) die Vermittlung metakognitiver Kompetenzen gerade bei begabten Schülern für unverzichtbar, damit deren Lernstrategien bei der Bearbeitung schwieriger Probleme innerhalb und außerhalb der Schule erfolgreich genutzt werden.

Das Grundschulalter ist für die Metakognitions- bzw. Metagedächtnisforschung besonders attraktiv: Zum einen zwingt die Schule mit ihren vielfältigen Lernanforderungen die Kinder dazu, ihr Repertoire an Lern-, Denk- und Gedächtnisstrategien zu erweitern. Viele Strategien, die später von Jugendlichen oder Erwachsenen zum effektiven Lernen oder zur erfolgreichen Problembewältigung verwendet werden, treten im Verlauf der Grundschuljahre erstmals auf. Zum anderen nehmen die verbalen Fähigkeiten der Kinder zu, so daß die Schüler in der Lage sind, ihr Vorgehen bei (Gedächtnis-)Aufgaben bzw. ihr Gedächtniswissen zu reflektieren und mitzuteilen.

Aus Platzgründen kann hier die Entwicklungsgeschichte des Metakognitionsbegriffs von Flavell (1971), der den Anstoß zur neueren Metakognitionsforschung gab, bis in die

[3] Die Daten dieser Teilstudie der Münchner Hochbegabungsstudie wurden von Christoph Perleth als Teil seines Dissertationsvorhabens ausgewertet. Die hier berichteten Ergebnisse stellen einen Auszug der in Perleth (1992), Kapitel 6, beschriebenen Ergebnisse dar.

Gegenwart hinein nicht dargestellt werden. Siehe dazu etwa Schneider (1989). Vielmehr soll kurz umrissen werden, in welchem theoretischen Rahmen bzw. in welcher Forschungstradition unsere Untersuchungen zum Metagedächtnis stehen.

Wir beziehen uns auf das umfassende "Good Strategy User Model" (Pressley, Borkowski & Schneider, 1987; Schneider & Pressley, 1988), in dem aufgabenspezifische und zielbezogene Strategien (z.B. Gedächtnisstrategien wie Clustern, Rehearsal, Elaboration oder Verwendung von Mnemonics) eine grundlegende Rolle spielen. Gute bzw. kompetente Strategieanwender verfügen sowohl über allgemeine Strategien als auch über metakognitives Wissen zu Anwendungsregeln spezifischer Strategien ("'when' and 'where' information"; Schneider & Pressley, 1988, S. 125). Unter allgemeinen Strategien verstehen die Autoren z.B. Aufmerksamkeitssteuerungsprozesse oder Prüfprozesse über den Erfolg der zur Aufgabenbewältigung gerade verwendeten Strategie. Diese Strategien unterstützen den effektiven Einsatz kognitiver Strategien. Als weitere Bestimmungsstücke des Good Strategy User Models fungieren kognitive bzw. Arbeits-Stile (Reflexivität, Impulsivität, Ängstlichkeit), motivationale Variablen (Selbstkonzept, Kausalattribution) und die nichtstrategische Wissensbasis. Alle diese Komponenten stehen in einem interaktiven Zusammenhang.

5.2.1.2 *Forschungsergebnisse zum Entwicklungsverlauf im Grundschulalter*

Es ist in diesem Zusammenhang unnötig, im einzelnen auf die Vielzahl von Studien einzugehen, die sich mit der Entwicklung von Metagedächtnis, Gebrauch von Gedächtnisstrategien und Gedächtnisleistung beschäftigt haben. Es sollen vielmehr kurz die Entwicklung des Gebrauchs von Cluster- bzw. Organisationsstrategien sowie im Zusammenhang damit die Entwicklung ausgewählter Aspekte des Metagedächtnisses skizziert werden (ausführlicher vgl. etwa Schneider, 1989).

Bei der Untersuchung von Organisationsstrategien werden die Kinder üblicherweise mit einer Sort-Recall-Aufgabe konfrontiert. Kategorisierbare Items sollen sortiert, gelernt und frei reproduziert werden. Ähnlich wie die Strategie kumulativen Rehearsals treten Organisationsstrategien (Clustering) spontan erst in der Grundschule auf. Ältere Schüler clustern mehr als jüngere, wobei sich immer wieder zeigt, daß Aufgabe, Instruktion und Versuchsanordnung eine wesentliche Rolle für den Strategiegebrauch spielen. So zeigen sechs- bis achtjährige Zweitkläßler zwar im allgemeinen kein spontanes Clustern beim Sortieren (Viertkläßler dagegen schon), aber ihre Gedächtnisleistung verbesserte sich, wenn sie zum Sortieren nach bedeutungsvollen Clustern aufgefordert wurden. In Interviews zeigte sich, daß auch jüngeren Kindern, sogar lernbehinderten, die Bedeutung von Ordnungssystemen bekannt ist. Im Bezug auf Organisationsstrategien werden vielfach auch qualitative Unterschiede zwischen jüngeren und älteren Schülern berichtet: Während jüngere Schüler die zu lernenden Items eher perzeptuell (z.B. nach der Farbe) oder funktional (z.B. Schwein zu Stall) clustern, ordnen ältere Kinder eher nach taxonomischen Kategorien.

Der Einsatz effektiver Gedächtnisstrategien hängt somit von einer Reihe unterschiedlicher Faktoren ab (vgl. Schneider & Pressley, 1988; siehe auch das oben erwähnte Good Strategy User Model). Neben Motivation, der jeweiligen Beanspruchbarkeit des Gedächtnisses sowie der Instruktion spielen der Grad der Bekanntheit oder Assoziiertheit der Items und damit das Vorwissen und der Entwicklungsstand des semantischen Gedächtnisses eine wesentliche Rolle.

Weiter fanden sich Hinweise, daß Kinder deshalb die günstigste Ordnungsstrategie nicht verwenden, weil sie diese nicht als nützlich für die Aufgabe ansehen. Verwendung finden eher solche Strategien, die den Kindern vertraut sind. Auch ältere Grundschüler scheinen Rehearsal-Strategien zu bevorzugen, selbst wenn ihnen die Verwendung von Clusterstrategien nahegelegt wird (vgl. Schneider, 1985a). Betrachtet man das Metagedächnis im engeren Sinne, so zeigt sich, daß Kinder im Kindergarten und zu Beginn der Grundschulzeit ihre Gedächtnisleistung eher überschätzen (z.B. Schneider, 1985b; Schneider et al., 1986; Schneider, Körkel & Weinert, 1987) und daher eher weniger gutes "memory monitoring" zeigen.

Alles in allem sind in den Jahren der Grundschulzeit wichtige Entwicklungen im Bereich des Gedächtnisses, der Gedächtnisstrategien und des Metagedächtnisses zu verzeichnen. Die Kinder unternehmen in diesem Alter wichtige Schritte in Richtung auf den "kompetenten Strategieanwender" (Schneider & Hasselhorn, 1989) im Sinne des Good Strategy User Modells.

5.2.1.3 *Metakognition und Hochbegabung*

In neueren Begabungstheorien wird immer wieder auf die große Bedeutung metakognitiven Wissens hingewiesen (z.B. Sternberg, 1985; Campione & Brown, 1978; Campione, Brown & Ferrara, 1983). Überraschenderweise gibt es aber nur wenige Studien, die sich mit Metagedächtnis bei begabten Kindern im Grundschulalter auseinandersetzen, obwohl es eine Reihe von Untersuchungen an Stichproben impulsiver (z.B. Borkowski, Peck, Reid & Kurtz, 1983; Kurtz & Borkowski, 1987) oder retardierter Schüler gibt (zusammenfassend Hasselhorn, 1987a u. b). (Publizierte) Untersuchungen zur Population begabter Schüler wurden offensichtlich erst etwa ab dem fünften Schuljahr durchgeführt.

So fanden Kontos, Swanson & Frazer (1984) bei einer allerdings sehr kleinen Stichprobe (14 Normalbegabte, 13 Hochbegabte; durchschnittliches Alter: 13,3 Jahre) keine Überlegenheit Hochbegabter in Aspekten des Metagedächtnisses, lediglich die Rolle der Anstrengung (als allgemeine Strategie i.S. des Good Strategy User Models) war den begabten Schülern bewußter.

Carr & Borkowski (1987) berichten jeweils eigenständige Beiträge (partielle Korrelationen) von Metagedächtnis- und Intelligenzmaßen zur Varianzaufklärung von Leistungskriterien, fanden jedoch bei ihrer Stichprobe von 98 Fünft- und Sechstkläßlern keine Beziehung zwischen Metagedächtnis und Intelligenz. Andererseits ergaben sich signifikante Zusammenhänge von Metagedächtnis und Verfahren zur Erfassung divergenten Denkens, die lediglich bei Auspartialisierung der Leistungskennwerte verschwanden. In einer kanonischen Korrelation mit Intelligenz und Leistung auf der einen sowie Metagedächtnis und divergentem Denken auf der anderen Seite trugen Metagedächtnis und Leistung am meisten zur Varianzaufklärung bei.

Kurtz & Weinert (1987; vgl. auch Kurtz & Weinert, 1989) legten hoch- und normalintelligenten Fünft- und Siebtkläßlern Fragebögen zu Attribution, Aspekten des Metagedächtnisses (Wissen über Lesen, Gedächtnis, Clusterstrategien) sowie eine Sort-Recall-Aufgabe vor, die Informationen über den Gebrauch von Organisationsstrategien beim Lernen clusterbarer Begriffe und die Erinnerungsleistung gab.

Bei ihren varianzanalytischen Prüfungen fanden Kurtz & Weinert (1987) nur wenige signifikante Unterschiede im Metawissen: Intelligente Schüler zeigten höheres Metalesen (s. Abschnitt 5.2.2. unten), während die Siebtkläßler über die Effekte von Ordnungsstrategien besser Bescheid wußten. In bezug auf Attributionsstile wurde deutlich, daß normalbegabte Kinder Erfolg eher auf Anstrengung, hochbegabte eher auf ihre Fähigkeiten zurückführen. Schließlich fanden Kurtz & Weinert (1987), daß Siebtkläßler den Fünftkläßlern sowie Hoch- den Normalintelligenten beim Gebrauch von Ordnungsstrategien und in der Erinnerungsleistung überlegen waren.

Korrelationsanalysen sowie Kausalanalysen mit Hilfe von linearen Strukturgleichungsmodellen[4] in den via Klasse und Begabungsniveau gebildeten Subgruppen wie in der Gesamtgruppe zeigten nach Ansicht von Kurtz & Weinert (1987, 1989), daß die verwendeten Metagedächtnismaße engere Zusammenhänge mit Sortierverhalten und Erinnerungsleistung (hier besonders bei den durchschnittlich begabten Kindern) aufwiesen als die verwendeten Intelligenzmaße. Hierbei erscheint allerdings problematisch, daß durch die Bildung der Begabungsgruppen die Varianz des Intelligenzmaßes (Kognitiver Fähigkeits-Test KFT 4-13+ von Heller, Gaedike & Weinläder, 1985) eingeschränkt bzw. dessen Verteilung verzerrt worden sein dürfte, weil bei den Berechnungen über die Gesamtgruppe gleiche KFT-Scores in den beiden Altersgruppen unterschiedliche Leistungen bedeuten. Insofern dürfte der Einfluß der Intelligenz in dieser Studie wohl unterschätzt worden sein.

5.2.2 Untersuchungshypothesen

Die hier berichteten Auswertungen (für einen vollständigen Überblick über diese und weitere Ergebnisse der Teilstudie vgl. Perleth, 1992, Kapitel 5) verfolgen das Ziel zu überprüfen, inwieweit sich bisherige Befunde zur Entwicklung des Metagedächtnisses bei Grundschülern auch in unserer Stichprobe wiederfinden und inwieweit sich die Ergebnisse von Kontos, Swanson & Frazer (1984), Carr & Borkowski (1987) sowie Kurtz & Weinert (1987) zum Metagedächtnis bei hochbegabten bzw. hochintelligenten Schülern im Grundschulbereich replizieren lassen.

Im einzelnen wurden folgende Hypothesen geprüft:

H1: Die untersuchten Grundschulkinder der Klassen 2 und 4 verwenden beim Lernen und Erinnern clusterbarer Wörter/Begriffe Ordnungstrategien.

H2: Kinder unterschiedlicher Leistungs- und Begabungsniveaus sowie unterschiedlicher Klassenstufen unterscheiden sich in Aspekten des Metagedächtnisses, im Sortierverhalten und in der Erinnerungsleistung.

H3: In beiden Klassenstufen und in Untergruppen unterschiedlichen Begabungsniveaus gibt es eine Beziehung zwischen dem Ausmaß an Ordnungsstrategien, der Anzahl erinnerter Wörter und den Metagedächtnisscores.

H4: Die Metagedächtnisvariablen können in den beiden Klassenstufen neben den Begabungsvariablen Intelligenz und Kreativität einen eigenständigen Varianzanteil an den Schulleistungen aufklären.

---

[4] Die Modelle von Kurtz & Weinert (1989) sind etwas sparsamer gewählt als die bei Kurtz & Weinert (1987), die der hier berichteten Replikationsstudie zugrunde gelegt wurden.

H5: Die Metagedächtnisvariablen können in den beiden Klassenstufen neben den Begabungsvariablen Intelligenz und Kreativität einen eigenständigen Varianzanteil an der Erinnerungsleistung aufklären.

H6: Die Kausalmodelle von Kurtz & Weinert sind für die Daten der hochintelligenten und normalintelligenten Grundschüler unserer Stichprobe angemessen.

H7: Die Verwendung von Ordnungsstrategien und die Gedächtnisleistung verbessern sich insbesondere bei hochbegabten Schülern auch durch versteckte Hinweise als minimale "Intervention".

Ähnlichen Fragestellungen wie in der Untersuchung von Kontos, Swanson & Fraser (1984) wird in Hypothese 2 nachgegangen. Mit den Hypothesen 4 und 5 wird untersucht, ob sich die Ergebnisse von Carr & Borkowski (1987) auf jüngere Schüler, wenngleich bei Verwendung anderer Meßverfahren, replizieren lassen. Die Befunde von Kurtz & Weinert (1987) werden in den Hypothesen 2, 3 und 6 bezüglich Verallgemeinerbarkeit auf unsere Stichprobe geprüft.

Zur Erfassung der Organisationsstrategien beim Lernen kategorisierbarer Wörter wurde die in Teil II, Abschnitt 2.2.3 beschriebene Sort-Recall-Aufgabe eingesetzt. Als Maß für den Gebrauch von Organisationsstrategien wurde der ARC-Clusterwert für die Anordnung der Kärtchen nach der Sortierphase und die Recallprotokolle berechnet (Murphy & Puff, 1982). Das metakognitive Wissen wurde am folgenden Tag mit einem Fragebogen erfaßt, der mit drei Skalen metakognitives Wissen zum Lesen und Merken von Texten ("Metalesen"), Wissen zum Lernen von Wörtern bei Sort-Recall-Aufgaben ("spezifisches Metagedächtnis") und die Unterscheidungsfähigkeit in bezug auf kategorisierbare und nicht-kategorisierbare Wortlisten ("organized lists") erfragte. Eines der Items zum "spezifischen Metagedächtnis" bezog sich dabei auf die Nützlichkeit einer Clusterstrategie bei einer Sort-Recall-Aufgabe. Unmittelbar nach dem Fragebogen wurde eine zweite Sort-Recall-Aufgabe durchgeführt (Parallelform), so daß der Fragebogen mit seinen versteckten Hinweisen auf günstige Strategien als minimale Intervention betrachtet werden kann.

Die nachfolgend berichteten Untersuchungen wurden ausschließlich an Daten des zweiten Meßzeitpunktes für die Schüler der Kohorten der Erst- und Drittkläßler durchgeführt, die zum Erhebungszeitpunkt die zweite bzw. vierte Klasse besuchten. Sie werden daher im folgenden einfach als Schüler der zweiten bzw. vierten Klasse bezeichnet. Es sei angemerkt, daß die hier berichtete Untersuchung nur deswegen durchgeführt werden konnte, weil uns in der Grundschule zum zweiten Meßzeitpunkt zwei Testtage zur Verfügung standen. Aus finanziellen und zeitlichen Gründen war ein ähnlich aufwendiges Experiment im Sekundarstufenbereich nicht möglich. Speziell für diese Altergruppe konnten jedoch zwei neuartige Verfahren zur Erfassung divergent-konvergenter Problemlösefähigkeiten entwickelt und erprobt werden (vgl. Anhang, Kapitel 3).

Zur Bildung von Begabungsgruppen teilten wir wie üblich die Stichproben aus Klasse 2 und 4 am Prozentrang 70. Die besten 30 Prozent unserer Stichprobe (Hoch- bzw. Gutbegabte) dürften den besten 10 Prozent der Population entsprechen. Diese werden im folgenden als Hochbegabte (bzw. Hochintelligente, Hochkreative etc.) bezeichnet. In bezug auf Intelligenz wurde der Gruppe der Hochbegabten bei Hypothese 2 und 6 auch eine Gruppe zwischen Prozentrang 30 und 60 gegenübergestellt, um die Ergebnisse mit denen von Kurtz & Weinert (1987) in etwa vergleichbar zu machen.

5.2.3 Ergebnisse der Metagedächtnisstudie

(1) Ergebnisse zu Hypothese 1

Hypothese 1 kann beibehalten werden. Die ARC-Clusterwerte für das Sortieren der Wort-/Bildkärtchen liegen signifikant höher als die Werte, die bei zufälliger Anordnung der Kärtchen zu erwarten wären. Dies gilt für beide Kohorten, d.h. für sieben-/acht- bzw. neun-/zehnjährige begabte Grundschulkinder. Es sei daran erinnert, daß in der klassischen Studie von Moely, Olson, Halwes & Flavell (1969) erst zehn-/elfjährige Kinder signifikant vom Zufall verschiedenes Sortierverhalten zeigten. Sowohl die Zweit- als auch die Viertkläßler unserer Stichprobe zeigten in etwa dasselbe Ausmaß an Gebrauch von Ordnungsstrategien (etwa ARC=.36 in beiden Klassen) wie die normalintelligenten Fünftkläßler der Stichprobe von Kurtz & Weinert (1987). Allerdings überrascht, daß sich die Kinder der beiden Klassenstufen im Gegensatz zu den Studien von Schneider (1986) oder Schneider, Körkel & Weinert (1984) nicht unterscheiden, auch wenn das in der vierten Klasse verwendete Material als deutlich schwieriger einzuordnen ist. Ebenso sind die durchschnittlichen Clusterwerte für die Listen der erinnerten Wörter signifikant vom Zufall verschieden und liegen in der zweiten Klasse in der gleichen Höhe, in der vierten Klasse etwas höher als die entsprechenden Werte für das Sortieren.

Somit kann festgehalten werden, daß die untersuchten Grundschulkinder beider Klassen beim Sortieren und Erinnern Ordnungsstrategien benutzen, oder exakter, daß die Begriffe von den Kindern überzufällig häufig nach Oberbegriffen geordnet wurden.

(2) Ergebnisse zu Hypothese 2

Varianzanalysen mit den Faktoren Klassenstufe und Intelligenzniveau (2*2-Design) ergaben überraschenderweise keine Überlegenheit älterer Schüler im Sortierverhalten. Dies widerspricht bisher bekannten Untersuchungen bei normalbegabten Schülern dieser Altersgruppe und dürfte unter Beachtung der Höhe der Clusterkoeffizienten zunächst damit zusammenhängen, daß bereits die Zweitkläßler unserer Stichprobe im hohen Maße die Kärtchen nach Oberbegriffen geordnet zusammengelegt haben. Weiter dürften auch die schwierigeren Begriffe, die die Viertkläßler zu lernen hatten, eine wichtige Rolle (s. Hypothese 1) gespielt haben. Die signifikante Wechselwirkung ($p<.02$) ergibt sich daraus, daß die hochbegabten Schüler in der vierten Klasse zwar erwartungsgemäß höhere Clusterkoeffizienten erzielen, in der zweiten Klasse jedoch die durchschnittlich intelligenten Schüler "besser" abschneiden. Wegen der Höhe der Varianzen innerhalb der Gruppen ist für die Zweitkläßler allerdings nicht einmal ein t-Test zwischen hoch- und durchschnittlich intelligenten Schülern signifikant, so daß dieser Unterschied nicht überinterpretiert werden sollte. Im Bezug auf die Recalleistung ergibt sich trotz der schwierigeren Aufgabe für die älteren Schüler eine klare Überlegenheit der Viertkläßler über die jüngeren Schüler sowie die der Hochintelligenten über die durchschnittlich Begabten. Der Unterschied zwischen den Begabungsgruppen ist dabei in der vierten Klasse deutlich größer als in der zweiten Klasse.

Betrachtet man die Skalen zur Erfassung metakognitiver Kompetenzen, so zeigt sich, daß in allen Fällen ("Metalesen", "spezifisches Metagedächtnis", "organized lists", metakognitiver Gesamtwert) die älteren Schüler den jüngeren überlegen sind ($p<.01$). Während in den Metagedächtnismaßen Hochintelligente signifikant besser abschneiden ($p\leq.01$), sind die

Unterschiede zwischen den Begabungsgruppen beim Metalesen nicht signifikant, was möglicherweise auf einen positiven Einfluß der Schule (gerade bei den durchschnittlich intelligenten Schülern) hinweist.

Bildet man Intelligenzgruppen analog zu Kurtz & Weinert (1987), so bestätigen sich in etwa die bisher genannten Ergebnisse. Im Hinblick auf Attributionsverhalten in Erfolgssituationen zeigten sich in unserer Stichprobe keine Mittelwertsunterschiede zwischen den Klassenstufen. Dagegen fanden wir, daß Hochintelligente in beiden Klassenstufen dazu tendieren, Erfolg in höherem Maße auf eigene Fähigkeit zurückzuführen ($p=.07$). Hochintelligente Zweitkläßler scheinen Erfolg auch verstärkt auf Anstrengung zurückzuführen, während hochintelligente Viertkläßler Erfolg etwas weniger auf Anstrengung attribuieren als ihre durchschnittlich intelligenten Klassenkameraden (Wechselwirkung: $p=.07$). Damit ergibt sich für unsere ältere Kohorte eine Bestätigung der Befunde von Kurtz & Weinert (1987), während die hochintelligenten Zweitkläßler der Anstrengung noch einen wichtigeren Anteil an Erfolgen beimessen als die durchschnittlich intelligenten Schüler.

In bezug auf Begabungsgruppen, die mit Hilfe des verwendeten Kreativitätstests gebildet wurden, zeigte sich in den durchgeführten Varianzanalysen neben dem Haupteffekt Klasse keine Überlegenheit hochkreativer Schüler im Sortierverhalten und in der Erinnerungsleistung. Bei den Maßen zum spezifischen Metagedächtnis schneiden die Hochkreativen, insbesondere in der vierten Klasse, sogar schlechter ($p<.05$) ab als ihre durchschnittlich kreativen Altersgenossen. Leider bestand im Rahmen unserer Untersuchungen nicht die Möglichkeit, die Kinder individuell nach den verwendeten Strategien zu fragen. Vielleicht benutzen Hochkreative Gedächtnisstrategien, die hier nicht erfaßt wurden. So enthielten unsere Fragebögen keine Items zu Elaborierungsstrategien, und die Clustermaße beim Sortieren berücksichtigten ausschließlich begriffliche Ordnungsstrategien.

Vergleicht man die Gruppe der Schulleistungsbesten mit den übrigen Schülern unserer Stichprobe, so zeigen sich bis auf die Erinnerungsleistung keine Unterschiede in den betrachteten metakognitiven und Strategie-Maßen. Überraschenderweise zeichnen sich aber auch bei der Gedächtnisleistung lediglich in der vierten Klasse die hochleistungsfähigen Schüler vor den anderen aus, wobei die Mittelwerte in etwa mit denen übereinstimmen, die bei den Intelligenzgruppen in dieser Kohorte gefunden wurden. Die erwartungswidrig fehlende Überlegenheit der sehr guten Schüler in Klasse 2 muß wohl auch darauf zurückgeführt werden, daß die Schüler am Ende der zweiten Klasse erstmals Ziffernnoten erhalten und die diesbezügliche Varianz noch sehr gering ist.

Insgesamt zeigten sich im *Sortierverhalten* erwartungswidrig keine Unterschiede zwischen den untersuchten Begabungs- und Leistungsgruppen, nicht einmal die Klassenzugehörigkeit ergab signifikante Effekte in den Varianzanalysen. Bei der *Erinnerungsleistung* zeichnen sich aber ältere und intelligentere bzw. leistungsfähigere Schüler aus, wobei in der vierten Klasse die Unterschiede größer sind als in der zweiten. Ältere Schüler zeigen generell höheres metakognitives Wissen, während sich hochintelligente von den übrigen nur in Metagedächtnisscores im engeren Sinne unterscheiden. Letztere Aussage gilt allerdings vor allem für die Schüler der vierten Klasse. Die Kreativität zeigte in den Analysen bei den betrachteten Variablen so gut wie keinen Effekt, wenn doch, dann eher in die Richtung, daß kreative Schüler im Vergleich mit den übrigen niedrigere Scores erzielen.

(3) Ergebnisse zu Hypothese 3

Insgesamt ergaben sich innerhalb der betrachteten Intelligenz- und Klassengruppen allenfalls schwache und nur in wenigen Fällen signifikante Zusammenhänge zwischen Metagedächtnismaßen auf der einen sowie Sortierverhalten und Erinnerungsleistung auf der anderen Seite (vgl. Tabelle 20). Hierbei ist natürlich zu berücksichtigen, daß die Art der Analyse die Varianzen in den einzelnen Gruppen stark verringert. Unser Maß für spezifisches Metagedächtnis korrelliert am ehesten bei jüngeren hochintelligenten und älteren normalbegabten Schülern mit Sortierverhalten und Gedächtnisleistung. Gutes "Metalesen" zeigt praktisch nur in Klasse 2 einen Zusammenhang mit der Recalleistung, während die Skala "organized lists" erwartungswidrig so gut wie gar nicht mit Sortierverhalten und Gedächtnisperformanz korreliert, was als enttäuschend gewertet werden muß.

Tabelle 20: Zusammenhänge zwischen Metagedächtnis, Sortierverhalten und Erinnerungsleistung

	Ges.Metam.	Metalesen	Spez.Meta.	Org.Lists	Item 16
Klasse 2, durchschnittlich Intelligente:					
Clustern Sortieren	.13	.06	.14	.06	.22*
Recalleistung	.17	.21*	.03	.11	.07
Klasse 2, Hochintelligente:					
Clustern Sortieren	.29	.23	.14	.11	.33*
Recalleistung	.21	.19	.16	.15	.27
Klasse 2, alle Schüler:					
Clustern Sortieren	.18*	.12	.14	.07	.25*
Recalleistung	.18*	.21*	.05	.12	.11
Klasse 4, durchschnittlich Intelligente:					
Clustern Sortieren	.18	.04	.22*	.06	.33**
Recalleistung	.18	.04	.19*	.08	.22*
Klasse 4, Hochintelligente:					
Clustern Sortieren	.14	.11	.07	.10	.25
Recalleistung	-.06	.04	-.09	-.09	-.05
Klasse 4, alle Schüler:					
Clustern Sortieren	.19*	.08	.19*	.09	.31*
Recalleistung	.16*	.07	.14	.09	.18*

Legende: Ges.Metam. = Metagedächtnisgesamtwert; Spez.Meta. = spezifisches Metagedächtnis; Org.Lists = Organized Lists; *: $p \leq .01$; **: $p \leq .001$

Die höchsten Zusammenhänge erhält man, wenn man Item 16 ("Nützt es, zuerst die Wörter zusammenzulegen, die zueinanderpassen, und dann die Gruppen einzeln zu lernen?") mit den beiden Kriterien in Beziehung setzt. Dieses Ergebnis könnte u. E. die Befunde zur Skala "spezifisches Metagedächtnis" (und zur Gesamtleistung) erhellen: Vielleicht verneinen die Kinder die Nützlichkeit einfacherer Strategien wie Ansehen und Benennen, weil sie bereits über bessere Strategien verfügen.

(4) Ergebnisse zu Hypothese 4

In beiden Klassen erweist sich die mit dem KFT gemessene Intelligenz als stärkster Prädiktor der Schulleistung (vgl. Abbildung 10). Das Gesamtmaß zum Metagedächtnis korreliert zwar positiv mit der Schulleistung, nach Auspartialisierung der Intelligenz leistet das Metagedächtnis aber lediglich in der 4. Klasse einen eigenständigen Beitrag zur Aufklärung der Schulleistungsvarianz. Der Einbezug der Kreativität in die Analysen bringt in keinem Fall einen signifikanten (in der Abbildung mit "*" markiert) bzw. substantiellen Beitrag zur Varianzaufklärung.

Dies widerspricht den Ergebnissen von Carr & Borkowski (1987), die die Rolle der Intelligenz gegenüber Metagedächtnismaßen wesentlich geringer einschätzten. Allerdings darf nicht vergessen werden, daß in der Untersuchung der genannten Autoren andere Operationalisierungen der Konstrukte vorgenommen wurden.

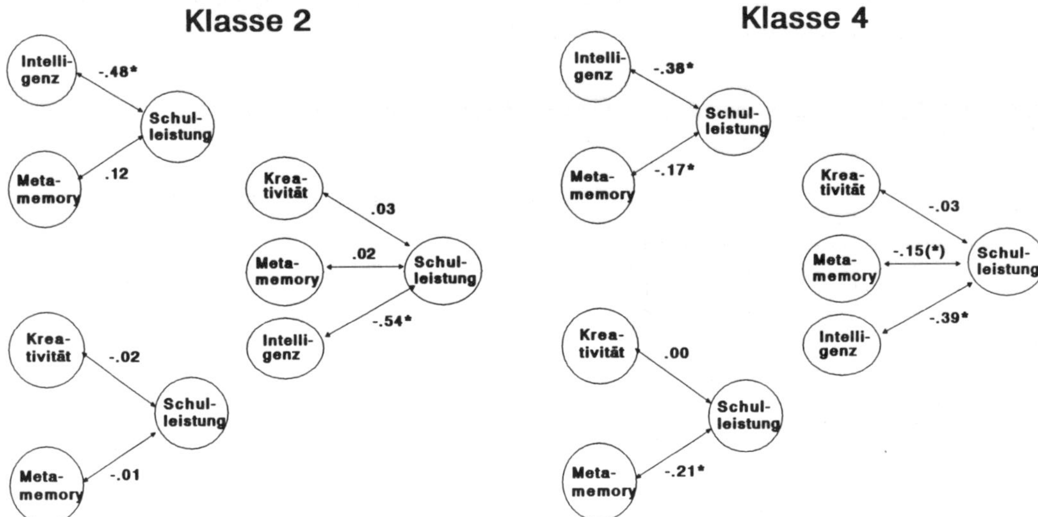

Abbildung 10: Eigenständige Anteile von Begabung und Metagedächtnis an der Schulleistung

(5) Ergebnisse zu Hypothese 5

Auch im Hinblick auf die Gedächtnisleistung klärt die KFT-Intelligenz erstaunlicherweise den größeren Anteil an Varianz auf, wenngleich die partiellen Korrelationen besonders für Klasse 2 deutlich niedriger ausfallen (vgl. Abbildung 11). Während in Klasse 2 Metagedächtnis nach Auspartialisierung der Intelligenz einen signifikanten (in der Abbildung mit "*" markiert), wenngleich geringeren Varianzanteil an der Gedächtnisperformanz aufklärt, sind die entsprechenden Statistiken für Klasse 4 nicht signifikant. Weiter erweist sich auch im Hinblick auf die Recalleistung die Kreativität als unbedeutender Prädiktor. Diese Ergebnisse unterscheiden sich ebenfalls stark von denen von Carr & Borkowski (1987).

Insgesamt (Hypothesen 4 und 5) stellt in unserer Stichprobe die Intelligenz den stärksten Prädiktor für Schul- und Gedächtnisleistung dar, das Metagedächtnis klärt daneben nach Auspartialisierung von Intelligenz einen geringeren Varianzanteil auf. Es sei angemerkt, daß

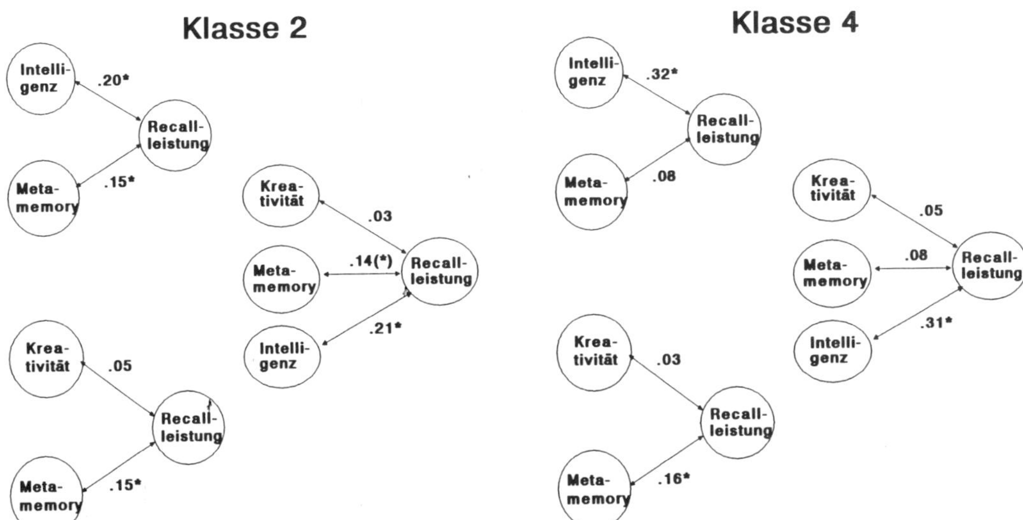

Abbildung 11: Eigenständige Anteile von Begabung und Metagedächtnis an der Recalleistung

die drei Konstrukte in Klasse 2 untereinander nur gering korrelieren, in Klasse 4 korreliert Metagedächtnis mit Kreativität mit r=-.11, Metagedächtnis mit Intelligenz mit r=.19.

(6) Ergebnisse zu Hypothese 6

Bereits nach den Ergebnissen zu den bisherigen Hypothesen war nicht zu erwarten, daß die von Kurtz & Weinert (1987) vorgestellten Kausalmodelle auch für die Schülerinnen und Schüler unserer Stichprobe passen würden, da die Zusammenhangsmuster zwischen den Variablen der Konstrukte Intelligenz, Metagedächtnis, Sortierverhalten und Gedächtnisleistung sich von denen unterschieden, die die genannten Autoren mitteilen. Zudem sollen in der vorliegenden Untersuchung die beiden Klassenstufen stets getrennt analysiert werden, da sich bereits bis hierher doch beträchtliche Unterschiede in den beiden Kohorten gezeigt haben.

Die letztendlich mit Hilfe von LISREL VI (Jöreskog & Sörbom, 1984) ermittelten Modelle für Klasse 2 und 4 können Abbildung 12 entnommen werden. Für beide Klassen ergeben sich ähnliche Modelle, nur kann in Klasse 4 der Einfluß von Intelligenz auf Sortierverhalten ohne Probleme für die Modellanpassung weggelassen werden. Interpretiert man die beiden Modelle zusammen, so zeigt sich im Unterschied zu den Befunden von Kurtz & Weinert (1987), daß für beide Klassenstufen ein starker direkter Einfluß der Intelligenz, nicht aber des Metagedächtnisses auf die Gedächtnisleistung angenommen werden muß, wenngleich die Summe der direkten und indirekten Effekte des Metagedächtnisses auf die Recalleistung höher ist als die der Intelligenz, wobei auch dem Sortierverhalten ein eigenständiger Anteil an Varianzaufklärung bei der Gedächtnisperformanz zukommt.

Bei der Prüfung der Modelle von Kurtz & Weinert (1987) für hoch- und nicht-hochintelligente Schüler ergab sich eine weitere Überraschung. Das Modell, das die genannten Autoren

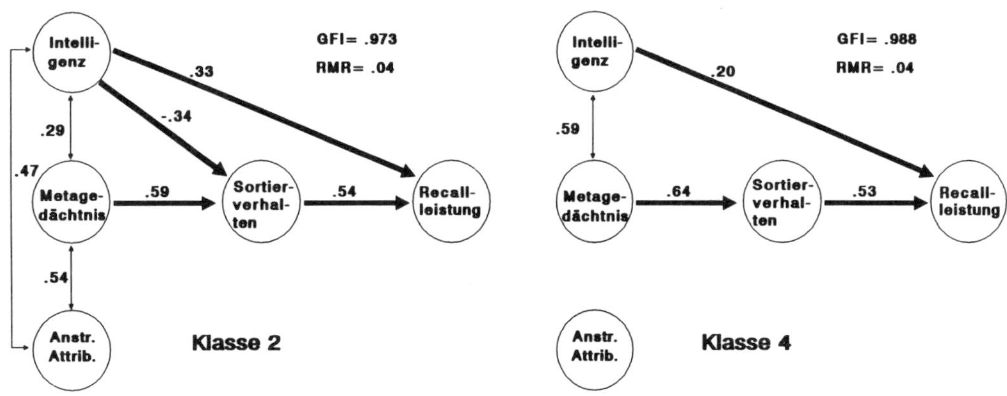

Abbildung 12: Kausalmodelle für Zweit- und Viertkläßler

für die Hochbegabten fanden, paßt für unsere Stichprobe der hochbegabten Viertkläßler, während das Kurtz-Weinert-Modell für die durchschnittlich Begabten in allen übrigen Teilstichproben gute Datenanpassung aufweist (vgl. Abbildung 13). Betrachtet man Höhe und Vorzeichen der geschätzten Modellparameter, so fällt auf, daß sich die Modelle der nicht-hochintelligenten Viert- und der hochintelligenten Zweitkläßler stark ähneln.

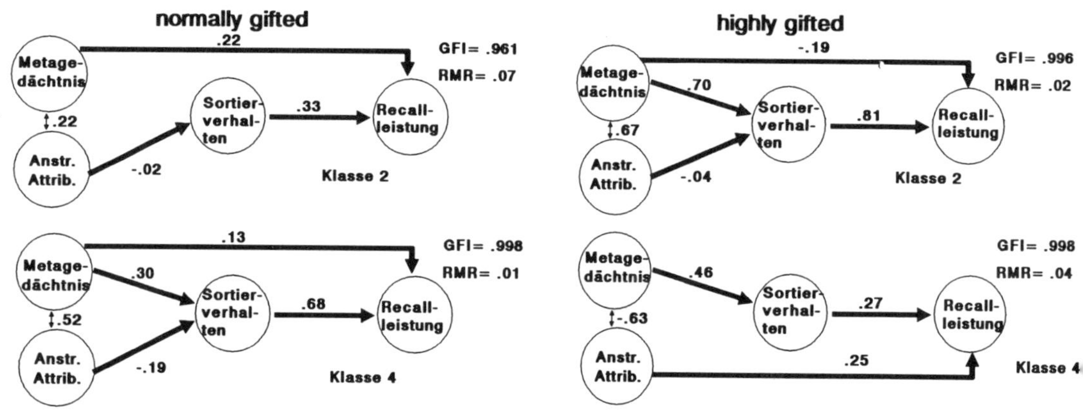

Abbildung 13: Kausalmodelle für hoch- und durchschnittlich begabte Zweit- und Viertkläßler

Die Tatsache, daß das Vorzeichen des Attribuierungseinflusses auf die Recalleistung bei unseren hochintelligenten Viertkläßlern sich umgekehrt zu dem Modell von Kurtz & Weinert (1987) verhält, sollte an dieser Stelle nicht überinterpretiert werden, da unser Modell eine hohe negative Korrelation der Fehler von Metagedächtnis und Attribuierung aufweist. Möglicherweise schiebt also das LISREL-Modell Anteile negativer Kovarianz zwischen Attribution und Recall in diese Fehlerkorrelation. Auf der anderen Seite ist der negative Einfluß der Attribuierung auf den Strategiegebrauch bei Kurtz & Weinert auch sehr gering.

Insgesamt scheinen zur Interpretation zwei Punkte bedeutsam:

1) ein bedeutender direkter Einfluß des Metagedächtnisses auf die Recalleistung ist nur bei jüngeren durchschnittlich intelligenten Schülern festzustellen. Mit ansteigendem Alter bzw. höherem Begabungsniveau nimmt dieser Einfluß zugunsten einer indirekten Wirkung über das Sortierverhalten auf die Gedächtnisleistung ab.
2) Die Ähnlichkeit der Modelle für hochintelligente Zweit- und nicht-hochbegabte Viertkläßler in unserer Stichprobe einerseits, sowie zwischen den beiden Begabungsgruppen der älteren Kohorte unserer Studie und den Begabungsgruppen der Stichprobe von Kurtz & Weinert (1987) andererseits könnte darauf hindeuten, daß sich hochintelligente Schüler durch einen Entwicklungsvorsprung gegenüber durchschnittlich intelligenten auszeichnen. Leider geht aus der Darstellung von Kurtz & Weinert (1987) nicht hervor, ob sich für die Fünft- und Siebtkläßler ihrer Stichprobe nicht auch unterschiedliche Modelle angeboten hätten, die die hier geäußerte Vermutung einer Akzeleration stützen oder widerlegen würden.

(7) Ergebnisse zu Hypothese 7

Der versteckten Intervention via Metagedächtnisfragebogen können nur geringe Effekte auf die Veränderung in der Verwendung von Clusterstrategien und Erinnerungsleistung vom ersten zum zweiten Testtag zugeschrieben werden. Das Sortierverhalten verbessert sich über die ganze Stichprobe hinweg (von ARC=.36 am ersten zu ARC=.45 am zweiten Tag), wobei die hochintelligenten Zweit- (von ARC=.31 zu ARC=.43) und Viertkläßler (von ARC=.41 zu ARC=.57) etwas mehr profitieren (Wechselwirkungseffekt Intelligenzniveau*Tag mit $p<.05$ signifikant). In bezug auf die Clusterung der Abrufprotokolle verbesserten sich die hochintelligenten Zweit- (von ARC=.29 zu ARC=.38) und die durchschnittlich intelligenten Viertkläßler (von ARC=.39 zu ARC=.51) am meisten (Wechselwirkungseffekt Intelligenzniveau*Klassenstufe*Tag mit $p<.05$ signifikant). Bei der Erinnerungsleistung war der Effekt "Tag" signifikant ($p<.01$), was vor allem auf die höhere Gedächtnisleistung bei den Viertkläßlern zurückzuführen ist (Wechselwirkung Klassenstufe*Tag mit $p<.01$ signifikant).

Da die Trainierbarkeit von Sortierverhalten mehrfach nachgewiesen wurde (vgl. zusammenfassend z.B. Schneider, 1989), muß davon ausgegangen werden, daß die hier verwendete Intervention zu schwach war; auch hochintelligente Schüler bemerkten den indirekten Hinweis kaum. Allerdings sollte bei der Interpretation noch berücksichtigt werden, daß die Schüler unserer Stichprobe in hohem Maße von vorne herein Clusterstrategien verwendeten (siehe Ergebnisse zu Hypothese 1).

5.2.4 Zusammenfassung

Im Grundschulbereich sind nach den hier präsentierten Befunden auch bei den begabten Schülerinnen und Schülern unserer Studie quantitative und qualitative Entwicklungen des Metagedächtnisses zu konstatieren, wenn man die (im Querschnitt) gefundenen Unterschiede in den Ergebnissen der beiden untersuchten Klassenstufen entwicklungspsychologisch interpretiert. Insbesondere scheinen einige Befunde zu Hypothese 2 nahezulegen, daß die Unterschiede zwischen hoch- und durchschnittlich intelligenten Schülern zunehmen.

Intelligenz ist bei den Schülern unserer Stichprobe ein wichtiger Prädiktor zur Varianzaufklärung nicht nur der Schulleistung, sondern auch der Gedächtnisperformanz. Das Metagedächtnis spielt - im Widerspruch zu bisher in der Literatur vorliegenden Befunden - demgegenüber auch bei der Erinnerungsleistung eine geringere Rolle.

Die Befunde, nicht zuletzt jene zur kausalen Modellierung (Hypothese 6), scheinen eher die **Akzelerationshypothese** zu stützen, wonach Hochbegabte sich schneller entwickeln als die übrigen Schüler bzw. einen Stand der kognitiven Entwicklung aufweisen, den normalerweise erst ältere Schüler erreichen. Dagegen fanden wir keine Belege für altersunabhängige qualitative Unterschiede zwischen Hoch- und durchschnittlich Begabten im Grundschulalter.

Die versteckte Intervention zeigte nur geringe Effekte. Insbesondere erwiesen sich die im Metagedächtnisfragebogen versteckten Hinweise auch bei den hochbegabten Kindern als zu schwach. Hier wären weitere Studien zur Intervention und zum Transfer bei Kindern unterschiedlicher Begabungsniveaus erforderlich.

Die im Hinblick auf einen möglichen Beitrag der Metakognitions- zur Hochbegabungsforschung z.T. enttäuschenden Befunde sollten jedoch aufgrund einiger - nicht zuletzt durch die Größe der Untersuchung und den damit verbundenen Zwang zu reinen Gruppenuntersuchungen bedingter - methodischer Unzulänglichkeiten nicht überinterpretiert werden: Zum einen konnte - wie bereits oben erwähnt - im Metagedächtnisfragebogen das tatsächliche Strategiewissen der Kinder nur unzulänglich erfaßt werden. Hier wären Intensivstudien mit Einzelinterviews erforderlich. Zum andererm war es im Rahmen der Münchner Längsschnittstudie so gut wie nicht möglich, metakognitive bzw. metamemoriale Planungs- und Kontrollprozesse (z.B. im Sinne von Brown, 1984) zu erfassen.

5.3 Entwicklung der Intelligenz im Sekundarstufenalter

Das zentrale Meßinstrument zur Erfassung kognitiver Fähigkeiten stellte in unserer Längsschnittstudie auch im Sekundarstufenbereich der KFT 4-13 dar. Wegen seiner Konzeption als Staffeltest ergaben sich im Hinblick auf das Untersuchungsziel der Hochbegabtenidentifikation deutliche Vorteile. So konnten dadurch, daß den Schülern der einzelnen Klassenstufen sukzessive schwerere Aufgaben zur Bearbeitung vorgelegt wurden, Deckeneffekte vermieden werden, womit eine Differenzierung der Schüler in Hoch-, Gut- und durchschnittlich Begabte über die gesamte Breite der von uns erfaßten Altersgruppen ermöglicht wurde. Weiter konnte durch die alternierte Testformvorgabe (A vs. B) zu den drei Meßzeitpunkten Lern- und Wiederholungseffekten entgegengewirkt werden.

Mit diesen Vorteilen handelt man sich freilich in Längsschnittstudien den Nachteil ein, daß solche Entwicklungsanalysen unmöglich sind, deren Rationale nicht auf die relative Position der Schüler untereinander in bezug auf das gemessene Merkmal (hier: kognitive Fähigkeiten bzw. Intelligenz) rekurriert, sondern die auf die Untersuchung einer Entwicklungsfunktion im Sinne der Abhängigkeit der absoluten Höhe eines Merkmals vom Alter abzielen. Dennoch soll auf die Analyse einer solchen Entwicklungsfunktion in dieser Studie nicht völlig verzichtet werden. Allerdings kann hierfür nicht der KFT herangezogen werden; vielmehr müssen wir dazu auf den Zahlenverbindungstest (ZVT) zurückgreifen, der bei allen Schülern ab der fünften Klasse in der gleichen Form und mit dem gleichen Material durchgeführt wurde. Dabei ist natürlich zu berücksichtigen, daß mit dem ZVT nicht die gesamte kognitive Leistungsstärke (wie beim KFT) zu erfassen versucht wird, sondern lediglich eine Teilkomponente geistiger Leistungen, nämlich die basale Informationsverarbeitungsgeschwindigkeit des kognitiven Apparats (vgl. Abschnitt 2.1.1 in Teil II oben).

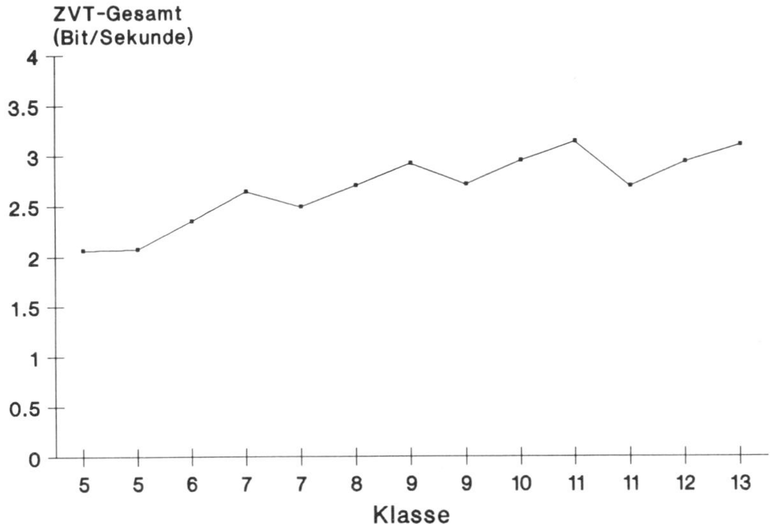

Abbildung 14: Entwicklungsfunktionen für den Zahlenverbindungstest (Klasse 5 bis 13)

Abbildung 14 zeigt die Entwicklungsfunktion für den ZVT von der fünften bis zur dreizehnten Klasse. Da diese Kurve nicht durch einen echten Längschnitt, sondern durch ein Längs-/Querschnittsdesign ermittelt wurde, sind die Klassenstufen, an denen die Kurve gewissermaßen vom dritten Meßzeitpunkt einer Kohorte zum ersten Erhebungsjahr der nächst älteren Kohorte interpoliert wird, doppelt aufgeführt.

Insgesamt wird ein Anstieg der ZVT-Leistungen im Sekundarstufenbereich etwa bis zur 10. Klassenstufe deutlich. In der Kohorte der Elftkläßler (gymnasiale Oberstufe) ist zwar ebenfalls ein Anstieg der ZVT-Scores zu verzeichnen, jedoch liegen die Leistungen hier insgesamt nicht höher als bei der Kohorte der Neuntkläßler. Zur Erklärung dieses Befundes bieten sich zwei Interpretionsmöglichkeiten an: Zum einen wäre es denkbar, daß die Informationsverarbeitungsgeschwindigkeit tatsächlich bei Jugendlichen im Alter von etwa 17 Jahren ihren Höhepunkt erreicht und sich dann nicht mehr steigert. Diese Sichtweise wird sowohl durch die Normentabellen im ZVT-Manual (Oswald & Roth, 1987) als auch durch den Befund in unserer Untersuchung gestützt, wonach der Anstieg der ZVT-Leistungskurve innerhalb der beiden jüngeren Kohorten signifikant steiler ist als bei den beiden älteren.

Es wäre aber auch denkbar, daß der beobachtete Effekt durch die unterschiedliche Selektionsstrategie bedingt ist. Während unsere zweistufige Begabtenselektion in den Klassen 1 bis 9 auf eine Zufallsauswahl der gesamten Jahrgangspopulation zurückgreifen konnte,

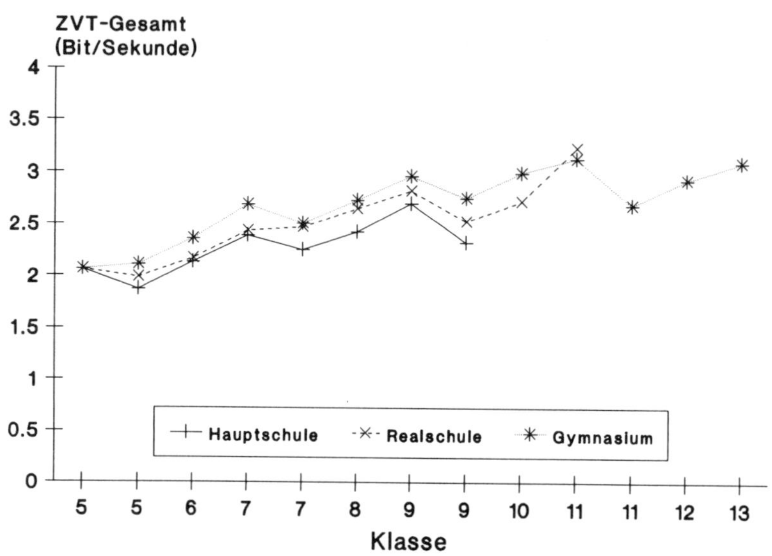

Abbildung 15: Schulartspezifische Entwicklungsfunktion für den Zahlenverbindungstest (Klasse 5 bis 13)

standen in der ältesten Kohorte nur mehr die Gymnasiasten zur Verfügung, die von vorneherein als die ca 20 Prozent leistungsstärksten bzw. begabtesten Schüler ihres Jahrgangs anzusehen waren. Der Befund, wonach die Schüler der Kohorte der Elftkläßler unserer Längsschnittstudie Ergebnisse wie die Kohorte der Neuntkläßler erzielten, könnte somit auch darauf hindeuten, daß die schulische Selektion, die alle Schüler der gymnasialen Oberstufe durchlaufen haben, nicht unbedingt die intellektuell begabtesten bzw. die Schüler mit der höchsten Informationsverarbeitungsgeschwindigkeit zum Abitur führt. Diese Interpretation wird gestützt, wenn man - wie in Abbildung 15 veranschaulicht - die ZVT-Leistungen getrennt nach Schularten betrachtet. Vergleicht man nur die Leistungen der Gymnasiasten der Kohorte der Neuntkläßler mit denen der ältesten Kohorte, so zeigt sich sogar eine - wenngleich geringfügige - Unterlegenheit der Gymnasiasten der elften Klasse gegenüber denen der neunten Klasse.

Ein zweiter auffälliger Befund, der in Abbildung 14 deutlich wird, dokumentiert, daß die ZVT-Leistungen der einzelnen Kohorten zum dritten Meßzeitpunkt jeweils deutlich höher liegen als die der nächst älteren Kohorte. Auch hierfür bieten sich zwei Erklärungsmöglichkeiten an: Einerseits könnte man diesen Befund mit Lerneffekten bzw. der größeren Routine gerade beim Bearbeiten des ZVT erklären, die die Schüler unserer Untersuchung beim zweiten und dritten Meßzeitpunkt wohl erworben hatten. Diese Interpretation wird auch dadurch gestützt, daß die Leistungen der Schüler der Kohorte der Drittkläßler, die zum dritten Meßzeitpunkt den ZVT zum ersten Mal bearbeiteten, mit den Ergebnissen der Kohorte der Fünftkläßler zum ersten Meßzeitpunkt im Mittel praktisch identisch sind.

Andererseits böte sich eine alternative Erklärungsmöglichkeit dahingehend an, daß an allen drei Erhebungen vielleicht gerade die begabtesten und motiviertesten Schüler teilgenommen haben, während leistungsschwächere ihre Mitarbeit zum letzten Meßzeitpunkt verweigert haben könnten.

Wie bereits durch Abbildung 15 angedeutet, haben wir die ZVT-Ergebnisse auch in Abhängigkeit von der Schulart, vom Geschlecht, von der Geschwisterzahl und von der Position in der Geschwisterreihe untersucht. Bezüglich der Schulart fanden wir die erwarteten klaren Unterschiede, wobei die Gymnasiasten leistungsstärker als die Realschüler waren, und letztere wieder besser abschnitten als die Hauptschüler. Die scheinbare Überlegenheit der Realschüler in Klasse 11 kommt dadurch zustande, daß dieser Mittelwert gar keiner ist, sondern der Punkt einen einzigen Schüler repräsentiert, der freiwillig - obwohl bereits in der Berufsausbildung - an unserer Untersuchung weiter teilnehmen wollte.

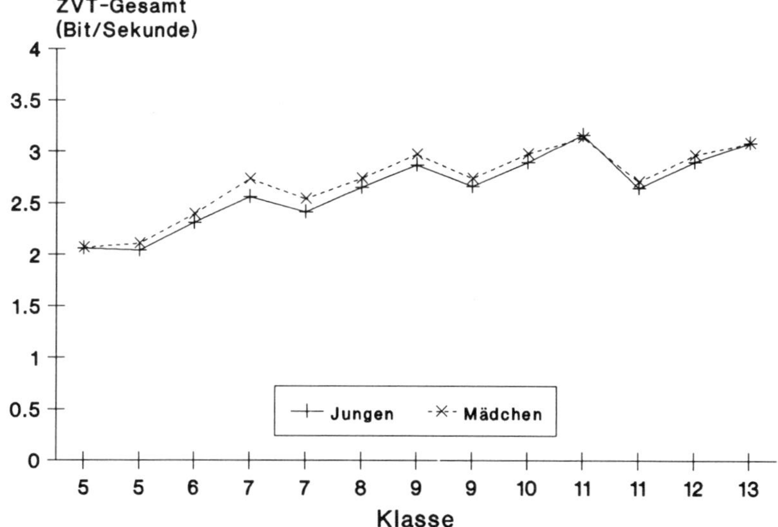

Abbildung 16: Geschlechtsspezifische Entwicklungsfunktionen für den Zahlenverbindungstest (Klasse 5 bis 13)

Bezüglich eventueller Geschlechtsunterschiede (vgl. Abbildung 16) war hier bei Einbezug aller drei Meßzeitpunkte und aller vier Kohorten von Sekundarstufenschülern - im Gegensatz zu den in Abschnitt 2.1.1 berichteten einfachen Varianzanalysen - doch eine Überlegenheit der Mädchen im ZVT gegenüber den Jungen der Stichprobe festzustellen. Dies könnte beispielsweise auf die Lehrervorauswahl zurückgeführt werden, etwa wenn die Lehrer bei Jungen andere Verhaltensweisen als Merkmale der (Hoch-)Begabung werteten als bei Mädchen. Der Befund könnte allerdings auch eine tatsächliche Überlegenheit der Mädchen gegenüber Jungen in der Informationsverarbeitungsgeschwindigkeit dokumentieren. Im Hinblick auf die Anzahl der Geschwister und die Position in der Geschwisterreihe fanden wir in unserer Stichprobe keinen Einfluß dieser Variablen auf Höhe und Entwicklung der ZVT-Leistungen.

Da die Informationsverarbeitungsgeschwindigkeit als Hardwarevoraussetzung geistiger Leistungen jedoch weniger sozialisationabhängig sein dürfte als ein Maß für das Niveau allgemeiner geistiger Fähigkeiten, die durch das Zusammenspiel von Wissen und Denkprozessen bei verschiedenen Materialien charakterisiert sind, wäre mit diesem Ergebnis der Einfluß der genannten Umweltfaktoren auf die kognitive Entwicklung natürlich noch nicht widerlegt. Im folgenden wird über Untersuchungen berichtet, die der Frage nachgingen, ob sich bei den Sekundarstufenschülern unserer Stichprobe in bezug auf die mit dem KFT erfaßte allgemeine kognitive Leistungsfähigkeit interindividuelle Verschiebungen ergeben und ob diese mit dem Intelligenzniveau zum ersten Meßzeitpunkt, dem Geschlecht und der Geschwisterzahl bzw. Position in der Geschwisterreihe zusammenhängen.

Wie im ersten Abschnitt dieses Kapitels berichtet, hatte sich die kognitive Leistungsfähigkeit in unserer Stichprobe bereits in der Grundschule als überraschend stabiles Merkmal erwiesen. Somit war damit zu rechnen, daß auch in der Sekundarstufe keine allzu großen Verschiebungen der Rangpositionen der Schüler mehr auftreten. Dennoch überraschte das Ergebnis, wonach sich die mit dem KFT gemessene Intelligenz als so stabil erwies (vgl. dazu auch Abschnitt 2.1.1 im zweiten Berichtsteil), daß wir keine Varianzanalysen mit zwei unabhängigen Faktoren durchführen konnten, bei denen als der eine Faktor das Geschlecht bzw. die Geschwisterkonstellation und als der zweite Faktor das Ausgangsniveau bezüglich kognitiver Fähigkeiten fungierten. Allgemein können bei der (mehrfaktoriellen) Varianzanalyse mit Meßwiederholungsdesign Probleme auftreten, wenn das abhängige Merkmal über die Meßzeitpunkte hinweg hoch korreliert. Gerade dies ist aber im Falle der KFT-Ergebnisse in unserer Studie der Fall, so daß im folgenden lediglich von Varianzanalysen mit *einem* unabhängigen Faktor berichtet werden kann.

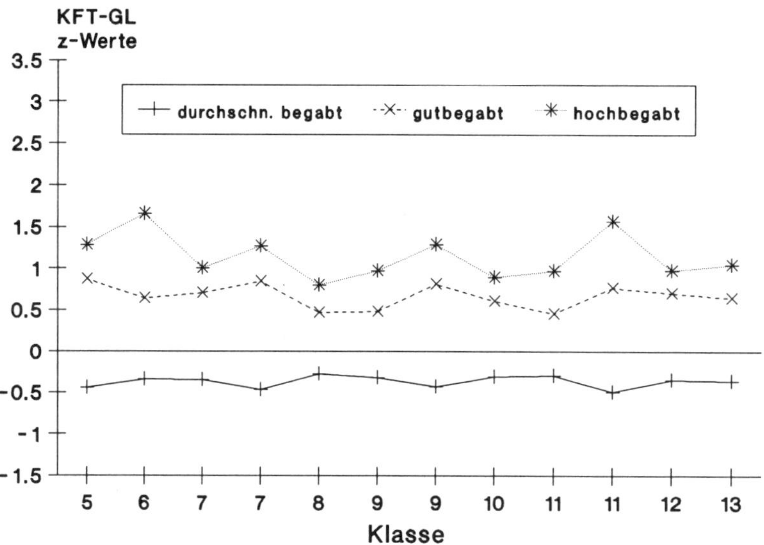

Abbildung 17: Relative KFT-Leistungen für Hoch-, Gut- und durchschnittlich Begabte (Klassen 5 bis 13) im Zeitverlauf

Abbildung 17 zeigt, welche Leistungen die zum ersten Meßzeitpunkt definierten Gruppen der hoch-, gut- und durchschnittlich intelligenten Sekundarstufenschüler unserer Stichprobe zu den beiden folgenden Erhebungen erzielt haben. In allen vier Kohorten war eine (signifikante) Verringerung der Leistungsunterschiede zum zweiten Meßzeitpunkt feststellbar, der auf Meßfehler zurückgeführt werden kann (Regression zur Mitte). Davon abgesehen unterscheiden sich die drei Leistungsgruppen über den gesamten Untersuchungszeitraum hinweg deutlich, was dafür spricht, daß die mit dem KFT erfaßten kognitiven Fähigkeiten relativ (auf die Vergleichsgruppe bezogen) stabil sind.

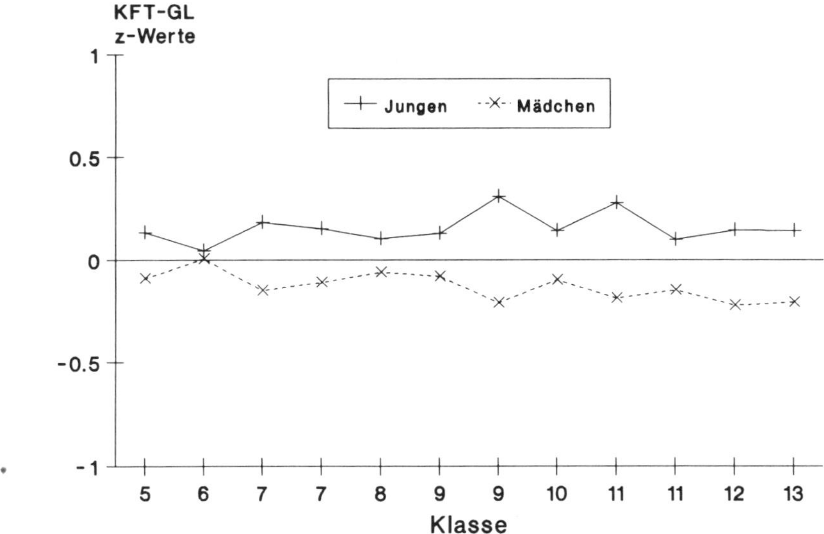

Abbildung 18: Relative KFT-Leistungen für Jungen und Mädchen (Klassen 5 bis 13) im Zeitverlauf

Wie durch Abbildung 18 verdeutlicht wird, schneiden Jungen in allen untersuchten Kohorten in der KFT-Leistung etwas besser ab als Mädchen, wobei die Unterschiede bis auf die fünfte Klasse auf dem 5 Prozent-Niveau signifikant sind. Dies überrascht insofern nicht, als der quantitative Teil in unserer Untersuchung überproportional stark zur Varianz der KFT-Gesamtleistung beigetragen hat. Wie hier und an anderer Stelle erwähnt (vgl. insbesondere Abschnitt 7 unten sowie Wieczerkowski & Prado, 1990; Beermann et al., 1991) scheinen sich Mädchen (mit zunehmendem Alter) weniger für Mathematik und Naturwissenschaften zu interessieren als Jungen. In der Folge fehlt ihnen möglicherweise die für die Bearbeitung der quantitativen KFT-Aufgaben notwendige Wissensbasis, so daß ihre potentielle Leistungsfähigkeit nicht voll zur Geltung kommen kann.

Wie beim Zahlenverbindungstest fanden wir auch beim KFT keine systematischen Unterschiede zwischen den Testleistungen von Schülern mit unterschiedlicher Geschwisterzahl und unterschiedlicher Position in der Geschwisterreihe. Für die Population, die durch unsere Stichprobe repräsentiert wird, kann also nicht davon ausgegangen werden, daß Kinder aus Familien mit einem oder zwei Kindern gegenüber anderen bzw. Erstgeborene gegenüber später Geborenen bevorzugt oder benachteiligt sind. Allerdings schrumpfen die Fallzahlen gewaltig, wenn man beispielsweise die Auswirkung der Geschwisterposition von Kindern aus

Familien mit vier Kindern auf die Intelligenzleistung untersucht. Die genannten Ergebnisse sollten also zurückhaltend interpretiert werden, da hieraus keine gesicherten Belege für die Gegenthese (solcher Effekte) ableitbar sind.

Zur meßfehlerfreien Abschätzung der Stabilität des Merkmals Intelligenz prüften wir schließlich in einer Kohorte der Sekundarstufenschüler (Neuntkläßler) dasselbe LISREL-Modell für die Daten des verbalen, quantitativen und nonverbalen KFT-Teils über die untersuchten drei Meßzeitpunkte hinweg wie bei den Drittkläßlern (vgl. Abbildung 7 oben). Im Fall der Kohorte der Neuntkläßler mußte das Modell nicht modifiziert werden, da es eine sehr gute Passung an die Daten aufwies.

Die entsprechenden Statistiken zeigen, daß bei den Neuntkläßlern der nonverbale KFT-Teil jeweils den größten Einfluß auf die latente (geschätzte) Variable "allgemeine Intelligenz" hat und zugleich die geringste Varianzaufklärung durch den zugehörigen testspezifischen Faktor aufweist. Insgesamt werden durch das Modell zwischen 56% und 79% der Varianz der einzelnen gemessenen Variablen aufgeklärt. Das Merkmal Intelligenz erwies sich auch in dieser Analyse als sehr zeitstabil, wie aus den hohen Korrelationen zwischen den Zeitpunkten deutlich wird (Intelligenz T1 mit Intelligenz T2: r=.76; Intelligenz T2 mit Intelligenz T3: r=.93).

Insgesamt wird deutlich, daß sowohl die kognitiven Fähigkeiten, die mit dem breitgefächerten KFT erfaßt werden, als auch die mit dem ZVT gemessene Basis- oder Teilkomponente der Intelligenz (Informationsverarbeitungsgeschwindigkeit) in der Sekundarstufe relativ stabil sind, d.h. keine großen interindividuellen Leistungsverschiebungen auftreten. Da die Schüler unserer Stichprobe jedoch nicht gezielt (etwa durch ein Programm) gefördert wurden, kann daraus nicht der Schluß gezogen werden, daß die untersuchten kognitiven Fähigkeiten unveränderlich seien. Dies gilt um so mehr, als bei den Untersuchungen zum KFT aus den zu Beginn dieses Abschnitts genannten Gründen nicht berücksichtigt werden konnte, inwieweit die Leistungen der Schüler sich insgesamt einander angleichen (Varianzverringerung) oder die Unterschiede größer werden (Varianzvergrößerung). Wir können lediglich sagen, und auch dies ist ein wichtiges Ergebnis, daß die zum ersten Meßzeitpunkt leistungsstärkeren Schüler über den gesamten Untersuchungszeitraum von drei Jahren hinweg stets höhere Leistungen erzielten als diejenigen, die zum Beginn unserer Studie schlechter abschnitten.

5.4 Entwicklung von Kreativität im Sekundarstufenalter

5.4.1 Fragestellungen

Neben den bereits angesprochenen theoretischen Problemen zum Verhältnis Kreativität und Hochbegabung ergeben sich auch meßtechnische Probleme für die Erfassung der Kreativitätsentwicklung. Facaoaru (1975) hat in einer Literaturübersicht vier Aspekte des theoretischen Verständnisses und der Erfassung von Kreativität herausgearbeitet, wobei sie jeweils eine produktorientierte, individuumorientierte, prozeßorientierte und umweltzentrierte Konzeption bzw. Erfassung von Kreativität unterscheidet.

Die diagnostische Erfassung des Personmerkmals Kreativität kann auf verschiedene Weise erfolgen. In unserem Projekt wurden bei den Sekundarstufenschülern vier Zugangsweisen beschritten:

- prozeßorientierte Aufgabenstellung (TZRA und TRE);
- Fragebogenverfahren zu kreativen Verhaltensweisen (vgl. Ausführungen zu GIFFI und GIFT in Teil II, Abschnitt 2.1.2);
- Einschätzung durch andere, z.B. Lehrer (vgl. Abschnitt 4.1 oben);
- produktorientierter Kreativitätstest (vgl. die oben mitgeteilten Ergebnisse zum TKT und die zum VWT im folgenden).

Für Fragestellungen bezüglich der Entwicklung von Kreativität im Sekundarstufenbereich wird in diesem Abschnitt hauptsächlich auf die Ergebnisse von Kreativitätstests - insbesondere des VWT - zurückgegriffen. Es zeigte sich jedoch im Laufe der Durchführung der zweiten Hauptuntersuchung, daß sich die Schüler an die verhältnismäßig einfachen, aber sehr anregenden Fragestellungen der Kreativitätstests und deren Lösungsmöglichkeiten erinnerten. Gleichzeitig führte die Wiederholung derselben Aufgabenstellungen nach einem Jahr gerade bei diesen Kreativitätstests zu einem Motivationsverlust der Schüler (Kreative möchten sich eben mit neuen Inhalten und Fragestellungen auseinandersetzen, nicht alte Ergebnisse wiederholen). Aus diesem Grund wurde der Test bei der dritten Erhebungswelle mit äquivalenten (nicht strikt parallelen) Items durchgeführt.

Analysen von Entwicklungsfunktionen sind von daher weniger angebracht als Analysen interindividueller Differenzen. Dennoch können die Stabilität des Merkmals Kreativität analysiert sowie Hypothesen bezüglich Bedingungen und Auswirkungen von Kreativität geprüft werden. Im einzelnen sollten folgende Fragestellungen bzw. *Hypothesen* (zur mit dem VWT erfaßten Kreativität) untersucht werden:

(1) Kreativität ist ein stabiles Persönlichkeitsmerkmal, das sich mit dem VWT reliabel erfassen läßt.

(2) Der VWT ist dazu geeignet, kreativ Hochbegabte auszuwählen. Entsprechende Gruppen mit unterschiedlicher Ausprägung des Merkmals Kreativität bleiben über drei Jahre hinweg stabil. Das Auswahlverfahren läßt sich für beide Geschlechter gleichermaßen anwenden.

(3) Die Auswahl der kreativ Hochbegabten erfolgt unabhängig von der Auswahl Hochintelligenter, insbesondere gilt dies für stabil kreativ Hochbegabte und intellektuell Hochbegabte.

(4) Kreativ Hochbegabte unterscheiden sich hinsichtlich nichtkognitiver Personmerkmale (Motivation, Arbeitsverhalten) von durchschnittlich Kreativen und Hochintelligenten.

(5) Kreativ Hochbegabte zeichnen sich gegenüber Hochintelligenten und durchschnittlich Kreativen durch besondere Umweltmerkmale (Familienklima, Schulklima) aus.

(6) Kreativ Hochbegabte zeichnen sich gegenüber Hochintelligenten und durchschnittlich Kreativen durch besondere Leistungen vor allem im außerschulischen Bereich aus, weniger durch hervorragende Leistungen im schulischen Bereich.

(7) Kreative Entwicklung, Motivation und außerschulische Leistungen stehen in einer Wechselwirkung zueinander, d.h. sie fördern sich gegenseitig.

5.4.2 Untersuchungsergebnisse

(1) Zur Stabilität der Kreativitätswerte
Bezüglich der Zuverlässigkeit wurden in Abschnitt 2.1.2 im zweiten Berichtsteil bereits Ergebnisse referiert, die den VWT-Kennwerten eine Reliabilität von .75 bis .85 (Itemkorrelationen aufgewertet nach Spearman-Brown) zuordnen. Für die Retestreliabilität ergeben sich Werte von .47 bis .67 für einen Abstand von einem Jahr bzw. von .33 bis .59 für einen Zweijahresabstand. Diese längsschnittlich gewonnenen Stabilitätswerte sind jedoch auf zwei Arten interpretierbar: zum einen als Indikator für die Reliabilität des Meßverfahrens, zum anderen als Indikator für die Stabilität bzw. Veränderlichkeit eines Merkmals über die Zeit. Deshalb wurde versucht, diese Aspekte mit Hilfe eines LISREL-Modells, das wie in Abschnitt 5.1 oben konstruiert wurde, voneinander zu trennen (vgl. Abbildung 19).

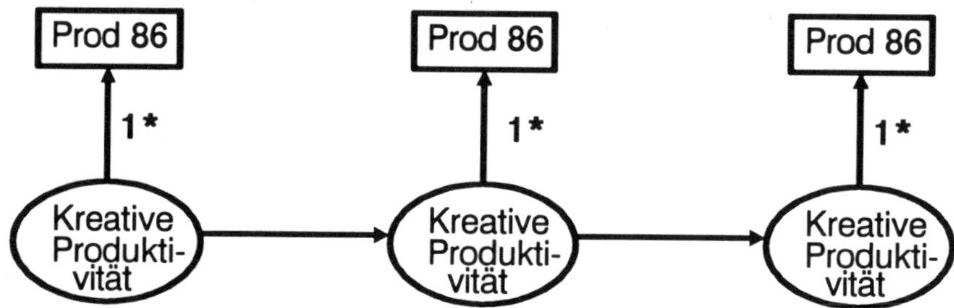

Abbildung 19: LISREL-Modell zur Reliabilitäts-Stabilitäts-Abschätzung der Produktivität

Zunächst wurde für die Daten der Kohorte der Siebtkläßler ein Modell mit einer Variablen zu drei Zeitpunkten berechnet. Als Variable wurde der VWT-Score für Produktivität verwendet. Ein Modell mit identischer Fehlervarianz zu drei Zeitpunkten und mit stabilem Regressionsparameter zwischen jeweils zwei Zeitpunkten zeigte eine gute Anpassung (Maximum-Likelihood-Lösung: chi^2=.48, dF=1, p=.49, rms=.021; ULS-Lösung: GFI=1.00, rms=.015) an die Daten. Die Parameter der ULS-Lösung ergaben eine Schätzung der Reliabilität für alle drei Zeitpunkte von .67. Die Stabilität ergibt sich als Korrelation zwischen den latenten Variablen, sie liegt bei .62 bzw. .66 für die Stabiltät über ein Jahr und bei .60 über zwei Jahre.

Dasselbe Modell mit den Originalitätswerten berechnet, ergab eine Lösung mit negativen Varianzen der latenten Variablen, d.h. es resultierte eine degenerierte Lösung. Dies zeigt, zusammen mit den geringeren Reliabilitäten (.36) und den geringeren Stabilitäten (.37 bis .41), daß der Originalitätsscore einen meßtechnisch schlechteren Indikator für Kreativität darstellt, sofern er als normalverteiltes, metrisches Merkmal aufgefaßt wird. Insgesamt stellt sich somit Kreativität als ein Persönlichkeitsmerkmal mäßig hoher Stabilität dar, das nur durch den VWT-Produktivitätsscore mit ausreichender Reliabilität erfaßt wird.

In einer zweiten Untersuchung wurde ein Modell mit zwei gemessenen (Originalität und Produktivität) und einer latenten Variablen zu jedem der drei Meßzeitpunkten untersucht (vgl. Abbildung 20). Dieses Modell ist zwar aufgrund der nicht gegebenen lokalen stochastischen Unabhängigkeit von Produktivität und Originalität mit Vorsicht zu betrachten, es kann jedoch

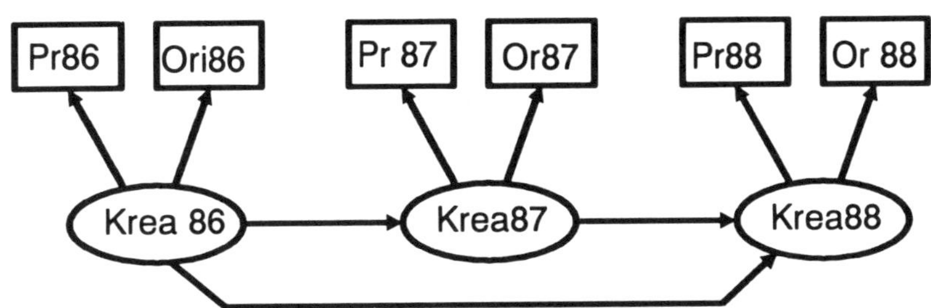

Abbildung 20: LISREL-Modell zur Reliabilitäts-Stabilitäts-Abschätzung der Kreativität

weitere Hinweise auf die Stabilität des Merkmals "Kreativität" liefern. Für drei Kohorten (Siebt-, Neunt- und Elftkläßler) wurden verschiedene Modelle hinsichtlich der Beziehungen zwischen den latenten Variablen zu den drei Meßzeitpunkten berechnet.

Während für die Siebtkläßler das einfachste Modell (gleiche Beziehungen zwischen den Zeitpunkten 1/2 und 2/3, keine direkte Beziehung 1/3) beibehalten werden konnte, führte die Aufhebung dieser Restriktionen in den anderen Klassenstufen zu deutlichen Verbesserungen der Anpassung an die Daten. Dies weist darauf hin, daß sich die Schüler der höheren Klassen Aufgabenstellung und Antworten gemerkt hatten; die neuen Aufgaben des dritten Meßzeitpunktes waren insofern den Aufgaben des ersten Zeitpunktes ähnlich, als diese im Gegensatz zu den Aufgaben des zweiten Meßzeitpunktes den Schülern unbekannt waren.

In den höheren Klassenstufen waren auch höhere Stabilitäten zwischen den Meßzeitpunkten zu beobachten (.55 bis .73) als in der Kohorte der Siebtkläßler (.33 bis .65). In allen drei untersuchten Klassenstufen zeigte sich, daß der Kennwert "Produktivität" durch das Modell wesentlich besser erklärt wird als der Kennwert "Originalität". Auch dies weist darauf hin, daß mit dem VWT vor allem Produktivität erfaßt wird.

Insgesamt kann Hypothese 1 nur mit Vorbehalt beibehalten werden. Kreativität erwies sich zwar als ein noch ausreichend reliables und stabiles Konstrukt. Die mäßigen Kennwerte erlauben jedoch kaum zuverlässige Kreativitätstestwertinterpretationen für den Einzelfall.

(2) Zur Stabilität des Auswahlverfahrens

Aufgrund der Ergebnisse zu Hypothese 1 war nicht zu erwarten, daß eine genaue Auswahl kreativ Hochbegabter mit dem VWT möglich ist. Im folgenden soll jedoch überprüft werden, ob die Schichtung der Kreativen in Leistungsgruppen stabil genug ist, um überhaupt von kreativer Hochbegabung sprechen zu können. Es wäre ja auch möglich, daß bei den Testbesten die Differenzierungsfähigkeit des VWT so schlecht ist, daß die entsprechenden Meßzeitpunkt-Testergebnisse sich mehr oder weniger zufällig ergeben.

Zur Überprüfung der Stabilität des Auswahlverfahrens wurden zu Hypothese bzw. Fragestellung 2 (Abschnitt 5.4.1) drei spezifische *Hypothesen* überprüft:

H2.1: Die Gruppierung der Schüler mit Hilfe des VWT-Produktivitätswertes ist über die Zeit stabil, d.h Schüler fallen überzufällig häufig in dieselbe Leistungskategorie.

H2.2: Das Auswahlverfahren der Schüler folgt einem Markov-Prozeß 1. Ordnung, d.h. die Auswahl zum dritten Meßzeitpunkt steht nur mit dem Auswahlverfahren zum zweiten

Meßzeitpunkt in Zusammenhang, nicht aber mit dem Verfahren zum ersten Zeitpunkt. Es bestehen auch keine interaktiven Zusammenhänge.

H2.3: Das Auswahlverfahren und seine Stabilität über die Zeit sind unabhängig vom Geschlecht der Schüler und der Klassenstufe, d.h. es bestehen keine signifikanten Wechselwirkungen zwischen Geschlecht und Klassenstufe zu den Gruppierungsvariablen.

Die Berechnungen wurden anhand der VWT-Daten von 610 Schülern durchgeführt, die zu allen drei Zeitpunkten am Test teilgenommen hatten. Für diese Untersuchung wurden die VWT-Produktivitätswerte zunächst in eine Rangreihe gebracht. Entsprechend unserem Auswahlverfahren, bei dem neben anderen Kriterien die besten 10 Prozent im VWT-Produktivitätswert (5 Prozent Hochbegabte, 5 Prozent Gutbegabte) in die Längsschnittuntersuchung aufgenommen wurden, ergibt sich für die Längschnittstichprobe ein Anteil von jeweils ca. 15 Prozent Hoch- und Gutkreativer sowie von ca. 70 Prozent durchschnittlich Kreativer. Deshalb wurde das beste Siebtel (14 Prozent) jeder Klassenstufe der Stichprobe der Hoch-, das nächste Siebtel der Gutbegabtengruppe zugeteilt. Die sich daraus ergebende Häufigkeitsverteilung für die Gesamtgruppe ist Tabelle 21 zu entnehmen.

Tabelle 21: Verteilung der Längsschnittstichprobe auf die Kreativitätsgruppen

	1987								
	DBK			GBK			HBK		
	1988			1988			1988		
1986	DBK	GBK	HBK	DBK	GBK	HBK	DBK	GBK	HBK
DBK	308	33	14	27	14	10	18	8	10
GBK	38	15	6	5	7	4	6	2	10
HBK	26	5	5	7	5	4	9	7	20

Legende: HBK = kreativ hochbegabt, GBK = kreativ gutbegabt, DBK = kreativ durchschnittlich begabt.

Bei einer weiteren Aufteilung dieser Gruppen nach Geschlecht und Alter (Kohorte) sinkt der Erwartungswert für mehrere Zellen auf unter 1 ab. Aus diesem Grunde wurden für Berechnungen, die Klassenstufe und Geschlecht miteinbeziehen, die Gruppen 1 und 2 zusammengefaßt, so daß diese Gruppe der Begabten ungefähr die besten 28 Prozent der Stichprobe umfaßt (vgl. Tabelle 22).

Die so erhaltenen Kontingenztafeln wurden nun mit loglinearen Modellen analysiert. Für Hypothese 2.1 wurde, sowohl für Tabelle 21 als auch für Tabelle 22, ein Modell berechnet, das von der Unabhängigkeit der Variablen ausgeht. Die Residuen eines solchen Modells lassen sich im Sinne der Konfigurationsfrequenzanalyse (Lienert, 1988) zur Auffindung von Typen bzw. Antitypen heranziehen, die standardisierten Residuen zur inferenzstatistischen Prüfung dieser Typen. Entsprechend unserer Hypothese wäre zu erwarten, daß die Zellen, die gleiche Kategorisierung zu allen Zeitpunkten bedeuten, als Typen hervortreten. Zellen, die zu einem der Meßzeitpunkte durchschnittliche, zu einem anderen hochbegabte Schüler enthalten, sollten Antitypen darstellen.

Tabelle 22: Verteilung der Längsschnittstichprobe auf die Kreativitätsgruppen nach Kohorte und Geschlecht

	1987			
	DBK		GBK+HBK	
	1988		1988	
1986	DBK	GBK+HBK	DBK	GBK+HBK
7. Klasse				
Jungen				
DBK	56	10	10	9
GBK+HBK	10	5	2	7
Mädchen				
DBK	68	12	14	9
GBK+HBK	12	3	6	16
9. Klasse				
Jungen				
DBK	45	4	6	2
GBK+HBK	4	4	2	7
Mädchen				
DBK	54	8	15	8
GBK+HBK	8	2	12	16
11.Klasse				
Jungen				
DBK	55	8	9	5
GBK+HBK	8	2	4	9
Mädchen				
DBK	22	6	2	9
GBK+HBK	6	6	6	4

Legende: HBK = kreativ hochbegabt, GBK = kreativ gutbegabt, DBK = kreativ durchschnittlich begabt.

Für die Gesamtstichprobe ist die Unabhängigkeitshypothese abzulehnen. Es zeigt sich, daß die stabilitätsindizierenden Zellen der Kontingenztafel, die solche Schüler enthalten, die zu allen drei Meßzeitpunkten entweder hoch-, gut- oder durchschnittlich kreativ abschnitten, überzufällig stark besetzt sind. Gleiches gilt für die Zellen, in die solche Schüler fallen, die zu zwei Meßzeitpunkten als hoch- und zu einem als kreativ gutbegabt beurteilt wurden. Diese Zellen weisen auf lediglich geringe, eventuell meßfehlerbedingte Abweichungen von der Identifikation als "hochbegabt" hin. Überzufällig selten gehören Schüler solchen Zellen an, die auf starke Schwankungen in der Identifikation hinweisen (zu einem Meßzeitpunkt hoch-, zu den anderen nur durchschnittlich kreativ).

Die Analyse der Kontingenztafel von Tabelle 22 unter Einbeziehung von Geschlecht und Alter brachte ähnliche Ergebnisse, wenn auch nicht alle "stabilen" Zellen in sämtlichen Subgruppen als Typen auftraten. Als signifikante Typen konnten die Gruppen der zu allen Erhebungszeitpunkten kreativ Hoch- oder Gutbegabten bei den Mädchen der 7. und 9. Klasse sowie bei den Jungen der 9. und 11. Klasse identifiziert werden. Bei einer Variante des Verfahrens, die sich vor allem auf die Stabilitätszellen konzentriert, wurden fast alle Stabilitätstypen als signifikante Typen nachgewiesen (bis auf die Gruppe der durchschnittlich kreativen Mädchen).

Diese Ergebnisse deuten an, daß der VWT ein Meßverfahren darstellt, mit dem ein stabiles Merkmal, eben Kreativität, erfaßt werden kann. Es muß an dieser Stelle jedoch auf eine Tatsache hingewiesen werden, das die scheinbare Güte des Verfahrens wieder etwas relativiert, wenn nämlich den statistisch signifikanten Ergebnissen die absoluten Zahlen gegenübergestellt werden: Wie Tabelle 21 zu entnehmen ist, wurden von den zum ersten Zeitpunkt als hochbegabt Identifizierten (N= 88) lediglich 40 Prozent (N= 36) in den beiden darauffolgenden Jahren als hoch- oder gutbegabt identifiziert, während jeweils 30 Prozent (N= 26) Schüler entweder in keinem oder nur in einem der darauffolgenden Jahre wiederum identifiziert wurden. Vice versa erweisen sich immerhin knapp 10 Prozent (N= 42) der im ersten Jahr als durchschnittlich begabt Identifizierten (N= 446) in beiden darauffolgenden Jahren als gut- oder hochbegabt, knapp 5 Prozent (N= 20) sogar als in den beiden Folgejahren zu den besten 15 Prozent gehörig. Eine Entscheidung darüber, welcher Anteil der Fehlidentifikationen auf ein unreliables Klassifikationsverfahren und welcher auf die Variabilität des Merkmals zurückzuführen ist, kann mit der verwendeten Methode nicht getroffen werden.

Bei der berichteten hohen Stabilität sollten aber auch signifikante positive Interaktionen bzw. Zusammenhänge zwischen den Meßzeitpunkten auftreten. Eine Analyse unter Berücksichtigung der Interaktionen hat gegenüber der KFA den Vorteil, daß neben der reinen Auffindung von Typen auch Hinweise auf Zusammenhangsstrukturen in der Kontingenztafel gegeben werden können. So lassen sich durch entsprechende Modellierung Interaktionen zwischen zwei, aber auch zwischen mehreren Parametern testen. Im vorliegenden Fall sollten folgende Modelle getestet werden (Effekte, die sich beeinflussen, sind mit "*" verknüpft, die Untersuchungen beschränken sich auf die Produktivität P):
- P86*P87, P87*P88 (Markov-Modell 1. Ordnung),
- P86*P87, P87*P88, P86*88 (Markov-Modell 2. Ordnung, d.h. Prozeß mit Gedächtnis).

Die Haupteffekte P86, P87 und P88 werden dabei jeweils als fixe Designeffekte miteinbezogen (hierarchisches Modell). Ebenso werden bei Einbeziehung von Klassenstufe und Geschlecht jeweils die Haupteffekte sowie die Geschlecht*Klassenstufen-Interaktion als durch das Design fixierte Effekte berücksichtigt. Zur Terminologie der loglinearen Modelle vgl. Abschnitt 2.1 oben.

Für die Gesamtgruppe wurde zunächst das Modell mit "Gedächtnis" berechnet (einbezogene Wechselwirkungen: P86*P87, P87*P88, P86*P88). Es zeigte sich, daß dieses Modell eine sehr gute Passung an die Daten aufweist, während das Markov-Modell 1. Ordnung mit den Daten nicht verträglich ist. Es muß somit davon ausgegangen werden, daß die Wahrscheinlichkeit, zum dritten Meßzeitpunkt als hochbegabt identifiziert zu werden, nicht allein vom Ergebnis des zweiten, sondern auch von dem des ersten Testzeitpunkts abhängt, wobei beide Effekte sich positiv auswirken, d.h. die Wahrscheinlichkeit erhöhen, zum dritten Zeitpunkt ausgewählt zu werden.

Wenn man die besten 30 Prozent der restlichen Stichprobe gegenüberstellt, zeigt sich, daß die Zugehörigkeit zur oberen Gruppe zum zweiten Zeitpunkt sich nur dann positiv auf die Einstufung zum dritten Zeitpunkt auswirkt, wenn die Schüler auch zum ersten Zeitpunkt ausgewählt wurden; wer zu beiden Zeitpunkten als hochkreativ eingestuft wurde, wird mit einer höheren Wahrscheinlichkeit der oberen als der unteren Gruppe zugeordnet, trotz der geringeren Ausgangswahrscheinlichkeit. Gleiche Effekte ergeben sich für die Unterscheidung zwischen Gut- und Hochbegabten (oberste vs. nächste 15 Prozent), der Test differenziert also auch im oberen Bereich noch gut.

Um zu überprüfen, ob ein Effekt von *Geschlecht* und/oder *Alter* vorliegt, wurden zunächst Modelle berechnet, bei denen Geschlecht und Alter einzeln einbezogen und ansonsten das Modell des Gesamtdatensatzes beibehalten wurden. Für beide Modelle ergab sich ein signifikanter Fit des Modells an die Daten, so daß nicht auf eine Interaktion von Alter bzw. Geschlecht mit den Kreativitätsvariablen geschlossen werden kann, auch wenn eine deutliche Verschlechterung des Fits gegenüber den oben berichteten Analysen zu beobachten ist.

Noch deutlicher wird dieser Effekt bei Einbeziehung der Geschlecht*Alter-Interaktion in das Modell. Nunmehr liegt die Anpassungsgüte an der Akzeptanzgrenze, bei Einbeziehung einer Geschlecht*Alter*Kreativitäts-Interaktion sinkt sie unter das 5 Prozent-Niveau. Deshalb wurde im folgenden für jede Klassenstufe ein separates Modell unter Einbeziehung der Geschlechtsvariable berechnet. Es zeigt sich, daß dabei in der Kohorte der Siebtkläßler das Modell ohne Interaktionen mit der Geschlechtsvariable einen sehr guten Fit aufweist. Die Identifikation als Angehöriger der oberen 30 Prozent zu den ersten beiden Meßzeitpunkten (T1, T2) führt zu einer Erhöhung der Wahrscheinlichkeit, auch zum dritten Zeitpunkt zu dieser Gruppe zu gehören, wobei die Zugehörigkeit sowohl zu T1 als auch T2 bereits zu einer deutlich positiven Identifikationsrate führt.

Bei den Neuntkläßlern ist der Fit bereits wesentlich schlechter, wobei ein Blick auf die einzelnen Parameter zeigt, daß in dieser Altersstufe ein signifikanter Einfluß des Geschlechts auf das Ergebnis zum zweiten Zeitpunkt besteht; Mädchen werden zum zweiten Zeitpunkt (Klasse 10) häufiger als kreativ identifiziert als Jungen.

In der Kohorte der Elftkläßler kann das Modell ohne Interaktionen mit dem Geschlecht nicht mehr an die Daten angepaßt werden. Es zeigte sich, daß die Interaktion vierter Ordnung aller Variablen untereinander signifikant ist, andere Interaktionen also nicht ohne diese Interaktion interpretiert werden dürfen. Um die Ergebnisse klarer darstellen zu können, wurden für beide Geschlechter getrennte Analysen berechnet.

Bei den Jungen dieser Alterstufe erweist sich das einfachste Transitionsmodell, das Markov-Modell 1. Ordnung, als gut an die Daten angepaßt. Bei den Mädchen hingegen zeigt sich die Interaktion dritter Ordnung als signifikant, das Ergebnis zum dritten Zeitpunkt ist also vom Ergebnis beider früheren Ergebnisse simultan abhängig. Für die Mädchen erweist es sich als günstiger, zum ersten *oder* zweiten Zeitpunkt ausgewählt worden zu sein, am besten zum zweiten Zeitpunkt, während die Mädchen, die zu beiden Zeitpunkten ausgewählt wurden, eine negative Identifikationsrate aufweisen.

Insgesamt kann festgehalten werden, daß die mit Hilfe des VWT identifizierten Leistungsgruppen eine signifikante Stabilität über die Zeit zeigen[5]. Dabei wurde in den meisten

5 Ein Hauptproblem der verwendeten loglinearen Analyse besteht darin, daß Meßfehler, die zu einer Fehlklassifikation führen, nicht berücksichtigt werden können, d.h. jede Klassifikation wird als zu diesem Zeitpunkt richtig angenommen.

untersuchten Stichproben ein Modell identifiziert, das neben dem Einfluß der Zuhörigkeit zu einer Begabungsgruppe auf die Zuordnung ein Jahr später auch längerfristige direkte Effekte aufweist. In der neunten Klasse zeigte sich ein signifikanter Einfluß des Geschlechts auf die Zuordnung zum zweiten Zeitpunkt, in der elften Klasse wurde bei den Mädchen ein Interaktionseffekt der ersten beiden Zeitpunkte gefunden, während die Jungen dieser Altersstufe einem Markov-Modell 1. Ordnung folgen.

Für die längerfristigen Effekte können neben Meßfehlereffekten auch Effekte des Meßverfahrens eine Rolle spielen: In unserer Untersuchung wurden zum ersten und zweiten Zeitpunkt dieselben Items eingesetzt, die, wie sich im Verlauf der zweiten Erhebungswelle herausstellte, zum Teil noch sehr gut erinnert wurden. Offensichtlich stellte die ungewöhnliche und zugleich einfache Aufgabenstellung (ungewöhnliche Verwendungen für "Holzlineal" und "Zeitung" finden) einen hohen Anreiz zum Erinnern, zum Teil sogar zum Weiterbearbeiten nach den Testsitzungen dar. Bei Intelligenztestaufgaben dürfte dies aufgrund der vielen verschiedenen und zum Teil mit komplexeren Vorinformationen verknüpften Aufgaben, aber auch aufgrund der konvergenten Aufgabenstruktur nicht in diesen Ausmaß gegeben sein. Zum dritten Zeitpunkt wurden den Schülern für sie neue Items vorgelegt, so daß die Aufgabenstellung insofern eher der des ersten Zeitpunktes glich (Vorgabe eines unbekannten Gegenstandes). Die Erinnerungsleistung konnte somit nur im Hinblick auf metakognitive Strategien, nicht aber auf inhaltliche Kategorien eine Rolle spielen.

Die geschlechtsspezifischen Unterschiede sollen hier nur insoweit interpretiert werden, als insbesondere bei den älteren Jungen der VWT ein Merkmal mißt, das über die Zeit stabil ist und unabhängig von früheren Testerfahrungen aktiviert wird. Bei den Mädchen scheint sich der Sachverhalt komplexer darzustellen. Die negative Identifikationsrate zum dritten Meßzeitpunkt für die bei den ersten beiden Erhebungen Identifizierten könnte auf ein störbares Arbeits- und Motivationsverhalten bei in früheren Situationen erfolgreich bewältigten, jetzt aber veränderten Aufgaben hinweisen.

Insgesamt zeigt sich bei der Betrachtung der Zusammenhänge zwischen den VWT-Leistungsgruppen eine zwar statistisch signifikante und psychologisch bedeutsame Stabilität des Konstruktes Kreativität und seiner Erfassung, jedoch wird zugleich deutlich, daß von einem praktisch tauglichen Identifikationsverfahren (zur Erfassung kreativer Aspekte von Hochbegabung) noch nicht gesprochen werden kann. Für die weiteren Analysen werden nun die Schüler, die zu drei Zeitpunkten als kreativ begabt (ca. obere 30 Prozent) identifiziert wurden, denen gegenübergestellt, die zu keinem Zeitpunkt der Gruppe der kreativ Begabten zugeordnet wurden. Mit diesem Vorgehen werden zwar zufällige Identifikationen weitgehend ausgeschlossen, jedoch werden damit nur Bedingungen und Konsequenzen von Stabilität in bezug auf das Merkmal Kreativität untersucht.

(3) Unabhängigkeit von der Auswahl nach Intelligenz

Im folgenden soll überprüft werden, ob sich die Intelligenztestbesten auch im Kreativitätstest besonders auszeichnen. Da unsere Längsschnittstichprobe gegenüber der Normalpopulation - insbesondere hinsichtlich kognitiver Fähigkeiten (Lehrervorauswahl!) - als ausgelesen gelten muß, ist im Sinne der Schwellenwerthypothese Guilfords (1967) eher Unabhängigkeit der Zugehörigkeit zu den Begabungsgruppen der Hoch-, Gut- und durchschnittlich Kreativen vs. Intelligenten zu erwarten.

Diese Vermutung findet auch ihre empirische Bestätigung in unserer Stichprobe: Lediglich ein Schüler gehört sowohl hinsichtlich des Kreativitäts- als auch hinsichtlich des Intelligenzmerkmales über drei Jahre hinweg konstant zu den besten 30 Prozent der Stichprobe. Dieses Ergebnis liegt noch unter dem Erwartungswert bei Unabhängigkeit der beiden Merkmale.

(4) Unterschiede in nichtkognitiven Personmerkmalen (Hypothese 4)

Nachdem gezeigt werden konnte, daß die Identifikation als kreativ hoch-, gut- oder durchschnittlich begabt sich als relativ zeitstabil erweist, soll nun überprüft werden, ob sich diese Hochkreativen von den durchschnittlich Kreativen hinsichtlich nichtkognitiver Personmerkmale unterscheiden. Bei diesen beiden Gruppen erscheint die Kreativität als so stabiles Merkmal, daß sie im Sinne eines Traits als unabhängige Variable verwendet werden kann.

Daneben interessiert weiterhin der Vergleich der Hochkreativen mit den Hochintelligenten, um zu untersuchen, inwieweit sich Gruppen extremer Fähigkeitsausprägung in jeweils einem Begabungsbereich unterscheiden. Diese drei Gruppen werden zur Prüfung der Hypothesen 4, 5 und 6 herangezogen. Aus Gründen der Übersichtlichkeit beschränken wir uns dabei auf die Kohorte der Neuntkläßler. Insgesamt gingen 23 stabil hochkreative (HBK), 27 stabil hochintelligente (HBI) und 80 durchschnittlich kreative und zugleich nicht hochintelligente Schüler (DBK) in die Verrechnungen ein.

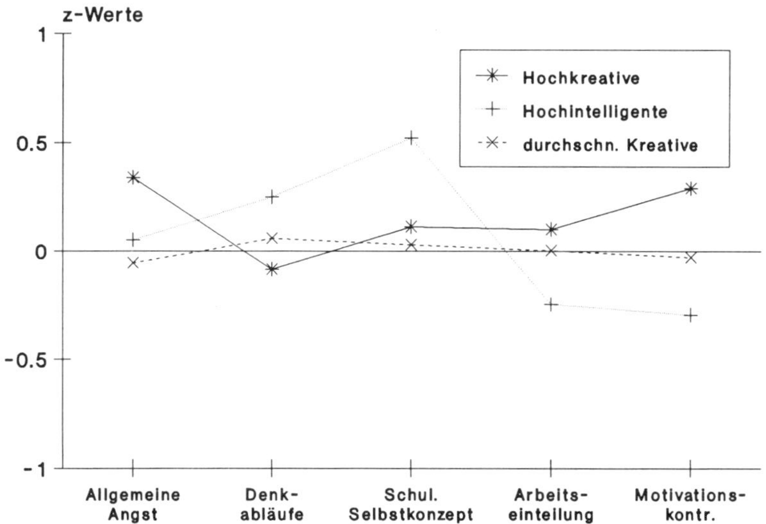

Abbildung 21: Unterschiede zwischen hochkreativen und durchschnittlich kreativen sowie hochintelligenten Schülern in bezug auf nichtkognitive Persönlichkeitsmerkmale

Zur Prüfung der Unterschiede wurden multivariate Varianzanalysen berechnet. Aufgrund der geringen Gruppengrößen, die sich bei einzelnen Analysen wegen fehlender Werte der abhängigen Variablen noch weiter verminderten, werden neben signifikanten Ergebnissen (5 Prozent-Niveau) im folgenden auch Ergebnisse berichtet, die einen Trend andeuten, der in weiteren Untersuchungen mit gezielten Fragestellungen und geeigneter Gruppenbildung zu überprüfen wäre. Als nichtkognitive Personmerkmale werden Leistungsmotivation (Hoffnung auf Erfolg: HE, Furcht vor Mißerfolg: FM), Erkenntnisstreben (FES) und Skalen des Fragebogen zum Arbeitsverhalten einbezogen.

Zwar wurden keine signifikanten Ergebnisse gefunden, jedoch läßt sich an einigen Variablen ein Trend ($p<.20$) aufzeigen. Die Gruppenmittelwerte dieser Variablen sind in Abbildung 21 wiedergegeben. Daraus geht hervor, daß die Hochintelligenten sich durch die Qualität der Denkabläufe und hohes schulisches Selbstkonzept bei gleichzeitigen Defiziten im Bereich der Arbeitseinteilung und der Motivationskontrolle auszeichnen, was insgesamt als Ausdruck schulischer Unterforderung interpretiert werden könnte. Dies gilt für die Hochkreativen nicht: Hinsichtlich Denkabläufen, Selbstkonzept und Arbeitseinteilung liegen sie im Mittelbereich unserer Gesamtstichprobe, bei der Motivationskontrolle sogar deutlich über dem Mittelwert. Dies könnte, im Gegensatz zu den niedrigen Werten der Hochintelligenten, auf ein stärker durch intrinsische Prozesse gesteuertes Arbeitsverhalten hindeuten. Zugleich zeigen die Hochkreativen aber auch höhere Werte in allgemeiner Angst. Bezüglich der übrigen Variablen wurden keine interpretierbaren Mittelwertsunterschiede zwischen den Gruppen gefunden (vgl. dazu noch Abschnitt 7.1 unten).

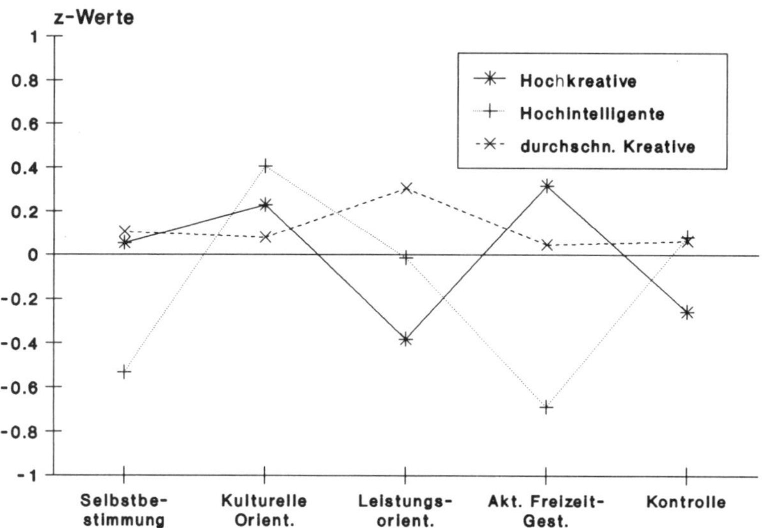

Abbildung 22: Unterschiede zwischen hoch- und durchschnittlich kreativen sowie hochintelligenten Schülern in bezug auf Aspekte des Familienklimas

(5) Unterschiede in Umweltmerkmalen (Familien- und Schulklima)

Zur Untersuchung unterschiedlicher Umwelteinflüsse bzw. -wahrnehmung durch die untersuchten drei Begabungsgruppen wurden die Werte der Schul- und Familienklimafragebögen miteinander verglichen. Hinsichtlich des *Schulklimas* konnten keine Effekte festgestellt werden. Dies ist insofern nicht erstaunlich, als das Schulklima lediglich zum dritten Meßzeitpunkt erfaßt werden konnte, nämlich als die Schüler der untersuchten Kohorte die elfte Klasse besuchten. In dieser Klassenstufe ist jedoch durch die Fächerwahlen und den Wegfall derjenigen Schüler, die die Gymnasien mit Mittlerer Reife verlassen, eine Veränderung des Klassenverbandes die Regel, so daß nicht von einem im Untersuchungszeitraum stabilen Schulklima ausgegangen werden kann.

Beim *Familienklimafragebogen* (ausgewertet wurden die Daten des zweiten Erhebungszeitpunktes) ergab sich leider ein starker Stichprobenschwund, da der Fragebogen nur in Baden-Württemberg und Berlin eingesetzt werden konnte. Dennoch werden interessante Trends deutlich, die Abbildung 22 zu entnehmen sind. Es zeigt sich, daß die Hochintelligenten neben einer starken kulturellen Orientierung der Familie eine geringere Selbstbestimmung der Familienmitglieder und eine nur wenig aktive Freizeitgestaltung der Familie berichten. Im Gegensatz dazu zeichnen sich die Familien kreativer Jugendlicher durch aktive Freizeitgestaltung bei zugleich geringerer Leistungsorientierung und geringerer familiärer Kontrolle aus. Die durchschnittlich kreative Gruppe ist durch eine überdurchschnittliche Leistungsorientierung in der Familie charakterisiert; in diesem Bereich unterscheiden sich auch Hoch- und durchschnittlich Kreative am stärksten.

Insgesamt berichten Hochkreative von einem Familienklima, das durch einen hohen Anregungsgehalt bei gleichzeitiger geringer Kontrolle und wenig Leistungsdruck geprägt ist; die kreativitätsfördernde Wirkung eines solchen Familienklimas dürfte unmittelbar einleuchten.

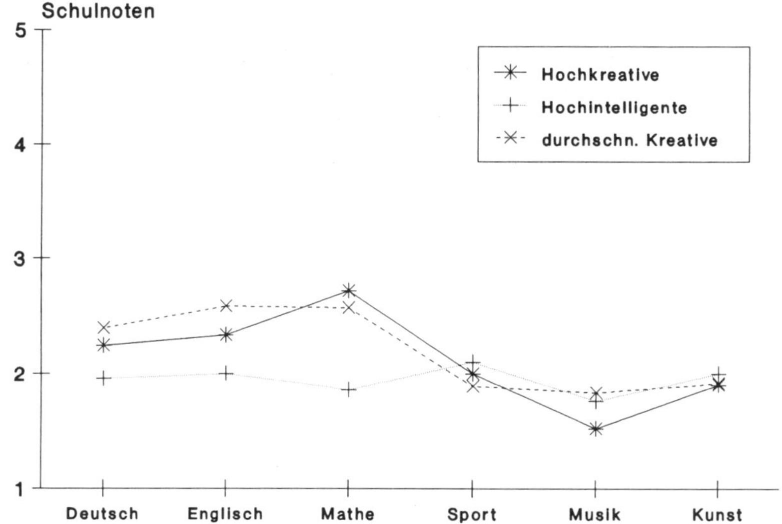

Abbildung 23: Unterschiede zwischen hoch- und durchschnittlich kreativen sowie hochintelligenten Schülern in bezug auf Schulleistungen im ersten Erhebungsjahr

(6) Schulische und außerschulische Leistungen kreativ hochbegabter Schüler
Hinsichtlich der Auswirkungen kreativer Hochbegabung stellt sich die Frage, inwieweit diese in Leistungen umgesetzt werden kann und inwieweit bereichsspezifische Leistungsschwerpunkte hochkreativer Schüler festzustellen sind.

Bezüglich *schulischer Leistungen* ist ein deutlicher Trend auch hinsichtlich der Entwicklung zu beobachten. Zum ersten Meßzeitpunkt (vgl. Abbildung 23) erweisen sich die hochintelligenten Schüler in den Kernfächern Deutsch, Englisch und Mathematik sowohl den Hoch- als auch den durchschnittlich Kreativen gegenüber als überlegen, die Unterschiede in den Fächern Englisch und Mathematik sind (univariat) signifikant. Die Hochkreativen erweisen sich im Fach Mathematik als die schlechteste Gruppe, in den beiden sprachlichen Kernfächern rangieren sie zwischen den beiden anderen untersuchten Gruppen. In den Nebenfächern Sport, Musik und Kunst gibt es keine so deutlichen Unterschiede, lediglich im Fach Musik sind kreativ Hochbegabte den anderen Gruppen überlegen.

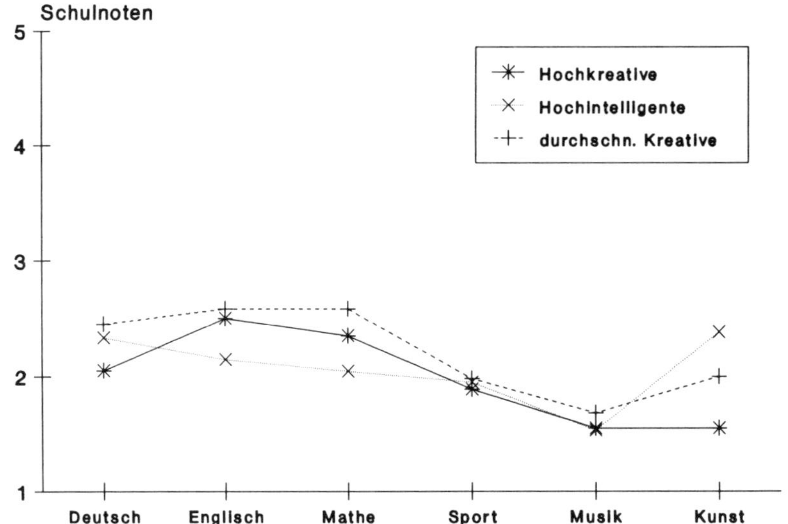

Abbildung 24: Unterschiede zwischen hoch- und durchschnittlich kreativen sowie hochintelligenten Schülern in bezug auf Schulleistungen im dritten Erhebungsjahr

Zwei Jahre später sieht es anders aus (vgl. Abbildung 24): Während sich die durchschnittlich kreativ Begabten und die Hochintelligenten in den Kernfächern leicht verschlechterten, am stärksten die Hochintelligenten im Fach Deutsch um knapp eine halbe Notenstufe, konnten sich die kreativ Hochbegabten in Deutsch und Mathematik in ihren Noten verbessern, so daß nunmehr die Unterschiede nicht mehr signifikant sind. Im Fach Deutsch erreichen die Hochkreativen die besten Noten aller Gruppen. Die Signifikanz der multiplen Varianzanalyse ist jedoch vornehmlich auf den deutlichen Unterschied im Fach Kunst zurückzuführen; hier konnten sich die Hochkreativen um eine halbe Notenstufe verbessern, während sich die Hochintelligenten etwa um dieselbe Größenordnung verschlechterten.

Diese Ergebnisse könnten auch bedeuten, daß kreative Fähigkeiten erst in späteren Phasen der Schullaufbahn förderlich sind; die stärker divergent-produktiv orientierten Fragestellungen gerade in den Fächern Deutsch und Mathematik lassen den Vorsprung der eher konvergent-produktiv orientierten Intelligenztestbesten schrumpfen; im künstlerischen Bereich erscheint hohe Testintelligenz sogar als kontraindikativ für eine positive Entwicklung.

Im Bereich *außerschulischer Leistungen*, wie sie in unserer Untersuchung mit dem Münchner Aktivitäteninventar (MAI) erfaßt wurden, zeigt sich ein wachsender Vorsprung der Hochkreativen gegenüber den anderen Gruppen (vgl. Abbildungen 25 und 26). Zu beiden Zeitpunkten erweisen sich die kreativ Hochbegabten als deutlich überdurchschnittlich aktiv in den Bereichen Literatur, Kunst und Soziale Aktivitäten sowie in geringerem Ausmaß im Bereich Theater (schauspielerische Aktivitäten etc.). Bezüglich handwerklicher und technischer Aktivitäten, die hier nur für den dritten Zeitpunkt ausgewertet wurden, gilt ähnliches. Während es im Sport keine deutlichen Unterschiede gibt, verlieren die Hochkreativen im musikalischen Bereich, ähnlich wie auch im schulischen Bereich, ihren Vorsprung an die durchschnittlich kreativ Begabten. Dieses Ergebnis könnte darauf hinweisen, daß frühe musikalische Betätigung eine gute Voraussetzung für kreative Leistung ist, die sich später eventuell auf andere Bereiche verlagert.

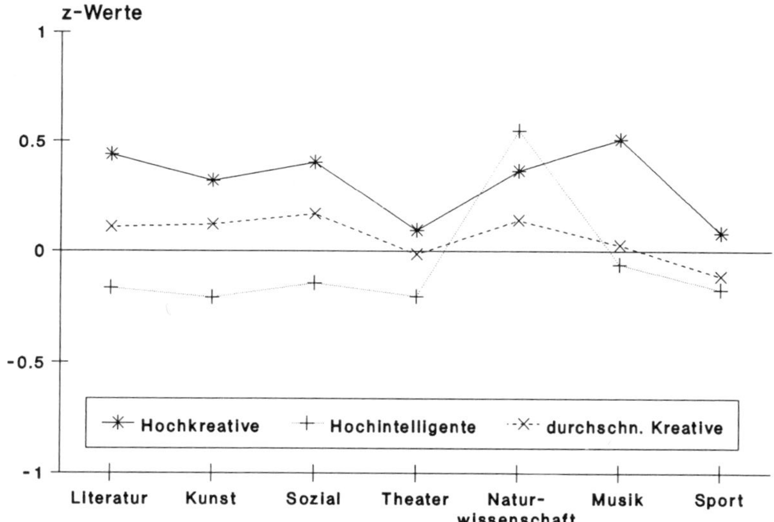

Abbildung 25: Unterschiede zwischen hoch- und durchschnittlich kreativen sowie hochintelligenten Schülern in bezug auf außerschulische Leistungen im ersten Erhebungsjahr

Interessant erscheint auch die Entwicklung im Bereich der Naturwissenschaften: Hier zeigen sich die Hochintelligenten als am aktivsten, jedoch verringert sich der Unterschied in den folgenden zwei Jahren, und die Hochkreativen zeigen zum dritten Zeitpunkt ähnlich viele Aktivitäten in diesem Bereich.

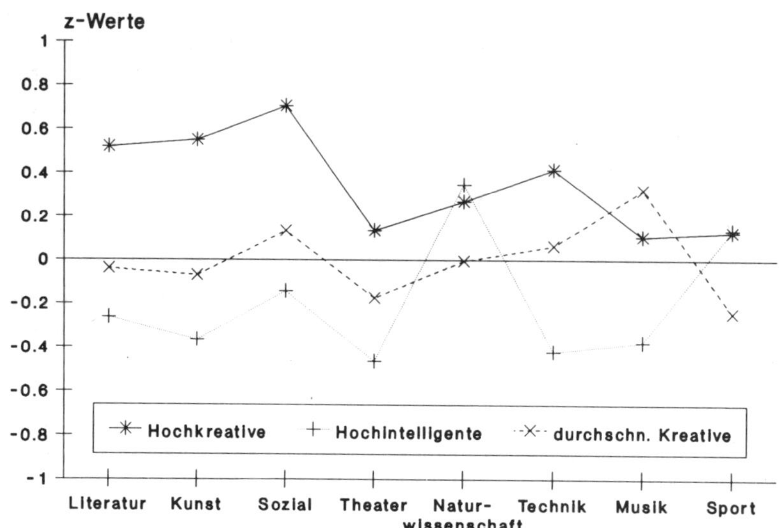

Abbildung 26: Unterschiede zwischen Hoch- und durchschnittlich kreativen sowie hochintelligenten Schülern im bezug auf außerschulische Leistungen im dritten Erhebungsjahr

(7) Wechselwirkungen zwischen außerschulischen Aktivitäten, Kreativität und Motivation

Abschließend soll nun die Frage untersucht werden, ob anhand der vorliegenden Daten geklärt werden kann, inwieweit ein hohes Maß an außerschulischen Aktivitäten förderlich ist für Kreativität und/oder umgekehrt. Dazu wurde das in Abbildung 27 veranschaulichte LISREL-Modell berechnet.

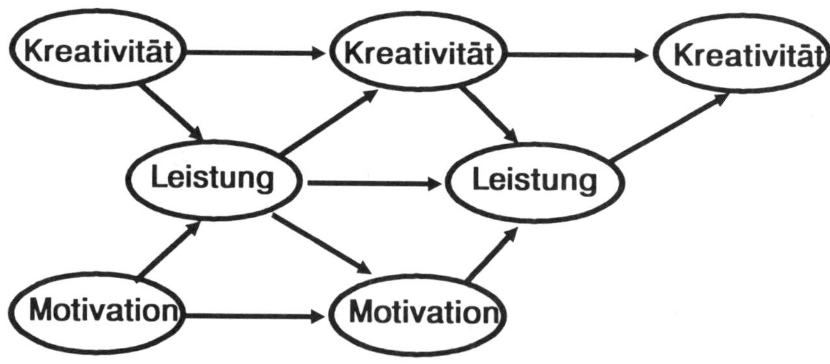

Abbildung 27: LISREL-Modell zur Wechselwirkung von außerschulischen Aktivitäten und Kreativität

Zur Operationalisierung der Konstrukte wurden für die Kreativität der VWT, für die außerschulischen Aktivitäten die MAI-Skalen "Künstlerische" sowie "Technisch-handwerkliche Betätigungen" und für Motivation die Fragebögen zum "Erkenntnisstreben" und zu "Furcht vor Mißerfolg" herangezogen. Diese Auswahl an Variablen erfolgte aufgrund der Annahme, daß künstlerische bzw. handwerkliche Freizeitaktivitäten einen besonders hohen Einfluß auf die Kreativität, wie sie mit dem VWT gemessen wird, ausüben. Bei den Berechnungen wurden *keine* latenten Variablen gebildet, da sich ein Modell mit latenten Variablen vor allem wegen der stark unterschiedlichen Korrelationen von FES und FM zu den Aktivitätsbereichen nicht anpassen ließ.

Es zeigte sich, daß ein Modell mit den in Abbildung 27 veranschaulichten Einflüssen einen hinreichenden Fit an die Daten aufweist (X^2=24.0, df=23, p=.40), jedoch viele nicht signifikante Koeffizienten auf die Möglichkeit eines sparsameren Modells hinweisen. Als solches kann beispielsweise ein Modell gelten, das eine unabhängige Entwicklung aller Bereiche postuliert. Die zu Beginn bereits vorgefundenen Beziehungen werden jedoch mit einbezogen.

Das so modifizierte (vereinfachte) Modell weist zwar noch keine Passung an die Daten auf (X^2=54.5, df=37, p=.03), jedoch genügt es, die (plausible) Wechselwirkung zwischen Aktivitäten im technischen und handwerklichen Bereich mit dem FES einzubeziehen, um einen guten Fit an die Daten zu erhalten (X^2=41.1, df=35, p=.221). Die Wechselwirkungen mit Kreativität sind demnach nicht als so bedeutsam anzusehen, daß sie zur Erklärung der Entwicklung als notwendig erscheinen. Kreativität entwickelt sich somit unabhängig von außerschulischen Aktivitäten in dem Sinne, daß die geringen Zusammenhänge, die zu Beginn unserer Studie vorhanden waren, erhalten bleiben.

5.4.3 Zusammenfassende Diskussion

Insgesamt zeigten unsere Untersuchungen, daß mit dem verwendeten Kreativitätstest VWT ein in mittlerem Ausmaß stabiles Persönlichkeitsmerkmal gemessen wird, wobei hauptsächlich Aspekte produktiver Kreativität erfaßt werden. Die Einteilung von Schülern in kreativ Hoch- und durchschnittlich Begabte ist zwar über die Meßzeitpunkte hinreichend stabil, andererseits erwies sich jedoch das Instrument für wichtige, unwiderrufliche Selektionsentscheidungen in bezug auf kreative Hochbegabung als nicht ausreichend zuverlässig.

In diesem Sinne scheint z.B. die Identifikation von Gutbegabten, wie sie in Slowenien mit Hilfe einer etwas abweichenden Version des VWT vorgenommen wird, nicht zweckmäßig zu sein. Mit Hilfe des VWT, eines Intelligenztests und eines Fragebogens werden dort jene Schüler ausgewählt, die nach Abschluß der Mittelstufe in die (gymnasiale) Oberstufe wechseln dürfen (Makarovic, 1989)[6]. Obendrein wird der Intelligenztest nicht zusammen mit dem VWT durchgeführt, sondern zur Selektion ein mehrere Jahre vorher ermitteltes Ergebnis herangezogen, was die Problematik eines solchen Identifikationsverfahrens noch verstärkt.

Die über drei Jahre hinweg stabile Gruppe der Hochkreativen ermöglicht eine hinreichende Differenzierung zu den Gruppen der durchschnittlich kreativ Begabten und der Hochin-

6 Persönliche Information von Makarovic, Ljubljana, vom 19. August 1989.

telligenten. Das Familienklima hochkreativer Kinder und Jugendlicher stellt sich als aktiver und weniger kontrolliert, das Arbeitsverhalten selbstbestimmter, insbesondere gegenüber den Hochintelligenten, dar. Allerdings ist auch die allgemeine Angst überdurchschnittlich hoch, was vielleicht mit einer ausgeprägten Sensibilität erklärt werden kann. Im außerschulischen Leistungsbereich schildern sich die kreativ Hochbegabten als besonders aktiv und leistungsfähig. Im schulischen Bereich ist bei den Kreativen, im Gegensatz zu den anderen untersuchten Begabungsgruppen, in Teilbereichen eine deutliche Leistungssteigerung mit zunehmendem Alter zu verzeichnen.

Diese Ergebnisse deuten darauf hin, daß Kreativität als eigenständiges Begabungsmerkmal betrachtet werden kann, das insbesondere im Zusammenhang mit selbstgesteuertem Lern- und Leistungsverhalten von Bedeutung ist. Der VWT in der von uns eingesetzten Form taugt aufgrund seiner mangelhaften Zuverlässigkeit allerdings kaum zu individuellen Diagnosen bzw. Identifikationsentscheidungen hinsichtlich kreativer Hochbegabung. Auch erscheint die Stabilität des Merkmals Kreativität geringer als die der Intelligenz.

Im schulischen Kontext wäre zu bedenken, daß Kreativität ein Begabungsmerkmal darstellt, das oft erst in späteren Schuljahren oder gar nach dem Eintritt in Studium und Beruf zur vollen Wirkung gelangt, also zu einem Zeitpunkt und in Bereichen, wo Eigenständigkeit und Eigeninitiative stärker gefordert sind. Die Schule ist deshalb aufgefordert, offenere Strukturen (z.B. Arbeitsgruppen, eigenständige Arbeitsmöglichkeiten alternativ zum Regelunterricht) für kreative Begabungen anzubieten, um so kreative Jugendliche frühzeitig in ihrer (auch schulischen) Entwicklung zu unterstützen. Andernfalls besteht die Gefahr, daß wertvolle Begabungspotentiale, wenn auch unter Umständen unbequeme Schüler, verloren gehen.

6. Zur Interessenentwicklung bei hochbegabten Kindern und Jugendlichen

Für die Entwicklung besonderer Leistungsfähigkeit spielt neben kognitiven und nichtkognitiven Begabungsmerkmalen der Person und unterstützenden Merkmalen der Umwelt auch die Fähigkeit eine Rolle, sich eigenständig und selbstgesteuert mit bestimmten Gegenstandsbereichen auseinanderzusetzen. Neben dem Konzept der intrinsischen Motivation, mit welchem das Ausmaß der Verhaltensunabhängigkeit von externen Verstärkungsmechanismen untersucht wird, gewinnt hier das Konzept des Interesses an Bedeutung. Um die theoretischen Grundlagen des Interesses hat sich in letzter Zeit vor allem die pädagogische Interessentheorie bemüht, die sich mit der Entstehung, Aufrechterhaltung und Wirkungsweise von Interessen auseinandersetzt. Hierbei werden kognitive, selbstintentionale, emotionale und Wert-Aspekte in der Person-Gegenstandsbeziehung untersucht. Nach Schiefele (1986) sind *Interessen* spezifische Person-Gegenstandsbeziehungen, d.h. Orientierungen in bezug auf verschiedene Bereiche, denen sich eine Person aus eigener Initiative zuwendet. Prenzel, Krapp & Schiefele (1986) betonen in diesem Zusammenhang die Ähnlichkeit zwischen Interesse und intrinsischer Motivation.

Schiefele (1986) diskutiert mögliche Konsequenzen von Interessen: Seiner Meinung nach können sie zum einen den Wunsch erwecken, sich anzustrengen. Diese Bemühungen führen zu erfolgreichem Leistungsverhalten, d.h. organisiertem und unmittelbar verfügbarem Wissen. Andererseits können Interessen dazu befähigen, sich im Sinne intrinsischer Motivation in bestimmten Bereichen zu engagieren, ohne daß Konkurrenz oder Normorientierung hierbei eine Rolle spielen. Wir meinen, daß eine Eingrenzung der Definition auf intrinsische Motivation wichtige extrinsische und soziale Aspekte ausklammert. Diese sind notwendig zur Aufrechterhaltung und Entwicklung von Interessen, wie z.B. Anerkennung, emotionale Unterstützung und Gruppenkontakt.

Interessen werden somit als bleibendes bereichsspezifisches Engagement betrachtet, das während der Zeit der Ausübung intrinsischer Natur ist. Diese Definition beinhaltet, daß Interesse keine "fließende" Aktivität ist, Engagement aus verschiedenen Quellen entstehen kann und sich die intrinsische Motivation in der Ausübung und Befriedigung entwickelt. Befriedigung kann durch externale Anerkennung oder durch das Gefühl der Selbstverwirklichung erreicht werden. Beispielsweise antwortete ein (hochbegabter) Schüler auf die Frage nach Preisen oder Belohnungen bezüglich seiner bevorzugten Aktivität: "Warum brauche ich Preise für das sehr persönliche Hobby Briefmarkensammeln?" Hier blieb die erreichte persönliche Befriedigung zwar explizit unausgesprochen, in den Antworten anderer Schüler wurde sie jedoch häufig genannt.

Die Erfassung von Interessen erfolgte in unserer Untersuchung auf verschiedene Weise:

(1) Im Münchner Aktivitäteninventar (MAI) wurden außerschulische Aktivitäten und Leistungen eingeschätzt, die zwar auch als Indikatoren für Interessen verstanden werden können, in unserer Untersuchung jedoch vielfach als Leistungskriterien verwendet wurden; aus diesem Grund werden in diesem Kapitel Ergebnisse aus dem MAI nicht einbezogen.

(2) Der offene Fragebogen "Was mich besonders interessiert und worin ich mich auszeichne" (WMI) gab Schülern die Gelegenheit, zu zwei frei gewählten Gegenstandsbereichen Ausmaß, Gestaltung und Entstehung ihrer Interessen mitzuteilen.
(3) In einer Interviewstudie wurde eine Auswahl von Schülern, die im WMI besondere Interessen berichtet hatten, ausführlicher zur Entstehung sowie zum momentanen Stand ihrer Person-Gegenstands-Beziehungen befragt. Zusätzlich wurden die Eltern und Lehrer dieser Schüler von uns interviewt.
(4) Im "Interessenfragebogen" (IFB) waren verschiedene Gegenstandsbereiche thematisiert. Gefragt wurde nach kognitiven, emotionalen, selbstintentionalen und Wert-Aspekten der jeweiligen Person-Gegenstands-Beziehung, um zu einer Einschätzung des Interesses zu kommen.

Im folgenden sollen Ergebnisse aus diesen verschiedenen Teilstudien referiert werden. Zunächst werden WMI-Resultate dargestellt, um einen Überblick über die von den Schülern berichteten Interessen und Freizeitaktivitäten zu erhalten. Danach werden anhand der Interviewstudie Entstehungs- und Erhaltungsbedingungen für besondere Interessenausprägungen exemplifiziert. Die auf diese Weise gewonnenen Erkenntnisse sollen abschließend mit Hilfe der IFB-Ergebnisse und der Daten aus den anderen Informationsquellen unserer Untersuchung, soweit dies möglich ist, einer statistischen Bewertung unterzogen werden.

6.1 Besondere Interessen Hochbegabter[7]

Interessen spielen eine wichtige Rolle bei der Entwicklung von Freizeitaktivitäten, schulischen Leistungen, Einstellungen und der Zukunftsplanung. Persönliche Zufriedenheit mit der Freizeit scheint überwiegend von klar definierten und stabilen Interessen abzuhängen. Allerdings ist bei Untersuchungen des Zusammenhangs zwischen Interessen und verschiedenen Kriteriumsvariablen die Bereichsspezifität von Interessen zu berücksichtigen.

In verschiedenen Studien wurden bereits Kategoriensysteme für Interessen entwickelt. Beispielsweise verwendeten Nestler & Baumann (1986) folgende Kategorien von Freizeitaktivitäten, die wir auch der Auswertung unseres Fragebogens zugrunde legten:
- Sport;
- Musikhören, Filme und Fernsehen;
- gemeinsame Peer-Aktivitäten;
- Lesen, Literatur;
- technische Aktivitäten;
- schulische Themen;
- Spielen und Sammeln;
- kulturelle und künstlerische Aktivitäten;
- Handwerken und Basteln;
- Haustiere;
- sozio-politische Aktivitäten.

---

7 Die Studie zum WMI wurde von Colleen Browder und Lilly Beerman durchgeführt.

Nestler & Baumann untersuchten die Interessen von Kindern in der dritten, sechsten und neunten Klasse und stellten keine bedeutsamen Veränderungen der Interessen bezüglich Sport und technischer Aktivitäten in diesem Zeitabschnitt fest. Vorab sei hier angemerkt, daß unsere Befunde damit weitgehend übereinstimmen. Lesen als Interesse ist im zeitlichen Verlauf starken Wechseln unterworfen: In der sechsten Klasse sinkt das Interesse am Lesen und erreicht dann in der neunten Klasse ein höheres Ausmaß als in der dritten Klasse. Dies erklärt sich z.T. sicherlich aus den veränderten Inhalten in den Büchern und im Deutschunterricht über die Schuljahre hinweg. Ab der neunten Klasse erreicht Lesen dann eine andere Funktion, indem es der sozialen oder politischen und künstlerischen Bereicherung dient. Musikhören und Kinobesuche werden mit zunehmendem Alter wichtiger. Hier spiegelt sich das wachsende Bedürfnis nach aufnehmenden Aktivitäten, sozialen Kontakten und Beziehungen wider.

Zbaracki, Clark & Wolins (1985) untersuchten Geschlechtsunterschiede in den Interessen von Kindern der 4. bis 6. Klasse. Es scheint, daß sich hier Jungen und Mädchen nicht so sehr in der Wahl der Interessen unterscheiden als vielmehr in der beigemessenen Bedeutung und Intensität der Ausübung. Eigentlich wären mehr Unterschiede zu erwarten gewesen, doch muß man wohl berücksichtigen, daß diese Ergebnisse an einer Stichprobe verhältnismäßig junger Schüler gewonnen wurden. Geschlechtsspezifische Sozialisationswirkungen auf die Wahl von Interessen machen sich offensichtlich erst später stärker bemerkbar (vgl. auch Beermann et al., 1991).

Hinsichtlich des Fähigkeitsniveaus und der Wahl der Interessen fanden Zbaracki et al. (1985) erstaunlicherweise keine Zusammenhänge zwischen Lehrerurteilen über schulische Lernfähigkeiten und Interessen. Dies widerspricht indirekt Todts Annahme (1985), wonach Interessen die wichtigste Bedingung für den Lernprozeß darstellen (vgl. auch Rahn, 1985, 1986). Man könnte erwarten, daß Kinder mit gutentwickelten Interessen bessere Beurteilungen ihrer Fähigkeiten durch die Lehrer erzielen. Andererseits stellen Interessen bereichsspezifische und durch ihren selbstintentionalen Charakter nicht unbedingt systemkonforme Gegenstandsbeziehungen dar. Möglicherweise werden also Kinder mit ausgeprägten Interessen von den Lehrern eher als störend empfunden, wenn sie sich nicht der allgemeinen Unterrichtslinie im Sinne einer gelenkten Person-Gegenstands-Beziehung anpassen. Interessen können vor allem dann schulisches Lernen verbessern, wenn sie sich auf schulische Gegenstandsbereiche beziehen und selbstgesteuerte Lernprozesse zugelassen werden.

Hinsichtlich der Wahl, der auslösenden Faktoren und der Entwicklung von Interessen sollten im Rahmen unserer Längsschnittstudie folgende Fragestellungen mit den Ergebnissen des WMI untersucht werden:

(1) In welcher Häufigkeit werden unterschiedliche Interessenbereiche von den Jugendlichen genannt? Gibt es diesbezüglich Alters- und Geschlechtsunterschiede?
(2) Ab wann beginnen die unterschiedlichen interessengeleiteten Aktivitäten bzw. wie lange dauern sie bereits an?
(3) Welches sind die auslösenden Faktoren für interessengeleitete Aktivitäten?
(4) Welche Erfolge haben die Schüler in ihren Interessengebieten bereits erzielt?

Insgesamt lagen auswertbare WMI-Daten von 748 Schülern unserer Hochbegabtenstudie vor, die in dem zusätzlichen offenen Fragebogen im Rahmen der zweiten Datenerhebung 1987 freiwillig über ihre Interessen und/oder Erfolge bei verschiedenen Freizeitaktivitäten berichtet hatten. Die Stichprobe umfaßte die drei Kohorten der Fünft-, Siebt- und Neuntkläßler, die zum Zeitpunkt der Beantwortung des WMI die sechste, achte und zehnte Klasse besuchten.

Nachstehend seien nun die wichtigsten WMI-Untersuchungsergebnisse dargestellt.

(1) Berichtete Interessenbereiche

Hierbei beantworteten die Schüler folgende Aufgabe: "Bitte benennen Sie denjenigen Freizeitbereich bzw. dasjenige Schulfach, mit dem Sie sich besonders gerne beschäftigen und in dem Sie sich besonders gut auskennen!" Dabei war Raum für zwei Aktivitäten vorgegeben. Es ist also bei der Interpretation der Ergebnisse zu beachten, daß einzelne Gegenstandsbereiche durchaus häufiger in unserer Stichprobe anzutreffen wären, wenn mehr Bereiche zur Disposition gestanden hätten. Die sog. "forced-choice-Methode" führt zu einer Betonung der wichtigsten Interessenbereiche und vernachlässigt breite Interessenspektren.

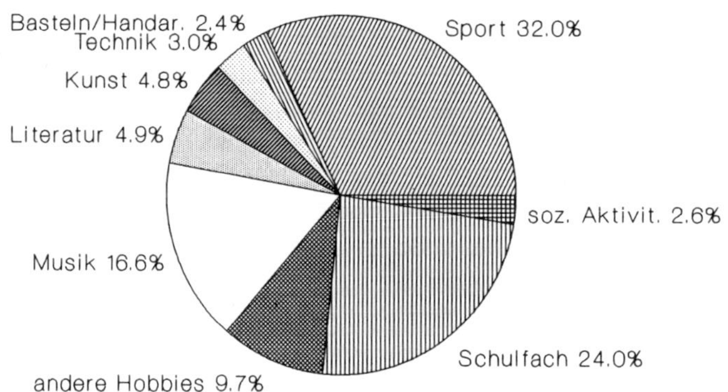

Abbildung 28: Bereiche unterschiedlicher Interessen (Prozentuierungsbasis: N = 748)

Die Kategorisierung der Interessen und Aktivitäten ist aus Abbildung 28 ersichtlich. Die Prozentzahlen beziehen sich auf die Häufigkeit, mit der jede Aktivität genannt wurde. In der Gesamtgruppe wird sportliche Betätigung am häufigsten genannt, gefolgt von einem Schulfach und Musik. Aus den übrigen Gegenstandsbereichen weist nur noch die Sammelkategorie Hobby, eine bedeutsame Häufigkeit auf, alle anderen Bereiche werden seltener genannt.

Weiterhin wurden Geschlechtsunterschiede bei der Wahl der Aktivitäten untersucht. Die Ergebnisse können Abbildung 29 entnommen werden. Unterschiede zeigen sich vor allem bei musikalischen und literarischen Interessen (häufiger von Mädchen angegeben), sowie bei Aktivitäten und Hobbies auf technischem Gebiet (von den Jungen häufiger benannt).

Die Unterschiede in den Aktivitäten auf verschiedenen Klassenstufen gehen aus Abbildung 30 hervor. Aufgrund des kleinen Stichprobenumfangs wurden die Antworten der Schüler der sechsten Klasse hier nicht einbezogen. Insgesamt ergaben sich keine bedeutsamen Unterschiede zwischen den Aktivitäten, die von den Achtkläßlern genannt wurden, und denen der Zehntkläßler.

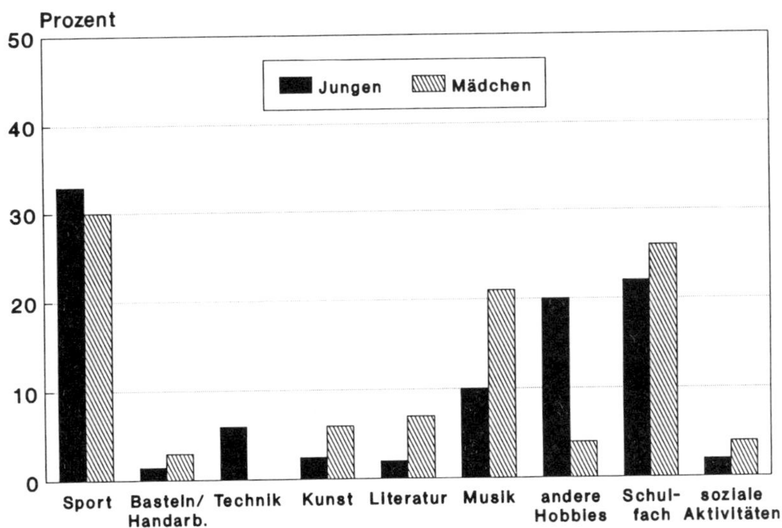

Abbildung 29: Geschlechtsunterschiede bei der Interessenwahl (Prozentuierungsbasis: N = 369 Mädchen, N = 278 Jungen)

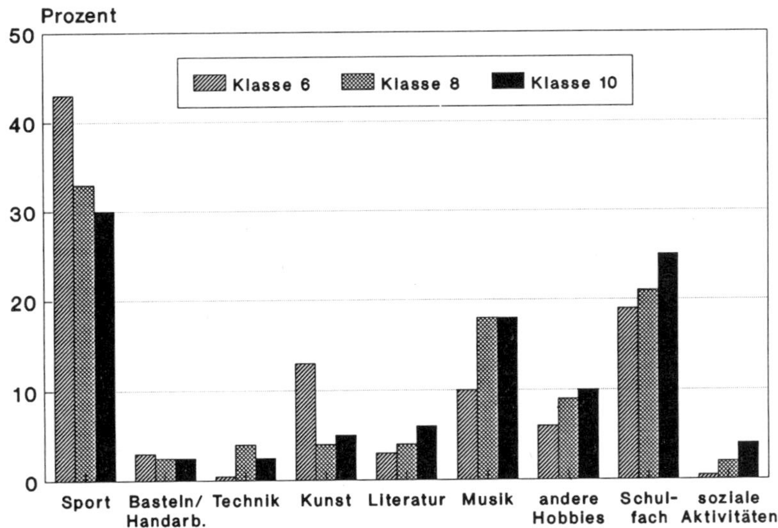

Abbildung 30: Altersunterschiede bei der Interessenwahl (Prozentuierungsbasis: N = 17 Sechst-, 292 Acht- und 295 Zehntkläßler)

Beachtenswert scheint hier, daß mit einer Ausnahme keine großen Geschlechtsunterschiede hinsichtlich der Veränderung der Interessen zwischen den Klassenstufen festgestellt werden konnten. Nur das Interesse an künstlerischen Aktivitäten fiel bei den Jungen zwischen der achten und der zehnten Klasse signifikant ab, wohingegen es bei den Mädchen noch anstieg: In der achten Klasse waren von den Schülern, die künstlerisches Interesse äußerten, 41 Prozent männlich und 59 Prozent weiblich. In der zehnten Klasse veränderte sich diese Relation zu 16 Prozent (männliche Schüler) und 84 Prozent (Schülerinnen). Dies scheint darauf hinzuweisen, daß sich Geschlechtsrollenerwartungen erst später in der Adoleszenz niederschlagen.

(2) Ausübungsdauer der interessengeleiteten Aktivitäten

Die Ausübungsdauer der Aktivität vor dem Zeitpunkt der Datenerhebung wurde erfaßt, um den Zeitpunkt der Interessenentstehung zu ermitteln. Zudem kann dieser Wert auch Auskunft über die Kontinuität der Interessenausübung geben.

Tabelle 23: Ausübungsdauer der Interessensaktivitäten (Gesamtstichprobe; N = 748)

Sportliche Aktivität	5.3 Jahre
Musikalische Aktivität	7.0 Jahre
Schulfach	4.7 Jahre
Technische Aktivität	3.9 Jahre
Sozialorientierte Aktivität	2.5 Jahre
Handwerk/ Handarbeit	5.2 Jahre
Literarische Beschäftigung	5.1 Jahre
Hobby	2.7 Jahre
Künstlerische Aktivität	5.4 Jahre
Gesamt über alle Gebiete	5.1 Jahre

Legende: Altersangaben im Dezimalsystem.

Wie aus Tabelle 23 ersichtlich, umfaßte der durchschnittliche Ausübungszeitraum 5.1 Jahre, wobei Musik am längsten vor der Befragung ausgeübt wurde (7 Jahre). Bei dem Durchschnittsalter von 14.5 Jahren heißt das, daß Musik für Kinder ab einem Alter von ca. 7 Jahren ausgeübt wird. Hobbies und sozial orientierte Interessen beginnen später, ungefähr zu Beginn der Adoleszenz.

Zur Ausübungsdauer in den verschiedenen Klassenstufen fanden wir folgendes Resultat: Man könnte erwarten, daß sich bei einer bisherigen Ausübungsdauer von X Jahren in der achten Klasse für die jeweiligen Interessen in der zehnten Klasse X+2 Jahre ergeben sollten. Bis auf Musik konnten wir dies jedoch nicht feststellen, womit an dieser Stelle der querschnittliche Charakter unserer Studie deutlich wird. Es könnte sein, daß das Interesse an Musik (z.B. Erlernen eines Musikinstruments) zeitlich mit dem Schulanfang zusammenfällt und daher besser erinnert wird. Hier zeigt sich ein Problem retrospektiver Untersuchungen. Die Schüler erinnern nicht mehr das exakte Datum ihrer Interessenanfänge. Allerdings ist es auch möglich, daß einige Schüler inzwischen das eine oder andere Interesse aufgegeben oder andere erst später mit der betr. Betätigung angefangen haben. Dies geht aus unseren Daten nicht eindeutig hervor.

(3) Auslösende Faktoren

Gefragt wurde hier: "Wie kamen Sie dazu, sich mit diesem Gebiet zu beschäftigen? Gab es Personen, bestimmte Ereignisse oder Umstände, die Sie dazu gebracht haben, sich mit diesem Gebiet zu beschäftigen? Beschreiben Sie Anfang und Enwicklung!" Wir entwickelten drei grobe Kategorien, um die Antworten auf diese Frage zu klassifizieren:

(1) Eine andere Person (Anregung durch eine andere Person; eine andere Person als Modell; Druck einer anderen Person).

(2) Situation (spezielle Situation als Auslöser; Einfluß der Medien; Beeinflussung durch Schule; Situationsimpuls).

(3) Persönlichkeitsmerkmale (Talent; Interesse und Neugier; Spaß, Vergnügen; Leistungsmotivation; Eigeninitiative; Wunsch; Langeweile; biologische bzw. genetische Gründe; die letzten beiden Kategorien traten lediglich mit einer Häufigkeit von unter einem halben Prozent auf).

Trotz der differenzierten Erfassung konnten wir insgesamt keine Unterschiede zwischen der Bedeutung der genannten Auslösefaktoren und auch keine Geschlechtsunterschiede hierbei feststellen. Betrachtet man jedoch die Auslösefaktoren der einzelnen Aktivitäten, so sind Sport, Musik, technische, soziale, künstlerische und handwerkliche Interessen meist durch eine andere Person angeregt worden; schulische Themen und Hobbies scheinen dagegen Interessen zu sein, die von einer speziellen Situation ausgelöst werden. Bei literarischen oder künstlerischen Interessen wirken vor allem internale Faktoren der Persönlichkeit interessenauslösend.

(4) Erfolge bei den interessengeleiteten Aktivitäten

Wir fragten hier: "Was sehen Sie als Ihren bisher größten Erfolg in dem genannten Gebiet an? Falls Sie irgendwelche Preise oder Auszeichnungen erhalten haben, geben Sie diese bitte genau an!" Wegen der Vielfalt der Aktivitäten und aufgrund der unterschiedlichen Auffassungen, was unter "Erfolg" zu verstehen sei und wie man ihn messen soll, erwies sich die Kategorisierung diesbezüglicher Antworten als schwierig. So konnten wir in den Bereichen Sport und Musik Erfolge an Wettkämpfen oder Auftritten festmachen; wie aber sind Erfolge im Insektensammeln oder bei der Arbeit im Altersheim zu operationalisieren?

Ein weiteres Dilemma ist das Gewicht, das Leistung und Streben nach Erfolg in einem Fragebogen eingeräumt werden soll, der die Interessen in den Mittelpunkt stellt. Viele Schüler waren damit unzufrieden und äußerten ihren Unmut über diese Frage.

Bei der Analyse der Antworten fanden wir drei Statements, die relativ häufig vorkamen. Wir entschlossen uns daher zu untersuchen, welche Aktivitäten jeweils am häufigsten in Verbindung mit diesen Erfolgstypen genannt wurden. Von denjenigen, die als größten Erfolg "Persönliche Befriedigung" nannten, bezogen sich 24 Prozent auf Sport, 18 Prozent auf schulische Themen und 14 Prozent auf literarische Interessen. 33 Prozent der Befragten, die Hobbies ausübten, nannten "Eigene Leistung" als größten Erfolg. Von denjenigen, die keine speziellen oder außergewöhnlichen Erfolge konstatierten, bezogen sich 30 Prozent auf schulische Themen, 17 Prozent auf Sport, 16 Prozent auf Hobbies und 15 Prozent auf Musik.

Das könnte bedeuten, daß an schulischen Themen zwar Interesse besteht, aber kein wirklicher Erfolg, etwa in Form einer Wettbewerbsteilnahme vorliegt, oder daß Schulnoten nicht als Erfolgsmaß angesehen werden, die Betreffenden das Interesse noch nicht lange genug ausüben, um eine subjektive Erfolgsebene zu erreichen usw. Aufgrund der Daten kann keiner der Interpretationen eine Option eingeräumt werden.

6.2 Ergebnisse einer Interviewteilstudie zur Interessenentwicklung[8]

Im folgenden sollen die drei Interessengebiete Sport, Kunst und Computer/Technik näher betrachtet werden. Dazu wurden 18 Jugendliche (9 Mädchen, 9 Jungen) nach Beendigung der Testphase 1987 über ihre angegebenen Lieblingsbeschäftigungen eingehend interviewt. Die Auswahl erfolgte aufgrund von Antworten im WMI, die auf besonders intensive Aktivitäten und Interessen in einem dieser Gebiete schließen ließen.

Das Interview als qualitatives Verfahren der Informationsgewinnung soll die quantitativen Testdaten methodisch ergänzen. Inwieweit darüber hinaus der (von engagierten Befürwortern des Interviews) erwartete methodische Vorteil individualdiagnostischer Aussagen gegenüber gruppenstatistischen Dateninformationen tatsächlich einen Erkenntnisgewinn in der vorliegenden Studie erbrachte, mögen die nachstehend berichteten Ergebnisse dokumentieren. Tabelle 24 kann die Stichprobenverteilung für die Interviewstudie entnommen werden.

Tabelle 24: Stichprobenverteilung in der Interviewstudie

	Sport	Computer/Technik	Kunst	Summe
Jungen:				
7.Kl.	2	-	1	
9.Kl.	3	-	3	9
Mädchen:				
7.Kl.	1	2	1	
9.Kl.	2	3	-	9
Summe	8	5	5	18

Die unausgewogene Geschlechterverteilung ergab sich aus der Auswahl der Interessengebiete. So war z.B kein Mädchen in der Stichprobe zu finden, das ungewöhnliche technische Interessen erkennen ließ. Außer den 18 Schülern wurden je ein Elternteil und ein von den Schülern und Schülerinnen selbst vorgeschlagener Lehrer über das präferierte Interessengebiet interviewt. Die Teilnahme war freiwillig.

Folgende Aspekte waren Gegenstand des Interviews:

- die Sichtweise der Betätigung durch den Schüler bzw. die Schülerin gegenüber jener der Eltern;
- die selbstperzipierte "Güte" der Beschäftigung;
- das soziale Umfeld aus der Sicht des Schülers bzw. der Schülerin und der Eltern;

---

8 Die Interviewstudie wurde von Inge Schreyer durchgeführt, die auch die Ergebnisse zusammenstellte.

- die Art und Weise des Beginns der Beschäftigung.

Das Interview mit der Lehrkraft diente hauptsächlich dazu, das Bild abzurunden und eventuelle Zusatzinformationen zu erfahren, die in Zusammenhang mit dem Unterricht bzw. dem Verhalten im Unterricht stehen. Nachstehend seien die wichtigsten *Interviewergebnisse* kurz dargestellt.

(1) Zur Interessenentstehung

Nach den Interviewergebnissen ist der Ausprägungsgrad eines Interesses bzw. das Engagement für ein bestimmtes Gebiet geschlechtsunabhängig. Etwa die Hälfte der Teilnehmer (Mädchen und Jungen) begann die Beschäftigung mit dem speziellen Gebiet durch eigenes Interesse und Eigeninitiative, die andere Hälfte durch Ansporn und/oder Vorbild eines Verwandten oder Freundes.

(2) Zu Dauer und Intensität von Interessen

Es zeigte sich, daß die Jugendlichen ihr Spezialgebiet meist schon länger betreiben, es mit etwa 15 Jahren intensivieren und dann auch dabei bleiben. Besondere Schwierigkeiten, die Dauer anzugeben, hatten die "Kunstliebhaber", die sich für diesen Bereich meist schon immer (nach eigener Aussage) interessiert haben. Diese waren auch am wenigsten in der Lage, eine Stundenzahl pro Tag oder Woche anzugeben, in denen sie sich ausschließlich mit ihrem Hobby beschäftigen. Das Gebiet wird von ihnen als sehr übergreifend wahrgenommen, die Grenzen zwischen "Hobby" und "Nicht-mehr-Hobby" sind bei ihnen am wenigsten klar.

Die meiste Zeit pro Tag bzw. Woche verbringen augenscheinlich die computerbegeisterten Jugendlichen mit ihrem Interessengebiet. Sie beschäftigen sich sehr kontinuierlich und häufig mit ihrem Hobby.

Bei den Sportlern ist die Beschäftigung mit dem Lieblingssport oft von bestimmten Trainingszeiten oder -orten sowie von aktiven Wettkampfphasen geprägt. Die meisten beschäftigen sich in bestimmten Perioden extrem viel mit ihrem Sport, haben aber auch Zeiten, in denen sie relativ wenig dafür tun und dann meist soziale Kontakte pflegen (Freunde treffen, Bummeln usw.)

(3) Zur elterlichen Unterstützung

Alle Jugendlichen (sowohl Mädchen als auch Jungen), die sich intensiv mit einem Interessengebiet beschäftigen, erhalten von ihren Eltern viel Unterstützung, sei sie finanzieller, zeitlicher oder anderer Art. Dies ist selbst dann der Fall, wenn die Eltern eigentlich mit der Wahl des Interessengebietes oder mit den damit verbundenen Zeitaufwendungen nicht einverstanden sind.

(4) Zu anderen Freizeitbeschäftigungen

Von den 18 interviewten Jugendlichen berichtete nur ein Mädchen, über das Hauptinteressengebiet hinaus keine weiteren Hobbies zu haben. Alle anderen, Mädchen und Jungen, beschäftigen sich mit mindestens zwei weiteren Gebieten, allerdings nicht mit der gleichen Intensität wie beim Präferenzgegenstand. Viele sind nicht auf ein bestimmtes Gebiet festgefahren, sondern durchaus flexible und vielseitig interessierte Jugendliche.

(5) Zu Freundeskreis, Familienfreizeit

Hier werden Unterschiede in folgenden Bereichen erkennbar: Während die Mädchen eher allein oder nur mit wenigen Freunden bzw. Freundinnen ihre Freizeit verbringen, geben die Jungen an, einen großen Freundeskreis zu haben, jedoch beschäftigen sie sich in ihrem Interessengebiet lieber ganz allein. Dies könnte damit zusammenhängen, daß Mädchen in diesem Alter (15 bis 18 Jahre) mehr von ihren Eltern kontrolliert werden, als das bei Jungen der Fall ist, und/oder daß sie eine solche Kontrolle eher zulassen als Jungen.

Keiner der Jungen gab an, bei den wenigen Familienaktivitäten, zu denen sie ab und zu angehalten werden, gerne dabei zu sein. Währenddessen berichteten die Mädchen über mehr gemeinsame Familienaktivitäten (die Hälfte der Mädchen bringt nach eigenen Aussagen den überwiegenden Teil der Freizeit in der Familie zu), an denen sie auch gerne teilnehmen. Es mag dahingestellt bleiben, ob die Mädchen die Kontrollfunktion der Familie vielleicht schon in einem Maß verinnerlicht haben, daß sie die Beteiligung an den Familienaktiviäten als Bedürfnis erleben oder dabei eigenem Antrieb folgen. Jungen in diesem Alter haben bereits eine weitgehend freie Entscheidung über ihre Freizeiteinteilung und nutzen diesen Spielraum stärker als Mädchen, was sich natürlich auch in unterschiedlichen Erfahrungen niederschlägt.

(6) Zu Schulleistungen

Die Eltern der Mädchen mischen sich mehr ins Schulgeschehen ein, als das bei Jungen der Fall ist. In unserer Interviewstichprobe sind die Schulleistungen (ausgedrückt durch die Durchschnittsnote) bei den Mädchen fast durchwegs schlechter als bei den Jungen. Gleichzeitig geben die Eltern an, Schulangelegenheiten bei Jungen für nicht so wichtig zu halten. Man könnte diesen Sachverhalt folgendermaßen erklären: Durch weniger Druck der Eltern können sich die Jungen der Interviewstichprobe unbeschwerter dem Unterricht widmen und haben dadurch bessere Noten. Andererseits kann es natürlich auch sein, daß die Schulleistungen der Jungen in der Interviewstichprobe schon immer gut waren und die Eltern somit keinen Grund hatten, in irgendeiner Weise einzugreifen. Generalisierungen sind jedoch in Anbetracht der kleinen und offensichtlich nicht repräsentativen Stichprobe (Mädchen erzielen gewöhnlich bessere Schulnoten als Jungen) nicht möglich.

Weiterhin läßt sich zu den Durchschnittsnoten feststellen, daß sie sich bei fast allen Probanden im Verlauf der drei Testjahre verbessert haben. Bei denjenigen, die in der siebten Klasse das erste Mal getestet wurden, fällt ein "Noteneinbruch" in der achten Klasse auf. Da alle Probanden Schüler/innen des Gymnasiums waren, könnte dieser Notenabfall auf erhöhte Anforderungen in der beginnenden Mittelstufe und/oder die Pubertät zurückzuführen sein. In der neunten Klasse werden die Noten dann wieder besser.

Bei denjenigen, die ihr erstes Testjahr in der neunten Klasse absolvierten, stieg die Schulleistung in den folgenden zwei Jahren fast durchwegs an: Es scheint, als würde hier mehr Wert auf die Schule gelegt, vielleicht im Hinblick auf ein eventuelles Studium. Dieser Eindruck wurde in den Interviews bestätigt, in denen zu erkennen war, daß alle Jugendlichen bis auf einen Jungen bereits sehr differenzierte Berufsvorstellungen hatten und auch über die dazu nötigen Voraussetzungen genau informiert waren.

Insgesamt ist festzuhalten, daß die computerinteressierten Probanden durchwegs bessere Noten aufwiesen als die Sport- und Kunstbegeisterten. Dies könnte eine Folge von Begabungsselektion in dem Sinne sein, daß erstere mit ihrem Interessengebiet auch individuelle Fähigkeitsschwerpunkte in sog. schulischen Hauptfächern (Mathematik, Physik) treffen.

Die Kunst- und Sportinteressierten haben zwar in jenem Schulfach, das ihren Interessen entspricht (z.B. Fach Kunsterziehung bei den Kunstinteressierten) sehr gute Noten, für ein Vorrücken im Gymnasium sind diese jedoch kaum relevant und haben auch nicht das "Prestige" eines Hauptfaches. Meist haben diese Jugendlichen in den Hauptfächern keine allzu guten Noten, sei es, weil sie ihrem Hobby mehr Zeit gönnen als der Schule, oder daß sie wirklich für mathematisch-naturwissenschaftliche und/oder sprachliche Leistungsanforderungen weniger gut begabt sind.

(7) Zum Arbeitsverhalten

Ausgehend von den Testauswertungen der Arbeitsverhaltensinventare der Untersuchungsjahre 1987/88 läßt sich für die ursprünglichen Siebtkläßler folgendes feststellen: Sie verwenden in der achten Klasse weniger Strategien der Arbeitsorganisation als in der neunten Klasse, zeigen zu diesem Zeitpunkt aber geringere Aufmerksamkeitssteuerung. Bei den ursprünglichen Neuntkläßlern erhöhen sich die Scores in der Skala "Arbeitsorganisation" von der zehnten zur elften Klasse. Bis auf zwei weisen in der elften Klasse alle geringere Werte in der Skala "Aufmerksamkeitssteuerung" auf. Aus den Interviews war zu erkennen, daß die computerbegeisterten Jugendlichen sich viel eher "vernünftig" verhalten als die Jugendlichen der beiden anderen Gruppen, die schon mal einen Lernnachmittag ihrem Hobby "opfern".

(8) Zu Furcht vor Mißerfolg vs. Hoffnung auf Erfolg

Die Mädchen der vorliegenden Stichprobe demotivieren sich häufiger durch Furcht vor Mißerfolgen, anstatt sich, wie es bei den Jungen der Fall ist, durch Hoffnung auf Erfolge zu motivieren. Beim Entstehen von Mißerfolgsängstlichkeit könnten, wie auch eventuell bei den Schulleistungen, die häuslichen Erwartungen eine große Rolle spielen. Außerdem geben sich Mädchen bei Fehlern häufiger selbst die Schuld und suchen den Grund für Erfolge eher in äußeren Situationen und Gegebenheiten als in ihrem eigenen Können. Bei den Jungen dieser Stichprobe läuft dies fast durchwegs entgegengesetzt ab: Sie sehen ihre Erfolge als Konsequenz ihres Könnens und ihre Mißerfolge als Folge widriger äußerer Umstände. Somit werden auch hier die bekannten geschlechtsspezifischen Kausalattributionsmuster deutlich sichtbar (vgl. noch Beermann et al., 1991; Wieczerkowski & Prado, 1990).

(9) Zum Selbstkonzept

Mit den dargestellten Ergebnissen eng assoziiert ist der Befund, wonach die Mädchen im schulischen Selbstkonzept geringere Werte aufweisen als die Jungen. Das heißt, daß die Jungen sich und ihre Leistungen sehr gut (eventuell zu hoch) einschätzen, durch diese "Unbekümmertheit" aber bessere Leistungen erbringen. Bei den Mädchen besteht eine zu schlechte Selbsteinschätzung, und die daraus resultierende Angst zu versagen bringt wiederum schlechtere Leistungen mit sich.

(10) Zu schulischen und allgemeinen Ängsten

Die Jungen der vorliegenden Stichprobe erleben erheblich weniger Ängste als die Mädchen bezüglich Schulangelegenheiten. Bei der allgemeinen Angst zeigt sich ein entsprechendes

Bild, nur weniger stark ausgeprägt. Dies könnte jedoch auch ein Methodenartefakt sein. Bekanntlich besteht bei Jungen die Tendenz, Ängste (in Befragungen) weniger offen einzugestehen als Mädchen.

(11) Zur frühkindlichen Entwicklung
In der Elternbefragung stellte sich heraus, daß nur vier der Jungen (zwei davon mit Computer-, zwei mit sportlichen Interessen) und keines der Mädchen eine "typische Hochbegabten-Kindheit" durchlaufen hatten: Diese vier waren Frühentwickler und machten sehr rasche Entwicklungsfortschritte, konnten bereits vor Schuleintritt lesen und schreiben. Außerdem interessierten sie sich in früher Kindheit schon für ihr jetziges Interessengebiet. Bei den anderen Probanden konnten sich die Eltern an keine nennenswerten Besonderheiten in der frühkindlichen Entwicklung erinnern.

6.3 Zur Entwicklung der Interessen (Hoch-)Begabter und ihre Rolle bei der Leistungsgenese

Zu den Untersuchungszeitpunkten 1987 und 1988 wurde bei den Schülern der Sekundarstufe ein Interessenfragebogen (IFB) eingesetzt, der im Rahmen des Projekts auf der Basis der pädagogischen Interessentheorie entwickelt worden war. Im folgenden sollen nun die Ergebnisse des offenen Fragebogens und der Interviewstudie mit Hilfe des IFB überprüft und ergänzt werden. Dazu werden Gruppen gebildet, die sich bezüglich der Ausprägung des im IFB berichteten Interesses durch extreme Werte auszeichnen. Dabei sollen nicht immer alle 13 IFB-Skalen untersucht werden, vielmehr wird - analog zu Abschnitt 6.2 und unter Berücksichtigung der besonderen Stellung der Musik (die sich aus Abschnitt 6.1 ergibt) - der Schwerpunkt auf folgende Interessengebiete gelegt:
- Sport (Skala "Sportwettkampf"),
- Kunst (Skala "Künstlerische Betätigung"),
- Technik (Skala "Technik"),
- Musik (Skala "Musik aktiv betreiben").

Diese Auswahl wird auch durch die (im Testmanual dargestellten) Ergebnisse einer Faktorenanalyse unterstützt, bei der die Interessengebiete in musikalisch-künstlerische, technisch-naturwissenschaftliche und sportliche Interessen sowie einen Faktor, der soziale und entspannende Gegenstandsbereiche zusammenfaßt, aufgeteilt werden. In allen Bereichen werden bei den meisten Analysen jeweils die 30 Prozent zusammengefaßt, die 1987 die höchsten Interessenausprägungen berichteten.

Im einzelnen wurden folgende Hypothesen untersucht:
(1) Interessen sind alters- und geschlechtsspezifisch ausgeprägt und entwickeln sich auch alters- und geschlechtsspezifisch.
(2) Interessen sind bereichsspezifisch, dennoch können Interessen in einem Bereich mit solchen in anderen Bereichen zusammenhängen.
(3) Hochinteressierte verschiedener Bereiche unterscheiden sich sowohl untereinander als auch von denjenigen, die sich für kein Gebiet interessieren, hinsichtlich Begabungs- und

nichtkognitiver Persönlichkeitsmerkmale, familiärer Merkmale sowie in ihren schulischen und außerschulischen Leistungen.

Untersucht werden zunächst die Stichproben der Kohorten der Fünft-, Siebt-, Neunt- und Elftkläßler, die 1987 die sechste bis zwölfte Klasse besuchten; zur Prüfung von Hypothese 3 wird lediglich auf die Stichproben der Siebt- und Neuntkläßler zurückgegriffen. Nachstehend seien wiederum nur die wichtigsten Untersuchungsergebnisse dargestellt.

Zu (1) Alters- und Geschlechtsabhängigkeit von Interessen

Zunächst wurde überprüft, ob sich die mittlere Ausprägung von Interessen in den Geschlechts- und Altersgruppen unterscheidet. Die Ergebnisse sind Tabelle 25 zu entnehmen. Es ist zu beachten, daß die IFB-Skalen im Wertebereich von 1 bis 4 liegen und wie gewöhnlich *hohe* IFB-Werte *hohe* Interessenausprägung abbilden. Es zeigt sich, daß mit höherem Alter eher geringere Interessenausprägungen vorherrschen, lediglich in den Bereichen "Sport trainieren" und "Technik" werden in der ältesten Gruppe wieder steigende Interessenausprägungen angegeben.

Tabelle 25: Mittelwerte für die Alters- und Geschlechtsgruppen in den IFB-Skalen

	Gesamt	Klassenstufe 1987					Geschlecht		
		6	8	10	12	sign.	Jungen	Mädch.	sign.
Sport train.	3.01	3.08	3.11	2.88	2.89	*	3.06	2.99	
Musik aktiv	2.71	2.84	2.74	2.69	2.48	*	2.44	2.96	*
Handwerk	2.56	2.52	2.56	2.54	2.68		2.57	2.58	
Kunst	2.51	2.51	2.55	2.53	2.37		2.27	2.73	*
Technik	2.30	2.38	2.32	2.18	2.35	*	2.97	1.85	*
Spiele	2.90	3.07	2.94	2.74	2.88		2.98	2.83	*
Schreiben	2.39	2.43	2.33	2.47	2.31		2.14	2.63	*
Naturwiss	2.32	2.44	2.96	2.99	2.37		2.70	1.99	*
Freunde	3.30	3.28	3.33	3.29	3.29		3.22	3.38	*
Verein	2.63	2.59	2.64	2.64	2.62		2.57	2.69	
Sportwettk.	2.72	2.96	2.84	2.51	2.50	*	2.83	2.16	*
Buchlesen	3.29	3.46	2.30	3.25	3.09	*	3.08	3.47	*
Musik hören	3.26	3.21	3.28	3.26	3.26		3.16	3.35	*

Legende: * = signifikante Unterschiede auf dem 1-Prozent-Niveau; Überprüfung mit Hilfe multivariater Varianzanalysen, eingetragen sind die univariat signifikanten Unterschiede; die Interaktion wies keine multiple Signifikanz auf.

Bezüglich der Geschlechtsverteilung werden die klassischen Rollenklischees sichtbar: Mädchen machen mehr Musik, betätigen sich künstlerisch, schreiben und lesen mehr, sind aber auch mehr am Musikhören und am Umgang mit Freunden interessiert. Jungen hingegen zeigen wesentlich mehr Interesse an technisch-naturwissenschaftlichen Themen, sportlichen Wettkämpfen und am Spielen. Keine signifikanten Unterschiede wurden lediglich in den Bereichen "Sport trainieren", "handwerkliche Betätigung" sowie "Vereinstätigkeit" gefunden.

Diese geschlechtsspezifischen Ergebnisse werden im wesentlichen bestätigt, wenn man sich in jeder Klassenstufe die 30 Prozent mit dem ausgeprägtesten Interesse (in den oben genannten vier Bereichen) aussucht und diese den anderen 70 Prozent gegenüberstellt (vgl. zur Geschlechts- und Altersverteilung der hoch- und durchschnittlich Interessierten Tabelle 26).

Tabelle 26: Hoch- und durchschnittlich Interessierte nach Geschlecht und Alter

	Gesamt	Geschlecht		Klassenstufe (1987)			
		Jungen	Mädchen	6	8	10	12
Musik aktiv							
durchschn. inter.	679	340	339	169	221	216	105
hoch inter.	270	92	178	64	82	84	44
Künstler. Betätig.							
durchschn. inter.	677	348	329	167	215	217	103
hoch inter.	277	90	187	71	88	82	48
Technik							
durchschn. inter.	667	195	472	165	208	212	105
hoch inter.	284	242	42	71	94	87	46
Sportwettkampf							
durchschn. inter.	661	283	378	165	211	208	103
hoch inter.	287	150	137	70	91	90	47

Loglineare Analysen zeigen hochsignifikante Geschlechtsunterschiede in den Bereichen Musik, Kunst und Technik. Lediglich im Wettkampfsport ergibt sich eine Gleichverteilung der Geschlechter; offensichtlich interessieren sich etwa gleich viele Mädchen wie Jungen hierfür. Bei insgesamt weniger ausgeprägtem Interessenprofil lassen jedoch Mädchen häufig überhaupt keine Präferenz mehr erkennen.

Tabelle 27: Geschlechtsverteilung für die jeweils interessiertesten 10 Prozent

	Gesamt	Jungen	Mädchen
Musik aktiv			
höchst inter.	135	43	92
andere	814	389	425
Künstler. Betätig.			
höchst inter.	97	27	70
andere	857	411	446
Technik			
höchst inter.	83	79	4
andere	868	358	510
Sportwettkampf			
höchst inter.	94	47	47
andere	854	386	468

Eine Interaktion zwischen Geschlecht und Alter wurde im Bereich Kunst dokumentiert. In diesem Bereich sind die Jungen der achten Klasse häufiger unter den 30 Prozent höchst Interessierter zu finden als die Jungen der sechsten und zehnten Klasse, wo die Mädchen häufiger unter den Hochinteressierten vertreten sind. Diese Ergebnisse werden auch bei Betrachtung der jeweils 10 Prozent Höchstinteressierten bestätigt (vgl. Tabelle 27). Unter den insgesamt 83 technisch Hochinteressierten finden sich hier nur 4 Mädchen.

Um neben der querschnittlichen Untersuchung der Altersgruppen auch die intraindividuelle Entwicklung der Interessen beobachten zu können, wurde der IFB im Rahmen der dritten Erhebungswelle an einer Teilstichprobe (bayerische Schüler der fünften bis elften Klasse) wiederholt. Für die vier Interessengebiete wurden anhand der Daten der Gesamtgruppe multivariate Varianzanalysen mit Meßwiederholungsdesign berechnet. Neben den bereits berichteten Geschlechts- und Klassenstufeneffekten für die verschiedenen Interessenbereiche konnten keine gruppenspezifischen Entwicklungstendenzen gefunden werden (für die einzelnen Mittelwerte vgl. Tabelle 28).

Tabelle 28: Intraindividuelle Entwicklung der Interessenbereiche

Geschlecht:		Jungen			Mädchen		
Klassenstufe (1987):	Gesamt	6	8	10	6	8	10
Musik aktiv							
1987	2.77	2.82	2.40	2.37	3.07	3.02	2.92
1988	2.66	2.64	2.32	2.90	2.71	2.96	2.94
Künstler Betätig.							
1987	2.54	2.32	2.40	2.22	2.74	2.67	2.78
1988	2.59	2.27	2.48	2.14	2.67	2.90	2.84
Technik							
1987	2.28	3.12	3.10	2.77	1.71	1.77	1.71
1988	2.37	3.18	3.27	2.95	1.77	1.77	1.69
Sportwettkampf							
1987	2.75	3.07	2.94	2.67	2.86	2.76	2.40
1988	2.63	2.85	2.86	2.68	2.74	2.51	2.27

Allerdings entwickeln sich die Interessenbereiche signifikant unterschiedlich: Das Interesse an Sportwettkämpfen nimmt am stärksten ab, weniger stark das Interesse an Musik. Eine leichte Interessenzunahme ist im Bereich künstlerischer Betätigungen zu verzeichnen, eine stärkere im Bereich Technik. Die Interessenreduktion im sportlichen und musikalischen Bereich deckt sich mit der querschnittlichen Analyse, ebenso das eher konstant bleibende künstlerische Interesse. Die gegenläufige Tendenz im technischen Bereich deutet jedoch auf einen Kohorteneffekt hin, da bei individueller Interessenintensivierung über die Altersgruppen hinweg eine Abnahme des Interesses zu verzeichnen ist: Jüngere Schüler scheinen stärker und zunehmend mehr an Technik interessiert zu sein.

In einem weiteren Schritt wurde nun untersucht, ob die Hochinteressierten eher zu einer Vertiefung ihrer Interessen neigen, oder ob sich die Gruppen einander annähern. Für alle vier

Bereiche ergibt sich eine signifikante Veränderung der Werte zur Mitte hin, d.h. die 30 Prozent mit dem jeweils höchsten Interesse geben geringeres Interesse an als im Vorjahr, die anderen 70 Prozent ein höheres. Die Schichtung der Gruppen bleibt jedoch deutlich erhalten, so daß der Effekt zu einem großen Teil mit der Regression zur Mitte erklärt werden kann. Tabelle 29 stellt die Mittelwerte jeweils für eine Aufteilung der Probanden in drei Gruppen dar: Die oberen 30 Prozent werden noch einmal unterteilt in die interessiertesten 10 Prozent und die nächsten 20 Prozent.

Tabelle 29: Entwicklung der Interessenwerte für verschiedene Interessenniveaus

	0-69%	70-89%	90-100%
Musikalisch Aktiv			
1987	2.25	3.78	4.00
1988	2.36	3.67	3.71
Künstlerische Betätigung			
1987	2.05	2.05	3.95
1988	2.30	3.29	3.64
Sportwettkampf			
1987	2.23	3.76	4.00
1988	2.25	3.42	3.59

Technik		Jungen			Mädchen	
	0-69%	70-89%	90-100%	0-69%	70-89%	90-100%
1987	2.19	3.42	3.97	1.56	3.33	3.96
1988	2.49	3.35	3.78	1.59	2.95	3.86

Für den Bereich Technik wurden signifikante Geschlechtsunterschiede gefunden: Während bei den Jungen die Verringerung des Interesses bei den überdurchschnittlich interessierten Gruppen minimal ausfällt, ist ein starkes Ansteigen des Interesses bei den durchschnittlich Interessierten zu beobachten. Dagegen wird bei den durchschnittlich interessierten Mädchen der Regressionseffekt fast aufgehoben, die sehr interessierten (Prozentrang 70-90) zeigen einen starken Rückgang des Interesses. Bei den interessiertesten 10 Prozent ist jedoch fast kein Rückgang zu verzeichnen. Auch wenn diese Gruppe sehr klein ist (N= 4), deutet dieses Ergebnis doch darauf hin, daß es einige hochinteressierte Mädchen gibt, die das Interesse an Technik auch aufrechterhalten, während die zunächst gut interessierten Mädchen mit der Zeit Interessen einbüßen. Diese in allen Altersstufen ähnliche Entwicklung sollte entsprechende pädagogische Maßnahmen, die Mädchen bei der Aufrechterhaltung und Vertiefung eines Anfangsinteresses an Technik unterstützen, herausfordern.

Zu (2) Spezifische und allgemeine Interessen

In der Interviewstudie wurde bereits erwähnt, daß sich Hochinteressierte durch ein breites Interessenspektrum auszeichnen, also nicht nur ihr engstes Interessengebiet verfolgen. Zur Überprüfung dieses Ergebnisses wurden multivariate Varianzanalysen der IFB-Skalen sowie loglineare Modelle für die Verteilungen der Interessengruppen berechnet. Damit kann jeweils gezeigt werden, daß sich die Hochinteressierten auch in anderen, freilich zumeist verwandten Gebieten stärker engagieren als die schwach Interessierten. Unabhängig von der Klassenstufe bestehen dabei signifikante Zusammenhänge zwischen den Bereichen Musik und Kunst sowie Technik und Sport. Die Ergebnisse der Varianzanalysen sind in Tabelle 30 dargestellt.

Tabelle 30: Unterschiede in den Interessenskalen für die Interessengruppen

	Musik Aktiv			Kunst			Technik			Sportwett.		
	DINT		HINT	DINT		HINT	DINT		HINT	DINT		HINT
Sport train.	3.04		2.95	3.02		3.00	2.98		3.09	2.69	*	3.77
Musik aktiv	2.25	*	3.89	2.58	*	2.99	2.77	*	2.53	2.73		2.65
Handwerk	2.51	*	2.70	2.36	*	3.06	2.42	*	2.91	2.53		2.65
Kunst	2.41	*	2.78	2.05	*	3.64	2.54		2.47	2.51		2.51
Technik	2.31		2.30	2.30		2.29	1.74	*	3.57	2.22	*	2.46
Spiele	2.88		2.96	2.85	*	3.01	2.83	*	3.07	2.83	*	3.07
Schreiben	2.28	*	2.70	2.23	*	2.78	2.50	*	2.16	2.42		2.34
Naturwiss.	2.28		2.41	2.27	*	2.43	1.99	*	3.09	2.30		2.38
Freunde	3.27	*	3.39	3.24	*	3.45	3.32		3.26	3.22	*	3.49
Verein	2.57	*	2.80	2.56	*	2.78	2.61		2.67	2.48	*	2.97
Sportwettk.	2.75		2.66	2.73		2.70	2.64	*	2.89	2.23	*	3.84
Buchlesen	3.19	*	3.56	3.19	*	3.54	3.33	*	3.20	3.31		3.25
Musik hören	3.16	*	3.54	3.17	*	3.47	3.28	*	3.20	3.23	*	3.34

Legende: DINT= 0-69%, HINT= 70-100%; "*" = Unterschied signifikant (5%-Niveau).

Dieses positive Bild des vielseitig Interessierten mit einem Interessenschwerpunkt wird etwas getrübt durch die Gruppe der technisch Interessierten: Diese geben für den eher musischen Bereich (musikalische Aktivitäten, Schreiben, Bücherlesen, Musikhören) signifikant geringere Interessen an. Dieses Ergebnis scheint das Bild des "Technikfreaks", der außer seinem Computer nichts mehr sieht und hört, zu bestätigen. Es sollten jedoch bei der Interpretation auch die starken geschlechtsspezifischen Einflüsse gerade bei dieser Gruppe beachtet werden.

Zu (3) Weitere Merkmale hochinteressierter Schüler

Im folgenden sollen anhand der Stichproben der Siebt- und Neuntkläßler Unterschiede zwischen den Interessengruppen hinsichtlich anderer Persönlichkeitsmerkmale, der familiären Umwelt sowie ihrer Leistungen untersucht werden. Dazu wurden fünf Gruppen gebildet. Vier Gruppen bestehen aus den jeweils 10 Prozent Interessiertesten in den Bereichen Musik, Kunst, Technik und Sport. Gehörte ein Proband in mehreren Bereichen zu den obersten 10 Prozent, so wurde er jener Gruppe zugeteilt, für deren Bereich er persönlich das größte Interesse angegeben hatte. Auf diese Weise wurden vier disjunkte Interessengruppen gebildet, denen eine Gruppe von Probanden gegenübersteht, die in keinem der vier Bereiche zu den interessiertesten 30 Prozent gehören. Die Angehörigen dieser Gruppe mögen zwar an anderen (hier nicht erfaßten) Themen hochinteressiert sein, dennoch wurden sie in Tabelle 31 mit "keine besonderen Interessen" rubriziert. Dieses Auswahlverfahren schöpft die Gesamtgruppe nicht aus, da Personen z.B. zu den interessiertesten 30 Prozent, aber nicht zu den besten 10

Prozent in einem Bereich gehören können. Die resultierenden Gruppengrößen sind Tabelle 31 zu entnehmen.

Tabelle 31: Interessengruppen nach Geschlecht und Alter

Geschlecht:		Jungen		Mädchen	
Klassenstufe (1987):	Gesamt	8	10	8	10
keine besonderen Interessen	148	19	30	51	48
Musik	50	4	5	23	18
Kunst	43	7	4	16	16
Technik	38	17	19		2
Sport	78	25	12	25	16
Keiner der Gruppen zugehörig	285	71	65	70	79
Gesamt	642	143	135	185	179

Die genannten Gruppen wurden auf Unterschiede in bezug auf Begabungsvariable, nichtkognitive Persönlichkeitsmerkmale sowie schulische und außerschulische Leistungen untersucht. In allen Bereichen konnten signifikante multiple Unterschiede zwischen den Gruppen gefunden werden. Diese werden im weiteren graphisch als Gruppenprofile dargestellt.

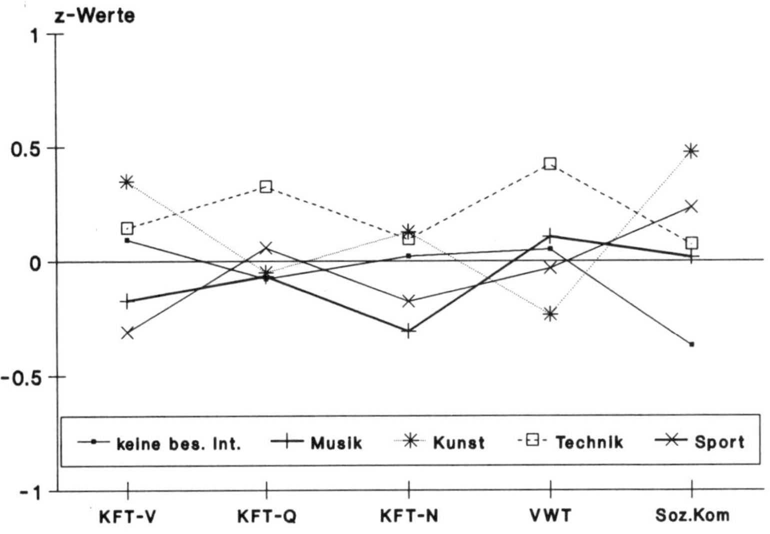

Abbildung 31: Begabungsprofile für verschiedene Interessengruppen

Im Bereich der Begabungsmerkmale (Abbildung 31) wurden Intelligenz-, Kreativitäts- und soziale Kompetenzmaße untersucht. Es zeigte sich, daß die Gruppe der technisch Interessierten im Bereich der quantitativen Intelligenz sowie der Kreativität besonders herausragt, wobei die Nähe des eingesetzten Kreativitätstests VWT zu technischen Lösungen betont werden muß. Die künstlerisch Interessierten zeigen hohe verbale Intelligenz und soziale Kompetenz bei niedriger VWT-Kreativität, die musikalisch Interessierten geringere verbale und nonverbale Intelligenz, während die sportlich Interessierten vor allem durch geringe verbale Intelligenz charakterisiert sind, bei gleichzeitig höherer sozialer Kompetenz. Die nicht besonders Interessierten fallen auch durch geringe soziale Kompetenz auf.

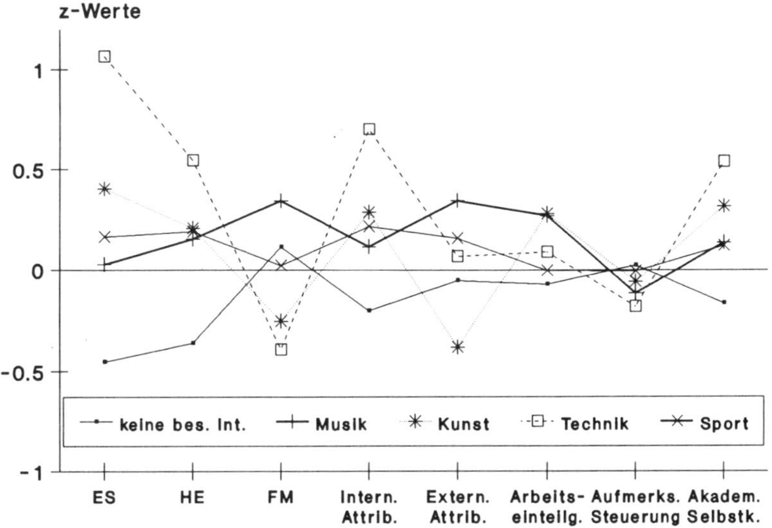

Abbildung 32: Profile nichtkognitiver Persönlichkeitsmerkmale für die Interessengruppen

Bei den nichtkognitiven Persönlichkeitsmerkmalen zeigen sich ebenfalls markante Interessenprofile (Abbildung 32). Das ausgeprägteste Profil weisen die technisch Interessierten auf: Sie zeigen hohe Werte in Erkenntnisstreben, Hoffnung auf Erfolg und akademischem Selbstwert sowie geringere Furcht vor Mißerfolg. Insgesamt ergibt sich das Bild des erfolgsorientierten, selbstbewußten Schülers. Am ähnlichsten, wenn auch auf niedrigerem Niveau, ist diesem Kurvenverlauf das Profil der künstlerisch Interessierten; allerdings zeigen diese zusätzlich geringere externale Kausalattribuierung. Die musikalisch Interessierten verzeichnen das größte Ausmaß an Furcht vor Mißerfolg und an externaler Kausalattribuierung, während die sportlich Interessierten eher ein mittleres Profil aufweisen. Die nicht Interessierten fallen am meisten durch geringes Erkenntnisstreben, wenig Hoffnung auf Erfolg und geringes Ausmaß an internaler Kausalattribuierung auf.

Diese Ergebnisse lassen sich ebenso wie die vorhergehenden eventuell auch mit der Geschlechtsverteilung in den Gruppen erklären. Allerdings sollte dabei die Frage erlaubt sein, ob die Geschlechtsunterschiede in den Persönlichkeitsmerkmalen nicht auch in Wechselwirkung mit den Interessen und deren gesellschaftlicher Akzeptanz stehen.

Hinsichtlich der Familienklimaskalen (Abbildung 33) zeigen sich wiederum deutliche Gruppeneffekte: Musikalisch und künstlerisch Interessierte berichten gleichermaßen von einem kulturell orientierten, aktiv die Freizeit gestaltenden und Selbständigkeit fördernden

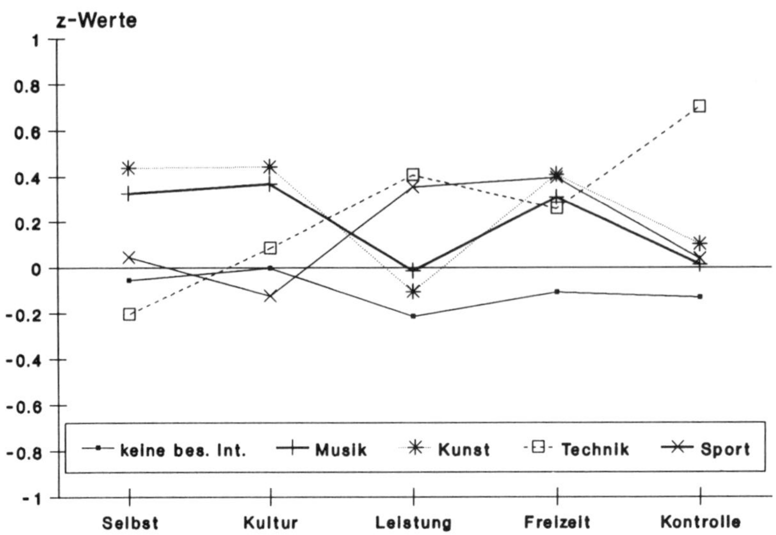

Abbildung 33: Familienklima für die Interessengruppen

Familienklima bei eher durchschnittlicher Leistungsorientierung und Kontrolle. Sportlich Interessierte geben hohe Leistungsorientierung und aktive Freizeitgestaltung an, während die technisch Interessierten von hoher Leistungsorientierung und Kontrolle bei gleichzeitiger geringer Selbständigkeit berichten, also von einem eher restriktiven Familienklima. Die Gruppe der nicht besonders Interessierten zeigt ein unterdurchschnittliches Ausmaß an Leistungsorientierung und Kontrolle bei wenig aktiver Freizeitgestaltung der Familie, im Gegensatz zu den Gruppen der Interessierten. Insgesamt erscheint der Einfluß aktiver Freizeitgestaltung der Familie auf die Ausbildung von Interessen unübersehbar. Andererseits hängen kulturell offenere Strukturen mit musischen Interessen, leistungsorientierte Strukturen mit Interessen für Sport und Technik zusammen, wobei die technisch Interessierten ein stärker kontrollierendes Familienklima berichten.

Hinsichtlich ihrer Leistungen unterscheiden sich die Gruppen erwartungsgemäß. In der Schule (Abbildung 34) erweisen sich die musikalisch Interessierten als recht gute Schüler, in allen Fächern erreichen sie die besten oder zweitbesten Noten. Die technisch Interessierten sind sprachlich und in den Nebenfächern eher schwächere Schüler, jedoch die Besten im Fach Mathematik. In analoger Weise können die sportlich Interessierten nur im Schulfach Sport überzeugen, während sie sonst eher schwächere Schüler sind. Die künstlerisch Interessierten erweisen sich neben ihrem Spezialgebiet noch als recht gut im Fach Deutsch. Dies mag mit der nicht genauen Definition des Begriffes "Kunst" (bildende Kunst, Literatur) im Fragebogen zusammenhängen. Die Schüler ohne ausgesprochene Spezialgebiete weisen in allen Fächern mittlere Werte (im Gruppenvergleich) auf.

Bezüglich der außerschulischen Aktivitäten und Interessen (Abbildung 35) waren starke Zusammenhänge zwischen den berichteten Interessen und den Leistungen zu erwarten, da gerade außerschulische Aktivitäten stark interessengesteuert sind. Diese Erwartung erfüllte

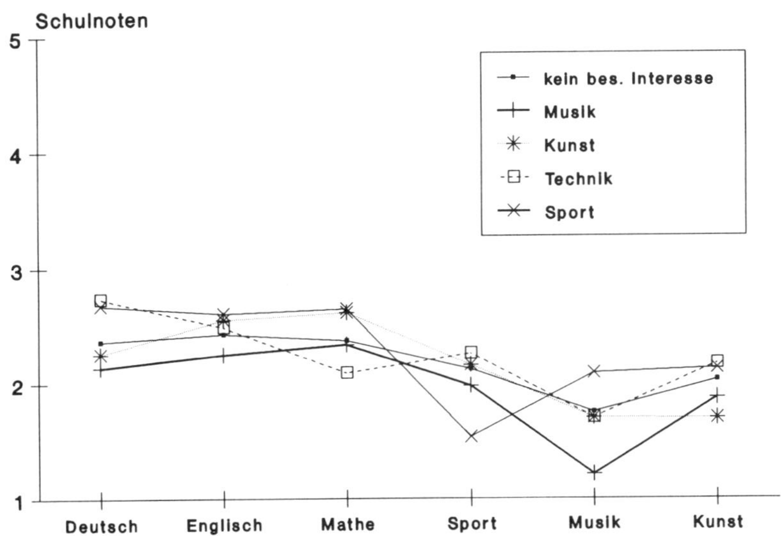

Abbildung 34: Schulische Leistungsprofile für die Interessengruppen

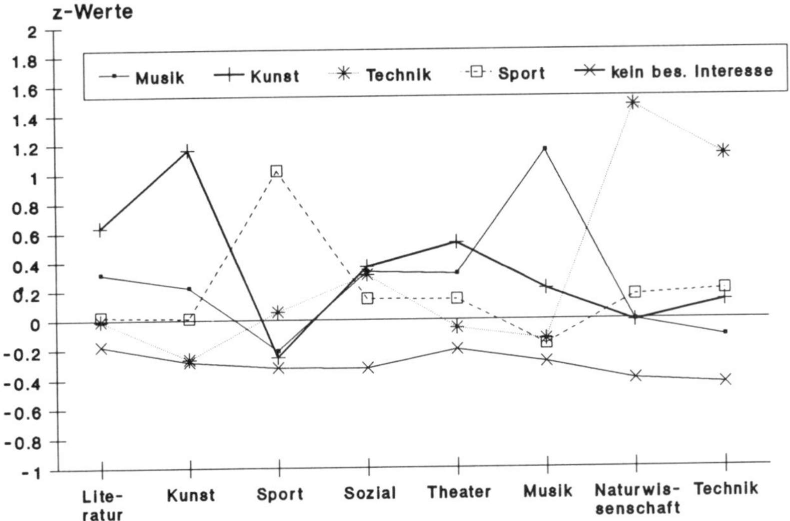

Abbildung 35: Außerschulische Aktivitäten und Leistungen für die Interessengruppen

sich: Die Gruppen weisen in den jeweils zugeordneten und/oder verwandten Leistungsbereichen extreme Ausprägungen auf. So berichten technisch Interessierte auch von naturwissenschaftlichen Aktivitäten, künstlerisch Interessierte von literarischen, künstlerischen und schauspielerischen Aktivitäten. Dies könnte z.T auch mit der nicht genauen, eher weit gefaßten Operationalisierung der Interessenbereiche im IFB zusammenhängen. Auffallend ist weiter, daß künstlerisch, sportlich und technisch Interessierte gleichermaßen ein überdurchschnittliches positives soziales Engagement zeigen. Insgesamt deuten sich für alle Interessengruppen in sämtlichen Aktivitätsbereichen Interessenwerte zumindest im Durchschnittsbereich an. Keine der Gruppen liegt im berichteten Niveau in irgendeiner Aktivität unterhalb der Gruppe jener, die keine besonderen Interessen aufweisen; diese Gruppe berichtet in allen Bereichen unterdurchschnittliche Aktivitäten und Leistungen. Offenbar ist diese Gruppe nicht nur in den vier erfaßten Interessenbereichen uninteressiert bzw. wenig engagiert.

6.4 Zusammenfassung

In den drei Interessen-(Teil-)Studien konnte ein differenziertes Bild der Interessen Hochbegabter gewonnen werden. Es zeigt sich, daß die *Interessen* stark *geschlechtsabhängig* sind. Während Sport von beiden Geschlechtern nahezu gleich intensiv betrieben wird, bevorzugen die *Mädchen* eher musisch-künstlerische, die *Jungen* mehr technisch-naturwissenschaftliche Interessen. Ferner offenbarte sich, daß das Klischee des hochbegabten Jugendlichen, der durch sein außergewöhnliches Interesse zum "Fachidioten" wird, die Ausnahme darstellt. Die meisten Jugendlichen berichten ein eher breit angelegtes Interessenspektrum, lediglich die technisch Interessierten zeigen geringeres Interesse an musischen Aktivitäten. Mit höherem Alter werden eher weniger Interessen berichtet (querschnittlich); jedoch zeigt sich bezüglich Technik eine Zunahme des Interesses bei längsschnittlicher Betrachtung, die hauptsächlich auf die Jungen zurückzuführen ist.

Die Hochinteressierten der Bereiche Musik, Kunst, Technik und Sport weisen sehr spezielle Muster in Persönlichkeits- und Begabungsbereichen, aber auch in Familienklima und Leistungswerten auf, die sich zu einem Gesamtbild des hochinteressierten Jugendlichen verdichten. Die in der Fragebogenstudie gefundenen Profile werden allerdings nur zum Teil durch die Ergebnisse der Interviewstudie bestätigt. Dies mag zum einen in der extremen Auswahl der Probanden für die Interviewstudie, zum anderen in der unterschiedlichen Befragungssituation begründet sein.

In der Fragebogenstudie erweisen sich die *technisch Hochinteressierten* als erfolgsorientierte, neugierige, eigenständige und vor allem im quantitativen Bereich begabte Schüler. Gleichzeitig berichten sie von einem eher kontrollierenden, leistungsorientierten Elternhaus. Die im Interview zutage getretenen schulischen Vorteile konnten in dieser Studie nur für den mathematischen Bereich bestätigt werden.

Die *musikalisch hochinteressierten* Schüler berichten die größte Konstanz des Interesses über die Zeit hinweg. Sie weisen Intelligenzwerte unter dem Mittelwert unserer (Hochbegabten-)Stichprobe auf und berichten überdurchschnittliche Furcht vor Mißerfolg, externale Kausalattribuierung und einen hohen Grad an Arbeitsorganisation. Man kann dies als Beleg dafür werten, daß sie durch die lange Beschäftigung mit der (instrumentellen Ausübung der) Musik konzentriertes Arbeiten gewohnt sind. Dies schlägt sich auch in den guten Noten dieser Gruppe nieder. Das Familienklima der Probanden dieser Gruppe wird geprägt durch aktive, kulturell orientierte Freizeitgestaltung und hohe Selbständigkeit bei mittlerer Kontrolle und Leistungsorientierung.

Ein fast identisches Familienklima berichten die *künstlerisch Hochinteressierten.* Dieses Ergebnis kann man als Bedingung für die Entstehung musischer Interessen werten, möglicherweise hängt dieses Resultat aber auch mit der Geschlechtsverteilung in den Gruppen zusammen. Die künstlerisch Interessierten vermitteln ein ähnlich positives Persönlichkeitsbild wie die technisch Interessierten, jedoch zeichnen sie sich noch durch ein unterdurchschnittliches Ausmaß an externaler Kausalattribuierung aus. Zusammen mit dem Familienklima ergibt dies das Bild von positiv motivierten, sehr selbständig erzogenen und auch denkenden jungen Leuten. In den schulischen Leistungen ist diese Gruppe vor allem in Englisch und Mathematik schlechter einzustufen als die anderen (Hochbegabten-)Gruppen. Die schlechtere Englischnote steht dabei vor allem im Widerspruch zu der überdurchschnittlichen verbalen Intelligenz und zur guten Deutschnote, so daß sich hier keine einheitliche sprachliche Begabung abzeichnet. In dieser Gruppe fällt auch der niedrige Kreativitätswert, vor allem im Vergleich zur Gruppe der technisch Interessierten, auf. Der VWT scheint also doch eher technische als künstlerische Kreativität zu erfassen.

Die *sportlich Interessierten* zeigen bis auf geringere verbale und nonverbale Intelligenz keine herausragenden Persönlichkeitsmerkmale, schulisch bringen sie bis auf den Bereich Sport eher schlechtere Leistungen. Dies kann auf eine mehr konkrete denn abstrakte Denkweise der sportlich Interessierten hinweisen. Das Familienklima zeichnet sich vor allem durch Leistungsorientierung und aktive Freizeitgestaltung aus - zwei Attribute, die gut mit dem sportlichen Interesse zu vereinbaren sind.

Die zunächst als Kontrollgruppe konzipierte Gruppe der *nicht besonders Interessierten* hat sich in der Fragebogenuntersuchung als doch deutlich charakterisierbar herausgestellt. Vor allem zeigen diese Jugendlichen geringere soziale Kompetenz, wenig positive Leistungsmotivation und unterdurchschnittliche internale Kausalattribuierung. Das Familienklima weist gegenüber den anderen Gruppen weniger Leistungsorientierung, weniger aktive Freizeitgestaltung und Kontrolle auf. Den durchschnittlichen Schulleistungen stehen in allen Bereichen geringere außerschulische Aktivitäten gegenüber. Insgesamt entsteht das Bild des familiär wenig geforderten, unmotivierten und inaktiven Schülers, der sich in der Schule im Mittelfeld "durchmogelt". Eventuell könnte sich gerade diese Gruppe in längerfristig angelegten Untersuchungen als diejenige erweisen, die später mit Studienproblemen zu kämpfen hat.

Sicherlich sind hiermit nicht alle Fragen erschöpfend beantwortet, ja noch nicht einmal gestellt, die im Zusammenhang mit der Entstehung, der Aufrechterhaltung und den Auswirkungen von Interessen bei hochbegabten Jugendlichen mit den vorliegenden Daten untersucht werden können. Die mitgeteilten Befunde unterstreichen jedoch, daß die Analyse der langfristigen Auswirkungen von Interessen auf die weitere Entwicklung hin zum real-life-achievement Erkenntnisse für die Entstehung herausragender Leistungen Hochbegabter verspricht, die über die Ergebnisse der reinen Begabungstests hinausgehen, d.h. diese sinnvoll ergänzen können. Der begrenzte Förderungszeitraum dieses Forschungsprojektes erlaubte momentan keine vertiefenden weiterführenden Interessenstudien, die jedoch nach Möglichkeit - eventuell im Rahmen geschlechtsspezifischer Untersuchungsfragestellungen und/oder in einer Follow-up-Studie - erneut aufgegriffen werden sollten.

7. Die Rolle nichtkognitiver Persönlichkeitsmerkmale für die Begabungs-Leistungsentwicklung

Wie bereits mehrfach betont, postuliert unser (Hoch-)Begabungsmodell, daß der Begabungs-Leistungszusammenhang von nichtkognitiven Persönlichkeitsmerkmalen sowie Umweltmerkmalen moderiert wird. In diesem Kapitel wird zunächst die Rolle nichtkognitiver Persönlichkeitsmerkmale bei der Leistungsgenese näher beleuchtet. Nach einer eher deskriptiven Darstellung der Unterschiede in den Merkmalsprofilen von hoch-, gut- und durchschnittlich Begabten wird die Funktion ausgewählter Persönlichkeitsmerkmale für die Leistungsgenese und die Leistungsentwicklung untersucht. Ebenfalls werden Befunde bezüglich Geschlechtsunterschieden dargestellt, die wir bei den Schülern unserer Stichprobe gefunden haben. Schließlich wird exemplarisch aufgezeigt, welche Konsequenz der Einbezug von Umweltmerkmalen auf das Zusammenspiel von Begabung, nichtkognitiven Persönlichkeitsmerkmalen und Leistung hat.

Um Redundanzen zu vermeiden, konzentrieren wir uns hier auf solche Persönlichkeitsmerkmale, die in den übrigen Kapiteln weniger Berücksichtigung fanden. Dabei könnte angesichts der in Abschnitt 7.2 berichteten Ergebnisse der falsche Eindruck entstehen, daß motivationale Variablen wie "Hoffnung auf Erfolg", "Erkenntnisstreben" u.a. für die Leistungsgenese weniger wichtig seien. Es wird deshalb besonders auf die Ausführungen in Kapitel 2 sowie Abschnitt 4.3 verwiesen, wo die Rolle motivationaler Leistungsvoraussetzungen eingehender gewürdigt wurde.

7.1 Persönlichkeitsmerkmale (hoch-)begabter Schüler

Die hier berichteten Untersuchungen sollten vor allem zur Klärung der Frage beitragen, ob es Unterschiede zwischen hoch-, gut- und durchschnittlich begabten Schülern in bezug auf motivationale, emotionale u.a. nichtkognitive Persönlichkeitsmerkmale gibt. Weiter wird dargestellt, inwieweit sich hochbegabte Achiever und Underachiever bezüglich der betrachteten Merkmale unterscheiden.

Dazu untersuchten wir beispielhaft die Kohorten der Siebt- und Neuntkläßler unserer Stichprobe. Diese Schüler besuchten im ersten Erhebungsjahr (1986) die siebte bzw. neunte Klasse. Die berichteten Ergebnisse beruhen im wesentlichen auf den Datenerhebungen des zweiten Meßzeitpunktes (1987). Folgende Persönlichkeitsmerkmale wurden erhoben: Variablen zur Prüfungs- und allgemeinen Angst, zur Streßbewältigung, zur Kausalattribution, zum akademischen und allgemeinen Selbstkonzept, zu Lernstilen und verschiedenen Motivationsaspekten (zu den betreffenden Skalen vgl. Teil II, Abschnitt 2.3 oben).

Als *"begabt"* werden im folgenden diejenigen Schüler bezeichnet, die im KFT bzw. im Kreativitätstest mindestens Prozentrang 30 erreichten, als *"hochbegabt"* bzw. *"extrem hochbegabt"* solche Schüler die zu den besten 15 bzw. 7,5 Prozent der jeweiligen Kohorte gehörten. Die begabten, hochbegabten und extrem hochbegabten Schüler repräsentieren somit in etwa die besten 6 bis 10, 3 bis 5 bzw. 2 Prozent der Gesamtpopulation. Als *Underachiever* werden solche Schüler und Schülerinnen bezeichnet, deren Werte in der KFT-Gesamtleistung versus dem Notendurchschnitt aus Deutsch, Mathematik und Englisch um 1,5 oder mehr Standardabweichungen zuungunsten der Schulleistung differieren.

7.1.1 Merkmalsprofile intellektuell hochbegabter Schüler

Bei der Signifikanzprüfung der Unterschiede zwischen Hoch-, Gut- und durchschnittlich *intellektuell Begabten* (sog. Intelligenzgruppen) in bezug auf Persönlichkeitsmerkmale war das zunächst erstaunlichste Ergebnis, daß so gut wie keine signifikanten Unterschiede bezüglich der Variablen Motivation und Leistungsstreben nachgewiesen werden konnten (vgl. dazu wie auch im folgenden die Abbildungen 36 bis 39). Während es noch erklärbar ist, daß allgemein intelligentere Schüler nicht unbedingt höheres Erkenntnisstreben im Bereich von Naturwissenschaft und Technik haben müssen, waren wir doch überrascht, daß sich auch die Mittelwerte für "Hoffnung auf Erfolg" und "Furcht vor Mißerfolg" zwischen den einzelnen Begabungsgruppen nicht signifikant unterschieden, auch wenn eine Tendenz zu ausgeprägteren (positiven) Motivationswerten in diesen Variablen bei den Hochbegabten erkennbar wird. Bei der Interpretation dieser Ergebnisse sollte man jedoch beachten, daß alle Schülerinnen und Schüler unserer Stichprobe von Lehrern vorausgewählt und einer Selektion durch eine Testbatterie unterzogen worden waren, so daß die "durchschnittlich Begabten" unserer Stichprobe nicht die Durchschnittsschüler der Gesamtpopulation repräsentieren. Durch unsere Selektionsprozedur könnten zudem generell eher motivierte und gut angepaßte Schüler ausgewählt worden sein. Ferner hängt damit vielleicht auch zusammen, daß mehr Mädchen als Jungen in der Längsschnittstichprobe vertreten sind.

Der deutlichste und konsistenteste Unterschied, den wir bei der Untersuchung der "Intelligenzgruppen" finden konnten, war das höhere akademische Selbstkonzept der begabten und hochbegabten Schüler, während beim allgemeinen bzw. nichtakademischen Selbstkonzept keine Unterschiede zu den durchschnittlich begabten Schülern feststellbar waren. Ferner sind die extrem Hochbegabten (Abbildung 37) in der Aufmerksamkeitssteuerung den Vergleichsgruppen gegenüber - allerdings nur in der 8. Klasse - überlegen.

Bei den Variablen zu allgemeiner und Prüfungs-Angst sind die Unterschiede zwischen den Intelligenzgruppen zwar nicht signifikant, doch ist ein Trend insofern zu beobachten, als die Angstscores um so niedriger ausfallen, je begabter die einzelnen Schüler sind. Die Denkprozesse der Gut- und Hochbegabten sind demzufolge stabiler, so daß diese durch streßreiche Situationen in Prüfungen u.ä. in ihrer Qualität weniger beeinträchtigt werden, als dies bei den anderen (durchschnittlich begabten) Schülern der Fall ist. Die Gut- und Hochbegabten unserer Stichprobe scheinen auch Erfolg und Mißerfolg weniger external zu attribuieren als durchschnittlich begabte Schüler.

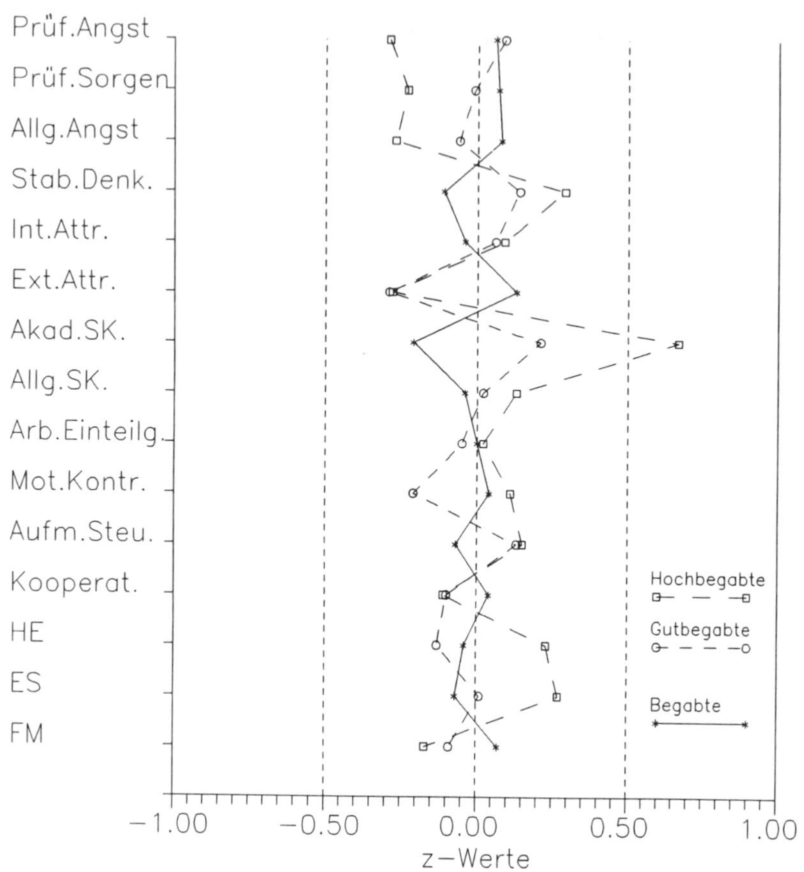

Abbildung 36: Persönlichkeitsmerkmale *intellektuell* Hochbegabter, gut Begabter und durchschnittlich Begabter in der 8. Klasse

Legende:

Prüf.Angst	= Prüfungsangst
Prüf.Sorgen	= Prüfungssorgen
Allg.Angst	= Allgemeine Angst
Stab.Denk.	= Stabilität der Denkabläufe
Int.Attr.	= Internale Kausalattribution
Ext.Attr.	= Externale Kausalattribution
Akad.SK.	= Akademisches Selbstkonzept
Allg.SK	= Allgemeines, nicht-akademisches Selbstkonzept
Arb.Einteilg.	= Arbeitsplanung und -organisation
Mot.Kontr.	= Motivationskontrolle
Aufm.Steu.	= Aufmerksamkeitssteuerung
Kooperat.	= Kooperation mit Gleichaltrigen
HE	= Hoffnung auf Erfolg
ES	= Erkenntnisstreben
FM	= Furcht vor Mißerfolg

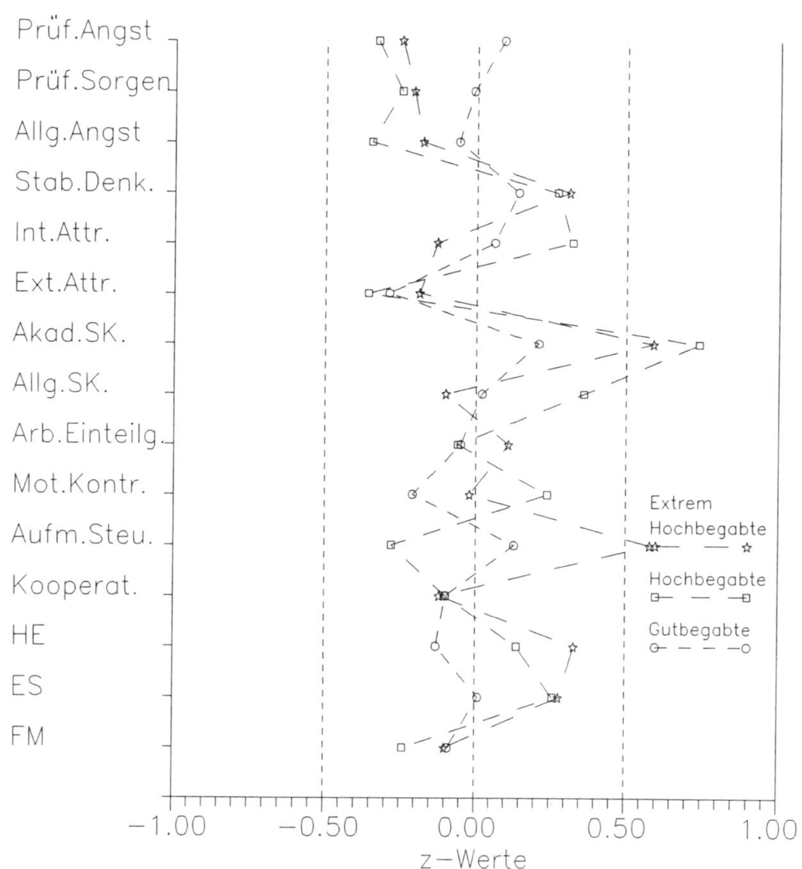

Abbildung 37: Persönlichkeitsmerkmale *intellektuell* extrem Hochbegabter, Hochbegabter und Gutbegabter in der 8. Klasse

Legende:

Prüf.Angst	=	Prüfungsangst
Prüf.Sorgen	=	Prüfungssorgen
Allg.Angst	=	Allgemeine Angst
Stab.Denk.	=	Stabilität der Denkabläufe
Int.Attr.	=	Internale Kausalattribution
Ext.Attr.	=	Externale Kausalattribution
Akad.SK.	=	Akademisches Selbstkonzept
Allg.SK	=	Allgemeines, nicht-akademisches Selbstkonzept
Arb.Einteilg.	=	Arbeitsplanung und -organisation
Mot.Kontr.	=	Motivationskontrolle
Aufm.Steu.	=	Aufmerksamkeitssteuerung
Kooperat.	=	Kooperation mit Gleichaltrigen
HE	=	Hoffnung auf Erfolg
ES	=	Erkenntnisstreben
FM	=	Furcht vor Mißerfolg

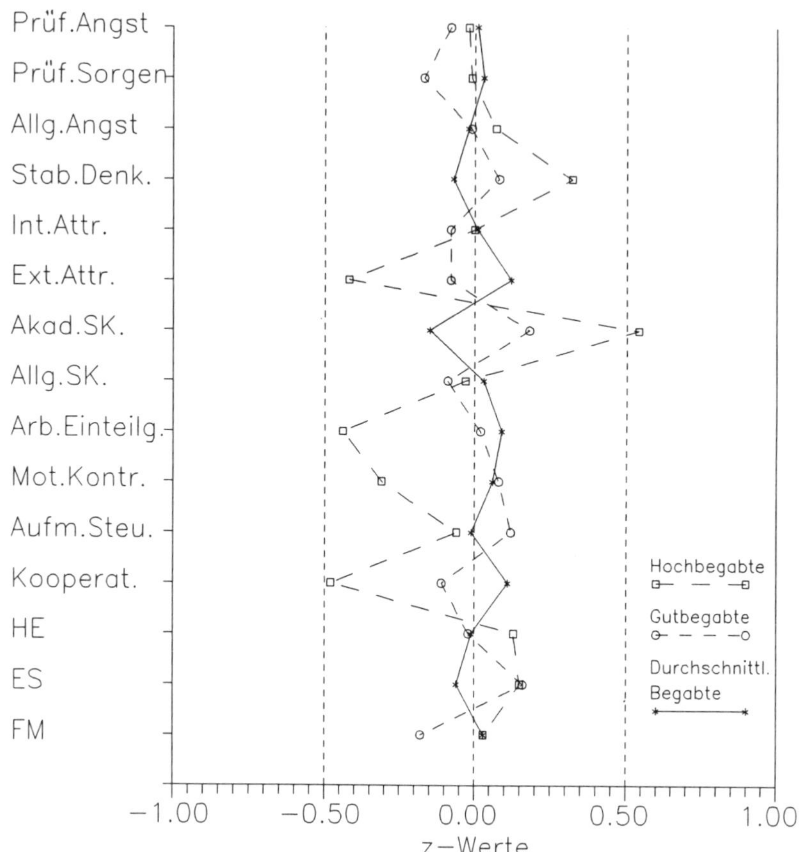

Abbildung 38: Persönlichkeitsmerkmale *intellektuell* Hochbegabter, gut Begabter und durchschnittlich Begabter in der 10. Klasse

Legende:

Prüf.Angst	=	Prüfungsangst
Prüf.Sorgen	=	Prüfungssorgen
Allg.Angst	=	Allgemeine Angst
Stab.Denk.	=	Stabilität der Denkabläufe
Int.Attr.	=	Internale Kausalattribution
Ext.Attr.	=	Externale Kausalattribution
Akad.SK.	=	Akademisches Selbstkonzept
Allg.SK	=	Allgemeines, nicht-akademisches Selbstkonzept
Arb.Einteilg.	=	Arbeitsplanung und -organisation
Mot.Kontr.	=	Motivationskontrolle
Aufm.Steu.	=	Aufmerksamkeitssteuerung
Kooperat.	=	Kooperation mit Gleichaltrigen
HE	=	Hoffnung auf Erfolg
ES	=	Erkenntnisstreben
FM	=	Furcht vor Mißerfolg

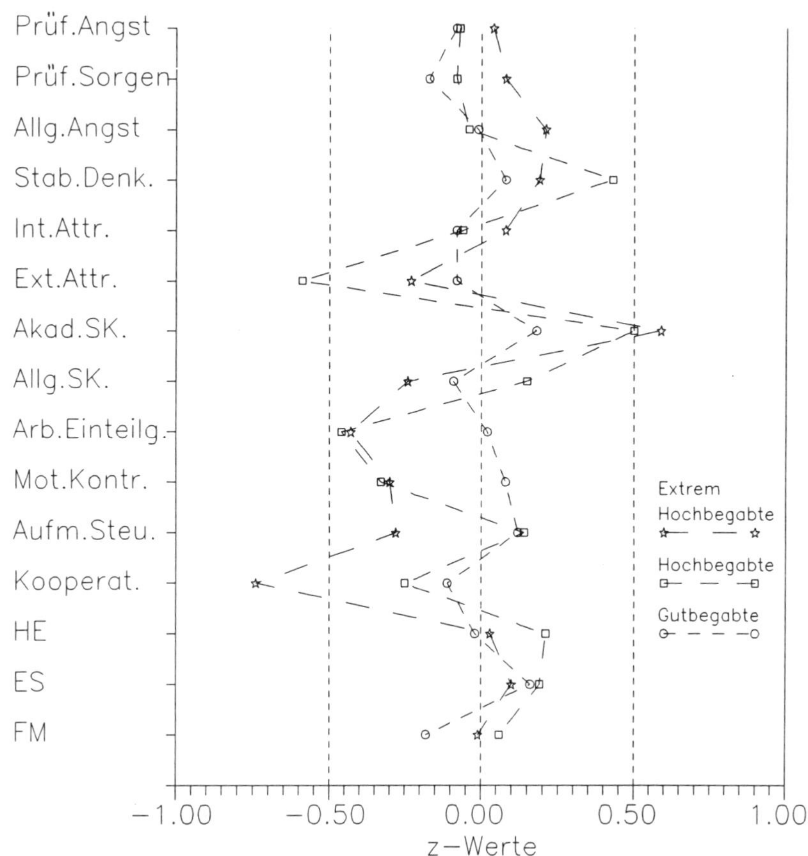

Abbildung 39: Persönlichkeitsmerkmale *intellektuell* extrem Hochbegabter, Hochbegabter und Gutbegabter in der 10. Klasse

Legende:		
	Prüf.Angst	= Prüfungsangst
	Prüf.Sorgen	= Prüfungssorgen
	Allg.Angst	= Allgemeine Angst
	Stab.Denk.	= Stabilität der Denkabläufe
	Int.Attr.	= Internale Kausalattribution
	Ext.Attr.	= Externale Kausalattribution
	Akad.SK.	= Akademisches Selbstkonzept
	Allg.SK	= Allgemeines, nicht-akademisches Selbstkonzept
	Arb.Einteilg.	= Arbeitsplanung und -organisation
	Mot.Kontr.	= Motivationskontrolle
	Aufm.Steu.	= Aufmerksamkeitssteuerung
	Kooperat.	= Kooperation mit Gleichaltrigen
	HE	= Hoffnung auf Erfolg
	ES	= Erkenntnisstreben
	FM	= Furcht vor Mißerfolg

In Klasse 10 finden sich noch interessante Unterschiede zwischen den untersuchten Intelligenzgruppen in bezug auf Lernstile: Während sich durchschnittlich und gut Begabte nicht unterscheiden, weisen die Hochbegabten und die extrem Hochbegabten beträchtlich niedrigere Scores in den Skalen "Arbeitsorganisation" und "Motivationskontrolle" auf. Um das zu verstehen, muß man sich die Items dieser Fragebögen vor Augen halten, die ja nicht in erster Linie zur Untersuchung hochbegabter Schüler konstruiert wurden: Zum einen haben alle diese Items mit den üblichen Hausaufgabensituationen zu tun, und zum anderen fokussieren sie auf sehr einfache Lerntechniken wie z.B. "einen Plan für die Hausaufgaben machen", "Hausaufgaben vor dem Spielen erledigen" usw. Es scheint, daß die Hoch- und extrem Hochbegabten keine Probleme mit ihrer Hausaufgabenerledigung haben und daher auf einfache Routinetechniken verzichten können. Andererseits mag dieser Befund auch etwas bedenklich stimmen. So besteht nämlich für manche dieser Schüler die Gefahr, daß später auf der Kollegstufe oder an der Universität, wenn die Lern- und Leistungsanforderungen beträchtlich ansteigen, nicht über entsprechend notwendige Arbeits- und Organisationstechniken verfügt werden kann (wie einschlägige Beratungsfälle belegen).

Dazu paßt auch das Ergebnis, wonach die gut- und hochbegabten Schüler in Klasse 10 lieber alleine und weniger gern in Gruppen mit Klassenkameraden zusammenarbeiten. In bezug auf die extrem Hochbegabten trifft dies - verständlicherweise - sogar noch in stärkerem Maße zu. Allerdings trat dieser Effekt nur in Klasse 10 (nicht in Klasse 8) deutlicher zutage. Somit kann daraus nicht prinzipiell auf eine unkooperative Haltung hochbegabter Schüler geschlossen werden. Vor allem die älteren Hochbegabten finden es aber wohl langweilig, mit deutlich langsameren Lernern zusammen zu arbeiten. Außerdem ist aus dem geschilderten Befund nicht ableitbar, daß hochbegabte Schüler sozial isoliert seien, da die Items der verwendeten Skalen - wie bereits betont - einen stark schulbezogenen Charakter aufweisen. Dennoch sollte man die potentielle Problematik dieses Befundes für die Ausbildungs- und Berufskarriere nicht unterschätzen: In der Industrie sind heute z.B. in leitenden Positionen mehr und mehr jene Mitarbeiter gefragt, die zu Teamwork fähig sind und sich auch in heterogene Arbeitsgruppen einordnen können. Hochintelligente mit vergleichsweise geringer Kooperationsbereitschaft könnten dabei gewisse Schwierigkeiten bekommen.

7.1.2 Merkmalsprofile kreativer Schüler

Bei der Analyse der Merkmalsprofile *kreativer Schüler* ergab sich das überraschende Resultat, daß sich die betrachteten Kreativitätsgruppen bezüglich nichtkognitiver Persönlichkeitsmerkmale insgesamt kaum unterschieden (die wenigen statistisch signifikanten Effekte dürften auf Ausreißer zurückführbar sein). Auch hier muß man beachten, daß fast alle unsere Skalen zu Angst, Streßbewältigung, Selbstkonzept und Lernstilen auf Items basieren, die mit Schul- oder Hausaufgabensitutationen zu tun haben oder auf Prüfungsvorbereitungen eingehen. Wie den Abbildungen 40 und 41 zu entnehmen ist, zeichnen sich vor allem ältere kreative Hochbegabte wiederum im (besseren) akademischen Selbstkonzept sowie - abgeschwächt - auch in der "Motivationskontrolle" und den Motivationsvariablen "Hoffnung auf Erfolg" und "Erkenntnisstreben" aus, ohne daß entsprechende Unterschiede zu den Vergleichsgruppen hier signifikant wären.

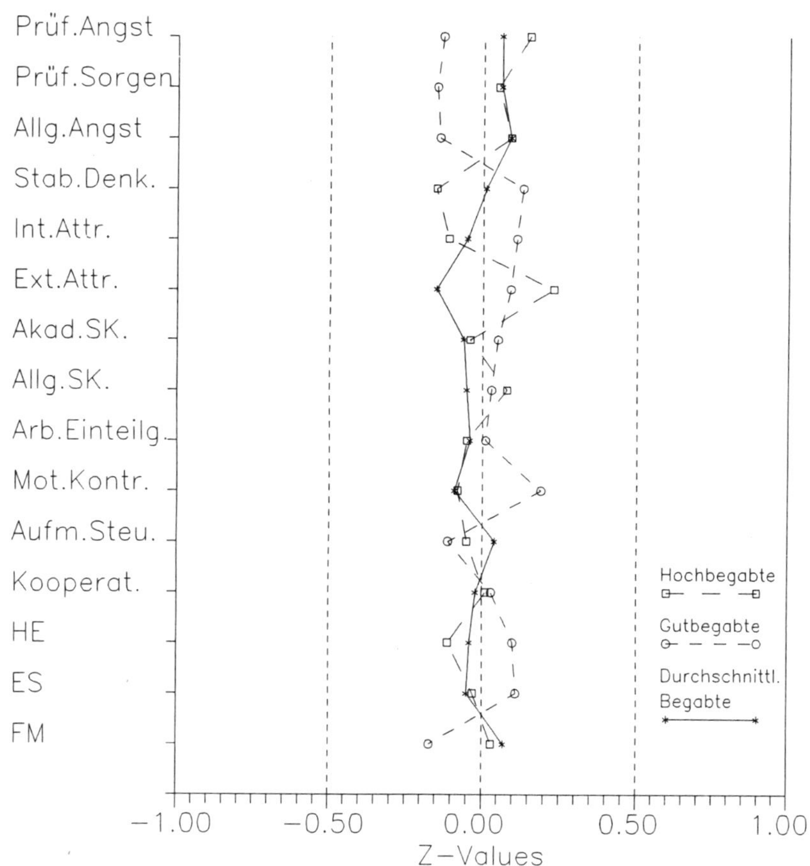

Abbildung 40: Persönlichkeitsmerkmale *kreativ* Hochbegabter, Begabter und durchschnittlich Begabter in der 8. Klasse

Legende:

Prüf.Angst	=	Prüfungsangst
Prüf.Sorgen	=	Prüfungssorgen
Allg.Angst	=	Allgemeine Angst
Stab.Denk.	=	Stabilität der Denkabläufe
Int.Attr.	=	Internale Kausalattribution
Ext.Attr.	=	Externale Kausalattribution
Akad.SK.	=	Akademisches Selbstkonzept
Allg.SK	=	Allgemeines, nicht-akademisches Selbstkonzept
Arb.Einteilg.	=	Arbeitsplanung und -organisation
Mot.Kontr.	=	Motivationskontrolle
Aufm.Steu.	=	Aufmerksamkeitssteuerung
Kooperat.	=	Kooperation mit Gleichaltrigen
HE	=	Hoffnung auf Erfolg
ES	=	Erkenntnisstreben
FM	=	Furcht vor Mißerfolg

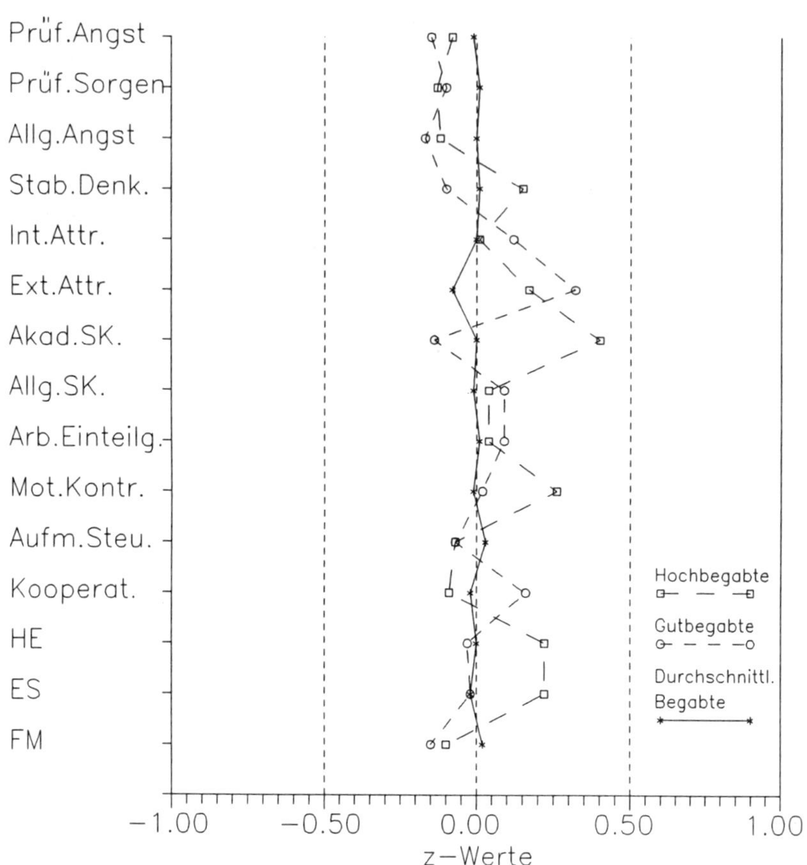

Abbildung 41: Persönlichkeitsmerkmale *kreativ* Hochbegabter, Begabter und durchschnittlich Begabter in der 10. Klasse

Legende:

	Prüf.Angst	= Prüfungsangst
	Prüf.Sorgen	= Prüfungssorgen
	Allg.Angst	= Allgemeine Angst
	Stab.Denk.	= Stabilität der Denkabläufe
	Int.Attr.	= Internale Kausalattribution
	Ext.Attr.	= Externale Kausalattribution
	Akad.SK.	= Akademisches Selbstkonzept
	Allg.SK	= Allgemeines, nicht-akademisches Selbstkonzept
	Arb.Einteilg.	= Arbeitsplanung und -organisation
	Mot.Kontr.	= Motivationskontrolle
	Aufm.Steu.	= Aufmerksamkeitssteuerung
	Kooperat.	= Kooperation mit Gleichaltrigen
	HE	= Hoffnung auf Erfolg
	ES	= Erkenntnisstreben
	FM	= Furcht vor Mißerfolg

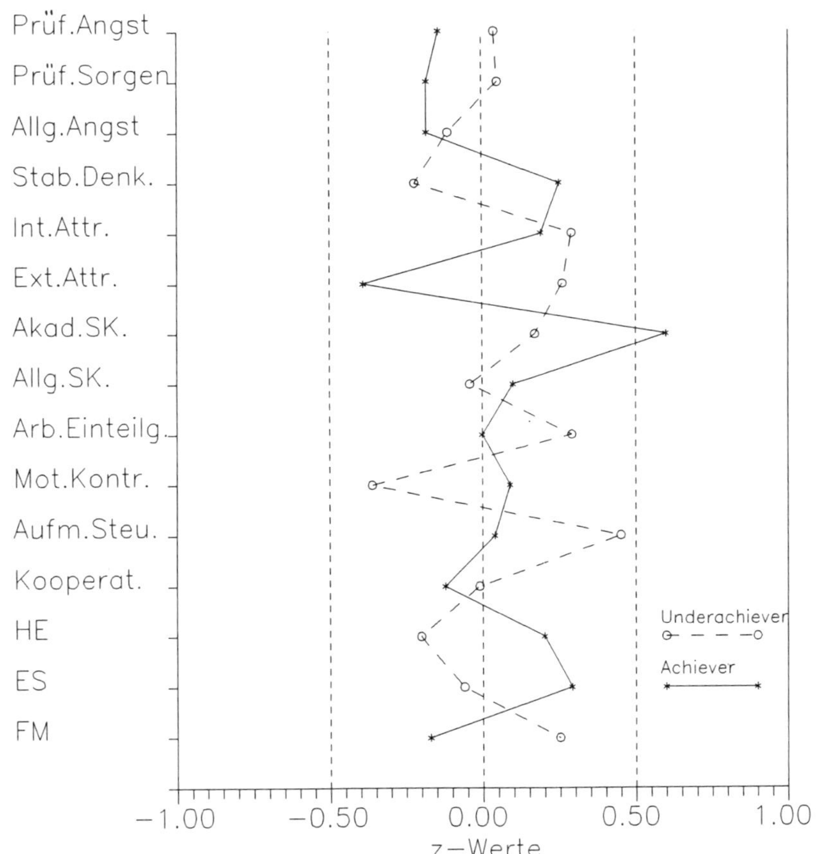

Abbildung 42: Persönlichkeitsmerkmale begabter *Underachiever* versus Achiever in der 8. Klasse

Legende:		
	Prüf.Angst	= Prüfungsangst
	Prüf.Sorgen	= Prüfungssorgen
	Allg.Angst	= Allgemeine Angst
	Stab.Denk.	= Stabilität der Denkabläufe
	Int.Attr.	= Internale Kausalattribution
	Ext.Attr.	= Externale Kausalattribution
	Akad.SK.	= Akademisches Selbstkonzept
	Allg.SK	= Allgemeines, nicht-akademisches Selbstkonzept
	Arb.Einteilg.	= Arbeitsplanung und -organisation
	Mot.Kontr.	= Motivationskontrolle
	Aufm.Steu.	= Aufmerksamkeitssteuerung
	Kooperat.	= Kooperation mit Gleichaltrigen
	HE	= Hoffnung auf Erfolg
	ES	= Erkenntnisstreben
	FM	= Furcht vor Mißerfolg

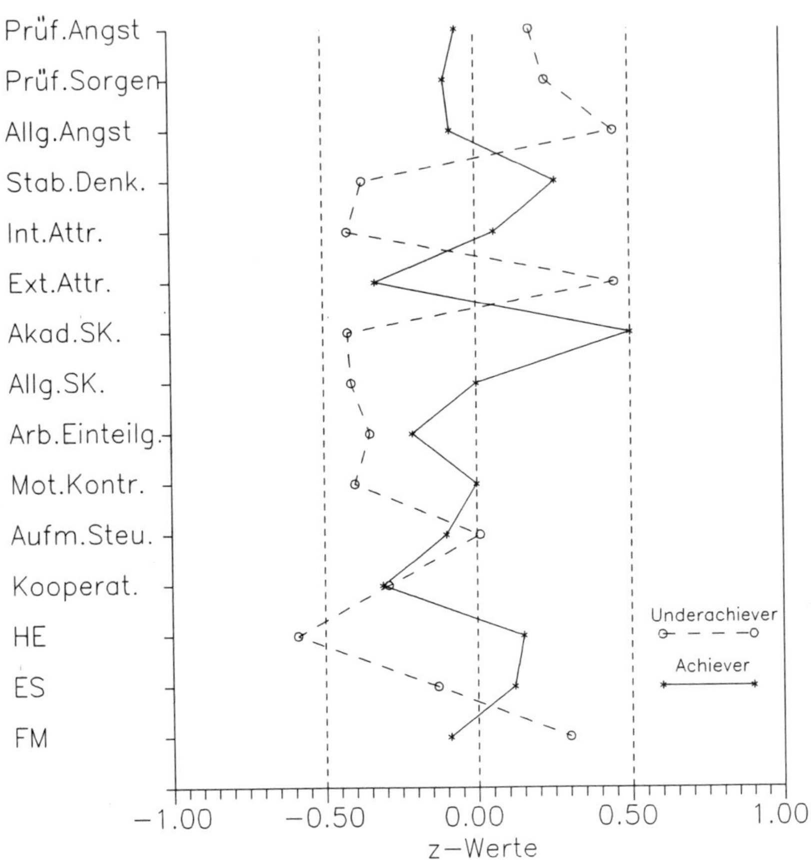

Abbildung 43: Persönlichkeitsmerkmale begabter *Underachiever* versus Achiever in der 10. Klasse

Legende:

Prüf.Angst	= Prüfungsangst
Prüf.Sorgen	= Prüfungssorgen
Allg.Angst	= Allgemeine Angst
Stab.Denk.	= Stabilität der Denkabläufe
Int.Attr.	= Internale Kausalattribution
Ext.Attr.	= Externale Kausalattribution
Akad.SK.	= Akademisches Selbstkonzept
Allg.SK	= Allgemeines, nicht-akademisches Selbstkonzept
Arb.Einteilg.	= Arbeitsplanung und -organisation
Mot.Kontr.	= Motivationskontrolle
Aufm.Steu.	= Aufmerksamkeitssteuerung
Kooperat.	= Kooperation mit Gleichaltrigen
HE	= Hoffnung auf Erfolg
ES	= Erkenntnisstreben
FM	= Furcht vor Mißerfolg

7.1.3 Merkmalsprofile hochbegabter Underachiever

Bei der Untersuchung der begabten *Underachiever* unserer Stichproben konnten wir viele der Unterschiede (zu den Achievern) wiederfinden, die aus der Literatur bekannt sind. Mit "Underachiever" bezeichnet man jene Schüler, die im Hinblick auf ihre intellektuelle Begabung erwartungswidrig schlechte Schulleistungen erbringen, d.h. - im Gegensatz zu "Achievern" - ihr Begabungspotential aus persönlichkeitspsychologischen und/oder sozialen Gründen nicht angemessen aktivieren können.

Allerdings dürfen die in den Abbildungen 42 und 43 veranschaulichten Ergebnisse nicht überinterpretiert werden, weil nicht alle aufgezeigten Unterschiede statistisch die Signifikanzgrenze erreichen. Dies wiederum hängt mit den kleinen Zellbesetzungen zusammen: In Klasse 8 fanden wir lediglich 12 Underachiever unter 86 begabten Schülern, in Klasse 10 immerhin 14 von 80 begabten. Dennoch können diese Resultate Hinweise auf wichtige, beratungsrelevante Aufgaben vermitteln. So tendieren Underachiever allgemein dazu, ängstlicher zu sein; ihre Denkabläufe sind in Streßsituationen störungsanfälliger, sie attribuieren mehr external, sie haben ein geringeres akademisches Selbstkonzept, und ihre Motivationsstruktur ist insgesamt ungünstiger.

7.2 Nichtkognitive Persönlichkeitsmerkmale als Moderatoren des Begabungs-Leistungszusammenhangs

Die im folgenden beschriebenen Untersuchungen zum Einfluß nichtkognitiver Persönlichkeitsmerkmale auf den Begabungs-Leistungszusammenhang fokussieren vor allem auf kognitive Aspekte der Begabung. Es wird varianzanalytisch der Einfluß von Intelligenz und jeweils eines nichtkognitiven Persönlichkeitsmerkmals auf schulische und außerschulische Leistungen bzw. Aktivitäten untersucht.

Wie im vorausgehenden Abschnitt dargestellt, bezogen wir zunächst die Kohorten der Siebt- und Neuntkläßler unserer Stichprobe, die im ersten Erhebungsjahr (1986) die siebte bzw. neunte Klasse besuchten, in die Verrechnungen ein. Im Gegensatz zu oben beruhen die hier berichteten Ergebnisse jedoch auf allen drei Datenerhebungen, wobei nichtkognitive Persönlichkeitscharakteristika lediglich vom zweiten Meßzeitpunkt (1987) in die Analysen eingingen. Zu den Definitionen "hoch-", "gut-" und "durchschnittlich begabt" siehe Abschnitt 7.1 oben. "Begabung" meint im vorliegenden Abschnitt stets *intellektuelle Begabung*.

(1) Zusammenhänge mit dem aktuellen Leistungsstand
Zunächst haben wir den Einfluß der Intelligenz zusammen mit dem Einfluß derjenigen Persönlichkeitsmerkmale, bei denen signifikante Unterschiede zwischen den Begabungsgruppen gefunden wurden, auf die Durchschnittsnote aus Deutsch, Mathematik und Englisch sowie auf außerschulische Aktivitäten und Leistungen in den Gebieten Literatur und Kunst, im Bereich sozialer sowie wissenschaftlicher Aktivitäten untersucht. Alle Variablen (Begabung, Persönlichkeitsmerkmale, Leistungen) wurden 1987 erhoben. Die Resultate dieser zweifaktoriellen Varianzanalysen mit den Leistungsmaßen als abhängigen Variablen, wobei der eine

Faktor von den Intelligenzgruppen der Hoch-, Gut- und durchschnittlich Begabten und der andere Faktor durch Dichotomisierung der jeweiligen Persönlichkeitsmerkmale am Mittelwert gebildet wurde, sind in Tabelle 32 zusammengefaßt. Um die Ergebnisse nicht durch unterschiedliche Bezugssysteme zu verfälschen, wurden in die betr. Analysen nur Gymnasiasten einbezogen.

Tabelle 32: Einfluß von Intelligenz und nichtkognitiven Persönlichkeitsfaktoren auf Leistungen

	DNote	KunstLit	SozAkt	NatMat
Klasse 8:				
Prüfungsangst	+-o	ooo	o-*	+-*
Stab. Denk.	++o	ooo	ooo	+o*
Externale Attr.	+-o	oo*	oo*	+o*
Akadem. Selbstk.	++o	o+o	o+o	++o
Klasse 10:				
Stab. Denk.	++o	ooo	-oo	++o
Externale Attr.	+-o	ooo	-o*	+o*
Akadem. Selbstk.	++o	ooo	-+o	++o
Allgem. Selbstk.	+oo	ooo	-+o	++o
Arbeitseinteilg.	+oo	ooo	-oo	++o
Motivat.Kontr.	+oo	ooo	-oo	++o
Kooperation	+oo	o+o	-+o	+oo

Legende: Das erste Zeichen symbolisiert den **Einfluß** von Intelligenz, das zweite den des jeweiligen Persönlichkeitsmerkmals ("+" = positiver Einfluß, "-" = negativer Einfluß, "o" = nicht signifikant), drittes Zeichen die Wechselwirkung ("*" = signifikant, "o" = nicht sign.). Zur Bezeichnung der Persönlichkeitsvariablen siehe Legenden zu den Abbildungen 36-43; DNote = Durchschnitt aus Deutsch, Mathematik und Englisch; außerschulische Aktivitäten: KunstLit = Kunst und Literatur, SozAkt = soziale Aktivitäten, MatNat = mathem.-naturwissenschaftl. Aktivitäten.

Im Hinblick auf die Schulleistungen hatte Intelligenz in allen Analysen einen positiven Effekt. Ebenso konnten Effekte von Angst, Stabilität der Denkabläufe in Streßsituationen, externaler Attribution und akademischem Selbstkonzept statistisch gesichert werden. Die Interpretierbarkeit der Ergebnisse wird dadurch erleichtert, daß keine Interaktion zwischen den Faktoren gefunden wurde.

Bezüglich der Aktivitäten auf dem Gebiet von Literatur und Kunst mußten wir feststellen, daß keine der Nullhypothesen zurückgewiesen werden konnte, wenn man von drei (in unseren Augen) weniger bedeutsamen Ausnahmen absieht. Für Aktivitäten auf sozialem Gebiet hat die Intelligenz in Klasse 10 einen signifikant negativen, wenngleich nicht allzu starken Einfluß, was bedeutet, daß intelligente Schüler sich weniger stark in sozialen Aktivitäten engagieren. Andererseits fanden wir signifikante positive Einflüsse des akademischen und allgemeinen Selbstkonzepts, in Klasse 10 auch eines kooperativen Arbeitsverhaltens, auf die Leistungsvariable.

Ähnlich wie bei den Schulleistungen hatte die Intelligenz in allen durchgeführten Varianzanalysen starke Effekte auch auf die Aktivitäten im naturwissenschaftlichen Bereich außerhalb der Schule. Alle signifikanten Effekte der verschiedenen Persönlichkeitsmerkmale zeigen in die erwartete Richtung; bezüglich der Variablen, die mit Streßbewältigung zu tun haben, sind interessante Interaktionen mit den Intelligenzgruppen zu verzeichnen: Es zeigte sich nämlich, daß das Leistungsverhalten normal Intelligenter und Begabter sich nur wenig unterscheidet, während der Einfluß der Streßbewältigungsvariablen besonders bei den hochbegabten Schülern deutlich wird.

(2) Prognose des Leistungsverhaltens

Der Versuch, dieselben Analysen mit den schulischen und außerschulischen Leistungen von 1988 vorzunehmen, erwies sich als nicht durchführbar, da aufgrund von Stichprobenausdünnungen die Zellbesetzungen bei den Varianzanalysen zu klein wurden. Daher mußten wir die Gruppen der Begabten und Hochbegabten zusammenfassen und konnten somit nur noch die 30 Prozent der intelligentesten Schüler unserer Stichprobe, die in etwa den 5-10 Prozent besten der Gesamtpopulation entsprechen, mit den übrigen (durchschnittlich begabten Schülern) kontrastieren.

Tabelle 33: Einfluß von Intelligenz und nichtkognitiven Persönlichkeitsfaktoren auf Leistungen ein Jahr später

	DNote	KunstLit	SozAkt	NatMat
Klasse 8:				
Prüfungsangst	+-o	ooo	o-o	+-o
Stab. Denk.	++o	ooo	ooo	++o
Externale Attr.	+-o	ooo	ooo	+oo
Akadem. Selbstk.	++o	o+o	o+o	++*
Klasse 10:				
Stab. Denk.	++o	ooo	ooo	++o
Externale Attr.	+oo	ooo	ooo	+oo
Akadem. Selbstk.	++o	ooo	o+o	++o
Allgem. Selbstk.	+oo	o+*	o+o	++o
Arbeitseinteilg.	+oo	ooo	ooo	+oo
Motivat.Kontr.	++o	ooo	ooo	++o
Kooperation	+oo	o+o	o+o	+oo

Legende: Das erste Zeichen symbolisiert den Einfluß von Intelligenz, das zweite den des jeweiligen Persönlichkeitsmerkmals ("+" = positiver Einfluß, "-" = negativer Einfluß, "o" = nicht signifikant), drittes Zeichen die Wechselwirkung ("*" = signifikant, "o" = nicht sign.). Zur Bezeichnung der Persönlichkeitsvariablen siehe Legenden zu den Abbildungen 36-43; DNote = Durchschnitt aus Deutsch, Mathematik und Englisch; außerschulische Aktivitäten: KunstLit = Kunst und Literatur, SozAkt = soziale Aktivitäten, MatNat = mathem.-naturwissenschaftl. Aktivitäten.

Wie Tabelle 33 entnommen werden kann, ergab sich insgesamt ungefähr das gleiche Bild wie bei den oben berichteten Ergebnissen. Daß der negative Einfluß der Intelligenz auf die sozialen Aktivitäten in der Kohorte der Neuntkläßler verschwunden ist, unterstreicht, daß diesem Effekt keine zu große Bedeutung beigemessen werden sollte. Der Wegfall einiger Wechselwirkungen hängt wohl mit der notwendigen Zusammenlegung der Begabungsgruppen zusammen, da sich - wie oben berichtet - gerade die Hochbegabten von den Normal- und Gutbegabten abgehoben hatten. Dennoch wird deutlich, insbesondere wenn man die hier nicht mitgeteilten Mittelwerte im einzelnen analysiert, daß in vielen Fällen Schüler mit sowohl hoher Intelligenz als auch günstigen Persönlichkeitsmerkmalen erheblich bessere Leistungen zeigen als die übrigen. Die Effekte scheinen sich mehr als nur zu addieren.

(3) Einfluß auf die Leistungsentwicklung

Wurden in den obigen Untersuchungen Varianzanalysen mit Leistungsvariablen zu einem Meßzeitpunkt (1987 bzw. 1988) als abhängige Variable sowie mit Intelligenzniveau und nichtkognitiven Persönlichkeitsmerkmalen als unabhängigen Faktoren gerechnet, so sollen im folgenden Ergebnisse berichtet werden, die den Einfluß dieser unabhängigen Variablen auf die Leistungsentwicklung genauer analysieren. Da jedoch die von uns verwendeten Skalen für außerschulische Leistungen und Aktivitäten hohe Korrelationen zwischen den Zeitpunkten aufweisen (in den Kohorten der Siebt- und Neuntkläßler zwischen .59 und .88, der Großteil über .70), wird nur über die Ergebnisse zur Durchschnittnote aus Deutsch, Englisch und Mathematik berichtet. Weiter beschränken wir uns in den Analysen für die Kohorten der Siebt- und Neuntkläßler auf dieselben Persönlichkeitscharakteristika wie oben. Der interessierte Leser sei in diesem Zusammenhang auch auf Abschnitt 2.2 in diesem Berichtsteil verwiesen, in dem Methodenfragen am Beispiel von Wechselwirkungen zwischen der Leistungs- und Motivationsentwicklung abgehandelt werden. Natürlich wurden auch hier bei den Entwicklungsanalysen der (via Schulnoten erfaßten) Schulleistungen nur Gymnasiasten in die Verrechnungen einbezogen.

In der Kohorte der Siebtkläßler (d.h. von Klasse 7 bis 9) zeigte sich kein Effekt von Ängstlichkeit und externalem Attributionsverhalten auf die Entwicklung der Durchschnittsnote in den Hauptfächern. Wohl aber können begabte Schüler, die ein hohes akademisches Selbstkonzept aufweisen, ihre Schulleistungen verbessern, während alle anderen sich eher verschlechtern. Gleiches gilt für intelligente Schüler, die in Prüfungs- oder anderen Anforderungssituationen in ihren Denkprozessen kaum beeinträchtigt werden.

Bei den Schülern der Kohorte der Neuntkläßler ergab sich in keiner der durchgeführten Analysen ein Effekt von Intelligenz oder eines Persönlichkeitsmerkmals auf die Leistungsentwicklung. Dies bedeutet, daß die festgestellten Schulleistungsunterschiede zwischen intelligenten und weniger intelligenten Schülern sowie zwischen Schülern mit schulleistungsspezifisch günstigen und weniger günstigen Ausprägungen in den untersuchten Persönlichkeitsmerkmalen über den betrachteten Zeitraum von der 9. bis zur 11. Klasse weitgehend konstant blieben.

Für diese Befunde böte sich die Erklärung an, daß in der Zeit zwischen Klasse 7 und 9 möglicherweise in einer insgesamt durch mehr Veränderungen gekennzeichneten Lage (körperliche Reifungsprozesse, neue Fächer in der Schule, Gewöhnung an die Arbeitsweise im Gymnasium) Persönlichkeitsmerkmale einen größeren Einfluß auf die Leistungsentwicklung ausüben als später, wenn die Schüler wohl auch mehr Copingstrategien entwickelt haben.

Um hierüber weiter Aufklärung zu erhalten und das Bild abzurunden, haben wir an dieser Stelle die Untersuchungen auf die Kohorten der Fünft- und Elftkläßler ausgeweitet. Für die Schüler, die im Untersuchungszeitraum die Klassen 5 bis 7 besuchten (Kohorte der Fünftkläßler), fanden sich keine Einflüsse der Persönlichkeitsmerkmale auf die Schulleistungen. Allerdings wäre festzuhalten, daß intelligente Schüler ihren Notendurchschnitt halten konnten, während die übrigen sich im genannten Zeitraum verschlechterten. Für jene Schüler, die im Untersuchungszeitraum die Klassen 11 bis 13 besuchten, war hingegen keiner der untersuchten Effekte signifikant.

Somit ergibt sich insgesamt das Bild, daß zu Beginn der Gymnasialzeit intellektuell begabtere Schüler mit den für sie neuen Anforderungen besser zurechtkommen, jedenfalls soweit sich dieses in den Fächern Deutsch, Mathematik und Englisch ausdrückt. Zu Beginn und im Verlauf der Mittelstufe, wenn die Belastungen durch neue Fächer (zweite Fremdsprache, Physik, geistes- und sozialwissenschaftliche Fächer) und nicht schulisch bedingte Belastungen (Pubertät) zunehmen, wirken sich Persönlichkeitsmerkmale stärker auf die Leistungsentwicklung aus, während am Ende der Mittelstufe und in der Oberstufe Veränderungen der Schulleistungen nicht mehr auf die hier analysierten Faktoren zurückgeführt werden können. Ohne auf die Ergebnisse der in Abschnitt 9.2 dargestellen Interviewstudie vorgreifen zu wollen, sei angemerkt, daß sich die hier präsentierten quantitativen Befunde mit den (späteren) Aussagen der Schüler in den Interviews in etwa decken.

7.3 Geschlechtsspezifische Hochbegabungsmerkmale

Geschlechtsunterschiede in bezug auf Hochbegabung sind in jüngerer Zeit erneut zum Gegenstand intensiver Diskussionen avanciert. Selbstverständlich können hier nur einige Aspekte dieser Problematik angesprochen werden, soweit sie durch Belege aus unserer - nicht unter geschlechtsspezifischer Fragestellung angelegten - Studie abzudecken sind. Unsere Auswertungen orientierten sich dabei an folgenden Fragestellungen:

(1) Gibt es Geschlechtsunterschiede in der Identifikation von begabten Schülern, d.h. werden bereichsspezifisch unterschiedlich viele Mädchen oder Jungen von den Lehrern identifiziert? Sind solche eventuellen Geschlechtsunterschiede auch in der Testuntersuchung objektivierbar?

(2) Sind geschlechtsspezifische Begabungsdifferenzen in allen Altersgruppen aufweisbar? Verstärken sich diese möglicherweise mit zunehmendem Alter und ausgeprägter Identifikation mit der eigenen Geschlechtsrolle?

(3) Lassen sich Geschlechtsunterschiede in den gezeigten schulischen und außerschulischen Leistungen feststellen?

(4) Gibt es geschlechtsspezifische Begabungsstrukturen, die zu bestimmten herausragenden Leistungen führen?

(5) Lassen sich Unterschiede in den Bedingungsvariablen feststellen, d.h. zeichnen sich hochbegabte Mädchen durch andere Persönlichkeits- und Umweltvariablen aus als Jungen?

Bestehen geschlechtsspezifische Beziehungen zwischen Begabung, Leistung und (soziokulturellen) Bedingungsvariablen?

Diese Fragestellungen werden überwiegend am Datenmaterial der ersten Hauptuntersuchung bearbeitet, da die Lehrerurteile der Screeningphase, aufgrund derer die Vorauswahl der Stichprobe erfolgte, und die Ergebnisse der Begabungstestbatterie zum ersten Meßzeitpunkt, mit denen die endgültige Selektion der Längsschnittstichprobe vorgenommen wurde, im Mittelpunkt stehen. Die hier berichteten Entwicklungsanalysen beruhen dementsprechend nicht auf längsschnittlichen, sondern auf Querschnittsuntersuchungen, d.h. die Ergebnisse der Kohorten der Siebt-, Neunt- und Elftkläßler werden verglichen und entwicklungspsychologisch interpretiert.

7.3.1 Geschlechtsunterschiede im Lehrer- und Testurteil

Sowohl im Screening, d.h. Lehrerurteil (LU), wie auch in der testdiagnostischen Identifikationsphase, d.h. im Testurteil (TU), zeigten sich in unserer Studie Abhängigkeiten vom Geschlecht. Die Unterscheidung zwischen hoch- und (nur) gutbegabten Schülern gelingt - durchgängig - den Lehrern bzw. Lehrerinnen bei Jungen besser als bei Mädchen. Im Hinblick auf die verschiedenen Dimensionen unseres Hochbegabungsmodells zeichnen sich folgende Resultate ab:

In den *quantitativen* Fähigkeiten erzielten die Mädchen schlechtere Ergebnisse im Kognitiven Fähigkeitstest (KFT) als die Jungen. Bei der Interpretation dieses Befundes ist allerdings zu berücksichtigen, daß die Stichprobenauswahl aufgrund des KFT- Gesamtleistungswertes erfolgte, d.h. Konfundierungseffekte nicht mit der nötigen Sicherheit auszuschließen sind.

Im Bereich der *Kreativität* weisen die Mädchen niedrigere Screeningwerte (LU) auf als die Jungen. Mädchen wurden auch aufgrund von Kreativitätstests (TU) seltener in die Hochbegabtengruppe gewählt.

Hinsichtlich der *sozialen Kompetenz* - als weiterer Begabungsdimension - liegt der Hochbegabungsanteil der Mädchen im Screening (LU) höher als jener der Jungen. Keine geschlechtsspezifischen Effekte ergaben sich jedoch beim Testurteil.

Im Bereich der *Psychomotorik* liegt der Begabungsanteil der Jungen (LU) nur in der 7. Klassenstufe höher, wohingegen sich sonst keine geschlechtsspezifischen Differenzen erkennen lassen oder diese, soweit solche auftraten, nicht signifikant sind.

Bezüglich der *Musikalität* ergaben sich sowohl nach dem Screening (LU) als auch in der detaillierteren diagnostischen Befragung der Testuntersuchungsphase (Schüler-, Eltern- und Lehrerbefragung) höhere Anteile begabter Mädchen. Da hierbei leider kein objektiver Musiktest durchgeführt werden konnte, treffen diese Ergebnisse zwar recht gut die in der Literatur berichtete Befundlage, gleichzeitig muß jedoch vor weitergehenden Interpretationen - vorläufig - gewarnt werden. Immerhin wird damit das weitverbreitete (Vor-)Urteil über geschlechtsspezifische musische - hier: musikalische - Begabung eher bestätigt als widerlegt.

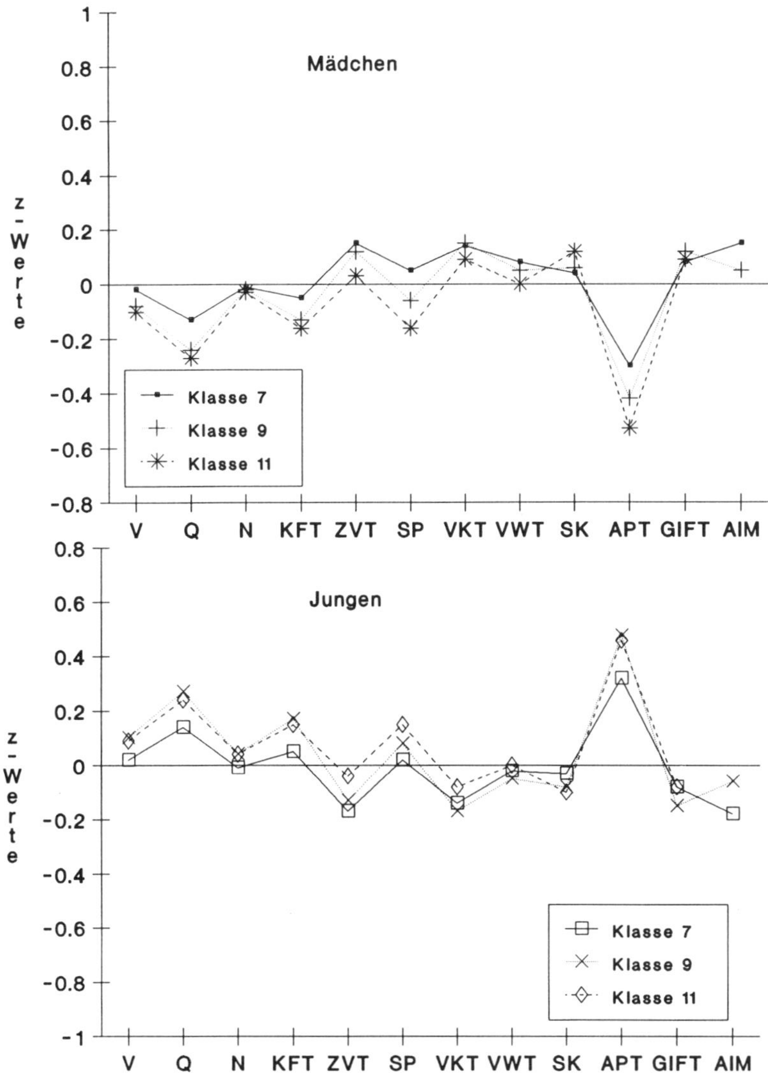

Abbildung 44: Geschlechtsspezifische Begabungsprofile

Legende: Den z-Wert-Profilen in der Abbildung (abgebildet sind die mittleren z-Werte, standardisiert an der Gesamtstichprobe) liegen folgende *Begabungsvariablen* zugrunde: V = Verbale Fähigkeiten im KFT (V-Teil); Q = Quantitative Fähigkeiten im KFT (Q-Teil); N = Nonverbale Fähigkeiten im KFT (N-Teil); KFTGL = Gesamtleistungswert im KFT; ZVT = Zahlenverbindungstest; SP = "Straßenplan" (Raumorientierung); VKT = Verbaler Kreativitätstest; VWT = Verwendungstest (Kreativitätsskala); SKGES = Soziale Kompetenz (Skalen-Gesamtwert); APT = Aufgaben aus Physik und Technik (physikalisch-technisches Wissen); GIFT = Group Inventory for Finding Creative Talent; AIM = "Aiming"(Psychomotorikskala).

7.3.2 Geschlechtsspezifische Begabungsdifferenzen in Abhängigkeit vom Alter

Aus Abbildung 44 geht hervor, daß die intellektuellen, kreativen und nichtkognitiven (z.B. psychomotorischen) *Fähigkeitsdifferenzen* zwischen Jungen und Mädchen mit zunehmendem Alter größer werden. Die Mädchen fallen von der 7. bis zur 11. Jahrgangsstufe gegenüber den gleichaltrigen Jungen zurück, ohne daß das geschlechtstypische (Hochbegabungs-)Profil sich substantiell verändert.

In der *quantitativen* KFT-Dimension sind die Mädchen auf allen Klassenstufen signifikant schlechter als die Jungen, ebenso im *verbalen* Fähigkeitsbereich und in der KFT-Gesamt-(Intelligenz-)Leistung ab der 9. Jahrgangsstufe aufwärts.

Bezüglich der (formalen) *Informationsverarbeitungsgeschwindigkeit* (im ZVT) und im *räumlichen Orientierungsvermögen* (im Test "Straßenplan") weisen die Mädchen anfangs, d.h. in den jüngeren Altersstufen, teilweise bessere Testresultate auf als die gleichaltrigen Jungen. Diese Überlegenheit der Mädchen verliert sich jedoch mit zunehmendem Alter. Im Bereich "Raumorientierung" werden die Mädchen ab 11. Klassenstufe signifikant schlechter als die Jungen, was mit anderen Forschungsbefunden gut übereinstimmt. Ob dies im Zusammenhang mit biologischen bzw. gehirnphysiologischen Veränderungen während der Geschlechtsreife erklärt werden kann, sei hier dahingestellt (vgl. Benbow, 1990).

Größere Defizite weisen die Mädchen im *Physik- und Technikwissen* aus. In der 11. Klassenstufe betragen die Geschlechtsunterschiede hier bereits eine ganze Standardabweichung (vgl. auch Beerman et al, 1991).

Im Bereich von *kreativer Begabung* ergeben sich Vorteile für die Mädchen, die bezüglich "verbaler Kreativität" (VKT) gegenüber den Jungen sogar signifikant überlegen sind. In bezug auf die Variablen "Erfindungsreichtum" und "Ausdauernder Umgang mit Herausforderungen und Interessenvielfalt" erweisen sich die Jungen tendentiell den Mädchen gegenüber als überlegen. Dies gilt verstärkt für außerschulische Aktivitäten im Umgang mit naturwissenschaftlichen Problemen und Inhalten. Beim Test zur praktisch-technischen Kreativität (Verwendungstest nach Guilford) konnten keine geschlechtsspezifischen Differenzen beobachtet werden.

Bezüglich *sozialer Kompetenz* und *Musikalität* werden die Mädchen signifikant besser als die Jungen von den Lehrern eingeschätzt. Leider liegen zu diesen Begabungsdimensionen keine (objektiven) Testdaten vor, die die betr. Lehrerurteile absichern könnten.

Zur *Psychomotorik* (Handmotorik) werden hier nur die Ergebnisse einer Skala des Computertests ("Aiming") mitgeteilt. Dabei schneiden die Mädchen der 7. Klasse signifikant besser ab als die Jungen, was mit entsprechenden in der Literatur berichteten Ergebnissen übereinstimmt (vgl. Merz, 1979). Eine zweifaktorielle Varianzanalyse mit "Geschlecht" und "Schulart" erbrachte jedoch keine signifikanten Wechselwirkungen. Varianzanalysen bei *Grundschülern* bestätigten signifikante Leistungsvorteile in der Psychomotorik nur bezüglich der Fingerfertigkeit, und zwar zugunsten der Jungen.

7.3.3 Geschlechtsunterschiede bei schulischen und außerschulischen Leistungen

Mädchen zeigen signifikant bessere *Schulzensuren* in den Fächern Deutsch, Englisch, Sport, Musik und Kunst, während die Jungen signifikant bessere Noten in Physik und Mathematik erzielen (vgl. Abbildung 45).

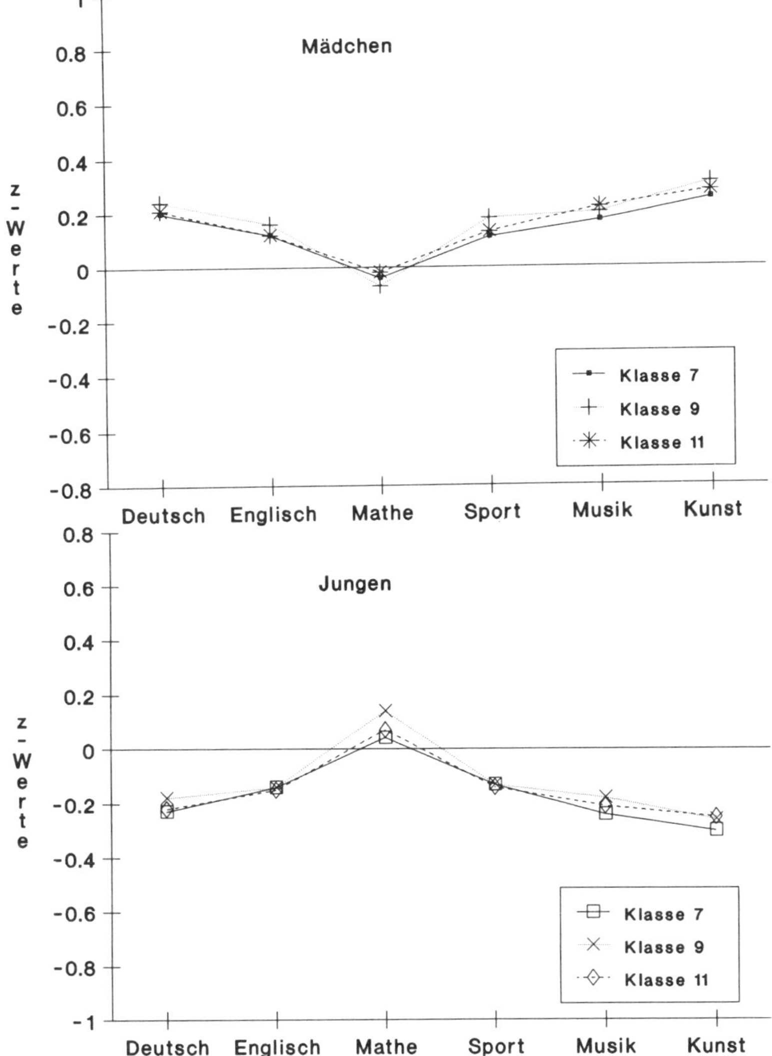

Abbildung 45: Geschlechtsspezifische Schulleistungsprofile

Bezüglich außerschulischer bzw. *Freizeit-Aktivitäten*, erfaßt mit dem Münchner Aktivitäten-Inventar (MAI), stechen die Mädchen im künstlerisch-musischen Bereich, die Jungen im naturwissenschaftlichen und technischen Bereich sowie im Sport hervor. Unter den oberen 10 Prozent in den (natur-)wissenschaftlich-technischen MAI-Skalen finden sich z.B. in der 9. Klasse zwar 84 Prozent (160) Jungen, aber nur nur 16 Prozent (30) Mädchen (vgl. Abbildung 46). Insgesamt spiegelt sich hier das vertraute Bild geschlechtsspezifischer Bevorzugung von Freizeitaktivitäten der nichthochbegabten Schülerpopulation.

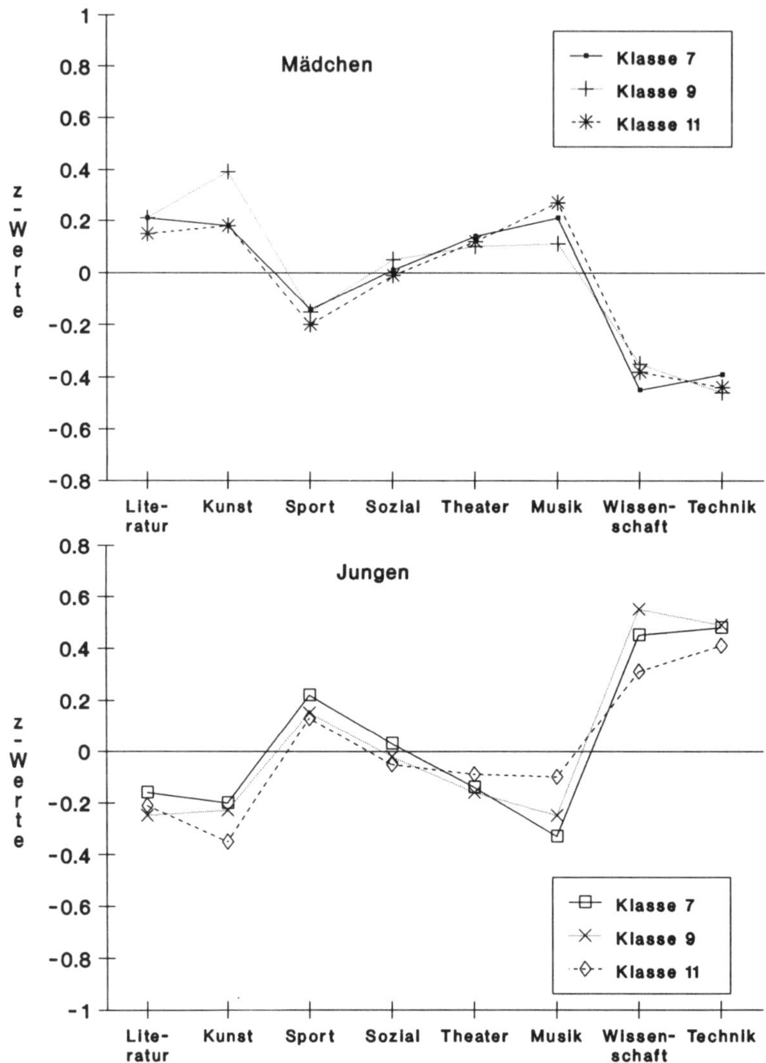

Abbildung 46: Geschlechtsspezifische Profile außerschulischer Aktivitäten und Leistungen

7.3.4 Zum Problem des "sex bias" in der Hochbegabtenidentifikation

Zur Überprüfung der Frage, ob für die *Vorhersage schulischer Leistungen* bei Jungen und Mädchen dieselben Prädiktorvariablen (gleichermaßen gut) herangezogen werden können, wurden bei Gymnasiasten der 7. und 9. Klassenstufe Diskriminanzanalysen durchgeführt. Unter den zahlreichen Ergebnissen seien hier nur zwei präsentiert, die sich in allen Analysen bestätigten:

(1) Für eine optimale (Schul-)Leistungsprognose sind jeweils geschlechtsspezifisch andere Variablen in die Prognosegleichung einzubeziehen.

(2) Wurde die bei einer Gruppe aufgestellte Gleichung auf andere Gruppen angewendet, ergab sich nicht nur jeweils eine schlechtere Vorhersage (Beeinträchtigung der Prognosevalidität), sondern es zeigte sich auch eine systematische Auswirkung über alle prognostizierten Leistungen hinweg: (a) Wurde die Prognosegleichung der Jungen auf die Mädchen angewendet, so wurde jeweils ein größerer Anteil der leistungsmäßig guten Mädchen nicht erfaßt. Im Ernstfall eines Identifikationsverfahrens bedeutete dies, daß relativ viele hochbegabte oder besonders leistungsfähige Schülerinnen unerkannt blieben. (b) Wurde die Prognosegleichung der Mädchen auf die Jungen angewendet, zeigte sich ein anderer Fehler, der die Prognosegültigkeit verschlechtert: Zu viele Jungen mit schlechteren Schulleistungen werden - fälschlicherweise - als zur Gruppe der besseren Schüler zugehörig bzw. als hochbegabt oder besonders leistungsfähig eingeschätzt.

Am Beispiel der Vorhersage von Deutschnoten (in der 8. Klasse) seien diese Effekte demonstriert (vgl. Tabelle 34).

Tabelle 34: Prognose der Deutschnote - Vergleich der Diskriminanzanalyseergebnisse

Vorhersage durch **weiblichen** Prädiktorensatz:				
Geschlecht:	Mädchen		Jungen	
prognost. Deutschnote	<= 2	> 2	<= 2	> 2
wirklich erreicht <= 2	**66.0**	34.0	**28.8**	71.2
> 2	26.1	**73.9**	14.6	**85.4**
Gesamtanteil richtig prognost.	**70.6**		**52.0**	

Vorhersage durch **männlichen** Prädiktorensatz:				
Geschlecht	Mädchen		Jungen	
prognost. Deutschnote	<= 2	> 2	<= 2	> 2
wirklich erreicht <= 2	**77.1**	22.9	**78.3**	21.7
> 2	25.6	**74.4**	54.9	**45.1**
Gesamtanteil richtig prognost.	**75.9**		**60.3**	

Legende: **Fettdruck** = Anteile richtiger Prognosen.

7.3.5 Geschlechtsunterschiede bezüglich nichtkognitiver Persönlichkeitsmerkmale und Sozialisationsbedingungen

Zur Aufdeckung geschlechtsspezifischer Zusammenhänge zwischen Begabung, Motivation und außerschulischen Aktivitäten sollen abschließend die Ergebnisse unserer Analysen der Daten aus der ersten und zweiten Hauptuntersuchung - bezogen auf die 9. Klasse - berichtet werden. Dabei interessiert die Frage, ob bei Mädchen und Jungen mit jeweils hervorragenden außerschulischen Aktivitäten andere, d.h. geschlechtsspezifische Begabungs- und Motivationsstrukturen vorliegen. (Hiermit ist freilich nichts über die Richtung der Wirkung aussagbar, etwa ob Begabungs- und Motivationsstrukturen Ursache oder Folge der außerschulischen Aktivitäten darstellen.)

Zu diesem Zweck wurde zunächst eine Faktorenanalyse mit Begabungs- und Motivationsvariablen gerechnet, wobei sich eine *Fünf-Faktoren-Lösung* ergab:
Faktor 1: Mißerfolgsängstlichkeit, geringes Selbstwertgefühl;
Faktor 2: Intelligenz (kognitive Fähigkeiten);
Faktor 3: Erkenntnisstreben, Erfolgszuversicht;
Faktor 4: (Test-)Kreativität, Informationsverarbeitungstempo;
Faktor 5: Kooperationsfähigkeit, soziale Kompetenz, (selbstbeurteilte) Kreativität.

Die betreffenden Faktorenwerte wurden sodann zweifaktoriellen Varianzanalysen unterworfen, in denen das Geschlecht den einen Faktor und die Zugehörigkeit zu den jeweils oberen 20 Prozent in einem der Aktivitätsbereiche den anderen Faktor bildeten. Untersucht wurden im einzelnen wissenschaftliche, technische, sportliche, künstlerisch-literarische und musikalische Freizeitaktivitäten.

Signifikante Haupteffekte des Geschlechts ergaben sich bei den Faktoren 1, 2 und 4. Die Mädchen erreichten im Faktor 1 (Mißerfolgsängstlichkeit, geringes Selbstwertgefühl) und Faktor 4 (Testkreativität, Informationsverarbeitungsgeschwindigkeit) höhere Werte, im Faktor 2 (Intelligenz) niedrigere Werte.

Bezüglich der Freizeitaktivitäten zeigten sich einige erwartete Effekte: *Naturwissenschaftlich* Interessierte (beiderlei Geschlechts) weisen höhere Intelligenzwerte (Faktor 2) auf. Bei allen - unterschiedlichen - Aktivitäten tritt eine erhöhte Erfolgszuversicht (Faktor 3) zutage; eine entsprechende Steigerung ist bei wissenschaftlich und technisch Aktiven signifikant. *Literarisch* Aktive zeigen signifikant höhere Werte bei der Kooperationsfähigkeit (Faktor 5).

Demgegenüber konnten keine Wechselwirkungen in der Spitzengruppe gefunden werden, d.h. daß Mädchen hier in analoger Weise wie in der Gesamtgruppe zu den männlichen Spitzenreitern stehen. Zwar zeigen z.B. die (natur-)wissenschaftlich aktiven Mädchen höhere Intelligenztestwerte als die anderen Mädchen, doch liegen sie auch hier weit hinter den (natur-)wissenschaftlich aktiven Jungen und sogar noch hinter der in diesem Bereich nicht besonders aktiven Jungengruppe zurück.

Bei den *technisch* Aktiven kommt eine Wechselwirkung zum Vorschein in bezug auf den Faktor 5 (Kooperationsfähigkeit und soziale Kompetenz): Während sich die Mädchen der Spitzengrupe etwas negativer beschreiben als die anderen Mädchen, ist bei den Jungen ein deutlicher Anstieg (z-Wert von -.35 zu .66) zu beobachten. Ein ähnlicher, wenn auch nicht signifikanter Zusammenhang ist bei naturwissenschaftlichen Aktivitäten festzustellen.

Aufgrund der sozialen Akzeptanz scheinen die Jungen mehr soziale Bestätigung aus ihren (naturwissenschaftlichen) Aktivitäten ziehen zu können als die Mädchen aus entsprechenden Aktivitäten.

Bei den *musikalisch* Aktiven zeigte sich eine Wechselwirkung bezüglich Faktor 1 (Mißerfolgsängstlichkeit): Während die Jungen ein positiveres Selbstbild bei hoher musikalischer Aktivität an den Tag legen, steigt bei den Mädchen mit der musikalischen Aktivitätsrate auch die Mißerfolgsängstlichkeit. Die Mädchen ziehen also aus dieser Betätigung nicht dieselben (positiven) Schlüsse wie die Jungen, oder sie betreiben diese Aktivitäten aus anderen - vielleicht häufiger fremdbestimmten - Motiven heraus.

Zum besseren Überblick seien die referierten geschlechtsspezifischen Untersuchungsergebnisse in sieben Thesen abschließend zusammengefaßt:

(1) Mädchen werden von den Lehrern hinsichtlich der intellektuellen Fähigkeiten seltener, hinsichtlich Musikalität häufiger als Jungen zu den Besten gerechnet. Diese Aussage wird vor allem durch die Screeningergebnisse belegt.

(2) Auch die Begabungstestergebnisse sind vielfach geschlechtsabhängig. Mädchen haben - im Mittel - schlechtere Ergebnisse im Bereich der intellektuellen Fähigkeiten, insbesondere bezüglich quantitativer und praktisch-technischer Fähigkeiten. Wird die Gesamtleistung eines (differentiellen) Intelligenztests als Auswahlkriterium - z.B. für Stichprobenbildungen zu wissenschaftlichen Untersuchungszwecken oder bei Talentsuchen für Förderprogramme - herangezogen, verschärft sich dadurch der geschlechtsspezifische Auswahleffekt (im Bereich der Intelligenz). Hingegen erweisen sich die Mädchen bei der Informationsverarbeitungsgeschwindigkeit sowie in der verbalen Kreativität ihren gleichaltrigen männlichen Schulkameraden als überlegen.

(3) Auffallend ist nach unseren Untersuchungsergebnissen die zunehmende Verschlechterung der Mädchen gegenüber den Jungen mit ansteigendem Lebensalter bzw. fortdauernder Beschulung hinsichtlich der (in die Längsschnittstudie eingegangenen) Begabungsvariablen. Allerdings basiert diese Aussage lediglich auf Querschnittsanalysen. Mögliche Kohorteneffekte sind somit nicht berücksichtigt, so daß man nur unter Vorbehalt systematische Entwicklungseffekte annehmen kann.

(4) In den *schulischen* Leistungen sind die Mädchen den Jungen eher überlegen - bis auf Leistungen im mathematisch-physikalischen Bereich, wo die Jungen leistungsmäßig dominieren. Bezüglich *außerschulischer* Aktivitäten bzw. Leistungen ist eine rollenspezifische Verteilung anzutreffen: Mädchen sind vornehmlich musisch-künstlerisch aktiv, während wissenschaftlich-technische Aktivitäten relativ selten anzutreffen sind. In unserer kleinen Interviewstichprobe (vgl. Abschnitt 6.2 oben) waren beispielsweise Technik und Naturwissenschaften als Tätigkeitsbereiche bei den Mädchen völlig defizient.

(5) In der *Schulleistungsprognose* zeigen sich mehrere geschlechtsspezifische Effekte: Für eine optimale Vorhersage von sehr guten bzw. herausragenden Leistungen in der Schule sind bei Mädchen teilweise andere Prädiktoren erforderlich als bei Jungen. Darüber hinaus sind Testaufgaben, die vornehmlich bei Jungen entwickelt wurden, für viele Mädchen zu "schwer", viele mädchenspezifische Items für die Jungen zu leicht. Unabhängig von der Klärung der Frage, ob möglicherweise Mädchen andere Problemlösestrategien zur Erreichung exzellenter Leistungen einsetzen (die von uns variablenmäßig nicht erfaßt werden konnten), stellt sich somit das Problem der *Testfairneß*. Hier ist

jedoch nicht der Ort, auf die in der modernen Testdiagnostik diskutierten - verschiedenen - Fairneßmodelle einzugehen (z.B. Möbius, 1978, 1983; Simons & Möbius, 1982). Immerhin stellt sich im Hinblick auf förderdiagnostische Zwecke die Frage nach geschlechtsspezifischen Auswahlverfahren zur Vermeidung von "sex bias".

(6) In ihrer *Persönlichkeit* präsentieren sich (hochbegabte) Mädchen eher als mißerfolgsängstlich denn als erfolgszuversichtlich. Freilich sind bei diesem (Fragebogen-)Ergebnis Methodenartefakte nicht völlig auszuschließen. Mädchen können in solchen Gruppenuntersuchungen wohl leichter Angst zugeben als Jungen. Andererseits konveniert dieser Befund recht gut mit anderen - in der Literatur berichteten - Testergebnissen, so daß es schwer fällt, ausschließlich Meßfehler oder Methodenartefakte hierfür verantwortlich zu machen.

(7) Hervorragende *außerschulische Aktivitäten* und *Leistungen* kommen bei beiden Geschlechtern auf dem Hintergrund ähnlicher Bedingungsgefüge zustande. Dabei liegen die aktiveren Mädchen im Niveau ihrer Leistungen tendenziell näher bei ihren Geschlechtsgenossinnen als bei den männlichen Aktiven. Besondere Leistungen im wissenschaftlich-technischen Bereich können Mädchen offensichtlich nicht so gut in *soziale Anerkennung* umsetzen wie Jungen. Zur Absicherung dieser und ähnlicher Befunde bedarf es jedoch ergänzender empirischer Untersuchungen (vgl. auch Abschnitt 7.4 sowie Kapitel 8).

Auswertungen zu Umweltvariablen, hier des Familienfragebogens, weisen darauf hin, daß in bezug auf das selbstperzipierte Familienklima keine nennenswerten Unterschiede zwischen Jungen und Mädchen in Erscheinung treten. Doch können diese Auswertungsergebnisse nicht als endgültige Aussagen über geschlechtsspezifische Milieueinflüsse gewertet werden.

7.4 Zum Zusammenspiel nichtkognitiver Persönlichkeitsvariablen mit Umweltmerkmalen bei der Leistungsgenese

Im vorliegenden Kapitel wurde vorwiegend der Einfluß nichtkognitiver Persönlichkeitsmerkmale auf den Begabungs-Leistungszusammenhang isoliert analysiert. Das grundlegende Begabungsmodell unserer Studie enthält jedoch die Annahme, daß die Leistung Hochbegabter aus dem Zusammenwirken von Begabung, Umwelt und Person entsteht. Ohne auf Kapitel 8 vorgreifen zu wollen, soll hier untersucht werden, ob der Einbezug von Umweltmerkmalen in die Analyse von Begabung, Persönlichkeitsmerkmalen und Leistung die Zusammenhänge verändert.

Eine Möglichkeit, solche Zusammenhänge zu überprüfen, besteht darin, theoretisch gewonnene Hypothesen in ein lineares Zusammenhangsmodell zu übertragen und ein solches Modell statistisch (z.B. wie im folgenden mit LISREL) zu analysieren. Probleme entstehen dabei - wie im ersten Kapitel dieses Berichtsteils demonstriert - durch die strengen Verteilungsannahmen komplexer statistischer Verfahren (z.B. setzt LISREL zur Modelltestung mit der Maximum-Likelihood-Methode Multinormalverteilung der einbezogenen Veriablen voraus), aber auch durch die Einschränkung auf lineare Zusammenhänge. Schließlich gehen viele Analysen im Rahmen von Regressionsmodellen - und auch psychologische oder pädagogische Berater - implizit davon aus, daß sich die einzelnen Effekte zur Prognose des Kriteriums addieren lassen; Wechselwirkungen bzw. gegenseitige Einflüsse zwischen den Variablen werden dabei oft vernachlässigt.

In diesem Abschnitt werden zwei Möglichkeiten des Zusammenwirkens von (verbaler) Intelligenz, (erfolgsorientierter) Motivation und familiärer Kontrolle bei der Genese sprachlicher Schulleistungen mit dem LISREL-Ansatz überprüft:

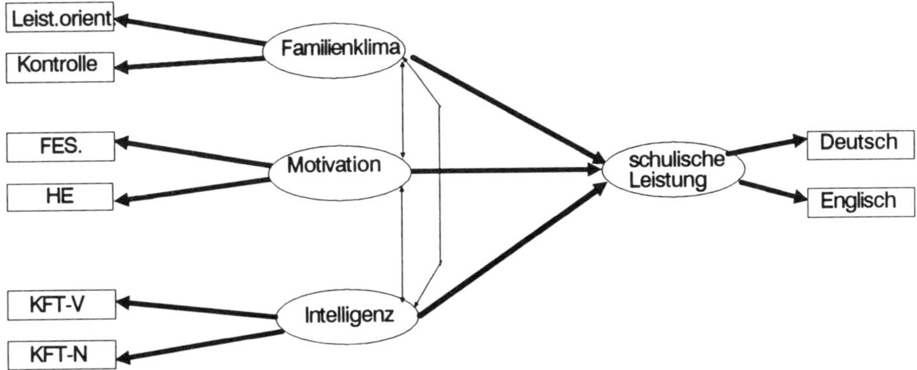

Abbildung 47: Leistung als abhängige Variable von familiärer Kontrolle, Motivation und Intelligenz

(1) Im ersten Modell wird angenommen, daß die durch jeweils zwei Meßinstrumente erfaßten Konstrukte Intelligenz, Motivation und familiäre Kontrolle untereinander korrelieren und jedes Konstrukt als Prädiktor für die abhängige Variable Schulleistung herangezogen werden kann. Dieses Modell (vgl. Abbildung 47) ist insbesondere dann anzuwenden, wenn Daten aus verschiedenen Erhebungszeitpunkten untersucht werden (Prognosemodell).

(2) Das zweite Modell geht davon aus, daß Intelligenz als wesentliche der Leistung zugrunde liegende Variable verstanden wird. Motivation, familiäre Kontrolle und Schulleistung beeinflussen sich wechselseitig in folgendem Prozeß: Motivation führt zu einer höheren Leistung, die Leistung wiederum beeinflußt das Familienklima. Das Familienklima seinerseits führt zu einer Veränderung der Motivation, die ihrerseits auch direkt von der Leistung beeinflußt wird. Dieses komplexe Prozeßmodell ist in Abbildung 48 dargestellt.

Für dieses Modell werden Daten lediglich eines Meßzeitpunktes herangezogen, wobei davon ausgegangen wird, daß die Merkmale der Schüler sich in dem oben beschriebenen Prozeß *vor* der Erhebung der Meßwerte herausgebildet haben, die gefundenen Zusammenhänge also Ergebnis dieses Prozesses darstellen.

Aufgrund vorhergehender Analysen wurden folgende Variablen ausgewählt: V-Teil und N-Teil des KFT zur Operationalisierung der Intelligenz, die Fragebögen zum "Erkenntnisstreben" (FES) und zu "Hoffnung auf Erfolg" (HE) repräsentieren Motivation, in das Konstrukt Familienklima wurden hier die Skalen "Leistungsorientierung" und "Kontrolle" einbezogen, für die sprachlichen Schulleistungen

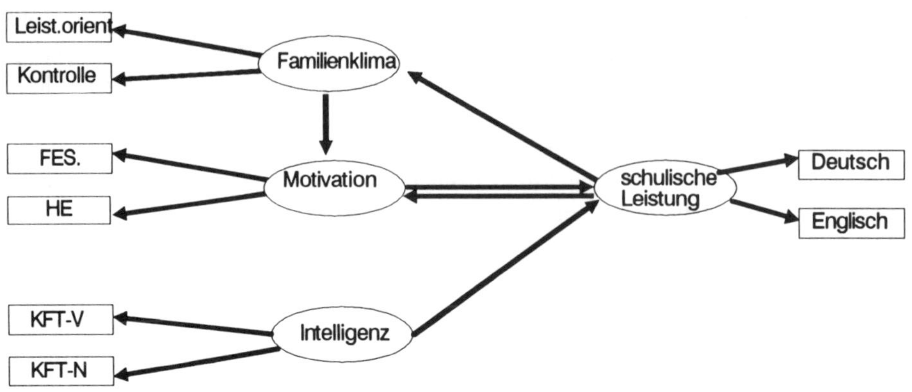

Abbildung 48: Prozeßmodell der Wechselwirkungen in der Entwicklung von Motivation, familiärer Kontrolle und Leistung

die Deutsch- und Englischnote. Diese Variablen wurden miteinander korreliert, die Berechnungen anhand der Korrelationsmatrizen durchgeführt. Die Noten wurden vor der Korrelation umgepolt und flächentransformiert, um eine bessere Annäherung an die Normalverteilung auch bei den nur wenige Ausprägungen umfassenden Notenskalen zu erreichen.

Das erste Modell zeigt einen mittleren Fit an die Daten (Q-Plot der Residuen, GoF= .981, rms= .054). Eine Inspektion der Residualmatrix verdeutlicht, daß vor allem die Beziehungen des Familienklimas zu den Schulnoten durch das Modell verzerrt werden. Dies wird auch im Blick auf die Ausgangsmatrix sichtbar: Insbesondere für das Fach Deutsch zeigt sich ein negativer Zusammenhang zu Kontrolle, jedoch keiner zur Leistungsorientierung. Tabelle 35 sind die wichtigsten Parameter des Modells (squared mean correlation smc bzw. spezifische Varianz, standardisierte Faktorwerte des Meßmodells, standardisierte Psi- und Beta-Werte sowie die Korrelationsmatrix der latenten Variablen) zu entnehmen.

Es ergab sich, daß das Modell die Familienklimameßwerte schlecht wiedergibt (smc = .18 bzw. .07!). Während die Motivations- und Schulleistungswerte in mittlerem bis gutem Ausmaß repräsentiert sind, wird die (verbale) Intelligenz, wie dies bei Zusammenhängen mit verbalen Schulnoten nicht anders zu erwarten ist, hauptsächlich durch den V-Teil des KFT vertreten.

Die Korrelationsmatrix zeigt, daß die Intelligenz den höchsten Zusammenhang mit der Leistung aufweist. Die Motivation läßt einen positiven Zusammenhang mit der Leistung und dem Familienklima erkennen, welches jedoch wiederum negativ mit der Schulleistung zusammenhängt. Das heißt, eine Verstärkung der familiären Kontrolle geht zwar mit einer Steigerung der Motivation einher (die einen positiven Zusammenhang mit der Leistung aufweist), hängt jedoch selber negativ mit der Leistung zusammen, wie dies auch die gefundenen Beta- und Psiwerte verdeutlichen.

Um diese Zusammenhänge noch deutlicher herauszuarbeiten, wird jetzt Modell 2 betrachtet. Bei der Berechnung der entsprechenden Parameter zeigte sich, daß in diesem nicht rekursiven Modell Identifikationsprobleme auftreten. Der Fit an die Daten ist schlechter als der von Modell 1 (GoF= .977, rms= .06), was wiederum vornehmlich auf die Zusammenhänge zwischen familiärem Klima und Schulleistung zurückzuführen ist. Da außerdem eine negative multiple Korrelation der Strukturvariablen zu beobachten ist, was auf eine schlechte Identifizierbarkeit des Modells hinweist, sollen die Ergebnisse nur in aller Kürze dargestellt werden.

Tabelle 35: Parameter des LISREL-Modells zur ersten Hypothese

Meßmodell (LAMBDA - Matrix):

Beobachtete Variablen	Latente Variablen: Familiäre Kontrolle	Motivation	Intelligenz	Leistung	smc
Leistungsor.	.42				.18
Kontrolle	.26				.07
FES		.85			.72
HE		.74			.54
V			.89		.79
N			.43		.18
Deutsch				.76	.57
Englisch				.73	.53

Kovarianz der unabhängigen Variablen (Psi-Matrix):

	Famil.Kontrolle	Motivation	Intelligenz
Famil.-Kont.	1.000		
Motivation	.725	1.00	
Intelligenz	-.115	.21	1.00

Regressionsschätzer der abhängigen auf die unabhängigen Variablen (Beta-Matrix):

	Famil.Kontrolle	Motivation	Intelligenz
Leistung	-.81	.67	.36

Korrelation der latenten Variablen:

	Famil.Kontrolle	Motivation	Intelligenz
Famil.Kontrolle	1.00		
Motivation	.73	1.00	
Intelligenz	-.12	.21	1.00
Leistung	-.37	.16	.60

Die Variablen werden durch das zweite Modell insgesamt etwas besser repräsentiert als durch das erste. Die Korrelationsmatrix weist ähnliche Werte auf wie bei Modell 1, interessant ist jedoch die Aufspaltung der Beta-Matrix, die in Tabelle 36 mitgeteilt wird.

Die Leistung wird demnach hauptsächlich von der Intelligenz beeinflußt, negativ von der Motivation. Die Motivation wird positiv von der familiären Kontrolle beeinflußt, welche wiederum von schulischer Leistung vermindert wird, die zugleich die Motivation anhebt. Der negative Einfluß der Motivation auf die Schulleistung sollte nicht zu stark interpretiert werden, in ähnlichen Analysen mit anderen Variablen wurden mehrfach umgekehrte Vorzeichen der beiden Zusammenhänge Motivation-Leistung gefunden (vgl. z.B. Abschnitt 5.3 oben).

Tabelle 36: Standardisierte Regressionskoeffizienten (Beta-Matrix) für die latenten Variablen in Modell 2

	Famil. Kontrolle	Motivation	Intelligenz	Leistung
Famil. Kontrolle				-.13
Motivation	.38			.40
Intelligenz				
Leistung		-.15	.77	

Legende: Reihe: unabhängige Variable; Spalte: abhängige Variable.

Die Ergebnisse zeigen, daß im vorliegenden Fall Familienklima und Motivation einen Beitrag zur Leistungserklärung neben der Intelligenz leisten. Jedoch erweisen sie sich in einer Art und Weise untereinander als abhängig, daß die einzelnen Einflüsse in ihrer Wirkung gleichsam sich gegenseitig neutralisieren, was vor allem auch an dem nichtrekursiven Modell demonstriert werden konnte.

Dieses Analysebeispiel für den komplexen Zusammenhang der Bedingungsvariablen verdeutlicht, daß einfache Maßnahmen, wie "schlechte Leistung - mehr elterlicher Leistungsdruck" nicht auf geradem Weg zum gewünschten Effekt führen, sondern vielmehr durch Vermittlung anderer Faktoren in ihrer Wirkung wieder aufgehoben werden können. Zum anderen stellt sich das System insgesamt als stabil dar, d.h. bei Veränderung einer der Variablen (bis auf die als unabhängig betrachtete Intelligenz) werden die anderen Variablen so gegenseitig beeinflußt, daß die Gesamtwirkung mehr oder weniger neutral bleibt. Möglicherweise erweist sich dieses System solange als stabil, bis externe Variablen (neue schulische Belastungen, Pubertät, kritische Lebensereignisse) die Grundvoraussetzungen verändern.

Für die psychologische Beratung könnte dies vor allem bedeuten, daß eine Veränderung eines solchermaßen stabilen Systems nicht durch einzelne, isolierte Maßnahmen (z.B. ein Motivationstraining) herbeizuführen ist, sondern mit einer Veränderung der Systemstrukturen einher gehen muß, wie dies z.B. in systemischen Familientherapien durch die Einbeziehung des Therapeuten in das System Familie geschieht, um die homöostatischen Tendenzen aufbrechen zu können. Zugleich ist bei jeder Störung des Systems damit zu rechnen, daß erst ein neuer homöostatischer Systemzustand gefunden werden muß. In diesem Prozeß kann Beratung, in welcher Form auch immer, eine Unterstützung für das System bedeuten. Zugleich sollte an diesem Beispiel theoretisch verständlich gemacht werden, weshalb Schulleistungs- oder andere Verhaltens- vs. Erziehungsprobleme oft so resistent gegenüber pädagogisch-psychologischen Interventionsmaßnahmen sind.

8. Einflüsse der Umwelt auf die Begabungs- und Leistungsentwicklung[9]

Der begabte Jugendliche wächst in einem sozialen Bezugsrahmen auf, durch den seine Begabung erst als wertvoll und förderungswürdig definiert wird. Die Analyse der sozialen und ökologischen Einflußfaktoren kann Aufschluß über deren Rolle bei der positiven oder negativen Persönlichkeits- und Leistungsentwicklung geben. Aus der Vielzahl möglicher Einflußgrößen wurden folgende Merkmalsbündel ausgewählt:

(1) Erlebte *kritische Lebensereignisse* und deren Bewältigung. Das Ausmaß besonders belastender Erlebnisse und Determinanten des täglichen Lebens kann eine massive Streßquelle darstellen, deren Auswirkungen auf die Persönlichkeitsentwicklung des begabten Jugendlichen nicht unterschätzt werden dürfen;

(2) das subjektiv erlebte *Schulklima*. Einflüsse auf die im schulischen Kontext zu erbringenden Leistungen sind ebenso zu erwarten wie auf motivationale Leistungsvoraussetzungen;

(3) die erlebte *familiäre Umwelt*. Obgleich hier bereits prä- und perinatale Vorgänge die Begabungsentwicklung beeinflussen dürften, beschränken wir uns aus methodischen Gründen auf Einflüsse, wie sie im Kindes- und Jugendalter zu beobachten sind;

In den folgenden drei Abschnitten werden die genannten Umweltgrößen hinsichtlich ihrer Auswirkungen auf den begabten Jugendlichen untersucht. Dabei wurde aus Platzgründen auf eine breitere Darstellung des theoretischen Hintergrundes bzw. des Forschungsstandes verzichtet. Den Abschluß dieses Kapitels bilden integrative Empfehlungen für die Gestaltung der Umwelt von begabten Jugendlichen.

8.1 Kritische Lebensereignisse und ihr Einfluß auf die Persönlichkeits- und Leistungsentwicklung

In der vorliegenden Studie wurde das Konzept lebensverändernder Ereignisse neben anderen Bedingungsfaktoren dazu verwendet, Persönlichkeits- und Leistungsveränderungen zwischen zwei Meßzeitpunkten zu erklären. Wir orientierten uns dabei an dem klassischen Ansatz der Lebensereignismessung, da die Erfassung aller im Rahmen des Streß- und Coping-Ansatzes erforderlichen Parameter die technischen Möglichkeiten unserer Studie gesprengt hätte. Anstatt das komplizierte Beziehungsgeflecht zwischen der Selbst- bzw. Fremdverursachung von Ereignissen, den verschiedenen Bewertungs- und Bewältigungsmodi sowie möglichen Folgeereignissen bzw. -symptomen zu analysieren, konzentrieren wir uns auf die konkrete Erfassung der *erlebten* Ereignisse und einiger weniger Ereignisattribute. Aufgrund dieses eingeschränkten Ansatzes sind eher basale Erkenntnisse zu erwarten.

---

9 Dieses Kapitel wurde von Ernst A. Hany bearbeitet.

Für den geplanten Fragebogen war zunächst ein Ereigniskatalog festzulegen. Zu diesem Zweck wurden alle verfügbaren Ereignisfragebögen für Kinder bzw. Jugendliche analysiert, bevor aus dem gesamten Itempool ein repräsentativer Querschnitt von 40 Ereignissen ausgewählt werden konnte. Im einzelnen wurden die Ereignisse den Verfahren von Coddington (1972), Newcomb, Huba & Bentler (1981), Yeaworth, York, Hussey, Ingle & Goodwin (1980) sowie Yamamoto (1979) entnommen. Einige Ereignisitems die für hochbegabte Schüler bedeutsam sein könnten, wurden von uns hinzugefügt. Aufgrund einer Vorstudie (Algrim, 1987) wurden unklar formulierte und zu häufige bzw. zu seltene Ereignisse eliminiert.

Für den dritten Meßzeitpunkt im Jahr 1988 wurden einige Ereignisitems geändert, bei anderen die Formulierungen modifiziert. Ziel dieser Änderungen war es, verstärkt belastendere Ereignisse zu erfassen, auch wenn diese tendenziell von weniger Probanden erlebt wurden. Beispielsweise wurden die Ereignisse "Brille oder Zahnspange bekommen" und "Unerwartet gute Note bekommen" weggelassen, da sie als zu wenig belastend erlebt wurden und deshalb keine Beziehungen zu den fokussierten Persönlichkeits- und Leistungsbeeinträchtigungen zu erwarten waren. Andere Ereignisse, z.B. "Todesfall in der Familie", wurden präzisiert (hier getrennt in "Tod eines Elternteils" und "Tod eines Geschwisters"), um Mißverständnissen vorzubeugen.

Als subjektiv bedeutsame Attribute hatten die Probanden bei jedem Ereignis anzugeben, (1) ob sie dieses in den vergangenen sechs Monaten erlebt hatten, (2) wie willkommen bzw. unangenehm sie dieses einschätzten und (3) welche (quantitative) Lebensveränderung ("life change units" nach Holmes & Rahe, 1967) damit verbunden war oder wäre.

Der Fragebogen wurde im Jahr 1987 bei den Klassenstufen 6, 8, 10 und 12 eingesetzt; im Folgejahr erhielten dieselben Schüler den Fragebogen erneut, so daß damit auch Daten für 7., 9., 11. und 13. Klassen vorliegen. Die Stichproben für die einzelnen Altersstufen umfassen jeweils zwischen 200 und 350 Schüler.

Nachstehend werden vor dem Hintergrund des gegenwärtigen Forschungsstandes aktuelle Untersuchungshypothesen zum Zusammenhang zwischen Lebensveränderungen und Begabungs- bzw. Leistungsmerkmalen formuliert. Vor diesen Auswertungen wird noch darzustellen sein,

- wie häufig die einzelnen Ereignisse bei den untersuchten Jugendlichen insgesamt auftreten,
- wie belastend die Ereignisse eingestuft werden,
- ob zwischen dem persönlichen Ereigniserlebnis und der affektiven Einschätzung des Ereignisses ein systematischer Zusammenhang besteht.

Die Häufigkeit des Erlebens, die Einschätzung kritischer Lebensereignisse sowie die damit verbundene subjektive Wiederanpassung (im folgenden "Ereignisparameter" genannt) dürften von verschiedenen Personmerkmalen abhängen. Wir formulierten deshalb zur *abhängigen* Ereignisvariablen folgende *Hypothesen*:

H1: Die Ereignisparameter sind von Alter und Geschlecht der Versuchspersonen abhängig. Dies gilt insbesondere für Ereignisse mit einem festen sozialen oder entwicklungsbedingten Zeitrahmen wie "sich verlieben" oder "eigenes Geld verdienen".

H2: Die Parameter der schul- und leistungsbezogenen Ereignisse hängen teilweise von den Schulleistungen ab.

H3: Die Parameter der sozialen Ereignisse sind teilweise von der sozialen Kompetenz abhängig.

H4: Die Parameter der sozialen und schulbezogenen Ereignisse könnten von den kognitiven Begabungsvariablen abhängen; allerdings ist die Richtung des Zusammenhangs vielfach nicht leicht vorherzusagen. Z.B. wäre zu klären, ob hochbegabte Schüler eher seltener oder eher häufiger zum Klassensprecher gewählt werden.

Weiterhin ist zu erwarten, daß die Parameter der kritischen Lebensereignisse Veränderungen in verschiedenen Persönlichkeitsbereichen hervorrufen. Deshalb formulierten wir zur *unabhängigen* Ereignisvariable folgende *Hypothesen*:

H5: Die Ausprägung der Ereignisparameter beeinflußt die schulischen und außerschulischen Leistungen (negativ).

H6: Die Ausprägung der Ereignisparameter beeinflußt die Leistungsmotivation, das Erkenntnisstreben und die Interessen (negativ).

H7: Die Ausprägung der Ereignisparameter, besonders im persönlichen und familiären Bereich, beeinflußt kreative Verhaltensweisen (negativ).

H8: Das Ausmaß unerwünschter schulischer Ereignisse beeinflußt die Wahrnehmung des Schulklimas (ungünstig).

H9: Das Ausmaß unerwünschter häuslicher Ereignisse beeinflußt die Wahrnehmung des häuslichen Klimas (ungünstig).

Die psychische Auswirkung der kritischen Lebensereignisse wurde anhand folgender drei Variablen erfaßt:

1) Summe aller im zurückliegenden Halbjahr erlebten Ereignisse ("Belastungsintensität"),
2) Summe der Angenehmheitseinstufungen aller erlebten Ereignisse ("Belastungsvalenz"),
3) Summe der subjektiven Wiederanpassungswerte, berechnet über alle erlebten Ereignisse ("Belastungsveränderungsbedarf").

Andere Indikatorisierungsformen (vgl. Grant, Gerst & Yager, 1976) sollen hier außer Betracht bleiben.

Für die statistische Behandlung der Hypothesen wurden zunächst die oben beschriebenen Ereignisparameter getrennt über inhaltlich verschiedene (persönliche, familiäre, soziale, schulische) Ereignisgruppen berechnet.

Die korrelativen und regressionsanalytischen Berechnungen wurden unter Einschluß folgender Personmerkmale durchgeführt (zu den betr. Skalen vgl. Kapitel 3 im Anhang):

- Schulleistung (operationalisiert als Summenwert relevanter Zeugnisnoten),
- soziale Kompetenz (als Summenwert des entsprechenden Fragebogens),
- "Begabung" (als Summenwert des Kognitiven Fähigkeitstests oder seiner Subdimensionen),
- außerschulische Leistung (Subskalen des Münchner Aktivitäten- Inventars),
- Leistungsmotivation, Erkenntnisstreben und Interessen (erfaßt durch entsprechende Fragebögen),
- kreative Aktivitäten,
- perzipiertes Schulklima,
- perzipiertes Erziehungsklima.

Zur Berechnung der (kausalen) Zusammenhänge dienten zwei Methoden:

1) In vielen Fällen wurden Korrelationskoeffizienten zwischen zeitlich vorauslaufenden unabhängigen und zeitlich nachfolgenden abhängigen Variablen berechnet, wobei der Zeitabstand der Datenerhebungen in der Regel ein Jahr beträgt.

2) In geeigneten Fällen wurden Kausaleinflüsse regressionsanalytisch untersucht. Die Varianz der abhängigen Variablen X zum Zeitpunkt t wurde gleichzeitig sowohl auf die Variable X zum Zeitpunkt t-1 als auch auf die Umweltvariable Y zum Zeitpunkt t-1 (oder t) zurückgeführt.

Die einzelnen erfragten Ereignisse unterscheiden sich deutlich in ihrer Auftretenshäufigkeit sowie in ihrer Valenz und der mit ihrem Auftreten persönlich erlebten Veränderung. Relativ häufig verlieben sich die Jugendlichen, erhalten unerwartet günstige oder ungünstige Schulnoten, bekommen Probleme mit der Schule oder streiten sich mit Freunden oder Eltern. Recht selten treten gravierende Ereignisse wie Scheidung/Trennung der Eltern, Todes- oder Geburtsfälle in der Familie, Arbeitslosigkeit oder neue Partnerschaften eines Elternteils auf. Entsprechend deutliche Lebensveränderungen bringen die letztgenannten Ereignisse für die 1-3% Betroffenen mit sich. Dabei fällt auf, daß aus Scheidung/Trennung der Eltern die aufwendigste Wiederanpassung im Leben der Jugendlichen resultiert - gleichrangig zu Tod eines Elternteils und stärker als Tod eines Freundes. Ebenfalls sehr hohe Anpassungswerte erfordert eine Liebschaft oder deren Ende.

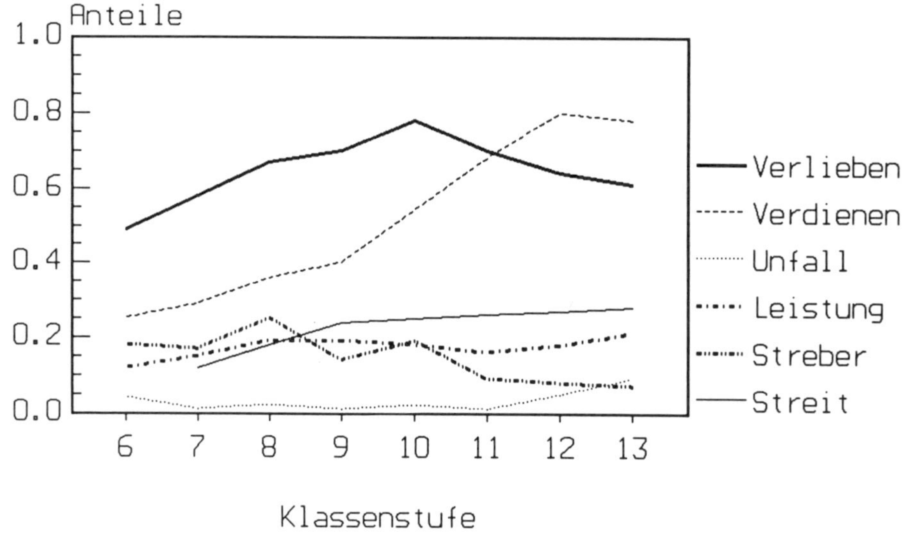

Abbildung 49: Inzidentraten Kritischer Lebensereignisse mit deutlichem Verlaufsprofil (Anteilsgabe pro Altersstufe)

Bestimmte Ereignisse weisen eine deutliche zeitliche Verlaufsgestalt auf (Abbildung 49). Mit zunehmendem Alter verdienen sich Jugendliche häufiger eigenes Geld, streiten sich etwas häufiger mit ihren Eltern ("Streit" in Abbildung 49) und sind - wohl aufgrund des Führerscheinerwerbs - auch für Verkehrsunfälle verantwortlich. In den letzten Jahren des Gymnasiums steigt außerdem auch der Leistungsdruck ein wenig an. Das Ereignis "sich verlieben" tritt am häufigsten in der 10. Jahrgangsstufe auf und sinkt mit ansteigendem Alter (und zunehmender Bedeutung des Schulabschlusses) wieder etwas ab. Die soziale Erfahrung, von anderen als Streber betrachtet zu werden, tritt am häufigsten in der Sekundarstufe I auf. Später verringern sich diese Erfahrungen und werden auch nicht mehr so ernst genommen.

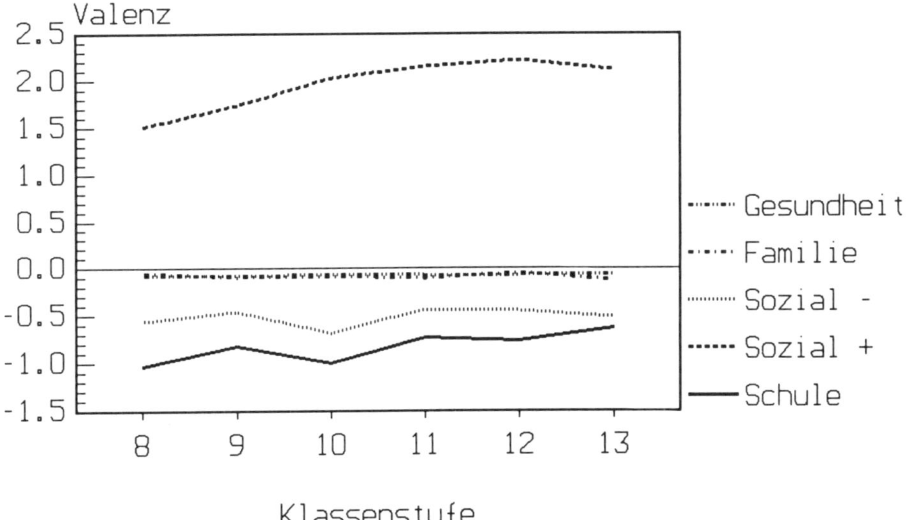

Abbildung 50: Durchschnittliche Valenzbelastung mit kritischen Lebensereignissen im Zeitverlauf

Betrachtet man nun die durchschnittliche selbstberichtete Belastung eines Schülers, so stehen für diese Analysen valenz- und veränderungsbezogene Summenwerte (themenspezifisch über alle erlebten Ereignisse) zur Verfügung. Hinsichtlich der Valenz (Abbildung 50) erleben Schüler aller Altersstufen (die Klassen 6 und 7 werden wegen teilweise unzuverlässiger Angaben hier nicht betrachtet) die positiven sozialen Ereignisse (sich verlieben, Geld verdienen usw.) am günstigsten. Dies verwundert nicht, da doch diese Skala als einzige ausschließlich positive Ereignisse enthält. Zu betonen ist aber, daß die (vorwiegend negativen) schulischen Ereignisse (schlechte Note erhalten, Leistungsdruck von Eltern erfahren usw.) am ungünstigsten erlebt werden, ungünstiger als die negativen sozialen Ereignisse (fälschlich verdächtigt werden, für Verkehrsunfall verantwortlich sein usw.).

Abbildung 51 läßt freilich erkennen, daß die als ungünstig erlebten schulischen Ereignisse nur in jungen Jahren zu Lebensveränderungen Anlaß geben. In späteren Jahren verlieren sie dagegen an Bedeutung. Mit zunehmendem Alter werden aber die sozialen Ereignisse, vor allem die positiven Erfahrungen, von immer größerer Bedeutung für die Lebensgestaltung. Dies scheint ein Charakteristikum besonders begabter Schüler zu sein. Da die Bewältigung der schulischen Anforderungen keine besondere Mühe erfordert, engagieren sich diese Schüler in sozialen Tätigkeitsbereichen. Diese Aktivitäten können aber - nach Angaben der Schüler - besonders belastend sein. Gemäß den postulierten Hypothesen galt es zu prüfen, ob etwa die Schulleistungen und die Interessenbereiche durch Ereignisbelastung tangiert werden. In diesem Falle läge die Empfehlung zu präventiver Entwicklungsberatung nahe.

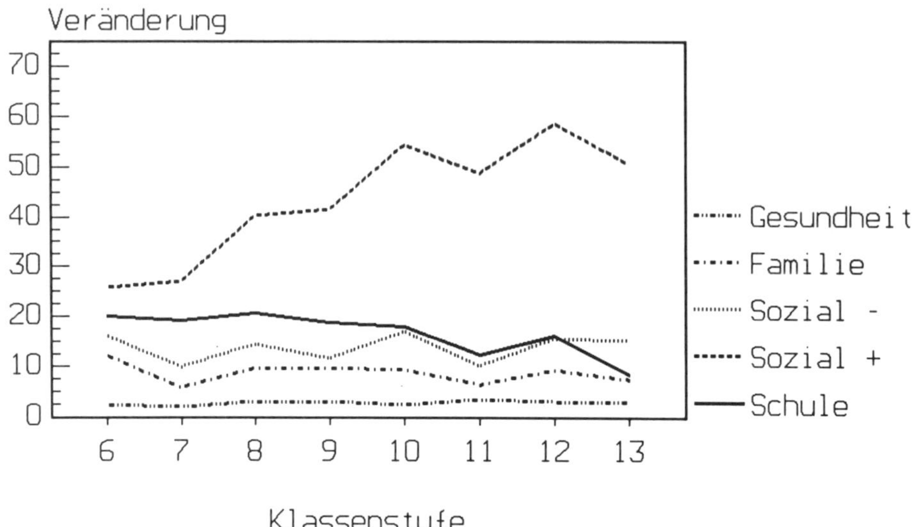

Abbildung 51: Durchschnittliche Veränderungsbelastung mit kritischen Lebensereignissen im Zeitverlauf

(1) Kritische Lebensereignisse als *abhängige* Variable

Zunächst sollte geprüft werden, inwieweit sich die Belastungswerte je nach Alter und Geschlecht der Probanden unterscheiden. Die Angaben zur Belastungshäufigkeit, Belastungsvalenz und -veränderung wurden zu fünf thematisch definierten Ereignisgruppen zusammengefaßt:

- schul- und leistungsbezogene Ereignisse,
- positive soziale Ereignisse (sozial +),
- negative soziale Ereignisse (sozial -),
- familiäre Ereignisse,
- (negative) gesundheitliche Ereignisse.

Daneben wurde auch jeweils ein Gesamtwert über alle Ereignisse betrachtet. Die Ergebnisse der Varianzanalysen zu Alter (definiert über die Klassenstufe, wobei die jüngste Kohorte außer acht gelassen wurde, weil Instruktionsmißverständnisse nicht ganz auszuschließen waren) und Geschlecht sind in Tabelle 28 wiedergegeben. Die jeweiligen alters-/geschlechtsspezifischen Gruppenmittelwerte in den Skalen unterscheiden sich in einigen, aber nicht in den meisten Fällen stark. Die signifikanten Ergebnisse lassen sich folgendermaßen zusammenfassen:

- Mädchen erleben in unteren und oberen Klassenstufen weniger schulbezogene kritische Lebensereignisse als Jungen.
- Ältere (und manchmal auch sehr junge) Schüler bewerten negative soziale Ereignisse als nicht so unangenehm wie die anderen Schüler.
- Ältere Schüler erleben einen höheren Wiederanpassungsbedarf als jüngere; dasselbe gilt generell für Mädchen im Vergleich zu Jungen.

Tabelle 37: Ergebnisse der zweifaktoriellen Varianzanalyse zu den Belastungswerten je nach Ereignisgruppe mit den Faktoren Klassenstufe und Geschlecht (angegeben sind Gruppenmittelwerte)

(a) Zur Ereignishäufigkeit

Klassenstufe	8		10		12		VA (Sign.)		
Geschlecht	1	2	1	2	1	2	Klasse	Ge.	W-W
Schule/Leistung	.42	.34	.37	.38	.37	.30		**	*
Soziales (+)	.41	.41	.50	.52	.58	.57	***		
Soziales (-)	.20	.17	.21	.19	.19	.19			
Familie	.08	.09	.09	.09	.07	.09			
Gesundheit (-)	.09	.11	.06	.08	.08	.08	*		
Gesamtskala	.23	.21	.23	.23	.24	.22			

(b) Zur Valenzeinschätzung (aufgrund Erlebens)

Klassenstufe	8		10		12		VA (Sign.)		
Geschlecht	1	2	1	2	1	2	Klasse	Ge.	W-W
Schule/Leistung	1.97	2.30	2.30	1.99	2.36	2.97			
Soziales (+)	3.65	3.32	3.32	3.53	3.60	2.93			
Soziales (-)	1.00	.90	.55	.38	1.44	1.17	**		
Familie	1.33	.91	1.30	1.12	1.44	1.30			
Gesundheit (-)	1.35	1.31	1.15	1.88	1.67	1.20			
Gesamtskala	2.30	2.22	2.23	2.29	2.47	2.43	***		

(c) Zur Veränderungseinschätzung (aufgrund Erlebens)

Klassenstufe	8		10		12		VA (Sign.)		
Geschlecht	1	2	1	2	1	2	Klasse	Ge.	W-W
Schule/Leistung	14.58	15.55	8.28	14.41	17.05	3.15			
Soziales (+)	37.88	44.32	33.06	45.92	44.03	22.53			
Soziales (-)	30.32	34.68	40.56	39.83	28.38	18.87			
Familie	34.57	37.19	33.06	34.49	28.81	18.90			
Gesundheit (-)	21.55	19.54	27.11	25.38	20.92	23.60			
Gesamtskala	19.18	22.35	19.89	26.31	21.05	26.86	*	***	

Legende: VA (Sign.) = Signifikanzangabe aufgrund der Varianzanalyse; angegeben sind die Ergebnisse für die Faktoren Klassenstufe (Klasse) und Geschlecht (Ge) sowie für die Wechselwirkung (W-W) zwischen beiden Faktoren. * $p < .05$; ** $p < .01$; *** $p < .001$. Geschlecht: 1 = männlich; 2 = weiblich.

Oben (Abbildung 49) wurde bereits gezeigt, daß manche Ereignisse eine deutliche Lebenszeitbindung besitzen; auch dies spricht dafür, daß die Ereignisbelastung je nach Alter unterschiedlich ausfällt. Allzu markant sind die gefundenen Ergebnisse jedoch nicht (vgl. dazu Tabelle 37).

Als zweite Hypothese wurde ein Einfluß der Schulleistungen auf die schulbezogene Ereignisbelastung vermutet. Auch hier steht die subjektive Belastungswahrnehmung, nicht die subjektive Gesamtbelastung im Vordergrund. Deshalb sind die Valenz- und Veränderungseinschätzungen nicht einfach über die erlebten Ereignisse summiert (wie es bei den späteren Analysen der Fall ist, wo Lebensereignisse als unabhängige Variablen behandelt werden), sondern die Einschätzungen wurden (wie auch schon in Tabelle 37) über die erlebten Ereignisse gemittelt. Die Werte drücken also eine Art persönlicher Einschätzungstendenz aus.

Tabelle 38: Korrelationen ausgewählter Zensuren (nur von Gymnasiasten) mit den zum selben Meßzeitpunkt erhobenen Einschätzungen schulbezogener Lebensereignisse (unter Einbeziehung aller Probanden)

		Valenz	Veränd.
8. Klasse	Deutsch	-.18*	-.02
	Mathematik	-.26***	.10
	Englisch	-.28***	.13*
9. Klasse	Deutsch	-.22**	.26***
	Mathematik	-.27***	.32***
	Englisch	-.16*	.27***
10. Klasse	Deutsch	-.06	.01
	Mathematik	-.15*	.11*
	Englisch	-.09	.11
11. Klasse	Deutsch	-.31***	.20**
	Mathematik	-.41***	.37***
	Englisch	-.26***	.25***
12. Klasse	Deutsch	-.13	.18*
	Mathematik	-.02	.13
	Englisch	-.07	.12
13. Klasse	Deutsch	-.26**	.09
	Mathematik	-.24**	.13
	Englisch	-.30**	.22*

Wie Tabelle 38 zeigt, sind die postulierten Zusammenhänge auf mehreren Klassenstufen deutlich ausgeprägt. Vor allem für die neunte und elfte, etwas schwächer auch für die achte und dreizehnte Klasse gilt: Je niedriger das Zensurenniveau liegt, desto unwillkommener werden schulbezogene Ereignisse und desto höher wird der damit verbundene Wiederanpassungswert eingeschätzt. Es bleibt zu klären, aus welchen Gründen diese Zusammenhänge für die 10. und 12. Klassenstufe nur schwach zutreffen.

In der dritten Hypothese wurde ein Einfluß der sozialen Kompetenz auf das Erleben der sozialen Ereignisse postuliert. Demnach sollten sozial kompetentere Schüler soziale Ereignisse als angenehmer und als weniger veränderungsaufwendig betrachten. Diese Vermutungen können nur zum Teil bestätigt werden (Tabelle 39). Ein positiver Zusammenhang zwischen Kompetenz und Valenzeinschätzung zeigt sich nur bei positiven, nicht aber bei negativen sozialen Ereignissen. Diese werden von sozial Kompetenteren eher unangenehmer eingeschätzt. Nicht erwartet wurde die höhere Veränderungseinschätzung bei kompetenteren Schülern. Andererseits lassen sich diese Zusammenhänge post hoc plausibel erklären: Sozial

Kompetentere könnten dazu neigen, Streß durch soziales Handeln positiv zu bewältigen. Sie erleben daher bei sozialen Ereignissen einen gewissen Veränderungs- und Gestaltungsdrang, der die höheren Veränderungseinschätzungen hervorruft. Als entsprechend willkommen erleben sie diese Ereignisse (Valenz).

Tabelle 39: Korrelationen der Einschätztendenzen zu positiven bzw. negativen sozialen Ereignissen mit Sozialer Kompetenz (Messung erfolgte jeweils ein Jahr zuvor)

	Positiv sozial		Negativ sozial	
	Valenz	Veränd.	Valenz	Veränd.
8. Klasse	.21***	.14**	.10	-.00
9. Klasse	.21***	.14*	.02	-.02
10. Klasse	.29***	.21***	-.08	.13*
11. Klasse	.21**	.14*	-.15*	.12*
12. Klasse	.32***	.13*	-.17**	.10
13. Klasse	.15*	.25***	-.20*	.17*

Tabelle 40: Korrelationen der KFT-Gesamtleistung (jeweils aus dem Jahr zuvor) mit den Einschätztendenzen zu schulbezogenen sowie positiven bzw. negativen sozialen Ereignissen

	Schule/Leistung		Positiv sozial		Negativ sozial	
	Valenz	Veränd.	Valenz	Veränd.	Valenz	Veränd.
8. Klasse	.17***	-.06	-.13**	-.24***	.01	-.03
9. Klasse	.24***	-.25***	-.07	-.20***	.03	-.07
10. Klasse	.07	-.15**	-.08	-.09	-.00	-.08
11. Klasse	.26***	-.28***	-.20**	-.13	.11	-.05
12. Klasse	.07	-.20***	.05	.02	-.11*	-.00
13. Klasse	.09	-.13	.01	-.07	-.07	.09

Tabelle 40 zeigt die Zusammenhänge zwischen Intelligenz (definiert durch die KFT-Gesamtleistung aus der Messung ein Jahr zuvor) und Einschätztendenzen für die schul/leistungsbezogenen sowie die sozialen Ereignisse. Intelligentere Schüler erleben - vor allem in jüngeren Jahren - schulbezogene Ereignisse als positiver und soziale Ereignisse manchmal als negativer. Bei schulischen Ereignissen, in einigen Jahrgängen auch bei sozialen Ereignissen, wird der Veränderungsbedarf als geringer eingeschätzt. Hierfür könnte der (in unserer Studie aus Zeitgründen nicht geprüfte) mögliche Besitz effektiverer Copingstrategien verantwortlich sein. Aufgrund der deskriptiven Analysen wurde die häufige Belastung Jugendlicher durch soziale Ereignisse deutlich; hier soll festgehalten werden, daß intelligentere Jugendliche diesen weniger positiv gegenüberstehen als weniger intelligente.

(2) Kritische Lebensereignisse als *unabhängige* Variablen

Die nachfolgend geprüften Hypothesen ergründen den Einfluß kritischer Lebensereignisse auf die Persönlichkeits- und Leistungsentwicklung. Als erstes wurden Einflüsse auf (außerschulische) Aktivitäten und Leistungen untersucht. Je stärker die summarische Lebensbelastung ausfällt, desto stärker könnten individuelle Aktivitäten beeinträchtigt werden. Tabelle 41 zeigt die Korrelationen zwischen einigen Belastungswerten und den Ausprägungen der Freizeitaktivitäten.

Tabelle 41: Korrelationen der Belastungssummenwerte mit Aktivitäten/Leistungen (erfaßt zum selben Meßzeitpunkt)

		Alle Ereignisse		Schule/Leistung		Sozial positiv	
Merkmal	Klasse	Valenz	Veränd.	Valenz	Veränd.	Valenz	Veränd.
Literarisch	8	-.09	.18***	-.11*	.11*	.10	.13*
Naturwiss.	8	.05	.07	.03	.07	.12*	.07
Sozial	8	.08	.25***	-.03	.10*	.29***	.26***
Literarisch	9	-.01	.04	-.09	.08	.02	.06
Naturwiss.	9	-.04	-.00	.03	.03	-.06	-.09
Sozial	9	.02	.18**	-.14*	.13*	.26***	.19**
Literarisch	10	-.02	.25***	.02	.07	.08	.17**
Naturwiss.	10	.02	.07	.08	-.01	.02	.03
Sozial	10	.10*	.28***	.05	-.01	.23***	.27***
Literarisch	11	.02	.00	-.08	.01	.09	.02
Naturwiss.	11	.10	-.15*	.15*	-.08	-.01	-.21
Sozial	11	.05	.15*	.02	.04	.16*	.10
Literarisch	12	-.02	.11	.07	.15*	.04	.01
Naturwiss.	12	-.03	.18*	-.07	.14*	.11	.09
Sozial	12	-.04	.25**	.03	.08	.19*	.16*
Literarisch	13	.08	.20	.04	-.06	.14	.14
Naturwiss.	13	.21	.18	.07	-.20	.23	.20
Sozial	13	-.01	.13	.13	-.26*	.13	.17

Zunächst fällt auf, daß sich vielfach positive Zusammenhänge zwischen Valenz- und Veränderungseinschätzung hinsichtlich positiver sozialer Ereignisse und sozialer Aktivitäten ergeben. Wer soziale Ereignisse positiv erlebt und einen entsprechenden Aktivitätendrang mitbringt, wird auch sozial aktiv werden. Als zweites Ergebnis kann man festhalten, daß auf vielen Klassenstufen eine hohe Veränderungseinschätzung bezüglich aller Ereignisse ebenfalls Aktivitäten stimuliert. Die Vermutung, daß viele notwendige Maßnahmen zur Streßbewältigung von sachgerichteten Freizeitaktivitäten ablenken, konnte also nirgends bestätigt werden. Im Gegenteil, bei den hier untersuchten begabteren Jugendlichen scheint ein gewisser Streß Freizeitaktivitäten (als positive Streßbewältigungsmaßnahme) sogar zu fördern.

Bei den dargestellten Korrelationsanalysen könnten die Zusammenhänge allerdings überschätzt werden. Eingehendere Analysen mit Regressionsanalysen (Tabelle 42) zeigten, daß außerschulische Aktivitäten im Jahr der Messung (t) vor allem - und in vielen Fällen nahezu vollständig - von den Aktivitäten ein Jahr zuvor (t-1) bestimmt sind, d.h. kaum anderweitig beeinflußt werden. Nur für die 10. Klassenstufe gelang mit den Belastungssummenwerten eine zusätzliche Varianzaufklärung, d.h. in der Zeit zwischen 9. und 10. Klasse ist das Aktivitätenausmaß besonders streßanfällig.

Tabelle 42: Standardisierte Regressionskoeffizienten für die Vorhersage außerschulischer Leistungen aus den Vorjahresleistungen sowie den Belastungsmerkmalen (Summenwerten)

Merkmal	Klasse	Merkmal (t-1)	Alle Ereignisse Valenz	Alle Ereignisse Veränderung
Naturwiss.	8	.66***	.09	.03
Aktivitäten	9	.85***	-.04	-.08
	10	.82	.01	.10*
	11	.88***	-.01	-.07
	12	.78***	.01	.07
	13	.85***	.13	.10
Literar.	8	.60***	-.01	.09
Aktivitäten	9	.77***	.01	.01
	10	.70***	.05	.14**
	11	.82***	-.04	.05
	12	.78***	-.06	.04
	13	.93***	-.02	.01
Soziale	8	.62***	.09	.14*
Aktivitäten	9	.75***	.05	.00
	10	.67***	.11*	.14**
	11	.80***	.03	.03
	12	.74***	.01	.11
	13	.95***	.04	-.18

Tabelle 43: Standardisierte Regressionskoeffizienten für die Vorhersage schulischer Zensuren aus den Vorjahreszensuren sowie aus Belastungsmerkmalen (Summenwerten)

Merkmal	Klasse	Merkmal (t-1)	Schule/Leistung Valenz	Schule/Leistung Veränderung	Merkmal (t-1)	Alle Ereignisse Valenz	Alle Ereignisse Veränderung
Deutsch	8	.58***	-.13	-.13	.61***	.01	-.07
	9	.57***	-.03	.17*	.60***	-.07	.11
	10	.54***	-.11	-.01	.54***	-.04	.08
	11	.58***	-.30**	-.12	.60***	.06	.09
	12	.67***	-.03	.06	.67***	-.06	.03
	13	.61***	-.35**	-.26*	.70***	-.05	-.14
Mathematik	8	.59***	-.22**	-.08	.61***	-.08	.03
	9	.66***	-.04	.11	.68***	.03	.16*
	10	.77***	-.03	.07	.75***	-.05	.11*
	11	.69***	-.21**	.04	.72***	-.13*	.11*
	12	.69***	.14	.12	.67***	.09	.01
	13	.51***	-.27	-.13	.56***	-.22*	-.06
Englisch	8	.65***	-.19**	-.03	.68***	-.09	.01
	9	.70***	.01	.12	.73***	.01	.05
	10	.75***	.00	.08	.76***	-.06	-.02
	11	.67***	-.09	.02	.69***	-.02	.03
	12	.76***	-.08	.04	.75***	-.08	.12*
	13	.70***	-.30*	-.08	.74***	-.29**	.05

Man erinnere sich, daß in diese Zeit der Höhepunkt der heterosexuellen Beziehungsaufnahmen fällt. Die als Folge der pubertären Entwicklung notwendig gewordene Geschlechtsrollenfestigung und die Erprobung der eigenen heterosexuellen Attraktivität dürften für die festgestellten Veränderungen in den Freizeitaktivitäten in erster Linie verantwortlich sein.

Dieselbe Regressionsmethodik wurde zur Bestimmung des Einflusses kritischer Lebensereignisse auf die Schulleistungen angewandt (Tabelle 43). Hierbei zeigen sich unregelmäßige, aber mehrfach bedeutsame Auswirkungen vor allem der Valenzeinschätzung der schulischen Ereignisse. Es muß hier offen bleiben, wieso sich nur bei bestimmten Jahrgängen Effektzusammenhänge zeigen; insgesamt sollte man aber die Wirkung belastender Erfahrungen auf die Schulleistungen (selbst bei schulisch begabten Schülern) nicht vernachlässigen.

Tabelle 44: Korrelationen motivationaler Variablen mit Ereignisparametern (bezogen auf sämtliche Ereignisse)

		Valenz	Veränd.
8. Klasse	Erfolgszuversicht	.09	.00
	Mißerfolgsfurcht	-.26***	.20***
	Erkenntnisstreben	.07	.02
9. Klasse	Erfolgszuversicht	.10*	-.11*
	Mißerfolgsfurcht	-.23***	.21***
	Erkenntnisstreben	.11*	-.03
10. Klasse	Erfolgszuversicht	.04	-.14**
	Mißerfolgsfurcht	-.31***	.14**
	Erkenntnisstreben	.05	-.05
11. Klasse	Erfolgszuversicht	.19**	-.17**
	Mißerfolgsfurcht	-.35***	.14*
	Erkenntnisstreben	.01	-.09
12. Klasse	Erfolgszuversicht	-.00	-.03
	Mißerfolgsfurcht	-.26***	.11
	Erkenntnisstreben	-.03	.04
13. Klasse	Erfolgszuversicht	.11	.02
	Mißerfolgsfurcht	-.26***	.03
	Erkenntnisstreben	.00	.04

Die Ergebnisse zur Beeinflussung von Interessen durch die Belastungswerte sollen hier nicht berichtet werden, da sie im großen und ganzen den Wirkungszusammenhängen, wie sie bei den außerschulischen Aktivitäten dargestellt wurden, entsprechen. Von größerer Bedeutung ist aber die Beeinflussung von Aspekten der Leistungsmotivation (Tabelle 44). Die berechneten Korrelationen zeigen, daß das Erleben unangenehmer und mit hohem Veränderungsaufwand behafteter Ereignisse die Mißerfolgsängstlichkeit stark erhöhen kann, während Erfolgszuversicht und Erkenntnisstreben davon kaum berührt werden. Dieses Zusammenhangsmuster erweist sich konstant über alle Klassenstufen.

Die Rechenergebnisse zu den weiteren Zusammenhangshypothesen lassen sich wie folgt zusammenfassen: Die Belastung durch kritische Lebensereignisse

- verringert nicht die praktische Kreativität,
- beeinflußt die Wahrnehmung des Schulklimas teilweise ungünstig (z.B. wird bei als unangenehm erlebten schulischen Ereignissen gleichzeitig mehr Leistungsdruck erlebt),
- beeinflußt die Wahrnehmung des häuslichen Klimas nur schwach.

Insgesamt gesehen ergeben sich aus der Betrachtung der kritischen Lebensereignisse wichtige *Folgerungen für die Beratung Hochbegabter*:

- Auch hochbegabte Schüler werden hinsichtlich ihrer Persönlichkeit und Leistung von der aktuellen Lebensbelastung beeinflußt. Dies gilt selbst dort, wo Intelligenz und soziale Kompetenz den effektiven Umgang mit Stressoren erleichtern. Allerdings ist anzunehmen, daß hochbegabte Schüler im schulischen Leistungsbereich und in schulbezogenen Persönlichkeitsmerkmalen (z.B. Leistungsorientierung) weniger stark streßanfällig sind als durchschnittlich oder weniger begabte Schüler, weil jene relativ stabile schulische Erfolgsstrategien besitzen.
- Begabte Schüler sind besonders streßanfällig hinsichtlich sozialer Entwicklungen im Jugendalter. Wenngleich jeder Jugendliche die Zeit der Pubertät und der Geschlechtsrollenfindung zur grundlegenden persönlichen Neuorientierung benützen sollte, wäre es schade, wenn zuvor sichtbar gewordene Leistungsmöglichkeiten durch emotional ungünstige Entwicklungsverläufe verschüttet würden. Deshalb empfiehlt sich für begabte Jugendliche eine persönliche Betreuung durch einen vertrauenswürdigen Lehrer, der dem Jugendlichen hilft, ein stabiles Leistungsselbstkonzept zu bewahren oder aufzubauen.
- Weitergehende Maßnahmen, die zudem eher präventiv ansetzen müßten, wären eine frühzeitig einsetzende Karriereberatung, die vor allem auch der persönlichen Zielabklärung dient, sowie eine generelle Entwicklungsberatung, die auf persönliche Veränderungen während der Jugendzeit vorbereitet und kritische Phasen besser bewältigen hilft.

8.2 Unterrichtsklima und sein Einfluß auf die Persönlichkeits- und Leistungsentwicklung

Da die Erfassung von Klimavariablen erst für die Zweit- und Dritterhebung vorgesehen war, denen die Selektion der Untersuchungsteilnehmer vorausging, war es nicht möglich, sämtliche Schüler einer Klasse nach ihren unterrichts- bzw. schulbezogenen Wahrnehmungen zu befragen. Aus diesem Grund war es auch unmöglich, z.B. das Unterrichtsklima in den Klassen der von uns untersuchten Schüler als Mittelwert der individuellen Wahrnehmungen *aller* Schüler einer Klasse zu bestimmen. Wir mußten deshalb von den klassischen Definitionen des Schul- bzw. Unterrichtsklimas Abstand nehmen. Unsere Konzeption konzentrierte sich vielmehr auf die subjektive Wahrnehmung des Unterrichts durch den einzelnen Schüler, wobei von konkreten Fächern bzw. Stunden abstrahiert und vom Probanden eine übergreifende Beurteilung der bisherigen Unterrichtserfahrungen eingeholt wurde.

Nach längerfristigen Vorarbeiten am Institut der Projektgruppe konnte ein kurzes Meßverfahren mit folgenden faktorenanalytisch gewonnen Skalen eingesetzt werden:
- Kooperativer Lehrer;
- Kooperation, positive Beziehungen zu den Mitschülern;
- Konkurrenz, Wettbewerb, Ordnungsdruck;
- Interesse, Engagement der Mitschüler;
- Leistungsdruck im Unterricht;
- Schülerverursachte Störungen des Unterrichts.

Mit diesen Skalen dürften wichtige Bereiche der bisher empirisch gefundenen Dimensionen des Schul- bzw. Unterrichtsklimas abgedeckt sein. Eine Übersicht zu diesem Forschungsbereich bietet Dreesmann (1982).

Aufgrund der aktuellen Literaturlage und den im Rahmen unserer Studie gegebenen Möglichkeiten wurden nachstehende Hypothesen formuliert. Die Überprüfung dieser Hypothesen sollte mit dazu beitragen, Erkenntnisse über die Bedeutung des psychologischen Lernumfeldes für begabte Schüler zu gewinnen und Hinweise für eine optimale Gestaltung der Lern- und Unterrichtssituationen zu erhalten. Die nachstehenden Hypothesen beziehen sich also auf die *erlebte schulische Atmosphäre* als *abhängige* Variable.

Aus verschiedenen Studien weiß man, daß die Schule von älteren Schülern ungünstiger beurteilt wird als von jüngeren. Wir formulierten dazu folgende *Hypothese*:

H1: Ältere Schüler berichten weniger positive Beziehungen und Schülerengagement sowie mehr Leistungsdruck, Konkurrenzkampf und Störungen des Unterrichts als jüngere Schüler.

Man kann davon ausgehen, daß kognitive Fähigkeiten große Affinität zum Schulstoff aufweisen. Schüler, die im Intelligenztest gut abschneiden, dürften in der Regel auch in der Schule weniger Schwierigkeiten haben. Daher ist zu vermuten, daß intelligente Schüler die Unterrichtssituation positiver wahrnehmen als weniger intelligente, besonders hinsichtlich der leistungsbezogenen Klimadimensionen. Kreativere Schüler dürften dagegen im Unterricht manchmal Tadel, Zurückweisung und Einengung bei ungewöhnlichen Äußerungen erleben. Wir nahmen deshalb an, daß kreativere Schüler den Unterricht eher ungünstig wahrnehmen. Sozial kompetente Schüler dürften dagegen besonders die Beziehungsdimensionen positiver erleben als andere Schüler.

Hinsichtlich der Fähigkeiten formulierten wir also folgende *Hypothesen*:

H2: Je intelligenter die Schüler sind, desto weniger Leistungsdruck und um so mehr Engagement erleben diese im Unterricht.

H3: Je kreativer die Schüler sind, desto mehr Konkurrenz und Ordnungsdruck sowie Unterrichtsstörungen erleben die Schüler und um so schwächer werden soziale Beziehungen erlebt.

H4: Je stärker die Schüler sozial begabt sind, desto bessere Beziehungen erleben sie zu Mitschülern und Lehrern.

Zur erlebten *schulischen Atmosphäre* als *unabhängige* Variable wurden folgende *Hypothesen* formuliert:

H5: Schulische wie außerschulische Leistungen werden durch die atmosphärischen Variablen beeinflußt, und zwar positiv durch die emotionalen Beziehungen und das Engagement aller Schüler, negativ durch Leistungsdruck, Konkurrenz und Unterrichtsstörung.

H6: Dieselben Zusammenhänge mit den perzipierten Schulmerkmalen postulieren wir für die Leistungsmotivation und die Entwicklung von Wissensdurst.

Schließlich wurde eine Hypothese zur *schulischen Atmosphäre* als *Interaktionsvariable* aufgestellt. Die zu untersuchenden Hypothesen im Kontext unserer Studie zielen generell darauf ab, die Situation Hochbegabter mit der durchschnittlich begabter Schüler zu vergleichen. Die Zusammenhänge zwischen Schulatmosphäre und Leistungen bzw. Leistungsänderungen könnten für hochbegabte Schüler anders aussehen als für nicht-hochbegabte. Wir postulierten daher folgende *Hypothese*:

H7: Die Zusammenhänge zwischen erlebter schulischer Atmosphäre und Leistungen hängen von Begabungsart und -niveau der Schüler ab. Begabung und Schulatmosphäre interagieren in ihrem Einfluß auf Leistungskriterien.

Wir nehmen zwar konkret an, daß der Einfluß der schulischen Atmosphäre auf die Leistung um so geringer ausfällt, je ausgeprägter die vorhande Begabung ist. Trotzdem wollten wir die Hypothese "ungerichtet" formulieren, da die vorhandene Literatur keine eindeutige Tendenz vorgibt.

Nachstehend wird angegeben, welche Meßverfahren bzw. Meßgrößen für die Untersuchung der Hypothesen verwendet wurden. Auch sollen die entsprechenden statistischen Verfahren angeführt werden.

Zu H2: Intelligenz wurde über den Summenwert des Kognitiven Fähigkeitstests erfaßt.

Zu H3: Als Wert für Kreativität benutzten wir die Anzahl unterschiedlicher Antwortkategorien des Verwendungstests.

Zu H4: Soziale Begabung wurde über den Fragebogen zur sozialen Kompetenz (Summenwert) bestimmt.

Zu H5: Als schulische Leistungen konnten innerhalb einer Schulart Schulnoten verwendet werden. Für die außerschulischen Leistungen wurden die Subskalen des Münchner Aktivitäten-Inventars herangezogen.

Zu H6: Leistungsmotivation wurde über die Skalen zu "Hoffnung auf Erfolg" und "Anstrengungsbereitschaft", Wissensdurst über den "Fragebogen zum Erkenntnisstreben", kreative Betätigung über den "Gruppenfragebogen zur Kreativität" und das Selbstkonzept über die entsprechenden Skalen gemessen.

Tabelle 45: Konsistenzreliabilitäten für die Schulklimaskalen

	Items	9. Klasse		11. Klasse		13. Klasse		alle	
		Fälle	α	Fälle	α	Fälle	α	Fälle	α
Kooperative Lehrerbeziehung	9	319	.85	234	.85	162	.85	715	.85
Kooperation der Schüler	9	319	.81	234	.85	162	.82	715	.83
Wettbewerb, Konkurrenz	7	319	.73	234	.76	162	.69	715	.73
Engagement aller Schüler	5	319	.73	234	.71	162	.58	715	.70
Leistungsdruck, Schwierigkeit	5	319	.73	234	.79	162	.75	715	.76
Schülerverurs. Störungen	5	319	.69	234	.73	162	.72	715	.73

Legende: Die Tabelle enthält die Konsistenzkoeffizienten α zur Prüfung der Skalenhomogenität.

Bevor die hypothesenbezogenen Ergebnisse dargestellt werden, ist ein Blick auf die Zuverlässigkeit der Messungen nützlich. Die sechs gebildeten Skalen erwiesen sich als ausreichend reliabel für die angestrebten Zusammenhangsberechnungen (Tabelle 45). Vor allem die Kooperationsskalen, die mit jeweils neun Items auch die umfangreichsten Skalen darstellen, fielen sehr homogen aus.

(1) Die erlebte *schulische Atmosphäre* als *abhängige* Variable
Vor weiteren Analysen sollte die Abhängigkeit der Skalen von Alter und Geschlecht der Probanden geprüft werden. Folgende Tendenzen ließen sich statistisch gegen den Zufall sichern (zur graphischen Darstellung siehe Abbildungen 52 und 53):

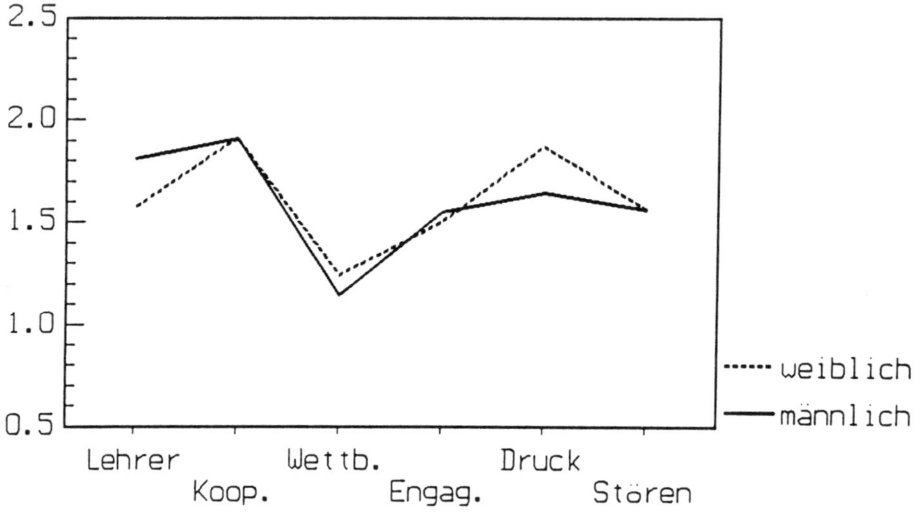

Abbildung 52: Mittelwerte der Schulklimaskalen, getrennt nach Geschlecht

- Die Skalen Kooperation mit dem Lehrer, Wettbewerb und Leistungsdruck sind geschlechtsabhängig. Mädchen erleben die Schule darin ungünstiger als Jungen, sie beurteilen also die Kooperation mit dem Lehrer als ungünstiger und Wettbewerbsorientierung sowie Leistungsdruck als ausgeprägter.
- Das Schulklima wird auf verschiedenen Altersstufen unterschiedlich wahrgenommen: In der 9. Klasse werden sowohl Kooperationsangebote (von Lehrern und Mitschülern) als auch Unterrichtsstörungen besonders intensiv erlebt. In der 13. Klasse nehmen die Schüler dagegen verstärktes Interesse der Mitschüler am Unterricht und weniger Störungen wahr. Da in 9. und 13. Klasse gleich viel Leistungsdruck (mehr als in der 11. Klasse) wahrgenommen wird (dritte Fremdsprache bzw. Chemie in der 9. und Abiturvorbereitung in der 13. Klasse), könnten die wahrgenommenen Beziehungs- und Arbeitsdimensionen verschiedenartige altersspezifische Reaktionsmuster auf Schulstreß darstellen.

- Es zeigen sich keine Interaktionseffekte zwischen Klassenstufe und Geschlechtszugehörigkeit.

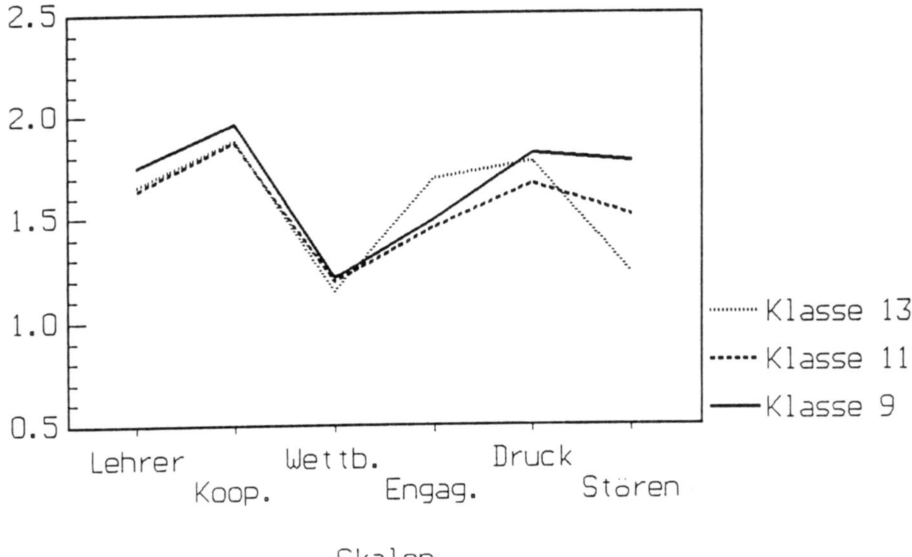

Abbildung 53: Mittelwerte der Schulklimaskalen, getrennt nach Klassenstufe

Tabelle 46: Korrelationen der Schulklimaskalen mit Intelligenzskalen (Messung aus dem Jahr zuvor)

Merkmal	Klassen	Schulisches Engagement	Schulischer Leistungsdruck
Kogn. Fähigkeiten - Gesamtleistung	alle	-.20***	-.10**
	9	-.17**	-.07
	11	-.14*	-.17**
	13	-.17*	-.09
Geschwindigkeit der Informationsverarbeitung	alle	-.01	-.02
	9	-.05	.06
	11	.05	-.03
	13	-.03	.01

In der nächsten Hypothese wurden Auswirkungen des kognitiven Gesamtleistungsniveaus (Intelligenz) auf die Wahrnehmung schulischer Aspekte postuliert. Hier ließ sich bestätigen (Tabelle 46), daß intelligentere Schüler deutlich weniger Engagement von seiten anderer Schüler und teilweise auch weniger schulischen Leistungsdruck wahrnehmen. Während das zweite Ergebnis aufgrund der besseren Leistungskapazitäten intelligenterer Schüler unmittelbar verständlich ist, muß das erste Ergebnis wohl als "komplementäre Projektion" bzw. als Bezugssystemproblematik der schulisch engagierten Hochbegabten verstanden werden: Wer selbst schulisch sehr engagiert ist, stellt höhere Ansprüche an seine Umwelt bezüglich derselben Aktivitäten.

Tabelle 47: Korrelationen zwischen Kreativität (jeweils im Vorjahr erhoben) und ausgewählten Schulklimadimensionen (aufgrund eines Datenfehlers können für die 13. Klassen keine Werte mitgeteilt werden)

Merkmal	Klassen	Wett-bewerb	Störun-gen	Kooper. Lehrer	Kooper. d.Schüler
Praktische	alle	-.01	-.06	-.05	-.01
Flexibilität	9	-.05	-.04	-.01	.08
	11	.03	-.04	-.07	-.09
	13	--	--	--	--

Tabelle 48: Korrelationen zwischen sozialer Kompetenz (jeweils im Vorjahr erhoben) und ausgewählten Schulklimadimensionen

Merkmal	Klassen	Kooper. Lehrer	Kooper. d.Schüler
Soziale	alle	-.02	-.02
Kompetenz	9	-.01	.01
	11	.18**	.13*
	13	.03	.14*

Die nächsten Hypothesen betrafen Effekte auf die Schulklimawahrnehmung in Abhängigkeit von Kreativität und sozialer Kompetenz. Während Kreativität entgegen unserer Vermutung nicht mit dem perzipierten Schulklima zusammenhängt (Tabelle 47), erleben sozial kompetentere Schüler das Klima (in höheren Klassen) insgesamt etwas kooperativer (Tabelle 48). Man kann wohl annehmen, daß diese sozial aktiven Schüler das Klima selbst entsprechend mitgestalten.

(2) Die erlebte *schulische Atmosphäre* als *unabhängige* Variable

Die Auswertungen zu den Effekten schulischer Atmosphäre sind in diesem Abschnitt zentral. Betrachten wir die Schulleistungen (Tabelle 49), so stellen wir fest, daß hoher Leistungsdruck den Schulleistungen abträglich ist, während Wettbewerb und Konkurrenzdruck die Leistungen eher zu beflügeln scheinen, vor allem in jüngeren Jahren. Dies könnte allerdings ein Spezifikum der hier betrachteten Begabten-Stichprobe darstellen.

Tabelle 49: Korrelationen der Schulzensuren mit den Schulklimaskalen (nur für Gymnasiasten)

	Klassen	Kooper. Lehrer	Kooper. d.Schül.	Wettbewerb	Engagement	Leist'druck	Störungen
Deutsch	alle	.06	.09*	-.16***	.09*	.15***	.02
	9	.05	.10	-.16*	.09	.22***	.10
	11	-.05	.05	-.09	-.02	.08	.17*
	13	.23**	.15*	-.21**	.15*	.14	-.11
Englisch	alle	.00	.08*	-.22***	.13**	.05	-.02
	9	-.02	.09	-.26***	.09	.09	.13*
	11	.05	.09	-.17*	.11	.07	.09
	13	.12	.17	-.04	.19	-.30*	.06
Mathematik	alle	-.07	-.02	-.10*	.11**	.16***	.03
	9	-.06	-.04	-.05	.12	.19**	.09
	11	-.11	.01	-.14*	.08	.21**	-.01
	13	-.00	-.04	-.09	.09	.06	.12

Tabelle 50: Korrelationen außerschulischer Leistungen mit den Schulklimaskalen (nur für Gymnasiasten)

	Klassen	Kooper. Lehrer	Kooper. d.Schül.	Wettbewerb	Engagement	Leist'druck	Störungen
Künst-	alle	-.03	-.03	.05	.05	.00	-.05
lerisch/	9	.02	-.09	.06	.11	.05	-.13
lite-	11	-.03	.02	.02	.13	-.01	-.12
rarisch	13	-.18	.04	.07	-.20	-.01	.18
sozial	alle	.07	.01	.04	.08	-.02	-.01
	9	.10	-.06	.07	.13	.07	-.06
	11	.05	.03	.10	.18*	.04	.03
	13	.15	.24*	-.23*	-.18	-.33**	.13
mathe-	alle	.21***	.02	.06	.05	-.08	-.01
matisch/	9	.29***	-.05	.09	.12	-.06	-.05
natur-	11	.13	.01	.06	-.04	-.07	.12
wiss.	13	.15	.31*	.03	-.04	-.16	-.11
hand-	alle	.13**	.01	.01	.03	-.09*	.04
werkl./	9	.04*	-.03	.05	.03	-.03	.12
tech-	11	.12	-.02	.04	.03	-.05	.11
nisch	13	.14	.27*	-.16	-.01	-.38**	-.07
musi-	alle	.02	-.00	-.02	.08	-.01	-.10*
kalisch	9	.04	.08	-.09	.10	-.07	-.04
	11	.01	-.08	.09	.13	.05	-.13
	13	.04	.03	-.24	-.12	.15	-.17
sport-	alle	.12*	.03	-.04	.03	.00	.09
lich	9	.06	.01	.00	.06	.11	-.01
	11	.23**	.00	-.10	-.01	-.06	.14
	13	.17	.18	-.01	.07	-.09	.09

Außerschulische Leistungen und Aktivitäten werden vom Schulklima naturgemäß weniger beeinflußt als Schulleistungen. Trotzdem finden sich gewisse Einflüsse, vor allem in jungen Jahren, in besonders leistungsbezogenen Gebieten wie mathematisch-naturwissenschaftlichen oder handwerklich-technischen Aktivitäten (Tabelle 50).

Betrachtet man Persönlichkeitsmerkmale auf motivationalem Gebiet, zeigen sich bedeutsame Einflüsse von seiten des Schulklimas (Tabelle 51). Je besser der kooperative Kontakt zum Lehrer ausfällt, desto motivierter und interessierter werden die Schüler - ein Zusammenhangsmuster, das wir in vielen unserer Untersuchungen immer wieder bestätigen konnten. Aber auch Wettbewerb und Leistungsdruck zeitigen eher positive als negative Effekte: Während Leistungsdruck das eigene Leistungsstreben anregt, führt die Wettbewerbssituation durchaus zu kreativer Neugier, vor allem bei jüngeren Schülern.

Tabelle 51: Korrelationen motivationaler Persönlichkeitsmerkmale mit den Schulklimaskalen

Merkmal	Klassen	Kooper. Lehrer	Kooper. d.Schül.	Wettbewerb	Engagement	Leist'-druck	Störungen
Erfolgs-zuversicht	alle	.21***	.02	.10**	.05	-.02	-.09**
	9	.23***	-.05	.16**	.12*	.00	-.13*
	11	.22***	.05	.07	.02	-.03	-.05
	13	.17*	.12	.00	-.03	-.03	-.15*
Leistungs-streben	alle	.22***	.07*	.04	.27***	.14***	-.21***
	9	.30***	.12*	.12*	.26***	.11*	-.09*
	11	.26***	-.03	.09	.22***	.23***	-.05
	13	.22**	.21**	-.06	.09	.13	-.21**
Erkenntnis-streben	alle	.25***	.01	.13***	.14***	.00	-.06*
	9	.26***	-.09	.25***	.21***	.03	-.08
	11	.22***	.02	.09	.06	-.00	-.06
	13	.29***	.22**	-.10	.18*	-.05	-.20**

(3) Die erlebte *schulische Atmosphäre* als *Interaktionsvariable*

Postuliert wurden Wechselwirkungen zwischen Begabung und Schulklima bei den Effekten auf leistungsbezogene Variablen. Ausführliche statistische Analysen konnten aber solche Effekte nicht bestätigen. Die Zusammenhänge zwischen Schulklima und Persönlichkeits-/Leistungsvariablen sind also nicht abhängig vom jeweiligen Begabungsniveau, sondern können als generell gültig betrachtet werden.

Da die durchgeführten Auswertungen ohne positives Ergebnis blieben, sollen die aufwendigen Varianzanalysen hier nicht im Detail berichtet werden. Zusammenfassend kann man festhalten, daß die persönliche Wahrnehmung des Schulklimas eine wichtige Determinante der Persönlichkeits- und Leistungsentwicklung darstellt. Auch besonders begabte Schüler, deren schulische Kompetenz sicher weniger streßanfällig ist als man bei schwächeren Schülern beobachten kann, reagieren sensibel auf emotional belastende Beziehungen zu Mitschülern und Lehrern, auf Unterrichtsstörungen oder Lustlosigkeit in der Klasse. Andererseits profitieren diese Schüler von der Ansprache durch kooperative Lehrer sowie vom Ansporn einer

Wettbewerbssituation, ohne daß man ihnen Konkurrenzdenken und Elitestreben anlasten darf. Eher scheint es so zu sein, daß die schulisch erfolgreichen Schüler manchmal den Anreiz des sozialen Vergleichs benötigen, um in der für sie ansonsten eher anforderungsarmen Unterrichtssituation leistungsaktiv zu werden. Dieser Befund wird in der Unterrichts- und Begabungsforschung häufig bestätigt. Arbeitsgemeinschaften mit besonderen Anforderungen, überregionale Wettbewerbe und schulinterne Leistungsprämierungen sind somit wichtige Zusatzangebote, um die Leistungsmotivation begabterer Schüler angemessen zu fördern.

8.3 Die Rolle des Familienklimas

Die Familie als wichtigste Sozialisationsinstanz bei Kindern (neben der Schule) verdient auch im Rahmen der Begabungs- und weiteren Persönlichkeitsentwicklung besonders befähigter Schüler Beachtung. In der Literatur finden sich zahlreiche Belege

- zum Einfluß der Ordnungsstrukturen innerhalb der Familie auf die Entwicklung von Kreativität,
- zum Einfluß der familiären Freizeitaktivitäten auf die Interessenentwicklung,
- zum Zusammenhang der Selbständigkeitserziehung auf die Selbständigkeitsentwicklung,
- zum Zusammenhang sozialer Regeln innerhalb der Familie auf die Entwicklung sozialer Kompetenz,
- zum Zusammenhang zwischen Disziplinierung innerhalb der Familie und Verhaltensstörungen der Kinder in außerfamiliären Umwelten,
- zum Zusammenhang zwischen familiärer Leistungsorientierung und schulischem Engagement der Eltern sowie dem Leistungsstreben bei Kindern.

Zur Überprüfung dieser und ähnlicher Zusammenhangsvermutungen wurden verschiedene Meßverfahren in der zweiten und dritten Hauptuntersuchung (bei einer Teilstichprobe) eingesetzt. Neben der Einschätzung des Familienklimas durch die Schüler selbst wurden auch deren Eltern getrennt um entsprechende Angaben gebeten. Die Verarbeitung der Daten ergab ausreichende Testgütewerte für die eingesetzten Skalen.

Die anschließend durchgeführten umfangreichen Auswertungen konnten aber keine der postulierten Hypothesen bestätigen. Zwar ergaben sich verschiedentlich deutliche Zusammenhänge, z.B. zwischen Freizeitaktivitäten in der Familie und außerschulischen Leistungen; die bedeutsameren Hypothesen konnten aber statistisch nicht gesichert werden.

Es muß an dieser Stelle offen bleiben, ob methodische Probleme oder inhaltliche Faktoren für die schwachen Zusammenhänge zwischen den betrachteten Konstrukten verantwortlich sind. Da die betr. Fragebögen selbst bereits vor unserer Studie von den Autoren Schneewind, Beckmann & Hecht-Jackl (1985) empirisch erprobt und validiert worden waren, kann man davon ausgehen, daß das eingesetzte Meßinstrument sensibel genug gewesen wäre, um vorhandene Zusammenhangstendenzen aufzudecken. Hinzu kam ein beträchtlicher Stichprobenumfang, so daß die empirischen Voraussetzungen für die durchgeführte Studie optimal erschienen.

Aus diesem Grund spricht einiges für die Vermutung, daß die Persönlichkeitsentwicklung besonders begabter Schüler weniger stark von den untersuchten Familienaspekten abhängt als es bei durchschnittlich begabten Schülern der Fall ist. Neuere theoretische Ansätze betonen hierbei auch die aktive Rolle des (begabten) Individuums bei der Gestaltung der Umwelt und der selbstverursachten Förderung der eigenen Entwicklung. Es mag daher in vielen Fällen zutreffen, daß die begabteren Jugendlichen das System Familie stärker an die eigenen Erfordernisse anpassen als umgekehrt; Klagen von Eltern über den unersättlichen Wissensdurst ihrer hochbegabten Kinder, über deren oft eigenwillige Arbeitsweisen und Umgangsformen legen beredtes Zeugnis für diese Interpretation ab.

8.4 Abschließende Betrachtung

Stellt man die untersuchten Einflußfaktoren
- kritische Lebensereignisse,
- Schulklima und
- Familienklima

nebeneinander und wägt deren Einfluß auf die Persönlichkeits- und Leistungsentwicklung der begabten Jugendlichen ab, so müssen wir zunächst eingestehen, daß wir diese drei Faktorenbündel in den hier dargelegten Analysen zwar getrennt, nicht aber in ihrem Zusammenwirken untersucht haben. So könnte die (negative) Wirkung kritischer Lebensereignisse sicherlich durch unterstützende schulische und familiäre Geborgenheitserfahrungen abgefangen werden. Ähnlich könnten familiäre Selbständigkeitsanreize den Jugendlichen erst ermutigen, sich kritischen Lebensereignissen (z.B. Eigenes-Geld-Verdienen, Partnerschaft-Beginnen) auszusetzen, um daran die erworbene Selbständigkeit zu testen. Man müßte auch erwarten, daß sich schulische und familiäre Erfahrungen kompensieren können, so daß ein einfühlsamer Lehrer möglicherweise die Rolle eines "Entwicklungshelfers" anstelle des (z.B. aus beruflichen Gründen) zuhause kaum präsenten Vaters zu übernehmen in der Lage ist. Ebenso könnten schulische Versagenserlebnisse durch die akzeptierende Haltung der Eltern ausgeglichen werden. Diese und weitere Erwartungshypothesen müßten freilich erst noch empirisch überprüft werden.

Sieht man vorläufig von solchen möglichen Interaktionen der Umweltfaktoren ab, so scheint es, daß gerade für den älteren Jugendlichen, der aufgrund seiner intellektuellen Begabung keine großen Schulprobleme bewältigen muß, Familie und Schule vergleichsweise geringe Bedeutung aufweisen (vgl. auch Boehnke & Bergs-Winkels, 1990). Erfahrungen mit Gleichaltrigen, vor allem mit dem anderen Geschlecht, und die ersten Schritte ins Erwachsenenleben (Führerscheinerwerb, Geldverdienen, Reisen auf eigene Faust) scheinen die beeindruckendsten Erfahrungen für solche Jugendlichen zu sein. Zwar dürfte auch hier gelten, daß erst entsprechende Erziehungshandlungen in Familie und Schule Selbständigkeit und Eigenverantwortlichkeit gefördert haben müssen. Hat der Jugendliche diese Entwicklungsstufe aber erreicht, treten die Sozialisationsinstanzen zugunsten der selbstgesteuerten Lebensplanung offenbar in den Hintergrund.

Verbindet sich bei einem intelligenten Jugendlichen Lernfähigkeit mit Kreativität und sozialer Kompetenz, scheinen gute Voraussetzungen gegeben zu sein, um schulische, familiäre und sonstige Erlebnisse erfolgreich verarbeiten zu können. Dabei gilt es aber auch, die schädlichen Auswirkungen extrem ungünstiger Umweltbedingungen zu beachten. Lebens-, Entwicklungs- und Karriereberatung gehören zu vordringlichen Fördermaßnahmen für Jugendliche. Da hochbegabte Jugendliche oft weiter entwickelt sind als Gleichaltrige und daher die Peergruppe nicht die nötige soziale Unterstützung bieten kann, wären hier professionelle Berstungshilfen ebenso angezeigt wie in Fällen verzögerter und abweichender Entwicklung.

Dabei sollte man aber den Fehler unnötiger Identifizierungsaktivitäten vermeiden. So wichtig es z.B. für den Schulpsychologen ist, neben den schulschwierigen auch die hochbegabten Kinder und Jugendlichen an seiner Schule zu kennen, so problematisch wäre es, durch ausufernde Testmaßnahmen jedem Schüler sein Begabungsetikett zuzuweisen. In anderen von uns durchgeführten Studien wurde immer wieder deutlich, daß besonders befähigte Schüler nicht das Etikett "hochbegabt" erhalten möchten. Sie hätten dadurch noch mehr Schwierigkeiten bei der sozialen Eingliederung zu erwarten, als sie durch ihre akzelerierte kognitive Entwicklung bereits oftmals erleben. Andererseits muß auch bei diesen Jugendlichen die Einsicht geweckt werden, daß ihre besonderen Fähigkeiten einerseits Anlaß zu sozialen Auseinandersetzungen sind, andererseits diese aber auch eine Chance zu deren Bewältigung beinhalten.

9. Beratungsanlässe und Hochbegabtenförderung

9.1 Elterliche Wünsche und Bedürfnisse nach Förderung und Beratung ihrer Kinder

Im Laufe der dritten Erhebungswelle wurde den Eltern der Schüler unserer Stichprobe in einem Fragebogen Gelegenheit gegeben, Wünsche bezüglich Förderung und Beratung ihrer Kinder darzulegen. Gleichzeitig konnten die Eltern uns mitteilen, ob sie im Laufe des vergangenen Schuljahres Probleme bei ihren Kindern bemerkt und eventuell Beratungsinstanzen (vom Klassenlehrer bzw. Beratungslehrer über Erziehungsberater/Schulpsychologen bis zum Psychotherapeuten u.ä.) aufgesucht haben. Die Antworten der Eltern sollen im folgenden dargestellt werden. Für die Kohorten der Siebt- und Neuntkläßler untersuchten wir in Ergänzung der im Kapitel 7 dieses Berichtsteils mitgeteilten Ergebnisse auch Zusammenhänge zwischen den nichtkognitiven Persönlichkeitsmerkmalen und den Antworten der Eltern.

Zunächst sei angemerkt, daß nicht alle Eltern unseren Fragebogen bearbeitet und zurückgeschickt haben. Insgesamt liegen auswertbare Fragebögen zu 730 Schülern vor (Kohorte der Erstkläßler: 122; Kohorte der Zeitkläßler: 120; Kohorte der Fünftkläßler: 160; Kohorte der Siebtkläßler: 171; Kohorte der Neuntkläßler: 142; Kohorte der Elftkläßler: 15). Aufgrund der geringen Rücklaufquote in der Kohorte der Elftkläßler wird auf diese im folgenden nicht weiter eingegangen. Die Schüler der einzelnen Kohorten waren zum dritten Meßzeitpunkt zwei Jahrgangsstufen vorgerückt, so daß z.B. die Schüler der Kohorte der Siebtkläßler 1988 die neunte Klasse besuchten; die Kohorte der Elftkläßler war 1988 in die 13. Klassenstufe aufgerückt und stand somit kurz vor dem Abitur, was die geringe Rücklaufquote hier erklären dürfte.

Zwischen den Schülern der Kohorte der Siebtkläßler, deren Eltern den Fragebogen beantworteten, und denjenigen, deren Eltern den Fragebogen nicht zurückgesandt haben, fanden sich vorab keine Unterschiede im Intelligenzniveau und den nichtkognitiven Persönlichkeitsmerkmalen. In der Kohorte der Neuntkläßler scheinen begabte Schüler in der Gruppe überrepräsentiert zu sein, deren Eltern die Fragebögen zurückgeschickt haben. Hier sei daran erinnert, daß viele Schüler dieser Kohorte in der Zwischenzeit volljährig geworden waren. Diese Schüler konnten also selbst entscheiden, ob sie an den Testsitzungen weiter teilnehmen wollten oder nicht und ob sie den Fragebogen ihren Eltern zur Beantwortung übergeben bzw. ihn eventuell sogar selbst ausfüllen wollten.

Abbildung 54 kann entnommen werden, wieviel Prozent der Schüler nach Aussagen der Eltern Probleme im vergangenen Schuljahr hatten. Über alle Kohorten hinweg scheint sich eine Tendenz anzudeuten, wonach ältere Schüler eher mehr mit Schulproblemen belastet sind. Der Gipfel bei Klasse 4/5 ist vermutlich auf das Ende der Grundschulzeit nach der vierten Klasse und dem Wechsel eines Großteils der Stichprobe auf das Gymnasium zurückzuführen. Seelische und soziale Probleme (Schwierigkeiten mit Gleichaltrigen) scheinen relativ konstant über die fünf Kohorten bei ungefähr 10 bis 15 Prozent zu liegen.

In dieser wie in den folgenden Abbildungen sind jeweils Prozentwerte eingetragen. Ein Markierungsstrich auf der senkrechten Achse entspricht dabei zehn Prozent, d.h. der Raum zwischen jeweils zwei horizontalen (gestrichelten) Linien entspricht 100 Prozent.

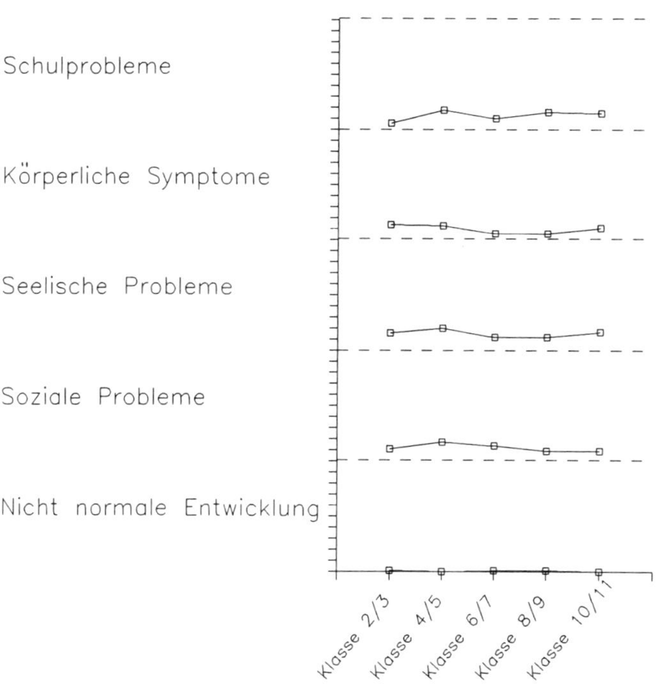

Abbildung 54: Von den Eltern berichtete psychische und physische Probleme hochbegabter Kinder

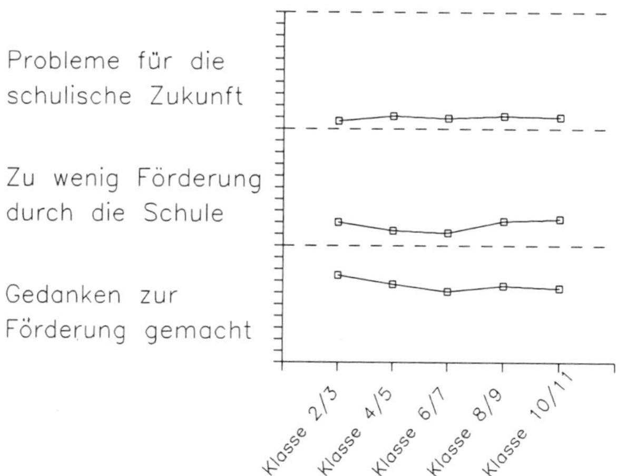

Abbildung 55: Elterliche Einstellungen zur Förderung ihrer hochbegabten Kinder

Wie Abbildung 55 entnommen werden kann, geben über 90 Prozent der Eltern an, daß sie keine Probleme für die Zukunft ihrer Kinder sehen, obwohl nur 17 Prozent glauben, daß die Schule ihre Kinder genug fördere. 70 Prozent der Eltern äußern, daß sie sich bereits Gedanken gemacht hätten, wie sie Interessen und Anlagen ihrer Kinder richtig fördern könnten.

Je älter die Schüler sind, desto weniger nehmen die Eltern Kontakt mit dem Lehrer auf, um über ihre Kinder zu sprechen (Abbildung 56). Fast niemand hat einen professionellen Berater (z.B. Schulpsychologen, Psychotherapeuten oder Berater einer Erziehungsberatungsstelle) aufgesucht. Etwa 5 Prozent haben die Dienste von Beratungslehrern in Anspruch genommen, die jedoch in Fällen gravierender psychischer Probleme nicht beraten können und dürfen.

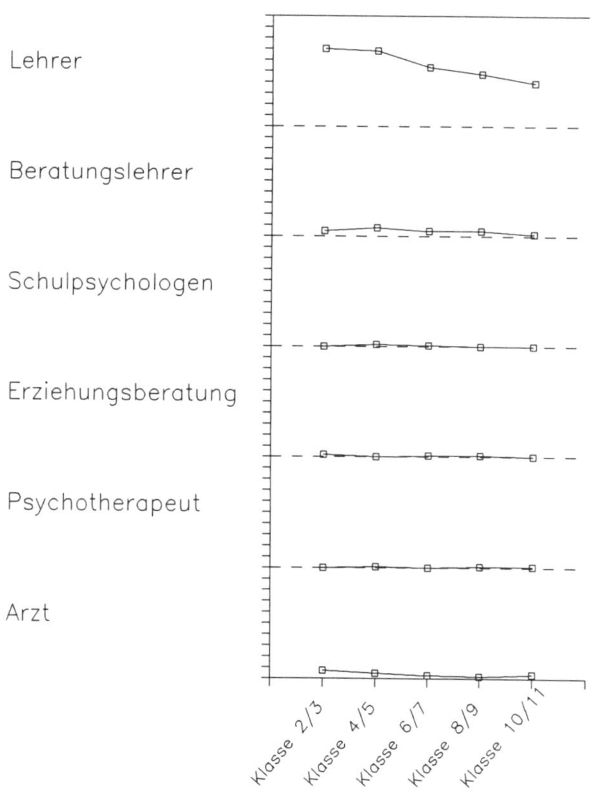

Abbildung 56: Von Eltern hochbegabter Schüler aufgesuchte Beratungsinstanzen

Bei der Untersuchung von Zusammenhängen zwischen den Problemen, die die Eltern 1988 im Fragebogen genannt haben, und den Persönlichkeitsmerkmalen der Kinder, wie sie ein Jahr zuvor erfaßt wurden, fanden wir in der Kohorte der Siebtkläßler (die im genannten Zeitraum die Klassen 8 und 9 besuchten) neben einem Effekt von Furcht vor Mißerfolg, daß Prüfungs- und allgemeine Angst, Störbarkeit der Denkprozesse in Prüfungssituationen und die Tendenz, eher external zu attribuieren, offenbar mit Schulproblemen zusammenhingen. Dasselbe gilt in bedeutendem Maße auch für die Kohorte der Neuntkläßler (d.h. der zehnten bis elften Klasse in den Jahren 1987 und 1988), wobei höhere bzw. niedrigere Scores in den genannten Variablen mit der Wahrnehmung von Problemen für die schulische/berufliche Zukunft einhergingen. Hier hingen diese Persönlichkeitsmerkmale vor allem mit körperlichen, möglicherweise psychisch bedingten Beschwerden und - insbesondere die letzten drei - auch mit (von uns im Fragebogen nicht näher spezifizierten) seelischen Problemen zusammen. Lediglich in der Kohorte der Siebtkläßler gab es eine gewissen Tendenz, wonach intelligentere Schüler weniger Probleme haben; in beiden untersuchten Kohorten wiesen schulleistungsstarke Schüler - jedenfalls aus der Sicht ihrer Eltern - weniger Probleme im Zusammenhang mit schulbedingten Belastungen und ihrer schulischen Laufbahn auf.

Wenn man andererseits leistungsstarke Schüler mit durchschnittlichen bezüglich des Items "Schwierigkeiten mit Gleichaltrigen" vergleicht, so wurden für bessere Schüler mehr Probleme, zumindest in der Kohorte der Neuntkläßler, genannt. In dieser Kohorte scheint auch ein erhöhtes allgemeines Selbstwertgefühl die Probleme zu vermindern. In der Kohorte der Siebtkläßler fanden wir hingegen kaum nennenswerte Zusammenhänge. Im großen und ganzen sind die aufgezeigten Interdependenzen sehr klein und nicht frei von methodologischen Problemen. So haben wir in der Kohorte der Neuntkläßler, die 1988 die elfte Klasse besuchten, lediglich die Gruppe der Gymnasiasten untersuchen können. Es ist also möglich, daß die eher problembeladenen Schüler das Gymnasium bereits nach der 10. Klasse verlassen haben und die sozialen Beziehungssysteme in der Jahrgangsstufe 11 (als die Eltern die Fragebögen beantwortet haben) wechselten.

Die Eltern wurden auch zu ihren Meinungen und Wünschen bezüglich unterschiedlicher Arten von Förderung und Beratung befragt (vgl. Abbildung 57). Demnach besteht großes Elterninteresse an zusätzlichen Kursangeboten für begabte und interessierte Schüler, wo diese ohne Leistungsdruck anspruchsvoll und schöpferisch arbeiten können. Die Eltern würden ihre Kinder sogar zu Kursangeboten an anderen Schulen in der Region schicken, wenn solche Neigungskurse den Interessen ihrer Kinder entgegenkämen. In Klasse 10 korrespondierte die Bereitschaft, zusätzliche Neigungskurse auch an anderen Schulen in der Region zu besuchen, mit niedriger Angst, höherer Wißbegier und höheren außerschulischen Aktivitäten auf den Gebieten Kunst, Literatur sowie im Bereich sozialer Aktivitäten. Allerdings sollten diese Fragebogenergebnisse wegen der bereits angeführten Stichprobenprobleme nicht überinterpretiert werden.

Ungefähr 30 bis 35 Prozent der Eltern würden ihre Kinder Spezialklassen besuchen lassen, in denen besonders lernwillige und lernfähige Jugendliche die Schule schneller, d.h. in weniger Jahren als sonst, durchlaufen könnten. Mit Blick auf Kohorten der Siebt- und Neuntkläßler scheint es interessant zu sein, daß keine Zusammenhänge zwischen den Wünschen der Eltern nach solchen Spezialklassen und bestimmten Persönlichkeitscharakteristika ihrer Kinder gefunden wurden.

Vielleicht sollte an dieser Stelle erwähnt werden, daß bezüglich dieser beiden Kohorten praktisch alle Eltern, die der Meinung sind, daß die Schule nicht genug zur Förderung ihrer Kinder beitrage, ihre Kinder in Zusatzkurse schicken würden; aber nur die Hälfte der Eltern in der Kohorte der Siebt- und ein Drittel in der Kohorte der Neuntkläßler würde ihre Kinder in Spezialklassen schicken. In der Kohorte der Neuntkläßler fanden wir den aufschlußreichen Befund, wonach die Kinder von Eltern, die Spezialklassen für Begabte guthießen und in Anspruch nehmen würden, eher weniger intelligent waren als jene Kinder, deren Eltern dies nicht forderten (gleiches gilt für extracurriculare Begabtenkurse). Aber auch dieser Zusam-

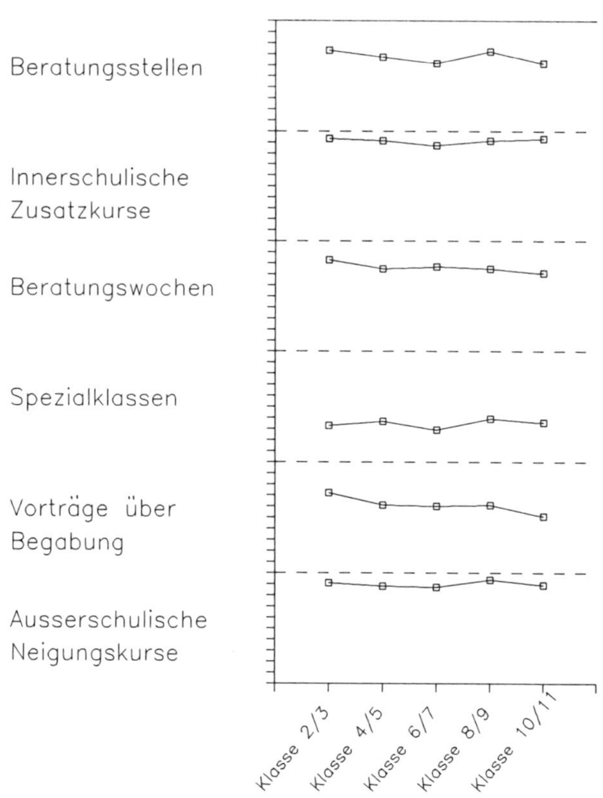

Abbildung 57: Elterliche Wünsche nach Beratung und Förderungs- bzw. Informationsangeboten für ihre hochbegabten Kinder und Jugendlichen

menhang ist nur schwach und darf nicht überinterpretiert werden. Dennoch illustriert dieser Befund auch Erfahrungen aus der Beratungspraxis, wonach die Erwartungen und Ambitionen der Eltern nicht immer mit den tatsächlichen Begabungen der Kinder übereinstimmen.

Schließlich wurden die Eltern befragt, welche Beratungsangebote sie in Problemfällen in Anspruch nehmen würden. Die Antworten passen zu einem Beratungsmodell mit differenziert qualifiziertem Personal für unterschiedliche Beratungsprobleme. Die Eltern würden "kleinere" Probleme, z.B. bezüglich Schulleistungen, mit den Klassenlehrern oder mit dem Beratungslehrer besprechen, während sie den Schulpsychologen in Fällen eher psychischer oder emotionaler Probleme bevorzugen. Vor allem in der Grundschule scheint jedoch der Klassenlehrer die erste Instanz zu sein, mit der die Eltern ein anstehendes Problem besprechen würden, während in der Sekundarstufe der Beratungslehrer eine zunehmend stärkere Rolle spielt.

9.2 Psychische bzw. psychosomatische Belastungen hochintelligenter Schüler: Ergebnisse einer Interviewstudie

Die bisher mitgeteilten Resultate beruhen (mit Ausnahme der Interviewstudie zur Interessenentwicklung) ausschließlich auf den Ergebnissen statistischer Analysen von Tests und Fragebögen unserer großen Stichproben. Die hier berichtete Interviewstudie (vgl. Schmidt, 1989) führten wir durch, um über diese statistischen Ergebnisse hinaus Informationen über solche hochbegabten Schüler zu erhalten, die nach den Test- und Fragebogendaten durch hohe Prüfungsangst, niedrige Stabilität der Denkabläufe in Streßsituationen, niedrige Ausprägung in den Meßwerten des Selbstkonzepts, hohe Furcht vor Mißerfolg und ungünstige Kausalattributionen charakterisiert sind. In unsere Interviewstichprobe wurden daneben auch solche Schüler aufgenommen, die explizit psychologische Beratung wünschten und/oder in den Schulleistungen gegenüber ihrer Intelligenz stark negativ abwichen, d.h. als sog. Underachiever (vgl. Abschnitt 9.2.2) auffielen.

Alles in allem fanden wir nicht allzuviele Hochbegabte, die zu den 5-10 Prozent der Intelligentesten gehören und von denen wir aufgrund ihrer Antworten in den diesbezüglichen Fragebögen annahmen, daß sie Probleme haben. Letztlich wurden 20 Schüler (10 Jungen und 10 Mädchen) in die Interviewstudie einbezogen. Die Studie wurde im Herbst 1988 von H. Schmitt im Rahmen einer Staatsexamensarbeit in Schulpsychologie durchgeführt, also kurz nach dem dritten Meßzeitpunkt. Die Ergebnisse dieser Datenerhebung standen jedoch zum Interviewzeitpunkt noch nicht zur Verfügung. Die Auswahl der Schüler erfolgte daher aufgrund der Test- und Fragebogenergebnisse des zweiten Meßzeitpunktes.[10]

Im folgenden werden die Einzelaussagen, gegliedert nach den Kategorien Lern-/Leistungsverhalten, Underachievement, Angst, Selbstwert, Sozialverhalten und Streß/Streßbewältigung analysiert. Diese Befunde erheben selbstverständlich nicht den Anspruch, auf die Gesamtheit aller Hochbegabten übertragbar zu sein, werfen aber doch Schlaglichter auf

---

10 Als wir die Interviewaussagen der Schüler und Schülerinnen den von ihnen 1987 in den Fragebögen erreichten Scores gegenüberstellten, fanden wir in einigen Fällen sehr beträchtliche Abweichungen. Nachdem wir jedoch die Aussagen der Schüler mit den Scores der Erhebung von 1988 verglichen, die zwei Monate vor der Interviewstudie stattgefunden hatte, konnten wir gute Übereinstimmungen feststellen. Überdies äußerten die interviewten Schülerinnen und Schüler, daß viele Probleme, über die sie in den Fragebögen von 1987 berichtet hätten, inzwischen nicht mehr bestünden. Damit konnte zumindest für die Schüler der Interviewstichprobe eindrucksvoll die Validität der Fragebögen auf Übereinstimmung mit ihren Antworten in der halboffenen Interviewsituation demonstriert werden.

Insbesondere Schüler mit hoher Prüfungsangst oder niedrigem Selbstwert antworteten nach dem Eindruck der Interviewerin in der Befragungssituation nicht offen. Teilweise verneinten die Schüler solche Merkmale, hatten Hemmungen zu sprechen oder gaben ausweichende Antworten. Erst als die Schüler/innen mehr Vertrauen zur Interviewerin gefaßt hatten, waren sie in der Lage, sich freier über ihre Probleme zu äußern. Entgegen weitverbreiteter Ansicht können also Interviewstudien gravierende Validitätsprobleme aufweisen, weil es einigen Schülern anscheinend leichter fällt, einen Fragebogen offen zu beantworten als Fragen in einer Interviewsituation.

möglicherweise charakteristische Entwicklungsbedingungen und/oder Probleme hochbegabter Schüler.

Hinter wörtliche Zitate haben wir in Klammern das Kürzel für den jeweiligen Teilnehmer der Interviewstudie gesetzt, um Zitate bezüglich identischer Personen kenntlich zu machen. Die nachstehende Tabelle 52 gibt eine Übersicht über Geschlecht und Klasse der befragten Schüler. Die Zitate wurden stilistisch nicht verbessert, um dem Leser einen möglichst lebensnahen Eindruck von den Interviewpersonen zu ermöglichen.

Tabelle 52: Stichprobe der Interviewstudie

	Kohorte Klasse 7	Kohorte Klasse 9
befragt zu:	Beginn Klasse 10	Beginn Klasse 12
Mädchen:	GR, TÄ, WM, 9K	BW, NK, NN, N1, N2, PL
Jungen:	DK, WJ	AP, LH, LS, RO, TR, SH, W1, W2

9.2.1 Leistungsmotivation und Leistungsverhalten

Schon für die *vorschulische Zeit* finden sich in den Beschreibungen der Eltern oder der Schüler häufig Anzeichen eines hohen Wissensdrangs. So schilderten einige Schüler, daß ihr vorschulisches Lesen aus *eigener* Motivation resultierte, allerdings *begleitet durch Unterstützung* der Eltern oder Geschwister. Eine Mutter erzählte: "Als sie noch ganz klein war, durfte sie [in der Bücherei] Bücher aussuchen, da wollte sie selber dann lesen lernen. Mit einzelnen Buchstaben ganz von sich aus. Wir haben das gar nicht so bewußt gefördert, weil, das muß aus dem Kind selber kommen" (TÄ). Oder eine andere Schülerin: "Ich war interessiert und dann hab' ich gefragt: ‚Was ist das für ein Buchstabe und des und des?'" (NN). Auch von anderen ungewöhnlichen Aktivitäten wurde berichtet: "Als sie noch ganz klein war, wollte sie immer, daß man mit ihr abends am Bett mit Mandarinen rechnet" (Mutter von PL).

In der *Grundschule* scheinen ebenfalls die meisten Befragten sehr wissensdurstig gewesen zu sein. In den diesbezüglichen schulischen Wortgutachten fanden sich darauf Hinweise, jedoch nicht bei allen Schülern. Als Beispiel sei NK's Zeugnis der ersten Klasse zitiert: "In ihrer Arbeitshaltung zeigt NK echtes Sachinteresse. Sie möchte lernen, um weiterzukommen... Bei Sachfragen ruht sie nicht eher, bis sie eine für sie befriedigende Antwort bekommen hat. Auch bei schwierigen Aufgaben läßt ihr Interesse nicht nach. Es machen sich keine Ermüdungserscheinungen bemerkbar." Ein Schüler zeigte in diesem Zusammenhang Verhaltensweisen, die auf die in der Hochbegabungsliteratur verschiedentlich erwähnte Hyperaktivität hindeuten. Die Mutter dieses Schülers berichtete von den damaligen Klagen seiner Lehrerin: "Ja, er, er meldet sich, er will drankommen, so [lautes Melden], also er war nicht zu bremsen. Sie [die Lehrerin] hat gar nicht gewußt, was sie mit Dir machen soll, weil immer Du, immer Du, ... , weil Du nicht zu bändigen warst" (DK). Durch die hiermit verbundene Impulsivität wurden die Leistungen des Schülers beeinträchtigt. Zitat aus dem Zeugnis desselben Schülers: "Sein überrasches Arbeiten verleitet ihn zu Leichtsinnsfehlern."

Manche Schüler äußerten im Interview eine sehr hohe Leistungsmotivation. Zwei dieser hochleistungsmotivierten Schülerinnen (mit durchgängig sehr guten Leistungen, Notendurchschnitt ca. 1,2) bewerteten ihren Arbeitseifer bzw. Ehrgeiz selbst als übertrieben oder "krankhaft", wobei dies wohl zum Teil Perfektionsstreben und/oder den eigenen hohen Erwartungen, manchmal auch denen der Eltern, entspringt. Eine der beiden Schülerinnen äußerte sich so: "Ja, zu ehrgeizig... Ich denk', daß das schon direkt krankhaft ist... Ich weiß nicht (lacht). Es ist immer so, immer des - ich bin eigentlich der totale Perfektionist. Und wenn wirklich dann in meinen Augen was nicht perfekt ist, versuch' ich halt, daß ich so nah wie möglich an die Perfektheit komm" (NN).

Weitere Faktoren, die sich nach den Äußerungen der Schüler auf die Lern- und Leistungsmotivation auswirken, sind vor allem die Lehrerpersönlichkeit, das jeweilige Stoffgebiet sowie das Klassenklima bzw. das Arbeitsverhalten der Mitschüler. Zum Thema "Unterforderung" berichteten einige der Schüler von Langeweile im Unterricht, vor allem in der Grundschule. So erzählte eine Schülerin: "Ich hab' mich schon oft gelangweilt, grad im Lesen, aber auch im Rechnen, wenn die dann da noch saßen mit ihren Streifen" (TÄ).

Unterschiede bestehen in der Art, wie die jeweiligen Lehrer und die Schüler selber mit dieser Unterforderung umgehen. Bei einigen Schülern hatte die Unterforderung keine negativen Folgen. So berichtete NN weiter: "Wir haben uns eigentlich immer furchtbar gelangweilt, wir haben halt dann immer alles mögliche gemacht, aber das hat gar nicht so gestört,... uns so gegenseitig Briefchen geschrieben, zum Fenster rausgeschaut, ... unsere Lehrerin, die hat das eigentlich ignoriert, die hat gesehen, wir sind schon fertig, und am Anfang hat sie's versucht und gesagt: ‚Ja, bitte auch die Rechenstreifen legen', aber das hat sie dann bald gelassen". Im Zeugnis der ersten Klasse einer anderen Schülerin stand: "Sie zeigte sehr viel Hilfsbereitschaft, indem sie immer wieder leistungsschwächere Schüler unterstützte... Sie konnte sich über einen längeren Zeitraum konzentrieren sowie nach Fertigstellung ihrer Arbeiten ohne Anweisung des Lehrers die Zeit sinnvoll überbrücken, bis auch ihre Mitschüler mit den gestellten Aufgaben fertig waren" (BW). Beide erzielten noch zum Zeitpunkt des Interviews sehr gute Leistungen.

Bei anderen Schülern wurden im Zeugnis Verhaltensweisen kritisiert, die aus einer Unterforderung herrühren. So fand sich im Zeugnis von RO folgende Bemerkung: "Dem Unterrichtsgeschehen bringt er reges Interesse entgegen, er erfaßt rasch Zusammenhänge... Bei schriftlichen Arbeiten ist er leicht ablenkbar, trödelt und wird zur festgesetzten Zeit nicht fertig. Seine Hefteinträge sind oft nicht sorgfältig... Beim Rechtschreiben gibt es oft Flüchtigkeitsfehler, wenn er nicht bei der Sache ist... Kopfrechnen macht ihm Freude. Bei Übungsaufgaben läßt er sich zu sehr Zeit". Der Schüler selbst, der heute als Underachiever bezeichnet werden könnte, kommentierte dies so: "... früher war das auch so, wenn wir dann die ganze Zeit Übungsaufgaben immer nach demselben Schema, und ich hab's schon immer kapiert gehabt, dann und hab gemeint, i kann 's ... und das hat mich schon gelangweilt". Unmittelbar damit brachte der Schüler seinen Motivationsverlust in Zusammenhang: "Genau weiß ich's nimmer, aber es ist halt so, daß das Interesse nachgelassen hat mit der Zeit".

Noch deutlicher drückte dies eine andere Schülerin aus, die in einigen Fächern erwartungswidrig niedrige Leistungen erzielte: "Ich mein, daß ich immer nachfrage. Also bei den Lehrern, bei denen, die ich hatte. Dann fragt man irgendwas, und dann wird die Frage so umgewandelt, daß sie in den Stoff paßt jetzt. Da wird einem dann gar nicht beantwortet, was ich eigentlich wissen will. Und wenn ich dann noch mal nachfrage, und irgendwann dann kommt: 'Ja, jetzt das können wir noch nicht' oder 'Das weiß ich auch nicht' oder so, und dann gibt man mit der Zeit auf" (NK). Im Hinblick auf negative Auswirkungen der Unterforderung im Zusammenhang mit Lehrerverhalten ist ein Fall interessant, in dem ein Schüler zunächst bezüglich seines Verhaltens im Klassenraum negativ auffiel und nach Lehrerwechsel und stärkerer Förderung sein Verhalten verbesserte (RO).

9.2.2 Underachievement

Im folgenden werden Ursachen für Underachievement, systematisiert nach schulischen Faktoren (Lehrstil, Klassenklima), Persönlichkeitsfaktoren (Arbeitsverhalten, Einstellung zur Schulleistung, eventuell konkurrierende Motivation für außerschulische Tätigkeiten) und familiäre Faktoren (Einstellung zu Schulleistungen, Erziehungsstil), näher analysiert. Hierbei ist natürlich zu berücksichtigen, daß sich diese Bereiche teilweise gegenseitig bedingen bzw. beeinflussen.

Zu den von uns interviewten Underachievern (d.h. Schülern mit erwartungswidrig schlechten Schulleistungen in bezug auf ihre intellektuellen Fähigkeiten) muß folgendes vorausgeschickt werden: Zunächst gilt es zu bedenken, daß dadurch, daß es sich um hochbegabte Schüler handelt, die alle das Gymnasium besuchen, keine Fälle extremen Underachievements vorliegen (können). Unter den zwanzig interviewten Schüler gab es nur einen Schüler, der eine Jahrgangsstufe des Gymnasiums aufgrund schlechter Noten wiederholt hatte.

Da unsere formale Definition von Underachievement sich lediglich auf die Abweichung zwischen dem KFT-Gesamtwert und dem Notendurchschnitt aus den Hauptfächern Mathematik, Deutsch und Englisch bezog, fielen Schüler, die in diesen Fächern ihrer Begabung entsprechende Leistungen erzielten, in anderen Fächern jedoch weit unter ihrem Begabungsniveau abschnitten, nicht in die Kategorie der Underachiever. Ferner wurden durch dieses Vorgehen die Begabungsausprägungen in den einzelnen Bereichen (Begabungsprofile) nicht berücksichtigt. Außerdem sollte bedacht werden, daß nicht alle Lehrer dieselbe Leistung gleich bewerten, so daß Noten oft relativiert werden müssen. Dies kam auch durch einige Aussagen der Interviewten zum Ausdruck, zum Beispiel: "Da hatte ich zwar eine Drei, aber das war da immer noch eine der besten Noten, da gabs gar keine Zweier" (BW).

Die Frage, wie sich Schüler vom eigenen Intelligenztestergebnis negativ abweichende, also schlechte Zensuren erklärten, wurde bezüglich des Faches Deutsch häufig mit der subjektiven Art der Notengebung beantwortet. Die Eltern dachten teilweise genauso: "Da gibt es Lehrkräfte, die finden den Stil wieder besser und dann hast Du wieder Dreier gekriegt oder Zweier sogar mal, also es kommt immer auf den Lehrer drauf an" (Mutter von DK). Häufig wurden Verschlechterungen von Leistungen auch mit dem Lehrstil der jeweiligen Lehrkraft erklärt: "Es gibt halt Lehrer, die stellen sich halt nur hin und reden die ganze Zeit und das ödet einen dann an" (DK).

Neben dem schon erwähnten Faktor Unterrichtsstil dürfte auch das Klassenklima einen Einfluß auf das Leistungsverhalten, hier das Underachievement-Problem, haben. So schienen sich bei manchen Schülern befreundete Mitschüler, die ihre Hausaufgaben nicht erledigen, als positive Verstärker für das eigene vernachlässigte Arbeitsverhalten ausgewirkt zu haben (W1, NK).

Im Interesse am jeweiligen Stoffgebiet des entsprechenden Fachs sahen die Schüler einen gewichtigen Einfluß auf ihr Arbeitsverhalten: In jenen Fächern, in welchen das individuelle Fähigkeitsniveau stark vom Leistungsniveau abwich, zeigten die meisten der Schüler ein schlechtes, wenig zeitintensives Arbeitsverhalten. Dieses Verhalten läßt sich hauptsächlich erwartungs-werttheoretisch erklären, als die Schüler ihr eher schwaches Arbeitsverhalten mit dem geringen Wert, den sie guter Leistung in dem betr. Fach zuschreiben, begründen. Das heißt, selbst wenn sie der Ansicht sind, daß ein vermehrter Arbeitsaufwand zu besseren Leistungen führen würde (Erwartung durch internale Kontrollüberzeugung), sind ihnen diese nicht soviel wert, daß sie ihren Einsatz verstärken würden. Anders ausgedrückt: Die Motivation bzw. der Anreiz, dem aus der Schülersicht uninteressant unterrichtenden Lehrer aufmerksam zuzuhören, die Hausaufgaben sorgfältig zu erledigen oder einen Lernstoff mehr oder weniger auswendig zu lernen, fällt niedriger aus als z.B. die Motivation, mit dem Nachbarn interessante Dinge zu besprechen oder am Nachmittag anderen Beschäftigungen nachzugehen. So meinte ein Schüler: "Wenn das Thema nicht gut ist, und der Nachbar hat was Spannendes auf Lager, dann hört man dem lieber zu" (W1). Ein anderer Schüler drückte das so aus: "Die [Noten] könnten schon besser sein, aber ich sehe darin irgendwie keinen Sinn, das ist bedeutend mehr aufbringen um nicht bedeutend mehr dabei rauszuholen... In Geschichte z. B. ist das reine Auswendiglernerei, und da sehe ich keinen Sinn dazu, warum soll ich das auswendiglernen, wenn ich da sowieso keinen Sinn drin sehe? ... das ist alles Opfer im Prinzip... z. B., daß ich nicht mehr die Bücher lesen könnte, die ich gern lesen würd' ... Wörter lernen war mir zuwider... sinnloses Lernen, sinnlos" (LH). Und ein letztes Beispiel: "das ist ja furchtbar, wenn man alles lernen soll ... das ist ja eigentlich ein Schmarrn, wenn man immer lernt" (DK). Ein ausführliches Fallbeispiel hierzu kann in Abschnitt 9.2.8 (Fall I) nachgelesen werden.

Angesichts dieser Äußerungen scheint es sich hier kaum um sog. hilflose Schüler sensu Seligman zu handeln, d.h. solche, die Unkontrollierbarkeit erfahren (haben). Einige begabte Underachiever hatten sich explizit zum Ziel gesetzt, ein sehr gutes Abitur zu machen. Diese Schüler wiesen ein hohes Selbstkonzept bezüglich der eigenen Begabung auf und waren stark erfolgsorientiert. Zwei Schüler allerdings erlebten Unkontrollierbarkeit während Prüfungssituationen. Vor allem durch Einschätzungen der Aufgaben als "leicht" kamen bei ihnen Flüchtigkeitsfehler vor. Bei einem dieser Schüler wurde in den Grundschulzeugnissen immer wieder geäußert, daß er besonders schnell arbeite, sich dadurch aber "Flüchtigkeitsfehler einschleichen". Ähnliche Untersuchungsbefunde finden sich bei Krapp (1984): Danach wurde auch bei hochmotivierten Studenten, die sehr schnell arbeiteten, die Leistungsgüte beeinträchtigt.

Hinsichtlich familiärer Einflußfaktoren waren unter den Eltern der Underachiever einige, die guten Leistungen in der Schule keinen hohen Wert beimaßen und dadurch die Schüler nicht zu guten Leistungen motivierten. Diese Konstellation wird auch in der Literatur häufig erwähnt. Die Mutter eines Underachievers war beispielsweise der Meinung: "Bis Drei ist ja kein Grund, irgendwie einzugreifen" (Mutter von LS). Eine andere Mutter äußerte: "Wer fragt denn da später mal?" (Mutter von RO).

Teilweise wurde diese Haltung der Eltern mit einer hohen Wertung der Selbständigkeit ihrer Kinder begründet: "So sind es seine eigenen Noten, die nicht von mir mitbestimmt wurden" (Mutter von RO). Andere maßen den Zensuren, die vor der Kollegstufe erworben wurden und sich somit nicht auf die Abiturnote auswirkten, nur geringen Wert bei: "Ich mein, jetzt kommt's auf's Abitur an, jetzt weiß er selber, daß er mehr tun muß. Bisher ging's ja nur um's Durchrutschen" (Mutter von LS). Eine Mutter beklagte sogar den Ehrgeiz ihres Sohnes zur Zeit der Grundschule und empfand den diesbezüglichen Wandel im Gymnasium als positiv: "Also Du warst wahnsinnig ehrgeizig, also fast schon - 'nen Hang ins Schlechte würd ich sagen, also zu ehrgeizig... und Gymnasium und vorbei war's. Da hat's keine Schwierigkeiten mehr gegeben" (Mutter von DK).

Insgesamt kann somit festgehalten werden, daß Underachievement-Probleme der Schüler unserer Untersuchungsstichprobe - bedingt durch die "Hochbegabung" - weniger dramatische Auswirkungen haben bzw. hatten, da sich die schlechteren Noten bis auf wenige Einzelfälle immer noch in einem (gemessen am sozialen Bezugssystem) durchschnittlichen Zensurenbereich befinden und von den Eltern auch weitgehend toleriert werden. Was für die Schüler eher ein Problem zu sein scheint, sind die schulischen Anforderungen an sich, der Motivationsmangel bei der Bearbeitung von gestellten Aufgaben oder die Unzufriedenheit mit dem Stil der Lehrer oder mancher Lehrerpersönlichkeit. Der Leistungsanspruch der Underachiever, die verhältnismäßig geringen Arbeitsaufwand betreiben, ist niedriger als bei Achievern, die demgegenüber hohe Aufgabenverpflichtung zeigen.

9.2.3 Allgemeine Angst und Prüfungsangst

Es sei vorab mitgeteilt, daß bei 8 von 13 Schülern, die zum zweiten Meßzeitpunkt überdurchschnittlich hohe Angstwerte in den Skalen zu Prüfungssorgen und/oder allgemeine Angst erhalten hatten, sich die Werte im Zeitraum zwischen dem zweiten und dritten Meßzeitpunkt der Längsschnittstudie so reduziert hatten, daß sie weniger als eine Standardabweichung vom Mittelwert abwichen (was z.T. aufgrund der Regression zur Mitte auch aus statistischen Gründen erwartet werden konnte). Die in den Interviews geäußerten Aussagen werden unter den Gesichtspunkten Ausprägung, Einschätzung und Auswirkungen der (Prüfungs-)Angst auf die Leistungen sowie im Hinblick auf Entwicklungsverläufe zusammengefaßt.

Von den Schülern, die in der Skala "Prüfungssorgen" bzw. "Prüfungsaufregung" über eine Standardabweichung vom Durchschnitt abwichen, erreichten zwei Schülerinnen (NK, BW) Werte über zwei Standardabweichungen. Genau diese Schülerinnen gaben in den Fragebögen als einzige der angstbelasteten Schüler auch eine überdurchschnittlich hohe Beeinträchtigung ihrer Denkfähigkeit in Prüfungssituationen an, wobei sich im Interview zeigte, daß diese oft auch fachspezifisch auftrat. Umgekehrt wiesen sieben der acht Schüler, die niedrige Werte in der Skala "Stabilität der Denkabläufe" zeigten, in zwei oder drei anderen Angstskalen überdurchschnittlich hohe Werte auf. Nur ein Schüler (DK), der im Interview bzw. Fragebogen keine Angst angab, zeigte in Streßsituationen geringe Stabilität der Denkabläufe, was aber eher auf seine in Zeugnissen und von der Mutter immer wieder geäußerte Impulsivität zurückzuführen gewesen sein dürfte (vgl. dazu auch Wagner, 1976). Insgesamt stimmt dieses Ergebnis mit bekannten Befunden für Normalpopulationen überein, nach denen Denkabläufe erst dann beeinträchtigt werden, wenn Prüfungsangst und Prüfungssorgen besonders hoch sind, während ein gewisses, auch überdurchschnittliches Ausmaß an Prüfungsangst und -sorgen für die Leistung noch nicht hinderlich zu sein braucht.

Schüler, die überdurchschnittliche Werte bei Prüfungssorgen zeigten, unterschieden sich in der Bewertung dieser Sorgen. So schienen einige diese Sorgen nicht weiter zu belasten, wie zum Beispiel WJ: " ... bloß, daß man halt darüber immer nachdenkt, daß man schlecht abschneidet, auch am Abend vor den Schulaufgaben, man konnt' dann schon einschlafen". Hingegen äußerten die beiden oben erwähnten (NK, BW) stark besorgten Schülerinnen auch eine Beeinträchtigung der Denkabläufe während der Prüfungen: " ... kommt das eigentlich erst in dem Moment, wo ich das Gefühl hab', jetzt kann ich nichts mehr lernen, jetzt naht die Stunde der Wahrheit. Jetzt hab' ich dann keine Hilfsmittel mehr, kann nichts mehr nachschlagen und nichts, - dann kommt's erst so richtig" (BW). Bemerkenswert ist, daß bei dieser Schülerin die Stabilität der Denkabläufe gerade im Fach Mathematik besonders gering war, in welchem sie sich die Note "Sehr gut" zum Ziel gesetzt hatte. Wenn sie nun feststellen mußte, daß sie eine Aufgabe nicht lösen konnte, die Note "Sehr gut" also stark gefährdet war, konnte sie sogar "die einfachsten" Aufgaben nicht mehr rechnen: "Ja, also gerad in Mathe hab' ich das öfter schon erlebt. Mir ist es auch mal passiert - wie Du gesehen hast, ich hab' ja meistens Einsen in Mathe gehabt,- aber im letzten Jahr hab' ich es also durchaus mal gschafft, eine Drei zu schreiben in Mathe, einfach weil ich die ganze Stunde nicht klar denken konnte ... manchmal da blieb mein Gehirn richtig stehen" (BW).

Das Ausmaß an Prüfungsangst wurde unterschiedlich eingeschätzt. Manche Schüler waren sich ihrer überdurchschnittlichen Angst bewußt und schilderten sie auch in der Interviewsituation anschaulich und emotional, schienen also eher "sensitiv" zu sein: "also von der Angst, die hatt' ich überdurchschnittlich viel vor Exen und Schulaufgaben - und auch vor den Bemerkungen, ... auch jetzt noch... immer höllische Angst, daß ich drankomm', fürchterlich" (NK).

Andere äußerten unmittelbar nach Schilderung der Angst eine Art Bewertung, die die Angst relativierte und somit effektiv bewältigte. Sie schienen die Emotionalität erst gar nicht aufkommen zu lassen (Represser) und schätzten ihre Angst nicht als überdurchschnittlich ein. Zum Beispiel konstatierte eine Schülerin: "Zittern der Hände, (bei Beginn der Prüfungen), ... nicht einschlafen, ... Angst hat, weil man weiß, der Lehrer macht's schwer. ... das streßt schon, ich glaube, das ist bei allen so. Also in meiner Klasse kenn ich keinen, der sagt: ‚Also, ich mache das mit links'" (TÄ).

Anders als die Schüler, die zwar ängstlich, aber nicht in ihrer Leistung eingeschränkt sind, scheinen die ängstlichen Personen, die aufgrund von Angst während der Prüfungen eine Beeinträchtigung ihres Denkens erfahren, ihre Angst als bedrohlich im Sinne Lazarus' zu bewerten: Obige Schülerin (NK), die sich auch in außerschulischen Situationen als überdurchschnittlich ängstlich erlebt hat (vgl. Fallstudie III in Abschnitt 9.2.8), schien dadurch regelmäßig bei subjektiv bedrohlichen Situationen streßanfällig zu reagieren, d.h. diese bewußter aufzunehmen als beispielsweise die Schülerin TÄ, die außerschulisch von ihren Eltern eher als waghalsig (z.B. beim Reiten) beschrieben wurde "da kann ich gar nicht hinschauen" (Vater von TÄ).

Die Ausprägung von Angst schwankt in den meisten Fällen im Verlauf der Schulzeit: Während zur Grundschulzeit eher wenig Angst empfunden wird, scheint diese zu Beginn des Gymnasiums anzusteigen. Vor allem während der Pubertät werden Zensuren für die Schüler oft wieder unwichtiger und somit die Angst geringer. Im Hinblick auf das Abitur werden Noten ab der zwölften Jahrgangsstufe erneut als wichtig empfunden. Entsprechend traten bei manchen Schülern und Schülerinnen, die zur Zeit des ersten und zweiten Meßzeitpunktes keine überdurchschnittlichen Angstwerte aufwiesen, Prüfungsangst und -besorgtheit mit Eintritt in die Kollegstufe auf. Dies scheint, wie es eine Schülerin explizit für sich analysierte, damit zusammenzuhängen, daß (beinahe) jede Note zum Abitur zählt (BW).

Eine Schülerin (PL), bei der sich die hohen Prüfungsangstwerte stark vermindert hatten, erklärte sich dies durch die Veränderung der Umgebung. Aufgrund von Fachfragen unmittelbar vor den Prüfungen von seiten anderer, nervöser Schülerinnen sei sie selbst nervös geworden. Durch eine andere Klassenzusammensetzung (hauptsächlich Jungen) habe sich die "angesteckte" Angst stark verringert.

9.2.4 Selbstwert

Bei zehn der zwanzig interviewten Schüler bestand laut Fragebogenergebnis ein unterdurchschnittlicher allgemeiner Selbstwert, wobei sich bei zweien dieser Schüler dieser Wert bei der Testung zum dritten Meßzeitpunkt in den Durchschnittsbereich verschoben hatte. Hinsichtlich der in der Literatur häufig erwähnten Korrelation von Angst und Selbstwert ist interessant, daß sieben der Schüler auch in einem oder mehreren der Angstbereiche überdurchschnittlich hohe Werte aufwiesen.

Bei der Auswertung der Interviews wurde berücksichtigt, daß selbstwertrelevante Kognitionen nicht immer, sondern nur in bestimmten Situationen auftreten. Daher kann nicht davon ausgegangen werden, daß Personen besonders realitätsgerecht über ihren Selbstwert reflektieren können. Unter anderem bedingt durch unterschiedliche soziale Vergleiche, wird den Schülern auch nicht gleichermaßen bewußt sein, daß sie einen unterdurchschnittlichen Selbstwert haben. Weiterhin kann es einer Person mit niedrigem allgemeinen Selbstwert schwer fallen, offen über das als schwach empfundene Selbstwertgefühl zu sprechen.

Nach Ergebnissen aus der Entwicklungspsychologie ist der Kontakt zu Peers für den Aufbau bzw. die Erhaltung eines Selbstwerts - vor allem im Jugendalter - von entscheidender Wichtigkeit. Tatsächlich äußerten 7 der 10 Personen mit unterdurchschnittlichem Selbstwert verschiedene Probleme mit Sozialkontakten, wobei vor allem mangelnde Freundschaften eine Rolle zu spielen scheinen. Wie von verschiedenen Autoren (z.B. Webb, Meckstroth & Tolan, 1985) betont, reicht oft schon ein guter Freund für das Wohlbefinden des Schülers oder der Schülerin aus. Als Beispiel hierfür kann der "Großherzog" betrachtet werden, der meinte, daß ihn der ausbleibende außerschulische Kontakt zu Mitschülern - er hatte beinahe ausschließlich Kontakt zu seinem Cousin - nicht gestört hätte, sondern in seinem Sinne gewesen sei. Er selbst schrieb sich im Fragebogen einen überdurchschnittlich hohen allgemeinen Selbstwert zu (vgl. Abschnitt 9.2.8).

Bezüglich der selbstwertrelevanten Themen scheinen vor allem hochbegabte Achiever sich und anderen gegenüber unrealistisch hohe Ansprüche zu vertreten, vermutlich bedingt durch ihre starke Gewöhnung an Erfolg. Drei der interviewten Schüler mit niedrigem Selbstwert glauben, anderen wie auch sich selbst gegenüber besonders kritisch zu sein. Eine Schülerin (BW) äußerte beispielsweise, daß sie auch in außerschulischen Bereichen höhere Ansprüche an sich selbst stelle, weil sie in der Schule durchgehend sehr gute Leistungen habe. Auf die Frage nach Vorbildern, schilderte dieselbe Schülerin nur fiktive Idealpersonen. Weiterhin konnte man bei erfolgreichen Schüler und auch solchen, die glaubten, bei größerer Anstrengung sehr gute Leistungen erreichen zu können, eine Anfälligkeit ("vulnerable"; vgl. Whitmore, 1980) für Streßempfinden durch außerschulische Mißerfolge feststellen. Selbstwertrelevante, negative Äußerungen im Bezug auf die eigene Leistung fanden sich häufig (bei BW, NN, LS, TR, DK): "... auch mir gegenüber selbst, also ist das irgendwie ganz anders [als bei anderen]. Das Gefühl, warum hab' ich das jetzt denn nicht geschafft" (BW). Oder: "Noten waren früher wichtiger, ... wenn eine schlechte Note war, daß ich dann total fertig war und extra viel gelernt hab'" (TR)

Eine intellektuell extrem hochbegabte Schülerin brachte von sich aus die Mitschüler in unmittelbaren Zusammenhang mit ihrem Selbstwert: "Also so im Gymi hab ich ziemliche Kriege durchgemacht, ja, also von wegen Selbstwertgefühl, 'Was bin ich jetzt eigentlich, bin ich gut oder das blöde Schwein, was die anderen sagen?'" (N2).

Ein weiteres selbstwertbezogenes Thema fand sich in Äußerungen, die das eigene Verhalten negativ bewerten. Ihren Aussagen zufolge stellten diese Schüler hier erhöhte Ansprüche an sich (z.B. NK). In der Beurteilung ihres Selbstwertgefühls fanden sich ebenfalls Unterschiede: Manche schienen sich ihres unterdurchschnittlichen Selbstwerts bewußt zu sein, andere hingegen nicht. Sie meinten, daß es anderen auch so gehe und bewerteten dies dadurch weniger als bedrohlich (adaptives Coping nach Lazarus).

Bemerkenswerterweise erreichten die beiden intelligentesten Jugendlichen der Interviewstichprobe die weitaus niedrigsten Scores im Selbstwert. Beide äußerten wenig Zufriedenheit in ihrer Grundstimmung und "schlechte Laune". Einer der beiden drückte sich so aus: "Ich mein', ich versuch' ja rauszufinden, weshalb ich schlechte Laune hab' manchmal. Aber wenn ich nach logischen Gründen such', sind die so viel, daß ich mir sage, ich müßte mein ganzes Leben schlechte Laune haben, und dann laß ich's halt bleiben. Das ist einfach ein Gefühl bei mir.." (LS). Als er näher nach den Gründen gefragt wurde, antwortete er: "Erstens mal, daß der Mensch so langsam aber sicher die ganze Erde zugrunderichtet - das sieht ja wohl so ziemlich jeder, müßt eigentlich jeder sehen. Und wenn ich dann im Fernsehen irgendwelche toten Robben seh, und mir kommen die Tränen, dann hab' ich halt schlechte Laune" (LS).

9.2.5 Sozialverhalten

Sozialverhalten wird meist im Zusammenhang mit Isolation als Problem bei Hochbegabten erwähnt. Wenn man davon ausgeht, daß ein geringer Sozialkontakt nicht gerade sozial erwünscht ist, ist der Schluß naheliegend, daß es Personen, die sich sozial als wenig integriert erleben, nicht leicht fällt, dies zu äußern, es sei denn, sie empfinden ihre Isolation als selbstgewählt. Auch hierfür paßt Seligmans Konzept der erlernten Hilflosigkeit. Wenn demnach eine Person ihren geringen Sozialkontakt als kontrollierbar bzw. selbstbestimmt erlebt, wird sie dies als weniger belastend empfinden als wenn sie der Überzeugung ist, gewünschte Sozialkontakte nicht erreichen zu können und sich in diesem Sinne als hilflos erlebt. Eine wichtige Rolle spielt die subjektive Einschätzung der Sozialkontakte durch die Schüler: Eine Person mit seltenen Sozialkontakten kann diese, beispielsweise bedingt durch soziale Vergleiche, als durchschnittlich einschätzen, während eine andere Person, die häufiger Kontakt zu Peers hat, das eigene Kontaktausmaß als "gering" empfindet. Von daher war es bei der Auswertung der Interviews notwendig, die Zufriedenheit hinsichtlich der eigenen

Sozialkontakte zu berücksichtigen, da das diesbezügliche Bedürfnis von Individuum zu Individuum unterschiedlich sein dürfte.

In der Grundschule fand sich bei einigen Schülern bezüglich des Sozialverhaltens eine Diskrepanz zu den Mitschülern. Diese schien mit der überdurchschnittlichen Leistung in Zusammenhang zu stehen: Die Schüler fühlten sich überlegen. So fanden sich in den beiden ersten Jahreszeugnissen von RO folgende Bemerkungen: "Seine starke Ichbezogenheit läßt andere schwer gelten. Er kann zu Mitschülern nett sein, aber auch schnell gereizt und unverträglich ... In der Klassengemeinschaft möchte er immer tonangebend sein. Er schreit vorlaut rein, sagt alles, was er sich denkt, laut vor sich hin, beobachtet, was andere nicht rechtmachen".

Mehrere der interviewten Jugendlichen hatten eine durch die Begabung bzw. Leistung bedingte Distanz zu Mitschülern erlebt, wie durch die Zeugnisbemerkung der vierten Klasse von N2 deutlich wird: "Die temperamentvolle Schülerin wird wegen ihrer großartigen Leistungen oft beneidet und ist deshalb nicht bei allen Kindern gleichermaßen beliebt". Die Mutter einer anderen Schülerin erzählte: "Ja, die haben die TÄ buchstäblich angegriffen, weil sie eben eine der besten, ich glaub', du warst sogar die beste, und die Lehrer stellen solche Leute halt dann immer raus 'Da, nehmt Euch ein Beispiel' und da ist ein richtiger Haß entstanden, und da hat die TÄ wahnsinnig drunter gelitten... Das war schwierig, die haben nur noch gesagt: 'Ach, die Streberin, die Streberin' ... das hat Dir wahnsinnig zugesetzt. Also das war ein schlimmes Jahr" (Mutter von TÄ). Die Tochter äußerte dazu: "Ja, das ging soweit, daß sie mir im Winter aufgelauert und mit Eisstücken ins Gesicht geschlagen haben".

Einige Schüler berichteten von geringem Sozialkontakt, den sie unterschiedlich bewerteten. Für einige schien der geringe Kontakt, bedingt durch andere, sie zufriedenstellende Interessen, kein Problem darzustellen (vgl. hierzu die Fallstudie I in Abschnitt 9.2.8). Andere Schüler fanden wenig Anschluß und waren nicht zufrieden damit: "Also das war das Allerekelhafteste, da hab ich am Anfang vom Schuljahr gemeint, die sind alle total bescheuert, die können mich überhaupt nicht leiden, weil - niemand hält mir einen Platz frei" (N2). Zwei Schülerinnen nannten bei der Frage nach Freundschaften zunächst das Zeitproblem als Ursache für den geringen Kontakt mit Peers, später dann jedoch erklärten sie offen, daß sie den Faktor Zeit gern als "Ausrede" verwenden würden, in Wirklichkeit aber keinen Kontakt fänden oder diesen auch nicht wollten, weil die Peers nicht ihren Vorstellungen entsprachen.

Bei einigen Schülern beschränkte sich der Kontakt zu Mitschülern auf die Weitergabe von fachrelevanten Inhalten. Eine Schülerin fühlte sich zeitweilig nur in dieser Helferfunktion akzeptiert oder gar "benutzt": " Ich bin auch nie eingeladen worden, - wenn, dann nur von Schlechten ... dann haben sich die ganzen Leut' um mich gerissen, die grad am Durchfallen waren, abschreiben und so" (N2).

Erstaunlich ist der Befund, wonach einige Schüler zwar in der sozialen Führerrolle (Klassensprecher) anerkannt waren, sich jedoch dennoch bezüglich der Integration in Gruppen isoliert gefühlt haben: " ... da war ich im ersten Jahr gleich wieder Klassensprecher, aber dann haben sich auch wieder Cliquen gebildet, und irgendwie war ich wieder nirgends dabei" (N2).

9.2.6 Streß und Streßbewältigung

Es zeigte sich, daß die meisten Schüler bei der expliziten Frage nach Streß damit eher Anstrengungen assoziieren: "Also Alltag, Schule, das ist eigentlich immer das gleiche, wenn man meint, daß etwas wichtig ist, dann hat man halt, ja, Streß ... Da wird es dann die nächsten Tage wieder einen Streß geben. Wieder eine harte Zeit die nächsten Tage" (Lernen vor einer Schulaufgabe) (W1). Im folgenden Abschnitt werden sowohl solche Inhalte, die die Schüler selbst als Streß bezeichneten, als auch jene, die sie nicht explizit als "stressig" benannten, die aber durch ihre nähere Beschreibung dennoch als belastend zu bewerten sind, noch einmal gesondert zusammengestellt. *Streß* tritt in unserer Sichtweise überall dort auf, wo sich ein Individuum hilflos fühlt, nachdem es Unkontrollierbarkeit erfahren hat.

Folgende Merkmale und Situationen lösten bei den interviewten Schülern Streß aus:

- Geringe Stabilität der Denkabläufe: "Wenn ich meine Leichtsinnsfehler gemacht hab, und locker 'ne Drei krieg', dann regt's mich natürlich schon auf" (DK).
- Meinungsverschiedenheiten (BW, LS).
- Besonders hoher Ehrgeiz: Vater von NN: "Und sie hat ja mal 'ne Zeit gehabt, wo sie immer die Beste sein wollt', und da hab' ich ihr x und x mal gepredigt 'NN, es gibt immer Bessere, und du wirst nie eine Art Vollkommenheit erlangen!' 'Ja, aber des möcht ich halt erreichen.' Da hab ich halt gesagt 'Versuch es eben, gib Dein Bestes, aber überforder' Dich nicht'".
- Erledigung von Hausaufgaben: Mutter von N2 :" ...Hausaufgaben ... das hat großen Streß gemacht in den ersten beiden Jahren" (die Schülerin wollte nicht einsehen, die Hausaufgaben zu machen, weil sie schon alles konnte).
- Mangelnde Motivationskontrolle: "Ich war mit Unterhalten und Zetteln und da ganz frech und dann war ich aber doch immer gehemmt dem Lehrer gegenüber, so vor der Klasse oder so; ja und hab' Angst vor Prüfungen und lern' trotzdem nicht" (NK).
- Lernen von "sinnlosen Dingen": "... das ist ja furchtbar, wenn man alles lernen soll ... das ist ja eigentlich ein Schmarrn, wenn man immer lernt" (DK).
- Eigene hohe Anforderungen: "Ich möcht' zum einen - gut... auch die guten Noten ... andererseits ärger' ich mich irgendwo darüber, daß ich da so mitmach' und all diese unsinnigen Sachen, die ich da lern', [aber] ... ich bring's einfach nicht fertig, nichts zu lernen " (BW).
- Leistungsdruck: "Ich meine, ich hab' zwischendurch mal gedacht, 'Wenn ich geahnt hätte, daß das so kommt, dann hätte ich gleich in der fünften Klasse angefangen mit dem Durchschnittsschüler'" (BW).
- Kritische Lebensereignisse wie Krankheit oder Tod (NN, PL): Bemerkenswert erscheint hier die Tatsache, daß es sich um nichtkontrollierbare, nicht beeinflußbare Dinge handelt. Im Sinne Schwarzers (1987) läßt sich das so interpretieren, daß gerade Schüler, deren Hauptthemen Lernen und Leistung sind und die hier beinahe immer Erfolge, also große Kontrollierbarkeit, erfahren haben, auf die Unkontrollierbarkeit in anderen Bereichen des Lebens mit einer erhöhten Streßanfälligkeit reagieren.
- Spezifische biographische Faktoren. Genannt wurden Umzug aus dem Ausland (NK), lernbehinderte Schwester (W1), Scheidung der Eltern (AP), mehrere Augenoperationen

aufgrund Schielens (WJ) und schwerer Unfall mit zeitweisem, anschließendem Stottern (WM).

Nachdem schon bei der Analyse der einzelnen Persönlichkeitsvariablen auf Möglichkeiten des Coping eingegangen wurde, soll hier noch einmal zusammenhängend auf Bewältigungsformen sensu Lazarus in bezug auf schulische Anforderungssituationen eingegangen werden. Da die Schüler hinsichtlich ihrer schulischen Fähigkeiten eine überdurchschnittliche Kompetenzerwartung von sich hatten (dies galt selbst für die Underachiever unserer Interviewstichprobe, die sich leistungsmäßig immer noch im überdurchschnittlichen Bereich bewegten), könnte man zunächst im Sinne der Theorie Lazarus' annehmen, daß sie schulische Anforderungen eher als herausfordernd oder irrelevant einschätzten als andere Schüler, die ähnliche Anforderungssituationen als bedrohlich betrachten. Dies kam aber nicht generell in den Interviews zum Ausdruck. Als Herausforderung empfundene Anforderungen schilderte explizit der Schüler DK (nach unserer Definition ein Underachiever), dessen Impulsivität ja - wie berichtet - seine Denkprozesse beeinträchtigte: "Auf Prüfungen freu' ich mich sogar immer etwas... Wenn wir 'ne Schulaufgabe schreiben, das ist irgendwie immer so ein Anreiz irgendwie".

Es zeigte sich weiter, daß einige Schüler in einer objektiv schlechten Note ("Mangelhaft") keine Bedrohung sahen, da sie wußten, daß sie diese durch vermehrte Anstrengung wieder ausgleichen können: "Wenn ich mal eine schlechte Note bekommen habe, dann war das ein Vierer, ... da habe ich mir gedacht: 'Ach, das schaffe ich schon, das kriege ich schon wieder hin'... dann lerne ich halt das nächste Mal wieder besser" (WM). Ein anderer Schüler meinte sogar, daß er Mißerfolge brauche, um leistungsmotiviert zu werden: "von schlechten Noten ... angestachelt" (W1).

Einige Schüler haben allerdings einen besonders hohen Anspruch an sich und bewerteten auch schon ein nicht "Sehr gutes" Leistungsergebnis als eine Bedrohung. Dies ist der Fall bei eigenen hohen Ansprüchen oder hohen elterlichen Erwartungen (vgl. hierzu die Fallstudie II in Abschnitt 9.2.8). Andere Schüler haben niedrigere Ansprüche im Hinblick auf Schulleistung und wurden erst beunruhigt, wenn eine Note in Richtung "Mangelhaft" tendiert.

Während der Prüfungen findet bei einigen Schülern zunächst eine Einschätzung als Bedrohung statt. Im Laufe der Schulzeit haben sie jedoch gelernt, eine kognitive Neueinschätzung vorzunehmen. Dies kann im Sinne Lazarus' als adaptive Copingstrategie bezeichnet werden. Auch bestimmte Strategien während der Bearbeitung der Aufgaben helfen ihnen. So bearbeiteten zwei der Schülerinnen (BW, PL) seit einiger Zeit zunächst die leichteren Aufgaben (wobei eine sich nicht mehr die letzte, schwierigste Aufgabe zu Beginn der Arbeit anschaute, was früher ihre Denkprozesse beeinträchtigt hatte). Eine Schülerin (PL) bewältigte ihre Prüfungsangst ganz bewußt durch "Bibliotherapie". Sie las Bücher über Streßbewältigung, betrieb autogenes Training und Meditation und lernte bewußt am Tag vor der Prüfung nichts mehr.

Manche Schüler empfanden zunächst Streß (primary appraisal), bauten ihn dann aber durch rationale Überlegungen ab: "Persönlich kann ich es ja sowieso nicht beeinflussen" (WM). Andere waren eben davon "gestreßt", daß sie nichts ändern konnten. Hier kann man von gesteigerter Hilflosigkeit als Hoffnungslosigkeit sprechen, die sich in depressiver Verstimmung (vgl. Seligman, 1979) ausdrückt. Eine Schülerin beschrieb dies ganz deutlich: "[tragische Gegebenheiten wie Krankheit oder Tod betreffend] ... total introvertiert... eher in Richtung depressiv" (NN). Eine sekundäre Einschätzung bewußter Art (nach Lazarus finden primary und secondary appraisals nicht immer bewußt statt) zeigte sich bei einer anderen Schülerin: "Wenn ich im Streß bin ... dann bin ich auch nervöser, hektischer, ... und fünf Stunden später denk' ich 'Warum hast Du Dich darüber aufgeregt, das ist doch gar nicht so wichtig ... also daß es mir später dann wieder kommt, wie doof ich eigentlich war" (WM). Diese Haltung schien sich bei ihr günstig auf den überdurchschnittlich hohen Selbstwert auszuwirken. Ein anderer Schüler bewältigte unerwartete Mißerfolge, indem er sie als "Schicksalsfügung" hinnahm (LH). Als nicht bewältigbar hingegen sah dieser Schüler Belastung an, "sinnlose Dinge" lernen zu müssen.

In anderen Fällen findet Bewältigung durch selbstwerterhaltenden, sozialen Vergleich statt, wenngleich dieser auch manchmal unrealistisch erscheint: "Und ich glaub', ... das ist nicht nur mit mir so, sondern generell so, daß man also vor der Prüfung unheimlich Angst hat, und während der Prüfung legt sich das dann wieder, das ist eigentlich bei jedem so" (W1). Weiterhin scheint eine Relativierung von einigen selbstwertgefährdenden Inhalten eine adaptive Bewältigungsstrategie darzustellen: "Also ich war einer der letzten aus meiner Klasse, der das kapiert hat, wie das funktioniert, aber danach hab ich das dann gut beherrscht" (W1). Ein gewählter sozialer Vergleich kann manchmal allerdings auch zur Folge haben, daß der Schüler sich stark vom Verhalten anderer lenken läßt: "Nee, ich hab' erst gestern wieder jemanden getroffen, der hat auch gemeint, er hat nichts gemacht. Wenn man das so sieht mit anderen Leuten, die machen das genauso" (W1).

9.2.7 Zusammenfassung

Eine systematische Zusammenfassung der Ergebnisse der Interviewstudie ist nur schwer möglich, da es viele verschiedene Facetten bezüglich des Interaktionsgefüges nichtkognitiver Persönlichkeitsvariablen, Intelligenz- und Umweltvariablen gibt. Dennoch soll mit der gebotenen Vorsicht versucht werden, einige uns typisch erscheinende Konstellationen hervorzuheben.

So gibt es hochbegabte Underachiever, die ihre Intelligenz-Leistungsdiskrepanz als Problem sehen und sich als hilflos erleben. Bedingt durch ihre Impulsivität haben sie beispielsweise keine Kontrolle über Flüchtigkeitsfehler. Andere sehen Underachievement nicht negativ, da sie dadurch dem "sinnlosen Lernen" entgehen. Diese Schüler scheinen sich ihrer Kompetenz für gute Noten bewußt zu sein ("wenn ich wollte, könnte ich auch bessere Noten haben"), insofern erleben sie keine Hilflosigkeit. Interessant ist hier auch, daß einige dieser Schüler sich zum Abitur vorgenommen haben, ihre Noten stark zu verbessern, und auch glauben, dies erreichen zu können. Folgerichtig im Hinblick auf das (west-)deutsche gymnasiale Kurssystem der Oberstufe, in dem die Zensuren der letzten beiden Jahre zur Abiturnote zählen, sowie bedingt durch den Numerus Clausus setzt die verstärkte Anstrengung bei diesen Schülern in der 12. Klassenstufe ein (Zeitpunkt der Interviews). Wenn Underachievement, wie in diesen Fällen, nicht von Hilflosigkeit begleitet ist, d.h. das Individuum keine Unkontrollierbarkeit erlebt, sondern aus eigenem Willen wenig Anstrengung für die Schule aufwendet, stellt sich natürlich die Frage, ob dieses "Problem" überhaupt einen Beratungsanlaß darstellt. Bezüglich der Schüler, die sich in diesem Zusammenhang vorgenommen haben, ihr Leistungsverhalten im Hinblick auf das Abitur stark zu verbessern, wäre es interessant weiterzuverfolgen, ob sie dies tatsächlich auch erreichen (vgl. Fall I in Abschnitt 9.2.8).

Analoge Verhältnisse treffen wir in einigen Fällen bezüglich Ängsten an. Es gibt Schüler, bei denen Prüfungsaufregung und/oder Prüfungssorgen nur während der Zeit vor der Prüfung bestehen. Bei diesen scheint sich die Angst weniger negativ auf die Leistungen auszuwirken. Bei anderen Schülern treten Prüfungssorgen während der Prüfung auf, wenn auch teilweise nur in bestimmten Fächern. Betroffen sind Schüler, die in der Skala "Stabilität der Denkabläufe" niedrige Werte erhielten. Diese Schüler sehen ihre Prüfungssorgen auch als Problem an. Einige scheinen dies aber schon im Laufe der Jahre bewältigt zu haben, indem sie sich beispielsweise während der Prüfung zureden, ruhig zu bleiben, und eine nicht bearbeitbare Aufgabe zunächst nicht beachten.

Andere Schüler empfinden ihre Angst als "normal" und bewerten z.B. ihr Zittern nicht als bedrohlich. Diese sind auch der Auffassung, daß ihre Leistung nicht beeinträchtigt werde, weil sich die Angst legt, sobald sie mit der Bearbeitung der Aufgaben beginnen. Diese Schüler scheinen auch einen möglichen Mißerfolg nicht als so bedrohlich zu bewerten, nicht zuletzt aus der Zuversicht heraus, das nächste Mal wieder bessere Leistungen zu erzielen. Ferner scheinen diese Schüler auch weniger sozial ängstlich zu sein, d.h. sie beurteilen es nicht als so problematisch, wenn sie vor anderen Schülern oder den Eltern Auskunft über einen Mißerfolg geben müssen. Die Furcht, den Eltern, Mitschülern oder Lehrern schlechte Zensuren mitteilen zu müssen, scheint besonders ungünstig für die Konzentration während einer Prüfung zu sein.

Während nach Untersuchungsergebnissen mit gleichen bzw. ähnlichen Erhebungsinstrumenten (vgl. Pekrun, 1986, dessen Fragebögen wir für unsere Untersuchung adaptierten) schulisches Selbstkonzept und allgemeiner Selbstwert bei unausgelesenen Stichproben miteinander korrelieren, scheinen bei stark leistungsorientierten Personen beide Selbstwertaspekte öfter auseinanderzuklaffen. So gibt es Schüler, die einen hohen schulischen Selbstwert haben, im allgemeinen Selbstwert jedoch niedrige Werte erhalten. Diese Schüler scheinen sozial wenig Kontakte zu haben. Dies ist auch insofern verständlich, als nach Ergebnissen aus der Entwicklungspsychologie der Einfluß von Peers wichtig für den Aufbau eines Selbstwertgefühls ist. Lerntheoretisch kann dies mit den wegfallenden Verstärkungen durch andere erklärt werden. Außerdem fällt der soziale Vergleich weg, wodurch es eher zu überhöhten Ansprüchen kommen kann. Bei einer Schülerin zeigten sich solche überhöhten Vorstellungen in "nichtexistierenden Personen", die sie als Vorbilder nannte. Der große Wunsch nach einer realen Freundschaft blieb bei ihr jedoch bestehen.

Ferner scheint es so zu sein, daß hochbegabte Schüler auch außerschulisch erhöhte Ansprüche an sich stellen, wenn sie gewohnt sind, in schulischen Leistungen Perfektion zu erreichen. Das hat zur Folge, daß Schüler mit sehr guten Leistungen Vulnerabilität bei außerschulischer Kritik zeigen. Sie haben nicht gelernt, mit Mißerfolgen umzugehen. Sie sind noch nicht, wie Schwarzer (1987) es ausdrückt, "geimpft" (vgl. Seligman, 1979). Andere Schüler, die sozial viel Kontakt haben und dennoch einen niedrigen Selbstwert aufweisen, sich aber in ihrem allgemeinen Selbstwert nicht als vom Durchschnitt abweichend empfinden, d.h. diesen Zustand nicht als Bedrohung wahrnehmen, scheinen hier weniger belastet zu sein. Sie empfinden keinen Drang, sich verändern zu müssen.

Offen bleibt im Rahmen unseres Interviewdatenmaterials die Frage, warum manche Schüler einen niedrigen allgemeinen Selbstwert empfinden und auch stärker mißerfolgsorientiert sind. Eine Schülerin, die schulisch sowie im Hinblick auf die berufliche Zukunft eher mißerfolgsoriert war, drückte es so aus, daß sie "lieber etwas pessimistisch" sei, und glaubte, dies von ihrer Mutter übernommen (gelernt) oder geerbt zu haben. Jede Ausprägung eines Persönlichkeitsmerkmals zu erklären, kann hier nicht unser Anliegen sein. Im Hinblick auf schulpsychologische und pädagogische Interventionen stellt sich u.E. die Aufgabe, den Schülern zu einer realistischen Einschätzung ihrer eigenen Möglichkeiten und Fähigkeiten zu verhelfen. Ob ein Schüler dann dennoch "lieber etwas pessimistisch" ist, muß letztlich ihm überlassen bleiben.

An den Schulen gibt es wenige Veranstaltungen bzw. Kurse, die nicht zum offiziellen Lehrplan gehören bzw. in denen Leistungen nicht benotet werden. Vor allem die Kreativität fördernde Formen von (freiwilligen) Arbeitsgemeinschaften für besonders befähigte bzw. interessierte Jugendliche sind noch nicht überall im (extracurricularen) Kursangebot. Wie das baden-württembergische Modell der Förder-AGs (vgl. Hany & Bittner, 1989; Hany & Heller, 1991) eindrucksvoll dokumentiert, können gerade durch solche Lernformen intrinsische, rein interessenbezogene Lern- und Leistungsmotivationen unterstützt werden. Zugleich kann damit der Etikettierung Hochbegabter als "Streber" (in der Regelschulklasse) begegnet werden. Bekanntlich unterdrücken viele begabte Schüler ihre Leistungsfähigkeit, um nicht als Streber verrufen zu sein. Dies scheint sich auf ihre Leistungsentwicklung negativ auszuwirken, insbesondere, wenn Schüler nicht die Möglichkeit haben, eigenen Interessen auch außerschulisch nachzugehen. Manche Schüler besuchen Volkshochschulkurse, wobei auch dies nicht überall (vorab in ländlichen Gebieten) möglich ist. Ein mehr individuumzentrierter Unterricht könnte eine Unterforderung hochbegabter Schüler und mögliche negative Folgen davon verhindern. Gibt ein Lehrer einem unterforderten Schüler zusätzliche Aufgaben (auch nichtfachlicher Art), kann dies schon eine positive Wirkung auf das Verhalten des Schülers ausüben.

Wenn ein Schüler durch besondere Fertigkeiten, beispielsweise durch Durchführung von Nebenrechnungen im Kopf, auffällt, ist die Klasse überzeugt, daß er kein Streber ist. Wenn Schüler solche Fertigkeiten nicht vorzuweisen haben, erschwert dies ihnen bei einem weniger leistungsorientierten Klassenklima ihren Status. Kompensieren sie diesen Mangel an sozialer Anerkennung durch stärkere Bewertung ihrer guten Leistungen, so leiden sie nicht darunter. Manche Schüler wiederum haben erfahren, daß sie nur oder hauptsächlich aufgrund ihrer Leistung anerkannt werden. So haben sie wenig "normalen" sozialen Kontakt in der Klasse und werden stattdessen von leistungsschwachen Schülern zu schulleistungsbezogenen Sachverhalten befragt oder deswegen von diesen eingeladen. Dies scheint dem allgemeinen Selbstwertgefühl abträglich zu sein.

Zu wünschen wäre auch in diesem Zusammenhang, daß Schüler mehr und mehr in zwangloserer Atmosphäre ihre Interessen und ihre Lern- und Leistungsmotivation an den Schulen in Veranstaltungen außerhalb des Lehrplans einbringen können. Dadurch könnte es auch Schülern, die nicht die Möglichkeiten privater Förderung haben (etwa sozial benachteiligten Schülern), ermöglicht werden, ihre Begabung zu entfalten, sich Erfolge zu schaffen und Mißerfolge ohne negative Konsequenzen zu erleben. Dies ist u.E. auch deshalb wichtig, weil anscheinend Schüler, die außerschulische Erfolge erleben (sei es durch selbst kreierte "kreative" Hobbies oder durch Musik- und Sportunterricht) nicht so sehr unter schulischen Mißerfolgen leiden.

9.2.8 Fallstudien

Insgesamt lassen sich die Entwicklungsverläufe der Jugendlichen unserer Interviewstichprobe über das bisher Gesagte hinaus kaum weiter verallgemeinern. Dies verwundert nicht angesichts der sprichwörtlichen Singularität vieler hochbegabter Persönlichkeiten. Abschließend soll deshalb an drei Fallbeispielen die *individuelle Entwicklung* von Underachievement, Angst, Selbstkonzept und anderen Persönlichkeitscharakteristika hochbegabter Jugendlicher illustriert werden. Selbstverständlich können auch hiervon keine allgemeinen Gesetzmäßigkeiten über die Entwicklung hochbegabter Jugendlicher abgeleitet werden, so nützlich die Erkenntnisfunktion konkreter Anschauungsmodelle gerade für die praktische Erziehungs- und Beratungsarbeit auch sein mag.

Fallstudie I: Der Großherzog

Der "Großherzog" wurde aufgrund des untypischen Underachievement-Syndroms für die Interviewstudie ausgewählt. Obwohl die Differenz zwischen seinen Intelligenzmeßwerten und den durchschnittlichen Schulnoten mehr als 1.5 Standardabweichungen betrug, wies er nicht die typischen Persönlichkeitsmerkmale von Underachievern auf, die wir in unserer statistischen Untersuchung gefunden hatten. Er zeigte im Gegenteil niedrige Prüfungsangst, hohe Stabilität von Denkabläufen in Streßsituationen, ziemlich gute Arbeits- und Lernstile, günstige Kausalattributionsmuster und sogar ein hohes akademisches Selbstkonzept. Ebenfalls bemerkenswert waren extrem hohe Kreativitätswerte. Daher stellte sich die Frage, warum er nicht besser in der Schule sei. Einzig negativ auffallender Aspekt war sein extrem niedriger Score hinsichtlich Kooperation mit Peers. Das Interview wurde - wie die anderen - zu Beginn der zwölften Klasse im Herbst 1988 durchgeführt.

Die Erklärung für "Underachievement" erwies sich im vorliegenden Fall als sehr einfach: Der "Großherzog" tat für die Schule nie mehr, als nötig war, um die Klasse nicht wiederholen zu müssen. In den vergangenen Jahren vertrat er das "Prinzip vom Minimalerfolg". Typischer Kommentar hierzu: "Was weiß jetzt noch oaner, daß ich in der siebten Klasse in Latein an Fünfer gehabt hab', interessiert keinen Mensch." Er handelte größtenteils im Sinne der Erwartung*Wert-Theorien: "I schau' alles bisserl nach dem Sinn an ... Bringt's nix, laß ich's weg". Oder: "...also auf 'nen Zwoarer komm' i leicht, da muß i net viel doa, aber der Sprung vom Zwoarer zum Oanser, der ist verdammt groß, und de zwoa Stundn am Tag, die wo das brauchen, oder meinetwegen oane, i habs no net ausprobiert, ... die wars mir net wert, da hab' i liaber a Buach g'lesen." Zu Beginn der zwölften Klasse strengt er sich wegen der Bedeutung des Abiturs für seinen späteren (beruflichen) Werdegang mehr an: "Jetzt lern' i vuil, jetzt zählt's was. Ob jetzt ich in der elften Klasse ... fragt mich keiner mehr. Aber in meinem Abitur, ob i da jetzt 1,0 oder 1,5 oder 3,0, da fragt mi scho' oaner, des is interessant."

Wenn man solche Aussagen hört, versteht man sein hohes akademisches Selbstkonzept und sein Gefühl für die Kontrolle über seine Leistungen: "I muß net für mei eigene, für mei eigenes Selbstvertraun, i muß net mit meinem Zeugnis zu andere Leit hiegehn oder Schulaufgab und 'Schau, i hob an Aanser, wos hast Du, hast an Dreier, - Pfeife! - ' des brauch i net." Oder: "Es hat mich nie sehr interessiert, was die Leit vo mir halten, ob die jetzt moanen, i bin a Depp oder net, i woaß daß i koaner bi, des langt mer im Prinzip." Alles in allem war der "Großherzog" überzeugt, daß er bessere Noten bekommen könnte, sobald er das wollte und mehr für die Schule tun würde, denn er hielt sich für begabt genug. An dieser Stelle ist noch wichtig zu wissen, daß seine Eltern keine übermäßig guten Schulleistungen von ihm erwarteten; sie waren vielmehr zufrieden, wenn er sein Abitur irgendwie schaffte.

Nun stellt sich die Frage, womit sich dieser Schüler denn über die ganzen Schuljahre beschäftigt hatte - und wahrscheinlich ist der Leser auch neugierig, warum wir ihn den "Großherzog" genannt haben: Seit der dritten Klasse bis zum Alter von ungefähr 15 Jahren erfand er zusammen mit einem Cousin, der in einer anderen Stadt lebte, eine Traumwelt. Zuerst stellten sich die beiden Buben vor, Manager zu sein und ihr eigenes industrielles Imperium aufzubauen: "Also, Wirtschaftsteile aus der Zeitung ham wir glesen und alls, also Informationspolitik selber betrieben". Später: "Deutschland, des war für unsere individuelle Entfaltungsfreiheit einfach zu klein, da haben wir uns unsere Länder einfach selber 'baut, ... das erste (Land) im Atlantik. ... Des war also Verwaltung, welche Firmen ansässig waren, was für Berge, Privatvermögen, das war alles durchorganisiert. Ich hab mir aufgeschrieben, wieviele Telefonanschlüsse ... ich in meinem Land hab". Während er sich nun vorstellte, der "Großherzog" seines eigenen Landes im Atlantik zu sein, fing er an, Geschichtsbücher zu lesen, um sich in den Stand zu versetzen, die politische Vergangenheit seines Landes und seiner Regierungen rekonstruieren zu können. Er nannte sich selbst "Großherzog von Treuberg-Braunfels" und erfand seinen eigenen Stammbaum bis zurück zu Karl dem Großen, mit ausschließlich historischen Figuren als Vorfahren (das Poster mit diesem Stammbaum maß ca. 2.5 m * 2.0 m).

Als solchermaßen selbsternannter "Großherzog" regierte er dann sein Land und kümmerte sich um alles, angefangen bei der Planung von Privathäusern und Schlössern, zum Teil mit detaillierten architektonischen Zeichnungen, bis zur Einführung und Wiederabschaffung der Todesstrafe für Mord und Drogenhandel. Er las sehr viele Bücher, Zeitungen und Zeitschriften über Geschichte, Politik, Wirtschaft usw. In seinen Ferien kaufte er sich ein Bundesbahn-Tramperticket und besuchte jeden Tag einen anderen historischen Ort in Süddeutschland. Verständlicherweise blieb bei all diesen hochkreativen Aktivitäten für Schularbeiten nur noch wenig Zeit.

Sein Verhalten in der Schule, v.a. wenn er am jeweiligen Unterrichtsfach nicht interessiert war, beschrieb er so: "Ja, da bin i neben dem andern gehockt, da ham wir die ganze Zeit geratscht, - was wir gemacht ham, Schiffe versenken, Kreuzworträtsel."

Auch zum Zeitpunkt des Interviews noch stimmten seine Interessen und der Lehrplan nicht immer überein, obwohl er gerade in Fächern wie Geschichte von seinen außerschulischen Aktivitäten sehr profitierte. Inzwischen interessierte er sich sehr für Physik, doch auch hier wieder für Teilbereiche, die für die Schule weniger relevant sind. Alles in allem besaß er ungefähr 600 Bücher über Geschichte, Wirtschaft, Mathematik, Naturwissenschaften, Astronomie, Geographie, Autos, Technik und Parapsychologie. Er las regelmäßig verschiedene wissenschaftliche Zeitschriften (z.B. Spektrum der Wissenschaft, Bild der Wissenschaft).

Die Frage, ob bei diesem Schüler ein Beratungsanlaß vorlag, ob hier die Lehrer intervenieren hätten sollen, um seine schulischen Ambitionen zu steigern, oder ob dadurch seine Kreativität blockiert worden wäre, kann nicht so einfach entschieden werden. Es wäre interessant, noch einmal Kontakt zum "Großherzog" aufzunehmen, um Informationen über die Entwicklung seiner schulischen Leistungen während der letzten beiden Schuljahre zu erhalten.

Fallstudie II: Judith

Die Schülerin Judith (BW) wurde von uns in die Stichprobe der Interviewstudie einbezogen, da ihre Testwerte bei Furcht vor Mißerfolg, Prüfungsangst und -sorgen sehr hoch, bei Stabilität der Denkabläufe, allgemeinem Selbstwert und Kooperation mit Peers extrem niedrig ausfielen. Weiterhin hatte sie u.a. angegeben, daß sie Schwierigkeiten in einem oder mehr Schulfächern erlebt habe, was sie als sehr schlimm einschätzte. Die Schülerin hatte jedoch hervorragende Noten und erwies sich auch aufgrund ihrer KFT-Ergebnisse als extrem hochbegabt. Hinweise auf die Ursachen ihrer Probleme ergaben sich ebenfalls schon aus den vorhergehenden Tests: Die Schülerin gab einen als "sehr schlimm" erlebten elterlichen Leistungsdruck an; ihre Eltern hatten im Beratungsfragebogen konstatiert, daß Judith wenig Kontakt zu Gleichaltrigen habe, außerdem sahen sie Probleme bezüglich Judith's Zukunft. Bei der persönlichen Befragung zeigte sich Judith sehr engagiert und gesprächsbereit, nach Eindruck der Interviewerin hatte sie sich auf das Interview richtig gefreut.

Judith erzählte, daß ihre Mutter von ihren Testergebnisen etwas enttäuscht gewesen sei, da sie sie für noch begabter gehalten habe (obwohl Judith ein sehr hohes KFT-Ergebnis erzielte!). Für Judith selbst stellte der Rückmeldebogen Anlaß zur "Beruhigung" dar, "daß ich ihr (Mutter) beweisen konnte, daß ich, daß ich gar nicht so überdurchschnittlich bin wie sie denkt". Der in diesem Zusammenhang zunächst geäußerte "bißchen Druck" durch die Mutter stellte sich im weiteren Gespräch als sehr stark heraus: "wenn ich in einem Fach ... um Himmels willen".

Auch scheint Judiths ganze Familie ihre Interessen und Begabungen nicht zu unterstützen: Beide Eltern waren Ärzte, Judiths um fünf Jahre ältere Zwillingsschwestern studierten Medizin. Alle in der Familie versuchten, Judith von den Vorteilen eines naturwissenschaftlichen Studiums zu überzeugen, obwohl sie von jeher großes Interesse an Geisteswissenschaften und Musik gezeigt hatte und gerne Geschichte studieren wollte. Darauf bezogen sich auch die von den Eltern im Beratungsfragebogen geäußerten Probleme, die sie bezüglich Judith's beruflicher Zukunft sahen. Vermutlich versuchte die Schülerin, zumindest über ihre guten Noten Anerkennung von ihren Eltern zu bekommen: "Dann natürlich auch, daß meine Mutter jede Note wissen will und unglücklich ist, wenn's mal schlechter ist als normal."

In diesem Zusammenhang wird auch verständlich, warum ihre Prüfungsangst in einem Fach wie Mathematik besonders hoch war. Auch die angegebene Störbarkeit der Denkabläufe trat oft zu Beginn von Mathematikschulaufgaben ein. Sie schaute sich hier meist zuerst die letzte Aufgabe an, die "nicht mehr für den Durchschnittsschüler gedacht war". Wenn ihr diese als unlösbar erschien, hatte dies Konzentrationsschwierigkeiten - bedingt durch Angst - zur Folge. Dabei half sie sich jedoch durch kognitives Coping: "Dann hab ich mir sagen müssen 'So, jetzt komm mal zu Dir und mach was' ...'mach in Ruhe...'".

Neben der externalen Lernmotivation, besonders in naturwissenschaftlichen Fächern, fanden sich jedoch viele Hinweise auf intrinsische Motivation und Erkenntnisstreben: Judith wollte schon vor der Schule lesen können: "Ich weiß, ich saß dann immer zuhause im Wohnzimmer und habe mich an Büchern versucht...Ich glaub es war einfach, ... daß sie gelesen haben, daß ich es auch können wollte". Auch später war ihr wichtig zu verstehen, was sie lernen sollte: "Mir gings nicht nur darum, daß ich die guten Noten hab, sondern, daß ich auch das Gefühl hab, ich hab das, was ich lernen muß, auch wirklich gelernt". Hierbei ist sie sehr hartnäckig: "...Wenn ich irgendwo nicht durchsteig, dann muß ich lernen, zumindest so lange, bis ich das Gefühl hab, ‚Ah ich kann's, ich könnte es kapieren.' Dann kann ich aufhören, aber vorher nicht."

Zum Zeitpunkt des Interviews sah sie aber immer weniger Sinn im Lernen von Schulstoff und erlebte hierbei einen Konflikt: "Ich möcht zum einen - gut ... auch die guten Noten ... and'rerseits ärger' ich mich irgendwo darüber, daß ich da so mitmach' und all diese unsinnigen Sachen, die ich da lern', (aber) ... ich bring's einfach nicht fertig, nichts zu lernen...". Dies ging soweit, daß sie inzwischen die Schule "haßt": "also fürchterlich (heftig). Ich hab einen solchen, einen solchen Haß auf die Schule". Judith begründete ihre Affekte mit dem Zeitaufwand, den die Schule beanspruchte, mit "unnötigem Lernen", einem "ständigen Druck", gut sein zu müssen, sowie mit dem gespannten Verhältnis zwischen Lehrern und Schülern und Schülern untereinander, "weil der eine besser ist als der andere...".

Zusammenfassend resümierte sie selbst ihre Leistungsentwicklung resignierend: "Ich meine, ich hab zwischendurch mal gedacht, wenn ich geahnt hätte, daß das so kommt, dann hätte ich gleich in der fünften Klasse angefangen mit dem Durchschnittsschüler ... daß ich mich immer so in der Mitte halt und nicht weiter auffall'." Inzwischen konnte sie nicht mehr aussteigen: "...ich hab halt als gute Schülerin angefangen, dann irgendwann abzusacken, ist dann auch unangenehm."

Erschwerend kamen noch ihre mangelnden sozialen Kontakte hinzu: In ihrer Familie fühlte sie sich eher als Außenseiterin, nicht nur wegen den unterschiedlichen Interessen, sondern generell: "Die zwei [Zwillingsschwestern] waren immer eine feste Clique." Auch in der Schule fand sie keinen Anschluß. Nach eigener Erinnerung wechselte Judith in der ersten Klasse häufig und spätestens nach sechs Wochen die Freundschaften. Die damals entstandenen Streitereien sah Judith noch als unproblematisch. Später im Gymnasium schätzte Judith hingegen ihren Kontakt zu Gleichaltrigen als problematischer ein: "Irgendwie, ich wußte dann nie, was ich mit denen anfangen soll, und ich hatte keine Lust mehr, einfach zu spielen...". Judith unternahm ungern etwas mit Schülern außerhalb der Schule: "dann gehörten die genauso in diesen Haßkomplex (Schule) ... ich hab mich da eher zurückgezogen in den Jahren". Ihr blieben noch Kontaktmöglichkeiten während ihrer Freizeitbeschäftigung: Zum Zeitpunkt des Interviews verbrachte sie immerhin ca. 8 Stunden pro Woche im Orchester bzw. beim Musikunterricht für Geige und Klavier. Aber: "Mit Musikern musiziert man nur."

Auch ihr niedriges Selbstwertgefühl brachte sie in Zusammenhang mit ihrem geringen Sozialkontakt: Sie meinte, daß sie "sicherlich auch viel zu langweilig sei", fühlte sich zu unerfahren "jung" bei Diskussionen mit Erwachsenen und empfand es als stressig, wenn andere eine andere Meinung hatten als sie. Sie hatte dann "... Angst, ich kann meine Meinung nicht mehr durchsetzen ... muß der andere exakt die gleiche Meinung haben wie ich." Wieder kam sie auf den Themenbereich Kontakt zu sprechen, schien aber letztendlich zu resignieren: "Ich wär froh, wenn ich mehr Leute, mehr Freunde und so und da einfach irgendwie locker mit denen umgehen könnte, aber ich kann es irgendwie nicht recht."

Im geschilderten Fall erscheint eine (schul-)psychologische Beratung oder Betreuung, z.B. durch stützende Gespräche, notwendig. Aber auch eine Beratung der Eltern und eventuell

Maßnahmen, die die Klasse Judiths einbeziehen, scheinen angezeigt. Vorrangige Aufgabe der schulpsychologischen Beratung wäre es, Judith Kontakte zu Gleichaltrigen (auch zu hochbegabten Peers) zu vermitteln, mit denen sie ihre Interessen teilen und soziale Zuwendung erfahren würde.

Fallstudie III: Anne

Die Schülerin Anne (NK) zeigte trotz ihrer hohen intellektuellen Begabung hohe Angstwerte, hohe Furcht vor Mißerfolg, niedrigen Selbstwert, niedrige Motivationskontrolle, schlechte Aufmerksamkeitssteuerung und eine extrem niedrige Attribuierung auf ihre eigenen Fähigkeiten. Im Fragebogen zu kritischen Lebensereignissen fiel auf, daß die Schülerin einer schlechten Note, ebenso einer öffentlichen Anerkennung für gute Leistung indifferent gegenüber stand. Außerdem äußerten die Eltern im Beratungsfragebogen, daß die Tochter machmal "eventuell psychosomatisch bedingte Kopfschmerzen" hatte.

Im Interview sollten die Gründe bzw. die Entwicklungsbedingungen hierfür geklärt werden. An der Befragung nahm am Anfang auch noch die Mutter teil, die von Anne als ihre vertrauteste Person bezeichnet wurde. Im Verlauf des Gesprächs, das von der Interviewerin als sehr offen empfunden wurde, ergab sich dann eine nahezu "klassische" schulische Hochbegabtenlaufbahn.

Nach Aussage der Mutter konnte Anne schon ungewöhnlich früh sprechen und sei ein sehr fröhliches Kind gewesen. Auf ihren eigenen Wunsch sei sie schon ein Jahr früher als normal zur Nursery School gekommen (ihre ersten vier Lebensjahre verbrachte Anne in England) und habe nach Meinung der Kindergärtnerin auch ein Jahr früher als gewöhnlich eingeschult werden sollen. Anne habe es jedoch so gut im Kindergarten gefallen, daß sie es durchsetzte, noch zwei Jahre länger dortzubleiben. Sie habe dann den jüngeren Kindern alles gezeigt und der Kindergärtnerin geholfen.

Als sie dann endlich in die Schule kam, wurde auch dort sofort ihr starker Wille bemerkt: "Die kleine Person weiß genau, was sie will" (Jahreszeugnis der ersten Klasse). Auch fiel sie von Anfang an durch hohe Lernmotivation und ausgeprägtes Erkenntnisstreben auf: "Bei Sachfragen ruht sie nicht eher, bis sie eine für sie befriedigende Antwort bekommen hat" (Halbjahreszeugnis der ersten Klasse). Schon damals wollte sie jedoch immer auch wissen, warum sie etwas lernen soll: "Sie gibt sich mit keiner Arbeit und Mühe zufrieden, sofern sie nicht den Grund dafür einsehen kann" (Jahreszeugnis der ersten Klasse).

Diese Haltung schien sie nach ihren eigenen und den Aussagen ihrer Mutter beibehalten zu haben, was jedoch nicht von allen Lehrern akzeptiert wurde: "Bei den Lehrern, bei denen, die ich hatte, da fragte man etwas, und dann wird die Antwort so umgewandelt, daß sie in den Stoff paßt. Da wird dann gar nicht beantwortet, was ich eigentlich wissen will. Irgendwann kommt ‚das können wir noch nicht', und da gibt man dann mit der Zeit auf". In Chemie sei sie am Anfang sehr motiviert gewesen, doch wurden ihre Fragen oft als Störung aufgefaßt. Der Lehrer äußerte ihrer Aussage zufolge: "Du willst doch nur stören". Die Schülerin kommentierte dies dahingehend, daß sie zwar schon einmal störe, aber diese Fragen aus Interesse gestellt habe. Hier fanden sich erste Hinweise auf die Ursachen für ihre mangelnde Aufmerksamskeitssteuerung und Motivation: Auf Nichtbeantwortung ihrer Fragen reagierte die Schülerin mit Aufgeben oder "Stören". Sie selbst erklärte ihre Unaufmerksamkeit beispielsweise damit, daß der Nachbar interessant gewesen sei oder der Lehrer uninteressant.

Die Lehrer hätten sie und ihre ebenfalls beteiligte Clique bereits in der fünften Klasse wegen Unterrichtsstörung öfter aus dem Klassenzimmer oder in die Ecke geschickt.

Da sie in der Schule zu wenig Antworten erhielt, versuchte sie, diese außerhalb der Schule zu finden: "Aus Interesse hab ich selbständig weitergelesen. Gelernt habe ich eigentlich nie im Gymnasium jetzt, aber da [Grundschule] hab ich dann noch mehr gemacht, weitergelesen, nachgelesen." Im Gegensatz zu dieser hier sichtbaren intrinsischen Motivation ist sie in bezug auf die Schulaufgaben extrinsisch motiviert: "...gelernt nur zu den Schulaufgaben, die Exen waren dann immer schlecht, weil die unangekündigt sind, und die Schulaufgaben, die waren dann immer gut." In diesem Zusammenhang sprachen Mutter und Tochter humorvoll von ihrer "Faulheit" (in der Schule). Diese Einstellung schien also von der Mutter nicht negativ bewertet zu werden. Warum hatte die Schülerin dann aber Angst?

Die Schülerin berichtete, daß sie nach dem Umzug von England nach München "viel Angst" gehabt hätte. Sie habe damals kein Deutsch gesprochen und sei sich in der ungewohnten Großstadt sehr hilflos vorgekommen. Dann habe sie auch noch Fabeln vom "bösen Wolf" gelesen, was sie so ängstigte, daß sie nicht mehr in den Wald gehen wollte und sogar zuhause ihre Zimmertüre abschloß. Die Mutter hätte damals überlegt, ob sie einen Psychologen zurate ziehen sollte.

Zum Übertritt auf das Gymnasium äußerte Anne, daß sie nun - im Gegensatz zur Grundschulzeit - vor manchen Lehrern Angst gehabt hätte. Wegen eines Lehrers der fünften Klasse sei sie einmal eine Woche lang nicht in die Schule gegangen, weil "Der ... so blöde Reden gemacht" hätte. Sie hatte dort eine Lateinschulaufgabe geschrieben und wußte, daß sie hier ein schlechtes Ergebnis ("Mangelhaft" oder "Ungenügend") zu erwarten hatte. Die Mutter äußerte dazu "Ich erinnere mich jetzt sehr gut an das fünfte Jahr, Anne ging es wirklich schlecht."

Seitdem sie das Gymnasium besuchte, habe sie Prüfungsangst gehabt, auch jetzt zum Zeitpunkt des Interviews noch. Im Zusammenhang mit ihrer Angst sah Anne einen Widerspruch in ihrem Arbeitsverhalten: "... Ich war mit Unterhalten und Zetteln und da ganz frech, und dann war ich aber doch immer gehemmt dem Lehrer gegenüber, so vor der Klasse oder so, ja und hab Angst vor Prüfungen, aber die Faulheit überwiegt...Ich hab Angst, daß ich ausgefragt werde und lern trotzdem nicht". Zum Zeitpunkt des Interviews reagiert Anne vor Prüfungen u.a. psychosomatisch: "Vor den Prüfungen bin ich immer wahnsinnig aufgeregt, hab da in der Früh immer Durchfall und so". Sie träumte auch schlecht vor den Arbeiten. Während der Prüfung selbst zögerte sie lange, bevor sie anfing. Das Ausmaß der Angst hing nach Einschätzung der Schülerin vom jeweiligen Lehrer und der Wichtigkeit des jeweiligen Faches ab.

Verstärkt wurde die Angstproblematik durch teilweise auftretende Redehemmung und durch ihre stark ausgeprägte selbstkritische Haltung. Anne berichtete dazu: "In der fünften Klasse hatte ich totate Sprachschwierigkeiten, und ich weiß es nicht, aber bei dem Lehrer in der fünften hab' ich nie was sagen können. Da hab ich mich immer gemeldet, und dann ist nichts rausgekommen. Ich war immer ganz interessiert und hab mich eigentlich am laufenden Band gemeldet, aber ich weiß auch nicht, warum. Ich war aufgeregt oder was....Vielleicht hab ich auch soviel sagen wollen, daß ich das nicht in Sätze bauen konnte." Auch hier reagierte zumindest eine Lehrkraft möglicherweise ungünstig: "Fertiggemacht" hätte Anne eine Lehrerin, die sagte "erst denken, dann reden." Anne kommentierte dies so: "Weil das war in der Zeit, wo ich eh schon gehemmt war zu reden, weil ich gemerkt hab, daß ich mich lächerlich mache, indem ich mich melde und nichts rauskommt."

Diese Sprechhemmung schien zumindest teilweise mit dem Umzug von England nach Deutschland zusammengehangen zu haben: "In Deutsch und Sprachen ging's mir so, Englisch da, weil ich gedacht hab, ich müßt das können [Englandaufenthalt!], aber da war ich gehemmt und hab nichts gekonnt...". Auch sie selbst konnte mit diesen Sprechproblemen nicht umgehen: Anne war anderen Leuten gegenüber sehr kritisch und auch sich selbst gegenüber wäre sie dies seit etwa der siebten Klasse gewesen. Besonders störte sie, wenn andere sich "aufspielen".

Annes schwacher Selbstwert hing möglicherweise auch mit ihren mangelnden Sozialkontakten zusammen: In der Grundschulzeit hatte Anne "'ne richtige" Freundin, danach war sie dann eher mit mehreren Schülern befreundet (Clique). Diese Schüler waren fast alle schlecht in der Schule (manche wurden nicht versetzt). Zum Zeitpunkt des Interviews hatte Anne keine engeren Freundschaften, mit den Schülern ihrer ehemaligen Clique hatte sie auch weniger Kontakt. Sie sah sich manchmal als "Psychologin" und lehnte das jetzige Verhalten der Schüler ab, "ich mag die auch teilweise nicht mehr, die rauchen jetzt und so."

Auch im vorliegenden Fall scheint eine eingehende Beratung durch Fachpsychologen umumgänglich; insbesondere die somatischen Beschwerden stellen Alarmzeichen dar. An diesem Fall wird ferner deutlich, wie wichtig eine Aufklärung der Lehrer über Fragen der Hochbegabung und möglicherweise damit im Unterricht verbundene Probleme ist.

9.3 Ein Modell zur Beratung und Förderung Hochbegabter

In Teil III konnte anhand der Daten zur Münchner Längsschnittstudie eine Vielzahl von Ergebnissen zur psychosozialen Entwicklung Hochbegabter, detaillierter auch zur (Schul-) Leistungsgenese, dokumentiert werden. Dabei wurde bereits mehrfach auf mögliche Konsequenzen für die Förderung und Beratung (Hoch-)Begabter hingewiesen. An einer kleinen Stichprobe beratungsbedürftiger Hochbegabter haben wir weiterhin aufzeigen können, welche schulischen, familiären oder persönlichen Merkmale sich ungünstig auf die Leistungs- und Persönlichkeitsentwicklung Hochbegabter auswirken können. Ausgehend von diesen Erfahrungen sowie aufgrund - hier nicht näher explizierte - theoretischer Überlegungen sei im folgenden ein Integrationsmodell der Hochbegabtenberatung zur Diskussion gestellt.

Das Modell ist als *Mediatorenmodell* konzipiert. Als Instanzen sind neben Forschungseinrichtungen, Schulpsychologen, Erziehungsberatern u.ä. Lehrer, Beratungslehrer, Sozialarbeiter und Tutoren in der Schule vorgesehen (vgl. Abbildung 58). Mit "Tutoren" sind hier z.B. ältere Schüler ("Experten"), die mit jüngeren arbeiten, oder schulexterne Fachleute, die ihre Erfahrungen an die Schüler weitergeben, angesprochen.

In der Modelldarstellung sind die "Hochbegabtenberatungsstellen" nicht schwarz hinterlegt, um deren Integrationsfunktion bezüglich der etablierten - mehr oder weniger flächendeckenden - Schul-/ Erziehungsberatungseinrichtungen zu betonen. Ihre spezifische Aufgabe sollte die Entwicklung und Evaluation von Beratungsstrategien, Curricula und Methoden für

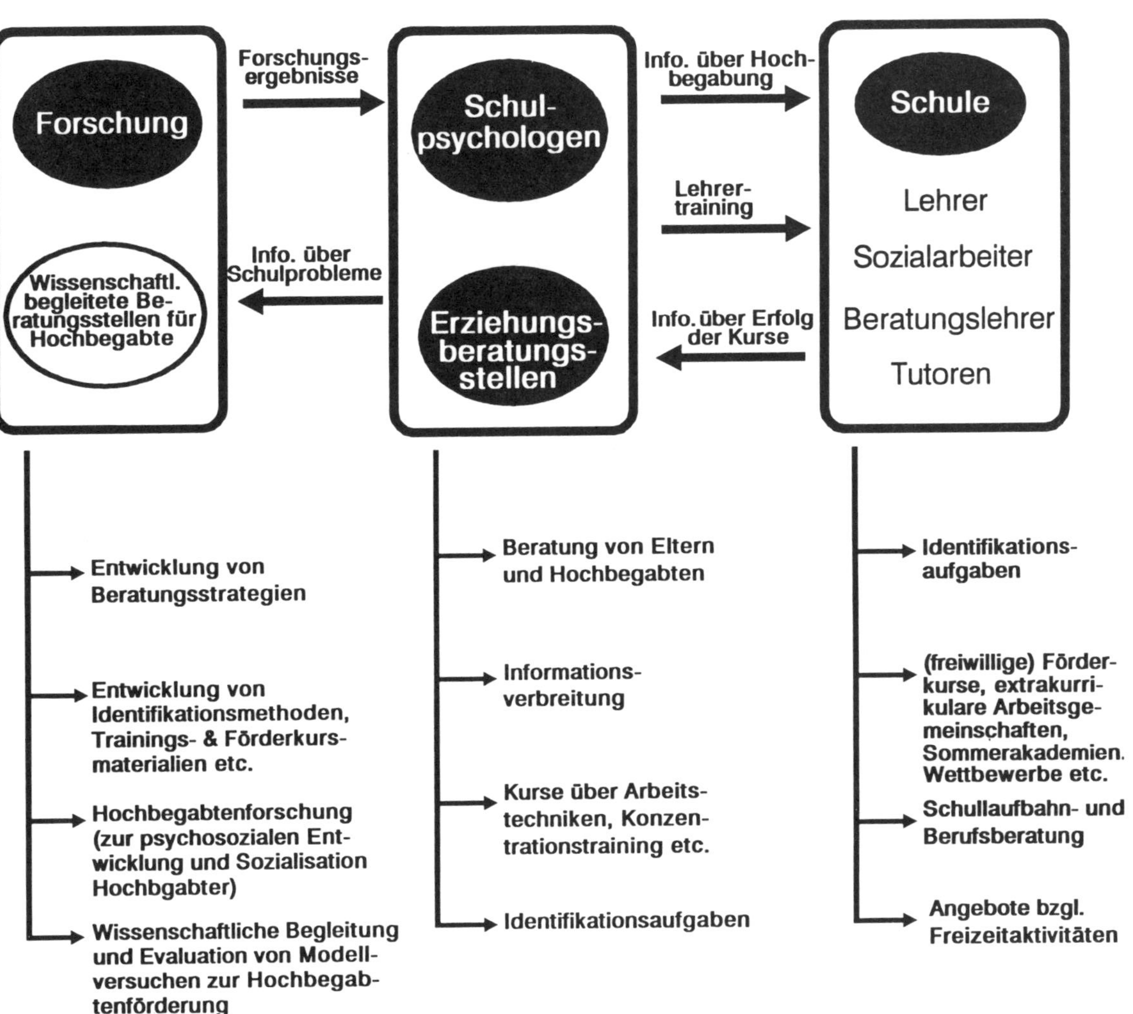

Abbildung 58: Modell zur Hochbegabtenberatung (n. Perleth, Schmidt & Hofmann, 1988)

Förderkurse u.ä. sowie die Fort- und Weiterbildung von Lehrern, Beratungslehrern und Schulpsychologen in enger Kooperation mit der Schulberatung sein.

Die Forschung sollte die an den Schulen auftretenden Probleme aufgreifen, wobei die Notwendigkeiten der praktischen Arbeit von Lehrern, Beratungslehrern und Schulpsychologen in den Vordergrund rücken. Auf diese Art und Weise können praktisch tätige Schulpsychologen und Forscher an der Universität eng zusammenarbeiten, wobei wissenschaftlich geleitete Beratungszentren eine solche Kooperation unterstützen würden.

Praktisch tätige (Schul-)Psychologen sollten genug Zeit haben, um relevante Informationen über Hochbegabte an das Schulpersonal weiterzugeben, Lehrer und Beratungslehrer für die Arbeit mit begabten Schülern vorzubereiten und diese Arbeit zu supervidieren. Die Kursleiter u.ä. auf der anderen Seite sollten die Psychologen über den Erfolg der AG-Kurse und anderer Fördermaßnahmen für (hoch-)begabte Schüler an der Schule informieren.

Damit sind die Beziehungen zwischen den Institutionen unseres Modells grob beschrieben. Abschließend sei (nur) auf die hiermit verbundenen Aufgaben der *Schulpsychologen* näher eingegangen, und zwar auf die Beratung, Kursentwicklung und Weitergabe von Informationen an Lehrer und Eltern.

(1) Beratung

Wir gehen davon aus, daß Schulpsychologen hierzulande in bezug auf Beratungsaufgaben prinzipiell gut genug ausgebildet sind, um auch begabten Schülern und ihren Eltern bei aufkommenden Problemen helfen zu können. Andererseits ist natürlich nicht die Notwendigkeit zu übersehen, aktuelle Forschungsergebnisse den Beratern zu übermitteln, um ihr Wissen über spezifische Probleme begabter Schüler zu verbessern und konkrete Möglichkeiten der Prävention und Intervention aufzuzeigen.

Zur Zeit bestehen wohl wenig Chancen für ein dichtes Netz spezieller Beratungsstellen für hochbegabte Schüler, zumal diese außerhalb der Großstädte und Ballungszentren vermutlich zu weit von dem betr. Personenkreis entfernt wären. Als vordringlicher wird deshalb die Aufgabe erachtet, die vorhandenen schulpsychologischen Beratungsdienste weiter auszubauen (beispielsweise sind in Bayern die Planzahlen der Kultusministerkonferenz von 1973 zur Relation Schüler zu Schulpsychologen bei weitem noch nicht erreicht) und für Aufgaben der Hochbegabtenberatung zu qualifizieren. Einzelne von Experten geführte und wissenschaftlich begleitete Beratungsstellen für Hochbegabtenfragen dürften allerdings zur Entwicklung von Förderkursprogrammen, psychologischen Beratungsmaßnahmen und Präventionsstrategien sowie für bestimmte wissenschaftliche Evaluationsaufgaben auf absehbare Zeit unverzichtbar sein, sofern man die Aufgabe einer umfassenden Talentförderung ernst nimmt.

(2) Curriculumentwicklung

Wie oben dargelegt, ist der Wunsch der Eltern nach extracurricularen Kursen für begabte, interessierte und motivierte Schüler groß. Schulpsychologen sollten Lehrern und anderem Schulpersonal helfen, solche Kurse vorzubereiten, durchzuführen und auszuwerten. Wir halten dies auch deshalb für äußerst wichtig, weil die Inhalte und Methoden solcher Kurse zu den Charakteristika der Teilnehmer passen müssen. Erfahrungen zeigen, daß es weniger gut wäre, wenn die Lehrer mit der Kursplanung alleingelassen würden. Gerade um unseriösen Unternehmungen zu begegnen, sollten Evaluationsmaßnahmen von vorneherein in die Förderprogramme fest eingeplant werden.

In Deutschland erscheint es z.Z. nicht vordringlich, solche Kurse in gesonderten Institutionen anzubieten. In manchen (anderen) Ländern gibt es spezielle Zentren, die Kurse für begabte Schüler durchführen, weil dort mit Kursen in Regelschulen schlechte Erfahrungen vorliegen. Dies hängt zum Teil mit der schlechten Qualifikation der betr. Lehrer wie auch mit den ungünstigen schulischen Rahmenbedingungen dieser Länder zusammen. Unabhängig davon bleibt die Frage bestehen, ob nicht für einzelne Hochbegabte - oft sog. Problem-Schüler - spezielle schulische Angebote mit intensiver schulpsychologischer Betreuung, wie es etwa im Modell der Braunschweiger Christophorusschule existiert, auch in anderen Bundesländern erprobt werden sollten.

Weiterhin wird hier befürwortet, daß die Schulen den Schülern mehr Unterstützung auf dem Gebiet außerschulischer Aktivitäten in der Freizeit zukommen lassen, indem sie z.B. nachmittags Musikinstrumente, Computer oder Laboreinrichtungen zur Verfügung stellen. Speziell für Schüler, die aus bildungsfernem Milieu kommen, könnten die Schulen mehr Möglichkeiten anbieten. Auch angesichts der anwachsenden Zahl alleinerziehender Elternteile, die keine Zeit haben, um ihre Kinder am Nachmittag selbst zu fördern, besteht die Gefahr, daß Schüler aus solchen unvollständigen Familien stark benachteiligt werden. Ähnlich sollten die Schulen auch Interessen und Hobbies von Schülern unterstützen, die von deren Eltern nicht finanziert werden können. Joan Freeman, ECHA-Präsidentin, brachte dies im Juni 1988 in einem Workshop auf dem Kongreß für Entwicklungspsychologie in Budapest folgendermaßen auf den Punkt: "Unless you have a violin, you will never learn to play it". Hochbegabungsforschung läuft manchmal Gefahr, solche trivialen Voraussetzungen außerordentlicher Leistungen zu vergessen.

Insgesamt spricht unsere Befundlage eindeutig für mehr extracurriculare Förder- und Neigungskurse anstelle von Spezialklassen oder gar Spezialschulen für Begabte und Hochbegabte. Sicherlich muß man Vor- und Nachteile solcher Förderungsformen in jedem Einzelfall abwägen, im allgemeinen werden jedoch die Nachteile bezüglich der sozialen Entwicklung und die mögliche Reduktion intrinsischer Motivation auf Wettbewerbsverhalten u.ä. gegenüber den positiven Effekten zumindest im Grundschul- und Sekundarstufenbereich I höher veranschlagt. Extrakurrikulare Förderung und Lernangebote meint auch Weinert (1991) mit seiner etwas provokativ formulierten These bzw. "Paradoxie": "Wenn Hochbegabte früh diagnostiziert werden können, braucht man sie nicht speziell zu fördern. Es genügt (und ist wahrscheinlich günstiger) den Kindern ausreichende Entwicklungsmöglichkeiten, Lernangebote und Entwicklungsanreize zu bieten!"

(3) Verbreitung von Informationen über hochbegabte Schüler

In nicht wenigen Fällen scheinen Eltern mehr Ambition an den Tag zu legen, als es die Begabung ihrer Kinder rechtfertigt (siehe auch einzelne Ergebnisse zum Beratungsfragebogen). Daraus erwächst die wichtige Aufgabe für Schulpsychologen, Informationen über Begabung und alle damit möglicherweise verbundenen Probleme wie auch über sinnvolle Wege der Förderung von Kindern an die Eltern weiterzugeben. Das Ziel sollte dabei sein, unrealistische Erwartungen einzelner Eltern auf ein realistisches Maß zurückzuführen - gerade zum Wohle der betr. Kinder und Jugendlichen.

Auch die Lehrer sind herausgefordert. Speziell bei Gymnasiallehrern ist manchmal eine beträchtliche Kluft zwischen ihrem exzellenten Fachwissen und ihrer pädagogisch-psychologischen Kompetenz festzustellen. So fehlen oft Informationen darüber, wie hochbegabte Schüler/innen identifiziert werden können und wie sie im Unterricht zu behandeln sind. In bezug auf Hochbegabte scheinen die bekannten Prinzipien der Binnendifferenzierung wieder neue Aktualität zu gewinnen. Schulpsychologen sollten darüber hinaus die Sensibilität der Lehrer gegenüber verschiedenen Symptomen von Hochbegabung sowie das Verständnis für mögliche Probleme und Verhaltensstörungen Hochbegabter schärfen und die diagnostische Kompetenz von Lehrern beim Erkennen jugendlicher Talente unterstützen.

Schulprobleme werden oft als das Resultat ungünstiger Lehrer-Schüler-Interaktionen interpretiert. In diesem Zusammenhang wäre anzumerken, daß bereits die Identifikation begabter oder hochbegabter Schüler eine präventive Maßnahme darstellt, indem Lehrern die spezielle Situation ihrer begabten Schüler klar wird. Das Label "hochbegabt" kann so möglicherweise dazu beitragen, Verhaltensweisen hochbegabter Schüler, die nicht in den Rahmen des herkömmlichen Unterrichts passen, in einer angemesseneren Art und Weise zu interpretieren.

Anhang:

Zur Methodik der Münchner Hochbegabungsstudie

Christoph Perleth

1. Stichprobengewinnung und Screening-Verfahren

1.1 Zielsetzung des Screening-Verfahrens

Im folgenden wird die Vorgehensweise bei der Zusammenstellung der Stichprobe zur ersten Hauptuntersuchung der Münchner Längsschnittstudie zur Hochbegabung beschrieben. Wesentliches Ziel der gesamten ersten Phase des Projekts war neben der Erprobung einer Testbatterie zur Identifikation besonders befähigter Schüler die Auswahl einer geeigneten Stichprobe für die Längsschnittuntersuchungen der zweiten Projektphase. Angesichts der Tatsache, daß aus praktischen und finanziellen Gründen nicht die gesamte Ausgangsstichprobe testdiagnostisch untersucht werden konnte, mußte der ersten Hauptuntersuchung eine Screenig-Phase vorgeschaltet werden, in der eine Reduktion der Ausgangsstichprobe um etwa 60 bis 80 Prozent (je nach Klassenstufe und Schulart) der weniger begabten Probanden mithilfe von Lehrereinschätzungen vorgenommen wurde (zum Design der gesamten Studie vgl. Teil I in diesem Band). Ein solches Screening mit geringerer Validität und Treffsicherheit als erster Teil einer zweistufigen Diagnosestrategie empfiehlt sich auch im Hinblick auf das "bandwidth-fidelity-dilemma" (Cronbach & Gleser, 1965). Wichtiger Grund für den Rückgriff auf Lehrereinschätzungen waren ökonomische Überlegungen, vor allem die Notwendigkeit, den Aufwand für die beteiligten Schüler und Schulen im vertretbaren Rahmen zu halten. Allerdings schränkt ein solches Vorgehen naturgemäß die Identifikation von hochbegabten Underachievern insofern ein, als nur solche befähigten Underachiever testdiagnostisch untersucht werden konnten, die von ihren Lehrern auch in einem der fünf Bereiche als "begabungsverdächtig" eingeschätzt worden waren.

Gemäß unserem mehrdimensionalen Begabungsmodell, das neben intellektuellen Fähigkeiten noch die Bereiche Kreativität, soziale Kompetenz, Psychomotorik und Musikalität (als Beispiel einer künstlerischen Fähigkeit) umfaßt, wurden die Klaßlehrer gebeten, Schüler zu nominieren, die sie in den genannten fünf Begabungsbereichen zu den oberen 5 Prozent, den folgenden 10 Prozent und den anschließenden 15 Prozent rechneten. Bezugsgruppe für diese Klassifikation sollten dabei die jeweilige Schulart und Klassenstufe sein.

1.2 Stichprobenrekrutierung

Nach der Genehmigung der Untersuchung durch die Kultusministerien von Baden-Württemberg, Bayern und Berlin wurden im Herbst 1985 1020 Schulen, die zufällig aus den offiziellen Schulverzeichnissen ausgewählt wurden, um Teilnahme an der Untersuchung gebeten. Von den angeschrieben Schulen erklärten sich 210 (20.6 %) grundsätzlich zur Mitwirkung bereit, wobei von den Berliner Grundschulen nur 4.1 % teilnehmen wollten, während diese Quote für die süddeutschen Schulen insgesamt 23.9 % betrug. 152 Schulen wurden letztlich nach Kriterien ausgewählt, die eine repräsentative Stichprobe im Hinblick auf Schulortgröße, Schultyp, Region etc. gewährleisten sollten. Unkontrollierbare Ausfälle kamen im weitere Verlauf der Studie dadurch zustande, daß Eltern in einer Reihe von Fällen ihre Zustimmung zur Teilnahme ihrer Kinder verweigerten und einzelne Klaßlehrer bzw.

Schulen nach der ersten Hauptuntersuchung die Mitarbeit beendeten. Weiter war es bis auf Einzelfälle nicht möglich, die Abgänger aus den Haupt- und Realschulen in den Folgejahren in die Untersuchungen einzubeziehen. Auch der Schulwechsel vieler Schüler der Kohorte der Drittkläßler (im Schuljahr 1985/86) nach Klasse 4, d.h. nach dem zweiten Meßzeitpunkt, bewirkte eine hohe Drop-out-Quote in dieser Kohorte zum dritten Meßzeitpunkt, wenngleich mit tatkräftiger Hilfe der Grundschulrektoren vielen Schülern die weitere Teilnahme ermöglicht werden konnte.

1.3 Durchführung des Screenings

Nach der Rekrutierung der an der Untersuchung teilnehmenden Schulen (vgl. Heller & Mitarbeiter, 1986, S. 23ff., S. 81) wurden im Dezember 1985 die Screeningunterlagen an die Schulen verschickt. Bereits im Januar 1986 konnte mit der maschinellen Verarbeitung der zurückgesandten Bögen begonnen werden. Da die Testerhebungen schon im April 1986 in Baden-Württemberg begannen, mußte mit der Auswahl der Stichprobe für die erste Hauptuntersuchung zu einem Zeitpunkt begonnen werden, als den Auswertern noch nicht alle Bögen vorlagen. Weiter erschwert wurde die Auswertung dadurch, daß noch im Sommer 1986, d.h. während der bereits laufenden Testerhebungen, zusätzlich Grundschulen für die Untersuchung gewonnen werden mußten, um eine zu starke Verminderung der Stichprobe in den Klassen 1 und 3 zu vermeiden. Die Bögen der Berliner Schüler konnten erst nach Ablauf der Testerhebungen maschinell erfaßt werden, was die Unterschiede der hier mitgeteilten Tabellen zu denen in Heller & Mitarbeiter (1986) erklärt. Die genauen Auswahlkriterien werden unten näher dargestellt.

1.4 Beschreibung der Ausgangsstichprobe

Tabelle 1: Ausgangsstichprobe für das Screening

	Schulart			
	Grund-/Hauptschule	Realschule	Gymnasium	Summe
Klasse 1	2634			2634
Klasse 3	3498			3498
Klasse 5	1356	1041	2667	5064
Klasse 7	1422	2393	2957	6772
Klasse 9	1621	2400	3160	7181
Klasse 11			1111	1111
Summe	10531	5834	9895	26260

Tabelle 1 gibt einen Überblick über die Ausgangsstichprobe des Forschungsprojekts, d.h. alle Schüler, die im Screening-Verfahren erfaßt wurden. Es wird deutlich, daß bei den ersten und dritten Klassen die im Projektantrag angestrebten Zahlen (vgl. hierzu Heller & Hany, 1986) nicht realisiert werden konnten, was vor allem in der reservierten Einstellung der

Grundschullehrer unserer Untersuchung gegenüber begründet war. Zudem sahen sich gerade in der Grundschule viele Lehrer nicht imstande, die geforderten Einschätzungen abzugeben. Bei den siebten und neunten Klassen dagegen wurden die angestrebten Zahlen sogar überschritten. In Klasse 11 wurde kein Screening vorgenommen, da davon auszugehen ist, daß Schüler in der Oberstufe des Gymnasiums per se bereits zu den eher begabteren ihres Altersjahrgangs gehören.

1.5 Unterschiede im Screening zwischen Schularten und Klassen

Die Tabellen 2 bis 4 enthalten die Prozentwerte der in den einzelnen Bereichen und Kategorien nominierten Schüler für jede Klassenstufe und Schulart. Sie entsprechen insofern den von Hany in Heller & Mitarbeiter (1986, S. 129f.) mitgeteilten Tabellen, sind aber um noch spät eingetroffene bzw. nicht maschinell ausgewertete Screeningbögen ergänzt.

Tabelle 2 macht deutlich, daß die Lehrer über alle Begabungsbereiche hinweg sehr viel strenger beurteilten, als die Instruktion vorsah. Die Interpretation, daß die Lehrer Musikalität, soziale Kompetenz und Kreativität strenger beurteilen als die intellektuelle Begabung und Psychomotorik, kann aber nur mit Vorbehalten hieraus abgeleitet werden: Offensichtlich hatte eine Reihe von Lehrern einzelne Dimensionen gar nicht beurteilt, was manche völlig leere Bögen nahelegen. Allerdings konnte bei der Auswertung nicht unterschieden werden, ob ein einzelner Lehrer sich nicht zur Beurteilung imstande sah oder ob er keinen seiner Schüler auch nur zu den oberen 30 Prozent rechnete.

Tabelle 2: Prozentsätze der in den einzelnen Kategorien und Begabungsbereichen nominierten Schüler

	Kategorie der Nominierung			
	96-100%	86-95%	71-85%	nicht nominiert
Intellekt. Begabung	3.0	7.8	10.5	78.7
Kreativität	2.6	6.7	9.9	80.8
Soziale Kompetenz	2.6	6.3	9.5	81.6
Psychomotorik	2.9	7.3	9.3	80.5
Musikalität	2.4	5.9	8.2	83.5

Die Tabellen 3 und 4 zeigen, daß auch zwischen den Lehrern unterschiedlicher Schularten und Klassenstufen starke Unterschiede festzustellen sind. So scheinen Realschullehrer die strengsten, Gymnasiallehrer und Grundschullehrer mildere Maßstäbe anzulegen. Allerdings muß auch hier vor vorschnellen Interpretationen gewarnt werden, da insbesondere die Klaßlehrer der beteiligten Gymnasien nach eigenen Angaben vielfach das Urteil von Fachkollegen wie Musiklehrer oder Sportlehrer herangezogen haben, wenn sie sich nicht in der Lage fühlten, die Einschätzungen selbst vorzunehmen. Bei den Grundschullehrern ist zu vermuten, daß ihre intensivere Kenntnis der Schüler eine vollständigere und mildere Beurteilung bedingt haben mag.

Tabelle 3: In den einzelnen Schularten und Kategorien Nominierte

	GS	HS	RS	GY
Intellekt. Begabung	3.6	2.6	1.7	3.6
	8.5/12.0	7.6/10.5	6.2/ 8.6	8.3/10.5
Kreativität	3.1	2.2	1.5	3.1
	7.0/11.3	6.9/10.9	4.9/ 7.3	7.6/10.0
Soziale Kompetenz	3.3	3.3	1.3	2.8
	6.1/ 9.8	7.1/11.9	5.2/ 7.3	6.7/ 9.5
Psychomotorik	3.0	2.8	2.1	3.4
	6.8/10.3	8.0/12.1	5.8/ 7.4	8.3/ 8.6
Musikalität	2.6	2.1	1.7	2.9
	5.8/ 9.0	5.5/ 9.8	3.6/ 5.5	7.4/ 8.5

Legende: GS = Grundschule, HS = Hauptschule, RS = Realschule, GY = Gymnasium. Erste Zeile: Nominationskategorie 96-100%, darunter: Kategorien 86-95% / 71-85%.

Für diese Interpretation könnte sprechen, daß die Lehrer in Klasse 3 in allen Bereichen mehr Schüler nominierten als die der anderen Klassenstufen, gefolgt von den (Gymasial-)Lehrern der Klasse 11. Bestätigt wird dieser Eindruck noch durch die - allerdings nicht weiter auf Repräsentativität überprüfbaren - Berichte der Testleiter, daß gerade Grundschullehrer der Klassenstufe 1 immer wieder zur Sprache brachten, daß sie zum Zeitpunkt der Einschätzung (Ende 1985/Anfang 1986) ihre Schüler noch zuwenig kannten, und zusätzliche Schüler zur Testuntersuchung vorschlugen. Diesen Wünschen wurde von den Testleitern nach Möglichkeit entsprochen, da durch das Screening vor allem der β-Fehler reduziert werden sollte.

Tabelle 4: In den einzelnen Klassenstufen und Kategorien nominierte Schüler

	Klasse 1	Klasse 3	Klasse 5	Klasse 7	Klasse 9	Klasse 11
Intell. Beg.	2.8	4.2	2.8	2.7	2.9	3.4
	8.1/12.4	8.8/11.7	8.3/10.3	7.1/ 9.5	7.3/ 9.5	9.2/14.4
Kreativität	2.5	3.5	2.4	2.6	2.2	3.7
	6.9/11.8	7.0/10.9	7.0/ 9.7	6.9/ 9.1	5.9/ 9.0	8.4/13.5
Soz. Kompet.	2.8	3.7	2.3	2.6	2.3	3.2
	5.1/ 9.1	6.7/ 9.7	6.4/ 9.3	6.4/ 9.3	6.0/ 8.9	7.7/13.6
Psychomot.	2.1	3.7	2.9	3.0	2.6	3.6
	6.2/10.8	7.2/ 9.9	7.3/ 8.6	7.7/ 8.8	7.2/ 9.1	9.2/11.5
Musikalität	2.1	3.0	3.2	2.2	2.0	2.4
	5.1/ 7.6	6.3/10.0	6.7/ 8.8	6.5/ 7.8	4.7/ 7.3	7.3/ 9.3

Legende: Erste Zeile: Nominationskategorie 96-100%, in der zweiten Zeile: Nominationskategorien 86-95% / 71-85%.

1.6 Zusammenhänge zwischen den Dimensionen

Tabelle 5 zeigt exemplarisch den Zusammenhang zwischen den Beurteilungsbereichen intellektuelle Begabung und Kreativität.

Tabelle 5: Zusammenhang zwischen den Bereichen Intellektuelle Begabung und Kreativität nach den Lehrereinschätzungen

Intellekt. Begabung	Kreativität 96-100%	86-95%	71-85%	0-70%
96-100%	345 (1.3%)	232 (0.9%)	74 (0.3%)	141 (0.5%)
86- 95%	169 (0.6%)	748 (2.8%)	536 (2.0%)	592 (2.3%)
71- 85%	47 (0.2%)	392 (1.5%)	953 (3.6%)	1356 (5.2%)
0- 70%	117 (0.4%)	393 (1.5%)	1027 (3.9%)	19154 (72.9%)

Die Tabelle macht einen lockeren Zusammenhang zwischen den beiden Bereichen in der Lehrerbeurteilung mittels des eingesetzen Verfahrens deutlich. Faßt man allerdings die beiden obersten Kategorien zusammen, wird die eher starke Besetzung der Diagonalen relativiert. Tendenziell wird auch sichtbar, daß Lehrer die beiden Bereiche im Sinne eines Schwelleneffekts wahrnehmen: Es finden sich mehr Schüler, die von den Lehrern zu den oberen 30 Prozent im Bereich intellektuelle Begabung und im Bereich Kreativität nicht zu den befähigteren 30 Prozent gezählt werden (2089 Schüler) als umgekehrt (1537). Damit werden also eher solche Schüler als kreativ eingestuft, die auch als intellektuell begabt betrachtet werden. Allerdings ist dabei einschränkend festzuhalten, daß die Lehrer - aus welchen Gründen auch immer - im Bereich Kreativität strenger urteilten (s. oben). Gleichartige Zusammenhänge mit der Einschätzung zur intellektuellen Begabung gelten in etwa auch für die übrigen drei Bereiche (soziale Kompetenz, Psychomotorik und Musikalität).

Tabelle 6: Singuläre und multiple Talente (obere 5 Prozent) aus der Sicht der Lehrer

	als zu den oberen 5 % gehörig eingeschätzt in 1 Bereich	2 Ber.	3 Ber.	4 Ber.	5 Ber.
Klasse 1	130 (31)	43 (10)	18 (0)	7 (1)	5 (5)
Klasse 3	200 (36)	90 (14)	37 (2)	24 (11)	9 (9)
Klasse 5	373 (117)	89 (17)	34 (5)	5 (4)	2 (2)
Klasse 7	418 (103)	118 (24)	49 (8)	15 (2)	5 (5)
Klasse 9	443 (137)	117 (25)	35 (13)	14 (4)	4 (4)
Klasse 11	87 (17)	26 (4)	10 (2)	3 (2)	0 (0)
Gesamt	1651 (441)	483 (94)	183 (30)	68 (24)	25 (25)

Legende: In Klammern Schüler, die in den übrigen Dimensionen von den Lehrern nicht zu den oberen 30 % gerechnet wurden.

Tabelle 7: Singuläre und multiple Talente (obere 15 Prozent) aus der Sicht der Lehrer

	als zu den oberen 15 % gehörig eingeschätzt in				
	1 Bereich	2 Ber.	3 Ber.	4 Ber.	5 Ber.
Klasse 1	271 (107)	142 (58)	79 (28)	60 (32)	24 (24)
Klasse 3	419 (176)	214 (77)	143 (37)	99 (57)	45 (45)
Klasse 5	837 (459)	329 (147)	181 (91)	76 (44)	29 (29)
Klasse 7	1006 (553)	426 (201)	209 (102)	105 (43)	65 (65)
Klasse 9	1110 (625)	458 (219)	188 (98)	80 (51)	36 (36)
Klasse 11	204 (87)	89 (39)	45 (20)	25 (16)	6 (6)
Gesamt	3847(2007)	1658 (741)	845 (376)	445(243)	205(205)

Legende: In Klammern Schüler, die in den übrigen Dimensionen von den Lehrern nicht zu den oberen 30 % gerechnet wurden.

Tabelle 8: Singuläre und multiple Talente (obere 30 Prozent) aus der Sicht der Lehrer

	als zu den oberen 30 % gehörig eingeschätzt in				
	1 Bereich	2 Ber.	3 Ber.	4 Ber.	5 Ber.
Klasse 1	410	265	170	143	103
Klasse 3	553	354	238	244	155
Klasse 5	1079	623	367	195	130
Klasse 7	1354	736	437	241	227
Klasse 9	1432	832	479	235	152
Klasse 11	249	195	101	58	33
Gesamt	5077	3005	1792	1116	800

Die Tabellen 6 bis 8 enthalten detaillierte Angaben über das Vorhandensein singulärer und multipler Talente aus der Sicht der Lehrer. Es wird deutlich, daß die Lehrer die einzelnen Begabungsbereiche offensichtlich instruktionsgemäß unabhängig voneinander eingeschätzt haben. Zwar ergeben sich weniger singuläre Talente als sich bei völliger Unabhängigkeit der Bereiche ergeben müßten, doch entspricht ein Modell völlig unabhängiger Begabungsdimensionen auch nicht unseren Erwartungen und bisherigen Ergebnissen empirischer Untersuchungen.

Im großen und ganzen beurteilten die an der Untersuchung beteiligten Lehrer also die Begabungsbereiche relativ unabhängig, wobei eine Tendenz im Sinne einer Bewertung des intellektuellen Bereichs als hierarchisch übergeordnet oder stärker gewichtet sichtbar wird, was durchaus im Einklang mit den Modellannahmen im Rahmen des gesamten Forschungsprojekts steht. Dies ist umso erstaunlicher, als dem Lehrerurteil nicht immer große Differenziertheit zugesprochen wird. Der hier vorliegende Sachverhalt unterstreicht dagegen nicht zuletzt das Engagement, das die beteiligten Lehrer für das Anliegen der Untersuchung aufgebracht haben.

1.7 Das Verfahren zur Auswahl der Stichprobe der Hauptuntersuchung

Um den Fehler durch die geringere Validität und Trefferquote des verwendeten Screening-Verfahrens gering zu halten und in etwa die vorgesehenen Stichprobengrößen einzuhalten, wurden zunächst mehr Schüler als im Antrag vorgesehen zur ersten Hauptuntersuchung vorgeschlagen, nicht zuletzt, um den zu erwartenden Absagen einzelner Schüler bzw. deren Eltern sowie ganzer Schulen entgegenzuwirken. Dabei wurde versucht, in den Klassen 5, 7 und 9 in etwa gleich große Stichproben auszuwählen. Insgesamt wurden die Kriterien so festgelegt, daß je nach Klassenstufe und Schulart etwa 25 bis 45 Prozent der Schüler zur Testuntersuchung eingeladen wurden. Einen Überblick über diese Quoten sowie über die damit verbundenen Auswahlkriterien gibt Tabelle 9. Die Besonderheit in Klasse 5 ergibt sich dadurch, daß in Bayern die Realschule erst mit der siebten Klasse beginnt und damit die auf Klassenstufe und Schulart bezogene Beurteilung der Schüler in den bayerischen Hauptschulen als strenger anzusehen ist, da die leistungsstärkeren künftigen Realschüler zu diesem Zeitpunkt noch die Hauptschule besuchen. Um bayerische Schüler nicht zu benachteiligen und ihnen ähnliche Chancen zu geben, in die Untersuchung aufgenommen zu werden, wurde ein entsprechend milderes Kriterium verwendet.

Da einzelne (wenige) Lehrer nahezu sämtliche Schüler in fast allen Bereichen als mindestens zu den oberen 30 Prozent gehörig gerechnet hatten, wurde bei solchen Klassen eine "Ausreißerkorrektur" vorgenommen. Dabei wurde bei Klassen, von deren Schülern aufgrund des jeweiligen Auswahlkriteriums ein ungewöhnlich hoher Prozentsatz für die Testuntersuchungen hätte vorgeschlagen werden müssen, schrittweise das Auswahlkriterium verschärft, bis der Prozentsatz unter die aus Tabelle 9 ersichtlichen Grenzwerte fiel. In einzelnen Fällen, wo der Prozentsatz der für die erste Hauptuntersuchung vorgeschlagenen Schüler dadurch extrem reduziert wurde, wurde diese Korrektur wieder entsprechend zurückgenommen.

Tabelle 9: Auswahlkriterien für die Schüler der ersten Hauptuntersuchung

	Grund-/Hauptschule	Realschule	Gymnasium
Klasse 1	K1 (60%)		
Klasse 3	K1 (60%)		
Klasse 5	K1 (60%)/ K2 (65%)	K1 (52%)	K3 (60%)
Klasse 7	K1 (60%)	K1 (52%)	K3 (60%)
Klasse 9	K4 (60%)	K1 (52%)	K3 (60%)

Legende: K1 = Nomination zu den oberen 30% im Bereich Intelligenz oder Nomination zu den oberen 15% in mindestens einem der übrigen Bereiche;

K2 = Nomination zu den oberen 30% in mindestens einem Bereich;

K3 = Nomination zu den oberen 30% im Bereich Intelligenz oder Nomination zu den oberen 15% in mindestens zwei der übrigen Bereiche;

K4 = Nomination zu den oberen 15% im mindestens zwei Bereichen.

In Klammer: Prozentwert für Ausreißerkorrektur.

Zwar kann nicht unterschieden werden, ob in diesen "Ausreißerklassen" tatsächlich viele hochtalentierte Schüler zu finden gewesen wären oder ob der jeweilige Klaßlehrer einen zu milden Maßstab verwendet hatte, doch hätten solch hohe Teilnehmerzahlen in jedem Fall zu nicht vertretbaren Belastungen für die beteiligten Lehrer und Testleiter geführt. Insgesamt wurden durch maschinell durchgeführte Ausreißerkorrekturen, die praktisch nur für bayerische Schulen durchgeführt wurden, 599 Schüler zunächst aus der vorgeschlagenen Stichprobe entfernt, von denen 175 dann wieder hinzugenommen wurden, um die angesprochenen Härten zu vermeiden.

Tabelle 10: Die zur ersten Hauptuntersuchung vorgeschlagene Stichprobe

	Grund-/Hauptschule	Realschule	Gymnasium	Gesamt
Klasse 1	779 (29.6)			779 (29.6)
Klasse 3	1156 (33.0)			1156 (33.0)
Klasse 5	608 (44.8)	275 (26.4)	1111 (41.7)	1994 (39.4)
Klasse 7	402 (28.3)	668 (27.9)	1151 (38.9)	2221 (38.9)
Klasse 9	469 (28.9)	666 (27.8)	1118 (35.4)	2253 (31.4)
Gesamt	**	1609 (27.6)	3885 (39.2)	8908 (33.9)

Legende: ** = Grundschule: 1935 (31.6), Hauptschule: 1479 (33.6); in Klammern: Prozentwerte auf die einzelnen Zellen bezogen.

Tabelle 10 enthält die Gesamtzahlen und Prozentwerte, bezogen auf Klassenstufe und Schulart der nach den in Tabelle 9 mitgeteilten Auswahlkriterien für die erste Hauptuntersuchung vorgeschlagenen Schüler. Nicht berücksichtigt ist in Tabelle 10 die oben beschriebene Ausreißerkorrektur.

Auswertungen der Screening-Daten wurden von Hany (1986, S. 134ff.; 1987) und auch Steffens (1989) vorgenommen, wobei insbesondere Typenanalysen mit Hilfe der Konfigurationsfrequenzanalyse berechnet wurden.

2. Die erste Hauptuntersuchung und die Selektion der Längsschnittstichprobe

Im folgenden Abschnitt wird zunächst ein Überblick über die Stichprobe der ersten Hauptuntersuchung gegeben sowie die Stichprobe anhand des Kognitiven Fähigkeitstests KFT 4-13 von Heller, Gaedike & Weinläder (1985^2) und des Zahlenverbindungstests ZVT von Oswald & Roth (1987) mit der Normalpopulation verglichen. Anschließend wird das Verfahren zur Auswahl der Längsschnittstichprobe expliziert.

2.1 Beschreibung der Stichprobe

Tabelle 11 gibt einen Überblick über die Stichprobe der ersten Hauptuntersuchung. Es zeigt sich, daß in allen Teilstichproben mehr Mädchen als Jungen an den Testerhebungen teilgenommen haben. Ob dies auf die Lehrernomination im Screening zurückzuführen ist oder dafür andere Gründe wie höhere Testmotivation bei Mädchen verantwortlich sind, kann nicht entschieden werden, zumal für die Screeningphase nur die erhobenen Lehrerurteile vorliegen. Für die nicht in die erste Hauptuntersuchung einbezogenen Schüler (also auch für die Schüler, die zwar vorgeschlagen wurden, eine Teilnahme aber ablehnten) konnten keine Daten zum Geschlecht erhoben werden.

Tabelle 11: Die Stichprobe der ersten Hauptuntersuchung

Klassenstufe	Schulart				
	GS M / W	HS M / W	RS M / W	GY M / W	Summe M / W
Klasse 1	259/296 (597)				259/296 (597)
Klasse 3	395/426 (856)				295/426 (856)
Klasse 5		81/ 73 (227)	81/106 (190)	326/365 (780)	488/544 (1197)
Klasse 7		87/ 71 (166)	203/193 (407)	352/400 (789)	642/664 (1362)
Klasse 9		55/ 49 (109)	194/205 (413)	350/422 (817)	599/676 (1339)
Klasse 11				531/461 (1002)	531/461 (1002)
Summe	654/722 (1453)	223/193 (502)	478/504 (1010)	1028/1187 (2386)	2283/2606 (5351)

Legende: GS = Grundschule, HS = Hauptschule, RS = Realschule, GY = Gymnasium, M = männlich, W = weiblich. Die Zahlen in Klammern geben die Gesamtzahl der untersuchten Schüler an, die Differenzen sind durch fehlende Angaben zum Geschlecht bedingt.

2.2 Vergleiche mit repräsentativen Stichprobe

Da den eigentlichen Testerhebungen des ersten Untersuchungszeitpunktes eine Vorauswahl der in die Untersuchung einbezogenen Schüler durch ein Lehrergroburteil (Screening) vorausging und zudem der Großteil der eingesetzten Verfahren im Hinblick auf bessere Differenzierung bei begabteren Schülern gegenüber der Normalform verändert wurde, muß ein Vergleich der Stichprobe mit der Grundgesamtheit gewissermaßen indirekt vorgenommen werden. Im folgenden wird daher eine Einschätzung der Leistungsstärke der Stichprobe der Münchner Längsschnittstudie zur Hochbegabung mit Hilfe anderweitig gewonnener Ergebnisse zum ZVT (Oswald & Roth, 1987) und KFT (Heller et al., 1985) vorgenommen.

2.2.1 *Vergleich der ZVT-Leistungen*

Tabelle 12 setzt die ZVT-Leistungen der Schüler der Stichprobe der Münchner Längsschnittstudie mit den Werten aus dem ZVT-Manual (Oswald & Roth, 1987) in Beziehung. Dazu wurden die ZVT-Rohwerte wie im Manual vorgesehen in Leistungen Bit pro Sekunde umtransformiert und die ZVT-Normtabellen für Gruppenversuche herangezogen.

Der Vergleich zeigt, daß die Leistungen der Münchner Längsschnittstichprobe deutlich über denen der Eichstichprobe des ZVT liegen, wobei sich mit ansteigender Klassenstufe die Differenz noch vergrößert. Dies kann zum einen mit dem höheren Anteil von Gymnasiasten in der siebten und besonders neunten Klasse zusammenhängen, zum anderen mit einem treffsichereren Lehrerurteil in den höheren Klassen.

Tabelle 12: Mittelwerte und Standardabweichungen im ZVT im Vergleich zur ZVT-Normierungsstichprobe

	Streuung	Mittelwert	Normwerte laut ZVT-Manual T=40	T=50	T=60	N
Klasse 5	.41	2.02				
10-Jährige	.45	1.99	1.33	1.73	2.12	65
11-Jährige	.40	2.04	1.41	1.82	2.22	80
12-Jährige	.41	2.08	1.55	1.96	2.37	94
Klasse 7	.44	2.36				
12-Jährige	.45	2.39	1.55	1.96	2.37	94
13-Jährige	.44	2.37	1.71	1.96	2.58	107
14-Jährige	.43	2.30	1.76	2.17	2.58	87
Klasse 9	.42	2.59				
14-Jährige	.42	2.65	1.76	2.17	2.58	87
15-Jährige	.40	2.62	1.80	2.25	2.70	53
16-Jährige	.44	2.51	1.98	2.40	2.82	49

Legende: Streuung und Mittelwert beziehen sich auf die jeweils betrachtete Substichprobe der Münchner Längsschnittstudie zur Hochbegabung; T=40, T=50, T=60 gibt den Rohwert (Bit pro Sekunde) an, der laut ZVT-Manual einem T-Wert von 40, 50 bzw. 60 entspricht; N = Größe der jeweiligen Eichstichprobe.

2.2.2 *Vergleich der KFT-Leistungen*

Da im KFT-Manual für die in der Untersuchung eingesetzten KFT-Subtests V1 (Wortschatz), V2 (Satzergänzen), Q2 (Mengenvergleiche), Q4 (Gleichungenbilden), N1 (Figurenklassifikation) und N2 (Figurenanalogien) bzw. für die Konzepte Q2+Q4 keine separaten Normen mitgeteilt werden, andererseits die Schülerinnen und Schüler bei den verbalen und nonverbalen Subtests Aufgabensets höherer Klassenstufen dargeboten bekamen, werden die in unserer Stichprobe gefundenen Mittelwerte und Standardabweichungen mit den entsprechenden deskriptiven Statistiken einer repräsentativen Untersuchung des Staatsinstituts für Bildungsforschung und Bildungsplanung München (1983) in Beziehung gesetzt. Diese Daten wurden im Rahmen von Untersuchungen zu Schulversuchen mit Gesamtschulen erhoben und uns für Sekundäranalysen zur Verfügung gestellt. Einen knappen Überblick über die Stichprobe gibt Tabelle 13, genauer siehe Staatsinstitut (1983, S. 401-437; die Zahlen in Tabelle 13 sind der dortigen Tabelle 1 auf Seite 401 entnommen).

Bei den Untersuchungen des Staatsinstituts wurde lediglich die KFT-Testform A eingesetzt, so daß keine Aussagen für Testform B möglich sind. Weiter ist zu berücksichtigen, daß wir vom Staatsinstitut aus Gründen des Datenschutzes neben den KFT-Ergebnissen der Schüler lediglich Informationen über Geschlecht und Muttersprache der Schüler erhalten konnten. Insbesondere hatten wir keine Möglichkeit, schulartspezifische Statistiken zu berechnen.

Tabelle 13: Stichprobe des Staatsinstituts (1983)

Schulart	Klasse 5	Klasse 7	Klasse 9
Gymnasium	3096	2808	2400
Realschule	--	3863	3696
Hauptschule	3369	2963	2936
Integrierte Gesamtschule	926	875	862
Summe	7391	10509	10894

Zu den unterschiedlichen Fallzahlen in Tabelle 13 und den folgenden Tabellen sei angemerkt, daß das Staatsinstitut (1983) unterschiedliche Fallzahlen bei verschiedenen Auswertungen nennt. Wir haben bei unseren Berechnungen alle ausländischen Schüler sowie alle Schüler, die erkennbar mindestens einen Subtest nicht bearbeitet hatten, von den Verrechnungen ausgeschlossen. Dennoch kann nicht ausgeschlossen werden, daß immer noch einige Schüler mit unzuverlässigen Daten in die Verrechnungen eingegangen sind. Zudem ist bei der Interpretation der Statistiken zu beachten, daß jeweils nur die Items verrechnet wurden, die die Schüler beider Stichproben bearbeitet hatten, d.h. die Berechnungen zu den verbalen und nonverbalen Subtests umfassen nur 15 Items. Für diese verkürzten Skalen können den Tabellen 14 bis 16 die Leistungen unserer Stichprobe entnommen und mit den Leistungen der Teilnehmer der bayerischen Gesamtschulstudie verglichen werden.

Es zeigt sich, daß bei allen Vergleichen die Schülerinnen und Schüler unserer Stichprobe bei weitem bessere Ergebnisse erzielen als die Teilnehmer der Gesamtschulstudie. Betrachtet man nur die KFT-Gesamtleistung, so liegen die Leistungen der drei betrachteten Kohorten unserer Studie um mehr als eine Standardabweichung über denen der Stichprobe des Staatsinstituts.

Tabelle 14: Mittelwerte und Streuungen für gemeinsame Items in der Längsschnittstudie (Klasse 5)

Skala	Hauptschule	Realschule	Gymnasium	Gesamt
V1	8.34/ 2.41	8.56/ 2.55	10.64/ 2.22	9.89/ 2.53
V2	8.66/ 2.49	9.33/ 2.33	10.99/ 2.42	10.30/ 2.60
Q2	11.90/ 2.68	13.18/ 2.38	15.68/ 3.09	14.60/ 3.30
Q4	8.16/ 2.86	9.35/ 2.77	10.64/ 2.32	9.99/ 2.68
N1	10.94/ 3.10	11.49/ 2.95	12.43/ 2.41	12.01/ 2.70
N2	9.69/ 3.54	10.55/ 3.57	12.39/ 2.93	11.61/ 3.34
V1+V2	17.00/ 4.19	17.89/ 4.25	21.63/ 3.95	20.19/ 4.51
Q2+Q4	20.06/ 4.69	22.53/ 4.04	26.33/ 4.46	24.58/ 5.09
N1+N2	20.63/ 5.86	22.04/ 5.58	24.84/ 4.48	23.63/ 5.22
GL	57.64/10.89	62.43/ 8.83	72.85/ 9.42	68.44/11.47
N	111-110	103-102	408-409	620-622

Tabelle 15: Mittelwerte und Streuungen für gemeinsame Items in der Längsschnittstudie (Klasse 7)

Skala	Hauptschule	Realschule	Gymnasium	Gesamt
V1	6.54/ 3.01	8.96/ 2.75	10.97/ 2.28	9.78/ 2.95
V2	7.95/ 2.50	10.19/ 2.37	11.70/ 2.09	10.76/ 2.56
Q2	8.12/ 3.39	12.62/ 4.00	15.49/ 3.86	13.67/ 4.56
Q4	6.04/ 2.84	8.18/ 2.56	9.21/ 2.78	8.49/ 2.90
N1	8.76/ 4.22	11.03/ 3.65	12.33/ 2.89	11.48/ 3.52
N2	7.67/ 4.62	11.13/ 3.72	12.93/ 2.42	11.71/ 3.63
V1+V2	14.49/ 4.69	19.15/ 4.50	22.66/ 3.71	20.54/ 4.93
Q2+Q4	14.16/ 5.01	20.80/ 5.40	24.70/ 5.50	22.17/ 6.41
N1+N2	16.43/ 7.65	22.15/ 6.24	25.26/ 4.49	23.19/ 6.25
GL	45.08/13.24	62.17/12.13	72.62/ 9.79	65.92/14.28
N	83	220-221	381	684-685

An dieser Stelle erhebt sich die Frage, wie die Leistungen der Teinehmer der bayerischen Gesamtschulstudie im Vergleich zur KFT-Normierungsstichprobe einzuschätzen sind. Wie den Tabellen 18 bis 20 entnommen werden kann, liegen die Leistungen der Stichprobe des Staatsinstituts in etwa zwischen denen der Haupt- und Realschüler der KFT-Normierungsstudie, was bei einer repräsentativen Stichprobe auch in etwa zu erwarten ist. Im indirekten Vergleich zeigt sich also eine deutliche Überlegenheit unserer Stichprobe auch gegenüber der KFT-Normierungsstichprobe.

Tabelle 16: Mittelwerte und Streuungen für gemeinsame Items in der Längsschnittstudie (Klasse 9)

Skala	Hauptschule	Realschule	Gymnasium	Gesamt
V1	7.53/ 3.26	9.31/ 2.78	11.54/ 2.32	10.53/ 2.87
V2	8.69/ 2.99	10.46/ 2.32	11.93/ 1.91	11.22/ 2.35
Q2	9.88/ 3.73	14.28/ 4.11	17.53/ 3.92	15.93/ 4.56
Q4	5.55/ 2.66	7.05/ 3.06	8.74/ 2.78	7.97/ 3.04
N1	9.92/ 3.94	12.01/ 3.02	12.54/ 2.61	12.18/ 2.94
N2	9.41/ 3.37	11.56/ 2.45	12.42/ 1.92	11.92/ 2.37
V1+V2	16.22/ 5.52	19.80/ 4.25	23.47/ 3.57	21.77/ 4.58
Q2+Q4	15.43/ 4.83	21.34/ 6.26	26.26/ 5.7	23.90/ 6.72
N1+N2	19.33/ 6.31	23.58/ 4.52	24.97/ 3.78	24.11/ 4.51
GL	50.98/12.40	64.73/11.54	74.70/ 9.80	69.78/12.67
N	49	211-213	404	664-666

Tabelle 17: Mittelwerte und Streuungen für gemeinsame Items in der bayerischen Gesamtschuluntersuchung

	Klasse 5		Klasse 7		Klasse 9	
V1	6.42	3.36	6.52	3.46	8.19	3.48
V2	6.73	3.29	7.15	3.00	9.11	2.88
Q2	10.90	3.26	9.84	4.12	11.36	4.73
Q4	6.92	3.33	6.17	3.00	6.16	3.23
N1	9.42	3.79	9.69	4.29	10.72	3.80
N2	8.08	4.73	8.62	4.46	8.62	3.85
V1+V2	13.14	5.97	13.67	5.76	17.31	5.70
Q2+Q4	17.82	5.52	16.01	6.02	17.52	6.89
N1+N2	17.51	7.34	18.32	7.66	19.34	6.81
GL	48.47	14.80	48.00	15.30	54.16	15.92
N	7582		10859		10214	

Tabelle 18: Mittelwerte (M) und Streuungen (s) für die KFT-Eichstichprobe Klasse 5, Testform A, sowie für die bayerische Gesamtschulstichprobe

	Hauptschule		Realschule		Gymnasium		Bay. GesSch	
	M	s	M	s	M	s	M	s
V1+V2	26.4	8.0	33.4	6.4	36.5	5.8	28.5	8.3
V3+V4	25.4	8.5	32.4	6.4	35.0	6.0	26.8	8.0
Q1+Q2	17.6	4.5	20.6	3.8	20.4	5.7	15.4	4.6
Q3+Q4	21.6	6.8	25.4	5.4	23.3	8.7	22.4	6.8
N1+N2	32.6	11.8	38.3	8.7	37.7	11.8	33.2	10.6
N3	18.4	3.4	19.5	3.1	19.4	4.2	18.2	4.8

Tabelle 19: Mittelwerte und Streuungen für die KFT-Eichstichprobe Klasse 7, Testform A, sowie für die bayerische Gesamtschulstichprobe

	Hauptschule		Realschule		Gymnasium		Bay. GesSch	
	M	s	M	s	M	s	M	s
V1+V2	26.0	7.9	33.5	6.1	36.4	6.3	28.4	8.1
V3+V4	22.9	6.7	29.9	6.5	38.0	6.7	27.7	7.6
Q1+Q2	13.0	3.7	15.8	4.1	17.9	4.5	13.0	5.3
Q3+Q4	19.3	6.1	24.0	4.8	25.3	5.3	21.7	6.1
N1+N2	32.7	11.2	39.2	9.4	41.7	6.4	33.7	11.4
N3	19.4	3.5	20.0	3.4	21.7	3.7	19.2	4.6

Tabelle 20: Mittelwerte und Streuungen für die KFT-Eichstichprobe Klasse 9, Testform A, sowie für die bayerische Gesamtschulstichprobe

	Hauptschule		Realschule		Gymnasium		Bay. GesSch	
	M	s	M	s	M	s	M	s
V1+V2	26.2	8.3	34.7	6.1	38.8	6.1	30.9	8.6
V3+V4	22.0	6.1	29.0	5.6	31.1	8.1	26.9	7.0
Q1+Q2	14.4	4.2	15.2	4.1	21.2	4.8	14.6	5.9
Q3+Q4	16.8	6.1	21.2	4.7	23.8	5.5	19.7	6.2
N1+N2	29.8	11.7	39.1	7.3	37.1	13.0	34.4	10.7
N3	19.4	5.0	22.8	3.6	23.6	4.5	22.2	4.9

2.3 Zusammenstellung der Längsschnittstichprobe

Die Problematik der Identifikation hochbegabter Schüler und der Typisierung von Begabungen wird ausführlich von Hany (1987) diskutiert. Aufgrund seiner Untersuchungen und weiterer Analysen, die insbesondere auf faktoren- und clusteranalytischen Methoden beruhten, wurde eine Strategie zur Auswahl der Längsschnittstichprobe für die Untersuchungen in den Jahren 1987 und 1988 entwickelt.

Insgesamt zeigte sich, daß die Ergebnisse in den Tests und Fragebögen, mit denen die untersuchten Bereiche intellektuelle Begabung, Kreativität, soziale Kompetenz, Psychomotorik und Musikalität erfaßt wurden, untereinander nur mäßig zusammenhingen, d.h daß die einzelnen Begabungsbereiche sich relativ unabhängig voneinander darstellten. Somit überwiegen in unserer Stichprobe die singulären gegenüber den multiplen Talenten. Dieses Ergebnis gilt umso mehr für solche Analysen, in die die jeweils Leistungsstärksten (zehn bzw. fünf Prozent Besten) einbezogen werden. So finden sich in den Klassen 1 bis 9 in unserer Stichprobe nur 23 Schüler, die im Bereich der intellektuellen Begabung, der Kreativität und im Schulleistungsbereich zu den obersten fünf Prozent gerechnet werden können. Bei der Interpretation dieser Befunde ist allerdings zu berücksichtigen, daß es selbst bei einem deutlichen Zusammenhang zweier oder mehrerer Begabungsbereiche unter Voraussetzung der üblichen Verteilungsannahmen nur wenige Schüler geben kann, die in **allen** Bereichen extrem hohe Ergebnisse erzielen.

Letztendlich fiel aufgrund verschiedener Auswertungen die Entscheidung zugunsten eines mehrdimensionalen, d.h. bereichsspezifischen Cut-offs, so daß jene Schüler für die Längsschnittuntersuchungen vorgeschlagen wurden, die in mindestens einem Begabungsbereich zu den oberen 10 Prozent der Stichprobe (Hoch- und Gutbegabte) gehörten. Dabei konnte für jeden Bereich eine Markiervariable aufgrund faktorenanalytischer Untersuchungen herangezogen werden (zur Auswahlstrategie siehe Teil II, Kapitel 3, sowie Hany, 1987). Als *"hochbegabt"* werden von diesen wiederum die besseren 50 Prozent angesehen, die den *jeweils besten drei Prozent der Gesamtpopulation* entsprechen dürften.

Zusätzlich wurden noch solche Schüler für die Folgeuntersuchungen vorgeschlagen, die zwar nicht den Prozentrang 90 in einer der Begabungsvariablen erreichten, bei denen aber aufgrund eigener Angaben bzw. aufgrund des Lehrerurteils (Noten und/oder Fragebogen) Hinweise auf besondere Leistungsfähigkeit vorlagen (Hochleistungsfähige). Im einzelnen verwendeten wir folgende Kriterien für die Auswahl der Längsschnittstichprobe:

Klassen 1 und 3:
- mindestens Prozentrang 90 in der KFT-Gesamtleistung oder
- mindestens PR 90 im Torrance-Kreativitätstest oder
- mindestens PR 90 im Fragebogen zur Sozialen Kompetenz oder
- mindestens PR 90 im LEGO-Test (Aiming) oder
- mindestens PR 90 in der Lehrereinschätzung bezüglich der Bereiche Intelligenz, Kreativität, soziale Kompetenz, Psychomotorik oder Musikalität (Klasse 1) bzw. für die Schüler der dritten Klasse mindestens PR 90 in zwei der Kriterien Durchschnittsnote, Kreativität, soziale Kompetenz, Psychomotorik oder Musikalität (die letzten vier Bereiche wurden via Lehrereinschätzung erfaßt).

Klasse 5:
- mindestens Prozentrang 90 in der KFT-Gesamtleistung oder
- mindestens PR 90 im Torrance-Kreativitätstest oder
- mindestens PR 90 im Fragebogen zur sozialen Kompetenz oder
- mindestens PR 90 im Computer-Psychomotoriktest (Aiming) oder
- mindestens PR 90 in der Lehrereinschätzung zur Musikalität oder

- mindestens PR 90 in zwei der Kriterien Durchschnittsnote, Kreativität, soziale Kompetenz, Psychomotorik oder Musikalität (die letzten vier Bereiche wurden via Lehrereinschätzungen erfaßt).

Klassen 7 und 9:
- mindestens Prozentrang 90 in der KFT-Gesamtleistung oder
- mindestens PR 90 im Verwendungstest oder
- mindestens PR 95 im Verbalen Kreativitätstest oder
- mindestens PR 90 im Fragebogen zur sozialen Kompetenz oder
- mindestens PR 90 im Computer-Psychomotoriktest (Aiming) oder
- mindestens PR 90 in der Lehrereinschätzung zur Musikalität oder
- mindestens PR 90 in zwei der Kriterien Durchschnittsnote, Kreativität, soziale Kompetenz, Psychomotorik oder Musikalität (die letzten vier Bereiche wurden mit dem Münchener Verhaltensinventar erfaßt).

Klasse 11: Wie bei Klassen 7 und 9 mit Ausnahme des Computer-Psychomotoriktests, der in dieser Kohorte nicht eingesetzt werden konnte.

Tabelle 21: Zusammenstellung der Längsschnittstichprobe aufgrund der Ergebnisse der ersten Hauptuntersuchung

Klassenstufe	Schulart				
	GS M / W	HS M / W	RS M / W	GY M / W	Summe M / W
Klasse 1	123/137 (274)				123/137 (274)
Klasse 3	170/162 (341)				170/162 (341)
Klasse 5		22/ 17 (54)	20/ 32 (54)	144/137 (312)	186/186 (420)
Klasse 7		10/ 8 (20)	50/ 58 (109)	151/186 (343)	211/253 (472)
Klasse 9		11/ 14 (26)	50/ 40 (93)	170/201 (379)	599/676 (498)
Klasse 11				180/106 (294)	180/106 (294)
Summe	293/299 (615)	43/ 39 (100)	120/130 (256)	465/524 (1034)	921/992 (2005)

Legende: GS = Grundschule, HS = Hauptschule, RS = Realschule, GY = Gymnasium, M = männlich, W = weiblich. In Klammern: Gesamtzahl der für den Längsschnitt vorgeschlagenen Schüler (Differenzen sind durch fehlende Angaben zum Geschlecht bedingt).

Damit ergab sich die aus Tabelle 21 ersichtliche Zusammensetzung der Längsschnittstichprobe. In diesen Auswahlquoten war bereits eine Drop-out-Rate von ca. 25 Prozent eingeplant. Im Laufe der Studie ergaben sich für die Längsschnittstichprobe in den einzelnen Kohorten unterschiedlich hohe Ausfallquoten, so daß letztlich die in Tabelle 22.1 und 22.2 mitgeteilten Teilnehmerzahlen resultierten.

Tabelle 22.1: Beschreibung der Längsschnittstichprobe in Klassen 1, 3 und 5

	Klasse								
	1			3			5		
	1986	1987	1988	1986	1987	1988	1986	1987	1988
Schulart									
Grundschule									
Geschlecht									
Keine Angabe	14	15	14	6	8	4			
Jungen	102	100	89	144	137	100			
Mädchen	113	102	102	130	123	83			
Gesamt	229	217	205	280	268	187			
Hauptschule									
Geschlecht									
Keine Angabe							3	3	1
Jungen							12	8	6
Mädchen							8	8	4
Gesamt							23	19	11
Realschule									
Geschlecht									
Jungen							18	13	14
Mädchen							25	24	18
Gesamt							43	37	32
Gymnasium									
Geschlecht									
Keine Angabe							15	13	12
Jungen							121	110	105
Mädchen							113	109	100
Gesamt							249	232	217
Geschlecht									
Keine Angabe	14	15	14	6	8	4	18	16	15
Jungen	102	100	89	144	137	100	151	139	125
Mädchen	113	102	102	130	123	83	146	143	122
Gesamt	229	217	205	280	268	187	315	298	262

Tabelle 22.2: Beschreibung der Längsschnittstichprobe in Klassen 7, 9 und 11

	Klasse								
	7			9			11		
	1986	1987	1988	1986	1987	1988	1986	1987	1988
Schulart									
Hauptschule									
Geschlecht									
Keine Angabe	2								
Jungen	5	3	4						
Mädchen	3	3	1	2	2				
Gesamt	10	6	5	2	2				
Realschule									
Geschlecht									
Keine Angabe	3	3	3	3	2				
Jungen	49	39	44	31	31	1			
Mädchen	48	46	43	26	26				
Gesamt	100	88	90	60	59	1			
Gymnasium									
Geschlecht									
Keine Angabe	22	15	11	8		4	35	4	3
Jungen	106	100	97	119	112	100	160	160	103
Mädchen	143	133	127	160	156	135	93	92	65
Gesamt	271	248	235	287	268	239	288	256	171
Geschlecht									
Keine Angabe	27	18	17	11	3	6	35	4	3
Jungen	160	143	145	150	143	101	160	160	103
Mädchen	194	184	172	188	184	135	93	92	65
Gesamt	381	345	334	349	330	242	288	256	171

2.4 Beschreibung der Schulleistungen der Längsschnittstichprobe

Die folgenden Tabellen 23 bis 28 sollen eine Einschätzung der Schulleistungen der Teilnehmer unserer Studie ermöglichen. In die Tabelle gehen jeweils nur diejenigen Schülerinnen und Schüler ein, die bei einem der drei Testerhebungen ihr Geschlecht angegeben hatten.

Tabelle 23: Schulleistungen für Klasse 1 (1986 bis 1988)

	Geschlecht		Gesamt
	Jungen	Mädchen	
Deutsch 1987			
Mittel	1.98	1.78	1.88
StdAbw	.80	.53	.68
Mathematik 1987			
Mittel	1.71	1.92	1.82
StdAbw	.74	.82	.79
Sachkunde 1987			
Mittel	1.80	1.82	1.81
StdAbw	.68	.79	.74
Musik 1987			
Mittel	2.00	1.73	1.81
StdAbw	1.10	.70	.81
Kunst 1987			
Mittel	1.33	1.50	1.45
StdAbw	.52	.52	.51
Sport 1987			
Mittel	1.83	1.93	1.90
StdAbw	.75	.47	.55
Deutsch 1988			
Mittel	2.09	2.03	2.05
StdAbw	.81	.67	.73
Mathematik 1988			
Mittel	2.49	1.95	2.17
StdAbw	.89	.74	.85
Sachkunde 1988			
Mittel	1.91	1.81	1.85
StdAbw	.69	.71	.70
Musik 1988			
Mittel	1.75	1.52	1.62
StdAbw	.69	.62	.66
Kunst 1988			
Mittel	2.05	1.65	1.82
StdAbw	.64	.56	.62
Sport 1988			
Mittel	1.64	1.79	1.73
StdAbw	.62	.70	.67
N	102	113	215

Tabelle 24: Schulleistungen für Klasse 3 (1986 bis 1988)

	Geschlecht		Gesamt		Geschlecht		Gesamt
	Jungen	Mädchen			Jungen	Mädchen	
Deutsch 1986				Musik 1987			
Mittel	2.10	1.83	1.97	Mittel	1.85	1.31	1.59
StdAbw	.72	.72	.73	StdAbw	.78	.46	.70
Mathematik 1986				Kunst 1987			
Mittel	1.66	1.80	1.72	Mittel	2.18	1.81	2.01
StdAbw	.76	.64	.71	StdAbw	.76	.71	.76
Sachkunde 1986				Sport 1987			
Mittel	1.77	1.83	1.79	Mittel	1.83	1.74	1.79
StdAbw	.67	.65	.66	StdAbw	.74	.67	.71
Musik 1986				Deutsch 1988			
Mittel	1.97	1.43	1.71	Mittel	2.70	2.29	2.52
StdAbw	.75	.55	.72	StdAbw	.87	.61	.79
Kunst 1986				Mathematik 1988			
Mittel	2.15	1.76	1.96	Mittel	2.16	2.37	2.25
StdAbw	.75	.63	.72	StdAbw	.81	.71	.77
Sport 1986				Englisch 1988			
Mittel	1.82	1.81	1.81	Mittel	2.46	2.11	2.31
StdAbw	.73	.63	.68	StdAbw	1.09	.85	1.01
Deutsch 1987				Musik 1988			
Mittel	2.11	1.89	2.01	Mittel	1.89	1.67	1.79
StdAbw	.79	.72	.77	StdAbw	.90	.75	.84
Mathematik 1987				Kunst 1988			
Mittel	1.81	1.90	1.85	Mittel	2.30	1.81	2.09
StdAbw	.72	.70	.71	StdAbw	.65	.43	.62
Sachkunde 1987				Sport 1988			
Mittel	1.84	1.79	1.82	Mittel	2.05	1.85	1.96
StdAbw	.67	.75	.71	StdAbw	.82	.82	.82
N	146	132	278	N	146	132	278

Tabelle 25: Schulleistungen für Klasse 5 (1986 bis 1988)

	Schulart			Gesamt	Realschule		Gymnasium	
	HS	RS	GYM		Jungen	Mädchen	Jungen	Mädchen
Deutsch 1986								
Mittel	2.89	2.69	2.30	2.40	3.07	2.33	2.51	2.05
StdAbw	.81	.89	.76	.80	.92	.72	.73	.73
Englisch 1986								
Mittel	2.63	2.62	2.18	2.29	2.71	2.53	2.39	1.96
StdAbw	.90	1.05	.84	.90	1.20	.92	.86	.79
Mathematik 1986								
Mittel	2.42	2.59	2.25	2.30	2.71	2.47	2.17	2.33
StdAbw	.51	.82	.84	.83	.83	.83	.80	.84
Musik 1986								
Mittel	2.21	1.97	1.48	1.60	2.36	1.60	1.56	1.36
StdAbw	.79	.82	.71	.77	.84	.63	.73	.65
Kunst 1986								
Mittel	2.21	2.55	2.05	2.13	3.07	2.07	2.23	1.86
StdAbw	.85	.91	.63	.70	.83	.70	.61	.61
Sport 1986								
Mittel	2.39	2.31	1.89	1.97	2.21	2.40	1.96	1.80
StdAbw	.78	.76	.79	.80	.97	.51	.85	.72
Deutsch 1987								
Mittel	2.65	2.50	2.33	2.36	3.13	2.19	2.51	2.12
StdAbw	.61	.83	.80	.80	.83	.66	.84	.74
Englisch 1987								
Mittel	2.40	2.58	2.41	2.43	2.88	2.44	2.53	2.25
StdAbw	.83	.78	.90	.87	.64	.81	.96	.82
Mathematik 1987								
Mittel	2.53	2.54	2.38	2.40	2.75	2.44	2.30	2.49
StdAbw	.72	.88	.89	.88	.89	.89	.84	.96
Musik 1987								
Mittel	2.00	1.63	1.74	1.75	1.75	1.56	1.93	1.54
StdAbw	.87	.65	.91	.88	.46	.73	.97	.80
Kunst 1987								
Mittel	2.53	2.38	1.97	2.05	2.88	2.13	2.24	1.65
StdAbw	.72	.77	.70	.73	.64	.72	.73	.50
Sport 1987								
Mittel	2.29	2.21	1.93	1.99	2.38	2.13	1.98	1.85
StdAbw	.99	.88	.83	.85	1.30	.62	.81	.84
Deutsch 1988								
Mittel	2.50	3.03	2.54	2.61	3.23	2.89	2.75	2.29
StdAbw	.53	.82	.81	.82	.83	.81	.85	.64
Englisch 1988								
Mittel	2.63	2.97	2.37	2.48	2.85	3.05	2.38	2.38
StdAbw	.74	.86	.89	.90	.80	.91	.91	.88
Mathematik 1988								
Mittel	2.88	2.84	2.45	2.53	2.77	2.89	2.41	2.52
StdAbw	.64	.85	.91	.90	.83	.88	.95	.90
Musik 1988								
Mittel	2.50	2.38	1.75	1.88	2.77	2.11	1.86	1.60
StdAbw	1.07	1.10	.84	.93	1.09	1.05	.94	.71
Kunst 1988								
Mittel	3.50	2.44	1.93	2.05	2.77	2.21	2.15	1.66
StdAbw	.55	.72	.73	.79	.83	.54	.74	.62
Sport 1988								
Mittel	2.50	2.16	1.93	1.99	2.46	1.95	2.08	1.77
StdAbw	1.07	.81	.89	.89	.88	.71	.93	.83
N	23	44	250	317	26	28	129	116

Tabelle 26: Schulleistungen für Klasse 7 (1986 bis 1988)

	Schulart			Gesamt	Realschule		Gymnasium	
	HS	RS	GYM		Jungen	Mädchen	Jungen	Mädchen
Deutsch 1986								
Mittel	3.50	2.63	2.38	2.46	2.83	2.44	2.54	2.23
StdAbw	.71	.70	.65	.67	.78	.55	.68	.58
Englisch 1986								
Mittel	3.00	2.73	2.33	2.44	2.98	2.49	2.44	2.23
StdAbw		.84	.91	.91	.89	.72	1.01	.85
Mathematik 1986								
Mittel	2.00	2.39	2.39	2.39	2.35	2.44	2.29	2.37
StdAbw	1.41	.85	.82	.83	.83	.88	.83	.79
Musik 1986								
Mittel	2.50	2.05	1.71	1.80	2.30	1.79	1.74	1.53
StdAbw	.71	.92	.85	.88	.99	.77	.84	.70
Kunst 1986								
Mittel	2.00	2.47	1.91	2.03	2.82	2.24	2.13	1.72
StdAbw		.86	.68	.76	.66	.90	.73	.60
Sport 1986								
Mittel	1.50	2.13	1.99	2.02	2.31	1.95	2.12	1.89
StdAbw	.71	.91	.79	.82	1.06	.70	.83	.72
Deutsch 1987								
Mittel	3.00	2.59	2.44	2.49	2.90	2.29	2.58	2.34
StdAbw	.93	.70	.77	.76	.61	.67	.84	.70
Englisch 1987								
Mittel	3.13	2.67	2.38	2.47	2.97	2.37	2.54	2.25
StdAbw	1.13	.93	.89	.92	.96	.88	.99	.80
Mathematik 1987								
Mittel	2.50	2.50	2.42	2.44	2.57	2.37	2.26	2.51
StdAbw	1.07	.90	.95	.94	.90	.94	.96	.94
Musik 1987								
Mittel	2.63	2.06	1.80	1.89	2.27	1.89	1.92	1.72
StdAbw	1.41	.68	.84	.84	.58	.72	.81	.86
Kunst 1987								
Mittel	2.00	2.16	2.16	2.16	2.33	2.03	2.31	2.08
StdAbw	1.15	.76	.83	.81	.69	.81	.77	.87
Sport 1987								
Mittel	2.88	2.11	1.94	2.01	2.27	1.94	2.01	1.89
StdAbw	1.55	.89	.76	.84	.94	.78	.79	.74
Deutsch 1988								
Mittel	2.86	2.68	2.56	2.60	3.03	2.38	2.67	2.50
StdAbw	.90	.77	.82	.81	.69	.72	.95	.71
Englisch 1988								
Mittel	2.83	2.79	2.46	2.55	3.31	2.38	2.62	2.35
StdAbw	1.17	.99	.93	.96	.90	.89	.97	.91
Mathematik 1988								
Mittel	2.33	2.65	2.55	2.58	2.84	2.49	2.51	2.58
StdAbw	1.03	.92	1.00	.98	.95	.90	1.09	.94
Musik 1988								
Mittel	2.50	2.28	1.83	1.96	2.45	2.11	2.00	1.67
StdAbw	.55	.88	.84	.87	.99	.76	.91	.73
Kunst 1988								
Mittel	2.00	2.33	1.92	2.01	2.68	2.13	2.07	1.81
StdAbw	1.00	.81	.74	.78	.72	.83	.75	.72
Sport 1988								
Mittel	2.17	2.17	2.04	2.08	2.47	1.86	2.04	2.03
StdAbw	.75	.91	.87	.88	.98	.72	.90	.85
N	10	103	274	387	51	52	109	146

Tabelle 27: Schulleistungen für Klasse 9 (1986 bis 1988)

	Schulart		Gesamt	Realschule		Gymnasium	
	RS	GYM		Jungen	Mädchen	Jungen	Mädchen
Deutsch 1986							
Mittel	2.57	2.36	2.39	2.61	2.43	2.48	2.27
StdAbw	.61	.74	.73	.61	.65	.80	.69
Englisch 1986							
Mittel	2.74	2.48	2.51	2.56	2.79	2.46	2.49
StdAbw	.82	.90	.89	.70	.89	.89	.91
Mathematik 1986							
Mittel	2.57	2.62	2.61	2.33	3.00	2.51	2.70
StdAbw	1.14	1.05	1.06	1.03	1.11	.98	1.10
Musik 1986							
Mittel	2.31	1.81	1.87	2.39	2.29	1.99	1.70
StdAbw	.83	.89	.90	.70	.99	.94	.85
Kunst 1986							
Mittel	2.47	1.97	2.00	2.75	2.30	2.18	1.84
StdAbw	.90	.72	.75	1.28	.48	.78	.66
Sport 1986							
Mittel	2.12	1.91	1.94	2.18	2.14	2.03	1.83
StdAbw	.84	.83	.83	1.07	.53	.86	.80
Deutsch 1987							
Mittel	2.58	2.44	2.46	2.65	2.57	2.54	2.35
StdAbw	.75	.82	.81	.71	.76	.79	.81
Englisch 1987							
Mittel	2.63	2.51	2.52	2.52	2.79	2.52	2.49
StdAbw	.81	.97	.94	.79	.80	.93	.99
Mathematik 1987							
Mittel	2.40	2.44	2.44	2.09	2.93	2.33	2.51
StdAbw	1.10	1.09	1.09	1.08	.92	1.11	1.09
Musik 1987							
Mittel	1.94	1.64	1.74	2.15	1.73	1.92	1.47
StdAbw	.81	.75	.78	.81	.79	.86	.63
Kunst 1987							
Mittel	2.00	1.91	1.92	2.25	1.80	2.05	1.80
StdAbw	.87	.73	.73	.96	.84	.78	.67
Sport 1987							
Mittel	2.00	2.01	2.01	2.04	2.00	2.00	2.01
StdAbw	.86	.83	.83	.98	.71	.77	.87
Deutsch 1988							
Mittel	.	2.38	2.38	.	.	2.40	2.35
StdAbw	.	.75	.75	.	.	.78	.71
Englisch 1988							
Mittel	.	2.53	2.53	.	.	2.61	2.47
StdAbw	.	.96	.96	.	.	1.02	.91
Mathematik 1988							
Mittel	.	2.58	2.58	.	.	2.52	2.63
StdAbw	.	1.08	1.08	.	.	1.07	1.10
Musik 1988							
Mittel	.	1.71	1.71	.	.	1.80	1.63
StdAbw	.	.83	.83	.	.	.86	.80
Kunst 1988							
Mittel	.	1.97	1.97	.	.	2.18	1.78
StdAbw	.	.84	.84	.	.	.94	.70
Sport 1988							
Mittel	.	1.98	1.98	.	.	1.93	2.03
StdAbw	.	.76	.76	.	.	.86	.66
N			350	31	26	119	161

Tabelle 28: Schulleistungen für Klasse 11 (1986 bis 1988)

	Geschlecht		Gesamt		Geschlecht		Gesamt
	Jungen	Mädchen			Jungen	Mädchen	
Deutsch 1986				Musik 1987			
Mittel	2.99	2.61	2.85	Mittel	2.28	1.97	2.15
StdAbw	.78	.78	.80	StdAbw	.96	.85	.93
Englisch 1986				Kunst 1987			
Mittel	3.08	2.81	2.98	Mittel	2.51	1.91	2.26
StdAbw	.89	.95	.92	StdAbw	.69	.75	.78
Mathematik 1986				Sport 1987			
Mittel	2.73	2.90	2.79	Mittel	2.47	2.23	2.37
StdAbw	1.08	1.03	1.06	StdAbw	.89	.77	.85
Musik 1986				Deutsch 1988			
Mittel	2.57	2.45	2.53	Mittel	2.86	2.68	2.79
StdAbw	1.23	1.14	1.19	StdAbw	.86	.79	.84
Kunst 1986				Englisch 1988			
Mittel	2.46	2.02	2.30	Mittel	3.02	2.95	3.00
StdAbw	.67	.74	.73	StdAbw	.91	1.06	.96
Sport 1986				Mathematik 1988			
Mittel	2.40	2.08	2.28	Mittel	2.65	2.91	2.74
StdAbw	.81	.77	.81	StdAbw	1.05	1.03	1.05
Deutsch 1987				Musik 1988			
Mittel	3.17	2.69	2.97	Mittel	2.21	1.84	2.08
StdAbw	.85	.75	.84	StdAbw	.82	.83	.84
Englisch 1987				Kunst 1988			
Mittel	3.17	2.91	3.06	Mittel	2.37	2.07	2.26
StdAbw	.95	1.02	.98	StdAbw	.78	.78	.79
Mathematik 1987				Sport 1988			
Mittel	3.01	3.17	3.08	Mittel	2.51	2.42	2.48
StdAbw	1.04	.92	.99	StdAbw	1.00	.87	.95
N	160	93	253	N	160	93	253

3. Übersicht über die wichtigsten verwendeten Meßverfahren

Verfahrens-bezeichnung	Quelle	Modifikationen gegenüber Normalform	Erfassungsdimensionen	Alters-gruppe	Zeitbedarf
Begabungstests					
Kognitiver Fähigkeits-Test 4-13+ (KFT 4-13)	Heller, Gaedike & Weinläder (1985)	nur Subtests V1, V2, Q2, Q4, N1, N2; V-, N-Tests: Vorgabe von Aufgabensets von um zwei Jahre höheren Klassen; Q-Teil: Zusatzitems aus den Sets höherer Klassen; spezielle Testversionen für Klassenstufen 2 und 3	Verbale, quantitative, nonverbale (Reasoning-)Fähigkeiten, Allgemeinbegabung	Klassenstufen 2 bis 13	90 Minuten (2 Schulstunden)
Kognitiver Fähigkeits-Test 1-3 (KFT 1-3)	Heller & Geisler (1983)	Zusatzitems zu Subtest 3	Allgemeinbegabung	Klassenstufe 1	ca. 75 Minuten
Zahlen-Verbindungs-Test (ZVT)	Oswald & Roth (1987)		Kognitive Leistungsgeschwindigkeit	Klassenstufen 5 bis 13	ca. 5 Minuten
Spiegelbilder (SP) und Abwicklungen (AW)	Jäger & Althoff (1983)	SP: unveränderte Übernahme (Kurzform); AW: Reduktion der Bearbeitungszeit auf 8 Minuten	Räumliches Vorstellungsvermögen	Klassenstufen 6 bis 13	ca. 8 Minuten (SP) bzw. 12 Minuten (AW)
Straßenplan (StP)	Ekstrom, French & Harman (1976)	Bearbeitung beider Paralleltests ohne Unterbrechung	"Spatial Scanning"	Klassenstufen 5 bis 12	ca. 10 Minuten
Aufgaben aus Physik und Technik (APT)	Conrad, Baumann & Mohr (1980)	Reduktion auf 12 (1. Meßzeitpunkt) bzw. 15 Items (2. Meßzeitpunkt); Bearbeitungszeit auf 6 Minuten begrenzt	Fähigkeit zur Lösung physikalisch-technischer Problemstellungen	Klassenstufen 5 bis 12	ca. 8 Minuten

Torrance Kreativitätstest - Bilderergänzen (TKT)	Torrance & Ball (1984)	Ausschließlich Vorgabe des Subtests "Bilderergänzen"; Überarbeitung der Auswertungsrichtlinien	Kreativität (Produktion, Flexibilität, Originalität)	Klassenstufen 1 bis 4	ca. 12 Minuten
Verwendungstest (VWT)	Guilford (1967), Facaoaru (1985)	Weiterentwicklung des Kategoriensystems von Facaoaru (1985)	Praktische, funktionsgebundene Kreativität (Produktivität, Flexibilität, Originalität)	Klassenstufen 5 bis 13	ca. 16 Minuten
Verbaler Kreativitätstest - Vierwortsätze (VKT)	Schoppe (1975)	Ausschließlich Vorgabe des Subtests "Vierwortsätze" (2 Items); Erhöhung der Bearbeitungszeit auf 4 Minuten pro Item	Verbale Produktivität	Klassenstufen 5 bis 13	ca. 10 Minuten
Fragebogen zur Kreativität (GIFT-G, Grundschüler)	Rimm (1980)	Übersetzung ins Deutsche	Fragebogen zu kreativen Persönlichkeitsaspekten (Flexibilität, Ausdauer, Originalität, Neugierde, Interessen)	Klassenstufen 1 bis 4	ca. 20 Minuten; keine Zeitbegrenzung
Fragebogen zur Kreativität (GIFFI-S, Sekundarstufenschüler)	Rimm & Davis (1980)	Übersetzung ins Deutsche; Reduktion auf 49 Items	Fragebogen zu kreativen Persönlichkeitsaspekten (Flexibilität, Ausdauer, Originalität, Neugierde, Interessen)	Klassenstufen 1 bis 4	ca. 15 bis 20 Minuten; keine Zeitbegrenzung
Fragebogen zur Sozialen Kompetenz bei Grundschülern (SK-G)	Eigenentwicklung (Geisler, 1985; Weber, 1987; Winkelmann, 1987)	entfällt	Soziale Kognitionen: Assertiver Selbstausdruck, Kooperation, Konfliktlösefähigkeiten, Gesamtwert	Klassenstufen 1 bis 4	ca. 15 Minuten
Fragebogen zur Sozialen Kompetenz bei Sekundarstufenschülern (SK-S)	Eigenentwicklung unter Einbezug von Jäger et al. (1973), Lotz (1984), Ullrich de Muynck & Ullrich (1976)	entfällt	Soziale Kognitionen	Klassenstufen 5 bis 13	ca. 15 Minuten; keine Zeitbegrenzung

LEGO-Test	Eigenentwicklung	entfällt	Aspekte der Psychomotorik (Feinmotorik) nach Fleishman (1972): Tapping, Aiming, Steadiness, Beid-Hand-Koordination	Klassenstufen 1 bis 4	ca. 30 bis 45 Minuten
Computertest zur Psychomotorik	Eigenentwicklung	entfällt (nur 1. Meßzeitpunkt)		Klassenstufen 5, 7, 9	ca. 30 bis 45 Minuten
Papier-Bleistift-Tests zur Psychomotorik (Grundschüler)	Eigenentwicklung	entfällt		Klassenstufen 2 bis 4	ca. 25 bis 30 Minuten
Papier-Bleistift-Tests zur Psychomotorik (Sekundarstufenschüler)	Untertests Coordination und Precision von Flanagan (1959)	Übersetzung der Instruktion		Klassenstufen 6 bis 13	ca. 13 Minuten
Lehrerfragebögen zur Musikalität	Eigenentwicklungen	entfällt	Musikalische Begabung	Klassenstufen 1 bis 13	
Lehrerfragebögen zu den Begabungsbereichen der Studie	Eigenentwicklungen	entfällt	Intellektuelle Begabung, Kreativität, Soziale Kompetenz, Psychomotorik	Klassenstufen 1 bis 13	
Problemlösen					
Test des räumlichen Einrichtens (TRE)	Weiterentwicklung von Facaoaru (1985)	entfällt	konvergente und divergente Problemlöseprozesse bei figuralem Material	Sekundarstufe (nur erster Meßzeitpunkt)	je nach Engagement des Bearbeiters (bis zu mehreren Stunden)
Test der Zahlenreihen und -analogien (TZRA)	Weiterentwicklung von Facaoaru (1985)	entfällt	konvergente und divergente Problemlöseprozesse bei numerischem Material	Sekundarstufe (nur erster Meßzeitpunkt)	je nach Engagement des Bearbeiters (bis zu mehreren Nachmittagen)

Leistungskriterien					
Münchner Aktivitäten-Inventar (MAI)	Eigenentwicklung	entfällt	Leistungen und Aktivitäten auf literarischem, naturwissenschaftlichem, technisch-handwerklichem, sozialem, sportlichem, musikalischem und gestalterisch/künstlerischem Gebiet	Klassenstufen 7 bis 13	ca. 25 bis 45 Minuten; keine Zeitbegrenzung
Schulnoten				Klassenstufen 2 bis 13	
Nichtkognitive Persönlichkeitsmerkmale					
Schulisches Selbstkonzept bei Grundschülern (SKon-G)	Weiterentwicklung von Nicholls (1978), Schneider (1985)	entfällt	Selbstkonzept zu eigenen schulischen Fähigkeiten und Beliebtheit bei Mitschülern und Lehrer	Klassenstufen 2 bis 4	5 bis 10 Minuten; keine Zeitbegrenzung
Fragebogen zur Kausalattribution (Kaus-Attr-G) für Grundschüler	Schneider et. al. (1985)	entfällt	Attribution von Erfolg und Mißerfolg im schulischen Bereich	Klassenstufen 2 bis 4	ca. 15 bis 20 Minuten; keine Zeitbegrenzung
Fragebogen zur Handlungs- und Lageorientierung (HOP-HOM-G) für Grundschüler	Eigenentwicklung auf der Grundlage von Kuhl (1985) und Pekrun (1986)	entfällt	Handlungs- vs. Lageorientierung prospektiv und nach Mißerfolg	Klassenstufen 2 bis 4	ca. 5 Minuten keine; Zeitbegrenzung
Fragebogen zur Leistungsmotivation in der Grundschule (LM-G)	Trudewind et al. (1975)	Reduktion um 3 Items; zum 3. Meßzeitpunkt Vorgabe der Items in schriftlicher Form	Leistungsmotivation, insbesondere Hoffnung auf Erfolg und Furcht vor Mißerfolg	Klassenstufen 1 bis 4	ca. 10 bis 15 Minuten; keine Zeitbegrenzung

Fragebogen zur Leistungsmotivation in der Sekundarstufe (LM-S)	Eigenentwicklung auf der Grundlage von Hermans (1976) und Krampen (1977)	entfällt	Leistungsmotivation, insbesondere Hoffnung auf Erfolg, Furcht vor Mißerfolg und Leistungsstreben	Klassenstufen 5 bis 13	ca. 10 bis 15 Minuten; keine Zeitbegrenzung
Fragebogen zum Arbeitsverhalten bei Grundschülern (AV-G)	Weiterentwicklung der Skalen von Pekrun (1986)	entfällt	Arbeitseinteilung, Aufmerksamkeitssteuerung, Stabilität der Denkabläufe, Prüfungssorgen, Allgemeine Angst	Klassenstufe 3	ca. 15 Minuten; keine Zeitbegrenzung
Fragebogen zum Arbeitsverhalten bei Sekundarstufenschülern (AV-S)	Weiterentwicklung der Skalen von Pekrun (1986) und Kuhl (1985)	entfällt	Arbeitseinteilung, Aufmerksamkeitssteuerung, Stabilität der Denkabläufe, Prüfungssorgen, Allgemeine und Prüfungs-Angst, Selbstkonzept, Kausalattribuierung	Klassenstufen 5 bis 13	ca. 25 bis 40 Minuten; keine Zeitbegrenzung
Fragebogen zur Erfassung des Erkenntnisstrebens (FES)	Lehwald (1981)	Umformulierung von 4 Items	Erkenntnisstreben als Basismotiv für kreative Lernprozesse	Klassenstufen 5 bis 13	ca. 15 bis 25 Minuten; keine Zeitbegrenzung
Interessenfragebogen (IFB)	Eigenentwicklung (Sierwald, 1986)	entfällt	Interessen auf der Grundlage der pädagogischen Interessentheorie (z.B. Prenzel, 1988)	Klassenstufen 6 bis 13	ca. 20 bis 30 Minuten
Umweltmerkmale					
Familienklima-Skala (Fam)	Schneewind et. al. (1985)	Reduktion um einige Items und die Skala "Religiöse Orientierung"	Bereiche des Familienklimas: Zusammenhalt, Offenheit, Konfliktneigung, Selbständigkeit, Leistungsorientierung, Kulturelle Orientierung, Aktive Freizeitgestaltung, Organisation, Kontrolle	Klassenstufen 5 bis 13 (auch an die Eltern)	ca. 25 bis 35 Minuten; keine Zeitbegrenzung

Schulklima-Skala (Schul)	Eigenentwicklung (Bittner & Hany)	entfällt	Aspekte des Schul- bzw. Klassenklimas: Kooperation (Lehrer, Mitschüler), Konkurrenz und Wettbewerb, Engagement der Mitschüler, Leistungsdruck, schülerverursachte Unterrichtsstörungen	Klassenstufen 5 bis 13	ca. 15 bis 25 Minuten; keine Zeitbegrenzung
Fragebogen zur Erfassung Kritischer Lebensereignisse (KLE)	Eigenentwicklung	entfällt	Kritische Lebensereignisse unter Berücksichtigung emotionaler Wertigkeit und Ausmaß an Lebensveränderung	Klassenstufen 5 bis 13	ca. 20 bis 30 Minuten; keine Zeitbegrenzung

Literatur

Algrim, G. (1987). *Hochbegabung und die Bewältigung kritischer Lebensereignisse* (Unveröffentl. Diplomarbeit). München: LMU.

Alvino, J.J., McDonnel, R.C. & Richert, S. (1981). National survey of identification practices in gifted and talented education. *Exceptional Children, 48*, 124-132.

Asendorpf, J. (1990). The measurement of individual consistency. *Methodika, 4*, 1-22.

Barron, F. & Harrington, D.M. (1981). Creativity, intelligence, and personality. *Annual Review of Psychology, 32*, 439-476.

Bartenwerfer, H. (1978). Identifikation der Hochbegabten. In K.J. Klauer (Hrsg.), *Handbuch der Pädagogischen Diagnostik, Bd. 4* (S. 1059-1069). Düsseldorf: Schwann.

Beerman, L. (1990). Hochbegabte Mädchen und Technik: Sozialisationseffekte. In W. Wieczerkowski & T.M. Prado (Hrsg.), *Hochbegabte Mädchen* (S. 189-197). Bad Honnef: Bock.

Beerman, L., Heller, K.A. & Menacher, P. (1991). *Begabung und Geschlecht am Beispiel von Mathematik, Naturwissenschaft und Technik.* Bern: Huber.

Benbow, C.P. (1990). Mathematical Talent and Females: From a Biological Perspective. In W. Wieczerkowski & T.M. Prado (Hrsg.), *Hochbegabte Mädchen* (S. 95-113). Bad Honnef: Bock.

Bergman, L.R. (1987). *You can't classify all of the people all of the time* (Report Nr. 662 from the Department of Psychology). Stockholm: University of Stockholm, Department of Psychology.

Birch, J.W. (1984). Is any identification procedure necessary? *Gifted Child Quarterly, 28*, 157-161.

Boehnke, K. & Bergs-Winkels, D. (1990). *Familienklima und schulische Leistung im interkulturellen Vergleich: Ergebnisse einer Sieben-Länder-Studie.* Vortrag in der Arbeitsgruppe "Persönlichkeitsentwicklung im Kulturvergleich" auf dem 37. DGPs-Kongreß in Kiel.

Borkowski, J.G., Peck, V.A., Reid, M. & Kurtz, B.E. (1983). Impulsivity and strategy transfer: Metamemory as mediator. *Child Development, 54*, 459-473.

Browder, C.S. & Troidl, M. (1991). *Vorformen der Metakognition bei vier- und sechsjährigen Kindern, insbesondere unter Berücksichtigung familiärer Einflüsse.* Vortrag auf der 3. DGPs-Fachgruppentagung Pädagogische Psychologie in Köln.

Brown, A.L. (1984). Metakognition, Handlungskontrolle, Selbststeuerung und andere, noch geheimnisvollere Mechanismen. In F.E. Weinert & R.H. Kluwe (Hrsg.), *Metakognition, Motivation und Lernen* (S. 60-109). Stuttgart: Kohlhammer.

Bruns, C. & Geist, C.S. (1984). Stressful life events and drug use among adolescents. *Journal of Human Stress, 10*, 135-139.

Butler-Por, N. (1988). *Underachievers in School.* Chichester: Wiley.

Campione, J.C. & Brown, A.L. (1978). Toward a theory of intelligence: Contributions from research with retarded children. *Intelligence, 2*, 279-304.

Carr, M. & Borkowski, J.G. (1987). Metamemory in gifted children. *Gifted Child Quarterly, 31*, 40-44.

Carroll, J.B. (1985). Exploratory factor analysis: A tutorial. In D.K. Detterman (Ed.), *Current Topics in Human Intelligence, Vol. 1: Research Methodology* (S. 25-58). Norwood, NJ: Ablex.

Casey, J.P. & Quisenberry, N.L. (1982). Hochbegabung in der frühen Kindheit - ein Forschungsüberblick. In K.K. Urban (Hrsg.), *Hochbegabte Kinder* (S. 73-91). Heidelberg: Schindele.

Coddington, R. (1972). The significance of life events as etiological factors in the diseases of children: 2. A study of a normal population. *Journal of Psychosomatic Disease, 16*, 205-213.

Cohn, S.J. (1981). What is giftedness? A multidimensional approach. In A.H. Kramer (Hrsg.), *Gifted children - Challenging their potential* (S. 33-45). New York: Trillium Press.

Cohn, S.J., Carlson, J.S. & Jensen, A.R. (1985). Speed of information processing in academically gifted youths. *Personality and Individual Differences, 6*, 621-629.

Conrad, W., Baumann, E. & Mohr, V. (1980). *Mannheimer Test zur Erfassung des physikalisch-technischen Problemlösens.* Göttingen: Hogrefe.

Cornish, R.L. (1968). Parents', teachers', and pupils' perception of the gifted child's ability. *Gifted Child Quarterly, 12,* 14-17.

Cronbach, L.J. & Gleser, G. (1965). *Psychological tests and personnel decisions* (2. Aufl.). Urbana: University of Illinois Press.

Detzner, M. & Schmidt, M.H. (1986). Are highly gifted children and adolescents especially suspectible to anorexia nervosa? In K.A. Heller & J.F. Feldhusen (Eds.), *Identifying and nurturing the gifted* (pp. 149-162). Toronto: Huber.

Dreesmann, H. (1982). *Unterrichtsklima. Wie Schüler den Unterricht wahrnehmen.* München: Urban & Schwarzenberg.

Ekstrom, R.B., French, J.W. & Harman, H.H. (1976). *Manual for Kit of Factor-Referenced Cognitive Tests.* Princeton, NJ: Educational Testing Service.

Emerson, J.D. & Strenio, J. (1983). Boxplots and batch comparisons. In D.C. Hoaglin, F. Mosteller & J.W. Tukey (Eds.), *Understanding robust and exploratory data analysis.* New York: J. Wiley.

Engelmayer, O. (1953). Zum Begriff der Begabung. *Pädagogische Welt, 7,* 251-254.

Facaoaru, C. (1985). *Kreativität in Wissenschaft und Technik. Operationalisierung von Problemlösefähigkeiten und kognitiven Stilen.* Bern: Huber.

Facaoaru, C. (1991). *Ergebnisse der Evaluationsstudie zum Förderkursprogramm "Technische Kreativität"* (Abschlußbericht an das BMBW). München: LMU.

Facaoaru, C. & Bittner, R. (1987). Kognitionspsychologische Ansätze der Hochbegabungsdiagnostik. *Zeitschrift für Differentielle und Diagnostische Psychologie., 8,* 193-205.

Feger, B. (1980). Identifikation von Hochbegabten. In K.J. Klauer & H.J. Kornadt (Hrsg.), *Jahrbuch für Empirische Erziehungswissenschaft 1980* (S. 87-112). Düsseldorf: Schwann.

Feger, B. (1986). Hochbegabungsforschung und Hochbegabtenförderung in Deutschland: Ein Überblick über 100 Jahre. In W. Wieczerkowski et al. (Hrsg.), *Hochbegabung, Gesellschaft, Schule* (S. 67-80). Bad Honnef: Bock.

Feger, B. (1987). Förderprogramme für Hochbegabte. *Psychologie in Erziehung und Unterricht, 34,* 161-170. (a)

Feger, B. (1987). Spezialprobleme bei der Identifikation Hochbegabter aus Risikogruppen. *Zeitschrift für Differentielle und Diagnostische Psychologie, 8,* 227-233. (b)

Feger, B. (1988). *Hochbegabung.* Bern: Huber.

Feldhusen, J.F. (Ed.). (1985). *Toward excellence in gifted education.* Denver: Love Publ.

Feldhusen, J.F. (1986). A conception of giftedness. In R.J. Sternberg & J.E. Davidson (Eds.), *Conceptions of giftedness.* New York: Cambridge University Press.

Feldhusen, J.F. (1986). Lehrer für Hochbegabte: Eigenschaften und Ausbildung. In Bundesminister für Bildung und Wissenschaft (Hrsg.), *Hochbegabung - Gesellschaft - Schule. Ausgewählte Beiträge aus der 6. Weltkonferenz* (S. 194-209). Bad Honnef: Bock.

Feldhusen, J.F., Asher, J.W. & Hoover, S.M. (1984). Problems in the identification of giftedness, talent, or ability. *Gifted Child Quarterly, 28,* 149-151.

Flavell, J.H. (1971). First discussant's comments: What is memory development the development of? *Human Development, 14,* 272-278.

Fleishman, E.A. (1972). Structure and measurement of psychomotor abilities. In R.N. Singer (Ed.), *The psychomotor domain: Movement behavior* (S. 78-106). Philadelphia: Lea & Febinger.

Fox, J. (1984). *Linear statistical models and related methods. With applications to social research.* New York: Wiley & Sons.

Fox, L.H. (1981). Identification of the academically gifted. *American Psychologist, 36,* 1103-1111.

Gaensslen, H. & Schubö, W. (1976). *Einfache und komplexe statistische Analyse.* München: Reinhardt.

Gagné, F. (1985). Giftedness and talent: Reexamining a reexamination of the definitions. *Gifted Child Quarterly, 29,* 103-112.

Gallagher, J.J. (1982). Gesellschaft, Erziehungssystem und differentielle Curricula für Hochbegabte. In K.K. Urban (Hrsg.), *Hochbegabte Kinder* (S. 135-154). Heidelberg: Schindele.

Gallagher, J.J. (1985). *Teaching the gifted child* (3. Aufl.). Boston: Allyn and Bacon.

Gardner, H. (1983). *Frames of mind. The theory of multiple intelligences*. New York: Basic Books.

Geisler, H.J. (1985). *Items zur Erfassung Sozialer Kompetenz bei Grundschülern* (Unveröffentlichtes Arbeitspapier). München: LMU.

Geisler, H.J. (1991). *Vierter Zwischenbericht zur Beratung hochbegabter Kinder und Jugendlicher und ihrer Bezugspersonen an das BMBW*. München: LMU.

Getzels, J.W. & Jackson, P.W. (1962). *Creativity and intelligence: Explorations with gifted children*. New York: John Wiley.

Glover, J.A., Ronning, R.R. & Reynolds, C.R. (1989). *Handbook of creativity*. New York: Plenum Press.

Gowan, J.C. (1975). How to identify students for a gifted child program. *Gifted Child Quarterly, 19*, 260-263.

Grant, I., Gerst, M. & Yager, J. (1976). Scaling of life events by psychiatiric patients and normals. *Journal of Psychosomatic Research, 20*, 141-149.

Guilford, J.P. (1967). *The nature of human intelligence*. New York: McGraw-Hill.

Guthke, J. (1974). *Zur Diagnostik der intellektuellen Lernfähigkeit*. Berlin: Deutscher Verlag der Wissenschaften.

Guthke, J. (1978). *Ist Intelligenz meßbar?* Berlin: Deutscher Verlag der Wissenschaften.

Hagen, E. (1989). *Die Identifizierung Hochbegabter*. Heidelberg: Asanger.

Hany, E.A. (1987). *Extracurricular support of particularly talented students in Baden-Württemberg - Scientific accompaniment of a state-wide pilot project*. Vortrag auf der 7. World Conference on Gifted and Talented Children in Salt Lake City, USA. (a)

Hany, E.A. (1987). *Modelle und Strategien zur Identifikation hochbegabter Schüler* (Dissertation). München: LMU. (b) - Publikation in Vorbereitung (Berlin: Springer).

Hany, E.A. (1987). Psychometrische Probleme bei der Identifikation Hochbegabter. *Zeitschrift für Differentielle und Diagnostische Psychologie, 8*, 173-191. (c)

Hany, E.A. (1987). *Zur wissenschaftlichen Begleitung der Arbeitsgemeinschaften für besonders befähigte Schüler in Baden-Württemberg*. Vortrag am Deutschen Institut für Fernstudien in Tübingen im November 1987. (d)

Hany, E.A. (1990). Leisure time behaviour of gifted students and the psychology of leisure activities. In S. Bailey, E. Braggett & M. Robinson (Eds.), *The Challenge of Excellence* (pp. 105-124). Wagga/Australia: AAEGT.

Hany, E.A. (1991). Sind Lehrkräfte doch besser als Tests bei der Identifizierung hochbegabter Schüler? - Eine Studie mit neuen Methoden. *Psychologie in Erziehung und Unterricht, 38*, 37-50. (a)

Hany, E.A. (1991). *Fähigkeits-, Motivations- und Wissensgrundlagen technisch-kreativer Leistungen* Vortrag auf der 3. DGPs-Fachgruppentagung Pädagogische Psychologie in Köln. (b)

Hany, E.A. & Bittner, R.R. (1989). *Ergebnisse der Wissenschaftlichen Begleitung zum Modellversuch "Arbeitsgemeinschaften für besonders befähigte Schüler" in Baden-Württemberg. Vierter Zwischenbericht*. München: LMU.

Hany, E., Geisler, H.-J. & Perleth, Ch. (1986). Entwicklung von Verfahren zur Identifikation Hochbegabter: Methodologische Probleme und erste Ergebnisse. In M. Amelang (Hrsg.), *Bericht über den 35. Kongreß der Deutschen Gesellschaft für Psychologie in Heidelberg 1986* (S. 255). Göttingen: Hogrefe.

Hany, E.A., Heller, K.A. & Browder, C. (1989). *The development of activity and achievement profiles in highly gifted students using configural frequency analysis*. Vortrag auf dem 10. Biennial Meeting der ISSBD in Jyväskylä, Finnland.

Hany, E.A. & Heller, K.A. (1990). *Entwicklung kreativer Fertigkeiten bei deutschen und chinesischen Kindern: Ergebnisse einer explorativen Längsschnittstudie*. Vortrag auf dem 37. DGPs-Kongreß in Kiel. (a)

Hany, E.A. & Heller, K.A. (1990). How Teachers Find Their Gifted Students for Enrichment courses - Describing, Explaining, and Improving Their Selection Strategies. In S. Bailey, E. Braggett & M. Robinson (Eds.), *The Challenge of Excellence* (pp. 71-84). Wagga/Australia: AAEGT. (b)

Hany, E.A. & Heller, K.A. (1991). *Ergebnisse des Wissenschaftlichen Begleitforschung zu den Arbeitsgemeinschaften für besonders befähigte Schüler in Baden-Württemberg.* Stuttgart: Ministerium für Kultus und Sport. (a)

Hany, E.A. & Heller, K.A. (1991). Gegenwärtiger Stand der Hochbegabungsforschung. Replik zum Beitrag Identifizierung von Hochbegabung. *Zeitschrift für Entwicklungspsychologie und Pädagogische Psychologie, 23,* 241-249. (b)

Havighurst, R.J. (1952). *Developmental task and education* (2. Aufl.). New York: Plenum Press.

Heckhausen, H. (1980). *Motivation und Handeln. Ein Lehrbuch der Motivationspsychologie.* Berlin: Springer.

Heinbokel, A. (1989). *Hochbegabte - Erkennen, Probleme, Lösungswege.* Baden-Baden: Nomos.

Heller, K. (1976). *Intelligenz und Begabung.* München: Reinhardt.

Heller, K.A. (1984). *Leistungsdiagnostik in der Schule* (4. Aufl.). Bern: Huber.

Heller, K.A. (1986). *Fortsetzungsantrag zum Förderungsprojekt "Formen der Hochbegabung bei Kindern und Jugendlichen: Identifikation, Entwicklungs- und Leistungsanalyse.* München: LMU.

Heller, K.A. (1986). Psychologische Probleme der Hochbegabungsforschung. *Zeitschrift für Entwicklungspsychologie und Pädagogische Psychologie, 18,* 335-361.

Heller, K.A. (Hrsg.). (1987). *Hochbegabungsdiagnostik.* Bern: Huber.

Heller, K.A. (Ed.). (1988). *The First International Conference on Leisure Time Activities and Nonacademic Accomplishments of Gifted Students. Conference Report.* München: LMU. (a)

Heller, K.A. (1988). Erkennen und Fördern besonderer Begabungen. *Engagement. Zeitschrift für Erziehung und Schule, 1,* 36-44. (b)

Heller, K.A. (1989). Perspectives on the diagnosis of giftedness. *German Journal of Psychology, 13,* 140-159.

Heller, K.A. (1990). Die Münchner Längsschnittstudie und einige Folgeprojekte. In H. Wagner (Hrsg.), *Begabungsforschung und Begabtenförderung in Deutschland 1980-1990-2000* (S. 34-45). Bad Honnef: Bock.

Heller, K.A. (Hrsg.). (1991). *Begabungsdiagnostik in der Schul- und Erziehungsberatung.* Bern: Huber. (a)

Heller, K.A. (1991). Hochbegabungsdiagnostik. In K.A. Heller (Hrsg.), *Begabungsdiagnostik in der Schul- und Erziehungsberatung* (S. 277-291). Bern: Huber. (b)

Heller, K.A. (1991). Schuleignungsprognostik. In K.A. Heller (Hrsg.), *Begabungsdiagnostik in der Schul- und Erziehungsberatung* (S. 213-235). Bern: Huber. (c)

Heller, K.A. (1991). Perspectives of Research on Giftedness and Talent: A Global Review. *World Gifted, 12, No. 4,* 7-12. (d)

Heller, K.A. (1992). Koedukation und Bildungschancen der Mädchen. *Bildung und Erziehung, 45,* H1., im Druck.

Heller, K.A. & Feldhusen, J.F. (Eds.). (1986). *Identifying and nurturing the gifted. An international perspective.* Toronto: Huber.

Heller, K., Gaedike, A.-K. & Weinläder, H. (1985). *Kognitiver Fähigkeits-Test (KFT 4-13+)* (2. Aufl.). Weinheim: Beltz.

Heller, K. & Geisler, H.-J. (1983). *Kognitiver Fähigkeits-Test (Grundschulform) (KFT 1-3).* Weinheim: Beltz.

Heller, K.A. & Hany, E.A. (1986). Identification, development, and achievement analysis of talented and gifted children in West Germany. In K.A. Heller & J.F. Feldhusen (Eds.), *Identifying and nurturing the gifted* (pp. 67-82). Toronto: Huber Publ.

Heller, K.A. & Hany, E.A. (1991). Freizeitgebundene Technikerfahrungen von Kindern und Jugendlichen als Vorbedingung für technische Kreativität. In VDI-Technologiezentrum Physikalische Technologien (Hrsg.), *Technikfolgenabschätzung* (S. 23-27). Düsseldorf: VDI.

Heller, K.A. & Mitarbeiter. (1986). *Zweiter Zwischenbericht zum Forschungsprojekt "Formen der Hochbegabung bei Kindern und Jugendlichen: Identifikation, Entwicklungs- und Leistungsanalyse".* München: LMU.

Heller, K.A. & Mitarbeiter. (1987). *Dritter Zwischenbericht zum Forschungsprojekt "Formen der Hochbegabung bei Kindern und Jugendlichen: Identifikation, Entwicklungs- und Leistungsanalyse".* München: LMU.

Hermans, H.J.M. (1976). *Leistungsmotivationstest für Jugendliche (LMT-J).* Amsterdam: Swets & Zeitlinger B.V.

Hertzog, C.K. (1985). Applications of confirmatory factor analysis to the study of intelligence. In D.K. Dettermann (Ed.), *Current topics in human intelligence. Volume 1: Research methodology* (pp. 59-97). Norwood, NJ: Ablex.

Hilgendorf, E. (1987). Schulische Fördermaßnahmen für besonders befähigte Schüler in Großbritannien, in der DDR und in Israel. In F.E. Weinert & H. Wagner (Hrsg.), *Die Förderung Hochbegabter in der Bundesrepublik Deutschland: Probleme, Positionen, Perspektiven* (S. 121-139). Bad Honnef: Bock.

Hocevar, D. (1981). Measurement of creativity: Review and critique. *Journal of Personality Assessment, 45*, 450-464.

Hofstätter, P.R. (1957). *Psychologie.* Frankfurt: Fischer.

Holmes, T.H. & Rahe, R.H. (1967). The social readjustment rating scale. *Journal of Psychosomatic Research, 11*, 213-218.

Jäger, A.O. (1986). Validität von Intelligenztests. *Diagnostica, 32*, 272-289.

Jäger, A.O. & Althoff, K. (1983). *Der Wilde-Intelligenztest.* Göttingen: Hogrefe.

Jäger, R., Berbig, E., Geisel, B., Gosslar, H., Hagen, J., Liebich, W. & Schafheutle, R. (1973). *Mannheimer Biographisches Inventar (MBI).* Göttingen: Hogrefe.

Jellen, H.G. & Verduin, J.R. (1986). *Handbook for differential education of the gifted.* Carbondale: Southern Illinois University Press.

Jensen, A.R. (1982). The chronometry of intelligence. In R.J. Sternberg (Ed.), *Advances in the Psychology of Intelligence, Vol. 1* (pp. 255-310). Hillsdale, NJ: Lawrence Erlbaum.

Jensen, A.R. & Munro, E. (1979). Reaction time, movement time, and intelligence. *Intelligence, 3*, 121-126.

Jöreskog, K.G. (1979). Statistical estimation of structural models in longitudinal-developmental investigations. In J.R. Nesselroade & P.B. Baltes (Hrsg.), *Longitudinal research in the study of behavior and development* (S. 303-351). New York: Academic Press.

Jöreskog, K.G. & Sörbom, D. (1984). *LISREL VI - Analysis of Linear Structural Relationships by the Method of Maximum Likelihood. User's Guide* (3. Aufl.). Mooresville: Scientific Software Inc.

Kontos, S., Swanson, H.L. & Frazer, C.T. (1984). Memory-metamemory connection in intellectually gifted and normal children. *Psychological Reports, 54*, 930.

Kranz, B. (1981). *Kranz talent identification instrument.* Moorhead, MI: Moorhead State College.

Krapp, A. (1984). Forschungsergebnisse zur Bedingungsstruktur der Schulleistung. In K. A. Heller (Hrsg.), *Leistungsdiagnostik in der Schule* (S. 46-62). Bern: Huber.

Krauth, J. & Lienert, G.A. (1973). *KFA. Die Konfigurationsanalyse und ihre Anwendung in Psychologie und Medizin.* Freiburg: Alber.

Kuhl, J. (1983). *Motivation, Konflikt und Handlungskontrolle.* Berlin: Springer.

Kuhl, J. (1985). *HAKEMP. Fragebogen zur Erfassung der Handlungskontrolle.* München: Max-Planck-Institut für Psychologische Forschung.

Kurtz, B.E. & Borkowski, J.G. (1987). Development of strategic skills in impulsive and reflective children: A longitudinal study of metacognition. *Journal of Experimental Child Psychology, 43*, 129-148.

Kurtz, B.E. & Weinert, F.E. (1987). *Metacognition, strategie use, and causal attributions in high- and average-achieving children* (Preprint 10/87). München: Max-Planck-Institut für Psychologische Forschung.

Kurtz, B.E., & Weinert, F.E. (1989). Metamemory, memory performance, and causal attributions in gifted and average children. *Journal of Experimental Child Psychology, 48*, 45-61.

Lange-Eichbaum, W. (1928). *Genie, Irrsinn und Ruhm.* München: Reinhardt. Neuaufl. 1986 (7. Aufl.).

Lehwald, G. (1981). Verfahren zur Untersuchung des Erkenntnisstrebens. In J. Guthke & G. Witzlack (Hrsg.), *Zur Psychodiagnostik von Persönlichkeitsqualitäten bei Schülern*. Berlin: Volk und Wissen.

Lehwald, G. (1986). Frühdiagnostik als Voraussetzung für eine entwicklungsgerechte Förderung begabter Kinder. In U. Schaarschmidt, M. Berg & K.D. Hänsgen (Hrsg.), *Diagnostik geistiger Leistungen* (S. 160-167). Berlin: Deutscher Verlag der Wissenschaften.

Lehwald, G. (1990). Wißbegier und Explorationshandeln bei Vorschul- und Schulkindern. In W. Wieczerkowski & T.M. Prado (Hrsg.), *Hochbegabte Mädchen* (S. 81-92). Bad Honnef: Bock.

Lehwald, G. & Friedrich, G. (1987). Entwicklungspsychologische Probleme der Früherkennung von Begabungen. *Psychologie für die Praxis* (special issue, S. 5-12). Berlin: Deutscher Verlag der Wissenschaften.

Lienert, G.A. (Hrsg.). (1988). *Angewandte Konfigurationsfrequenzanalyse*. Frankfurt/M.: Athenäum.

Lotz, G. (1984). *Streß, Bewältigung und soziale Kompetenz bei Schülern*. Frankfurt/M.: Lang.

Makarovic, J. (1989). *The Slovene approach to the identification of talent*. Vortrag auf der XII. International School Psychology Colloquium in Ljubljana, Jugoslavien.

Marascuilo, L.A. & Busk, P.L. (1987). Loglinear models: A way to study main effects and interactions for multidimensional contingency tables with categorial data. *Journal of Counseling Psychology*, *34*, 443-455.

McNemar, Q. (1969). *Psychological Statistics* (4. Aufl.). New York: Wiley.

Meili, R. (1951). *Lehrbuch der psychologischen Diagnostik* (2. Aufl.). Bern: Huber.

Merz, F. (1979). *Geschlechtsunterschiede und ihre Entwicklung*. Göttingen: Hogrefe.

Mierke, K. (1963). *Begabung, Bildung und Bildsamkeit*. Bern, Stuttgart: Huber/Klett.

Moely, B.E., Olson, F.A., Halwes, T.G. & Flavell, J.H. (1969). Production deficiency in young children's clustered recall. *Developmental Psychology*, *48*, 381-387.

Möbus, C. (1978). Zur Fairness psychologischer Intelligenztests: Ein unlösbares Trilemma zwischen Zielen von Gruppen, Individuen und Institutionen? *Diagnostica*, *24*, 191-234.

Möbus, C. (1983). Die praktische Bedeutung der Testfairness als zusätzliches Kriterium zu Reliabilität und Validität. In R. Horn, K. Ingenkamp & R.S. Jäger (Hrsg.), *Tests und Trends 3 (Jb. d. Päd. Diagn.)* (S. 155-203). Weinheim: Beltz.

Mönks, F.J. (1963). Beiträge zur Begabtenforschung im Kindes- und Jugendalter. *Archiv für die gesamte Psychologie*, *115*, 362-382.

Mönks, F.J. (1987). Einzelfallanalyse in der Hochbegabtendiagnostik. *Zeitschrift für Differentielle und Diagnostische Psychologie*, *8*, 207-216.

Mönks, F.J. (1991). Kann wissenschaftliche Argumentation auf Aktualität verzichten? *Zeitschrift für Entwicklungspsychologie und Pädagogische Psychologie*, *23*, 232-240.

Mönks, F.J., Boxtel, H.W. van, Roelofs, J.J.W. & Sanders, M.P.M. (1986). The identification of gifted children in secondary education and a description of their situation in Holland. In K.A. Heller & J.F. Feldhusen (Eds.), *Identifying and nurturing the gifted* (pp. 39-65). Toronto: Huber.

Murphy, M.D., & Puff, C.R. (1982). Free recall: Basic methodology and analyses. In C.R. Puff (Ed.), *Handbook of research methods in human memory and cognition* (pp. 99-128). New York: Academic Press.

Nestler, K. & Baumann, M. (1986). Bevorzugte Freizeitaktivitäten auf verschiedenen Entwicklungsetappen. *Psychologie für die Praxis*, *13*, 329-336.

Newcomb, M., Huba, G. & Bentler, P. (1981). A multidimensional assessment of stressful life events among adolescents: Derivation and correlates. *Journal of Health and Social Behavior*, *22*, 400-414.

Nicholls, J.G. (1978). The development of the concepts of effort and ability, perception of academic attainement, and the understanding that tasks require more ability. *Child development*, *49*, 800-814.

Nie, N.H., Hull, C.H., Jenkins, J.G., Steinbrenner, K. & Benth, D.H. (1975). *SPSS Statistical Package for the Social Sciences*. New York: McGraw-Hill.

Oden, M.H. (1968). The fulfillment of promise: 40-year follow-up of the Terman gifted groups. *Genetic Psychological Monographs*, *77*, 3-93.

Oswald, W.D. & Roth, E. (1978). *Der Zahlenverbindungstest (ZVT)*. Göttingen: Hogrefe.

Oswald, W.D. & Roth, E. (1987). *Der Zahlen-Verbindungs-Test (ZVT). Ein sprachfreier Intelligenztest zur Messung der "kognitiven Leistungsgeschwindigkeit". Zweite überarbeitete und erweiterte Auflage* (2. Aufl.). Göttingen: Hogrefe.

Pegnato, C.W. & Birch, J.W. (1959). Locating gifted children in junior high schools - a comparison of methods. *Exceptional Children, 25*, 300-304.

Pekrun, R. (1986). *Emotion, Motivation und Persönlichkeit. Allgemein persönlichkeitstheoretische Überlegungen und eine Längsschnittuntersuchung zur Emotions- und Motivationsentwicklung bei Schülern* (Habilitationsschrift). München: LMU.

Pellegrino, J.W. & Glaser, R. (1979). Cognitive correlates and components in the analysis of individual differences. *Intelligence, 3*, 187-214.

Perleth, Ch. (1987). Die Zusammenstellung der Stichprobe zur ersten Hauptuntersuchung: Das Screeningverfahren. *Forschungsbericht Nr. 28 des Instituts für Pädagogische Psychologie und Psychologische Diagnostik*. München: LMU.

Perleth, Ch. (1992). *Metagedächtnis, Strategienutzung und Transfer bei Grundschülern unterschiedlicher Begabungsniveaus* (Arbeitstitel, Dissertation). München: LMU.

Perleth, Ch. & Räder, E. (1991). *Metagedächtnis, Strategienutzung und intellektuelle Begabung sowie Transferleistungen bei Grundschülern*. Vortrag auf der 3. DGPs-Fachgruppentagung Pädagogische Psychologie in Köln.

Perleth, Ch. & Schmidt, H. (1989). *Motivational and socio-emotional development of gifted students: Results from an interview study*. Vortrag auf dem XII. International School Psychology Colloquium in Ljubljana, Yugoslavien.

Perleth, Ch., Schmidt, H. & Hofmann, U. (1988). *Causes and Possibilities for Guiding Gifted Pupils*. Vortrag auf dem XI. International School Psychology Colloquium in Bamberg.

Perleth, Ch., Schuker G. & Hubel, S. (1992). Metagedächtnis und Strategienutzung bei Sonderschülern mit Lernbehinderung: Eine Interventionsstudie. *Sonderpädagogik, 22*,im Druck.

Perleth, Ch. & Sierwald, W. (1988). *Logit and loglinear models for the analysis of developmental data as applied to students' development of giftedness, motivation, and achievement*. Posterpresentation auf der 3. European Conference on Developmental Psychology in Budapest, Ungarn.

Perleth, Ch. & Sierwald, W. (1991). Testtheoretische Konzepte der Begabungsdiagnostik. In K.A. Heller (Hrsg.), *Begabungsdiagnostik in der Schul- und Erziehungsberatung* (S. 37-93). Bern: Huber.

Prado, T.M. & Wieczerkowski, W. (1990). Mädchen und Jungen in einer Beratungsstelle für Hochbegabtenfragen. Ergebnisse, Beobachtungen, Erfahrungen. In W. Wieczerkowski & T.M. Prado (Hrsg.), *Hochbegabte Mädchen* (S. 59-80). Bad Honnef: Bock.

Prenzel, M. (1988). *Die Wirkungsweise von Interessen*. Opladen: Westdeutscher Verlag.

Prenzel, M., Krapp, A. & Schiefele, H. (1986). Grundzüge einer pädagogischen Interessentheorie. *Zeitschrift für Pädagogik, 32*, 163-173.

Pressley, M., Borkowski, J.G. & Schneider, W. (1987). Cognitive Strategies: Good strategy users coordinate metacognition and knowledge. In R. Vasta (Ed.), *Annals of child development* (Bd. 4, pp. 89-129). Greenwich, Co: JAI Press.

Pressley, M., Snyder, B.L. & Cariglia-Bull, T. (1987). How can Good Strategy Use be taught to children? Evaluation of six alternative approaches. In S.M. Cormier & J.D. Hagman (Eds.), *Transfer of learning. Contemporary research and applications* (pp. 81-120). San Diego: Academic Press.

Putz-Osterloh, W. & Schroiff, M. (1987). Komplexe Verhaltensmaße zur Erfassung von Hochbegabung. *Zeitschrift für Differentielle und Diagnostische Psychologie, 8*, 207-216.

Rahe, R.H. (1974). The pathway between subjects recent life changes and their near-future illness reports: Representative results and methodological issues. In B.S. Dohrenwend & B.P. Dohrenwend (Eds.), *Stressful life events: Their nature and effects* (pp. 73-87). New York: John Wiley.

Rahe, R.H. & Arthur, R.J. (1978). Life change and illness studies: Past history and future directions. *Journal of Human Stress, 4*, 3-15.

Rahn, H. (1985). *Talente finden, Talente fördern*. Göttingen: Hogrefe.

Rahn, H. (1986). *Jugend forscht - Die Landes- und Bundessieger im Bundeswettbewerb Jugend forscht 1966-1984*. Göttingen: Hogrefe.

Renzulli, J.S. (1978). What makes giftedness? Reexamining a definition. *Phi Delta Kappan, 60*, 180-184.

Renzulli, J.S. (1986). The three-ring conception of giftedness: a developmental model for creative productivity. In R.J. Sternberg & J.E. Davidson (Eds.), *Conceptions of giftedness* (pp. 53-92). New York: Cambridge University Press.

Renzulli, J.S. & Delcourt, M.A.B. (1986). The legacy and logic of research on the identification of gifted persons. *Gifted Child Quarterly, 30*, 20-23.

Richert, E.S., Alvino, J.J. & McDonnel, R.C. (1982). *National report on identification: Assessment and recommendations for comprehensive identification of gifted and talented youth*. Sewell, NJ: Educational Improvement Center-South.

Rimm, S.B. (1980). *Group Inventory for Finding Creative Talent GIFT*. Watertown, Wi: Educational Assessment Service.

Rimm, S.B. (1986). *Underachievement Syndrome: Causes and Cures*. Watertown, Wi: Apple.

Rimm, S. & Davis, G.A. (1980). *Group inventory for finding interests GIFFI I + II*. Watertown, Wi: Educational Assessment Service.

Robinson, A. (1986). The identification and labeling of gifted children. What does research tell us. In K.A. Heller & J.F. Feldhusen (Eds.), *Identifying and nurturing the gifted* (pp. 103-109). Toronto: Huber.

Roeder, P.M. & Treumann, K. (1974). *Dimension der Schulleistung, 2 Bde*. Stuttgart: Klett.

Rosenfield, S. (1983). Assessment of the gifted child. In T.R. Kratochwill (Ed.), *Advances in School Psychology, Vol. III* (pp. 141-174). Hilsdale, NJ: Lawrence Erlbaum.

Rost, D.H. (1991). Identifizierung von Hochbegabung. *Zeitschrift für Entwicklungspsychologie und Pädagogische Psychologie, 23*, 197-231.

Roth, H. (Hrsg.). (1968). *Begabung und Lernen*. Stuttgart: Klett.

Rüppell, H., Hinnersmann, H. & Wiegand, J. (1987). Problemlösen - allgemein oder spezifisch? In H. Neber (Hrsg.), *Angewandte Problemlösepsychologie* (S. 173-192). Münster: Aschendorff.

Schiefele, H. (1986). Interesse - Neue Antwort auf ein altes Problem. *Zeitschrift für Pädagogik, 32*, 153-162.

Schmidt, H. (1989). *Schulische Persönlichkeits- und Leistungsentwicklung intellektuell hochbegabter Gymnasiasten - eine exploratorische Studie unter Berücksichtigung möglicher Beratungsanlässe* (Unveröffentl. Staatsexamensarbeit). München: LMU.

Schneewind, K., Beckmann, M. & Hecht-Jackl, A. (1985). *Das FK-Testsystem. Testmanual* (Forschungsber. 8.1 des Institutsbereichs Persönlichkeitspsychol. u. Psychodiagn.). München: LMU.

Schneider, W. (1985). Developmental trends in the metamemory-memory behavior relationship: An integrative review. In D.L. Forrest-Pressley, G.E. MacKinnon & T.G. Waller (Eds.), *Cognition, metacognition, and human performance* (Vol. 1, pp. 57-109). New York: Academic Press.

Schneider, W. (1985). Metagedächtnis, gedächtnisbezogenes Verhalten und Gedächtnisleistung - Eine Analyse der empirischen Zusammenhänge bei Grundschülern der dritten Klassenstufe. *Zeitschrift für Entwicklungspsychologie und Pädagogische Psychologie, 17*, 1-16.

Schneider, W. (1986). The role of conceptual knowledge and metamemory in the development of organizational processes in memory. *Journal of Experimental Child Psychology, 42*, 218-236.

Schneider, W. (1988). *Zur Rolle des Wissens bei kognitiven Höchstleistungen*. Habilitationsvortrag, an der Universität München, 10.2.1988.

Schneider, W. (1989). *Zur Entwicklung des Meta-Gedächtnisses bei Kindern*. Bern: Huber.

Schneider, W., Borkowski, J.G., Kurtz, B.E. & Kerwin, K. (1986). Metamemory and motivation: A comparison of strategy use and performance in German and American children. *Journal of Cross Cultural Psychology, 17*, 315-336.

Schneider, W. & Hasselhorn, M. (1988). Metakognition bei der Lösung mathematischer Probleme: Gestaltungsperspektiven für den Mathematikunterricht. *Heilpädagogische Forschung, 14*, 113-118.

Schneider, W., Körkel, J. & Weinert, F.E. (1987). The effects of intelligence, self-concept, and attributional style on metamemory and memory behavior. *International Journal of Behavioral Development, 10*, 281-299.

Schneider, W. & Pressley, M. (1988). *Memory development between 2 and 20*. New York: Springer.

Schoppe, K.J. (1975). *Verbaler Kreativitätstest (V-K-T)*. Göttingen: Hogrefe.

Schwarzer, R. (1987). *Stress, Angst und Hilflosigkeit*. Stuttgart: Kohlhammer.

Sefer, J. (1989). *Measuring divergent abilities*. Vortrag auf dem XII. International School Psychology Colloquium in Ljubljana, Jugoslavien.

Seligman, M.E.P. (1979). *Erlernte Hilflosigkeit*. München: Urban & Schwarzenberg.

Sierwald, W. & Perleth, Ch. (1989). *Ein Vergleich unterschiedlicher Methoden zur Testung rekursiver Modelle für die Entwicklung hochbegabter Jugendlicher*. Posterpresentation auf der 8. Tagung Entwicklungspsychologie in München.

Simons, H. & Möbus, C. (1982). Testfairness. In K.J. Klauer (Hrsg.), *Handbuch der Pädagogischen Diagnostik* (Bd. 1, S. 187-198). Düsseldorf: Schwann.

Snow, R.E. (1986). Individual differences and the design of educational programs. *American Psychologist, 41*, 1029-1039.

Snow, R.E. (1986). On intelligence. In R.J. Sternberg & D.K. Detterman (Eds.), *What is intelligence? Contemporary viewpoints on its nature and definition* (pp. 133-139). Norwood, NJ: Ablex.

Spiel, Ch. (1989). *Veränderungsmessung in der Entwicklungspsychologie - anwendungsorientiert?* Vortrag auf der 9. Tagung Entwicklungspsychologie in München.

Staatsinstitut für Bildungsforschung und Bildungsplanung (1983). *Schulversuche mit Gesamtschulen in Bayern II. Ergebnisse der wissenschaftlichen Begleitung 1978-1982*. München: Ehrenwirth.

Stapf, A. (1990). Hochbegabte Mädchen: Entwicklung, Identifikation und Beratung, insbesondere im Vorschulalter. In W. Wieczerkowski & T.M. Prado (Hrsg.), *Hochbegabte Mädchen* (S. 45-58). Bad Honnef: Bock.

Steffens, K. (1989). Zur typologischen Differenzierung Hochbegabter. Eine Konfigurationsanalyse auf der Basis von Lehrerurteilen. *Psychologie in Erziehung und Unterricht, 36*, 114-119.

Stern, W. (1916). Psychologische Begabung und Begabungsdiagnose. In P. Petersen (Hrsg.), *Der Aufstieg der Begabten* (S. 105-120). Leipzig: Teubner.

Sternberg, R.J. (1985). Toward a triarchic theory of human intelligence. *The Behavioral and Brain Sciences, 7*, 269-315.

Sternberg, R.J. (1990). What Constitutes a "Good" Definition of Giftedness? *Journal for the Education of the Gifted, 14*, 96-100.

Sternberg, R.J. & Dettermann, D.K. (Eds.). (1986). *What is intelligence?* Norwood, NJ: Ablex.

Tannenbaum, A.J. (1983). *Gifted children: Psychological and educational perspectives*. New York: McMillan.

Taylor, C.W. (1978). How many types of giftedness can your program tolerate? *Journal of Creative Behavior, 12*, 39-51.

Taylor, C.W. (Ed.). (1978). *Teaching for talents and gifts: Developing and implementing multiple talent teaching*. Salt Lake City: Utah State Board of Education.

Terman, L.M. (1954). The discovery and encouragement of exceptional talent. In W.B. Barbe & J.S. Renzulli (Eds.), *Psychology and education of the gifted* (3. Aufl., pp. 5-19). New York: Irvington.

Terman, L.M. et al. (1925). *Genetic studies of genius, Vol. I: Mental and physical traits of thousand gifted children*. Stanford, CA: Stanford Univ. Press, 2. Aufl. 1926.

Terman, L.M. & Oden, M.H. (1959). *The gifted group of mid-life*. Stanford, CA: Stanford Univ. Press.

Thorndike, R. & Hagen, E. (1969). *Measurement and evaluation in psychology and education*. New York: Wiley & Sons.

Thorndike, R.L. & Hagen, E. (1971). *Cognitive Abilities Test*. Boston: Houghton-Mifflin.

Thurstone, L.L. (1938). *Primary mental abilities*. Chicago: Univ. of Chicago Press.

Todt, E. (1985). Die Bedeutung der Schule für die Entwicklung der Interessen von Kindern und Jugendlichen. *Unterrichtswissenschaft, 4*, 362-376.

Trost, G. (1986). Hochbegabte und eine Repräsentativgruppe deutscher Abiturienten in elfjähriger Längsschnittbeobachtung: Vergleich. In M. Amelang (Hrsg.), *Bericht über den 35. Kongreß der Deutschen Gesellschaft für Psychologie in Heidelberg 1986* (S. 264). Göttingen: Hogrefe. (a)

Trost, G. (1986). Identification of highly gifted adolescents - Methods and experiences. In K.A. Heller & J.F. Feldhusen (Eds.), *Identifying and nurturing the gifted - an international perspective* (pp. 83-91). Toronto: Huber. (b)

Trudewind, C., Jennessen, H., Geppert, U. & Mendack, D. (1975). *Entwicklung eines Gruppentests zur Erfassung der Lern- und Leistungsmotivation bei Schulanfängern (LMTK)* (Arbeitsbericht 1). Bochum: Psychol. Inst. der Ruhr-Univ.

Ullrich de Muynck, R. & Ullrich, R. (1973). Standardisierung des Selbstsicherheitstrainings für Gruppen. In J.C. Brengelmann & W. Tunner (Hrsg.), *Behavior Therapy - Verhaltenstherapie* (S. 254-259). München: Urban & Schwarzenberg.

Ullrich de Muynck, R. & Ullrich, R. (1976). *Assertivness Training Program ATP: Einübung von Selbstvertrauen und sozialer Kompetenz*. München: Pfeiffer.

Vernon, P.A. (1983). Speed of information processing and general intelligence. *Intelligence*, *7*, 53-70.

Wagner, I. (1976). *Aufmerksamkeitstraining mit impulsiven Kindern*. Stuttgart: Klett.

Wallach, M.A. (1985). Creativity testing and giftedness. In F.D. Horowitz & M. O'Brien (Eds.), *The gifted and talented: Developmental perspectives* (pp. 99-124). Washington, DC: American Psychological Association.

Webb, J.T., Meckstroth, E.A. & Tolan, S.S. (1985). *Guding the gifted child*. Colombus, OH: Publishing Co.

Weber, M. (1987). *Soziale Kompetenz. Theoretische Konzeptionen und Überprüfung zweier Fragebogenverfahren zur Erfassung sozialer Kompetenz bei Erstkläßlern* (Unveröffentl. Staatsexamensarbeit). München: LMU.

Weinert, F.E. (1987). Probleme der systematischen Trainierbarkeit von hohen Denk- und Lernkompetenzen. In F.E. Weinert & H. Wagner (Hrsg.), *Die Förderung Hochbegabter in der Bundesrepublik Deutschland: Probleme, Positionen, Perspektiven* (S. 17-28). Bad Honnef: Bock.

Weinert, F.E. (1991). *Wird man zum Hochbegabten geboren, entwickelt man sich dahin, oder wird man dazu gemacht - Diskussion der entwicklungspsychologischen Beiträge*. Vortrag auf dem Symposium "Hochbegabung: Grundlagenforschung und Anwendungsperspektiven" in München.

Weinert, F.E. & Wagner, H. (Hrsg.). (1987). *Die Förderung Hochbegabter in der Bundesrepublik Deutschland: Probleme, Positionen, Perspektiven*. Bad Honnef: Bock.

Weinert, F.E. & Waldmann, M.R. (1985). Das Denken Hochbegabter - Intellektuelle Fähigkeiten und kognitive Prozesse. *Zeitschrift für Pädagogik*, *31*, 789-804.

Whitmore, J. (1985). New challenges to common identification practices. In J. Freeman (Ed.), *The psychology of gifted children: Perspectives on development and education* (pp. 93-114). Chichester: Wiley.

Whitmore, J.R. (1980). *Giftedness, conflict, and underachievement*. Boston: Allyn & Bacon.

Wieczerkowski, W. & Prado, T.M. (1990). *Hochbegabte Mädchen*. Bad Honnef: Bock.

Wieczerkowski, W. & Wagner, H. (1985). Diagnostik von Hochbegabung. In R.S. Jäger et al. (Hrsg.), *Tests und Trends 4 (Jb. d. Päd. Diagn.)* (S. 109-134). Weinheim: Beltz.

Wieczerkowski, W., Wagner, H. & Birx, E. (1987). Die Erfassung mathematischer Begabung über Talentsuchen. *Zeitschrift für Differentielle und Diagnostische Psychologie*, *8*, 217-226.

Winkelmann, D. (1987). *Soziale Kompetenz im Kindergartenalter. Erfassungsmethoden - Empirische Untersuchungen zur Reliabilität und Validität von Selbsteinschätzungen* (Unveröffentl. Diplomarbeit). München: LMU.

Yamamoto, K. (1979). Children's ratings of the stressfulness of experiences. *Developmental Psychology*, *15*, 581-582.

Yeaworth, R.C., York, J., Hussey, M.A., Ingle, M.R. & Goodwin, T. (1980). The development of an adolescent life change event scale. *Adolescence*, *15*, 91-97.

Zbaracki, J., Clark, S.G. & Wolins, L. (1985). Cildren's Interest Inventory, Grades 4-6. *Educational and Pychological Measurement*, *45*, 517-521.

Verzeichnis der Abbildungen und Tabellen

1. Verzeichnis der Abbildungen

Teil I

Teil II

Teil III

2. Verzeichnis der Tabellen

Teil III

Anhang